"十二五"普通高等教育本科国家级规划教材

"十二五"江苏省高等学校重点教材

江苏省高等学校精品教材

U1006603

高等学校人力资源管理专业系列教材

劳动经济学

（第五版）

胡学勤 胡泊 著

高等教育出版社·北京

内容简介

本书是高等学校人力资源管理专业系列教材之一，既是普通高等教育“十一五”国家级规划教材、“十二五”普通高等教育本科国家级规划教材，也是江苏省精品教材和重点教材。

本书遵循体系完整、内容全面、理论前沿、观点新颖，结构严谨、条理清晰，表述多样、信息量大的原则，用通俗易懂、简明扼要的语言较为全面地阐述了劳动经济学的理论与政策。全书共分五篇，十三章内容：第一篇导论，即第一章，主要分析了劳动经济学的产生与发展、研究对象、研究方法与研究意义；第二篇研究劳动力市场的运行及结果，包括第二章至第五章，主要分析了劳动力供给、劳动力需求、劳动力市场和劳动力流动；第三篇研究人力资本与劳动报酬，包括第六章至第八章，在研究人力资本与人力资本投资的基础上，分别分析了普通劳动者工资与企业家和知识型员工的薪酬激励；第四篇研究职业与就业，包括第九章至第十一章，分别分析了职业、国内外就业与失业的理论与政策；第五篇研究劳动关系与社会保障，包括第十二章和第十三章，分别分析了国内外劳动关系与社会保障的理论和制度。同时配备有含有答案的千余道试题的试卷库、案例点评、教学课件等，以方便教师讲授和学生自学及考试之用。

本书可作为高等学校人力资源管理专业的教材，也可供经济类、管理类、社会学类相关专业的本科生与研究生教学和研究使用，还可供成人教育类教学、职工培训、自学考试使用和相关研究参考。

图书在版编目(CIP)数据

劳动经济学 / 胡学勤，胡泊著. --5版. --北京：高等教育出版社，2018.9（2023.1重印）
ISBN 978-7-04-050504-7

Ⅰ.①劳… Ⅱ.①胡… ②胡… Ⅲ.①劳动经济学-高等学校-教材 Ⅳ.①F240

中国版本图书馆CIP数据核字(2018)第203170号

策划编辑 奚 玮　责任编辑 奚 玮　封面设计 张 楠　版式设计 马敬茹
插图绘制 于 博　责任校对 窦丽娜　责任印制 刘思涵

出版发行 高等教育出版社
社　　址 北京市西城区德外大街4号
邮政编码 100120
印　　刷 北京玥实印刷有限公司
开　　本 787mm×1092mm 1/16
印　　张 32.5
字　　数 690千字
购书热线 010-58581118
咨询电话 400-810-0598
网　　址 http://www.hep.edu.cn
　　　　 http://www.hep.com.cn
网上订购 http://www.hepmall.com.cn
　　　　 http://www.hepmall.com
　　　　 http://www.hepmall.cn
版　　次 2004年7月第1版
　　　　 2018年9月第5版
印　　次 2023年1月第4次印刷
定　　价 69.00元

本书如有缺页、倒页、脱页等质量问题，请到所购图书销售部门联系调换
版权所有 侵权必究
物 料 号 50504-00

第五版前言

在中国特色社会主义进入新时代、全面建成小康社会之际，提高保障和改善民生水平是中国共产党第十九次全国代表大会提出的一项重要任务。提高保障和改善民生水平很多与劳动经济有关，如建立和完善劳动力市场、劳动报酬公平分配、扩大中等收入阶层、贫困问题、就业与失业、劳动关系调整、社会保障等。因此，全面建成小康社会之际，提高保障和改善民生水平要研究好劳动经济学。

本书第一作者胡学勤教授坐“冷板凳”36年志趣于写作与教学，作为第一作者或独著在人民出版社、中国经济出版社、高等教育出版社、社会科学文献出版社、清华大学出版社、中国商业出版社及省级出版社、一些地方“双一流”高等院校出版社出版经济和管理类教材和专著9部；作为主要参著者出版教材和专著4部；为本科生和研究生系统讲授过经济类和管理类的16门课程，积累了较多的教学经验。

本书自2004年由高等教育出版社出版第一版后，历经四次修订，至今已有14年时间，受到读者广泛好评，先后被评为普通高等教育“十一五”国家级规划教材、“十二五”普通高等教育本科国家级规划教材、江苏省精品教材与江苏省重点教材。本书的立意是：① 劳动、劳动者创造财富广义化。在农业社会，有的观点认为只有农民的劳动才创造财富；在工业社会，有些观点认为，只有工人的劳动才创造财富；在知识经济时代，一切通过体力和脑力支出创造物质和精神财富的活动都是劳动，这种劳动既有简单的体力劳动，也包括企业家和知识型员工等的复杂劳动。而有的相关教材局限于主要分析体力劳动和蓝领劳动者报酬，较少涉及企业家和知识型员工的劳动及薪酬。本书紧跟时代步伐，把劳动、劳动者创造财富广义化，分层地研究劳动和不同劳动者及劳动报酬。② 劳动经济学细分化。传统教材的局限在于：只研究单一的体力劳动者，而把企业家和知识型员工等劳动者排斥在外；只分析同质的完全竞争劳动力一个市场，涉及异质的劳动力市场较少，而现实的劳动力市场不是同质的劳动力市场而是异质的劳动力市场，它存在着歧视和分割；只研究劳动力市场及其运行，没有相关的其他内容支撑，显得体系不太完整及内容不全。本书对这些做了细化分析，既有同质的劳动力市场，也有异质的劳动力市场；既分析体力劳动者的劳动及报酬，也研究企业家和知识型员工的劳动及报酬。③ 化繁就简。在表述中特别注意利用自己教学中的经验积累，多用图表示意，注意总结概括、提炼、言简意赅。④ 注意概念和理论间的区别与联系。教学的难点之一是概念和理论间的区别与联系，这个问题不解决会造成内容混乱、记忆错乱。所以在写作中我们特别注意了概念和理论间的区别与联系。

在写作中我们试图突出如下特点：① 一个中心两条主线。以劳动力资源配置和利用为中心，从经济学和管理学两个学科的交叉融合上研究劳动经济理论，系统而全面地考察了劳动力资源配置和利用的理论和实践问题。② 理论先进、观点新颖。笔者借鉴了国内外当代的一些前沿理论，许多地方提出了自己的创见，以保持书中理论的时代性和前沿性。③ 体系完整、内容全面。本书以劳动经济理论为主线，融合经济学、管理学、法学、社会学等学科的知识，系统而全面地研究了劳动经济理论、劳动管理理论。从微观到宏观、从国内到国外、从理论到实际应用、从问题到制度安排，力求做到内容全面，体系完整。④ 结构严谨。力求使读者在阅读时能从整体了解部分，从部分了解整体。⑤ 理论联系实际。本书理论联系实际研究，无论从全书研究的视角看，还是从各章节研究的落脚点看；无论是研究理论，还是剖析实践中的问题，都力求做到理论与实践结合为一体。⑥ 方便教师教学与学生自学。本书配备含有答案的千余道试题的试卷库、案例点评、教学课件等，以方便教师讲课和考试之用。同时本书还具有化难为易、化繁就简、条理清晰、便于学生自学的特点。由于考虑照顾多学科需要，加之追求体系完整、内容全面，本书内容较多，任课教师在教学时完全可以根据教学课时和专业需要加以取舍。

这次再版修改是由胡洎收集更新资料并写作完成，主要体现在以下几个方面：

（1）补充了第九章“职业”。第一，本书是高等学校人力资源管理专业系列教材之一，在劳动经济学中需要了解职业的类型、职业生涯、职业声望与职业选择，为人力资源管理其他相关课程提供基础；第二，劳动经济学的研究对象是劳动力资源配置和利用，而劳动力资源配置和利用一个重要的内容是职业的匹配和选择。所以这次再版增加了该章内容。

（2）补充解释人力资源是当今第一资源或是最重要的资源。我们在教学中常常有学生提出这个问题，理解这一问题对于我们重视人力资源配置与开发利用具有重要的意义。

（3）在第二章“劳动力供给”中增写了适度劳动的内容。该内容是我国著名劳动经济学家、适度劳动经济学会会长杨河清教授所率领的团队率先研究的一项重要内容，适度劳动中的过度劳动（如进城务工人员的加班加点和部分知识型员工的“过劳死”）与隐性缺勤（也称劳动不足，如个别部门的职业懈怠和延迟退休的带病工作的低效率）是当前劳动供给中的重要问题，而在相关的教材中涉及较少，为完善其内容，本书加以补充。

（4）更新了一些内容和数据，随着时间的变更有的内容和数据有些陈旧，在这次修改中得到了更新。

我们在本书写作过程中参考了大量的国内外文献，很多都已注明了出处，但在个别地方也可能由于客观原因（网络文献有的没有标明作者和出处）和我们的粗心会有遗漏，在此向这些无名英雄致歉、致谢。同时我们向参考过的中外文献的作者表示衷心的感谢。感谢高等教育出版社的编辑奚玮老师、绘制表图和校对老师，感谢排版、印刷、发行的工作人员，您们为本书的出版奉献了辛苦的劳动。

由于我们理论功底和学识水平浅薄、学术视野有限，况且本书是在胡学勤病中完稿，因此书中定会有不少谬误，祈望读者不吝赐教，在此以致谢意。胡学勤的联络方式是：xqhu@ yzu. edu. cn。

作者　顿首

2018 年 3 月 6 日

第一版前言

当前，我国正处于改革的攻坚阶段和全面建设小康社会的重要发展时期，许多改革与发展问题都与劳动经济有关，如建立和完善劳动力市场、城乡劳动力流动、劳动报酬分配、就业与失业、劳动关系调整、社会保障等。因此，相关劳动经济问题已成为政府及理论界关注的一个重点、难点和热点问题。

劳动经济学是一门重要的学科，在当今经济学科体系中占有极其重要的地位。① 它是市场经济研究的一个重要方面。一般来说市场分为物品市场、货币市场和劳动力市场，我们对前两者的研究较为成熟，而对劳动力市场的研究还处于起步阶段，只有熟悉劳动力市场理论，才能全面理解市场经济理论。② 劳动是经济活动中重要的独特生产要素，描述对其他资源配置和利用的理论和规律不能完全地解释劳动资源配置和利用，只有劳动经济学才能为这一研究开辟新的领域。③ 劳动经济学与其他的学科有着广泛的联系，离开了对劳动经济学的研究，经济学、管理学、法学、社会学等学科的研究很难全面深入。

改革开放以来，我国的《劳动经济学》教材有十几个版本，既有我国国内学者的著作，也有译著。我国学者所编写的《劳动经济学》大致可以分为三类：① 20 世纪 80 年代前的教材主要是以苏联的《劳动经济学》教材为基本模式，论述我国计划经济和经济转轨初期的劳动经济理论和一些政策解释。② 20 世纪 90 年代的教材是以国外（主要是美国）的《劳动经济学》为蓝本设计其理论框架结构和内容体系，较多地研究了当代主流劳动经济学的理论和研究方法。③ 21 世纪以来，一些学者借鉴国外《劳动经济学》的理论和方法并结合我国实际，正在创建具有时代性又符合中国国情的《劳动经济学》。

为适应时代发展和我国改革发展的需要，我们认真研读了国内外有代表性的劳动经济学著作，广泛吸收了改革开放以来我国学者的先进研究成果，本着科学、创新、求实、求真的态度，编写了这本《劳动经济学》。本书在写作中，我们试图突出如下特点：① 理论先进、观点新颖。我们借鉴了国内外当代的一些前沿理论，许多地方提出了自己的创见，以保持书中理论的时代性和前沿性。② 内容全面、体系完整。本书以劳动经济理论为主线，融合经济学、管理学、法学、社会学等学科的知识，较为全面地研究了劳动经济理论、劳动管理理论。从微观到宏观、从国内到国外、从理论到实际应用、从问题到制度安排，力求做到内容全面，体系完整。由于内容较多，教师可以根据本专业教学的需要加以取舍。③ 结构严谨、条理清晰。本书力求使读者在阅读时能从整体了解部分，从部分了解整体。④ 本教材适应于经济类、管理类专业的本科生和研究生的教学和研究需要。

全书分5个组成部分，共14章内容：第一部分是总论，包括第一章和第二章，是对劳动经济学概述和介绍它的研究起点；第二部分是劳动力市场，包括第三章至第七章，主要是分析了劳动力供给（数量与质量）、劳动力需求、劳动力市场和劳动力流动；第三部分是劳动报酬，包括第八章和第九章，分别分析了普通劳动者与特殊劳动者的薪酬理论与实践；第四部分是职业与就业，包括第十章至第十二章，分别考察了职业、就业与失业的理论；第五部分是劳动关系与社会保障，包括第十三章和第十四章，主要分析了劳动关系和社会保障的理论和实践。

本书由胡学勤布局谋篇，制定写作提纲。写作的分工是：胡学勤写作本书中的9章内容，即第一章、第二章、第七章、第八章、第十章、第十一章、第十二章、第十三章、第十四章；秦兴方写作本书中的5章内容，即第三章、第四章、第五章、第六章、第九章。胡学勤对全书进行了修改定稿。

作者在本书写作过程中参考了大量的国内外文献，大多数都已注明了出处，但在个别地方也可能由于作者粗心会有遗漏。在此，我们向参考过的中外文献的作者表示衷心的谢意。我们还特别感谢高等教育出版社的编辑、排版、印刷的老师们，他们为本书的出版奉献了辛苦的劳动。

由于作者学识浅薄，视野有限，成书迅速，书中定会有不少的谬误，我们祈望读者批评指正。

胡学勤　顿首

2004年2月10日

目　　录

第一篇　导　　论

第二篇　劳动力市场及其运行

第三篇 人力资本与劳动报酬

第四篇 职业与就业

第五篇 劳动关系与社会保障

第一篇

导论

第一章

- 人的劳动与人力资源
- 劳动经济学的形成与发展
- 劳动科学体系
- 劳动经济学的研究对象与内容
- 劳动经济学的方法论
- 研究劳动经济学的意义

第一章 导 论

任何一门学科都有自己的形成发展过程与理论体系、研究对象、研究方法及研究意义。所有这些，对于了解该门学科是至关重要的。本章就是通过对劳动经济学的形成与发展、劳动经济学学科体系、劳动经济学的研究对象和研究方法以及研究意义的分析，使读者对劳动经济学有一个总体的概括的认识。

第一节 人的劳动与人力资源

经济学家们说，劳动创造了财富，“整个世界都弥漫着劳动的恩惠”[1]，“劳动是社会的太阳”[2]。劳动是人类社会活动最普遍的现象，是人的本质，由于人力资源是劳动的源泉，所以，劳动经济理论应以人的劳动或人力资源为起点。

一、人的劳动概述

（一）劳动是人的本质

1. 劳动（labor）创造了人

对人的起源的研究是19世纪的重点课题。达尔文1859年在他的划时代巨著《物种起源》中，以崭新的理论解释了生物界的进化发展。该书虽未直接研究人类起源，但书的末尾预示，进化理论的光芒“将投射在人类起源和他们的历史上”[3]。1868年赫胥黎在《人类在自然界的位置》、海克尔在《自然创造史》中，对人类起源问题进行了尝试性探索。1871年，达尔文又在《人类起源与性的选择》一书中，系统地论证了人类的物种起源及其在生物界中的位置，提出了人是由猿进化来的看法。但他并没有解决猿如何进化为人的问题。1876年，恩格斯在《劳动在从猿到人转变过程中的作用》一书中，提出了在从猿到人的转变中，存在着过渡期的生物。现代科学研究证实了恩格斯这一论断的科学性，从猿到人经历了猿人→古人→新人→现代人的发展过程。在这个过程中，劳动起了决定作用，正如恩格斯所说，劳动“是整个人类生活的第一个基本条件，而且达到这样的程度，以致我们在某种意义上不得不说：劳动创造了人本身”[4]。同时他还令人信服地分析，在劳动中人的手与脚互相分工，形成了直立行走和手的高度完善，人的语言也是在劳动中产生并和劳动一起发展起来的，而劳动和语言又促使猿的大脑逐渐地变为人的大脑。

2. 劳动是人的专属特征

自然界的一切生物都在活动着，以获取自然物维持自己的生命。植物靠吸收水分、养料、阳光、空气而生长；动物也在进行似乎是劳动的活动（鸟筑巢、猿击石、水獭围堰、蜘蛛结网、蚂蚁构窝、蜜蜂建房、老鼠打洞等）。但是植物与动物的活动都不是劳动，植物生长显而易见不是劳动。就人与动物来讲，人的劳动与动物的求生活动有着如下不同的特点：

（1）人的劳动具有主动性。人的劳动是以自身的主动活动引起、调整和控制人与自然之间的广义的物质交换活动。这里，人改造了自然，自然也改造了人。而动物的求生活动最多不过是被动地适应自然而进行的活动。

（2）人的劳动具有自觉的目的性。人的劳动是有目的的活动，这种自觉的目的性表现在劳动的结果是劳动者预先可知的，作为劳动的目的决定着劳动者劳动的方式或方法。而动物的求生活动只不过是一种本能的活动，本能活动的能力是先天就有的，不是后天学得的，它是一种受到特殊刺激而反射出来的相对固定不变的活动能力。

（3）人的劳动具有创造性，而动物的活动只具有获得性。人类劳动的创造性从其量的发展来讲具有增值的特点，可以成几何级数向前发展。从其质的发展来看具有质变的特点：从自身劳动到利用工具劳动，从简单的综合劳动到体力劳动与脑力劳动的分离，以及劳动的进一步分工，不断地创造出新的劳动产品等。而动物的获得性活动，在量上，即使天然条件丰裕，也不会超出其自身生存需要的范围；而在质上，只能是简单重复式的活动。

（4）人的劳动具有多层次性，而动物的活动只具有简单的直接性。整个社会的经济活动可分为三次产业劳动，而每个产业中又可细分出多个行业，如种植业既可手工劳动也可机械化生产或靠智力种植，围绕这些劳动又派生出其他一些劳动部门（如开矿、工具制造、建筑、机电等）。而动物只能进行简单的单一层次的活动。

（5）人的劳动具有相依性。人通过劳动可以相互交换各自的劳动产品，而动物的谋生活动不存在互相交换物品的活动。

由以上五点可知，劳动是人所特有的活动，它与动物的谋生活动存在着根本的区别。

3. 劳动作为生产要素与其他要素不同

劳动（包括企业家与知识员工的劳动）作为生产要素不同于土地、资本等要素：

（1）劳动的所有者是自然人，而其他生产要素的所有者既可以是自然人也可以是法人。

（2）在流动中其他生产要素常发生所有权的转移，而劳动的所有权不能转移（劳动是劳动者让渡了劳动力的使用权，劳动所有权仍归劳动者所有）。

（3）其他要素是为其所有者支配而被动地流动，而劳动力（劳动的所有者）在流动中具有一定的主动性和决定性。

(二)劳动的含义与分类

1. 劳动的含义

劳动有广义和狭义之分。广义的劳动是从生物学的角度对劳动所做出的最广泛的抽象或概括，是指人们在各种活动中劳动力的使用或消耗。在人类各种活动（政治活动、经济活动、军事活动、科学文化活动）中，只要有人的体力和脑力的消耗或支出，都可称之为劳动。狭义的劳动是指人类从事的经济活动，对此理论界有不同解说：①《辞海》对劳动的定义为“人改变劳动的对象使之适合自己需要的有目的的活动，即劳动力的支出”（辞书出版社，1980）；② 伊万诺夫认为，劳动“是人类创造生活所必需的物质财富和精神财富的有目的的活动”[5]；③ 劳动就是既有利于自己同时也有利于社会的人的职业谋生活动（郑克中，2004）。

本书所涉及的劳动是狭义的劳动，是指人类在自身智能支配下，通过各种手段和方式创造社会财富以满足人类日益增长的物质、精神等方面需要的有目的的活动。这一定义有以下三个特点：

(1) 强调智能的支配作用。所谓智能，是指人的大脑、感官、神经三部分构成的体系所产生的功能。没有智能支配，人们就无法进行劳动。

(2) 强调创造。创造就是通过重新排列组合与优化，编制出新的运动结构与程序，从而形成新的运动体。没有创造，就没有人类历史的进步和社会的发展。

(3) 强调劳动目的的多样性、丰富性。劳动既要满足人类日益增长的物质需要，又要满足人类的精神等方面的需要。

2. 劳动的分类

劳动在最初是一个原始统一体，但随着劳动的发展，它不断地被分门别类，出现了许多劳动分类：

(1) 劳动就其存在的形式分为活劳动和死劳动。活劳动是流动形态的劳动；死劳动也称物化劳动，是凝结在产品中的劳动。

(2) 劳动在其生产商品二因素的决定因素上，可分为生产使用价值的具体劳动和形成商品价值的抽象劳动。

(3) 在以私有制为基础的商品经济中劳动又分为私人劳动和社会劳动。

(4) 在工资和剩余价值的来源上，劳动又分为必要劳动和剩余劳动。

(5) 人类劳动按其为社会的服务方式可分为生产性劳动和非生产性劳动。

(6) 劳动按其支出的特征可分为体力劳动和脑力劳动。

(7) 劳动就其创造产品在满足人们需要的特点上分为物质劳动和精神劳动。

(8) 劳动按其繁重程度分为重劳动和轻劳动。

(9) 劳动按其复杂程度分为简单劳动和复杂劳动。

(10) 劳动按劳动者熟练程度分为熟练劳动和非熟练劳动。

(11) 德国学者 L. 拉佩（1999）把人们的劳动分为三类：① 自我劳动（有益于自

己的个人劳动)。自我劳动以社会成员的自我需要和使用价值为准，实行自决、自管和自己负责的原则，包括家务劳动（做饭、购物等)、自理劳动（教育子女、照顾老人、自修学习、业余活动等）和邻里自助劳动（如轮流守户或打扫垃圾等)。② 谋生劳动（职业劳动)。谋生劳动是指社会成员在私有、公共和非营利领域里进行的有益于社会的有酬劳动。③ 社会劳动（有益于集体的劳动)。社会劳动以公民社会需要和团结参与为准，属社会公益事业，包括在社会项目（教育、卫生和艺术等）以及各种团体、协会和公民自发组织中从事的劳动。

(12) 我国社会保障部劳动工资研究所课题组把所有社会劳动分为三类四种：三类是创新劳动、重复劳动和混合劳动；四种即生产劳动、服务劳动、科技劳动和经营管理劳动。[6]

(三) 劳动的意义

1. 劳动创造了人类自身

劳动创造了人类自身，是人区别于其他生物的根本标志。关于这一点如前所述。

2. 劳动是人类生活的第一个基本条件

人类要生活，就必须有物质资料供人们消费，这就必须通过劳动将这些物质资料生产出来，没有劳动，人类就无法生存下去。正如马克思所说："人们为了能够'创造历史'，必须能够生活。但是为了生活，首先就需要吃喝住穿以及其他一些东西，因此第一个历史活动就是生产满足这些需要的资料，即生产物质生活本身。"[7]

3. 劳动创造了社会财富

社会财富按其在社会生产中各个环节的作用，分为生产性财富（生产资料、劳动力)、流通性财富（作为生产结果的各种形态的劳动产品)、分配性财富（各种收入、基金)、消费性财富（生活资料)；就社会财富作为满足人们基本需要的产品来讲，可分为物质财富和精神财富。[8]社会财富是劳动的产品，对此经济学家们从不同的方面进行了论述。亚里士多德说，社会财富"是属于家庭和国家的经过加工的丰富的物质"[9]。晚期的重商主义者中有的提出了财富来自"商业劳动和工业劳动"。重农学派以农产品为财富，认为只有农业劳动才创造财富。在古典经济学中，多数经济学家都赞同劳动是财富的源泉的观点。萨伊等人把劳动分为三种——人的劳动、自然的劳动、机器的劳动，并进一步提出了著名的"三位一体公式"。麦克库洛赫也把劳动分为人的劳动、动物的劳动和机器的劳动。加尼尔认为："一切劳动，不问主次，不分彼此，都协力于财富的生产。产品的交换，保证这种财富的生产。"[10]在对前人研究成果批判与继承的基础上，马克思运用劳动二重性学说，科学地解决了社会财富的来源问题。他提出劳动是人所独有的，社会财富来源于劳动，但劳动具有二重性（具体劳动和抽象劳动)，从社会财富的使用价值来说，财富来源于不同生产领域的具体劳动；从社会财富的价值来说，社会财富来源于劳动者的抽象劳动。马克思认为社会财富是"一切以物的形式存在的物质财富和精神财富"。他还多次论述到创造物质财富和精神财富的"物质劳动和精神劳动”、“物质生产和精神生产”这类问题。[11]

4. 劳动推动了社会发展

社会发展是生产力的发展引起的生产关系以及上层建筑的变革。而生产力是由具有一定生产经验、劳动技能的人和生产工具构成的，生产工具又是在劳动过程中不断探索、研究、创造出来的。所以，劳动是生产力发展、生产关系变革的基本因素，是推动社会发展的动力。人们通过劳动认识和改造了世界，最终创造了社会。因而，在马克思主义者看来，整个世界历史不外是人通过人的劳动而诞生的过程，是自然界对人来说的生成过程。[12]

5. 劳动是人类解疑不尽的重大课题

劳动问题历来是学者和政府关注的重大问题，许多名人名著都与研究劳动经济问题有关。经济学之父亚当·斯密在《国富论》中提出了劳动专业化可提高劳动生产率的劳动组织理论；无产阶级革命导师马克思把共产主义称为“劳动共和国”，把政治经济学称为“劳动的政治经济学”；科学管理之父泰勒因提出科学管理理论而著名；宏观经济学之父凯恩斯称其名著《就业、利息和货币通论》为“我的充分就业经济学”；诺贝尔经济学奖获得者贝克尔、舒尔茨因研究人力资本理论而闻名；诺贝尔经济学奖获得者弗里德曼提出了“自然失业率假说”，等等。

二、人力资源

（一）人力资源的概念与特征

1. 人力资源的概念

人力资源（human resource）是美国管理学大师彼得·德鲁克在1954年出版的《管理的实践》一书中第一次提出的。根据人们对人力资源理解的范围不同，理论界对人力资源概念的表述有三种：

（1）人力资源是指在业的人力，即指以合法劳动创造社会财富和提供劳务的人。

（2）人力资源是指劳动力资源，即指具有劳动能力的劳动者的总和。

（3）人力资源是指全体人口，即在一定时期内人们所蕴藏的劳动能力的总和，它既包括现实的人的劳动能力，也包括潜在的人的劳动能力。

本书主要采用第二种人力资源的概念，即劳动力资源。

2. 人力资源的特征

与物质资源相比，人力资源具有以下六个方面的主要特征：

（1）两重性。人力资源既是社会财富的创造者，又是社会财富的消费者，在其使用过程中，既有创造财富的一面，又有消耗财富的一面。

（2）时限性。一方面，人力资源在形成上具有时限性。劳动者必须在一定的年龄范围内，年龄过小没有形成劳动能力，年龄过大又会丧失劳动能力。另一方面，人力资源在使用上具有时限性。物质资源一般可以长期储存，而人力资源储备不用时，就会退化、荒废。人有其才能发挥的最佳期，对其开发的时间不同，所得效益差别很大。

(3) 能动性。物质资源是死资源，在开发和使用中是被动的，而人力资源则是活资源，有其主观能动性，能有目的地认识和改造世界。

(4) 再生性。一方面，在一些自然资源中，有一些是非再生资源（土地、矿藏等），而人力资源属于再生资源；另一方面，非人力资源虽也有一些属于再生资源，但是，它们受生物学及其他因素的影响，其再生的速度要比人的智力资源再生的速度慢得多。同时一些物质资源是在人力资源对其开发的基础上才再生的。

(5) 智力性。一般的物质资源是非智力资源，而智力开发是人所独有的，虽然现在一些工具也具有智力性（计算机、机器人等），但它只是人的智力创造的产品或人的智力的延伸，离开了人的创造，它还是不具有智力特征的。

(6) 核心性。在所有资源中，人力资源是核心。因为，一方面，人力资源支配着其他资源，使其为人类服务；另一方面，随着社会经济的发展，人类会创造出越来越多的新的物质资源。

虽然人力资源与物质资源存在着区别，但也有许多共同点，如都具有资本性等。

(二) 人力资源的数量与质量

人力资源作为一个经济范畴，由数量和质量两个方面构成，既具有量的规定性，也具有质的规定性。

1. 人力资源的数量

(1) 人力资源的总量。按照“具有劳动能力的劳动者的总和”的人力资源的概念，人力资源总量等于一个国家或地区的劳动适龄人口总量减去其中丧失劳动能力的人口，加上劳动适龄人口之外具有劳动能力的人口。它具体由以下八个部分构成：① 处于劳动年龄之内，正在从事社会劳动的适龄就业人口；② 尚未达到劳动年龄，已经从事社会劳动的未成年就业人口；③ 已经超过劳动年龄，继续从事社会劳动的老年就业人口；④ 处于劳动年龄之内的求职人口和失业人口；⑤ 处于劳动年龄之内，正在从事学习的就学人口；⑥ 处于劳动年龄之内，正在从事家务劳动的人口；⑦ 处于劳动年龄之内，正在服兵役的军队人口；⑧ 处于劳动年龄之内的其他人口。人力资源就是对以上人口的加总求和。

(2) 人力资源的相对量。人力资源的相对量主要是指人力资源率和劳动力参与率(laborforce participation rate)。人力资源率是人力资源在总人口中所占的百分比，计算公式为：

$$人力资源率 = \frac{人力资源总数}{总人口数} \times 100\%$$

劳动力参与率是指人力资源中在业人口和正在求职人口在总人口中所占的百分比。计算公式为：

$$劳动力参与率=\frac{在业人数+正在求职人数}{总人口数}\times 100\%$$

影响人力资源数量的主要因素是人口（人口总量、人口结构、人口迁移）及其变动、社会制度、风俗习惯和教育等。

2. 人力资源的质量

人力资源的质量是指一个国家或地区，在一定时期内，人力资源的身体素质、科学文化素质和思想道德素质的状况，它反映了人们认识和改造世界的条件和能力。人力资源的身体素质是指人们身体发育的健全程度、体质的强弱、智力是否完好、耐力的持久状况、动作敏捷程度等健康状况。它主要通过人的遗传素质、生活水平及营养状况、身体发育状况（身高、体重、胸围等）、病残人员的比例等指标来衡量。人力资源的科学文化素质，是指人们通过各种形式所获得的科学文化知识与实践经验，以及用于认识客观事物和解决问题的智慧与创造力。它主要通过人力资本的投入、教育的普及和提高程度、各种层次人才所占的比重、信息发展程度等指标来衡量。人力资源的思想道德素质是指人力资源的思想意识状态，其中主要包括人的价值观、道德观、思想品质、传统习惯、纪律法制观念等。它主要通过犯罪率、违纪率、职业道德水准、社会风气、先进人员的比例等指标来衡量。在人力资源所包括的三个素质中，身体素质是基础，思想道德是重要条件，科学文化素质是标志。

影响人力资源质量的因素主要有以下几个方面：① 人种质量。包括遗传因素、传染病、营养水平、优生优育状况、生态环境等。人种质量越高，人力资源的质量越高。② 人力资本投资。包括健康投资、各种教育投资等，人力资本投资越大，人力资源的质量越高。③ 科学技术发展及应用程度。科学技术发展越快、应用程度越高，人力资源的质量越高。④ 社会风气。社会风气越好，人力资源的思想道德素质就越高。⑤ 经济发展水平。经济发展水平越高，对劳动力素质要求也越高，从而带动人力资源的质量提高；经济发展水平低，则人力资源的质量难以提高。⑥ 观念因素。人们重视人力资源的质量，它的提高就快；反之就慢。

在人力资源的数量与质量之中，一定数量的人力资源可以进行一定数量的劳动，而具有一定质量的一定数量的人力资源不仅可以进行一定数量的劳动，而且还可以完成一定难度的劳动。所以，人们越来越重视提高人力资源的质量。① 复杂劳动等于倍加的简单劳动，即高质量的人力资源可以创造出多倍于同等数量的低质量人力资源所创造的财富。② 高质量人力资源具有较高的操作能力，能够完成多于同等数量的低质量人力资源的低水准工作，对低质量人力资源的替代性强。③ 低质量人力资源操作技能差，不能完成高质量人力资源的工作，对高质量人力资源无替代性。④ 科技和经济的划时代发展靠高质量的人力资源来完成，低质量人力资源难当此任，因此，在一个低质量人力资源的国度里是无现代化可言的。

（三）人力资源的稀缺性

人力资源的稀缺性（scarcity）主要表现在以下几个方面：

1. 总量稀缺

相对人的社会经济发展的需要来说，人力资源数量有限，不能满足社会经济发展的需要。这种稀缺在人类社会发展的渔猎经济时期、农业经济时期、工业经济发展的早期尤其突出，近几年来我国一些地区或城市出现的“民工荒”就反映出了这种稀缺。

2. 质量稀缺

人作为生产者，其有效的生产能力主要不是取决于人口或劳动者的数量，而是取决于人口或劳动者的内在质量。在人口素质低下的情况下，即使有庞大的人口数量也可能导致人力资源有效供给的短缺。人力资源质量的稀缺主要表现在以下几个方面：

(1) 相对社会经济的发展而言，人力资源的质量提高具有滞后性。

(2) 人力资源素质结构呈金字塔形分布，即质量越高的劳动者越少，其资源越稀缺。

(3) 高质量的劳动者的形成周期长、投资大、使用成本高，使其成为稀缺的资源。

(4) 高质量劳动者存在着流失风险（从国内流向国外、从条件差的单位流向条件好的单位等）、效率风险（当用人单位不能充分发挥知识员工的才能时，会降低组织的工作效率）、意外风险（意外风险是指人生中遭遇灾难的可能性，如生病、车祸、工伤等）。

(5) 在当前，人力资源（尤其是智力资源）的生产能力不能满足高速发展的社会需要。

3. 无形稀缺

除人力资源的数量和质量稀缺外，人力资源中一切有价值的东西，包括无形的人的权力、人的社会地位、人的安全、对劳动者的尊重、劳动者的荣誉、个人自我价值的实现等，由于受社会条件限制也都是稀缺的。

4. 结构性稀缺

相对社会经济发展需要的多样性和发展性而言，满足这种需要的人力资源结构的调整具有刚性。由于人的生理时间的限制，每个劳动者只能学到某些方面的知识和技术，由于这种知识和技术的专用性，随着社会经济发展的变化，有些劳动者不能适应这种需要，而形成某些新兴部门的人力资源的稀缺。

5. 隐性稀缺

显性稀缺显而易见，它是指影响组织目标实现的关键性人力资源（如优秀管理者、技术人员等）供给不足。隐性人力资源是指存在于劳动者头脑中的知识、思想观念、工作诀窍、经验、创造力、价值体系等，隐性人力资源有时显得特别重要，如改革开放以来，我们倡导的尊重知识和尊重人才，就是为了解决人们在“文化大革命”中对知识和人才认识不足上的稀缺问题；再如，我国改革开放以来一直强调的解放思想，从某种意义上就是为了弥补人们思想观念上的“改革开放意识”不够的稀缺，等等。

6. 动态稀缺

人力资源的静态稀缺前面已有所述。人力资源的动态稀缺是指随着社会经济的发展，人力资源结构的利用率和对于社会经济发展的贡献率不断发生变化，从而使人力资源不同方面的重要性和稀缺性在人类经济史中呈现为一个逐渐被更替、扩充与变化的动态过程。从人类社会发展的角度看，人力资源稀缺经历了一个人的体力资源稀缺→人的技能性劳动资源稀缺→人的创造性劳动资源稀缺的动态演变过程。

在现实中，一方面存在着人力资源的稀缺，另一方面存在着人力资源的浪费。为解决这一问题，就形成了劳动经济学，从这个意义上说，劳动经济学是研究如何实现稀缺劳动力资源的优化配置和合理利用的科学。

（四）人力资源是当今社会第一资源

如果说农业社会主要是依靠自然资源和人的简单劳动创造财富的社会，工业社会主要是依靠资本投资和技术创造财富的社会，那么当今社会主要是依靠人力资源的开发与利用创造财富的社会。也即在自然资源、资本资源（物质资本和金融资本）和人力资源中，社会经济的发展最重要的是人力资源。对此可用以下四种理论解说。

1. 波特的经济发展阶段转换理论

根据波特（Michael E. Porter，1990，2007）的经济发展阶段转换理论，经济发展主要可以分为要素驱动、投资驱动、创新驱动、财富驱动四个阶段，如图 1－1 所示：

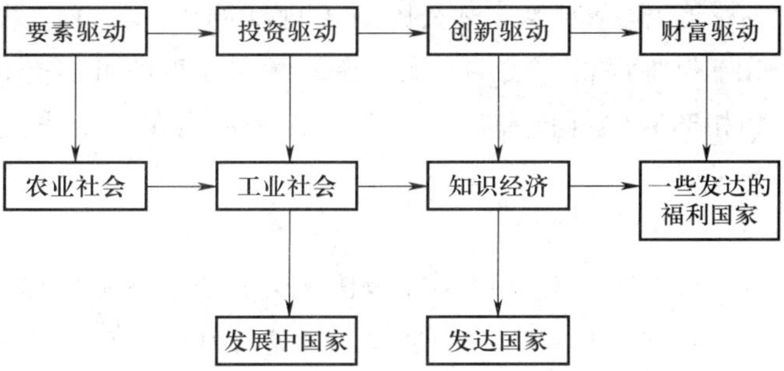

图 1－1　波特经济发展阶段转换过程

（1）要素驱动阶段。要素驱动是以土地、矿产、水等自然资源、环境和低技能廉价劳动力作为推动经济发展的主要力量。当地产业和企业借助廉价资源优势，在资源消耗量大的产业率先得到发展，发达国家该类产业也伺机向当地转移，当地开始融入全球产业分工。在这阶段企业没有创新能力，技术主要来自模仿或外资；产品技术含量低、附加值低；企业主要靠价格竞争。这类产业具有方便的“替代性”，低成本优势不可能永存，当其他后发展的地区一旦进入这一发展阶段，该地区的优势很快会丧失，产业的再转移将不可避免。

（2）投资驱动阶段。投资驱动是以资本投资作为经济发展主要推动力。此时政府有强烈的投资愿望和较强的投资能力，企业有极高的产能扩张的冲动。大规模投资使基础设施改善、产业规模扩大、企业实力增强、产业配套能力上升、金融环境和竞争环境得到改善，与先进国家的差距缩小，从而进入了一个快速增长的“赶超期”。这一阶段主要依赖国外的技术、设备和关键零部件，生产的是标准化而非差异化产品，与先进技术水平相差一代至两代，企业主要在价格敏感的同类同档次产品中竞争，各地产业结构趋同。这一时期较成熟的原材料、零部件会有一个较大发展，但由于对国外技术、装备、关键零部件的依赖，很难形成强大的产业链和产业集群。投资驱动阶段显著的特点是消耗大量的自然资源、环境污染加剧，进而使资源环境的约束增强，劳动和要素成本上升。这一阶段后期，由于对原料和投资品过度需求，造成生产要素持续涨价；由于产能过剩，所生产的产品不断降价。两者的“剪刀差”造成 GDP 增长很快，但财富积累相对缓慢、投资效益呈递减趋势。

(3) 创新驱动阶段。创新驱动是以创新作为经济发展的主要推动力。经济发展涉及的各个领域相继出现创新，国家体系创新、制度创新、技术创新、管理创新等广泛开展。在这一阶段，大学、研究机构的水平提高、数量增加，产学研研发体系形成，智力型人力资源优势得以发挥。这些新机制会进入自我强化的状态，在某些地区可以聚集某些产业，形成产业集群，以率先形成的优势产业为基础向纵向和横向扩展，形成更高层次的区域竞争优势。此时企业也会以自己的比较优势在差异化环节投资于国际市场，具有国际竞争力的企业快速成长。

在投资驱动阶段，虽然高储蓄率、高投资率可以获得快速的经济增长，但是如果不能及时向创新驱动的增长模式转型，那么因缺乏创新的支撑，不仅投资效率呈递减趋势，居民不能更多分享经济增长的成果，而且资本积累获得的可能是负财富，最终导致经济增长的终结。例如苏联的结局和以阿根廷为代表的南美国家掉进了“中等收入陷阱”的教训很值得借鉴。

2. 二次现代化理论

现代化是指农业社会→工业化社会→知识化社会转变的历史过程。现代化理论分为一次现代化理论和二次现代化理论。一次现代化理论又称经典现代化或是工业化社会理论，二次现代化是指从工业时代向知识时代、工业经济向知识经济、工业社会向知识社会、工业文明向知识文明的转变过程及其深刻变化。两次现代化如图 1－2 所示：

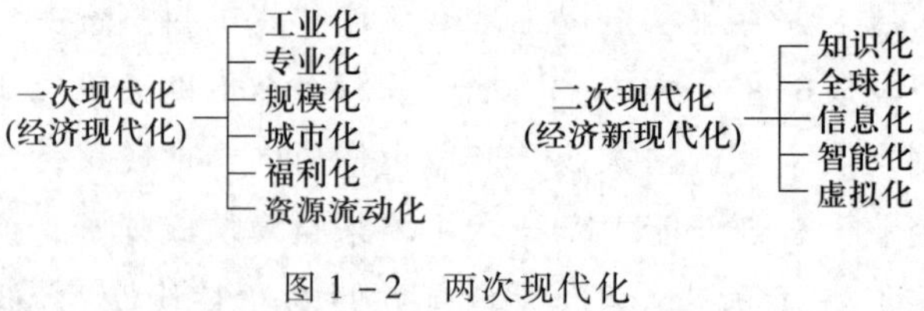

图 1－2 两次现代化

当前，我国第一次现代化尚未完成，又面临着全球化、信息化和知识化的挑战，还要进行第二次现代化建设。因此我们在继续进行第一次现代化的同时，必须进行第二次现代化建设。而在加速实现第一次现代化，积极推动二次现代化建设的过程中，必须加快由投资驱动向创新驱动转变，充分发挥人力资源在经济增长中的决定作用，这样才能实现经济长期持续稳定增长。

3.“资源诅咒”理论

“资源诅咒”理论是检验自然资源与经济增长之间呈负相关性的一种理论。内亚里（Neary，1986）、格尔布（Gelb，1988）以及奥蒂（Auty，1993）对此进行了验证研究。1993 年，奥蒂（Auty）提出了著名的“资源诅咒”理论，他认为一国自然资源的优势并没有促使其经济的发展，资源相对贫瘠的国家或区域比资源丰富的国家或区域的经济发展更好一些。尔格（Erge，1994）使用土地和人口密度来衡量自然资源投入，并验证了其对经济增长及制造业产品出口的负面影响。此后萨克斯（Sachs）和沃恩（Warner，1995，1997，2001）连续发表了三篇文章，对“资源诅咒”这一理论进行了实证检验。随着研究的不断深入，“资源诅咒”现象已经从当初的国家之间发展速度的对比到国内每一个省份经济发展比较的研究。大多数研究表明，丰富的自然资源对于地区经济发展呈现负作用，自然资源优势反而对其他多元化发展优势起到了挤出效应。“资源诅咒”示意图如图 1－3 所示：

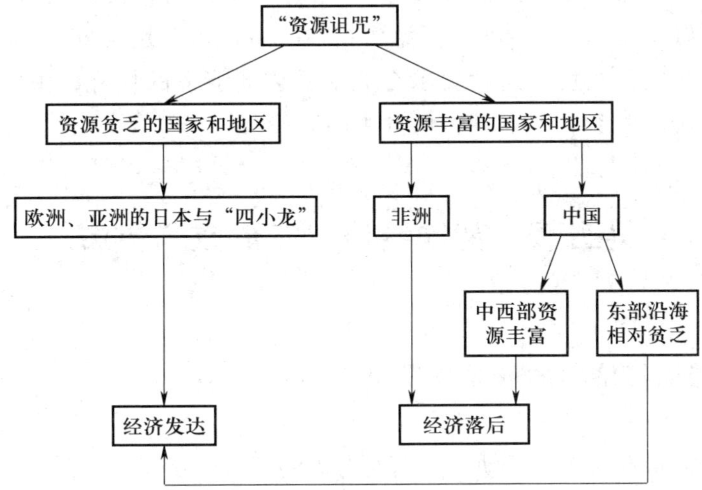

图 1－3　“资源诅咒”示意图

自然资源稀缺的欧洲国家经济却相对发达，而资源相对丰富的南美洲和非洲却经济相对落后，在亚洲自然资源贫乏的日本和“亚洲四小龙”的经济也相对发达，在我国资源相对贫乏的东部沿海地区经济较中西部地区发达。自然资源相对贫乏的发达国家或地区经济发展较快较好的一个重要因素是依靠人力资本投入与人力资源的优化配置及合理利用。而一些落后国家和地区经济之所以落后，就是过度依靠自然资源来发展经济。所有这些都说明，在当今一味依赖于自然资源过度开发利用，不注重人力资源的开发与利用，经济发展就会较慢较差，就相对落后。

4. 微笑曲线理论

1992 年宏碁集团创始人施振荣提出了著名的“微笑曲线”理论，如图 1－4 所示。

微笑曲线左边是产品研发部分（技术环节），中间部分是加工和制造部分（生产环节），右边是营销环节。在产业价值链上，处于两端部分的研发和营销附加值高，主要

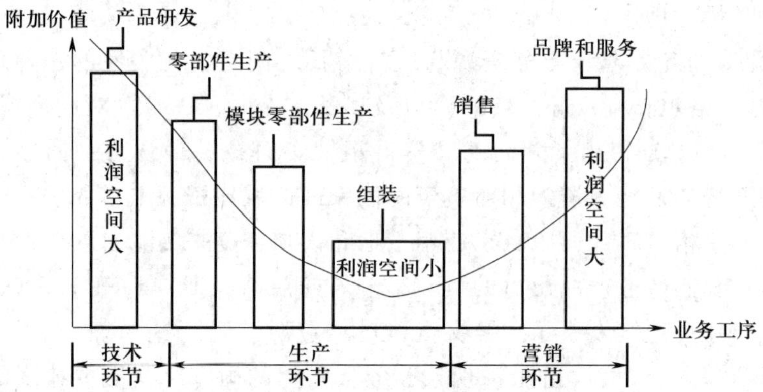

图 1－4　“微笑曲线”

是依靠人力资源的开发与利用，而处于中间部分的加工制造主要依靠物质资本和金融资本投资，其附加值最低。对于企业来说要获得更多的附加值，就必须向两端延伸——要么向上游的产品研发端延伸，要么向下游营销端的品牌和服务延伸。而这两端主要依靠的是人力资源的开发与利用。这就要求企业加强创新能力的提升，由“世界工厂”转变为“世界研发中心”和“品牌营销服务中心”。

第二节　劳动经济学的形成与发展

一、国外劳动经济学的形成与发展

劳动是人类最基本的实践活动，人们对劳动的探索经历了漫长的历史过程，在这一过程中形成了不同阶段的劳动经济理论。它大致可分为四个阶段：孕育阶段、形成阶段、独立发展阶段和学科体系发展与完善阶段。

（一）孕育阶段

劳动经济学（labor economics）从古希腊和古罗马时期至 17 世纪经历了漫长的孕育阶段，它主要体现在一些学者提出相关的劳动经济思想及理论观点。

1. 古希腊和古罗马时期的劳动经济思想

在远古时期的一些学者和政治家的著作和论述中就已经孕育着劳动经济学说的胚胎。公元前 8 世纪希腊诗人赫西奥德在他的著作《劳动与时日》中热情讴歌了人类的劳动，认为只有劳动才能得到财富、荣誉、家庭和朋友。古希腊思想家色诺芬在其著作《经济论》和《雅典的收入》中，从奴隶制自然经济观点出发考察了劳动分工以及劳动分工的意义。古希腊思想家柏拉图在其著作《理想国》和《法律论》中从国家组织原理的角度考察了社会分工问题。他认为每个人都有多方面的需求，但是人们却只有某种才能，因此一个人不能完全无求于他人，而必须互助，于是形成了各种团体，这些团体联合起来便形成国家。他还从产品的生产效率方面说明了分工的必要性，他认为，一个人做多种事不如专门做一种事，如果一个人专门做一种与他性情相近之事，他所生产的产品必然很多很好，所以，一国中应当有专门从事各种行业的人。罗马政治家和演说家西塞罗也认为，不论具体的工作或职业有多少差异，劳动都是十分重要的，离开了劳动任何财富都不可能得到。可见，他十分强调劳动的普遍意义。[13]

2. 欧洲中世纪的劳动经济思想

从公元5世纪到10世纪是西欧封建社会的早期。反映这一时期劳动经济思想最重要的史料是《萨利克法典》和《庄园敕令》。《萨利克法典》反映了公元5—6世纪刚步入封建社会初期的法兰克王国的经济制度及编写者的主要经济观点。它十分重视对主要生产者的人身自由及财产的保护，规定劳动所得归农户所有。《庄园敕令》是公元8世纪末查理大帝为整顿领地而下的一份诏令，它对农作物的耕作、收割，对农奴的监督、耕畜的使用等都做了详尽的规定。与《萨利克法典》不同，《庄园敕令》更具有劳动经济管理的倾向。它把如何有效地剥削农奴作为一个核心问题，它要求庄园管理要充分利用土地和劳动力，督促农奴“勤于耕作”、“不要虚度工作日”。西欧从公元11世纪起进入封建社会的极盛时期，西欧的经济思想也随之进入了一个新的发展阶段。行会就是在这样的历史条件下形成的。行会制度中所反映的劳动经济思想主要是：公开规定男女平等的原则，行会制管理机构负责举办集体福利事业，并对某些专业匠师人数以及匠师身份所需要的公民资格、财产状况、投资水平等做出了规定。

3. 重商主义的劳动经济思想

重商主义是在西欧封建社会瓦解和资本原始积累时期产生的，它是对资本主义“生产方式的最早理论探讨”。与重商主义主张相适应的劳动经济思想主要包括：① 黄金是一个国家财富的主要形式，而财富源于天然的禀赋和劳动创造两个方面；② 立法保护本国的熟练技工，培训本国技工和吸引外国技工都可以增加国家的财富；③ 以高报酬刺激劳动的发展，增加国家的财富；④ 低利率可促使技工勤劳及其熟练程度的提高，物价上涨对固定收入者的危害最大。

在劳动经济学的孕育阶段，尽管许多学者提出了不少的劳动经济观点，但是，他们的论述还是质朴的、零散的，没有形成独立的思想体系。

（二）形成阶段

17世纪至20世纪20年代，劳动经济学进入了形成阶段，成为经济科学和管理科学的重要组成部分。劳动经济学的形成主要表现在以下几个方面：

1. 古典经济学为劳动经济学的形成奠定了基础

（1）配第提出了“劳动是财富之父和能动的要素”的观点，他还区分了生产人口与非生产人口，说明了人口状况和就业状况对征税和调整人口经济结构的作用。

（2）亚当·斯密在《国富论》（1776）一书中，不仅研究了劳动是价值源泉和价值尺度的基础理论问题，而且还研究了劳动分工对劳动生产率提高的作用，分析了工资决定和工资差别以及由劳动分工产生的工人境遇等问题。

(3) 李嘉图提出了劳动价值论、工资决定及工资运行规律、机器使用造成工人失业等观点。法国经济学家萨伊等提出了“供给自行创造需求”的市场法则和“就业自动均衡”理论。

(4) 工资基金论对劳动经济学的形成产生了影响。工资基金论由重农主义者提出，亚当·斯密加以发展，斯图加特·穆勒将其定型并最终将其放弃。从工资基金论提出后，N. W. 西尼尔在《政治经济学》、W. T. 桑顿在《论劳动》(1869) 等著作中对其进行了批判。这些争论对劳动经济学的形成提供了条件：① 通过争论，工资的性质和工资的决定更趋于明确和清晰；② 劳动力市场现象（劳动力供求、工资决定及其运行规律等）引发了经济学家的关注，如 J. E. 凯恩斯讨论了劳动力市场的类型，分析了职业间流动的难易程度与劳动力市场竞争的关系等；③ 通过争论，为制度分析方法渗入劳动经济学研究领域打开了大门。

2. 历史和制度学派对劳动力市场理论的形成提供了制度研究方法

19 世纪 40 年代到 80 年代，历史学派盛行于德国经济学界，同时，制度学派在美国得到了发展。他们在劳动力市场政策方面的研究，对拓展劳动经济学的研究领域具有积极的意义。

(1) 他们批评了古典学派的抽象演绎方法，将历史和道德等非直接经济因素运用到劳动力市场的选择和人的行为及工资分析当中。

(2) 他们强调制度对解决劳工问题的重要性。L. 布伦坦诺在 1881 年出版的《现代劳动组合》一书中，主张广泛利用工会组织推行改良措施，通过劳资谈判解决工资、劳动条件等劳动力市场问题。其他学者主张在工厂立法、劳动保险、劳动契约、劳动争议仲裁等方面修改法律，解决一系列劳动关系问题。S. 韦伯与妻子比特丝在他们合著的《工会运动史》(1894)、《工业民主主义》(1897) 等书中，全面探讨了劳动力市场经济体制发展问题。美国学者埃利·里查德在《美国的劳工运动》(1886) 一书中，考察了工会运动的发展，分析了工会在劳动力市场中竞争、劳动条件决定等方面的地位与作用等问题，开创了系统地对劳动力市场现象进行制度与组织研究的先河。

3. 新古典经济学为劳动经济学的形成提供了新的分析方法（边际分析和均衡分析）和理论

(1) “边际革命”(marginal revolution) 将数学作为经济学分析的工具，并将其用之于劳动经济分析之中。19 世纪 70 年代，英国经济学家 W. S. 杰文斯在《政治经济学理论》(1871)、奥地利经济学家 C. 门格尔在《国民经济学原理》(1871)、法国经济学家 L. 瓦尔拉在《纯粹经济学要义》(1874) 中分别提出了边际效用价值理论和边际分析方法，引发了经济学上的“边际革命”。新古典经济学广泛地将数学作为经济学分析的工具，尽可能以严密和准确的数学模型表达和解释经济理论，并将其用于劳动力市场的分析之中。

（2）新古典经济学提出了资源配置理论和均衡分析方法。新古典经济学的基本理论假设是理性和资源稀缺性，研究的中心是如何实现在资源稀缺约束下实现效用的最大化。在这种主旨下，W. S. 杰文斯提出了他的劳动学说，分析了个人在劳动力市场上的最佳选择行为。L. 瓦尔拉将生产要素和产品市场统一起来进行考察，提出了整个经济的一般均衡理论。V. 帕累托将基数效用论发展为序数效用论，并使之成为立论严密的市场理论。A. 马歇尔在《经济学原理》（1890）一书中综合了当时的各种学说，提出了局部均衡理论，并用供给、需求和价格三者之间的函数关系，揭示了均衡价格规律。J. 克拉克在《财富的分配：一种关于工资、利息和利润的学说》（1899）一书中以边际生产力理论为基础，提出了边际生产力工资决定理论。

（3）庇古论述了劳动经济学的一些重要理论。① 他在《财产与福利》中，把劳动经济问题放到了一个包括工资、工时、报酬、劳动力职业和区域分布以及劳动力流动的更广泛的经济学论述中。② 他对劳动力质量问题做了深入的研究，强调了教育和培训对劳动生产率的贡献。③ 他论述了市场机制下难以避免的摩擦失业和自愿失业问题。④ 他开创性地研究了福利经济学，成为福利经济学之父。

4. 劳动社会理论和劳动管理理论促进了劳动经济学的形成

19 世纪末期英国社会学家 C. 布思通过对伦敦劳动者的调查，发表了 17 卷本的《伦敦人民的生活和劳动》的研究报告，这个报告详细描述了当时英国各行业的劳动条件、家庭收入、生产方式和贫困程度。他的报告引起了社会对劳动者的广泛同情，导致了英国关于最低工资、失业保险、病残津贴和老年人抚恤金等劳动法规的制定和出台。同一时间的法国学者 F. 普累也发表了 6 卷本的《欧洲工人》研究报告，他对城市工业的劳动条件和资本主义工业化过程中的工人家庭贫困问题进行了研究。法国社会学的创始人 E. 杜尔凯姆在《社会分工论》（1883）中，考察了劳动分工的形式、职能和条件，研究了分工造就的社会团结形式和分工导致的主要“变态”形式，在此基础上提出了改善劳动分工、调整完善社会规范和道德秩序的方法。德国学者 M. 韦伯在 1882 年和 1908 年分别发表了《易北河以东德国农业工人状况》和《关于工业劳动的心理物质原理问题》，对工人的职业构成、社会出身、生产方式以及心理状态同劳动生产率的提高和整个企业发展的相互关系问题进行了研究。他又在《经济与社会》（1922）一书中，强调科层制为工业生产经营活动提供了最合理的劳动组织形式。19 世纪末期美国管理学家泰勒在“伯利恒钢铁公司劳动管理实验”的基础上，分别发表和出版了《计件工资》（1895）、《工场管理》（1903）和《科学管理原理》（1912），提出了科学劳动管理理论。另外，法国管理学家亨利·法约尔等人的管理学说都对劳动组织管理产生了重要影响。

在劳动经济学的形成阶段，许多学者提出的劳动经济理论无疑对劳动经济学的形成和发展做了理论上的准备。但是，这一阶段的劳动经济理论还分散于经济学和管理学等学科之中，劳动经济学还不是一个独立的学科。

（三）独立发展阶段

从20世纪20年代至60年代后期，劳动经济学进入了独立发展阶段。劳动经济学的独立发展表现在如下几个方面：

1. 劳动经济学成为一门独立的学科

“劳动经济学”一词首次出现于1925年美国学者所罗门·布拉姆出版的《劳动经济学》一书中。这本著作的出版，标志着劳动经济学作为一门学科，进入独立发展阶段。此后，在欧洲和日本等国也建立起劳动经济学这门学科。我国于1931年也出版了朱通九教授所著的《劳动经济概论》。

2. 与工资相关的经济理论得到了深化研究

（1）英国经济学家希克斯在《工资理论》（1932）中创立了一系列关于劳动力需求与供给的关键性概念，他运用工会理论，将罢工时间长短同工资率相联系，对集体谈判条件下的工资决定体制进行了纯理论分析。他在对劳资争议双方的行为做了一系列可预期的假设基础之上，提出了一个资方的“让步曲线”与工会的“抵制曲线”相交点的均衡工资模型，并解释了为什么此点所代表的工资是劳资双方所能接受的工资。

（2）道格拉斯、柯布提出了生产函数理论。B. H. 道格拉斯在《工资理论》（1934）一书中对希克斯的工资理论进行了补充，用统计的结果论证了边际生产率理论的正确性。更为重要的是B. H. 道格拉斯在数学家C. W. 柯布的帮助下提出了著名的道—柯生产函数理论。他们用测定边际生产率的方法发现了美国经济中制造行业生产率的75%归功于劳动力，25%归功于资本。这与长期收集的各种数据相吻合，也与国家研究局得出的这一时期工资基金形成了74%的国民收入（制造业）的结论基本吻合。20世纪40年代后期，熊彼特称此研究（经济理论与统计方法相结合）是“在经济学研究中一次极具想象力的探索”。

3. 劳动就业理论引入了宏观总量研究

20世纪30年代“凯恩斯革命”后所形成的凯恩斯主义宏观经济学，使就业理论获得了重要发展。英国经济学家J. M. 凯恩斯在《就业、利息和货币通论》（1936）一书中，将国民经济的产出水平与就业水平联系起来，以有效需求不足来解释非自愿失业存在的原因，并提出了加强政府对经济干预的政策建议。这标志着宏观经济学的产生。此后所形成的新古典综合学派、新剑桥学派、美国新凯恩斯主义学派分别从宏观、宏观与微观结合的角度分析了就业理论。宏观经济学的建立与发展对现代劳动经济学的发展具有重大意义：

（1）劳动力资源的利用程度得到深入研究。传统经济学认为，通过市场机制可以使生产达到充分就业的均衡，即可以依靠市场机制充分利用劳动力资源；而宏观经济学认为，充分就业只是短期的现象，大量存在的是介于充分就业与普遍失业之间或普遍失业的情况。宏观经济学深入地研究了劳动力资源未能达到充分利用的原因，以及如何达到充分利用的途径，这样不仅劳动力资源的配置、而且劳动力资源的利用水平作为经济学需要解决的问题被明确提出来了，拓展了劳动经济学的研究领域。

(2) 失业与通货膨胀是宏观经济运行中常见的最重要的问题，宏观经济学将失业、通货膨胀与国民收入联系起来，分析和认识它们相互之间的关系和原因，并提出一系列的经济对策。这样，就为现代经济学从产品市场、要素市场的联系中更深刻地认识劳动力市场的功能提供了新的视角。

(3) 宏观经济学在研究方法方面将抽象分析与制度分析完美地结合在一起，并重新确立了经济政策研究在经济学中的地位。宏观经济学对宏观经济政策目标、政策工具、政策效用等的分析，为现代劳动经济学对劳动经济政策的研究提供了基础。

4. 较为完善地提出了劳动力市场理论

20 世纪 40 年代，美国芝加哥学派又把劳动力市场理论增加到劳动经济学中，进行了一场“劳动经济学革命”，以克服原劳动经济学研究范围过窄、内容不全、理论性不强等缺陷。

5. 人力资本理论丰富和发展了劳动力供给研究

20 世纪 60 年代后期，劳动经济学在“人力资本革命”中又获得了发展。与早期的劳动经济理论相比，人力资本革命后的劳动经济学更重视对劳动供给的研究（早期的劳动经济理论注重对劳动需求的研究），分别研究了人力资本对劳动供给、经济增长、收入分配的重要作用。明塞尔 1958 年首次用现代分析方法研究了人力资本，他当时将注意力集中在对个人收入差距的解释上。在他以前收入分配的研究常常是同凯恩斯的消费函数研究相联系。明塞尔的模型则是一个研究生产函数的模型，它用人们按照自主选择原则进行人力资本投资的结果来解释职业间和职业内部的收入差别，发现职业间的差别是培训差别的函数，并把人力资本投资扩大到工作阅历，以便更广泛地解释不同质的劳动者个人的收入差别。诺贝尔经济学奖得主舒尔茨是人力资本的集大成者，他提出了人力资本的五种形式，认为科学技术和教育极大地提高了人力资本，成为推动经济发展的第一因素。另一个诺贝尔经济学奖得主加里·贝克尔在对人力资本投资进行了一般意义上的分析后，对高等教育所带来的个人收益率和社会收益率进行了实证研究。他还在时间分配和家庭生产方面对消费者行为模式的研究做出了贡献。

6. 20 世纪 60 年代后一些社会主义国家的经济学家也提出了重要的劳动经济理论

兰格提出了劳动自由选择理论，布鲁斯提出了分权式劳动决策理论，科尔奈提出了工资膨胀和在职失业的理论等。

(四) 学科体系发展与完善阶段

从 20 世纪 60 年代后期至今，劳动经济学进入了学科体系发展与完善阶段。当前的劳动经济科学与过去的劳动经济科学相比有以下几个特点：

1. 劳动经济学研究内容更加全面

20 世纪 20 年代以前劳动科学主要研究劳工问题、劳资矛盾、收入分配等内容，30 年代主要是研究就业与失业（庇古和凯恩斯），40 年代主要研究劳动力市场（芝加哥学派），50年代主要研究地区和行业工资变动，60年代主要研究人力资本，70年代主要研究滞胀问题；而20世纪80年代的劳动经济学转向对个人的研究。[14]20世纪90年代末期人们开始研究知识经济下的劳动经济理论问题。这样，当前的劳动经济学宏观与微观相结合，内容更加全面。

2. 形成了以新古典框架为基础并兼有制度分析的当代主流劳动经济学

由于新古典经济学和制度经济学各具特点，它们的融合能使劳动经济学在分析方法和理论内容上更加全面。两者的主要区别是：

（1）理论核心不同。新古典经济学的理论核心是它的价值理论和分配理论，这些理论以对人的理性行为所做的效用最大化假设为前提，对资源配置规律进行演绎和实证研究。制度经济学则认为大部分经济活动是由各种制度所决定的，这些制度多半是由心理的习惯和现行的经济结构所构成的，所以，制度经济学理论的主题是制度的形成、演化和发展。

（2）研究方法不同。新古典经济学热衷于数学模型分析，主张用实证方法去寻找纯经济规律，而把心理的、政治的、文化的、道德的、习惯的诸非经济因素排斥在研究视野之外。而制度经济学则运用综合的、历史的、经验的、比较研究的方法找出人们行为的具体差别，较多地运用规范分析对现存制度提出改进意见。

（3）研究的角度不同。新古典经济学从经济人出发，认为社会发展是组成社会的每个追求自我福利最大化的个人在竞争中不断进取的结果，从而形成了一套“人人为我，我为人人”的个人主义思维逻辑。而制度经济学更多地揭示了人的社会性一面，认为社会发展是个人为组织做出贡献，形成一种阶级、民族的团体利益，并为之进取的结果，从而形成了一套以研究组织行为为主的集体主义的逻辑思维。

现代劳动经济学已走上了一条新的经济分析与制度分析相融合的道路。两种学派的界限越来越模糊，彼此在研究对象和研究方法上相互借鉴、相互渗透，从而大大提高了劳动经济学的研究水平。

3. 众多经济学派涉入了对劳动经济学的研究

美国的新古典综合学派及新凯恩斯主义学派和英国的新剑桥学派深化了对劳动力市场和收入公平分配理论的研究；以W. 刘易斯、M. 托达罗和S. 库尔涅茨等为代表的发展经济学家研究了二元经济理论和劳动力空间与产业转移理论；以M. 弗里德曼为代表的货币学派研究了“自然失业率”理论；以M. 皮奥里、P. 多林格、L. 琵罗和R. 卢卡斯等为代表的现代劳动力市场分割学派提出了二元劳动力市场理论和职位竞争理论；新凯恩斯主义学派分析了效率工资、内部人控制理论等；以阿罗（Arrow，1962）、罗默（Romer，1986）、卢卡斯（Lucas，1988）为代表的知识经济学派研究了知识和人力资本溢出理论；行为学派在劳动经济领域的研究上引入了心理与行为视角和实验方法，形成了行为劳动经济学分支，等等。

4. 劳动经济学的研究出现了新的特点

当前西方经济学的研究出现了几个明显的特点：

（1）研究重点从劳动需求转向劳动供给。以马歇尔、克拉克、卡特等为代表的古典经济学主要研究劳动需求问题，发展并完善了劳动需求边际生产力理论。20 世纪 60 年代后重点逐渐转向劳动供给，尤其是供给质量问题。其最突出的成果是人力资本理论的崛起，诺贝尔奖得主舒尔茨（1979 年获奖）、贝克尔（1992 年获奖）等对此做出了杰出贡献。

（2）用新的经济理论和方法分析劳动力市场的运行，包括运用博弈论、信息经济学、契约理论、委托—代理理论等研究劳动力、市场主体的行为方式，对劳动供求行为做出新的理论解释。

（3）注重劳动力市场的特殊性，放弃劳动力同质假设，从劳动力非均质性出发，研究劳动力市场分割、分层与反歧视等问题。

（4）注重研究劳动力市场与宏观经济运行的相互作用与影响，围绕就业与经济增长、就业与收入分配这两条主线，探讨就业方式与宏观经济的互动。如罗默、卢卡斯等提出的内生性经济增长理论，威茨曼等人提出的分享经济理论等。近年来，由于技术创新的加速和知识经济的崛起，越来越多的学者正在研究“技术创新对劳动力供求的影响”、“全球化过程中的就业结构”、“新经济中的收入分配格局”等问题。

5. 劳动科学体系日益完善

如果说过去的劳动科学只是一棵树的话，那么，当前的劳动科学则是一片森林。人们分别从经济学、管理学、社会学、法学等方面建立起了较为完整的劳动科学体系（见后面叙述的劳动科学体系）。

二、我国劳动经济学的形成与发展

（一）我国古代的劳动经济思想与劳动管理

1. 我国古代学者的劳动经济思想

我国古代学者的劳动经济思想主要体现在以下几个方面：

（1）劳动者职业的分类。我国古代春秋时期的管仲在中国历史上第一次将人们按职业划分为士、农、工、商，强调“四民分居”的观点。同时他还对四民分别提出了职业要求。他指出，战士要能武，作战时要团结一致，视死如归；农民要根据农时耕作，使用适当的工具；工人要根据季节的需要，制造适用的工业品以满足社会需要；商人要根据季节的要求了解本地产品的贵贱有无，来往于各地。此外，我国古代的墨子、荀况对当时的劳动经济也提出了相应的观点。从我国古代学者对劳动的论述，我们可以体会到先人们对劳动的强烈关注。

（2）劳动创造财富。《管子》早在公元前 600 多年以前即提出了“劳动创造财富”的观点，并将土地和劳动看成财富生产的两个重要因素。《墨子》也反映了“劳动创造财富”这一劳动价值论问题，而且反映了劳动在人区别于一般动物中的作用。司马迁从人的一般劳动的角度论述了“劳动创造财富”的观点。西汉时期的贾谊则从农业生产的角度论述了“劳动创造财富”的观点。东汉时期的王符是我国人力资源思想史上最早较正确论述劳动力、劳动时间与社会财富之间关系的人。之后，还有很多人对“劳动创造价值”及生产性人口与财富的关系进行过论述，提出了很多非常有见地的看法，如苏轼、梁启超等。

（3）重视教育与人口质量的提高。《管子》提出了“一年之计，莫如树谷；十年之计，莫如树木；终身之计，莫如树人”的人才观。中国古代大思想家孔子、孟子、贾谊等人都提倡对人民进行道德和文化教育，以提高人口的素质。南朝时的周朗则提倡普及教育，打破阶级、阶层和年龄界限，从优择人、用人，防止论资排辈，其见解非常独到。从流传于后世的著作看，贾谊可谓我国历史上最早提出“胎教”看法的人，其后司马迁、颜之推、康有为等人对这一问题均有论述。到了近代，著名人口学家孙本文提出了人口有数量和质量两种规定性的看法，认为人口质量（品质）包括体质、知识和品行三个方面的内容，它们的影响因素是遗传和环境因素，这种观点实际上与我们现在对人口或人力资源问题的认识具有很大的一致性。

2. 我国古代的劳动管理

（1）加强对官府中劳动力的管理。① 确定官府中劳动力的性质。奴婢和徒（犯罪受罚的人）是没有人身自由的人，没有自己的生产工具，属于奴隶劳动力。匠、卒和丁夫有不完全的人身自由，他们可能有自己的生产工具，对于差派的工役必须承担。匠是生产技术的主要承担者。② 将劳动力编制成册，终身不得改易以保证官府对劳动力的使用。③ 给予手工业者牲畜和田地，加强手工业劳动者与农业的结合。④ 巩固产业技术的世代相传。

（2）除农业外，民间经营方式的多样化。① 以家庭为单位的小手工业生产和个体商贩；② 巡游各地求雇的各种艺、匠人；③ 发展大型采矿业和冶炼业。

（3）劳动的特点是：① 工业生产合理使用劳动力，如《周礼·考工记》细化了劳动分工和强化对劳动管理的思想；韩非强调了国家政策不能多变，主张尽量稳固劳动者的职业，以避免劳动者因职业的频繁变更而降低劳动效率的思想等。② 加强产品质量和对劳动者的严格要求，如制定生产规范、生产责任制以及在产品上标有制造者的姓名等。③ 注重人工成本核算，如北宋李诚在《营造法式》中，主张对生产中所用的各项原材料、人工费用进行核算，以及按各个制作项目具体计算和确定所需原材料和人工数等。

（二）民国时期一些学者对劳动经济问题的研究

现代我国对劳动经济理论和问题的研究在 20 世纪 20 年代至 30 年代形成了高潮。在这一时期主要是研究劳工问题（工资收入、劳资关系等）。1924 年陈达教授指导清华学校的学生对北京市海淀区人力车夫的生活费进行了调查。同年，甘博、孟天培、李景汉在北京市对 1 000 个车夫的收入和家庭支出进行了调查和分析，得出了他们入不敷出的结论。1926 年孟天培和甘博调查了北京 1900—1924 年的物价、工资及生活费用的变化。1926—1927 年甘博等调查了北京近百年来的物价、工资及税收情况。1929 年，北京社会调查所成立，在所长陶孟和的主持下，对乡村经济、城市工业和劳动问题进行了卓有成效的调查研究，编辑出版了《中国劳动年鉴》、《河北省及平津两市劳资争议的分析》和《国际劳工组织》。劳工问题的经验研究促进了劳工理论的构建和发展，这一时期出版的劳工问题专著主要有邵元冲的《美国劳工状况》（1924）、唐海的《中国劳动问题》（1926）、马超俊的《中国劳工问题》（1927）、陈达的《中国劳工问题》（1929）、王云五的《劳工问题》（1933）、骆传华的《今日中国劳工问题》（1933）和何德明的《中国劳动问题》（1937）等。

陈达教授是当时研究我国劳工问题的权威。他在《中国劳工问题》中指出，劳工问题应从三个方面进行研究：① 研究劳工本身，如生活费、工资、工作时间等；② 研究劳工与资方的关系，如劳资争议、劳工运动、罢工、失业等；③ 研究劳工的社会方面，如福利设施、工业和平等。他认为，我国劳工界面临两个最重要的问题：① 劳工阶级的生存竞争，即工人存在着工资、工作时间和待遇等方面的需求和问题；② 劳工阶级的成绩竞争，即工人除了谋生之外，还有着为社会做贡献的愿望。为了解决这两个问题，首先应提高工资和增加工人享受盈利的权利，其次应给工人以合作的机会，雇主要把工人当作合股经营人看待，而不应把工人当成雇主盈利的工具。

从 20 世纪 30 年代末到 40 年代，抗日战争使中国农村经济走向了萧条。为挽救中国农村经济危机，以费孝通等为代表的一些年轻学者提出了发展乡村工业、工农相辅发展的自救道路。费孝通在《江村经济》（1939）一书中，提出了在中国沿海发展乡村工业的重要性和发展模式的观点，为进一步研究内地如何发展工业以及农民如何顺利转变为工人提供了建议。1943 年史国衡在费孝通的指导下，对云南昆明一国有工厂的工人进行了调查，写出了《昆厂劳工》（1946）的调查研究报告。史国衡提出了乡村工业化是立国的唯一途径。但在工业化中面临着两个障碍：① 工人与新工业的不适应。主要是从旧有的农业系统中转入新兴工业中的工人对于新的社会角色和工业环境不适应，他们的知识、技能也难以适应现代工业的需要。要克服这一障碍，最重要的是发挥管理和教育的功能，帮助工人提高素质。② 管理过程中人际关系的对立。要解决这一矛盾，关键在于把新工业里的日益脱节的生产技术关系与人事关系很好地结合起来（既要利用现代工业的组织形式、技术和设备，又要将传统的师徒亲密合作关系转移到新的工业组织上）。

（三）新中国成立后我国劳动经济学的发展状况

1. 计划经济时代我国的劳动经济学

在计划经济时期，我国对劳动经济学的研究具有以下特点：

（1）在研究目的上，主要是论证劳动制度和劳动关系与计划经济的适应性及合理性。

（2）在理论基础上，侧重于政治经济学的一些理论和计划管理理论。

（3）在理论体系上套用苏联的劳动经济学，没有形成自己特有的劳动经济理论体系。

（4）在研究方法上侧重于制度分析和历史分析，规范研究方法占主导地位。

（5）劳动经济学教学与研究严重受阻。全国只有极少数学校开设了劳动经济学专业，全国相关杂志仅有《劳动》一种，没有一个全国性的劳动经济专业学术团体，没有一个专门研究劳动经济的学术研究机构。

由于该时期受极“左”思潮的影响和教条主义盛行，加上没有形成自己特色的劳动经济学，所以从总体上看，在此时期我国劳动经济学没有取得应有的发展，基本上处于停滞不前的状态。

2. 改革开放以来我国劳动经济学的发展

我国改革开放以来，在劳动经济学方面主要是研究就业、劳动力流动、劳动报酬分配和社会保障等理论和现实问题。这一时期又可分为四个阶段：

第一阶段是从20世纪70年代末到80年代中期，主要是研究待业青年就业和运用收入分配来提高劳动效率（主要是农村联产承包责任制和城市承包制下的劳动合同制及以奖金为主的分配制）等理论和现实问题。

第二阶段是从20世纪80年代中期到90年代初期，主要是研究劳动力流动（农村剩余劳动力转移和城市化）等理论和现实问题。

第三阶段是从20世纪90年代中期到后期，主要是研究构建劳动力市场、国有企业减员增效和下岗再就业等理论和现实问题。

第四阶段是21世纪以来，主要是研究人口红利转向人口负债的就业与失业、收入公平分配、健全社会保障制度、劳动关系、人口老龄化等理论与现实问题。当前，我国也初步形成了较为完善的劳动经济科学体系。

第三节　劳动科学体系

劳动作为人类社会普遍存在的范畴，几乎是各门社会学科都应涉及的，因此，劳动科学是一门综合性很强的学科。对劳动理论的研究分别融合于经济学、管理学、社会学、法学等学科之中。下面我们分别从这些方面来考察劳动科学体系。

一、经济学科中的劳动科学

（一）马克思经济学中的劳动经济理论

马克思是最重视对劳动研究的无产阶级革命的导师，他把劳动比作普照人类世界的太阳，把政治经济学称作“劳动的政治经济学”[15]。马克思经济学中的劳动经济理论主要有以下几方面的内容：

1. 劳动基本理论

（1）劳动价值理论。马克思认为，劳动是商品价值的唯一源泉。商品的二因素（使用价值和价值）是由劳动的二重性（具体劳动和抽象劳动）决定的，具体劳动创造商品的使用价值，抽象劳动形成商品价值。价值的实体是人的抽象劳动，价值的实质是商品生产者的生产关系，商品价值量是由社会必要劳动时间决定的，价值是劳动过程中形成的，其来源是雇佣工人的活劳动。

（2）劳动过程。他把有目的劳动本身、劳动对象、劳动资料概括为劳动过程的简单要素；他分析了劳动过程中不变资本与可变资本在价值形成中的不同作用，说明了在生产过程中不变资本只是转移旧价值，而可变资本才创造新价值，从而进一步说明了价值和剩余价值的来源；他把工人的劳动时间分为必要劳动时间和剩余劳动时间两部分，从而进一步说明了价值和剩余价值的来源。

（3）劳动形态。他把劳动分为三种形态：① 潜在形态的劳动，即潜在于人体中的劳动能力，包括人的体力和脑力等；② 流动形态的劳动，也叫活劳动，是劳动力正在使用和消耗，是现时实际支出的劳动量；③ 凝结形态的劳动，也称物化劳动，是凝结在一切产品中的人的过去劳动。

（4）劳动类型。他划分了生产性劳动和非生产性劳动，区别了个别劳动和社会劳动，简单劳动和复杂劳动等。另外，他还分析了劳动在社会经济发展中的地位和作用。

2. 劳动力理论

（1）马克思区分了劳动和劳动力，界定了劳动力的概念，即劳动力是“人的身体即活的人体中存在的、每当他生产某种使用价值时运用的体力和智力的总和”[16]。而劳动是劳动力的使用和消耗。

（2）提出了劳动力商品理论。包括：① 货币转化为资本的关键在于劳动力成为商品。② 劳动力成为商品的条件是：一是劳动者具有人身自由，不包含任何人身从属或依附关系；二是劳动者丧失一切生产资源和生活资料。③ 分析了劳动力价值的决定和其使用价值的特点（它是价值的源泉）。

（3）劳动力所有制理论。马克思认为，劳动力归劳动者自己所有，劳动是劳动者让渡了劳动力的使用权，“他在让渡自己的劳动力时不放弃自己对它的所有权”。

（4）提出了决定劳动力价值和剩余价值的三条规律。“第一，不论劳动生产率如何变化，从而不论产品和单个商品的价格如何变化，一定长度的工作日总表现为相同的价值的产品”；“第二，劳动力的价值和剩余价值按照相反的方向变化”；“第三，剩余价值的增加或减少始终是劳动力价值相应的减少或增加的结果，而绝不是这种减少或增加的原因”。[17]

3. 就业理论

（1）机器利用与工人就业的辩证关系。马克思首先提出机器的资本主义使用会造成工人失业和对工人剥削程度加重的问题。同时他又指出了机器的应用能引起劳动部门就业的增加：① 机器生产的产品增加，使用的原料也就增加，所以原料的生产部门就要扩大，从而使就业增加；② 机器使生产部门增加，部门之间的相互影响增加了对劳动的需求；③ 机器的使用增加了剥削阶级的财富，从而增加了奢侈品生产部门的劳动需求；④ 大工业造成的世界市场，使运输业对劳动的需求增加；⑤ 机器生产的发展使基础部门（运河、船埠、桥梁等）的劳动需求扩大；⑥ 机器的使用使工人被用于非生产的劳动数量增加等。

（2）相对过剩人口理论。马克思提出相对过剩人口是资本积累的必然产物，是资本主义特有的人口规律。相对过剩人口是资本主义积累的杠杆和资本主义生产方式的一个条件。相对过剩人口有四种存在形式：流动的过剩人口、潜在的过剩人口、停滞的过剩人口和相对过剩人口的最底层（需要救济的贫困人口）。

4. 工资理论

（1）工资的定义。马克思首先批判了工资是劳动的价值和价格的观点，指出工资是劳动力价值或价格的转化形式。

（2）计时工资。他指出，“劳动力总是按一定时期出卖的，因此，直接表现劳动力的日价值、周价值等转化形式就是计时工资的形式”；“劳动力的平均日价值除以平均工作日的小时数，就得出平均的劳动价格”。计时工资的“一般规律就是：如果日劳动、周劳动等的量已定，那么日工资或周工资就决定于劳动价格，而劳动价格本身或者是随着劳动力的价值而变化，或者是随着劳动力的价格与其价值的偏离而变化；反之，如果劳动价格已定，那么日工资或周工资就决定于日劳动或周劳动的量”。马克思还论述了计时工资对工人阶级的影响：① 造成工人因就业不足而遭受苦难；② 小时工资制使工人就业的时间减少、受剥削的程度加重；③ 工作日长度和工资成反比，劳动力价格越低，工作日必然越长；工作日越长，工资就越低。[18]

（3）计件工资。他表示，计件工资是计时工资的转化形式，工资支付形式的区别不会改变工资的本质。他认为，计件工资的特点和作用表现在：① 劳动的质量由产品本身来控制；② 计件工资成为计算劳动强度的尺度；③ 计件工资形式形成现代家庭劳动的基础，也形成了层层剥削和压迫制度的基础；④ 计件工资有利于提高劳动强度和工作日的延长，降低了工资水平；⑤ 计件工资在促进工人个性、自由精神、独立和自我监督能力发展的同时也促进了他们之间的竞争。

（4）工资的国民差异。① 工资的国民差异以及在比较国民工资时应该考虑的因素是：生活必需品的价格和范围、工人的教育费、妇女和儿童劳动的作用、劳动生产率、劳动的外延量和内含量等。② 工资的国民差异的原因有：国民劳动的强度不同，价值规律在国际上的应用所形成的商品价格和劳动生产率的差异，商品的国际价值和货币的相对价值及资本主义发达程度不同国家的名义工资的差别。③ 相对的劳动价格（同剩余价值和产品价值相比较的劳动价格）和相对工资。[19]

（5）按劳分配理论。马克思设想的按劳分配模式包括：分配的对象是个人消费品，它是做了必要扣除的劳动所得；在全社会范围内实行按劳分配，即在全社会范围内按统一标准进行扣除和分配，做到同工同酬；直接以劳动时间作为分配的依据；它是直接的分配形式，不通过货币和商品交换直接实行实物分配；它还存在着形式上的平等和内容上的不平等的特点。

（二）西方经济学中的劳动经济理论

广义西方经济学包括西方所有的经济理论，狭义的西方经济学指微观经济学与宏观经济学。由于这一部分在以后的章节中还要详细分析，所以我们仅从微观经济学与宏观经济学的角度概括其劳动经济理论如下：

1. 微观经济学中的劳动理论

微观经济学中主要包括劳动理论、工资理论和福利经济学（宏观经济学也研究）等。

（1）劳动理论。① 把劳动作为一个生产要素，以劳动和资本为主分析了生产要素函数理论；② 分析了劳动的供求及劳动力市场理论。

（2）工资理论。工资理论主要包括工资决定理论（边际生产力工资理论、劳动供求工资理论等）、工资差别理论和工资制度等。

（3）福利经济学。福利经济学主要包括福利优化理论、公平分配理论以及效率与公平抉择理论等。

2. 宏观经济学中的劳动理论

宏观经济学主要分析了以下劳动理论和政策：

（1）充分就业是宏观经济政策的首选政策目标。

（2）失业的类型、原因及影响。

（3）失业与通货膨胀的关系。

（4）促进就业的宏观调控政策。

（5）开放经济下的劳动经济理论，等等。

对劳动经济理论论述最集中的是劳动经济学、劳动经济学说史和人力资源经济学，由于它们是本书的主要研究内容，下面还要具体分析，所以在这里不详加阐述。

二、管理学科中的劳动科学

（一）人力资源管理与开发

1. 人力资源管理

人力资源管理（human resource management，HRM）可以分为宏观管理和微观管理：① 人力资源宏观管理是对社会整体的人力资源的计划、组织、控制，从而调整和改善人力资源状况，以保证社会经济的运行和发展。② 人力资源微观管理是指特定组织为实现其发展目标，对职工在选人、育人、留人和用人等方面所进行的规划、招聘、培训、激励、协调等一系列的管理活动。人力资源管理的活动主要包括企业人力资源战略的制定、员工的招募与选拔、培训与开发、绩效管理、薪酬管理、员工流动管理、员工关系管理、员工安全与健康管理等。

2. 人力资源开发

人力资源开发（human resource development，HRD）是指社会或特定组织通过学习、教育、培训、考核、激励等活动，系统地挖掘人的潜能，以增长人的知识、提高人的工作技能和多方面能力的过程。广义的人力资源开发主要包括的内容有：① 人力资源的生理开发——劳动生理学；② 人力资源的心理开发——劳动心理学和劳动动力学；③ 人力资源的智力开发——劳动创造学；④ 人力资源的技能开发——劳动教育学；⑤ 人力资源的环境开发——劳动关系学；⑥ 人力资源的道德开发——劳动伦理学。[20]

3. 人力资源管理与人力资源开发的关系

人力资源管理与人力资源开发有许多相似之处：① 二者都是以人为对象所而进行的活动；② 二者的目的均是更好地利用人力资源为社会或组织服务；③ 二者都要开展对劳动者进行教育和培训等活动。

人力资源管理与人力资源开发的主要区别在于：① 所属学科不同。人力资源管理属于管理学学科；人力资源开发既可以是经济学科，也可以是教育学学科，还可能是行为科学。② 主要理论不同。人力资源管理理论主要有系统原理、能级对应原理、结构功能原理、反控制原理、弹性沉余原理、互补增值原理、利益相容原理、竞争强化原理等；而人力资源开发的主要理论有人力资本投资理论、劳动力产权理论、知识经济理论、心理学理论、行为学的理论等。③ 活动范围不同，企业的人力资源主要活动在企业内部；人力资源开发的活动既可以是在企业内部，也可以在企业外部（国家或社会对人力资源的开发）。④ 实现途径不同，人力资源管理通过计划、招聘与配置、沟通和激励、绩效考评、报酬管理来实现对人力资源的管理，而人力资源开发主要是通过人力资本投资实现其开发的。

（二）劳动组织管理

劳动组织管理主要包括：

（1）组织结构设计，即组织规模与管理幅度及管理层次，组织结构形态（扁平结构、锥形结构等），组织结构的依据、原则和方法。

（2）岗位研究，主要包括岗位调查与评估、岗位分类、岗位测定的方法和技术等。

（3）工会和雇主组织（雇主联合会或企业家协会）管理。

（4）劳动组织的政府行为。

（三）劳动人员管理

劳动人员管理的主要内容有：

(1) 劳动定额与定员，包括劳动定额与定员的种类及形式、劳动人员的分类、劳动定额定员的标准化等内容。

(2) 人员的测评，包括人员素质测评的基本原理、方法和技术等。

(3) 劳动合同管理，包括劳动合同的种类、劳动合同的签订、劳动合同的履行及终止等。

另外还有劳动人员的心理与行为、劳动人员的激励与约束、劳动人员的教育与培训等。

(四) 劳动薪酬管理

劳动薪酬管理主要研究工资和福利形式、薪酬生成制度、薪酬分配制度、薪酬激励和约束制度等内容。这一理论将在第七章至第八章涉及。

三、其他学科中的劳动科学

劳动科学在其他学科中也有研究，如社会学和法学。社会学学科中的劳动科学主要包括劳动社会学、劳动保障学、劳动关系学等；法学中的劳动科学主要包括工会法、工资法、职工福利法、劳动保护法、国际劳工公约等。

综上所述，劳动科学体系如表 1－1 所示。

表 1－1　劳动科学体系

劳动经济学科	劳动管理学科	劳动社会学科	劳动法学科
马克思主义的劳动经济理论 西方经济学中的劳动经济理论 劳动经济学 劳动经济学说史 人力资源经济学 ……	人力资源管理 人力资源开发 劳动组织管理 劳动人员管理 劳动薪酬管理 ……	劳动社会学 劳动保障学 劳动关系学 ……	劳动组织法 劳动薪酬法 劳动保护法 国际劳工法 ……

第四节　劳动经济学的研究对象与内容

一、劳动经济学的研究对象

学科的研究对象是指该学科的研究所涉及的主要领域和核心内容。对于劳动经济学的研究对象，国内外学者各持己见，莫衷一是，归纳起来主要有以下几种对象论：

（一）研究最重要生产要素——人力的需求与供给

这是 R. B. 弗里曼（R. B. Freeman）的观点。他认为人力的需求与供给是最重要的生产要素。人力资本革命后，人力资本主要分析个人决策和劳动供给的质量，因此，20世纪七八十年代的劳动经济学与早期的劳动经济学有两点不同：

（1）从内容上看，早期劳动经济学在很大程度上是从需求方面来分析企业行为的，而现代劳动经济学对劳动供给颇感兴趣。

（2）在研究方向和分析方法上，早期经济学大都研究地区或行业的劳动问题，而20世纪七八十年代的劳动经济学家将研究的重点转向了个人。

他还提出了劳动经济学的主要研究内容是人力资本（劳动供给）、劳动需求、劳动机构（工会）和劳动力市场（对蓝领劳动力市场的关注已转向白领劳动力市场，对工资、就业和失业的案例研究方法也转向计量经济学调查方法）。[21]

（二）研究劳动力市场的运行和结果

美国劳动经济学家伊兰伯格和史密斯在他们的《现代劳动经济学》中指出："劳动经济学研究劳动力市场的运行和结果。确切地说劳动经济学研究雇主和雇员对工资、价格、利润及雇佣关系的非货币因素（如工作条件）的行为反应。"[22] 他们的劳动经济学主要由四部分构成：

（1）劳动力市场概论。主要包括劳动力市场的定义、事实和趋势；劳动力市场运行（主要分析劳动供求及工资的决定，劳动力市场理论的应用）。

（2）劳动力需求。专用于分析雇主的雇佣动机和行为，但也考虑了工人的行为。

（3）分析工人劳动力供给行为的方向。例如是否为报酬工作、不同工作和职业的选择，以及人力资本投资等。

（4）讨论劳动经济学感兴趣的几个专业问题。包括劳动力市场中制度的影响；如何设计报酬结构，以产生激励效应促进生产率提高；歧视性工资差别；工会对劳动市场的影响；工资报酬不平等问题；失业问题。[23]

（三）研究劳动力资源的合理配置

有的学者认为，西方经济学是一门如何使稀缺资源得到最佳配置的学科。那么劳动经济学作为西方经济学的分支，其定义可以从西方经济学的定义中推演出来，即劳动经济学是一门研究如何使稀缺的劳动力资源得到合理配置的学科。[24] 按照这种劳动经济学研究对象设计的劳动经济体系为：

（1）假设前提。主要包括人力资源是重要的社会经济资源、经济人理性、资源稀缺、效益递减、完全竞争和完全信息等。

（2）研究的起点是劳动和人力资源。

（3）主要理论是人力配置原理、人力配置经济论、人力配置决策论、人力配置制度论、人力配置方式论等。

（四）研究劳动力资源投入与产出机理

按照我国一些学者的研究，“主流经济学会把劳动经济学的研究对象，概括为效用最大化假设下劳动力资源投入—产出机理。这就是：研究在人的理性行为遵循效用最大化的前提下，人们在生产中将做出什么样的劳动投入决策”[25]。劳动投入—产出机理主要由以下概念和理论构成：

（1）劳动投入生产理论。这是揭示劳动投入与产品产出之间数理关系的理论，它的基本含义是劳动投入与产品生产之间的数理关系是随技术条件、劳动需求和其他生产要素的供给变化而变化的。

（2）劳动投入成本理论。这是揭示劳动投入与劳动成本之间数理关系的理论，劳动成本包括工资、福利、劳动保障基金和人力资本投资等，在这些成本中有的是随被雇佣者实际提供的劳动量变化而变化的可变成本（如小时工资等），有的是随雇佣人数呈正比例变化的准固定成本（如各种基金、人力资本储备等）。

（3）劳动投入收益理论。这是揭示劳动投入与产品收益之间数理关系的理论。劳动投入与产品收益之间的关系，包括劳动投入与产品产出以及产品产出与产品收益双重关系。劳动投入收益理论研究的主要任务是在弄清产品产出与产品收益关系的基础上把两种关系综合起来，找出劳动投入与产品收益之间的数量关系。

（4）劳动投入经济效益。这是对劳动投入的经济效果进行分析的一个工具。劳动投入经济效益一般是由劳动要素生产率、产品收益率和劳动投入费用率决定。[26]

（五）研究劳动关系

这是制度经济学的观点。“制度经济学把劳动经济学的研究对象概括为经济过程中与劳动有关的所有制度。”由于这些制度“是经济过程中劳动关系的写照，因此，制度学派把劳动经济学的研究对象简单地概括为劳动关系”。[27]以劳动关系为研究对象的劳动经济学，主要研究劳资关系、分配关系、劳动组合关系等，研究这些关系的成因、作用，并对其做出评价，择其优而完善之，对其劣而改良之。

（六）研究对象的其他说法

劳动经济学作为一门年轻的学科，对其研究对象除上述观点外还有如下几种说法：

（1）研究劳动力资源的有效利用。这融合了主流经济学与制度经济学的劳动经济学对象论。其任务有三：① 揭示一组制度局限下的劳动投入与产出的机理；② 用一定的价值尺度和福利标准，对劳动投入的经济效果及决定其制度的因素进行评价，以提出提高经济福利的政策建议；③ 历史地分析劳动关系与经济福利，对劳动关系的优化提出建议。

（2）研究劳动问题。如劳动力市场问题、劳动报酬问题、失业与通货膨胀问题、劳资纠纷问题等。

(3) 研究劳动力和工资福利。

(4) 研究社会劳动组织、社会产品分配和劳动力再生产。

(5) 研究劳动力市场及其运行规律。

二、本书研究的主要内容

综合上述劳动经济学对象论，我们认为劳动经济学应该是以市场经济为前提，以人的劳动和人力资源为起点，研究劳动力资源配置与开发利用的理论与制度的一门学科。它主要包括以下内容：

(1) 劳动经济学导论。这一部分是第一章导论的内容，是以劳动和人力资源为起点，通过对劳动经济学的形成与发展、劳动科学体系、劳动经济学的研究对象和研究方法以及研究意义的分析，使读者对劳动经济学有一个总体的概括的认识。

(2) 研究劳动力市场的运行及结果。这一部分包括第二章至第五章，是运用市场经济理论来分析劳动力资源配置，主要是通过对劳动力供给、劳动力需求、劳动力市场和劳动力流动的研究，来揭示劳动力市场的规律、运行机制及劳动力资源配置及效果。

(3) 人力资本与劳动报酬。这一部分包括第六章、第七章和第八章，从人力资本与人力资本投资入手，分别研究普通劳动者的工资、企业家和知识员工的薪酬与激励问题。

(4) 职业与就业。这一部分包括第九章至第十一章，分别考察了职业、就业与失业的理论，使我们了解劳动力资源的配置和利用理论。

(5) 劳动关系与社会保障。这一部分包括第十二章和第十三章，第十二章劳动关系，在概述劳动关系的基础上分析不同学派的劳动关系理论与劳动关系的调整；第十三章社会保障，在概述社会保障和社会保障产生与发展的基础上，分别考察社会保障的制度和社会保障的理论，最后阐述社会保障的基本内容和形式。

第五节 劳动经济学的方法论

劳动经济学的方法论是对劳动经济学中研究的一般方法的研究，它有别于研究方法（为满足研究目的所使用的特殊方法），它是方法论的学科。

一、劳动经济学的基本要素

任何一门学科都是由一些要素构成其基本理论框架的，这些要素是：基本假设、基本概念、现象范围、特定理论、问题、检验方法等。[28]劳动经济学也不例外，在劳动经济学理论分析中，基本要素分析法的使用如下：

（一）基本假设

基本假设是已经得到公认或检验的断言，它如同公理不言自明。基本假设必须是公理或经过检验的正确结论，如果基本假设谬误，则整个理论体系必将土崩瓦解。劳动经济学的基本假设是：劳动是人的本质、人是经济人、人力资源稀缺、当代市场经济制度。

（二）基本概念

基本概念是构成理论大厦的砖瓦，是对社会现实加以定义的最小单位，也是理论的浓缩。本书所涉及的基本概念主要有劳动、人力资源、劳动力市场、人力资本、薪酬、就业、失业、劳动关系、社会保障等。

（三）现象范围

现象范围指的是某种研究所确认的最重要的社会现象。现象范围是一门学科或一门学科内的某一领域的研究有别于他种研究的基本特征之一。劳动经济学理论所涉及的现象范围是劳动经济领域的劳动力资源的优化配置和合理利用及劳动效率的提高。

（四）特定理论

特定理论是区别其他学科的不同理论。理论是对两个或更多概念的推演或陈述，不同的学科有自己的特定理论。劳动经济学包括了其他经济学所没有或论述较少的特定理论，如人力资源经济理论、劳动力市场理论、人力资本理论、薪酬理论、职业理论、就业理论、失业理论、劳动关系理论、社会保障理论等。

（五）问题

问题是以特定理论或现实所提出的在某一范围内尚未得到适当解释或解决的理论和现象。劳动经济学理论研究的问题较多，如歧视问题、公平与效率问题、劳资矛盾、失业问题、社会保障问题等。

（六）检验方法

检验方法是如何判定理论本身的可信度的方法。一般而言，人们通常使用两种检验方法，即经验检验和逻辑检验，如统分统配的就业体制的经验检验是低效率的。对人力资本效益的分析既可用经验检验，也可从理论上进行逻辑推演，等等。

二、方法论的个人主义和集体主义

按照萨缪尔森的说法，所谓方法论的个人主义（individualism），是指用“最恰当或最有效的社会科学来认识来自对个体或过程的研究”。方法论的集体主义（collectivism）则是用“最恰当或最有效的社会科学来认识来自对群体现象或过程的研究”。[29]

方法论上的个人主义把个人看作是分析和规范化的基础，而社会则被视为一种个人追求其自身利益的总量效果，相应地，政府和国家便成为个人得以通过它而寻求自身利益的一种结构。萨缪尔森认为，所有的社会现象和社会变化都只能通过考察个人的行为、愿望、信仰来得到解释。18 世纪，亚当·斯密从利己的个人主义出发推演出个人在追求利益的同时，又需要兼顾他人（可得到他助），进而增加了社会利益（人人为我，我为人人）。他认为，听任个人在市场竞争中自由地进行自己感兴趣的交易，就可能获得最好的社会效果。一些经济学家也认为个人追求利益最大化的同时也会使社会利益最大化：消费者追求效用最大化、生产要素所有者追求收入最大化、官员追求选票最大化等的最终结果是社会利益最大化。采用个人主义方法论的经济学家还有艾赛亚·伯林（Isaiah Berlin）和约翰·罗尔斯（John Rawls），他们是个人发展主义者；弗里德里希·哈耶克（Friedrich Hayek）和米尔顿·弗里德曼（Milton Friedman），他们是个人占有主义者。[30]方法论上的集体主义把集体看作分析和规范化的基础，在分析过程中强调集体利益、阶级利益、国家利益。例如，李嘉图、马克思突出阶级利益，李斯特、凯恩斯重视国民利益，萨缪尔森关注人类利益，布坎南强调集团利益等。[31]本书对劳动经济学理论的研究采取个人主义与集体主义相结合的方法论，在实际操作上采取了个量分析与总量分析相结合的研究方法。

三、实证分析与规范分析

（一）实证分析

实证分析（positive analysis）的哲学基础是实证主义。实证主义作为一种哲学，坚持只有通过观察或检验获得的知识才是可信赖的和有效的，纯实证主义甚至怀疑推理和理论在获得可靠知识上的有效性，然而逻辑实证主义则信奉事实的逻辑延伸。实证分析是指在研究经济现象时试图超脱或排斥一切价值判断的分析方法。它重视事实和经济本身的内在规律，只回答“是什么”的问题（做什么选择，将是什么结果），不回答“应该是什么”的问题，它研究的内容具有客观性，其结论是否正确可以通过经验事实来验证。

实证分析的基本步骤是：第一步，建立数理模型。数理模型是一组能表示某一经济理论的函数式或坐标上的几何图形。第二步，用计量经济学的方法检验数理模型所表达的理论是否符合现实。具体做法是：先收集历史资料，再根据这些资料估算出模型中各参数的具体数值，然后验证估算的结果是否符合建立模型所依据的经济理论。如不完全符合，先检查假设条件是否充分，再修正数理模型，直到理论与现实相符为止。

（二）规范分析

规范分析（normative analysis）的哲学基础是规范主义。规范主义者认为关于条件、状况、事物和行为的好与坏的知识对于产生规则性知识是有效的，甚至是必要的。规范主义者还认为，条件和状况可以有好与坏之分，但没有正确与错误之分；而行为既可以是好的或坏的，也可以是正确的或错误的。规范分析是指以一定的价值判断为基础，提出行为的标准，并研究如何才能符合这些标准的方法。规范分析重视研究事物的好坏与否，解决“应该是什么”的问题，它所研究的内容受人们的立场、观点和伦理道德标准等因素的影响较大。

例如，如何确定劳动力市场交易的行为，规范分析首先使用“互惠”标准来认识和解决这一问题。互惠是参与交易各方都受惠的意思。如果交易符合以下三种情况之一，就认为是互惠的：所有人都受益，没有人受损；部分人受益，但也没有人受损；部分人受益，部分人受损，但总的来说，受益者的受益可以补偿受损者的损失。这三种情况会获得普遍支持。劳动力市场交易一般有两种形式：一是自愿互惠交易，交易各方都没有损失，劳动力市场的作用就是促进这种互惠、自愿交易的发展。二是政府强制交易，即当交易存在着交易障碍（信息障碍、制度障碍、交易成本障碍、市场缺位等），会使一方的受益造成一方或多方的损失时，政府应该采用再分配政策（税收和支出政策）强制进行再分配交易。

（三）实证分析与规范分析的关系

1. 实证分析与规范分析的区别

实证分析与规范分析存在着以下主要区别：

（1）有无价值判断（经济事物是非好坏的评价）不同。实证分析为了使劳动经济学内容具有客观科学性，企图避开或排斥一切价值判断；而规范分析则以一定的价值判断为基础，提出某些标准作为处理经济问题的指南，并研究如何才能符合这些标准。

（2）解决的问题不同。实证分析解决经济事物“是什么”的问题，研究经济本身的客观规律与内在逻辑联系，分析经济变量之间的因果关系，既解释已观察到的事实，又分析和预测未来出现的情况；而规范分析解决经济事物“应该是什么”的问题，研究经济事物是否符合某种价值标准或对社会有什么意义，从而为实现某种目标提供行动方案。

（3）内容是否具有客观性不同。实证分析的经济学内容具有客观性，即实证命题有正确与错误之分，其检验标准是客观事实，与客观事实相符者为正确，否则就是谬误；而规范分析的经济学不具有客观性，同一理论不同的经济学家会因立场、观点不同得出不同的结论，也不具有检验正确与谬误的绝对客观标准。

2. 实证分析与规范分析的互补性

实证分析与规范分析并不是绝对互相排斥的，它们之间具有互补性，具体表现在以下两个方面：

（1）纯粹的实证分析和纯粹的规范分析在经济学研究中是难以做到的。即使最彻底的实证分析也带有效率、公平等价值判断，常见的是两种分析方法的结合使用。

（2）规范分析要以实证分析为基础，而实证分析也离不开规范分析的指导。

3. 实证分析与规范分析的特点

两种分析方法应用的特点包括以下几个方面：

（1）自然科学以实证分析为主，社会科学以规范分析为主。

（2）早期经济学规范分析较多，当代经济学实证分析较多。

（3）经济理论研究实证分析较多，政策研究规范分析较多。

（4）操作性的具体问题实证分析较多，高层决策性问题规范分析较多。

本书对劳动经济学理论和制度的研究采用实证分析与规范分析相结合的方法。

第六节 研究劳动经济学的意义

一、研究劳动经济学的理论意义

研究劳动经济学在理论上是经济管理学科理论发展的需要，大致体现在以下三个方面：

（一）研究劳动经济学有利于提高经济学理论发展水平

1. 劳动经济学是经济学的根本

许多西方经济学家都特别强调了劳动经济理论的研究意义。马歇尔强调劳动问题的解决“是决定一个社会福利、经济增长和经济稳定的重要因素”，“政府官员必须根据劳动经济学的知识来制定有关的解决各种劳动问题的政策”，这种知识“不仅对工人和雇主们是重要的，而且也同作为消费者、选民和纳税人的社会成员有关系”。摩尔根说，“劳动是生产的基本的因素之一”，“劳动经济学的知识对于一个工业社会中未来的工业上和政治上的领导人的价值可以说几乎是显而易见的……这种国家经济的稳定增长，大半取决于处理劳动关系时取得的成功程度。对于如此重大的一些问题，需要有一套完善的、科学的方法来加以解决和改善”。雷诺菲说：“无论何时何地，劳动都是生产中最主要的因素。”弗里德曼也指出：“劳动对于人类来说总是首要的活动。任何社会……都要组织劳动去生产产品、提供劳务。”日本经济学家岛田晴雄说：“如果认为人们通过劳动创造出价值，将这些价值进行整合的机制就是经济，那么，研究这种机制与结构的经济学几乎都与人们的劳动有关。从这个意义上看，大概可以说劳动经济学是经济学的根本。”[32]

2. 劳动经济学在经济类学科中具有极为重要的地位

经济类学科按其研究对象不同可以分为以人为主要研究对象的经济学科和以物为主要研究对象的经济学科。因此市场经济理论可以分为物品市场理论和劳动力市场理论及金融市场理论。其中在这两类经济学科和三种市场中，以人为研究对象的劳动力市场理论理应占有重要地位。鉴于此，在国外的经济学科分类中，往往把劳动经济学放在重要的地位。例如，世界著名的杜威图书分类法把经济学排为330，劳动经济学排为331，把劳动经济学放在财政经济学、国际经济学、土地经济学、合作经济学等部门经济学之前，即放在各分支经济学的第一位。[33]

3. 许多高水平的经济理论研究都与劳动经济学有关

这方面的例子有很多，例如：古典经济学创立了劳动价值论；新古典经济学把劳动作为一个重要的生产要素进行了研究，提出了许多新的理论（生产函数理论、边际生产力理论、福利经济学理论等）；宏观经济学之父凯恩斯因提出了新的就业理论而成为当代最著名的经济学家之一；在对消费函数的研究上，杜生贝提出了相对收入理论，诺贝尔经济学奖获得者弗里德曼、莫迪里安尼也因提出持久收入、收入生命周期理论而闻名于世；诺贝尔经济学奖获得者贝克尔和舒尔茨因提出人力资本而著名；美国经济学家罗默提出了知识溢出模型理论，强调知识的外部性对经济的影响；卢卡斯提出了人力资本溢出模型，认为整个经济体系的外部性是由人力资本的溢出造成的；瑞典皇家科学院将2010年诺贝尔经济学奖授予美国的彼得·戴蒙德（Peter A. Diamond）、戴尔·莫顿森（Dale T. Mortensen）和英国的克里斯托弗·皮萨里德斯（Christopher A. Pissarides）三位劳动经济学家，以表彰他们在“经济政策如何影响失业率”理论方面的深入研究；另外还有当代的一些经济理论前沿也都涉及了劳动经济学的理论（内部人控制、黏性工资、劳动力市场的信息不对称、交易成本中的信息搜寻等）。

（二）研究劳动经济学有利于建立与其他学科的沟通桥梁

1. 劳动经济学与经济学科

劳动经济学是经济学的重要分支，是一门研究劳动的人的学问。无论是理论经济学或是应用经济学的研究都离不开对人的研究。

（1）理论经济学与劳动经济学。理论经济学主要包括政治经济学、西方经济学、发展经济学和经济思想史等。但理论经济学的核心理论是微观经济学和宏观经济学。微观经济学和宏观经济学是从整体上研究在一定体制下稀缺资源配置和利用的科学。① 劳动经济学是以经济学的一个极其重要的特殊领域，即以劳动力资源开发与优化配置为研究对象，围绕劳动力市场和劳动关系展开分析、研究并进行解释的。因此劳动经济学是经济学理论和方法在劳动经济领域的运用，是以理论经济学的基本理论和一般规律为基础的。② 理论经济学也大量地研究了劳动经济的内容，离开了对劳动力资源优化配置和合理利用的认识，是无法理解理论经济学的资源优化配置和合理利用的。

（2）应用经济学侧重于对理论经济学所阐述的理论和方法在现实经济活动中的应用

方面。应用经济学与劳动经济学在研究内容和方法上有很多交叉：① 劳动经济学本身是一门应用经济学；② 其他的应用经济学必须借鉴和吸收劳动经济学所揭示的许多理论和规律，才能进行深入全面的研究；③ 劳动经济学只有吸收、概括、总结其他各个应用经济学的相关研究成果，才能很好地研究劳动经济理论和问题。

2. 劳动经济学与社会学学科

社会由人所组成，许多社会问题是由劳动经济问题产生的，如失业问题、收入不公问题、贫困问题等。所以劳动经济学研究的内容与社会学研究的内容存在相互渗透、相互补充的交叉。

(1) 劳动经济学科与社会学学科交叉产生了许多新的劳动社会学学科，如劳动社会学、劳动保障学、劳动关系学等。

(2) 劳动经济学只有从社会学角度进行研究，才能使其理论和政策全面、深入、可行。

(3) 社会学学科也只有吸收、借鉴劳动经济学的研究成果，才能使其研究更加全面、深入。

3. 劳动经济学与管理学科

管理的对象主要是人，在用人单位是劳动者。所以许多管理学科与劳动经济学的研究相互渗透、相互借鉴。

(1) 劳动经济学科与管理学科交叉产生了许多新的劳动管理学科，如人力资源经济学、人力资源管理学、劳动资源管理学、劳动组织管理学、劳动人员管理学、劳动薪酬管理学等。

(2) 劳动经济学只有从管理学角度进行研究，才能使其理论和政策全面、深入、可行。

(3) 管理学科也只有吸收、借鉴劳动经济学的研究成果，才能使其研究更加全面、深入。

4. 劳动经济学与法学学科

法律是由人制定实施并制约人的行为方式的制度规范。所以许多法学学科必然与劳动经济学的研究相互渗透、相互借鉴。

(1) 劳动经济学科与法学学科交叉产生了许多新的劳动法律学科，如劳动组织法、最低工资法、工会法、国际劳动法等。

(2) 劳动经济学只有从法学角度进行研究，才能使其理论和政策全面、深入、可行。

(3) 法律制定也只有吸收、借鉴劳动经济学的研究成果，才能使其更加科学、合理、可行。

(三) 研究劳动经济学有利于提高我国经济学研究的整体水平和学科地位

与国外相比，我国的劳动经济学存在着“二低二少”（整体研究水平低、学科地位低、研究机构和人员少、研究成果少）的现象，加强对劳动经济学的研究有利于改变这一状况。

从对市场经济研究的内容上看，与物品市场和金融市场相比，我国对劳动力市场的研究存在着数量上严重不足和优秀成果少的现象，强化对劳动经济学的研究有利于解决这种研究内容结构不合理的问题。

二、研究劳动经济学的现实意义

劳动经济学是一门与政府的社会和经济政策密不可分、与企业经营管理高度相关、与人们工作和生活直接发生联系的极有应用价值的实用科学。因此，它无论是在宏观、微观方面，还是在对劳动者个人方面都具有重要的现实意义。

（一）从宏观上看，劳动经济是关系到社会经济发展、人民生活提高和社会稳定的重大问题

1. 研究劳动经济学有利于社会经济快速发展

从人类历史上看，劳动经济的历史最早最长。一方面，劳动创造了人；另一方面，劳动是社会发展的最根本手段。社会经济发展历史经验告诉我们，凡是社会经济发展较快的国家，其劳动经济的研究就较为发达和先进。19 世纪末 20 世纪初，美国的经济超过了英国，其中一个重要的原因是美国有先进科学的劳动管理制度——“泰勒制”，因而美国的劳动效率比英国高出 3 倍。第二次世界大战后，日本企业效益的提高、国际竞争力的增强，主要得益于终身雇佣制、年功序列工资和企业工会三大劳动管理支柱。当前一些发达国家进入知识经济社会的一个重要原因，是这些国家长期重视科学教育、加大人力资本投入、不断进行人力资源开发。

2. 研究劳动经济学有利于提高人民生活水平

许多市场经济国家都把充分就业、增加公众福利、公平分配作为政府宏观调控的政策目标，一些国家还提出并建立了福利国家（welfare state）制度。不断地提高我国人民的生活水平是建设全面小康社会的主要内容，而现在存在的阻碍人民生活水平提高的大量问题都是劳动经济学问题，如日益严重的失业和下岗问题、农业剩余劳动力转移问题、收入差距拉大等问题。这些问题如果不能很好地解决，则既不能实现我国经济稳定、持续、快速的发展，也很难快速提高人民生活水平，建设全面小康社会的目标就会大打折扣。

3. 研究劳动经济学有利于我国社会的稳定

在国际上，劳动经济学家们提出了社会经济稳定的五条警戒线：6% 的失业率警戒线、个人收入分配差距 0.4 的基尼系数、人均 GDP 800 美元以上 1.7 倍的城乡收入差距、全社会成员 70% 以上的社会保障率、30% 的中产阶级收入阶层。按此标准，我国的社会稳定情况基本上接近或超过了国际上的社会经济稳定警戒线标准。要解决我国社会

稳定问题，必须深入研究劳动经济学的理论。

（二）从微观来讲，劳动经济问题是影响企事业单位管理和效率的关键问题

研究劳动经济学对企事业单位的重要意义可以归纳为几下几点：

（1）指导企业事业单位正确配置和合理利用劳动力资源，使每个员工都有明确而适当的分工与合作，以保证其工作协调高效地进行。

（2）保证用人单位及时更新劳动力，不断补充具有一定素质的技术人员、管理人员；使单位拥有一支高水平、高效率的职工队伍，并使职工队伍的结构和各类人员的比例更合理，以满足其不断发展的需要。

（3）可以改善劳动定额管理，改善劳动组织，提高工作效率。

（三）从个人来看，劳动经济问题关系到个人的切身利益

劳动经济学与每个人的工作和生活直接相关。例如，失业和下岗、通货膨胀会减少人们的收入、最低工资法、就业歧视、集体谈判、职业选择、职业声望、就业与收入的歧视、社会保障等，这些都是发生在现实中的普遍的经济和管理问题。通过了解和掌握劳动经济学将有助于个人在雇佣、择业、晋升、培训、劳动报酬、激励等方面做出合理的决策；同时还可以提高我们分析经济问题的能力，从而成为更理智、更敏捷的公民。

关键概念

劳动　人力资源　劳动经济学　个人主义和集体主义

即测即评

扫描右侧的二维码图标，内含若干判断题、单选题和多选题，您可在线自测并查看答案。

复习思考题

1. 为什么说劳动是人的市质？
2. 劳动对社会经济发展有何意义？
3. 人力资源的数量与质量包括哪些内容？
4. 如何理解人力资源的稀缺性？
5. 简述国外劳动经济学的形成与发展过程。
6. 劳动科学体系包括哪些内容？
7. 理论界的劳动经济学研究对象主要有哪些？
8. 劳动经济学的基市要素有哪些？
9. 简述实证分析与规范分析的关系。
10. 联系我国实际谈学习劳动经济学的意义。

注释

[1] 沙·加尼尔语，转引自：麦克库洛赫．政治经济学原理．北京：商务印书馆，1975：72.

[2] 马克思语，转引自：铁托．在南共联盟第十一次代表大会上的报告//铁托选集（1974—1980年）．北京：人民出版社，1980：296.

[3] 达尔文．物种起源．上海：三联书店，1956：593.

[4] 马克思恩格斯全集．第二十六卷．北京：人民出版社，2014：759.

[5] 伊万诺夫，麦奇科夫斯基．劳动经济学．上海：三联书店，1981：1.

[6] 劳动社会保障部劳动工资研究所课题组．深化劳动价值和分配理论认识．经济日报，2002－03－18.

[7] 马克思恩格斯选集．第1卷．北京：人民出版社，2012：158.

[8] 巫继学．自主劳动论要．上海：上海人民出版社，1987：112.

[9] 西斯蒙第．政治经济学新原理．北京：商务印书馆，1964：27.

[10] 麦克库洛赫．政治经济学原理．北京：商务印书馆，1975：72.

[11]《剩余价值理论》第1分册，载自《马克思恩格斯全集》，第26卷I，第165页。

[12] 马克思：《1844年经济学哲学手稿》，载自《马克思恩格斯全集》，第42卷，第131页。

[13][24] 马斌．西方经济学概论．北京:中央编译出版社,1997:7－8,11.

[14][21][30] 新帕尔格雷夫经济学大辞典．第3卷. 北京:经济科学出版社,1996:79,79－81;第2卷,855页。

[15] "劳动的政治经济学",最早由推崇劳动的车尔尼雪夫斯基在其专著《资本与劳动》(1860年)中提出,1864年马克思在《国际工人协会成立宣言》中肯定了这一提法,并赋予新的意义。参见《马克思恩格斯全集》第16卷,第12页。

[16] 马克思恩格斯全集．第44卷．北京:人民出版社，2001:195.

[17][18] 马克思．资本论．第1卷下册．北京:人民出版社，1975:568－570,594－600.

[19] 周守正,许兴亚．资本论教学与研究纲要．第1卷．北京:中国经济出版社,1999:262－264.

[20] 张文贤,晏姚．人力资源开发与管理．上海:上海人民出版社,1996:2－15.

[22][23] 伊兰伯格,史密斯．现代劳动经济学．北京:中国人民大学出版社,1999:2,11.

[25][26][27] 赵履宽,等．劳动经济学．北京:中国劳动出版社,1998:20,23－25.

[28][29][31] 贺卫．寻租经济学．北京:中国发展出版社,1999:3,6,33.

[32][33] 杨河清．劳动经济学．北京:中国人民大学出版社,2002:7,405.

第 二 篇

劳动力市场
及其运行

第二章—第五章

- 劳动力供给
- 劳动力需求
- 劳动力市场
- 劳动力流动

第二章　劳动力供给

劳动力供给是由一系列相互作用的复杂因素共同作用的结果。本章在研究劳动力供给时，假设劳动者是理性的经济人，在进行劳动力供给决策时，充分权衡劳动力供给的利弊，追求效用最大化目标；劳动者提供给市场的劳动力只有数量的区别，在质量上没有差别，即劳动力都是同质的。在以上假设基础上，本章首先对劳动力供给进行了一般分析，然后分别考察个人劳动力供给、家庭劳动力供给、社会劳动力供给和劳动力供给弹性等问题。

第一节　劳动力供给概述

一、劳动力供给及类型

（一）劳动力界定

劳动力（labor force）是劳动经济学中最基本的范畴之一，从理论和现实角度界定劳动力范畴有多种解释。

1. 从理论角度

从理论角度主要有两种代表性观点：

（1）马克思说："我们把劳动力或劳动能力，理解为人的身体即活的人体中存在的、每当人生产某种使用价值时就运用的体力和智力的总和。"[1]这主要包含以下三层意思：

第一，劳动力是一种人所特有的劳动能力。这一方面将劳动力与自然力（水力、电力、牲畜的力量等）区别开来，另一方面将人所具有的劳动能力与其他能力（穿着表现能力、饮酒能力等）区别开来。

第二，劳动力是一种与人的活体相联系的劳动能力，失去生命也就没有劳动能力。

第三，劳动力是人在劳动中运用的体力与智力的总和。

（2）在劳动经济学中，一般将劳动人口定义为：在一定年龄范围之内，具有劳动能力与就业要求，能够从事某种职业劳动的全部人口，包括就业者和失业者。

2. 从现实角度

在现实经济生活中，劳动力这个概念在不同的场合有不同的含义。通常有三种意思：

一是指人的劳动能力，如人们所说的“节约劳动力”、“开发劳动力”；二是指有劳动能力、从事劳动活动的人，即劳动者，如“管理劳动力”、“招收劳动力”和“调配劳动力”；三是指一个国家、一个地区或者一个部门的劳动者总和，如“工业劳动力”、“农业劳动力”和“社会劳动力”。

（二）劳动力供给的类型

劳动力供给（labor supply）是指在一定的市场工资率的条件下，劳动力供给的决策主体（家庭或个人）愿意并且能够提供的劳动时间。在市场经济下，劳动力供给的决策主体是劳动者个人、家庭和社会。因此，根据分析主体的不同，可以将劳动力供给分为三种类型，即个人劳动力供给、家庭劳动力供给和社会劳动力供给。

1. 个人劳动力供给

个人劳动力供给是指劳动者个人一生中各个阶段向社会提供的劳动总量。一个人的劳动时间的分配，通常面临着在家庭和社会或市场之间进行选择，其选择的依据主要是各阶段劳动者本身的技术水平、生产率，以及家庭劳动与社会劳动比较效用的高低。一般而言，青年人的技术水平不是很高，工资率较低，其从事家庭劳动和享受闲暇的机会成本也低，再加上青年时期接受一些教育培训会提高未来的预期效用，因此，一个人在青年时期的劳动力供给较少。而到中年阶段，由于家庭稳定，家庭劳动的边际效用降低，同时中年人技术水平的提高也使其劳动生产率提高，从而工资率也高，因此，中年人在家里劳动和享受闲暇的机会成本较高，所以，这个阶段的个体劳动力供给会较多。接近退休阶段，个体身体健康状况开始变坏，享受闲暇和家庭劳动就具有较高的边际效用，从事社会工作的边际效用递减，因此，在这个阶段个体社会工作时间逐渐减少直至为零。

2. 家庭劳动力供给

家庭劳动力供给是指从家庭成立（结婚）到家庭解体（丧偶或离异），家庭全体成员向社会提供的劳动量的总和。从经济上来讲，生育子女和为子女提供教育是家庭的重要功能，但这都会加大父母的经济负担，并影响父母的劳动力供给。在其他因素不变的条件下，一般来说，养育的子女越多，父母的劳动力供给越多；子女受教育时间越长，父母的劳动力供给越多。

3. 社会劳动力供给

社会劳动力供给是指劳动者个人及其家庭为社会提供的劳动力总量，也就是一个社会的经济活动所能利用的劳动力总量。影响社会劳动力供给总量的因素主要有适龄劳动人口、愿意工作的人口比例、工资率和工资制度、工作时间制度、劳动力的教育和培训水平等。社会劳动力供给无论从长期还是短期来看都是不稳定的。各种影响社会劳动力供给的因素都是通过个人和家庭的劳动力供给来实现的。

二、劳动力供给及其表达方式

在劳动力供给决策时，家庭或个人主要面临两种选择：一是为是否进入劳动力市场寻求工作而决策；二是在个人可支配时间中，进行闲暇时间与劳动时间分配的选择。

劳动力供给决策受到种种因素的影响和制约。为了考察这些因素与劳动力供给之间的关系，人们运用了不同的分析工具，主要有三种形式：劳动力供给函数、劳动力供给表和劳动力供给曲线。

（一）劳动力供给函数

如果把影响劳动力供给的各种因素作为自变量，把劳动力供给作为因变量，则可以用函数关系来表示影响劳动力供给的因素与劳动力供给之间的关系，这个函数称为劳动力供给函数。

用 S 代表劳动力供给，以 X_i（$i=1, 2, \cdots, n$）代表影响因素，则劳动力供给函数为：

$$S=f(X_1, X_2, \cdots, X_n)$$

影响劳动力供给的因素 X_i 很多，且各种因素与劳动力供给的关系极为复杂，要完全揭示它们之间的关系几乎是不可能的。如果我们只考虑劳动力供给与市场工资率之间的关系，假设其他条件不变，市场工资率作为影响劳动力供给的唯一因素，以 W 代表市场工资率，则可以把劳动力供给函数表示为：

$$S=f(W)$$

（二）劳动力供给表

我们还可以用劳动力供给表来表述劳动力供给。用来表明市场工资率与劳动力供给量之间关系的表格称为劳动力供给表，其形式如表 2-1 所示。

表 2-1　劳动力供给表

工资率 W/（元/时）	劳动力供给量 L/（人·时）	坐标点
1.0	100	A
1.2	200	B
1.5	300	C
2.0	400	D
2.6	500	E
4.0	700	F

从表 2-1 中可以看到，当市场工资率从 1.0 元提高到 4.0 元时，随着工资率的提高，劳动力供给量就增大。

（三）劳动力供给曲线

若假设工资率与劳动力供给量无限可分，则可以用劳动力供给曲线来描述工资率与劳动力供给之间的关系。根据表 2－1 可以画出劳动力供给曲线，其基本走向是从左下向右上倾斜的曲线，如图 2－1 所示。

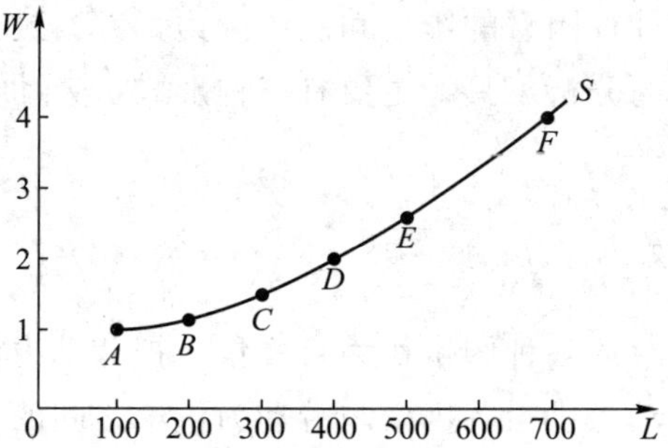

图 2－1 劳动力供给曲线

由上可见，劳动力供给函数、劳动力供给表和供给曲线是分别用数学、表格和图形的形式来表述劳动力供给概念的。

第二节 个人劳动力供给

个人劳动力供给作为一种经济行为，要求以承认劳动力的个人所有制为前提，并在市场交换中充分尊重劳动力所有者的效用最大化目标。

一、劳动与闲暇的选择

（一）劳动与闲暇的不同效用

个人劳动力供给是劳动者对闲暇时间与劳动时间的选择或分配。闲暇时间和劳动时间会给个人带来不同的效用。在劳动时间里，劳动者由于个人向市场提供劳动力，从而获得报酬，进而可以购买物品，使个人生活获得满足，产生了正效用；但劳动时间过长也会使个人身心劳累，产生负效用；此时，闲暇时间或闲暇的消费会使人身心得到放松，身体舒服、心情愉快，从而给其带来正效用。但是，个人由于闲暇消费放弃了参加社会劳动，会使个人的货币收入减少。这样，人们就面临着是牺牲收入增加闲暇时间，还是增加劳动时间以提高收入的选择。

（二）无差异曲线

我们可以用无差异曲线（indifference cure）来描述劳动时间的不同分配给个人或家

庭带来的效用。无差异曲线表示给个人带来某一特定水平效用或满足的实际收入和闲暇时间的组合[2]，如图 2－2 所示。

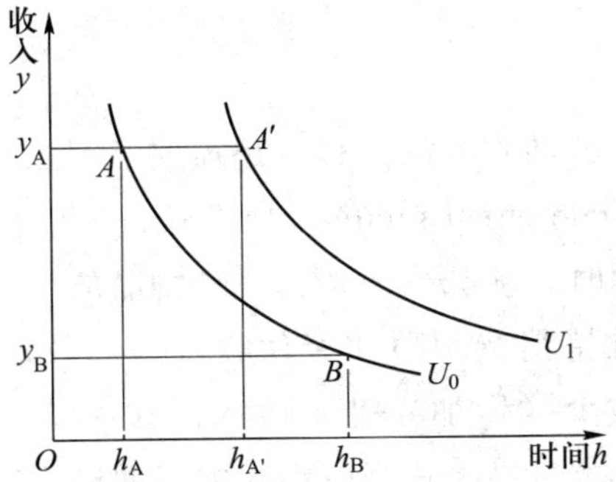

图 2－2　劳动时间分配的无差异曲线

在现实生活中，如果个人对于劳动收入与闲暇的组合的评价或选择出现这样一种情况，即甲种组合（*A* 点）与乙种组合（*B* 点）给他提供的效用水平相同，他不能区别何种组合的效用高或何种组合的选择顺序在前，此时，甲、乙两种组合对于这个主体来说是无差异的。那么，在坐标系中将甲种组合所代表的点与具有相同效用的所有组合所代表的点连接起来得到的曲线即为无差异曲线。

如图 2－2 所示，横轴为闲暇时间 h，纵轴为劳动收入 y，在 *A* 点劳动者消费 h_A 的闲暇时间和 y_A 的劳动收入，其总的效用与 *B* 点即劳动者消费 h_B 的闲暇时间和 y_B 的劳动收入时的总效用相同。尽管劳动者在 *B* 点比 *A* 点所获得的劳动收入的消费的效用少，但却通过消费比 *A* 点更多的闲暇时间带来的效用得到了补偿，因此 *A* 点和 *B* 点的效用是无差异的。同时，还会有许多与 *A* 点和 *B* 点相似的消费组合，其中与 *A* 点和 *B* 点效用相等的消费组合点形成一条曲线，即无差异曲线。如图 2－2 所示，曲线 U_0 上任何一点所表示的闲暇时间和劳动时间组合，给消费主体带来的效用是相等的；在曲线 U_0 外的任何一点的效用组合都与曲线 U_0 上的效用不同。例如，*A′*点的效用组合，即消费主体消费 $h_{A'}$ 的闲暇时间和 y_A 的劳动收入。其中，尽管消费的劳动收入与 *A* 点相同，都是 y_A，但消费的闲暇时间 $h_{A'}$ 却比 *A* 点的 h_A 多，因此，消费主体在 *A′*点所获得的总效用比 *A* 点多，从而也比无差异曲线 U_0 上的任何一点都多。与 *A′*点相似，位于曲线 U_0 右边的任何一点的效用都大于曲线 U_0 上的效用。同样，位于曲线 U_0 左边的任何一点的效用都小于曲线 U_0 上的效用。

从图 2－2 我们可以得到有关无差异曲线的以下推论：① 在同一平面上，有无数条无差异曲线，同一条无差异曲线上的任何一点的效用都相同，不同无差异曲线上的点的效用不同。离原点越远的无差异曲线代表的效用越高，反之效用越低。② 在同一平面内的任意两条无差异曲线不能相交，否则会与无差异曲线的假设相矛盾。③ 无差异曲线是一簇斜率为负，凸向原点的曲线。斜率为负表明个人为得到相同的效用，增加消费一种物品，必须同时减少消费另一种物品，两种物品不能同时增加消费或减少消费。无差异曲线向原点凸出的程度取决于增加消费一个单位的物品而必须减少消费另一物品的多少，即边际替代率递减的性质。④ 由于个人偏好不同，无差异曲线的形状也不同，即反映不同的人以劳动收入替代闲暇的不同比率。

（三）边际替代率

为了更好地理解闲暇与劳动收入的选择，还需要了解边际替代率。

边际替代率（marginal rate of substitution，MRS），是指在同一条无差异曲线上增加消费一个单位某种物品的同时必须减少消费另一种物品的数量。具体到劳动时间分配的无差异曲线上，就是指在维持消费闲暇和劳动收入的总效用不变的前提下，增加（减少）一些闲暇时间，需要减少（增加）劳动收入的比率。通过观察可以发现，随着消费闲暇越多，其边际机会成本越高。这样，在无差异曲线上就表现为无差异曲线比较陡峭，以后逐步变得平缓，如图 2－3 所示。

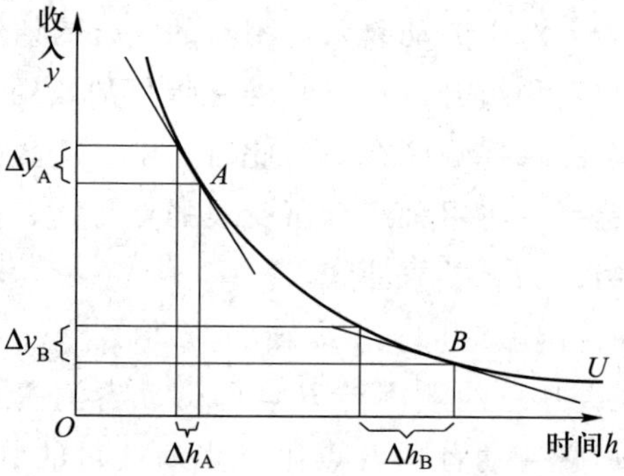

图 2－3　闲暇－收入无差异曲线与边际替代率

在图 2－3 中，Δh 为闲暇时间的变动量，Δy 为收入的变动量。设 MRS 为边际替代率，则：

$$MRS = \frac{\Delta h}{\Delta y}$$

闲暇时间微小单位增加所引起的效用的增加($\partial U/\partial h$)叫作闲暇的边际效用，收入微小单位增加所引起的效用的增加($\partial U/\partial y$)叫作收入的边际效用。

如果 Δh 无限趋近于零，则边际替代率 MRS 就是与无差异曲线相切于某点的切线的斜率，如图 2－3 中 A 点的边际替代率就是过 A 点的切线的斜率。从效用的分析中可知，效用水平是闲暇时间与劳动收入的函数，闲暇时间和劳动收入是自变量，效用水平是因变量，效用水平依闲暇时间和劳动收入的变化而变化。如果设 h 为闲暇时间，y 为劳动收入，U 为效用水平，则有：

$$U = f(h, y)$$

上式也就是效用函数，闲暇－收入无差异曲线是效用函数的几何表示。在无差异曲线上，设效用水平不变，即：

$$\mathrm{d}U = 0$$

根据数学中的全微分公式，则：

$$dU = \frac{\partial U}{\partial h}dh + \frac{\partial U}{\partial y}dy = 0$$

$$\frac{dy}{dh} = -\frac{\frac{\partial U}{\partial h}}{\frac{\partial U}{\partial y}}$$

$$MRS = \frac{dh}{dy} = -\frac{\frac{\partial U}{\partial y}}{\frac{\partial U}{\partial h}} = -\frac{\text{收入的边际效用}}{\text{闲暇的边际效用}}$$

这说明，为了保持效用不变，增加一种物品的消费，就要减少另一种物品的消费，边际替代率恒为负数。无差异曲线向右下方倾斜的原因就在于此。当然，边际替代率通常取其绝对值。

无差异曲线上的任意一点都表示闲暇和收入的组合，任意一种组合与其他组合相比较，闲暇与收入的相互替代比率均不相同。从图 2－3 可以看出，从左上向右下移动，无差异曲线的切线由比较陡峭变得比较平缓。这说明边际替代率的绝对值越来越小，也就是边际替代率递减。

（四）预算约束与效用最大化

1. 预算约束

预算约束（budget constraint）是指在既定工资率条件下，个人的收入（物品）与闲暇的所有组合。这是基于以下两个假设：① 个人没有非劳动收入，没有积蓄并不可能借到钱；② 劳动力市场上的工资率是既定的。如果我们把个人可支配的时间记为 h，将所有个人可支配的时间全部用于劳动所能获得的劳动收入记为 y，可以用图 2－4 进行说明。

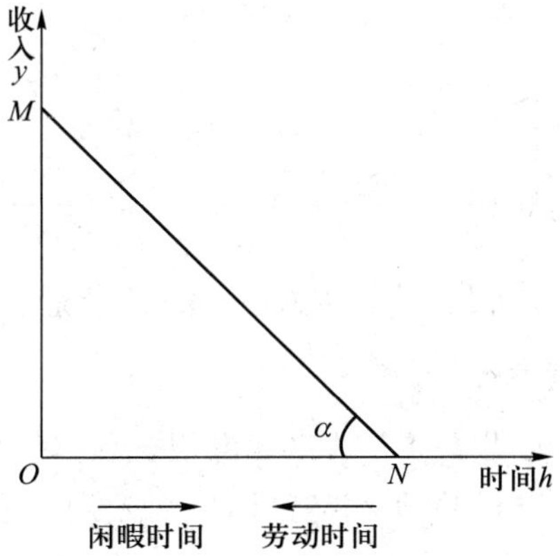

图 2－4 预算约束线

在图 2 – 4 中，横轴 Oh 为时间，ON 为个人可支配的全部时间，从原点向右计量为闲暇时间，从 N 点向左计量为劳动时间。无论个人在劳动时间与闲暇时间上如何配置选择，劳动时间与闲暇时间之和等于 ON。纵轴 Oy 为收入。如果将全部可支配的时间均用于劳动，依个人劳动能力状况所能获得的收入为 OM。在横轴的 O 点上，闲暇时间为零，劳动时间为 NO，收入为 OM。连接 N 与 M 的直线叫作预算约束线，它表示个人在时间和劳动能力状况约束下，所能消费闲暇和获得收入的最大组合线。在预算约束线内的任何一点所示的闲暇和收入的组合，均无法实现效用最大化；约束线外的任何一点所示的组合，在既定的可支配时间和劳动能力的条件下是不能达到的。

如果将预算约束线 MN 与横轴的夹角设为 α，则预算约束线的斜率为：

$$\tan\alpha = \frac{OM}{ON} = \frac{\text{劳动收入}}{\text{时间}}$$

由此可见，预算约束线的斜率即为个人放弃的闲暇与所获得收入的比率，即工资率。另外一方面，也可以把这个斜率看作是闲暇的机会成本。

个人可支配的时间不同，劳动能力不同，从而工资率不同，从而个人预算约束线也就不同。以图 2 – 5 为例：个人可支配的时间分别为 h_1、h_2、h_3，劳动能力相同，从而工资率相同，则在纵轴的截距分别为 y_1、y_2 和 y_3。显然，三条约束线平行；由于 $h_1 < h_2 < h_3$，所以预算约束线 h_1y_1 在横轴与纵轴的截距离原点较近，而 h_3y_3 在横轴与纵轴的截距离原点则较远。如果个人可支配的时间相同，假设同为 h_1，但劳动能力有差异，因而工资率不同，则工资率低者，预算约束线在纵轴的截距即收入为 y_1，工资率高者，收入则为 y_4，显然 $y_4 > y_1$。由此可见，个人预算线的形状取决于个人可支配的时间及劳动能力状况，即取决于个人可支配资源的状况。

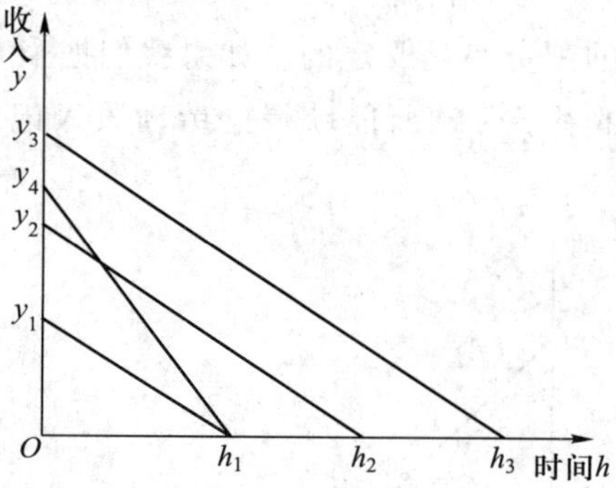

图 2 – 5　个人预算约束线的决定

2. 约束条件下的效用最大化

闲暇 – 收入无差异曲线说明了个人的主观愿望，预算约束线则反映了个人的现实条件。使主观愿望与现实条件结合并使个人获得最大效用，也即在受到限制的资源条件下，个人在闲暇时间与劳动时间之间做最佳配置，以求最大效用，是主体均衡理论所要研究的问题。

所谓主体均衡，就是在资源约束的条件下闲暇与收入的组合能使主体获得最大效用的状态。主体均衡的分析工具，主要是利用闲暇 - 收入无差异曲线和预算约束线，如图 2 - 6 所示。

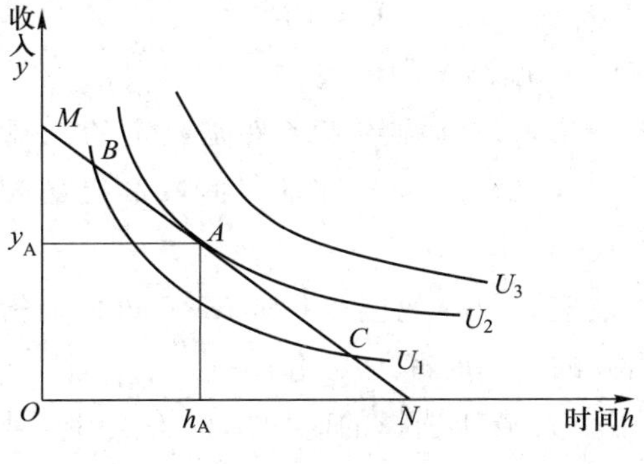

图 2 - 6　主体均衡

在图 2 - 6 中，U_i 为选择主体的闲暇 - 收入无差异曲线，MN 为预算约束线。U_3 与 MN 无交点，U_2 与 MN 相切于点 A，U_1 与 MN 相交于点 B 和点 C，U_i 的效用水平为 $U_1 < U_2 < U_3$。在预算约束线 MN 上，选择哪种组合才能使个人得到最大的效用呢？

毫无疑问，个人效用最大化（utility maximization）的组合必然是在对主体效用最高的一条无差异曲线上。在图 2 - 6 中，U_3 虽然效用水平最高，但由于它在 MN 的右上方，相对于主体的资源状况而言，无法达到那样高的效用。U_1 与 MN 相交于点 B 与点 C，虽然这两种组合是在既定资源条件下的最大组合，但是点 B 与点 C 也都在 U_1 上。显然 U_1 的选择顺序在 U_2 的后面，其效用水平较 U_2 为低。而且，如果点 B 沿无差异曲线 U_1 向右下移动，或者点 C 沿无差异曲线 U_1 向左上移动，那么，在无差异曲线 BC 段，其闲暇与收入的组合均在预算约束线 MN 的左下方。显而易见，主体在资源约束下并没有达到最高水平的效用。进一步可以观察到，既然 U_1 与 MN 相交于点 B 和点 C，那么，在 U_1 与 U_2 之间在图中未画出的无差异曲线仍和 MN 相交，因为任何一种组合都在 MN 上，所以均满足给定的资源条件，同时，任何一种组合均在效用水平比 U_2 低的无差异曲线上，因此都没有达到最大效用；反之，任何一种组合均在效用水平比 U_1 高的无差异曲线上，因此其效用水平均比点 B 和点 C 高。

由此可见，无差异曲线 U_i 在 MN 右上方的，主体因资源条件的约束而达不到那样高的效用水平；无差异曲线与 MN 相交的，主体在既定资源条件下又没有达到最大效用。因此，只有在点 A，即预算约束线 MN 与无差异曲线的切点才能实现主体均衡。点 A 就是主体在既定资源条件下获得最大效用的均衡点。如果点 A 沿无差异曲线 U_2 向左上或右下移动，其闲暇与收入的组合因在 MN 的右侧而无法达到。在点 A 上，闲暇时间为 h_A，收入为 y_A。

点 A 是预算约束线与无差异曲线 U_2 的切点。因此，U_2 这条无差异曲线在点 A 的切线也就是预算约束线 MN。无差异曲线在点 A 的斜率与预算约束线的斜率相等。预算约束线的斜率是个人放弃的闲暇与从事劳动所获得的收入的比率（即工资率）；无差异曲线的斜率是劳动收入替代闲暇的边际替代率。所以，主体均衡的条件，即主体在资源约束条件下获得最大效用必须满足的条件，是工资率等于边际替代率，用符号表示就是：

$$W = MRS$$

3. 约束条件变化与最佳时间结构的调整

个人在劳动力供给的决策中，资源约束条件是给定的。现在需要继续讨论的问题是：在约束条件改变时，个人如何分配自己的时间以取得最大效用，如何实现新的均衡。这涉及收入效应与替代效应问题。

（1）收入变化与收入效应。收入效应（income effect）是指在工资率保持不变的情况下，由于收入的变化引起的工作时间的变化。[3]

图 2-6 的分析得到了个人最佳选择的时间结构为点 A，其资源约束条件以预算约束线 MN 来表示。如果个人获得了与其劳动力供给时间量无关的非劳动收入 Δy，此时将如何实现新的均衡呢？我们以图 2-7 为例进行分析。

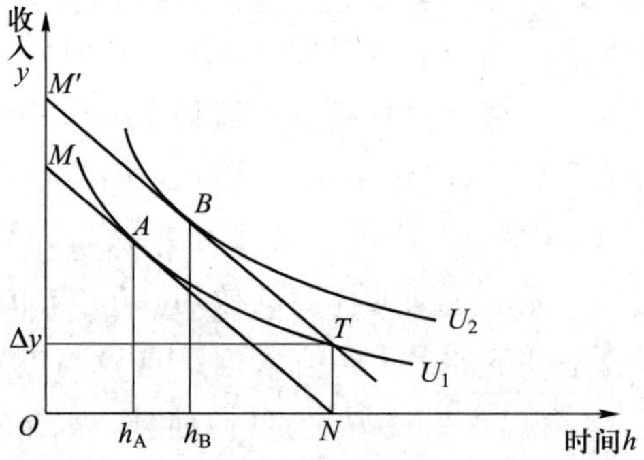

图 2-7　收入效应

在图 2-7 中，当其他条件没有改变时，均衡点为点 A。由于非劳动收入增加，使预算约束线平行向右方移动，得到一条新的预算约束线 TM'。这时，均衡点由点 A 移向点 B，闲暇时间增加，劳动时间减少，闲暇时间的增加量为 $h_A h_B$。由此可见，在其他条件不变时，由于非劳动收入的增加，个人可达到的效用水平必定提高。收入效应是由一条无差异曲线移向更高效用的无差异曲线所引起的。一般情况下，收入效应使闲暇时间增加，劳动时间减少。

（2）工资率变化与替代效应。替代效应（substitution effect）是指在保持收入不变情况下，因工资率的变化而引起的愿意工作时间的变化。[4]

假定其他条件都不变，只有工资率变化，这将对个人时间分配结构调整产生何种影响，从而个人将如何实现新的均衡呢？通常情况下，当可支配的时间不变、工资率变化时，个人的劳动收入必然随之变化，由此引起个人预算约束线的相应改变。例如，工资率提高，收入必定增加，从而影响个人劳动力供给决策。

假设个人可支配的时间不变，只有工资率变化且设工资率提高。用图 2-8 可以分析工资率变化所引起的替代效应。

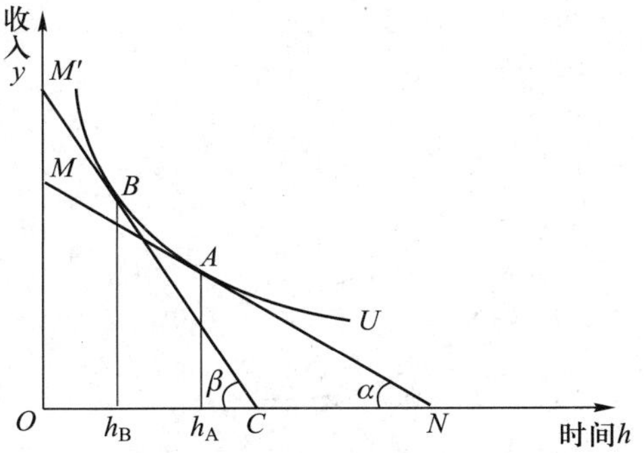

图 2－8 替代效应

在图 2－8 中，U 为闲暇－收入的无差异曲线，MN 是预算约束线，MN 与横轴的夹角为 α，与 U 相切于点 A，此时的工资率为 W_1。显然，闲暇时间为 Oh_A，劳动时间为 Nh_A。当工资率提高时，直线 $M'C$ 与横轴的夹角设为 β，与无差异曲线相切于点 B，工资率为 W_2。因为 $\tan\beta > \tan\alpha$，所以 $W_2 > W_1$。在工资率为 W_2 的情况下，均衡点由点 A 移向点 B。相应地，闲暇时间从 Oh_A 减少到 Oh_B，劳动力供给时间则从 Nh_A 增加到 Nh_B，劳动力供给时间存在一个正向增量 h_Ah_B。由此可见，在其他条件不变的情况下，工资率提高，劳动力供给时间增加，闲暇时间减少。其根本原因在于，工资率提高，意味着劳动时间的价值在提高，劳动时间不足，必然导致丧失较多的收入。同时，工资率提高，意味着闲暇的机会成本提高了，消费闲暇的代价变得更加昂贵。因此，在工资率提高的情况下，闲暇时间必定减少。

因为点 A 和点 B 同在一条无差异曲线上，A 和 B 所示的闲暇－收入组合实现了相同的效用，所以闲暇时间减少带来的效用损失，由劳动时间增加从而收入增加带来的效用的增加得到补偿。

从特殊到一般，仍以图 2－8 为例，我们知道，在无差异曲线 U 上有无数个点，每个点表示一种闲暇和劳动收入的组合，过每个点都可画出一条切线，如 MN 和 $M'C$，它们对应不同切线的斜率，也就是对应着不同的工资率 W_i。虽然这些切线所示的个人可支配的资源状况不相同，但它们都能使主体实现相同的效用水平，其原因在于所有切点都在同一条无差异曲线上。因此可以说，在个人实现相同效用水平的情况下，劳动力供给的决策主体改变其时间分配结构，必定由于工资率的变化所引起。相对价格提高的商品必然引起其需求的减少，相对价格提高的商品必然引起其供给的增加，这就是替代效应。

（3）收入效应与替代效应。工资率的提高不仅使个人的收入得到增加，而且对闲暇时间和劳动时间的选择也同时发生相应的变化。工资率的变化同时带来两种效应：收入效应与替代效应。工资率的变化对劳动力供给决策主体的最终影响完全取决于两种效应的相互关系。我们可以结合图 2－9 进行分析。

在图 2－9 中，其符号的含义与图2－8相同，预算约束线为 MN，个人的闲暇－收入

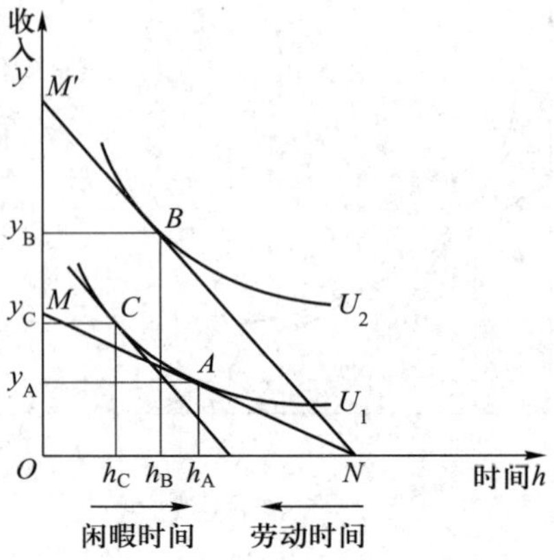

图 2－9　收入效应与替代效应

的均衡点为点 A。此时，闲暇时间为 Oh_A，收入为 y_A。假设工资率上升，则预算约束线为 NM'。在新的约束条件下，个人的最佳选择是在具有更高效用水平的无差异曲线 U_2 上的点 B 实现新的均衡。在均衡点 B，闲暇时间由 Oh_A 减少到 Oh_B，劳动力供给时间由 Nh_A 增加到 Nh_B，有一个正向的增量 h_Ah_B，劳动收入也由 y_A 增加到 y_B，也有一个正向增量 y_Ay_B。显然，在个人闲暇－收入偏好和可支配资源既定的情况下，随着工资率的提高，个人的效用达到新的水平，而且工资率对劳动力供给时间的变动有正向影响。

图 2－9 中点 A 向点 B 的最佳选择的移动，是两种效应共同作用的结果。首先，观察点 A 向点 C 的移动。这种移动表示最佳选择点的变位不改变效用水平，而只改变工资率，点 C 是与 NM'平行的预算约束线与无差异曲线 U_1 的切点。这就是前面所提到的替代效应。由于替代效应，劳动力供给时间增加了 h_Ah_C，而闲暇时间则由 Oh_A 减少到 Oh_C。显然，替代效应对劳动力供给具有正向影响。其次，观察点 C 向点 B 的移动。这种移动可以看作工资率不变，但收入却增加了。由于收入增加，为了获得较多的闲暇时间，只能减少劳动力供给时间，用增加的收入换取闲暇。如图 2－9 所示，点 C 到点 B 的移动就是收入效应。收入效应作用的结果使劳动供给时间减少了 h_Bh_C。显然，收入效应对劳动力供给具有负向影响。由此可见，由于工资率提高，最佳选择由点 A 到点 B 的移动是替代效应与收入效应共同作用的结果。换言之，工资率提高，产生出替代效应点 A 到点 C 的移动和收入效应点 C 到点 B 的移动，两种效应共同作用的结果实现了均衡位置点 A 到点 B 的移动。

（五）个人劳动力供给曲线

在上面的分析中，工资率提高对主体劳动力供给决策的最终影响是增加劳动力供给时间而减少闲暇时间，但这一结论并不具有普遍的适用性。这是因为，在工资率提高的条件下，主体劳动力供给的决策受到两种效应的影响，劳动力供给时间的变动最终取决于替代效应与收入效应的相互关系。而这两者的相互关系实际上取决于主体的闲暇－收入偏好，或者说取决于主体的效用函数。在图2－9的分析中，由于工资率提高产生的替代效应大于收入效应，所以个人因工资率的提高而选择了增加劳动力供给时间。由此推论，如果替代效应小于收入效应，那么随工资率的提高，劳动力供给时间反而会减少。如图 2－10 所示。

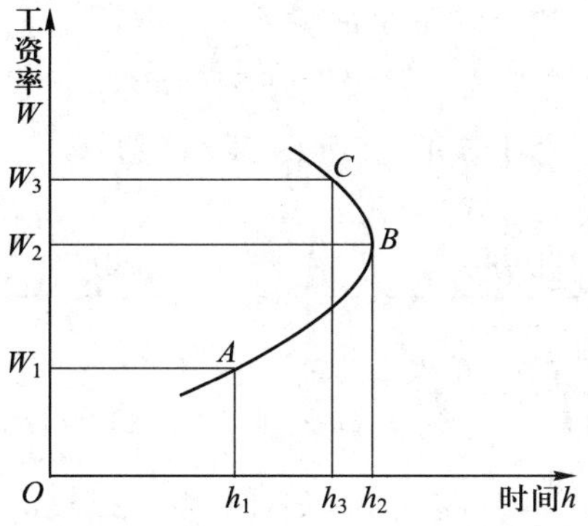

图 2－10 个人劳动力供给曲线

在图 2－10 中，在最初工资率（W_1）条件下，劳动力供给时间为 h_1；当工资率提高到 W_2 时，劳动力供给时间增加到 h_2；当工资率为最高 W_3 时，劳动力供给时间降低到 h_3。这样，劳动力供给曲线成为一条向后弯曲的劳动力供给曲线（back-bending labor supply curve）。对工资率与劳动力供给时间的反向关系，主要用工资率变化的收入效应与替代效应进行解释。

二、适度劳动供给[5]

以上分析的主要是劳动者中的劳动供给选择，而适度劳动供给则是研究已经就业在职者的劳动供给的“度”。在适度劳动供给中我们要关注两个方面的问题，一方面存在着过度劳动，另一方面又存着劳动不足或隐性缺勤。

（一）适度劳动的概念

1. 如何理解适度

可以从以下几个方面理解适度劳动中的“度”：① 它是劳动者正常而充分地使用了自身的劳动生产力，发挥出了应有的工作效率；② 劳动过程所引起的身体各部位的耗费在生理和心理上是允许的，对劳动者的肢体和精神不会带来任何危害；③ 这个“度”应该是社会普遍的、认可的平均水平的劳动时间和劳动强度。

2. 对适度劳动的不同解说

当前，理论界对适度劳动还没有一个统一的认识，依据其不同理解可以概括为以下观点：① 法律说，即劳动者的劳动时间在法律制定的范围之内，例如，我国《劳动法》规定：劳动者每天工作不超过 8 小时，每周工作不超过 40 小时；② 时间说，即劳动者的工作时间在社会正常的范围内，不存在过多加班加点；③ 身体状况说，即劳动者在既定工作时间里不存在过度疲劳，即使工作有些劳累，身心也能够通过休息得到恢复。

本书认为，适度劳动是指任职者的体力和脑力支出在不损害身心健康的范围内，劳动时间和劳动强度在社会或法律认可的正常范围之内效率最高的劳动。

3. 适度劳动、过度劳动和劳动不足的关系

劳动按供给的多少可以依次分为：失业或闲暇状态、劳动不足、适度劳动、过度劳动、职业病或过度劳动致死（过劳死），如图 2－11 所示：

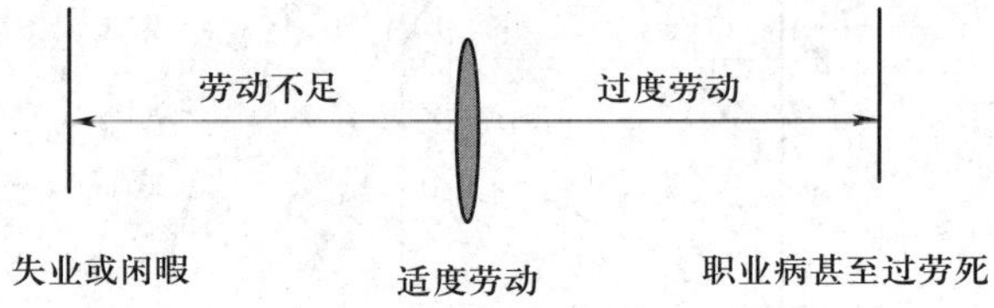

图 2－11 适度劳动、过度劳动和劳动不足

在图 2－11 的左侧是劳动供给依次减少的状况，减少的序次分别为劳动不足（在职失业或隐性缺勤）→失业或闲暇；在图 2－11 的右侧是劳动供给依次增加的状况，增加的序次分别为过度劳动→职业病甚至过劳死。在我国，对适度劳动的研究主要集中在过度劳动和劳动不足（在职失业或隐性缺勤）两个焦点上。

（二）过度劳动

1. 过度劳动的概念

过度劳动，简称“过劳”。日本教授齐藤良夫认为，所谓“过劳”状态是指由于活动产生的疲劳不能因为包含睡眠在内的休息得到恢复的状态。而在我国，目前学界对“过劳”的概念出现了多样性的理解，即将过劳解释为“过度疲劳”、“过度劳累”或“过度劳动”，是指劳动者在其工作过程中存在超时、超强度的劳动行为，并由此导致疲劳的蓄积，经过少量休息无法恢复的状态（孟续铎）。我们认为，可以从以下几个方面理解过度劳动：[6]

（1）必须存在劳动者超时、超强度的劳动行为。超时是指劳动任务的完成需要占用比社会普遍的、平均的劳动时间更多的额外时间；超强度是指劳动强度超过了劳动者身体和心理能够承受的限度，长此以往会危害劳动者的身心健康。

（2）必须存在劳动者身心上的疲劳，并且劳动者的疲劳是长期性蓄积而成。疲劳机体体力或精力减弱或丧失是一种复杂的生理、心理及病理现象的体现（贾丹兵，2009）。这种疲劳感已经影响到其正常工作和生活，且经过少量休息无法得到恢复。当然此劳动者感受到疲劳并不代表其已经处于“过劳”状态。由急慢性疾病、毒素等致病因子侵袭，乃至家务劳动、体育运动等过度所导致的人体疲劳，均不能属于过度劳动的范畴。

（3）劳动者的疲劳蓄积与超时、超强度的劳动存在直接关联。也就是说，劳动者的超时、超强度劳动是“因”，疲劳蓄积是“果”，两者之间具有直接的“因果关系”。

（4）过度劳动主要是劳动者在其职业生涯中长期提供的，家务劳动、义务劳动等非

市场性劳动，以及短时期内或临时性劳动时间和劳动强度增加的劳动不属于过度劳动的范畴。

2. 过度劳动供给的群体

（1）外来务工人员是超时、超强度体力劳动的群体。孟续铎（2013）认为，一些从农村出来的生产线工人、煤矿工、建筑工等，为了生计在外奔波，出卖劳动赚取血汗钱，工作黑白颠倒，生活不规律，加之不被人尊重和极少的娱乐休闲活动，造成他们在身体承受极限的同时精神生活严重匮乏，极易造成持续性“过度劳动”的产生，甚至诱发“过劳死”。王春婷（2017）调查认为，有52.89%的外来务工人员处于过度劳动状态，周工作时间超过了50小时，说明当前外来务工人员过度劳动的现象较为严重。

（2）知识工作者是超时、超强度脑力劳动群体。王艾青（2009）运用访谈的方式调查高校教师、民营企业的中高层管理人员，结果显示均存在过度劳动状况。孟续铎（2013）认为教师、医生等科技工作者表面看起来“光鲜亮丽”，实则也是“过度劳动”的高发群体，科研项目、职称竞争、资历甚至是学历水平等层层叠叠，都是压在他们身上的“巨石”，催生“过度劳动”甚至是“过劳死”。

（3）某些行业或工种因其本身的特殊性造成“过度劳动”。如城市的出租车司机、城乡的长途大货车司机、餐饮行业的经营者和员工等，他们工作和生活缺乏规律性、生物钟错乱，常常处在过度劳动供给和亚健康状态。

（三）隐性缺勤（劳动供给不足）

1. 隐性缺勤的概念

隐性缺勤（sickness presenteeism，SP）中的“隐性”代表员工没有缺勤，还在岗位上工作；而“缺勤”则表示员工虽然在岗位上工作，但却是工作效率低下，是如同缺勤一样的行为。国内外对隐性缺勤的概念主要从两个视角解释：① 从劳动投入上讲，它表示员工受躯体、心理等各方面因素的影响，虽在工作岗位，却不能全身心投入工作，呈现出低负荷、低绩效的工作行为。主要的情况有：不情愿工作而偷懒形成的工作绩效低下；需要处理一些与工作无关的事情，如接送孩子上下学等；注意力分散，继而工作效率低下。② 从员工自身健康上讲，隐性缺勤是指由于慢性病或健康方面的其他原因应该休息或离开工作岗位，但员工仍然坚持上班，从而导致生产效率降低。[7]

2. 隐性缺勤的群体

隐性缺勤主要有以下群体：① 缺乏竞争压力和绩效考核的公职人员。在我国个别部门的工作人员的“一杯茶，一包烟，一张报纸看一天”的工作情况就属于此类。有研究显示，加拿大政府74.1%的员工在2005年的12个月内有带病工作的情况，每名员工平均带病工作的天数为11.9天（Biron，Brun，Ivers，Cooper，2006）。② 经常倒班、作息无规律性的群体。根据复旦大学黄丽、戴俊明等人的调查，在2 313份有效问卷中，有74.2%的调查对象表现出不同程度的职业倦怠，医生和护士的职业倦怠率分别为73.2%和84.0%。医务人员高度职业倦怠者其隐性缺勤所致健康生产力受损程度是无职业倦怠者的12.61倍。[8]有研究表明，85%的医生和88%的企业员工都有过带病参加工作的经历（张纪豪，李永鑫，2016）。

3. 隐性缺勤比实际缺勤的损失更大

斯图尔特等（Stewart，2003）在对29 000名成年员工调查时发现，美国员工每年由于隐性缺勤现象带来的总损失达到1 500亿美元，是显性缺勤所带来的损失的3倍。美国第一银行的相关统计研究发现，企业直接的健康成本（主要是医药成本）只占据企业总成本的24%，约1.16亿美元；而隐性缺勤行为带来的损失为3.11亿美元，占总成本的63%。[9]

第三节　家庭劳动力供给

一、家庭劳动力供给的选择

为分析的需要，我们做以下假定：在决策妻子或家庭的其他劳动适龄成员是否就业时，家庭中已经有人（如男性户主）就业了，也即这些家庭成员的劳动力供给决策是在一定的家庭收入基础上做出的。我们用图2－12来分析除户主以外的家庭成员，主要是妻子的就业选择问题。

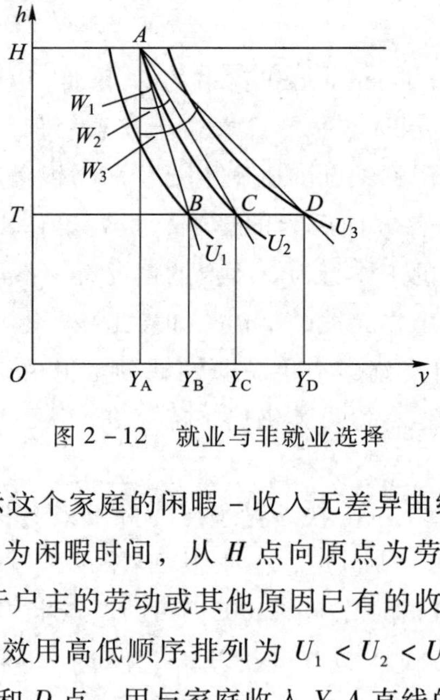

图2－12　就业与非就业选择

在图2－12中，U_i 表示这个家庭的闲暇－收入无差异曲线，横轴表示收入，纵轴表示可支配时间，从原点向上为闲暇时间，从 H 点向原点为劳动时间，HT 为制度给定的劳动时间。Y_A 表示家庭由于户主的劳动或其他原因已有的收入。在以 U_i 表示的一簇闲暇－收入无差异曲线中，按效用高低顺序排列为 $U_1 < U_2 < U_3$，直线 AB、AC、AD 与制度时间轴分别相交于 B、C 和 D 点，用与家庭收入 Y_AA 直线的斜率表示工资率 W_1、W_2、W_3，而且 $W_1 < W_2 < W_3$。

当已婚妇女的工资率为 W_2，制度劳动时间为 HT 时，可以看到，妻子是否就业不影响家庭的效用水平。在 A 点，家庭的收入就是家庭已有收入 Y_A，妻子可支配的闲暇时间为 OH；在 C 点，家庭收入 $Y_A+Y_AY_C$，可支配的闲暇时间为 OT，即放弃 TH 的闲暇时间可使家庭收入增加 Y_AY_C。因为 A、C 两点同在无差异曲线 U_2 上，因此，妻子是否就业不影响家庭享受到的效用水平。当工资率低于 W_2，比如为 W_1 时，若妻子选择就业，其组合点为 B 点，B 点在无差异曲线 U_1 上，要比 U_2 的效用水平低；若此时选择不就业，其组合点为 A，效用水平为 U_2，反而比选择工作的效用水平还高。因此，在工资率低于 W_2 时，妻子必定选择不就业。如果工资率比 W_2 高，比如为 W_3，则她会选择就业。因为，这时无差异曲线 U_3 与制度劳动时间轴交于 D 点，此时效用水平可以达到 U_3，高于选择不就业时的效用水平 U_2。

从家庭效用最大化行为目标来反思上面的选择，我们可以知道：当工资率低于 W_2 时，由于工资率很低，如果妻子选择就业，从而获得的收入还不足以补偿失去相应的闲暇而降低的效用，因此会导致家庭的效用损失，从而妻子会选择不就业；当工资率等于 W_2 时，如果妻子选择就业，由于就业而获得收入使家庭增加的效用刚好等于由于选择就业而失去相应的闲暇所减少的效用，这时妻子是否参加工作不影响家庭的效用水平；当工资率为 W_3 时，由于工资率高，如果妻子选择工作，她因提供劳动而获得相应收入，由此增加家庭的效用大于因提供劳动而相应减少闲暇所减少的效用，或者说，由于妻子参加工作使家庭总效用增加，因此妻子会选择工作。

上面的分析表明，工资率高低是妻子选择就业或闲暇的尺度，即工资率会对就业产生正效应。但是，工资率对劳动力供给是否有正效应，还要取决于无差异曲线的状态。

在工资率为 W_2 时，妻子是否选择就业并无明显差别。换言之，若工资率在此水平上，家庭主妇就业就意味着 W_2 是最低工资水平。事实上，每个家庭的情况不一样，偏好也不同，因此对最低工资率的企求也不同。而且，由于户主的收入状况不同，也会导致家庭的最低劳动力供给价格不同。因此，如果以一组家庭为观察对象，这种固有的最低劳动力供给价格呈现出如图 2－13 所示的分布状态。

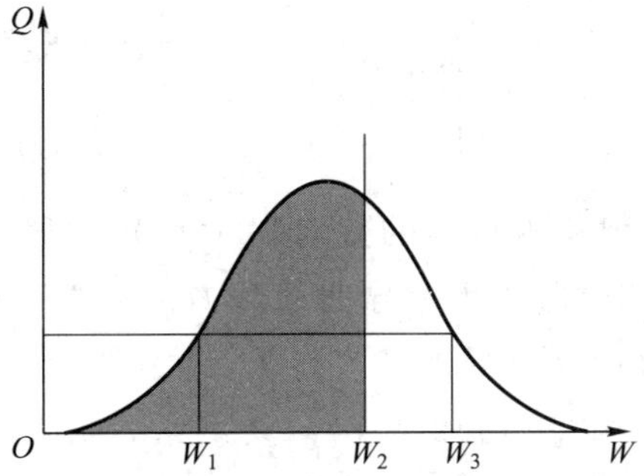

图 2－13 最低劳动力供给价格的密度分布

在图 2－13 中，横轴为工资率 W，纵轴为以最低劳动力供给价格为标志的家庭的密度分布 Q。当工资率较低时，如 W_1，密度分布也较低。在工资率较高时，如 W_3，密度分布也较低。当市场工资率为 W_2 时，一般说来，凡是最低劳动力供给价格比 W_2 低的家庭，其家庭成员就需要就业了，所以此时的密度分布较高。在图 2－13 中阴影所示部分与正态分布曲线和横轴围成的面积之比，就是当工资率为 W_2 时家庭成员增加就业的概率。研究表明，这一就业概率与相同统计范围内的劳动力参与率相近。

以上有关工资率对于已婚妇女劳动参与率的影响的分析结论与利用实证分析所得到的以下事实相符合：① 丈夫的收入越高，妻子的劳动力参与率越低；② 本人能够得到的市场工资率越高，妻子的劳动力参与率越高。人们将这种关系以发现者的名字命名为道格拉斯－有泽法则。

二、不同条件下的家庭劳动力供给

工资率变化是影响家庭劳动力供给决策的主要因素。同时，还有其他一系列影响劳动力供给决策的因素，包括家庭内部其他成员收入的增加、家务劳动、制度劳动时间的长度、教育或培训等。下面分析这些因素对家庭劳动力供给决策的影响。

（一）收入效应

这里的收入效应，主要是分析家庭中已就业成员的劳动收入增加对家庭非就业成员劳动参与的影响。对此，我们用图 2－14 进行分析。

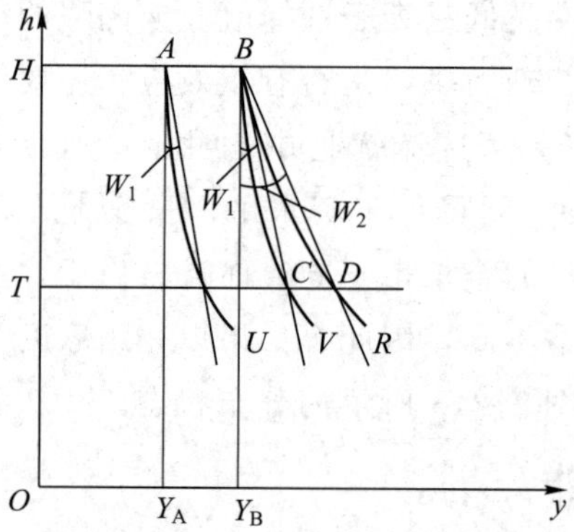

图 2－14 收入效应

在图 2－14 中，家庭中已就业成员的劳动收入为 Y_A，假如家庭中非就业成员就业，其工资率为 W_1，家庭的闲暇－收入无差异曲线为 U，制度劳动时间 HT，此时家庭中该非就业成员处于就业与不就业无差异的状态，W_1 为最低劳动力供给价格。若家庭中已就业成员由于某些原因收入由 Y_A 增加到 Y_B，该家庭的闲暇－收入无差异曲线变为 V，图中 B 点和 C 点同在无差异曲线 V 上。直线 BC 的斜率仍为 W_1，非就业成员仍处于就业与不就业无差异状态，因此，W_1 仍然是最低劳动力供给价格。但是当就业成员劳动收入增加以后，家庭的闲暇－收入无差异曲线变为 R 时，家庭非就业成员将选择不就业。换一个角度，由于家庭就业成员收入增加，从而家庭的闲暇－收入无差异曲线上升到 R，R 与制度劳动时间交于 D 点，直线 BD 的斜率为 W_2，显然 $W_2 > W_1$，此时家庭非就业成员参与劳动的最低工资率是 W_2。这就意味着，当家庭成员收入增加后，家庭非就业成员的最低劳动力供给价格上升。如果市场所提供的工资率仍为 W_1 或虽有增加，但仍低于 W_2，则家庭非就业成员将选择不就业。

因此，当家庭就业成员的收入增加后，非就业成员是否选择就业就取决于家庭的闲暇－收入无差异曲线的形状。实践证明，在家庭就业成员的收入增加后，家庭的闲暇－收入无差异曲线通常会变化，即由 U 变为 V 或 R。因此，家庭收入增加后，对家庭非就业成员劳动参与有着负面影响。

由市场决定的某种劳动力的工资率有其自身的内在规律。由于家庭非就业成员的最低劳动力供给价格是与就业成员工资率或收入提高而同步变化的，所以，尽管由于家庭就业成员收入提高会抬高家庭非就业成员劳动参与的最低工资率，但这并不意味着该家庭非就业成员就能向市场要求 W_2 的工资率。因为市场上工资率的高低不是由劳动力供给者一厢情愿决定的，它还必须以家庭未就业成员的劳动力素质提高为前提。因此，家庭已就业成员收入增加使家庭闲暇－收入无差异曲线变化会对家庭非就业成员的劳动参与产生负面影响。

（二）家务劳动的影响

在经济社会的发展过程中，许多家务劳动已经社会化，但还有一些家务劳动和其他一些事务还没有社会化或者不能社会化。这些不宜或还没有社会化的家务劳动必然会占用一定时间，如照料幼儿。假设这个必须占用的时间为 HC，而且是由家庭还未参与劳动的主妇承担。如果主妇打算参与劳动，那么她就必须考虑制度劳动时间 HT 和必要家务劳动时间对她决策的影响。

在图 2－15 中，制度时间为 HT，且在没有家务劳动的情况下，与图 2－12 的情况一样，W_1 是最低劳动供给价格。由于存在 HC 小时家务劳动的制约，主妇在选择就业时，效用得失就应与 D 点的组合进行比较。W_1 的工资率线与 T' 的时间轴的交点为 E。E 点在无差异曲线 U_3 上，U_3 的效用水平不仅远低于 U_1，而且还低于过 D 点的无差异曲线 U_2 的效用水平。所以，家庭主妇不会选择就业。既然 HC 小时家务劳动是给定的条件，那么可以看到 U_2 穿过 D、F 两点，此时最低劳动力供给价格是 W_2。显然，这时的最低劳动力供给价格比没有 HC 小时必要家务劳动时间制约时要高。但工资率不是由家庭单方决定的。因此，从存在既定的家务劳动时间的条件出发，家务劳动的存在对劳动力参与具有负面影响。

大量经验材料也支持上述分析结论，一些国家或地区的调查结果显示：当家庭在养育幼儿及孩子到小学阶段，对 25—35 岁年龄组的已婚妇女的劳动参与率有负面影响。我国学者提出妇女分阶段就业的政策建议的理论依据也在于此。

（三）制度劳动时间长度的影响

在就业与非就业模型中，劳动时间长度由一定的劳动管理制度给定。那么，在制度

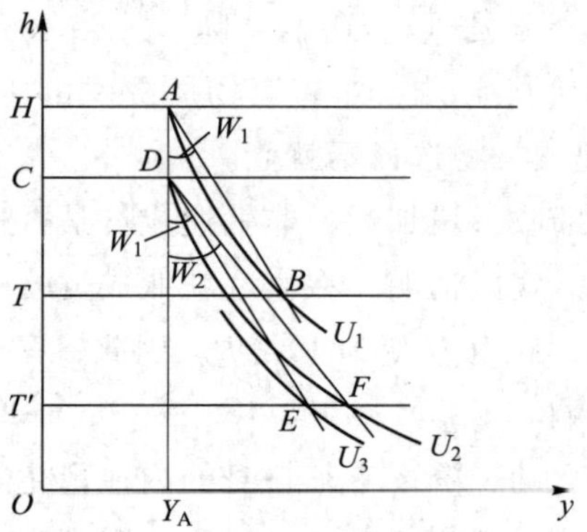

图 2－15　家务劳动与女性劳动参与

劳动时间为 HT_1、工资率为 W_1 时，无差异曲线 U_1 通过 H 和 A 两点。此时，决策主体就业与否是无差异的，即 W_1 为最低劳动供给价格。如果制度劳动时间缩短了（见图 2－16），由 HT_1 缩短为 HT_2，此时，直线 HA 与缩短后的劳动时间轴 T_2 相交于 B 点，通过 B 的无差异曲线 U_2 在 U_1 的右上方。

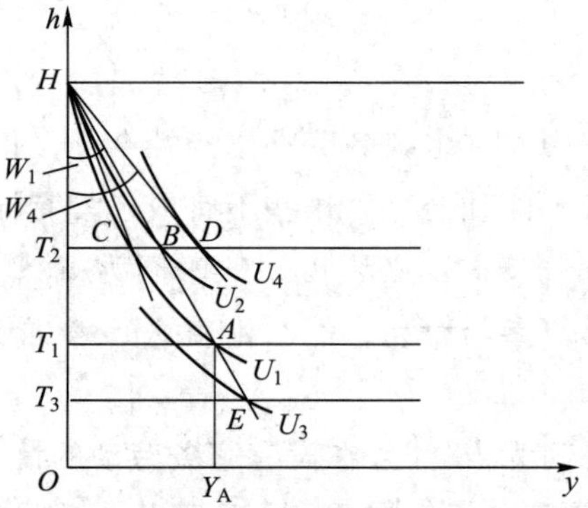

图 2－16　劳动时间长短与劳动参与

显然，在制度劳动时间缩短、工资率不变的情况下，劳动者的效用必定提高。因此，在其他条件不变的情况下，制度劳动时间缩短，在追求效用最大化的理性原则的驱使下，将刺激劳动力参与率的提高。如果进一步讨论，当工资率为 W_1，制度劳动时间为 HT_1 时，决策主体若选择就业，则其闲暇时间为 OT_1，劳动时间为 HT_1，劳动收入为 Y_A。制度劳动时间缩短后，其闲暇时间将有一个净的增加，即 T_1T_2；如果此时劳动收入仍为 Y_A，那么，决策主体的效用水平将提高到 U_4，比 U_2 更高，表明工资率由 W_1 上升到 W_4。这种变化说明，如果制度劳动时间缩短，劳动收入不变，那么工资率实质上是提高的，对劳动参与有正面的影响作用；相反，如果其他条件不变，制度劳动时间延长，图 2－16 中制度劳动时间由 HT_1 延长到 HT_3，那么 HA 与新的劳动时间轴相交于 E 点，而过点 E 的无差异曲线 U_3 在 U_1 的左下方，效用水平降低，从而对劳动参与存在负面影响。

（四）教育或培训的影响

在个人或家庭中，闲暇时间等于可支配时间与劳动时间之差。放弃闲暇用于接受教育或培训等人力资本投资亦可增加未来收入。这里替代闲暇的两种方式的边际效用的相对关系，对劳动参与的影响可通过图 2－17 揭示出来。

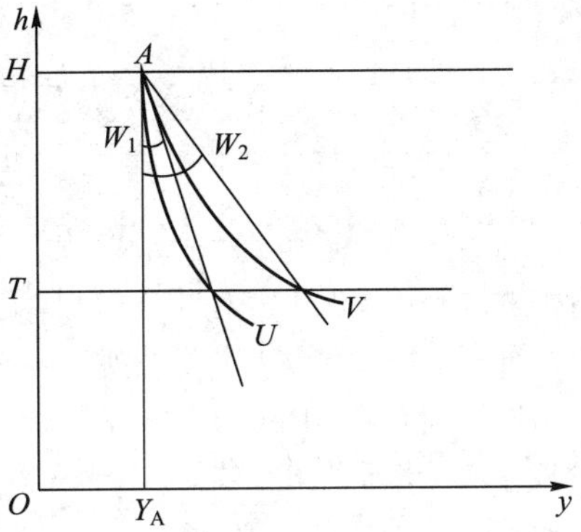

图 2－17 教育、培训与劳动参与

在图 2－17 中，无差异曲线分别为 U 和 V，制度劳动时间为 HT，偏好不同的人，最低劳动力供给价格明显不同。闲暇－收入偏好（无差异曲线）为 U 的人，最低劳动力供给价格为 W_1；偏好为 V 的人，最低劳动力供给价格则为 W_2。偏好 U 与 V 的显著差异是闲暇的边际效用不同，偏好 V 的边际效用大于 U 的边际效用。由于对人力资本投资有较高的回报预期，所以在工资率为 W_1 时，这些人不选择就业。因而，可以认为，如果其他条件不变，只限于教育、培训等人力资本投资，则人力资本投资对劳动力供给有负面影响。正是由于这种关系的存在，造成 16—20 岁年龄组的青年人口劳动参与率自第二次世界大战以后呈持续下降趋势。

第四节 社会劳动力供给

一、人口年龄结构与劳动力供给

（一）人口年龄结构的类型

人口学界一般把人口的年龄结构分为年轻型、成年型和老年型三种类型，如表 2－2 所示：

表 2-2 人口年龄结构类型表

	年轻型	成年型	老年型
少年儿童系数（0—14 岁人口在总人口的比重）	40%以上	30%～40%	30%以下
老年人口系数（≥65 岁人口在总人口中的比重）	5%以下	5%～7%	7%以上
老少比（≥65 岁人口）	15%以下	15%～30%	30%以上
年龄中位数	20 岁以下	20—30 岁	30 岁以上
人口年龄结构特点	人口年龄构成轻，少年儿童比重大，存在着劳动力供给相对不足、抚养少年儿童任务重的人口问题	人口结构以成年人为主，劳动力人口多，劳动力供给充足，抚养比较低，有利于社会经济发展	在人口结构中，老年人口相对比重较大，存在着劳动人口供给相对不足、抚养老年人口任务重的人口问题

由表 2-2 可知：① 在年轻型人口年龄结构中，少年儿童占总人口的比重大，劳动力占比相对较少，存在着劳动力供给相对不足的问题；② 在成年型人口年龄结构中，劳动人口多、占比大，劳动力供给充足；③ 在老年型人口年龄结构中，随着老年人口逐渐增加，劳动人口占比逐渐减少，劳动人口供给相对不足。

（二）人口红利与人口负债

不同年龄结构类型的人口，具有不同的人口再生产的规模、速度和发展趋势，人口对社会经济发展也具有不同的作用：在成年型的人口年龄结构中，由于劳动力供给充足、老少抚养占比较低，就会释放人口红利；而在年轻型和老年型的人口年龄结构中，由于适龄劳动人口相对比重较低，存在着劳动力供给相对不足，而抚养少年儿童和老年人口的任务重，就会出现人口负债。

1. 人口红利[10]

（1）人口红利（demographic dividend）是指一个国家的劳动年龄人口占总人口比重较大，劳动力供给充足，而抚养率又比较低，为经济发展创造了有利的人口条件，使整个国家的经济成高储蓄、高投资和高增长的形势。根据第六次全国人口普查数据，2010 年，在北京市常住人口中，0—14 岁的少儿人口为 168.7 万人，占总人口的 8.6%；15—64 岁劳动年龄人口为 1 621.6 万人，占 82.7%；65 岁及以上老年人口为 170.9 万人，占 8.7%。这是典型的人口红利下的人口年龄结构，其人口年龄结构如图 2-18 所示。

（2）人口红利期。按照人口学家的划分，小于 15 岁和大于 64 岁的人口被视为被扶养的“依赖人口”，而 15 岁至 64 岁之间的人口则被视为劳动力人口。依赖人口和劳动

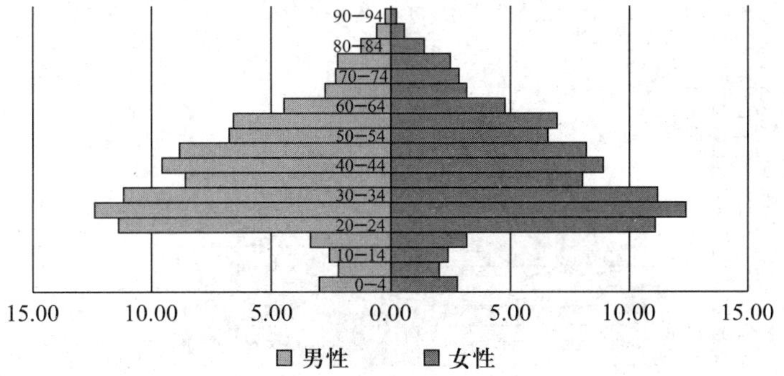

图 2－18 2010 年北京市常住人口年龄结构

资料来源：北京市第六次人口普查办公室，《北京市常住人口年龄构成状况》，北京统计信息网，2011 年 5 月 30 日。

力人口之比如果小于 50%，意味着社会进入人口的“红利期”，即人口负担系数小于或等于 50% 称为人口红利期。世界人口红利期情况为：欧洲 1950—2000 年，印度 2010—2050 年，日本 1930—1995 年；中国的人口红利期是 1980—2013 年（蔡昉，2011，对此理论界有不同的观点）。

（3）人口红利对经济增长的促进作用。在人口红利中，人口年龄结构的最显著特点是人口呈现“中间大，两头小”的结构，这样劳动力供给充裕并流动加快，社会负担相对较小，储蓄就会增加，进而促进国民经济的增长。人口红利对经济增长的促进作用表现在以下几个方面：① 劳动力供给充分，劳动力价格低廉，如果就业充分，就能创造出较多的社会财富；② 由于总抚养比较低，使得储蓄率较高，能提高投资率，从而加速经济增长；③ 由于人口老龄化高峰没有到来，所以社会保障支出负担轻，从而国家能有更多资金用于经济增长；④ 由于劳动力充裕且流动性加强，提高了劳动力资源配置效率，从而加快经济增长。

2. 人口负债

人口负债（demographic debt）是指由于人口结构变化所引起的抚养比提高、适龄劳动人口减少，所带来的社会经济问题。总抚养人口由少儿抚养与老年抚养两部分组成，如果总抚养人口占总人口的比例超过 50%，则意味着社会步入人口负债期。此时较高的社会抚养比例将会对整个经济增长带来不利。因此人口负债有两种类型：一是由于少年儿童抚养高所形成的人口负债；二是由于老年人口抚养比重高所形成的人口负债。

（1）年轻型人口年龄结构下的人口负债。在年轻型人口年龄结构下，由于婴幼儿生育过多过密，形成婴幼儿、少年人口比重大，劳动人口占比小，大量的财富被新增人口消费掉，缺乏资本积累，不利于社会经济的发展，陷入越穷越生、越生越穷的贫困循环之中。人口学家把这种现象称为人口负债。根据美国人口调查局的调查数据，2010 年印度的人口年龄结构属于年轻型，其人口年龄结构呈金字塔形，如图 2－19 所示。

（2）老年型人口年龄结构下的人口负债。在老年型人口年龄结构下，随着人口不断老化和子女经济价值的下降而出生人口相对减少，这样老年人抚养的负担不断加重，况

图 2－19 2010 年印度的人口年龄结构

资料来源：美国人口调查局，《国际基本数据》，2013 年 11 月 22 日。

且劳动人口占比降低，会形成劳动人口供给不足的问题，对社会经济产生不利的影响，人口学家把这种现象也称为人口负债。根据一些专家的预测，随着我国城市化水平的不断提高，到 2030 年农村将出现严重的人口老化，农村劳动人口大大减少，其人口的年龄结构将呈现如图 2－20 的状况：

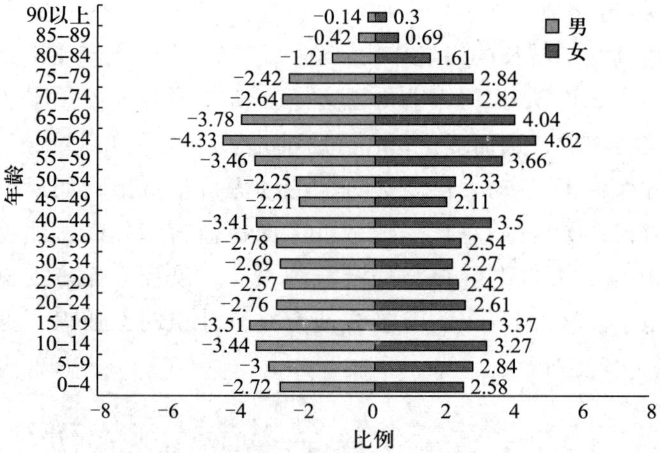

图 2－20 专家预测的 2030 年中国农村人口年龄结构（—号代表女性）

（三）人口红利拐点

人口红利拐点（demographic dividend inflection point）是人口红利向人口负债的转折点，它表现为在一个社会人口结构中，劳动人口增长率低于非劳动人口（特别是退休劳动人口）增长率，抚养比不断提高。在人口负债情况下，人口结构的变化会抑制经济增长：① 由于劳动人口的比重相对较低，企业的用工成本提高利润相对减少，企业就会减少投资，从而抑制经济增长；② 由于被抚养的人口比重过大，社会的消费也就很大，资本积累的数量及速度就会降低，这对资本缺乏的发展中国家的经济增长是不利的。

在人口年龄结构的变化中有两次拐点：第一次是由人口负债转向人口红利，实现这次转变我国是通过世界上最严厉的计划生育基本国策实现的；第二次是人口红利转向人口负债，它是由于人口惯性作用引发的。在第二次由人口红利转向人口负债的过程中，国外通常是采用逐渐延迟退休的办法来解决劳动力供给不足的问题。

综上所述，在人口年龄结构的变化中，为解决劳动力供给不足问题分别采取了计划生育和延迟退休的政策，如图 2－21 所示。

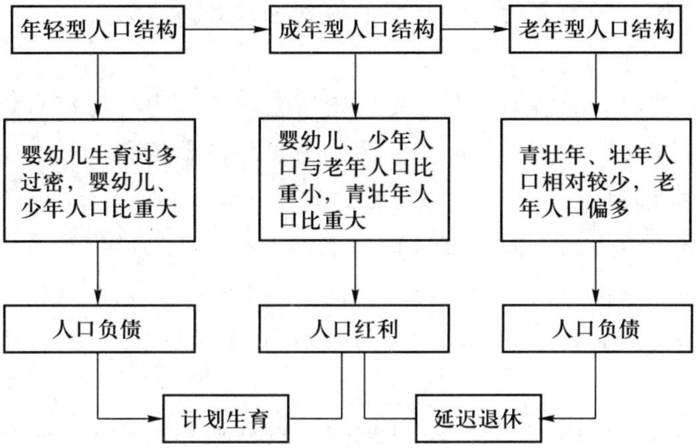

图 2－21 人口的年龄结构与劳动力供给

二、劳动力参与率及其影响因素

（一）劳动力参与率

社会劳动力供给是劳动者个人及其家庭为社会所提供的劳动力总量。在市场经济条件下，社会劳动力与市场劳动力是通用的范畴。衡量社会劳动力供给总量的主要指标是劳动力参与率。

劳动力参与率是指一定范围内的现实劳动力占该范围的劳动适龄人口（或潜在劳动力）的比例，它反映一定范围内的人口参与市场性劳动的程度，是研究劳动就业状态的重要统计指标。一定范围内的人口可依若干标志进行分类，如总人口、不同年龄组人口或不同性别人口等。以总人口计算的劳动力参与率称为总人口劳动力参与率；以法定劳动年龄人口计算的劳动力参与率称为法定劳动年龄人口劳动力参与率；以某一年龄别（性别）计算的劳动力参与率称为年龄别（性别）劳动力参与率。其具体计算公式分别为：

$$\text{总人口劳动力参与率}=\frac{\text{劳动力人口}}{\text{总人口}}\times 100\%$$

$$\text{法定劳动年龄人口劳动力参与率}=\frac{\text{法定劳动年龄中的劳动力人口}}{\text{法定劳动年龄人口}}\times 100\%$$

$$\text{年龄别（性别）劳动力参与率}=\frac{\text{某年龄别（性别）中的劳动力人口}}{\text{某年龄别（性别）的人口}}\times 100\%$$

（二）劳动力参与率的影响因素

社会劳动力供给的多少受多种因素影响，这些因素对社会劳动力供给的影响是通过社会劳动力参与率而达到的。因此，影响劳动力参与率的因素也就是影响社会劳动力供给的因素。一般来说，影响劳动力参与率的因素可以分为两大类。

1. 宏观因素

（1）宏观经济状况。经济繁荣与衰退的交替会对劳动力参与率有影响。经济总体形势越好，就业机会越多，工资水平越高，劳动力参与率就越高，反之，经济处于衰退时期，劳动力参与率就较低。

（2）社会经济政策。国家的政策特别是生育政策，不仅影响总人口规模，而且影响到人口的年龄、性别结构及其发展趋势，从而影响劳动适龄人口规模。同时，它会调节人口的年龄性别结构，从而导致劳动力参与率不同。一般说来，男性人口比例越高，劳动力参与率就越高。

（3）劳动适龄人口规模。一般来说国家规定的就业年龄越小，退休年龄越大，劳动适龄人口比例越大，劳动力参与率就越高。

（4）国家教育事业的发展状况和不同受教育程度的劳动力工资率的差距。基本规律是：国家的教育事业越发达，对国民的受教育程度要求越高，不同受教育程度的劳动力工资率的差别越大，劳动力参与率越低。反之，则劳动力参与率越高。

（5）劳动保障制度和社会保障制度。健全的劳动保障制度有利于劳动力参与率的提高，而社会保障程度的提高反而会降低社会劳动力参与率。长期以来，我国实行就业、工资、福利三位一体的社会保障制度。在这种制度下，意味着劳动者只有就业才能享受保险及各种福利等诸多待遇，其结果必然会刺激劳动力供给的增加。

2. 与个人或家庭参与劳动决策直接相关的因素

（1）性别。性别对劳动力参与率有重要影响。一般而言，女性劳动力参与率越高，社会劳动力参与率也就越高。

（2）工资政策和工资关系。一个社会的工资政策和工资关系越是向受教育者倾斜，人们对教育的投入也就越大，从而劳动力参与率也就越低；反之，人们就会提前就业，家庭劳动力供给规模就会扩大。

（3）工资水平。从市场整体来看，工资水平越高，劳动力参与率越高。

（4）个人非劳动收入。非劳动收入的增加，将会降低人们谋生对劳动的依赖程度，从而降低劳动力参与率。

（5）居民家庭生产率的变化。居民家庭生产率是指居民从事家庭“生产”活动的效率。居民家庭生产率越高，从事家庭生产活动的时间的价值就越高，愿意向市场提供劳动力的数量就越少，劳动力参与率越低。

另外，社会文化、风俗习惯等对劳动力参与率也会产生影响。例如，新中国成立后，我国政府一直鼓励城市人口、妇女人口积极就业，从而造成这样的观念：只有就业，而且全工时就业，才算是充分实现人生价值。这对我国劳动力参与率是有影响的。

劳动力参与率是测度和反映人口参与劳动程度的指标，社会、家庭等方面的因素通过影响个人或家庭对劳动参与的决策进而影响劳动力供给。所以，劳动力参与率指标准确地反映了劳动力参与劳动的程度，故它成为分析劳动力供给变动的主要工具之一。

三、市场劳动力供给曲线

所谓市场劳动力供给曲线，实际上是将一个市场中的个人劳动力供给曲线相加，是市场工资率与提供给市场的劳动力供给时间之间的一种总的关系。个人劳动力供给曲线和市场劳动力供给曲线的关系如图 2－22 所示。

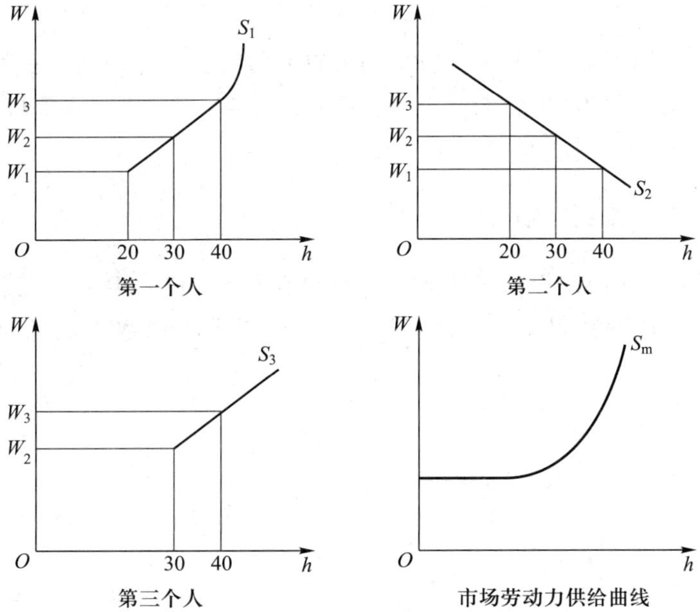

图 2－22　个人劳动力供给曲线和市场劳动力供给曲线

在图 2－22 中，给出三个有代表性的个人在三种不同工资率条件下所选择的情况，我们可以根据这些选择归纳出市场的劳动力供给曲线。第一个人，当市场工资率提高后，替代效应大于收入效应，因此劳动力供给时间由 20 小时增加到 30 小时、进而增加到 40 小时。第二个人的情况相反，其收入效应超过替代效应，因此当工资率提高时，劳动供给时间由 40 小时减少到 30 小时，进而减少到 20 小时。第三个人，当工资率为 W_1 时他没有提供劳动时间，当工资率为 W_2 时，他提供 30 小时劳动时间，当工资率上升到 W_3 时，他提供 40 小时的劳动时间。市场劳动力供给曲线 S_m 是这三个人在不同工资率条件下所提供的劳动时间的总和。因此，它反映了追求最大效用的个人在工资率发生变化时所做出的选择。

从图 2－22 可见，市场劳动力供给曲线与个人劳动力供给曲线不完全相同。之所以如此，主要是因为，从社会总体上说，工资率变化的收入效应小于替代效应。导致这一事实的主要原因是工资率变化的替代效应在任何人身上都会起作用，而收入效应可能在某些层次的人，如人均收入较低、家庭负担重的人身上不起作用。对于这些人来说，只要工资率提高，他们就愿意增加劳动时间。

如果劳动力市场是个开放的市场，那么市场劳动力供给曲线就一定是一条从左下方向右上方倾斜的曲线。这是因为工资率提高可能会使一部分原来就在这个市场上竞争的人减少劳动力供给，但同时又会吸引一部分本来不在这个市场上的人进入这一市场，从而使劳动力供给总量最终呈增长趋势。

四、劳动力供给量的变动与劳动力供给的变动

影响劳动力供给的因素很多，工资率是最重要的因素，另外其他多种经济的、社会的因素也会对劳动力供给产生影响。因此，在考察劳动力供给时，需要区分劳动力供给量的变动与劳动力供给的变动。

（一）劳动力供给量的变动

劳动力供给量的变动是指在其他条件不变的情况下，仅由工资率变动所引起的劳动力供给量的变动。这种变动表现为在同一条劳动力供给曲线上的移动。如图 2－23 所示。

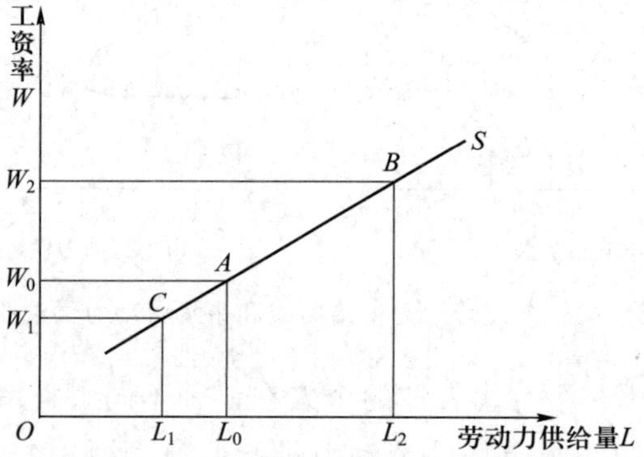

图 2－23 劳动力供给量的变动

在图 2－23 中，纵轴为工资率，横轴为劳动力供给量，S 为劳动力供给曲线。当工资率由 W_0 提高到 W_2 时，劳动力供给量由 L_0 增加到 L_2，在供给曲线 S 上则表现为从点 A 向右上方移动到点 B。当工资率由 W_0 下降到 W_1 时，劳动力供给量由 L_0 减少到 L_1，在供给曲线 S 上则表现为从点 A 向左下方移动到点 C。

（二）劳动力供给的变动

劳动力供给的变动是指在工资率不变的情况下，由其他因素的变化所引起的劳动力

供给的变动。劳动力供给的变动表现为劳动力供给曲线的位移。这种现象可以用图 2－24 加以说明。

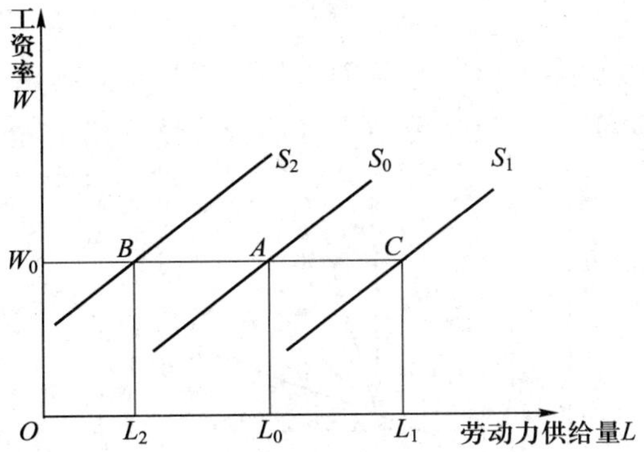

图 2－24　劳动力供给的变动

在图 2－24 中，纵轴为工资率，横轴为劳动力供给量，S_0 为劳动力供给曲线。在工资率保持不变的情况下，如果某种因素如全社会劳动者收入中非劳动收入所占的比率下降，则劳动力供给量由 L_0 增加到 L_1，供给曲线则由 S_0 移动到 S_1；反之，如果全社会劳动者收入中非劳动收入所占的比率上升，则劳动力供给量由 L_0 减少到 L_2，供给曲线则由 S_0 移动到 S_2。

第五节　劳动力供给弹性

一、劳动力供给弹性的含义

劳动力供给弹性（labor supply elasticity）一般通过劳动力供给的工资弹性来分析。我们将劳动力供给量变动对工资率变动的反应程度定义为劳动力供给的工资弹性（wage elasticity of labor supply），简称劳动力供给弹性，其数值为劳动力供给量变动的百分比与工资率变动百分比的比值。

设 E_S 为劳动力供给弹性，$\frac{\Delta S}{S}$为劳动力供给量变动的百分比，$\frac{\Delta W}{W}$为工资率变动的百分比，则有：

$$E_S = \frac{\frac{\Delta S}{S}}{\frac{\Delta W}{W}}$$

二、劳动力供给弹性的主要形式

通常，在考察市场劳动力供给时，劳动力供给弹性值分布在零到无限大之间。根据劳动力供给弹性的不同取值，一般将劳动力供给弹性分为以下六种形式（见图 2－25）。

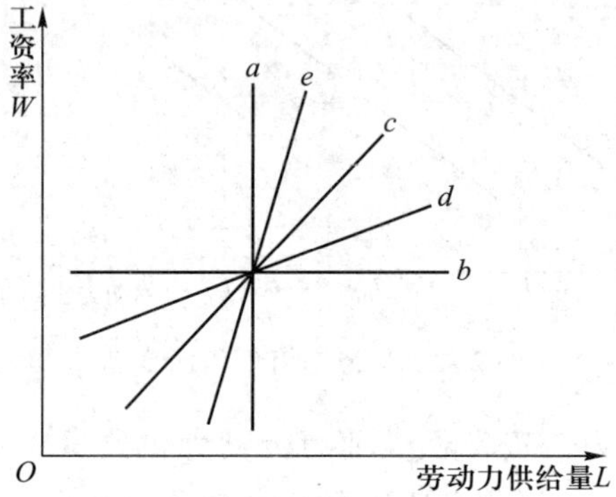

图 2－25　劳动力供给弹性

（一）供给无弹性

供给无弹性，即 $E_S=0$。在这种情况下，在劳动力市场分析的实际可能范围内，无论工资如何变动，劳动力供给量都不增加也不减少。例如，在较短时期内，人们还来不及调整他们的工作计划或某些职业的技能时，就可能出现这种情况。这时的劳动力供给主要由过去而不是现在的经济条件决定。这样的劳动力供给曲线还具有另外一层含义，即该经济社会的劳动力已经充分就业。因此，即使增加工资也不能吸收更多的劳动力。无弹性的劳动力供给曲线是一条与横轴垂直的线，如图 2－25 中的直线 a。

（二）供给有无限弹性

供给有无限弹性，即 $E_S\to\infty$。这时工资率固定，而劳动力供给量变动的绝对值大于零。在实际中，这意味着在某一工资率水平时有无穷的劳动力供给量。依据此工资率水平，厂商可以雇用到他想雇用的任何数量的劳动力；但在低于这一工资水平时，劳动力供给量为零，厂商不能雇用到任何劳动力；高于这一工资水平时，劳动力供给量也不增加，即厂商也不能雇用更多的劳动力。有无限弹性的劳动力供给曲线是与横轴平行的线，如图 2－25 中的直线 b。

有无限弹性的劳动力供给曲线有多种含义：① 如果用横轴计量总人口，那么这条曲线就代表马尔萨斯在 18 世纪 60 年代所认定的那种人口的供给状况，即所谓的“马尔萨斯人口陷阱”，也就是婴儿出生率取决于生活水平，而生活水平又取决于工资率水平。当工资率水平高于“维持生存的最低水平”时，婴儿出生率就会提高，这就造成人口的增加。② 以普林斯顿大学 W. A. 刘易斯教授为首的许多研究发展问题的专家认为，由于发展中国家的传统农业、家务劳动或贸易活动中存在着“就业不充分”的劳动力，他们只有微薄的收入，因此城市现代工业部门面对的劳动力供给曲线具有无限弹性，其只需提供特定水平的工资率，就可以获得“无限的劳动供给”。

（三）单位供给弹性

单位供给弹性，即 $E_S=1$。在这种情况下，工资率变动与劳动力供给量变动呈现同比例变动。这是一种非常偶然的情况。这时劳动供给曲线是与横轴夹角为45°并向右上倾斜的线，如图 2－25 中的直线 c。

（四）供给富有弹性

供给富有弹性，即 $E_S>1$。在这种情况下，劳动力供给量变动的百分比大于工资率变动的百分比。它可能反映整个行业或某种职业的这样一种情况，即工资率做很少的增加时（相对于别处的工资率），就会有很多的人愿意提供劳动时间。同样，只要工资率做微小程度的降低，愿意工作的人就会更少。这说明，供给弹性越大，为吸引一定数量的劳动者进入或退出一种行业或职业所必需的工资率变动就越小。这时劳动力供给曲线是一条向右上倾斜且较为平坦的线，如图 2－25 中的直线 d。

（五）供给缺乏弹性

供给缺乏弹性，即 $0<E_S<1$。在这种情况下，劳动力供给量变动的百分比小于工资率变动的百分比。这时劳动力供给曲线是一条向右上倾斜且较为陡峭的线，如图 2－25 中的直线 e。

（六）劳动力供给的逆变弹性

劳动力供给的逆变弹性，即 $E_S>0$ 变为 $E_S<0$。它指的是这样一种情况：在一定阶段，劳动力供给随工资率的提高而增加，但是随着工资率的进一步提高，劳动力供给量反而减少，即出现一条向后弯曲的劳动力供给曲线。这可能是由于这样的原因而产生的：在低工资率阶段，由于收入水平仅能满足个体的基本需要，还有更多的需要等待满足，因此，工资率的提高能够刺激劳动力供给量的增加。但当工资率提高到总收入在满足物质需要后还有足够剩余，能为闲暇的要求提供物质基础后，或人们怀着一个固定目标而工作并已达到目标的时候，那么，工资率增加就会导致劳动力供给量的减少。这也就是我们在前文所分析的收入效应与替代效应问题。

当然，我们在理解和把握劳动力供给弹性时，其定义虽然是用数学语言表述的，但不论是工资率还是劳动力供给量，都不能像数学那样无限取值，而只能将其限定在劳动力市场中现实可能的和有实际意义的变动范围内。

关键概念

劳动力　劳动力供给　无差异曲线　收入效应　替代效应　适度劳动　人口红利　劳动力参与率　劳动力供给弹性

即测即评

扫描右侧的二维码图标，内含若干判断题、单选题和多选题，您可在线自测并查看答案。

复习思考题

1. 如何理解劳动力供给的含义与类型?
2. 劳动力供给有哪几种表达方式?
3. 如何正确理解收入效应与替代效应?
4. 如何理解劳动力参与率的影响因素?
5. 个人劳动力供给曲线为什么会呈现弓形状?
6. 家庭劳动力供给的主要影响因素有哪些?
7. 有哪些因素影响社会劳动力供给?
8. 从人口红利转向人口负债对我国劳动力供给有什么影响?
9. 如何理解劳动力供给弹性的概念与类型?

注释

[1] 马克思恩格斯全集．第23卷．北京:人民出版社,1975:190.

[2][3][4] 坎贝尔·R. 麦克南,等．当代劳动经济学．7版．北京:人民邮电出版社,2006:14,21.

[5] 适度劳动主要是我国著名劳动经济学家、适度劳动学会会长杨河清教授率领的团队的研究成果,本书借鉴了他们的个别研究文献。

[6] 宋周,杨红．构建我国适度劳动制度问题探析．思想理论教育,2015(5): 23.

[7] Aronsson G, Gustafsson K, Dallner M, et al. Sick but yet at Work. An Empirical Study of Sickness Presenteeism. Journal of Epidemiology and Community Health, 2000, 54(7): 502 – 509.

[8] 黄丽,等．医务人员职业倦怠与健康生产力受损的关联．环境与职业医学,2013(5):321.

[9] 刘贝妮,杨河清．工作场所隐性缺勤行为研究述评．经济与管理研究,2016 (4):67.

[10] 对人口红利的研究始于日本人口学家黑田俊夫在1984年提出的“黄金年龄结构”。从1997年开始,西方学者在陆续出版的《世界发展报告》和《世界人口状况》等报告中都不同程度地使用“人口机会窗口”。但是人口红利由美国学者大卫·布鲁姆(David Bloom)正式提出,他在其2002年出版的《人口红利》一书中,提出了人口红利理论。我国学者也在2005年开始运用人口红利理论分析我国的劳动力供给与经济增长等问题。

第三章　劳动力需求

本章在一般分析劳动力需求的若干范畴的基础上，主要分析企业的劳动力需求行为、长期劳动力需求、劳动力需求弹性等问题，以便为下一章分析劳动力市场的供求均衡提供理论基础。

第一节　劳动力需求概述

一、劳动力需求的概念与分类

（一）劳动力需求的概念

劳动力需求（labor demand），是指一定时期内，在某种工资率下雇主愿意并能够雇用到的劳动力的数量。它包含如下几层含义：

（1）劳动力需求是雇主雇用意愿和支付能力的统一，缺一不可。例如，按目前的收入水平和服务价格水平，越来越多的家庭有能力购买家政服务，但多数中国人有勤俭持家与家庭和谐的传统，故现阶段多数家庭缺乏对家政服务的需求愿望，从而对该类劳动力需求不足；再如，一个残疾人需要他人为自己服务，但可能因为收入较低、缺乏支付能力而无法享受家政服务。

（2）劳动力需求是一种派生的需求，即劳动力需求是由于对物质产品和服务的需求而引起的。例如，由于人们对服装的需要而派生出对缝纫工的需求，因为没有缝纫工，服装就生产不出来。

（3）劳动力需求是一种联合的需求或相互依存的需求。联合或相互依存的需求是指雇主同时需要多种生产要素，而生产要素之间可能存在互相补充或替代的关系。分析劳动力需求时必须考虑生产要素之间的关系。如果生产要素互补，当只增加劳动力时会出现边际收益递减现象；如果劳动力与其他生产要素存在替代关系，则增加对其他生产要素的需求就会减少对劳动力的需求。由此，分析劳动力需求时必须关注劳动力需求的价格弹性和交叉弹性。

（二）劳动力需求的分类

1. 根据对市场变化反应程度及就业的稳定性分类

根据对市场变化反应程度及就业的稳定性，劳动力需求分为正规部门需求、非正规部门需求、农业部门需求。在我国正规部门主要是政府机构及政府统治部门、大型“三资企业”、大型私营企业和其他大型混合所有制企业等。这类部门受市场波动影响小，就业相对稳定，工资率高于社会平均水平，对劳动力需求的素质要求较高。非正规部门如个体经济、家庭劳动、小商小贩等小生产和服务部门。这些部门受市场波动影响大、工作条件差、工资率低，就业者一般知识水平低下，缺乏劳动技能，就业不稳定，而且就业起伏性较大。农业部门属于劳动密集型产业，在技术水平较低的情况下，对劳动力需求很大，但随着农业技术进步，其需求呈现边际递减现象。

2. 根据劳动力需求主体的层次分类

根据劳动力需求主体的层次，劳动力需求分为企业需求、行业需求和市场需求。企业劳动力需求是指在一定工资率水平下企业愿意并且能够雇用的劳动力数量。企业是劳动力需求的主体。行业劳动力需求是本行业企业劳动力需求之和，市场劳动力需求是劳动力市场上所有行业的劳动力需求之和。三个层次的劳动力需求不仅范围不同，说明的问题也不同，而且由于工资率变化的影响程度不同，劳动力需求的特征也有所差别。劳动力市场是由为数众多的需求方和供给方组成，劳动力需求方和供给方依据工资率这一要素价格信号自由进出的系统。在劳动力市场上，存在着劳动力需求量与工资率之间的反向关系。当然，市场结构不同，劳动力需求的形态也存在差异。

3. 根据要素投入量能否全部改变分类

根据要素投入量能否全部改变，劳动力需求可分为短期劳动力需求与长期劳动力需求。经济学上所讲的短期与长期不是根据时间长短来划分的，而是指能不能根据产出来调整生产要素的时期。短期劳动力需求是指在技术水平既定的情况下，资本投入量不变、劳动投资量可变时，对劳动力的需求。如果在短期内只增加工人和管理人员，不增加厂房和设备，就是短期劳动力需求。长期劳动力需求则是指在企业的全部生产要素都可以改变、技术水平也可以变化的条件下，对劳动力的需求。如果厂房、设备和工人及管理人员投入量都进行了调整，则是长期劳动力需求。

二、劳动力需求的表达方式

（一）影响劳动力需求的因素与劳动力需求函数

1. 影响劳动力需求的因素

影响劳动力需求的因素主要是工资率的变化、产品需求和价格的变化及资本价格的变化。

（1）工资率的变化。在其他因素不变的情况下，工资率对企业劳动需求的影响是：一方面，假设劳动就业量不变，工资率上升意味着企业成本的增加，从而导致产品价格的提高，产品价格的提高引起产品需求量的下降，产品需求量的下降会导致劳动力需求量的减少，这种生产规模缩减对劳动力需求量的影响被称为规模效应；另一方面，工资率上升，企业就会以其他生产要素代替劳动，如使用更多的资本等，这种以其他要素替代劳动力从而减少对劳动力的需求的倾向，被称为替代效应。

（2）产品需求和价格的变化。某行业产品需求或价格的变化会影响产品的生产和厂商的利润，在技术、资本、劳动力供给不变的情况下，就会影响对劳动力的需求。一般来说，市场对某种产品的需求越大，该产品的价格越高，则生产这种产品所用的劳动力的需求也就越大，反之亦然。

（3）资本价格的变化。资本价格的变化引起厂商生产成本的变化，从而引起生产规模的变化，最终影响对劳动力的需求。假设其他生产要素不变，资本价格的变化对劳动力需求的影响要从两个方面来分析：一方面，当资本价格下降时，厂商生产成本会下降，从而生产规模会扩张，生产规模的扩张引起对劳动力需求的增加；另一方面，资本价格下降，厂商可能以资本替代劳动，从而减少对劳动力的需求。

2. 劳动力需求函数

如果把影响劳动力需求的各种因素作为自变量，把劳动力需求作为因变量，则可以用函数关系揭示劳动力需求与影响因素之间的关系，这个函数称为劳动力需求函数（labor demand function）。以 D 表示劳动力需求，以 X_i（$i=1$，2，3，…，n）表示影响因素，则劳动力需求函数为：

$$D = f(X_1, X_2, \cdots, X_n)$$

如果只考虑劳动力需求与工资率之间的关系，假设其他条件不变，工资率作为影响劳动力需求的唯一变量，以 W 表示，则可把劳动力需求函数表示为下式：

$$D = f(W)$$

上式表明劳动力需求 D 是工资率 W 的函数。需求函数是用数学语言表述劳动力需求概念的一种方式。

（二）劳动力需求表

我们将企业雇用劳动力时愿意支付的工资率定义为劳动力需求价格。假设当工资率为 2.0 元/小时时，劳动力需求量为 2 400 人；当工资率为 3.0 元/小时时，劳动力需求量为 1 450 人；当工资率为 4.0 元/小时时，劳动力需求量为 900 人；当工资率为 5.0 元/小时时，劳动力需求量为 550 人，等等。根据这些数据，我们可以做出表 3－1。

表 3－1 劳动力需求表

工资率 W/（元/小时）	劳动力需求量 L（人）	坐标点
2.0	2 400	a
2.5	1 850	b
3.0	1 450	c
3.5	1 150	d

续表

工资率 W/（元/小时）	劳动力需求量 L（人）	坐标点
4.0	900	*e*
4.5	700	*f*
5.0	550	*g*

注：此表数据是依工资率与劳动力需求量的实际关系虚拟的。

表 3－1 表明了劳动力的价格（工资率）与劳动力需求量之间的关系，这就是劳动力需求表。劳动力需求表（labor demand schedule）实际上是用表格的形式来表述劳动力需求概念的一种方式。

（三）劳动力需求曲线

根据表 3－1，并假设工资率与劳动力需求量的变动无限可分，我们可以做出图 3－1。

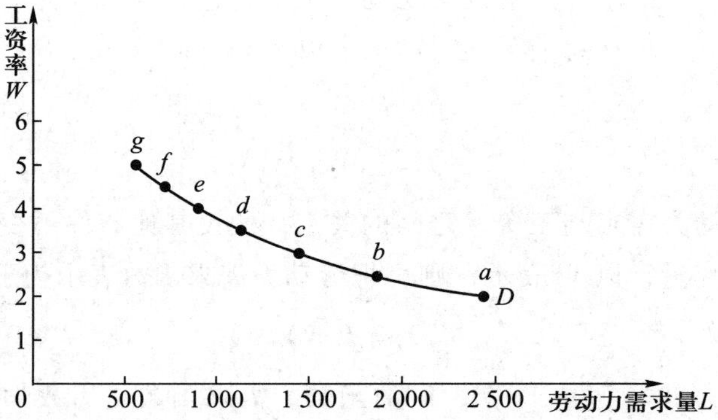

图 3－1　劳动力需求曲线

在图 3－1 中，横轴为企业劳动力需求量，纵轴为工资率，曲线 *D* 为企业劳动力需求曲线（labor demand curve）。劳动力需求曲线 *D* 是一条从左上向右下倾斜的曲线，它说明了在其他条件不变的情况下，劳动力需求量与工资率之间具有反向的联系。劳动力需求曲线是用图形来表达劳动力需求概念的一种方式。

三、劳动力需求量的变动与劳动力需求的变动

（一）劳动力需求量的变动

劳动力需求量的变动是指在其他条件不变的情况下，仅由工资率的变动引起的劳动力需求量的变动，表现为劳动力需求量在同一条劳动力需求曲线上的移动，如图 3－2 所示。

在图 3－2 中，横轴为劳动力需求量 *L*，纵轴为工资率 *W*，*D* 为劳动力需求曲线。当

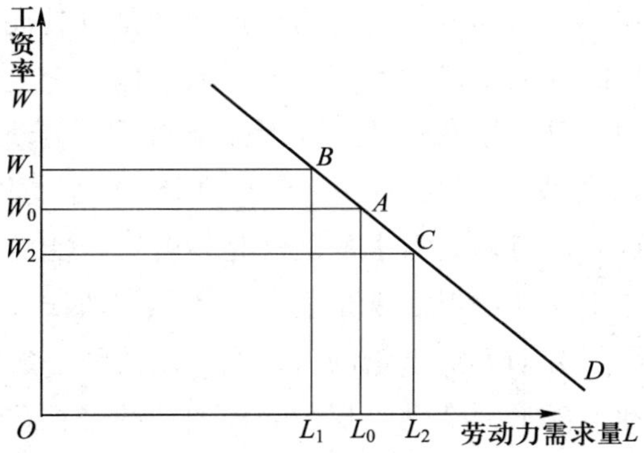

图 3－2　劳动力需求量的变动

工资率为 W_0 时，劳动力需求量为 L_0，在需求曲线 D 上为 A 点。当工资率由 W_0 提高到 W_1 时，劳动力需求量由 L_0 下降到 L_1，在劳动力需求曲线 D 上由 A 点向左上移向 B 点。当工资率由 W_0 下降到 W_2 时，劳动力需求量由 L_0 增加到 L_2，在劳动力需求曲线上由 A 点向右下移动到 C 点。

（二）劳动力需求的变动

劳动力需求的变动是指在决定劳动力需求量的要素中价格因素不变的情况下，由于其他因素的变化而引起的劳动力需求量的变动，可以用图 3－3 说明。

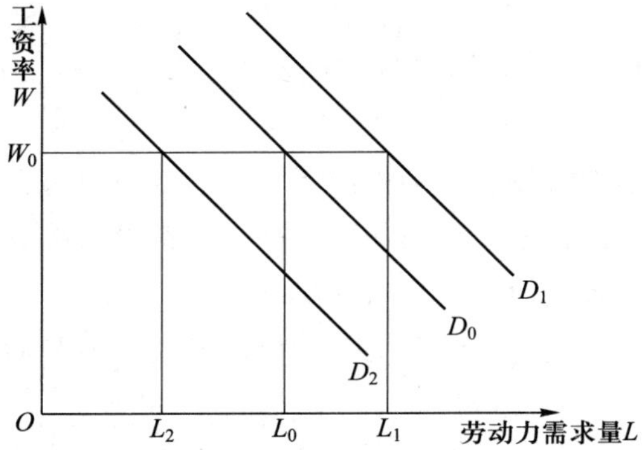

图 3－3　劳动力需求的变动

在图 3－3 中，在工资率为 W_0 的情况下，由 D_0 的劳动力需求曲线决定的劳动力需求为 L_0。工资率不变，其他因素变化，劳动力需求曲线由 D_0 移动到 D_1，劳动力需求由 L_0 增加到 L_1；若劳动力需求曲线向左移动，如由 D_0 移动到 D_2，工资率不变，则劳动力需求由 L_0 减少到 L_2。

（三）劳动力需求量的变动与劳动力需求的变动的区别

综上所述，我们可以看出劳动力需求量变动与劳动力需求变动存在着如下三点区别：

（1）引起变动的假定条件不同。劳动力需求量变动是以其他因素不变、工资率变动为假定条件的；劳动需求的变动是以工资率不变，而其他因素变化为条件的。

（2）两者在需求表中的显示不同。从劳动力需求表看，劳动力需求量是在特定的需求水平（一条既定的需求曲线）上某一工资率下的劳动力需求数量，它在既定劳动力需求曲线上表现为某一点；而劳动力需求的变动是指各种可能的价格与相应的劳动力需求量的整个对应关系，它用几何图形表现是整个一条需求曲线。

（3）变动的轨迹不同。劳动力需求量的变动在需求曲线上表现为在一条既定曲线上的点的位置移动；而劳动力需求的变动表现为需求曲线的平行移动。

第二节 企业短期劳动力需求

一、基本假设条件

企业是劳动力需求的主体，为有效分析企业的劳动力需求量，特做以下有关市场条件和生产条件方面的假设。[1]

（一）市场条件的假设

企业劳动力需求分析的市场条件是完全竞争的市场结构。这一市场结构具有以下特征：

（1）产品市场、劳动力市场有很多供给者和需求者，市场上任何一个主体的供给量与需求量所占市场的比例都很小，从而任何一种交易都无法影响市场的价格。供给者与需求者是市场价格的接受者，而不是价格的决定者。

（2）商品和服务生产中仅使用两种同质的生产要素，即劳动力和资本。此外，假设劳动条件也是一样的。

（3）资源完全自由流动，企业和劳动者均可以自由地进入或退出某个行业，市场机制[2]能够充分发挥作用。

（4）市场主体具有完全信息，且获得信息的成本为零。

（二）生产条件的假设

1. 企业以利润最大化为目标

在市场经济中，不同时期企业的生产目标存在着差异。在这里假设企业的生产目标是不变的，其目标是利润的最大化，同时也不对利润进行严密的经济学分析，它只是指总收益减去总成本的差。

2. 生产过程中只使用两种生产要素

在劳动条件既定的情况下，劳动力(L)和资本(K)两种生产要素决定产出量，且资本量($\overline{K}$)既定。这样，产出量(Q)可以表示为：

$$Q = f(L,\overline{K})$$

3. 生产的技术水平保持不变

企业的生产在进行，技术也在进步。事实表明，其他条件不变，随着时间的推移，生产可能性曲线也在向右上方移动，根本原因就是技术进步，技术进步的意义就是既定的资源投入可以获得产量的增加。所以，技术是影响产量的重要因素之一。为了在比较纯粹的条件下研究企业劳动力需求的决定原理，我们假设技术对产出水平没有影响。

4. 生产时期分为三类

生产时期分为三类：一是市场时期。在这个时期产品已经生产出来，能够随时出售。这个时期的特点是只有交换，没有“生产”，要供给市场的物品已经有了。二是短期。在这个时期内其他的生产要素是不变的，唯一可变的生产要素是劳动投入。三是长期。这是指所有生产要素都可以进行调整的时期，不仅劳动投入可以调整，资本也可以调整，新的企业亦可建立。

二、边际报酬递减规律

（一）边际报酬递减规律的含义

劳动经济学的边际报酬递减规律（law of diminishing marginal returns）是指在技术水平不变的情况下，把可变的劳动力投入增加到不变的资本上，最初劳动力的增加会使边际产量增加，但当劳动力增加超过一定限度时，继续增加劳动力要素投入将使边际产量递减。由于它带有普遍性和必然性，所以报酬递减是一条规律。

在理解这一规律时要注意三点：① 这一规律发生作用的前提条件是技术水平既定。② 这一规律只存在于资本与劳动技术系数可变的生产函数中，对于其技术系数固定的生产函数不起作用，因此研究的是把不断增加的劳动力，增加到不变的资本上时对产量或收益的影响。③ 边际报酬递减规律趋势只出现在连续增加劳动要素的某一阶段后。

（二）总产量、平均产量、边际产量及其相互关系

劳动的边际报酬递减规律以及由它决定的总产量、平均产量和边际产量之间的关系，是研究企业短期劳动力需求决定原理的出发点。为了说明劳动要素的合理投入，我们要进一步分析劳动要素增加所引起的总产量（total product，TP）、平均产量（average product，AP）、边际产量（marginal product，MP）及其相互关系。总产量是一定量的劳动要素所生产出来的全部产量。平均产量就是指平均每单位劳动投入所生产的产量。设产量为 Q，总产量为 TP，可变的劳动要素投入为 L，平均产量为 AP，边际产量为 MP，

则有：

$$AP = \frac{Q}{L}$$

和

$$MP = \frac{\Delta Q}{\Delta L}$$

总产量、平均产量和边际产量之间的关系，用图 3－4 表示更为直观。在图 3－4 中，横轴为劳动投入 L，纵轴为总产量、边际产量、平均产量，对应三种产量的曲线为 TP、MP 和 AP。从图中可看到如下特点：① TP、AP、MP 三条曲线都是先增后减。第一阶段，AP 递增；第二阶段 MP 递减；第三阶段 MP 为负值。② AP 与 MP 的交点为 AP 的最大值。两条曲线相交前，$AP < MP$；相交后，$AP > MP$。③ 当 $MP = 0$ 时，总产量取得极大值。

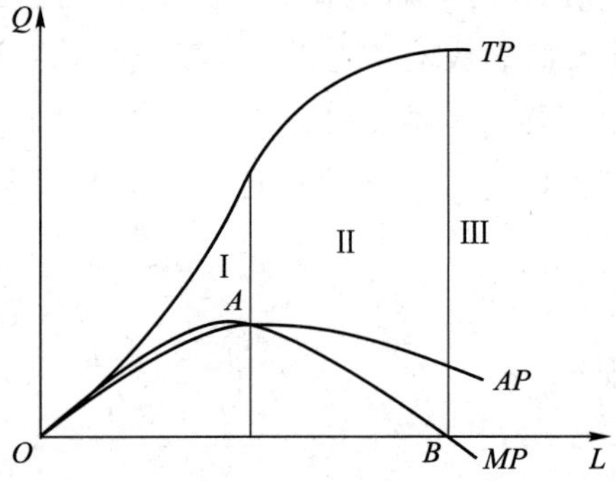

图 3－4　总产量、平均产量和边际产量的关系

（三）增加劳动投入引起产量变动的三个阶段

在图 3－4 中，由劳动投入的增加所引起产量的变动可以分为三个阶段：第一阶段是平均产量递增阶段。所谓边际产量，是指由于增加一个单位的劳动要素投入而增加的产量。这是因为在开始时，不变的生产要素没有得到充分的利用，劳动投入不断增加，可以使固定不变的生产要素得到充分利用，从而使边际产量递增。第二阶段是边际产量递减且为非负阶段。之所以出现边际产量递减，是因为不变的生产要素已接近充分利用，可变的劳动要素对不变的生产要素的利用趋向于极限。第三阶段是总产量绝对减少阶段。此时，固定不变的生产要素已经得到充分利用，再增加可变的劳动要素，只会降低生产效率，使总产量减少。

三、企业短期劳动力需求的决定

（一）劳动力投入的合理区间

根据图 3－4 表示的总产量、平均产量、边际产量和劳动力投入的关系，可以清楚地看到企业在资本等生产要素固定不变时，劳动力投入对产出的影响。

在区域Ⅰ，平均产量 AP 一直在增加，并且边际产量 MP 大于平均产量 AP。这种状况说明，相对于不变的资本而言，劳动投入不足，固定不变的资本等生产要素还不能得到最充分的利用。所以，劳动投入至少要增加到 A 点，才能使平均产量最大。

在区域Ⅱ，劳动投入的变动区间为 $A\rightarrow B$ 点，这一区域平均产量下降，边际产量递减且为正。但仍可看到，劳动投入增加仍可使产量增加，只不过增加的比率是下降的。到 B 点时，边际产量为零，总产量最大。

在区域Ⅲ，劳动投入量大于 B 点的劳动投入量，边际产量为负，总产量也在绝对减少。仅从产出与劳动投入而言，在 B 点之后再增加劳动投入显然是没有意义的。

由此可见，企业在资本等生产要素固定不变时，劳动的投入量应该在区域Ⅱ，但具体应在这一区域的哪一点上呢？显然这就必须首先确定企业的生产目标。企业的生产目标不外乎有三种：人均产量最大、总产量最大、利润最大。

（二）利润最大化目标下企业劳动力最优投入选择

在完全竞争条件下，企业为达到利润最大化，必须满足的条件是：雇用最后一个工人获得的边际收益 MR_L（收益增量）应该等于雇用该工人的边际成本 MC_L（成本增量），如图 3－5 所示。

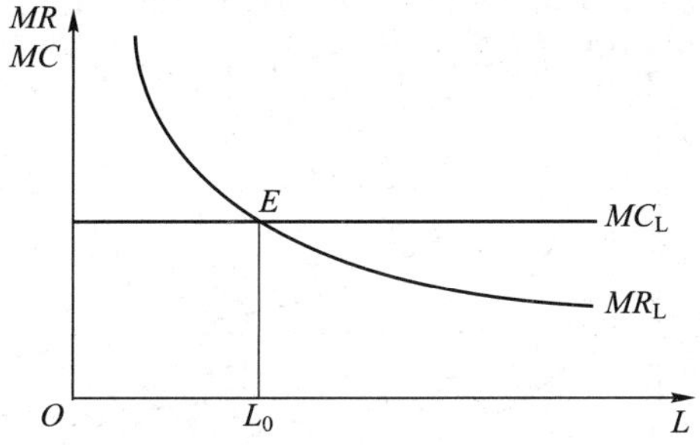

图 3－5 利润最大化目标下企业劳动力最优投入

当 $MR_L > MC_L$ 时，企业会扩大雇用量；当 $MR_L < MC_L$ 时，企业减少雇用量；当 $MR_L = MC_L$ 时，企业利润最大，雇用量不变。

MC_L 是企业雇用工人必须支付的货币工资率 W；MP_L 是劳动的边际产量。MR 为边际收益，由于我们讨论的是完全竞争市场，因此边际产品就是产品的价格。于是边际产品可以表达为如下形式：

$$MR_L = MP_L \cdot MR = MP_L \cdot P$$

企业利润最大化时，$MP_L \cdot P = W$，由此：$MP_L = W/P$，其中 W/P 为真实工资率水平。由此得出企业利润最大化的又一个条件是：边际劳动收益等于实际工资率。而市场上实际工资率已经确定，这样企业短期劳动力需求曲线就是边际收益产品曲线向右下方倾斜的部分。

第三节 企业长期劳动力需求

所谓长期劳动力需求（long - run demand for labor），是指当劳动与资本都可变化时，工资率与厂商雇用的劳动力数量间的关系。考察长期劳动力需求需要研究三个问题：企业在总成本既定的情况下，如何使产量最大化；企业在产量既定的情况下，如何使成本最小化；在利润最大化条件下，要素的最佳投入。

一、企业生产方法选择与劳动力需求

（一）等产量曲线与等成本线

1. 等产量曲线及其特点

假设生产中只使用劳动力 L 和资本 K 两种生产要素，设产量为 Q，则生产函数为：

$$Q = f(K,L)$$

依据不同的技术条件和生产方法，企业在生产过程中，劳动力投入和资本可以有不同的组合。这种由不同生产要素的组合可以带来相等产量的线就是等产量曲线（iso-quant curve），如图 3 - 6 所示。

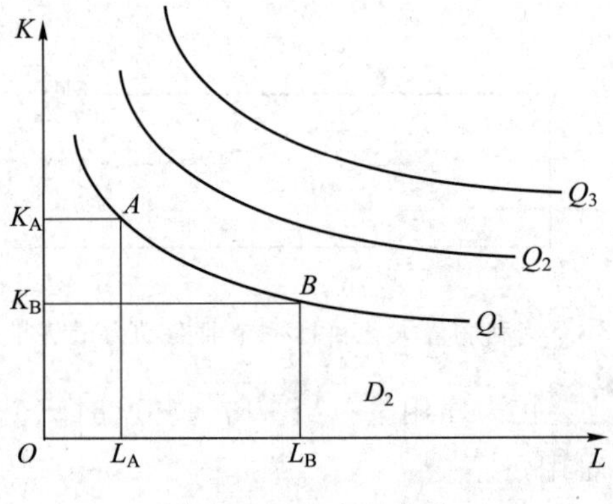

图 3 - 6 等产量曲线

图 3 - 6 中，等产量曲线表示劳动和资本的不同数量的组合能够生产出同等数量的产品 Q。从 A 点到 B 点，劳动投入量不断增加，资本投入量不断减少，两种生产要素的投入量之间存在此长彼消的替代关系，但这些不同组合生产出的产品的数量是相同的。其基本特征是：

（1）等产量曲线是一条向右下方倾斜的线，其斜率为负值。表明在企业总成本和生产要素价格既定的情况下，为了保持一定的产量，在增加一种生产要素时，必须减少另一种生产要素。

（2）在同一平面图上，有无数条等产量曲线，距离原点越远，代表的产量越高。

（3）同一平面上任意两条等产量曲线不能相交。因为如相交，交点就与第二条特征矛盾。

（4）等产量曲线是一条凸向原点的线。为了说明这一特征，我们引入边际技术替代率的概念。边际技术替代率（marginal rate of technical substitution，MRTS）是指在维持相同产量时，减少一种生产要素的数量与增加的另一种生产要素数量的比率。因此

$$MRTS = \left|\frac{\mathrm{d}K}{\mathrm{d}L}\right| = -\frac{\mathrm{d}K}{\mathrm{d}L}$$

边际技术替代率是一个负值，为分析问题方便，我们用其绝对值来表示。由于

$$\overline{Q} = f(L,K)$$

全微分得
$$\frac{\partial Q}{\partial L} \cdot \mathrm{d}L + \frac{\partial Q}{\partial K} \cdot \mathrm{d}K = 0$$

即
$$MP_{\mathrm{L}} \cdot \mathrm{d}L + MP_{\mathrm{K}} \cdot \mathrm{d}K = 0$$

因此
$$MRTS = -\frac{\mathrm{d}K}{\mathrm{d}L} = \frac{MP_{\mathrm{L}}}{MP_{\mathrm{K}}}$$

从公式可以看出，当不断地用劳动代替资本时，因为劳动的边际产量不断减少，资本的边际产量不断增加，因而劳动对资本的边际技术替代率不断下降。

2. 等成本线

等成本线（isocost line）又称企业预算线，它是相等的成本可以购买的劳动和资本的不同数量组合的轨迹，如图 3－7 所示。

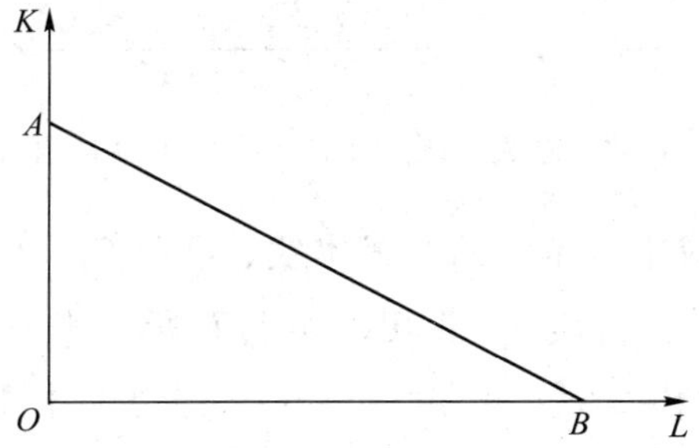

图 3－7 等成本线

图 3－7 中，直线 AB 就是在资本和劳动的价格以及总成本既定的情况下的等成本线。设资本 K 的价格为 R，劳动力 L 的价格（即工资率）为 W，总成本为 C，则有：

$$C = W \cdot L + R \cdot K \quad 或 \quad K = \frac{C}{R} - \frac{W}{R} \cdot L$$

式中，$W \cdot L$ 表示劳动投入成本；$R \cdot K$ 表示资本投入成本。

等成本线的斜率是 $-\frac{W}{R}$，纵截距为 $\frac{C}{R}$。不难看出，只要 C、R 和 W 发生变化，等成本线就可能发生变化。

（二）最佳生产方法与劳动力需求决定

1. 总成本既定条件下，要素的最佳组合与劳动力需求的决定

运用边际分析方法，在总成本既定的情况下，最佳要素组合必须满足以下两个条件：

$$W \cdot L + R \cdot K = C \tag{1}$$

$$\frac{MP_{\mathrm{L}}}{W} = \frac{MP_{\mathrm{K}}}{R} \tag{2}$$

其中（1）式是限制条件，说明企业所拥有的货币量，购买劳动力和资本的支出不能超过这一货币量。如果 C、R、W 都已知，通过（1）和（2）式就可以求出劳动力需求量 L 了。

运用等产量线分析法，在总成本既定的情况下，要素的最佳组合是等成本线与其中的一条等产量线相切的点（见图 3 – 8）。

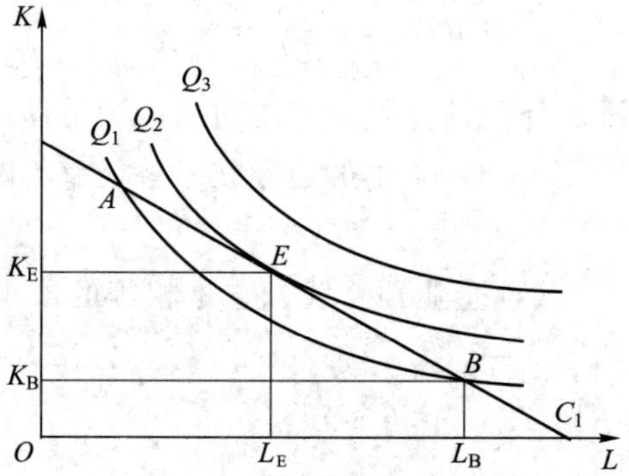

图 3 – 8　总成本既定条件下要素的最佳组合

图 3 – 8 中，C_1 是总成本既定时的等成本线，Q_1、Q_2、Q_3 是代表三种不同产量的等产量线，且 $Q_1 < Q_2 < Q_3$。Q_2 与 C_1 相切，切点 E 所代表的要素组合即为最佳组合，此时劳动的投入为 L_{E}。为什么呢？虽然 $Q_3 > Q_2$，但总成本不足以支付生产要素的购买，从而不是要素的最佳组合；Q_1 与 C_1 相交的点 A 和 B 以内的任意一点，表明总成本可能支付要素购买，但代表的产量 $Q_1 < Q_2$，而以外的任意一点，不仅 $Q_1 < Q_2$，而且成本不够支付要素购买，因此也不是最佳组合。在 E 点，C_1 就是 Q_2 的切线，由此不难得出：

$$\frac{W}{R} = MRTS = \frac{MP_{\mathrm{L}}}{MP_{\mathrm{K}}}$$

劳动力的最佳需求量为 L_{E}。

2. 总产量既定条件下，要素的最佳组合与劳动力需求的决定

在总产量既定的条件下，要素的最佳组合是等产量线与其中的一条等成本线相切的点（见图 3 –9）。

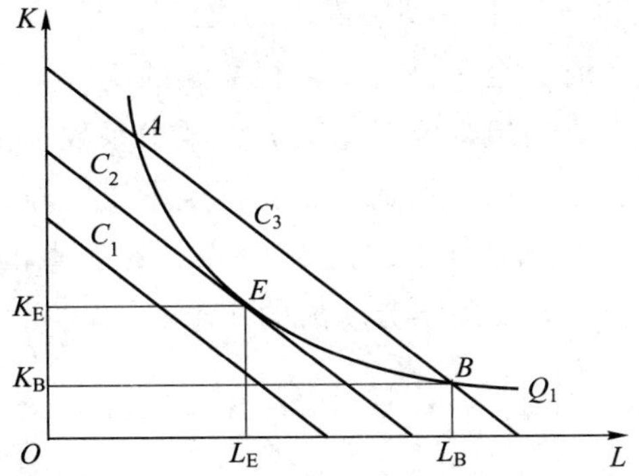

图 3－9　总产量既定条件下要素的最佳组合

图 3－9 中，Q_1 表示总产量既定时的等产量线，C_1、C_2 和 C_3 代表三种不同的等成本线，且 $C_1 < C_2 < C_3$。C_2 与 Q_1 的切点 E 所代表的要素组合即为最佳组合，此时劳动的投入为 L_E。为什么呢？虽然 $C_1 < C_2$，但使用成本 C_1 无法支付产出水平 Q_1 所需要的劳动和资本的投入量，从而不是要素的最佳组合；等成本线 C_3 与等产量线 Q_1 相交于 A、B 两点，说明以 A、B 的劳动和资本的投入组合，如（K_B，L_B），可以实现 Q_1 的产出。但 A 与 B 都在等成本线 C_3 上，且 $C_3 > C_2$，没有实现成本最小。因此，E 点为 C_2 与 Q_1 的切点，是最佳要素组合。由此得出：

$$\frac{W}{R} = MRTS = \frac{MP_L}{MP_K}$$

劳动力的最佳需求量为 L_E。

3. 利润最大化条件下劳动力需求的决定

在完全竞争条件下，对个别企业来说，商品的价格和生产要素的价格都是既定的，企业可以通过调整生产要素的投入量来实现利润的最大化，从而也就可能在追求利润最大化的过程中，得到要素的最佳组合。

设企业的生产函数为 $Q = f(L,K)$，商品的价格为 P，W 和 R 分别是劳动力和资本的价格，π 表示利润，有以下关系：

$$\pi(L,K) = P \cdot f(L,K) - (WL + RK)$$

式中，$P \cdot f(L, K)$ 是企业的总收益，$(WL + RK)$ 是企业的总成本。

利润最大化的一阶条件为：

$$\frac{\partial \pi}{\partial L} = P \cdot \frac{\partial f}{\partial L} - W = 0$$

$$\frac{\partial \pi}{\partial K} = P \cdot \frac{\partial f}{\partial K} - R = 0$$

又 $\frac{\partial f}{\partial L} = MP_L$，$\frac{\partial f}{\partial K} = MP_K$，所以利润最大化的必要条件是：

$$\frac{W}{R} = MRTS = \frac{MP_L}{MP_K}$$

4. 产量或成本变动情况下企业劳动力需求的决定

当产量或成本发生变化时，企业会重新进行要素的组合，这就涉及企业扩张线的概念。以成本增加为例，企业重新组合要素量又分为技术系数不变与可变两种情况。

(1) 固定技术系数下，企业成本增加，企业等成本线向外移动。不同的等成本线与不同的等产量线相切，形成不同的生产要素组合点，这些点的连线就是企业的扩张线（见图 3－10），企业会沿着这条线决定劳动力的需求。

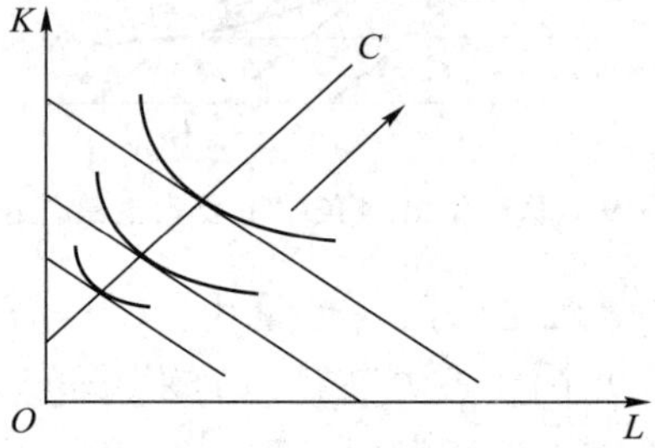

图 3－10 固定技术系数下企业的扩张线

固定技术系数下，在企业扩张过程中，劳动力与资本保持固定的配比关系，从而在图 3－10 中随着企业成本的增加，企业沿着直线 C 进行要素的组合，并始终是产出最优的。成本增加，劳动力需求与资本需求同比例增加。

(2) 可变技术系数下，企业成本增加，企业对劳动力需求的影响又分为两种情况，可用图 3－11 来说明。

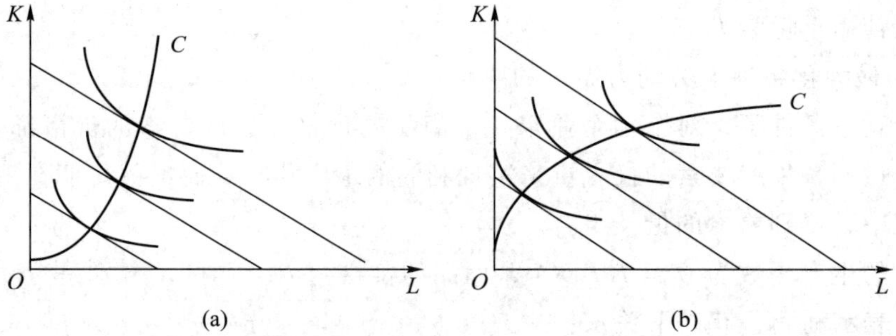

图 3－11 可变技术系数下企业的扩张线

图 3－11 中的 C 是技术系数可变情况下，企业成本增加时，要素最佳组合的线。图 3－11 (a) 是企业成本增加过程中使用的资本越来越多，对劳动力的需求相对来说越来越少，企业在扩张过程中，采用了资本密集型的技术类型；图 3－11 (b) 是企业成本增加过程中，使用劳动力越来越多，对资本的需求相对来说越来越少，企业在扩张过程中，采用了劳动密集型的技术类型。

二、工资率变化与劳动力需求

工资率（wages rate）的变化包括工资率的上升与下降两个方面。在现实经济生活中，工资率的变化主要表现为工资率的上升。下面从工资率的上升角度展开分析，工资率下降将产生相反的效果。

（一）工资率上升的替代效应

替代效应（substitution effect），是指在产出保持不变的前提下，劳动力相对价格的上升导致的劳动力需求量的减少。下面我们用图 3－12 来说明替代效应。

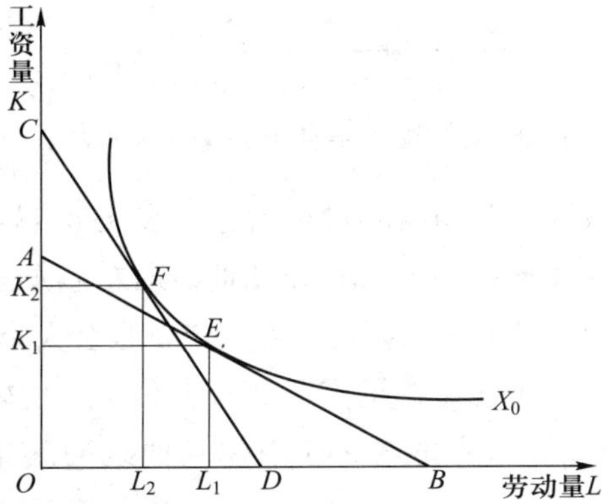

图 3－12　工资率上升与替代效应

生产同一数量的产品 X_0，如果工资率的上升引起其与资本的相对价格上涨，增加成本、节约劳动力的动力就会出现。在图 3－12 中，工资率上升以前的相对价格为直线 *AB* 的斜率。此时，成本最小化的劳动与资本的组合如点 *E* 所示。但是，在工资率上升、相对价格成为直线 *CD* 时，成本最小化的点从点 *E* 移至点 *F*。结果，劳动（L_1-L_2）被资本（K_2-K_1）所替代。劳动减少的数量，依赖于等产量曲线形状所决定的资本与劳动的替代可能性。等产量线的曲率越小，替代的可能性越大，劳动的减少量可以越多。同时，资本需求的增加，造成资本价格的上升，从而使劳动与资本相对价格的变化减小，替代效应减弱。在资本价格的上升中，资本的供给量取决于其对资本价格的变化如何反应。如果资本价格的轻微上涨就可使供给量大幅度增加，那么需求量即使增多，价格的上升也只能是小幅度的。在这种情况下，劳动力的需求将大幅度减少。

（二）工资率上升的规模效应

规模效应（scale effect），是指由于工资率上升引起的生产规模缩减所造成的劳动力需求量的减少。

工资率的上升造成生产成本的上升，如果所有的企业均出现这种情况，如图 3－13 所示，产品的供给曲线向左上方移动，价格沿着需求曲线上涨，均衡产量从 X_0 减少到 X_1，产量的减少引发劳动力需求量的减少。

随着产量降低到 X_1，X_0 产量的等产量曲线 *EF*（见图 3－14）成为靠近原点的曲线 *GH*。即使在劳动与资本的相对价格没有发生变化，即直线 *CD* 的斜率与曲线 *GH* 的切线的

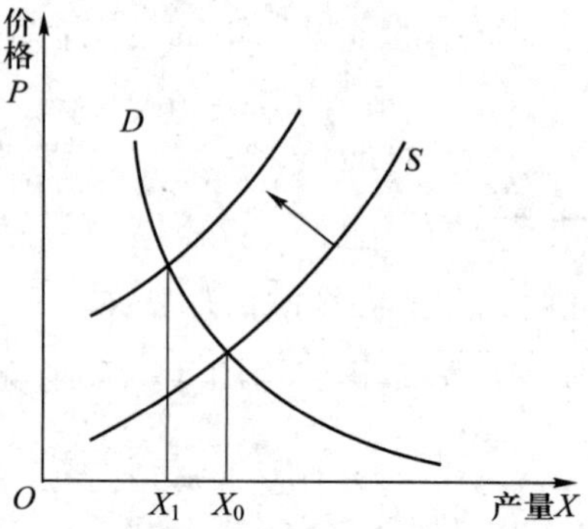

图 3-13　工资率的上升与产量的减少

斜率相同时，由于产量的减少，劳动需求量也会进一步从 L_2 减少到 L_3。减少的程度基于产品的性质由以下几个因素决定：① 产品的供给曲线向左上方移动的幅度（见图 3-13）。如果工资率的上升令产量的供给曲线大幅度位移，产量也会大幅度下降。另外，一般情况下，在生产总成本中，工资成本比率高的产品，存在位移幅度较大的倾向。② 伴随价格上升的产品需求下降的程度。这由图 3-13 中需求曲线的斜率表示。对于价格小幅上升、需求量就大幅度下降的产品，劳动力需求量也会大幅度减少。③ 图 3-14 中等产量线位移的幅度。等产量线位移幅度越大的产品，其对劳动力需求量减少得越多。

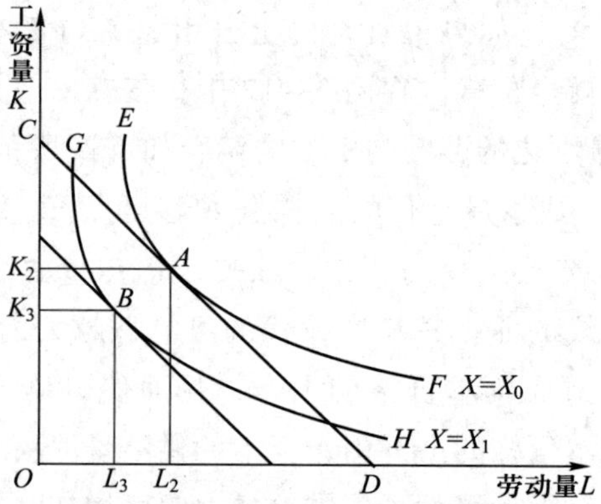

图 3-14　工资率上升与规模效应

三、技术进步与劳动力需求

在长期的定义中，除了各要素的相对价格及相互间的可替代程度外，技术进步（technical progress）也是影响劳动力需求量的一个重要因素。技术进步可以使企业在生产同量同质的产品时，比以前投入较少的生产要素。如果用等产量线进行描述，技术进步的结果可以使等产量线向原点靠近（见图 3-15）。

如果只考虑劳动与资本两个生产要素，技术进步可以分成以下三种类型。[3]

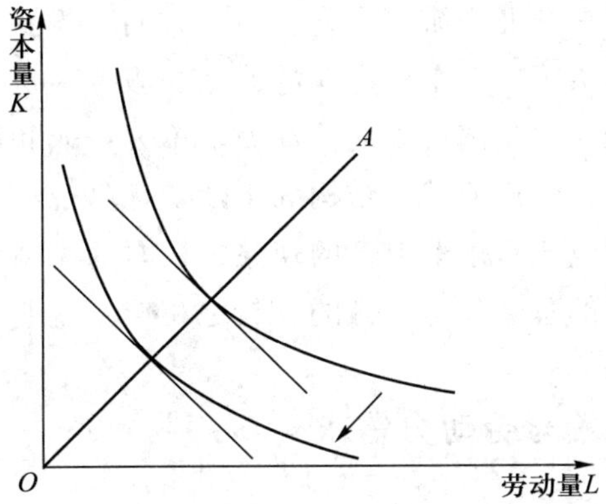

图 3－15　希克斯技术进步和等产量线的位移

(一) 希克斯技术进步

在资本与劳动的比率既定的条件下，劳动的边际生产力与资本的边际生产力同比例增加，这样的技术进步称为“希克斯技术进步”。如图 3－15 所示，等产量曲线向原点靠近，但是代表资本与劳动比率的曲线 *OA* 与代表劳动的横轴和代表资本的纵轴之间各自的 45°夹角不变，即劳动与资本的边际替代率不发生变化。

(二) 资本密集型 (劳动节约型) 技术进步

技术进步在资本与劳动比率给定的条件下，资本边际生产力的增加超过劳动边际生产力的增加。如果资本与劳动的相对价格不变，资本装备率上升。

(三) 劳动密集型 (资本节约型) 技术进步

与资本密集型相反，劳动边际生产力的增加超过资本边际生产力的增加。在这种情况下，即使资本与劳动的相对价格不变，也需要相对多地使用劳动。

技术进步在各种各样的经济变量中对劳动力需求量如何发挥影响，取决于以下因素：① 在生产等量产品时劳动与资本可以获得何种程度的节约；② 通过下调产品价格，以及企业利润、劳动者收入的变化，能在多大程度上增加产品需求。这就是说，即使技术进步使劳动的节约成为可能，但由于收入的增加造成产品需求的扩大，对劳动力的需求并不会缩小。

换言之，技术进步对劳动力需求的影响表现在：① 使企业能以较少的劳动投入生产既定的产品产量，减少劳动力需求量；② 使生产成本降低，产品价格下降，产品销量上升，产出规模扩大，从而使劳动力需求量增加。在单个企业中或范围较小的经济体中，技术的进步有可能导致劳动力需求量的减少，但在范围较大的经济体中，技术进步则很有可能通过收入的增加，带来对商品和服务消费的增长，从而创造出为满足新增消费而产生的劳动力需求。第一产业的技术进步一方面造成单位产量所需劳动力减少，最终导致一部分劳动力从第一产业中游离出来；另一方面，仍然在第一产业中的劳动者购买力提高，可以更多地购买第二、第三产业的产品和服务，从而支持了第二、第三产业新增劳动力和利用第一产业中游离出来的劳动力。第二产业和第三产业之间的上述关系更加显著。第一、第二、第三产业就业结构的不断变化呈现出序号低的产业就业比重逐渐下降、序号高的产业就业比重逐渐上升的现象，根本的原因就是技术进步的推动。可以看到，人类的生活水平的总趋势是上升的，与之相伴，就业人口的总趋势是增加的。

四、政府的特殊政策与劳动力需求

（一）对特殊社会群体采取特殊就业促进政策的经济效果[4]

任何一种劳动力的需求都会受到其他类别劳动力价格的影响。如果政府对某些特定的社会群体采取特别的就业促进政策，将会对劳动力的总需求以及其他社会群体产生什么影响呢？

假定资本是固定不变的，某国政府为了提高该国妇女的就业水平，要求相关企业必须按政府规定的男女比率雇用劳动者，否则将受到处罚。如果企业完全按照政府的政策行事，在这种情况下，会产生何种经济影响？

首先从政府没有任何性别雇用限制的状态考察男女雇用量的决定因素。设男性劳动者数量为 L_m，女性劳动者数量为 L_w，男女劳动者各自的工资率分别为 W_m 和 W_w，计划完成 X_0 的产量，其等产量线为图 3－16 中的 AB 线。在这条曲线上，使成本最小的点是等成本线 CD 的切点 h，此时，男性劳动者数量为 L_{mh}，女性劳动者数量为 L_{wh}。这样，如图 3－16 所示，男性劳动者的数量超过女性劳动者的数量。

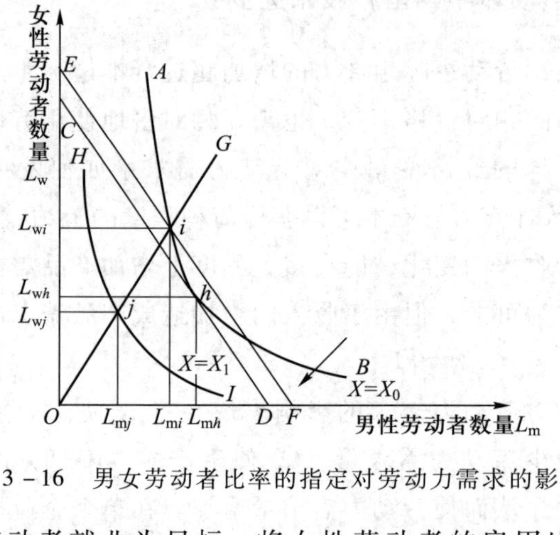

图 3－16　男女劳动者比率的指定对劳动力需求的影响

政府以促进女性劳动者就业为目标。将女性劳动者的雇用比率提升到 OG 线的位置，并要求相关企业加以实行，企业照此比率雇用了男女劳动者。在这种情况下，为了达到产量 X_0，必须雇用等产量线 AB 与直线 OG 的交点 i 的男性劳动者数量 L_{mi} 和女性劳

动者数量 L_{wi}。其结果是男性劳动者数量从 L_{mh} 减少至 L_{mi}，而女性劳动者数量从 L_{wh} 增至 L_{wi}。

此时，企业的总成本将如何变化呢？通过点 i 的等成本线 EF 处于无政府限制时的等成本线 CD 的上方，增加的部分就是政府就业政策限制所造成的新的成本。这种成本的上升，并不完全由企业来承担，其中有一部分要通过产品需求的变化，影响到劳动者和消费者。如果相关企业全部受到这样的政策限制，那么，工资的上升对产品需求所造成的影响，将使产品的供给曲线上移，令价格上升。这一部分成本由消费者来承担。但是，如果政府仅限制某些特定企业，只要没有相应的政府补贴，与其他企业相比，此类企业所增加的成本部分就只能由其自己承担，从而使此类企业竞争力下降。这样，此类企业的产量会随着需求减少，例如从 X_0 减至 X_1，即等产量线从 AB 移至 HI，由于规模效应发挥作用，劳动力的需求量随之减少。

在等产量线 HI 上，达到被指定的男女劳动者的比率的点为点 j，结果是男女劳动者数量分别减至 L_{mj} 和 L_{wj}。如果出现图 3－16 所示的产品需求大幅度减少的情况，虽然政策目标是促进女性就业，但结果是不仅女性就业量下降，从 L_{wh} 降至 L_{wj}，还造成男性就业量从 L_{mh} 大幅度下降至 L_{mj}。如果这种现象存在，则公平与效率不可兼得。因此，在就业政策的制定和实施上，一定要充分考虑对产品需求的影响。

（二）对特定劳动者发放工资补贴的经济效果[5]

一国政府为解决某些特殊问题，有可能会采取对某些特定的劳动者发放工资补贴的政策。例如，日本政府一直对高龄劳动者进行工资补贴。这种工资补贴政策既能使补贴接受者的劳动力成本下降，同时也易引起与这些特定劳动者有竞争关系的劳动者的工资率上升。其结果是，如果各种条件不变，其他劳动者被得到补贴的劳动者所替代。

首先，考虑一下企业支付的工资中的一部分由政府承担的情况。在这里，例如工资补贴达到 25%，企业并不是只负担原工资的 75% 就行了，因为工资会随补贴而发生变化。企业对受补贴劳动者的工资负担减少，那么对这类劳动力的需求就会增加，他们的市场工资率便会上升。另外，市场工资率的上升使劳动力供给扩大，这又会使工资抑制机能起作用。企业的成本虽然没有增加，但支付的工资要比原工资的 75% 更多。

如果工资补贴直接发放到接受者手中，情况则有所不同。假定市场工资率依旧是以前的水平，含有补贴金的工资对劳动者来说具有与市场工资率上升相同的效果，劳动力供给量因此增加。其结果是，劳动力需求量虽然相同，但由于劳动力供给量增加造成市场工资率下降，企业支付的工资额减少。

其次，受到这种劳动力市场变化的影响，雇用得到工资补贴的劳动者的雇主所负担的工资额降低。如果在该水平上工资率固定不变，这将会对劳动力需求产生何种影响呢？如图 3－17 所示，横轴为享受工资补贴的劳动者数量 L_a，纵轴为其他劳动者数量 L_b，获得工资补贴之前的企业的产量为 X_0，与此相对应的等产量曲线为 AB，相对工资率（W_a/W_b）以等成本线 CD 的斜率表示。此时，点 h 对应着企业的最低成本，企业雇用着享受工资补贴的劳动者 L_{ah} 和其他劳动者 L_{bh}。

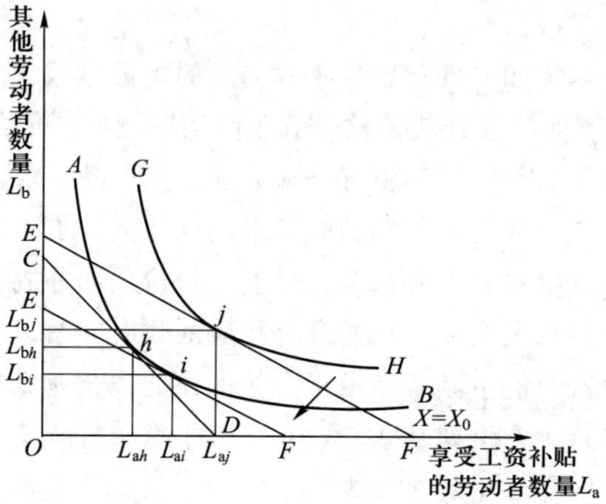

图 3－17 对特定劳动者的工资补贴对劳动力需求的影响

在这里，雇用享受工资补贴的劳动者可以得到政府的工资补贴，企业直接负担的工资率 W_a 减少。由此而产生的变化，可以从替代效应和规模效应两个方面分析。替代效应是因等成本线所代表的相对工资率的变化，均衡点从点 h 向点 i 移动的结果，享受补贴的劳动者的雇用量增加，其他劳动者雇用量减少。不仅如此，规模效应还发挥着对全部劳动者的劳动力需求扩张的作用。一方面，人工成本的降低使产品的供给曲线向右移动。另一方面，即使市场工资率下降，由于享受补贴的劳动者的收入增加，产品的需求也增加，企业的产量随之增加，于是等产量线向右上方移动，如图 3－17 所描绘的那样，从 AB 线移至 GH 线。这样，规模效应使两者的雇用量均有所增加，在图中表现为点 i 移至点 j。

工资补贴通过替代效应和规模效应使劳动者雇用量扩大，但是对有竞争关系的其他劳动者来说替代效应会产生减少劳动者雇用量的效果，而规模效应有扩大劳动者雇用量的效果。两种效果重合后最终是正效果还是负效果，无法做出先验性的回答。因此，为了尽量克服对特定劳动者的工资补贴而造成对其他劳动者需求的减少，设计与选择能够最大限度地形成规模效应的方法是制定此类政策时需要重点考虑的。

（三）最低工资法对劳动力需求的影响

最低工资的规定对劳动力需求的影响，如图 3－18 所示。

在图 3－18 中，市场均衡工资水平是 W_0，企业劳动力需求量为 L_0。如果政府规定了最低工资水平是 W_1，企业的劳动力需求量降为 L_1，在此工资水平上劳动力的供给量为 L_2，造成劳动力供给大于需求，有 L_2-L_1 数量的劳动力为非自愿性失业。

（四）税收对劳动力需求的影响

劳动力需求是一种派生的需求，因此，要借助于分析税收对商品劳务和工资的影

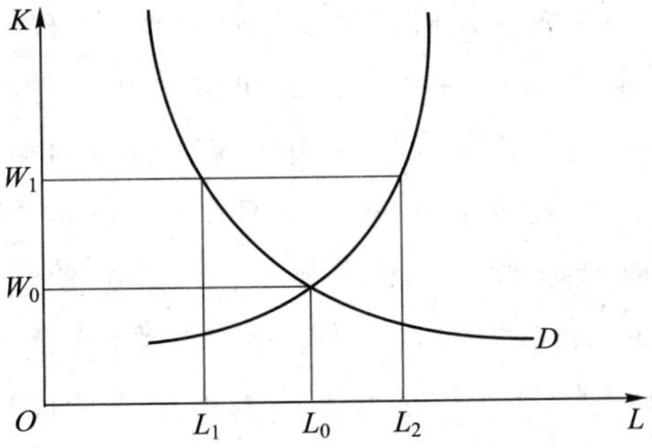

图 3－18　最低工资对劳动力需求的影响

响，间接分析税收对劳动力需求的影响。[6]

1. 商品课税对劳动力需求的影响

商品的价格弹性及税负转嫁程度的不同，商品课税对劳动力需求的影响也不同。对于需求弹性小、供给弹性相对较大的商品，其税负主要是由购买者承担，企业可以通过提高价格转嫁税负，课税对企业成本影响较小，企业产出也不会有太大的变化，因此，征税对劳动力需求影响不大。对于需求弹性大、供给弹性相对较小的商品，其税负主要由企业承担，企业很难将税负转嫁给购买者，从而对商品课税使企业成本增加，成本的增加使企业只有通过减少产量才能维持其利润水平，这样会导致劳动力需求下降。

当然，税收政策是政府调控经济的手段，税制设计不仅仅要考虑效率因素，更主要的还应考虑公平因素。比如，生活必需品需求弹性小，而奢侈品需求弹性大，从效率角度对生活必需品课税要比对奢侈品课税更好，但考虑到社会公平问题，政府往往是对奢侈品征收更高的税收。

2. 所得课税对劳动力需求的影响

对工资征税会影响工资率，从而影响劳动力需求。具体分析仍要从替代效应和规模效应两个角度来进行。

如果征税导致工资率下降，在资本价格不变的条件下，企业会以劳动替代资本，从而增加对劳动力的需求，减少对资本的需求；如果征税导致工资率上升，企业则会以资本替代劳动，增加对资本的需求，减少对劳动力的需求。这种由于征税使工资率发生变化，从而导致劳动与资本两种要素的需求发生变化就是替代效应。

在其他条件不变的情况下，如果征税使工资率上升，则会使企业产品的边际成本大于边际收益，由于对利润最大化的追逐，企业会缩小生产规模，从而减少对劳动力的需求；如果征税使工资率下降，企业产品的边际收益大于边际成本，利润的最大化将使企业扩大生产规模，从而增加对劳动力的需求。这种由于征税使工资率发生变化，导致企业产品的边际成本发生变化，而引起的企业生产规模的变化对劳动力需求的影响就是规模效应。

3. 税收政策对劳动力需求总量及结构的影响

税收政策对劳动力需求总量的影响取决于激励效应和扭曲效应的对比。激励效应可以增加劳动力需求总量。一方面，税收的增加直接影响政府的投资规模，从而增加政府公共投资，增加劳动力需求总量；另一方面，可以运用税收调节手段刺激其他主体投资，促进生产发展，增加劳动力总需求。扭曲效应减少劳动力需求。一方面，如果税负过重，企业成本就会增加，在其他条件不变的情况下，企业会减少对劳动力的需求；另一方面，企业可能会以资本要素替代劳动力要素，从而减少劳动力需求。

税收政策对劳动力需求结构的影响主要是通过在教育和培训等方面采取相应的税收手段，间接影响劳动力的素质，改善劳动力技术技能，从而解决高级劳动力需求的问题的。

第四节 非利润最大化企业与公共部门的劳动力需求[7]

在市场经济体制下，并不是所有部门都以利润最大化为目标，如公共部门。非营利部门由于其目标与营利企业不同，决定了其劳动力需求的特殊性。因此，有必要以利润最大化企业对劳动力需求的行为为依据，来分析非利润最大化部门的劳动力需求行为。

一、非营利企业的劳动力需求

非营利企业是指不以营利为目的的生产性企业。社会或国家希望这些企业把盈利保持在特定的数量（例如零利润甚至负利润）水平上，用减免税收或财政补贴等办法来鼓励此类企业生产一些社会或国家需要的商品或劳务。非营利企业的行为可分为两类：一类是潜在利润为正的企业行为；另一类是潜在利润为负的企业的行为。非营利企业的劳动力需求可用图 3－19 来分析。

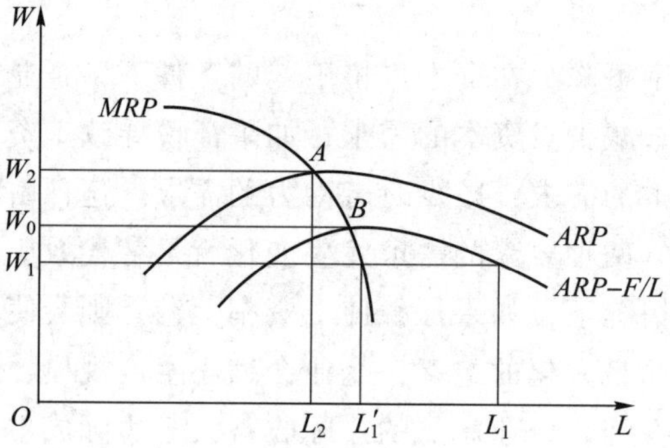

图 3－19 非营利企业的劳动力需求

在图 3－19 中横坐标为雇用量 L，纵坐标为工资率 W。MRP 为劳动的边际产品曲线，即在完全竞争的条件下，利润最大化企业的劳动力需求曲线。ARP 为劳动的人均产品收益曲线。根据收益递减规律，它的走向是在达到一个最高峰以后，便呈现出下降的趋势。ARP 曲线与 MRP 曲线在人均产品收益最大处即 A 点相交。人均产品收益与劳动边际收益之间有这样一种关系：当劳动边际收益增加时，人均产品收益呈上升趋势，而当劳动边际收益下降时，人均产品收益便同劳动边际收益一样呈下降趋势，不过下降速度较劳动边际收益慢而已。这一规律可用经验数据得到证明。图中的第三条曲线 $ARP-F/L$ 曲线是人均产品收益减去人均资本成本 F/L 后得到的人均净收益曲线，净收益等于利润加工资。其中，F 表示企业资本成本总量，L 表示企业劳动力雇用量。

企业潜在利润为正的含义是指社会或国家不希望企业亏损，也不要求它追求利润最大化，只要求它的利润保持在一个约定的数值上，比如要求它的利润保持为零。企业根据社会或国家要求的目标，首先，只能在市场工资率低于所示的 W_0，即正好与人均净收益水平相等的情况下开工营运。因此，如果市场工资率高于 W_0，企业亏损无疑。其次，企业可以在低于 W_0 的任何一个工资水平下雇用劳动力，但根据零利润这一目标的要求，其雇用量实际上将以市场工资率正好与人均净收益相等为原则加以确定，即有：

$$W = ARP - F/L$$

如果此时市场工资率为 W_1（$W_1 < W_0$），那么如图 3－19 所示，这类企业的雇用量将确定在 L_1 的规模上。这类企业的劳动力需求曲线正好与 $ARP-F/L$ 曲线下降的部分重叠。

与利润最大化企业相比较，潜在利润为正值的非营利企业的劳动力需求有两个方面的不同：一是在市场工资率相等的情况下，非营利企业比利润最大化企业使用更多的劳动力。例如，当工资率为 W_1 时，非营利企业的劳动力雇用量为 L_1，利润最大化企业的劳动力雇用量则为 L_1'（$W_1=MRP$），而 L_1 大于 L_1'。二是非营利企业的劳动力需求曲线比利润最大化企业的劳动力需求曲线更平坦。

企业潜在利润为负的含义是指社会不仅不要求企业追求最大利润，而且允许它有亏损，希望它把亏损压在最低水平，我国的“政策性亏损企业”即属这一类。这一类企业在市场工资率高于 W_0 的情况下开始营运，它的劳动力需求曲线同利润最大化企业一致，都是 MRP 曲线，因为追求亏损最少的雇佣原则是一样的，即都须使劳动的边际成本与劳动的边际收益正好相等。不过，潜在利润为负的非营利企业的劳动力需求曲线显然是图中 B 点以上的那段 MRP 曲线。因为，如果市场工资率低于 W_0，企业的利润便为正值，该企业不再是潜在利润为负的非营利企业了。

从以上的分析可以得知，社会兴办潜在利润为正的非营利企业的主要目的是利用低工资扩大就业，我国的以生产自救型为目的的企业如“劳动服务公司”和以安置残疾人就业为目的的福利工厂就属于这类企业。而兴办潜在利润为负的非营利企业的目的则是生产一些需把价格控制在低水平上的特殊商品和劳务。

二、公共部门的劳动力需求

公共部门（public sector）的劳动力需求因政治体制的不同而不同，这是因为不同的政治体制会使公共部门决策者的地位在权力结构中发生变化。如果现行政治体制决定了公共部门决策人的前途完全由纳税人，亦即选举人决定，也就是说，他们的去留与升迁完全听凭于纳税人的选举结果，那么决策人必须在尽可能少的税收基础上尽可能地提高服务水平。我们把这种目标称为“服务最大化”目标。如果现行的政治体制使公共部门决策人的前途在相当大的程度上不受纳税人的制约，甚至在相当大的程度上可以用行政手段“强制”公共产品的消费者接受公共部门确定的交易条件（包括服务质量、服务价格、服务项目等），那么，公共部门决策人必然会考虑如何更多地增加税收，而更少地提供服务，我们把这种行为目标称为“财政收入最大化”目标。当然，完全不受纳税人约束的政府是没有的，在不受选举制约的体制下，政府的决策要受某种观念和群众情绪的制约，这种约束比选举结果相对要软。

在分析公共部门的劳动力需求之前，首先舍掉技术条件的影响；其次假设公共产品和非公共产品的价格是既定的，社会可利用资源是既定的。那么，两类公共部门的共同点是无论在服务最大化还是在财政收入最大化目标下，公共部门的劳动力需求均受群众的负担或称群众的承受能力制约，也就是说，公共部门的劳动力需求曲线也是向右下方倾斜，斜率为负。公共部门雇员工资率上升，劳动力需求下降，反之则相反。不同点是，在服务最大化目标下，公共部门的决策人在确定服务水平时所要考虑的问题是，为了满足群众的要求，每增加一个单位的服务，需要筹措多少资金，而为筹措这么多资金，又将增加纳税人多少负担。如果提高服务水平所能满足的群众需要小于因提高服务而增加的群众负担，那么，以服务最大化为目标的决策者将决定不提高服务水平；如果提高服务水平所能满足的群众需要大于因提高服务而增加的群众负担，那么，决策者将决定提高服务水平。由于假设技术条件一定，所以公共部门的雇佣规模便同服务水平一起确定。

财政收入最大化目标下的公共部门的考虑则不同，如果提高服务水平的决策已定，那么它考虑的是如何将税收负担增加到群众所能承受的最大限度；如果税收负担一定，那么它将把服务水平降低到群众可忍受的最低限度。所以，如果服务水平相同，公共部门雇员工资率相等，那么以财政收入最大化为目标的公共部门将比以服务最大化为目标的公共部门雇用更多的雇员。

三、适度增长目标下企业的劳动力需求

追求适度增长是某些企业的主要经营目标，如市场经济体制下的股份制企业。股份制企业的目标是使利润达到股东满意的水平。这类企业的特点是：力求扩大企业规模，但并不需要追求最大利润，因为规模扩大将更重要，可以稳定现有股东和吸引新的股东，容易得到信用，容易占领市场，增加竞争力；股份制企业经营决策人的年薪、声望等自身效用也取决于企业规模。

市场经济体制下股份制企业的劳动力需求如图 3 – 20 所示。

在图 3 – 20 中，*LR* 是企业的劳动投入总收益曲线，*LC* 是劳动总成本曲线，*LP* 是

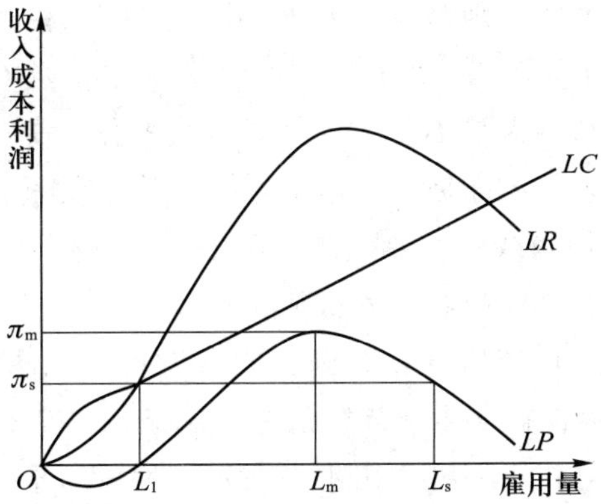

图 3－20　市场经济体制下股份制企业的劳动力需求

企业的利润（π）曲线（即 $LR-LC$）。利润最大化企业将选择雇用 L_m 个工人，而适度增长的股份制企业只追求能令股东满意的利润 π_s（利润最大值企业的利润为 π_m，$\pi_m>\pi_s$），它将雇用 L_s 名工人（$L_s>L_m$）以便尽可能地扩大企业规模。这说明，在其他条件一定的情况下，适度增长目标下的企业劳动力需求高于利润最大化企业的劳动力需求。

第五节　劳动力需求的调整[8]

一、生产规模扩大与劳动力需求调整

随着企业投入的生产资本与劳动力数量的增加，生产规模会随之扩大，产出水平亦会逐渐提高，生产均衡点逐渐向外移动。经济学上将所有可能产出水平的均衡点连接起来形成的曲线称为生产扩张线，它表示在生产要素价格不变和生产的货币资金逐渐增加的条件下，每一种产出水平所对应的劳动力和资本投入的最佳组合。现用图 3－21 加以说明。

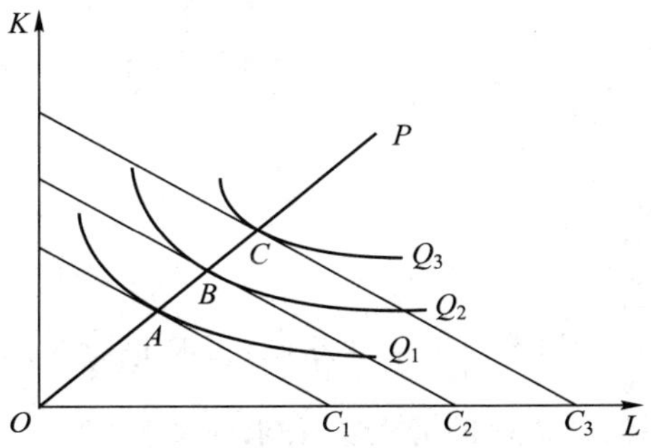

图 3－21　生产扩张线

在图 3－21 中，等产量线分别为 Q_1、Q_2 和 Q_3，对应三种产出水平，显然 $Q_1 < Q_2 < Q_3$。等成本线分别为 C_1、C_2 和 C_3，对应三种生产总成本，且 $C_1 < C_2 < C_3$。因为要素价格不变，所以等成本线的斜率保持不变，故等成本线平行。等产量线与等成本线分别相切于点 *A*、*B*、*C*。点 *A*、*B* 和 *C* 都是生产均衡点，反映了要素投入的最佳组合，连接各点形成的曲线 *P* 即为生产扩张线的一般形式。由于这里没有讨论规模经济以及有机构成的问题，所以生产扩张线的具体形状也就被简化掉了。

生产扩张线决定了企业在产出变化时调整要素投入的方法。如果生产扩张线已知，如图 3－21 中的 *P*，企业存在扩大生产规模的愿望和条件，那么，它将沿生产扩大线 *P*，增加劳动和资本投入。并且在每一种产出水平或每一种成本水平下，其劳动力需求量都是最佳的需求量，都符合劳动力和资本的边际产量之比等于劳动和资本的价格之比。

二、行业劳动力需求曲线

从前述分析可知，企业的边际产品价值曲线 *VMP* 定义为劳动的边际产品 *MP* 乘以产品价格 *P*，且由于边际生产力递减，*MP* 随劳动投入量的增长而下降，*VMP* 曲线向右下倾斜。假设产品价格 *P* 不变，即产品价格不受单个企业劳动力需求量变化的影响；在完全竞争的市场，单个企业由于增加劳动投入而增加产品的生产确实不影响产品的价格。因此，根据固定的产品价格 *P*，描述单个企业的劳动力需求曲线在理论上是正确的。

但是就整个行业而言，产品价格 *P* 不变的假设就需重新考虑了。必须看到，劳动力需求的变化以及由此而发生的遍及整个行业的产量变化对产品价格的影响。如果产品价格是不变的，行业劳动力需求曲线就是整个行业每个企业劳动力需求曲线的相加。为了简化分析，我们假设一个竞争性行业由三家企业组成，行业劳动力需求曲线就是三家企业劳动力需求曲线的相加。如图 3－22 所示。

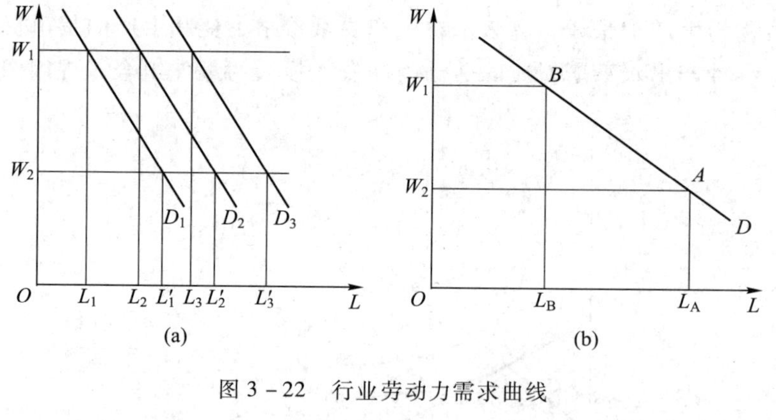

图 3－22　行业劳动力需求曲线

在图 3－22（a）中，三家企业的劳动力需求曲线分别为 D_1，D_2，D_3，它们由三家企业各自的边际产品价值（$MP \cdot P = VMP$）决定，产品价格 *P* 固定不变，那么在工资

率 $W=W_1$ 时，三家企业的边际产品价值之和 $\sum VMP$（W_1）决定的劳动力需求总和为 $L_1+L_2+L_3$，对应于图 3－22（b）中的 B 点，行业劳动力需求为 L_B。当工资率 W_1 下降到 W_2 时，同理可得行业劳动力需求为 $L_1'+L_2'+L_3'$，对应于图 3－22（b）中的 A 点。连接 A、B 两点，形成了产品价格不变的行业劳动力需求曲线 D。比较 D 与 D_1，D_2，D_3，可以看到行业劳动力需求曲线比企业劳动力需求曲线更为平坦。

但这里忽视了一个问题，即伴随着劳动力需求的变化，以及由此而引起的整个行业的产量变化，同时会影响到行业产品的价格。当工资率下降时，每个企业都希望把它的劳动力需求量增加到边际产品价值 *VMP* 等于市场最低的工资率的规模上。这样，整个行业的劳动力需求量迅速扩大。假设其他条件不变，整个行业的产量急剧扩大。但是行业产品的需求曲线是产品价格 P 的函数，行业要想扩大产品的需求量，只能降低产品价格，只有降价才能增加销售。因此，产品价格的降低将使每家企业新的边际产品价值曲线 *VMP* 在原有产品价格条件下的 *VMP* 曲线的下方。

在一个由众多生产同类产品的企业构成的行业中，对应劳动力市场每种可能的工资率，都有一个相应的总产出、产品价格、总的边际产品价值曲线和相应的劳动力需求量，将每一种可能的工资率和相应的劳动力需求量联系起来，就得到行业劳动力需求曲线。它是行业的边际产品价值曲线，而它又和行业劳动力需求量、变动的产品价格相联系。因而，行业劳动力需求曲线并不是企业劳动力需求曲线的简单相加。

第六节 劳动力需求弹性

劳动力需求弹性（labor demand elasticity）是劳动经济学中一个十分重要的概念。从一般意义上说，劳动力需求弹性是指工资率变化一个单位，劳动力需求量的变化程度，即工资率变化 1%，劳动力需求量变化百分之几。在劳动经济学中，许多基本问题都可以从劳动力需求弹性的分析中得到解决问题的方法甚至答案。例如，为了达到理想的就业水平工资率应做怎样的调整？政府制定的最低工资水平对就业有什么样的影响？集体签约、工会谈判使工资水平上扬会对就业产生何种影响？等等。

一、劳动力需求弹性的内涵

在工资率变动一定幅度时，将引起劳动力需求量多大程度的变动？这种关系可表示为：

$$\frac{\Delta L}{\Delta W}$$

如果用这个尺度去衡量，绝对数相同时，相对数差距可能很大。例如，劳动者从 2 个人减少到 1 个人，相对数减少 50%，从 1 000 人减少到 999 人的相对数仅减少 0.1%，但绝对数与前面却是相同的。再有，过去与现在进行比较时，即使是相同的工资率变化，因为物价水平不同，相同的工资上升部分的实际购买力可能完全不一样。进行国际比较时，例如中国与美国、日本比较时，由于相互间的货币比价关系不是1∶1，以及收入水平的巨大差距，因此1美元、1日元工资的上升对劳动力需求量的变化影响与1元人民币工资的上升对劳动力需求量的变化影响进行比较，其数值本身就没有什么意义了。为了排除这些因素的影响，经济学家经常使用弹性这一尺度，即某个变量发生了一定量的变化率，例如1%的变化时，受其影响的其他变量将会变化百分之几。在前面的例子中，表明当工资变化1%时，劳动力需求量将变化百分之几的衡量工具被称为劳动力需求的工资弹性，在经济学中一般用 E 表示弹性，所以其数学表达式为：

$$E = \frac{\Delta L\%}{\Delta W\%}$$

二、劳动力需求弹性的基本类型

如果不加说明，劳动力需求弹性就指劳动力需求的工资弹性。按照需求法则，需求量与工资率成反向变动，所以 E 一般为负值，但习惯上都略去负号，研究其绝对值 $|E|$。按绝对值 $|E|$ 的大小，劳动力需求弹性可以呈现图3－23所示的五种状态。

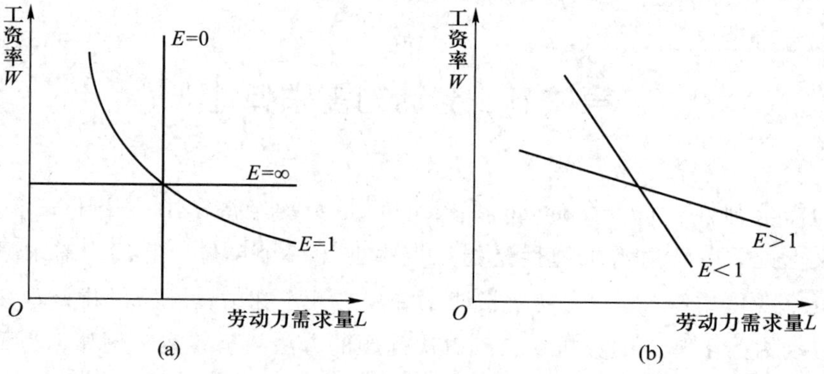

图3－23　劳动力需求弹性的五种类型

（一）劳动力需求弹性等于零

如果劳动力市场上的工资率不论如何变化都不会对劳动力需求量产生任何影响，也就是 $\Delta L=0$，此时的劳动需求弹性称为完全无弹性。其几何形状如图3－23（a）中的垂线，是劳动力需求弹性的一个特例。

（二）劳动力需求弹性小于1

如果劳动力需求弹性小于1但大于零，此时的劳动力需求弹性较小，有时也被称为无弹性。例如，工资水平上升了10%，企业的雇工数量下降了4%，即劳动力需求弹性等于0.4。劳动力需求曲线的弹性较小，意味着企业的雇工数量对工资率的升降变化不敏感。其几何形状是一条较为陡峭的劳动力需求曲线，如图3-23（b）所示。

（三）劳动力需求弹性等于1

这是指劳动力需求量变动的百分比刚好等于工资率变动的百分比，这称为单位弹性。如图3-23（a）所示，呈单位弹性的劳动力需求曲线是一条直角双曲线。

（四）劳动力需求弹性大于1

如果企业雇工水平变动的百分比大于工资率变动的百分比，就称为劳动力需求弹性较大，或称劳动力需求有弹性。劳动力需求弹性较大，意味着企业的雇工数量对工资率变动的敏感程度较高。其几何形状是一条相对扁平的劳动力需求曲线，如图3-23（b）所示。

（五）劳动力需求弹性无穷大

如果在现行的工资水平上，企业乐于雇用市场所能供给的全部劳动力，而当工资略有上涨时却一个也不雇用，此时的劳动力需求称为完全有弹性。如图3-23（a）所示，其几何形状是一条水平线，是劳动力需求弹性的一个特例。

三、劳动力需求的交叉工资弹性

在以上的劳动力需求分析中，一个基本假设是劳动力必须是同质的，即劳动力之间没有质的差别。但在实际中，企业的生产往往使用多种类型的劳动力，其中任何一种劳动力的需求量都会受到其他类型劳动力价格的影响。假设企业劳动力需求可分为两类：A和B，那么，可以将A类劳动力需求量变动对B类劳动力的工资率变动的反应程度，定义为劳动力需求的交叉工资弹性。其计算公式是A类劳动力需求量变动的百分比与B类劳动力的工资率变动的百分比的比值。设$E_{A,B}$为劳动力需求的交叉工资弹性，$\Delta D_A/D_A$表示A类劳动力需求量变动的百分比，$\Delta W_B/W_B$表示B类劳动力的工资率变动的百分比，根据劳动力需求的交叉工资弹性计算公式有：

$$E_{A,B} = \frac{\frac{\Delta D_A}{D_A}}{\frac{\Delta W_B}{W_B}}$$

同理，亦有：

$$E_{B,A} = \frac{\frac{\Delta D_B}{D_B}}{\frac{\Delta W_A}{W_A}}$$

劳动力需求的交叉工资弹性为正值，它表示一类劳动力的工资率上升引起另一类劳动力需求量的增加，那么这两类劳动力称为总替代；劳动力需求的交叉工资弹性为负值，表示一类劳动力的工资率上升引起另一类劳动力需求量的减少，那么这两类劳动力称为总互补。

在产品市场中，互替产品与互补产品一目了然，比较简单明了。例如，作为能源动力产品的煤炭和石油，它们是互替商品。当煤炭的价格提高了，若石油的价格不变，则石油的需求量增加。因此，它们的交叉价格弹性为正值。再例如，汽车和轮胎是互补产品，当汽车的价格提高了，轮胎的价格不变，轮胎的需求量也将减少。所以，它们的交叉价格弹性为负值。

劳动力需求既然是产品需求所派生的需求，且劳动力市场的劳动力的类别存在着很强的差异，所以劳动力需求的交叉工资弹性的取值，即是总替代还是总互补，还要取决于生产函数的具体特征、产品市场和劳动力市场的需求条件等。

四、影响劳动力需求弹性的因素[9]

影响劳动力需求弹性的因素主要体现在派生需求的四个法则之中。派生需求的概念及其法则最早由马歇尔创立，1934 年希克斯对此又做出了重要贡献。因此，人们又将其称为“希克斯－马歇尔派生需求四大法则”。这些法则表明，在保持其他条件不变的情况下，下述情况将使得某类劳动需求具有很高的弹性：① 要素之间的可替代性，其他生产要素对劳动要素的替代越容易，则劳动需求的工资弹性就越高；② 最终产品需求的价格弹性，当产品需求的价格弹性越大，那么用来生产这种产品的劳动需求的工资弹性也越大；③ 其他要素的供给价格弹性，如果与某一特定要素协同生产的其他生产要素的供给越富有弹性，那么对该特定要素的需求就越富有弹性；④ 劳动力成本在生产成本中要素的份额，劳动力成本在生产总成本中所占的比重越大，劳动力需求弹性越大。这四个法则的推导主要是围绕替代效应和规模效应来进行的，即工资率的变动从两个方面影响就业水平：工资率上涨使劳动成本提高，因而企业乐于以其他要素替代劳动，从而使雇佣规模有所缩小，这是替代效应在发挥作用；工资率上升提高了企业的边际成本，使企业面临着提高产品价格和缩小生产规模的压力，从而使雇佣水平有所降低，这是规模效应在发挥作用。下面分别加以具体说明。

（一）其他生产要素替代劳动力对劳动力需求弹性的影响

其他生产要素替代劳动力的可能性，是决定劳动力需求工资弹性的第一个因素。这种可能性越大，需求弹性就越大；反之，则小。其他生产要素替代劳动力的可能性包含两层含义：其一为技术方面的；其二为成本方面的。从技术的角度而言，当工资率提高，而资本很容易地替代劳动时，企业就会决定用资本替代劳动。例如，在生产中，简单的、无技术的、重复性的劳动，如建筑业的水泥搅拌工、运输业的搬运工等，这类劳动力的工资率提高了，很容易用相当小的资本数量加以替换。因此，他们的工资率提高后，对他们的需求就会较大幅度地减少。替代越容易，劳动力需求曲线就越有弹性；反之，如果替代很困难，甚或不能替代，劳动力需求曲线的弹性就很小。例如，民航客机的飞行员，用资本替代他们就很困难，甚至不可能，这类劳动力的需求曲线就缺乏弹性。

从成本的角度而言，假设资本的价格不变，用一个单位的资本和用三个单位的资本替代同量的劳动力，其间替代的可能性也是完全不同的。如果工资率提高了，造成以越来越大的资本数量替代同量的劳动力，那么替代的可能性就小，从而劳动力需求曲线的弹性就小；反之，替代一定量劳动力所需的资本数量越小，在工资率提高的情况下，企业减少的劳动力就越多，从而需求曲线的弹性就越大。

（二）产品需求对劳动力需求弹性的影响

产品的需求弹性程度，是决定劳动力需求弹性的第二个因素。由劳动力需求的性质可知，劳动需求是由市场对产品的需求派生的。当工资率提高时，企业的最初反应并不是马上简单地减少劳动的投入，从而降低产出水平。通常的反应是，提高产品的价格，看看能否将工资率的提高、成本的上升转移到消费者身上。但是，产品价格的变动必然影响产品的需求数量，影响的程度则取决于产品的需求弹性。这一点结合图 3－24 可以看得很清楚。

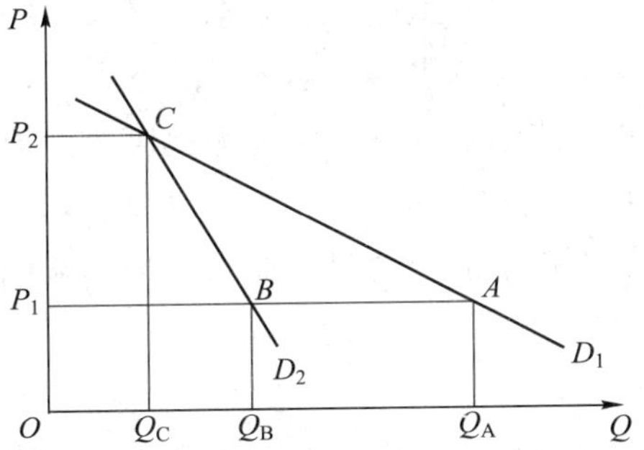

图 3－24 产品的需求弹性

在图 3－24 中，横轴为产品的需求数量 Q，纵轴为需求价格 P，D_1 和 D_2 为产品的需求曲线。需求曲线 D_1 和 D_2 的弹性有很大的区别：D_1 的弹性大，D_2 的弹性小。如果企业产品的需求曲线为 D_1，价格由 P_1 提高到 P_2，需求量则由 Q_A 大幅度地减少到 Q_C。如果其需求曲线为 D_2，同样的价格变动，需求量由 Q_B 降到 Q_C，减少的幅度相对较少。由此可见，产品价格上升，必然减少产品需求的数量，除非产品需求曲线无弹性。而且产品的需求弹性越大，产品需求量的减少就越多，就会减少企业所需要的劳动力。因此，产品的需求弹性大，劳动力需求的弹性也大；反之则小。这也正是行业需求曲线与企业需求曲线弹性产生差别的重要原因。

（三）其他生产要素供给弹性对劳动力需求弹性的影响

现以资本和劳动为例说明这个问题。如前所述，工资水平上涨，企业将乐于用资本替代劳动，从而使企业对劳动力的需求有所减少。但是，随着资本需求量的增加，资本的价格也会相应地上升。因而，以资本替代劳动使劳动力需求量趋于降低的程度，就取决于资本要素供给弹性的大小。一般资本的供给弹性越大，其价格的上升速率就越慢，企业以资本替代劳动的程度就越高，对劳动力需求量的影响就越大；反之，就越小。

此类替代效应即使在劳动要素之间也可能发生。例如，非技术性工人的工资水平上升，则企业将乐于以技术性工人替代非技术性工人。但如果技术性工人的供给数量是既定的，则随着对技术性工人需求数量的上升，其工资水平也会相应地上涨，从而阻碍了企业进一步以技术性工人替代非技术性工人的可能性，因而此类替代就要取决于某类职业或工种供给弹性的大小。应当指出的是，此类替代效应对总体就业水平的影响较小，对结构性就业水平的影响较大。

（四）劳动力成本占总成本比重对劳动力需求弹性的影响

劳动力成本占总成本的比重对劳动力需求弹性具有重要影响。例如，在某企业的总成本中，劳动力成本只占20%，即使工资水平上涨了20%，该企业的生产总成本也只不过上升了4%，因而该企业所面临的产品提价和产量降低的压力就比较小，裁减员工的数量也不会多。如果在某企业的总成本中劳动力成本占80%，即便工资水平上涨10%，该企业的生产总成本的上升率也会高达8%，企业面临的产品提价和产量降低的压力就比较大，裁减员工的可能性及数量就会大大提高。一般而言，在劳动密集型行业中，由于劳动在总成本中所占比重较高，所以工资率的变动会对就业水平产生较大影响；在资本密集型行业中，工资率的变动对就业水平的影响相对较小。

关键概念

劳动力需求　边际报酬递减规律　短期劳动力需求　长期劳动力需求　劳动力需求工资弹性　劳动力需求交叉工资弹性

即测即评

扫描右侧的二维码图标，内含若干判断题、单选题和多选题，您可在线自测并查看答案。

复习思考题

1. 为什么劳动力需求是派生需求？它受哪些因素影响？
2. 劳动力需求量的变动与劳动力需求的变动有何不同？
3. 短期劳动力需求是如何决定的？其最佳劳动力选择的条件是什么？

4. 长期劳动力需求的决定受哪些因素影响？它们如何影响劳动力的需求量？
5. 劳动力需求弹性有哪些类型？
6. 影响劳动力需求弹性的因素有哪些？

注释

[1][7][8] 袁伦渠. 劳动经济学. 大连：东北财经大学出版社，2002：81－82，103－108，94－99.

[2] 所谓机制，一般被理解为物理学和机械工程学中的机械装置或机械构造，“机制”（mechanism）一词来源于新拉丁语的 mēchanism(us)和晚期拉丁语的 mēchanism(a)，它由古希腊语的 mechan(é)(意为机器) + ismus 或 isma(=ism)(意为结构或装置)而构成，过去主要是用来描述产生自然现象等方面的物理过程或物理学中的机械运动，后来被应用到生理学、心理学、哲学和经济学等多门学科之中，比如生理学中的生理机制和机理、心理学中的心理机制、哲学中的机械论和经济学中的运行机制等专门术语都是来源于同一词汇。从诸学科领域所给出的定义和基本阐述中，我们了解到“机制”这一通用术语的基本含义包括以下要素：① 具有相互联动或影响的结构部分；② 遵循一定方式做相对运动；③ 随时间发生变化的过程；④ 相对运动的性质主要取决于构成部分的数量及其联系或影响方式。市场机制的定义为：“由市场多个结构变量组成、遵循一定方式对市场行为和市场现象产生相对运动或影响，并随时间发生变化的相互联动过程及其运行机体，它包括供求机制、价格机制、竞争机制、风险机制等。”

[3][4][5][9] 杨河清. 劳动经济学. 北京：中国人民大学出版社，2002：40－42，44－45，46－47，38－40.

[6] 付伯颖. 论扩大劳动力需求的税收政策. 山东财政学院学报，2004(5)：39.

第四章　劳动力市场

前面两章分别分析了劳动力供给与劳动力需求，这些讨论是独立做出的，但事实上两者是互相联系、相互作用的。本章将两者结合起来以便考察它们之间相互作用的形式及其内在规律，这有助于我们准确地掌握劳动力市场中供给与需求的发展趋势。同时本章还将考察特殊的劳动力市场形态，即劳动力市场分割、劳动力市场歧视与内部劳动力市场等问题。

第一节　劳动力市场概述

一、劳动力市场及其构成要素

（一）市场与劳动力市场的含义

1. 市场的含义

市场（market）是个多义词，不同学科有不同的解说，有代表性的观点主要有以下五种：

（1）市场营销学的市场。市场营销学对市场有两种解说：① 狭义或古典的市场——商品交易的场所；② 广义或现代的市场——商品交易关系的总和。

（2）经济学的市场。现代经济学对市场有三种解释：① 指以商品、货币、人力、技术、信息等为对象的交换方式；② 一种资源配置的经济模式，即以市场为基础的资源配置模式；③ 一种与政府相对应的调节经济运行的机制，即市场机制。

（3）新制度经济学定义的市场，是一种交易费用低而效率高的经济制度。

（4）产业组织理论的市场：提供相同产品和劳务的行业。

（5）商业学的市场：（买方构成市场，卖方构成行业）是指商品的销路。

2. 劳动力市场的含义

劳动力市场（labor market）有广义和狭义之分。从广义上说，劳动力市场是指以市场机制为基础性方式对劳动力资源进行配置和调节的经济关系，其内容包括劳动契约、劳动就业、工资分配、社会保障、劳动立法、职业培训、职业咨询、职业安全卫生以及特殊群体劳动者的保护等。从狭义上说，劳动力市场是指劳动力供求双方双向选择、进行劳动力交换的场所，以及运用市场机制调节劳动力供求关系的组织形式。由此可见，劳动力市场可以是有形的，但主要是无形的。说它是有形的，是因为它为实现劳动力交换提供各种服务机构和交换场所，这是它的外在表现形式。说它主要是无形的，是因为它是一种经济关系，其实质是实现劳动力资源市场化配置的一种机制，即借助市场机制在经济利益上促使劳动力合理流动和优化组合。

对劳动力市场的理解，应从以下三个方面来进行把握：① 它是劳动力要素的交换场所，既可以是有形的（如职业介绍所、人才市场等），也可以是无形的（如法律服务中心、信息中心等）；② 劳动力市场的基本要素是价格，价格决定劳动力要素供求双方的市场行为；③ 劳动力市场的运行会受到多种因素的影响，如政府、社会观念等。

（二）劳动力市场的构成要素

从市场角度看，劳动力市场主要由以下要素构成：① 劳动力，即劳动力市场的供方。在劳动力市场充分发育并与其他生产要素市场互相配套、正常运行的情况下，它是指全部的社会劳动力，即国家或地区范围内全部从事和要求从事社会劳动的人口。② 用人单位，即劳动力市场的需方，这包括企事业单位、党政机关、社会团体以及城镇居民等。③ 工资。作为劳动力市场活动中劳动力交换的支付手段，在调节劳动力供求关系中起重要作用。④ 劳动力市场组织者，通常指劳动力市场机构。这是劳动力供需之间洽谈、互相选择的场所，也是最直接体现劳动力市场的组织形式。

（三）劳动力市场的特征

劳动力市场作为生产要素市场之一，与其他要素市场一样，在遵循市场经济规律的前提下，具有统一、开放、竞争有序的特征，并以此与其他要素市场衔接配套、协调运行。同时，劳动力市场作为唯一能动的生产要素市场，与其他要素市场相比，又呈现出自身的特点。

（1）劳动者只能被雇用或租借，劳动者本身不能被出卖和购买。在国际劳工组织1944 年《费城宣言》的四条原则中，“劳工不是商品”被列为第一条原则。劳动者本身的非商品化，保护了劳动者的人格和人权，也使得劳动力的流动更加自由。

（2）劳动者对劳动力拥有不可动摇的所有权。劳动者对自己的劳动力具有完全的所有权或产权，即使通过市场发生支配权的转移，劳动力也永远不能脱离劳动者而独立存在，其所有权永远属于劳动者本身。因此，在劳动力市场中，买方取得了劳动力的支配权，仍然要通过劳动者来使用劳动力。只有通过劳动者才能充分调动其积极性，才能发挥劳动力的使用效率。也就是说，其支配权的运用具有法律上的转移和生理上的滞留两重属性。由于劳动者对自身劳动力的所有权的根本性质，决定了劳动者依据其所有权取得合法的收益权，并具有与资本共同分享利润的权利。

（3）劳动力的价格（工资）不只是当时提供劳动的报酬，而且也包括劳动者人力资本投资应获得的报酬；劳动力受雇或出租的条件不仅是工资的多少，而且还有工作时间长短、工作环境好坏等其他因素。

(4) 劳动力市场的活动不仅由劳动力和用工单位双方决定，而且受到政府、工会、雇主和舆论等社会力量的影响。

二、劳动力市场的分类

劳动力市场的类型是多种多样的，依据不同的标准，可做不同的划分。

(一) 按照劳动力市场范围划分

1. 区域劳动力市场

这是根据供需双方彼此搜寻的地理范围划分的劳动力市场形式。例如，乡村劳动力市场、城市劳动力市场、国际劳动力市场、国内劳动力市场等。

2. 产业劳动力市场

这是根据交易的产业范围划分的劳动力市场形式。例如，建筑业劳动力市场、煤炭业劳动力市场等。这是同一产业的厂商共同面对的劳动力市场，在这种市场上发生的是同一产业内不同厂商之间的竞争。

3. 职业（工种）劳动力市场

这是根据交易的职业（工种）范围划分的劳动力市场形式。例如，职业经理市场、教师市场、保姆市场等。这是从事同种职业（工种）的劳动者共同面对的市场，这种市场上发生的是同种职业者之间的竞争。

4. 企业内部劳动力市场

这是根据供方和需方在企业内的职位空缺中彼此搜寻的内容划分的劳动力市场形式。企业内部劳动力市场上的交易形式，以晋升、换岗、短期解雇、加班、修改工作量或工作速度为主。

(二) 按照职业对劳动力的素质要求划分

1. 国家公务员市场

这是一种以政府为需求主体，按照较为严格的标准，包括学历、所学专业、年龄、社会责任感、敬业精神以及公众形象和工作能力等要求，依据政府公务员接替期限，定期从全社会公开招考、择优录用的劳动力市场形式。以市场方式来形成和补充国家公务员队伍，对于从根本上革除历史上遗留下来的任人唯亲、任人唯近、近亲繁殖的顽症，破除关系网的怪圈，摒除权力对经济的侵蚀，确保公务员队伍的素质和廉政勤政建设以及政府机构的高效运转，实现由人治转向法治，都具有极其重要的意义。

2. 职业经理市场

这是指社会上具有较高经营和管理企业知识以及才能的经理人员市场。从宏观经济发展上看，支取薪金的经理市场的产生是劳动力市场成熟化的标志之一；从微观企业制度来看，经理市场的出现是社会化大生产以及由此发展的现代企业制度中法人治理结构的必然产物。让企业管理人员进入市场，是建立现代企业制度的关键。国外具有比较发达的职业经理市场选拔机制。目前我国的职业经理市场极不完善，特别是国有大中型企业的高级经理人员的选拔主要不是通过市场来进行的。

3. 专业技术人员市场

这是指在某些领域中具有外行人所不可代替的专门知识、技能和经验的劳动力所组成的市场形式。例如，工程师、会计师、律师、建筑师、医生以及教师等。这一群体对于经济与社会的发展和科学技术的创新具有决定性的影响。通过市场机制来配置专业技术人员，一方面可以最大限度地促成这一群体的高效化配置，减少人才浪费和损失；另一方面通过竞争和双向选择，可以在市场上确认和实现专业技术人员的价值，充分调动专业人员的积极性和创造性。

4. 普通劳动力市场

这是由除上述几种以外的普通产业工人、管理人员、服务业从业人员等组成的劳动力市场形式。这类市场包容人数最多，规模较大，涉及面广，竞争激烈。

（三）按照劳动力市场的竞争自由度划分

1. 完全竞争市场

这是一种理论性市场，要求具备完全的劳动力市场信息条件，劳动力供求双方信息环境基本相同，信息交流对称，具有充分的流动性，不存在其他非市场化的障碍；具备完全的决策条件，供求双方可以根据自己的意愿去选择劳动力交易的方式、数量和价格。满足这些条件是极为困难的。因此，只要劳动力交易活动是建立在市场信息充分和公平交易的基础上，由劳动者按自己的意愿进行决策，都可以认为是属于完全竞争市场。

2. 垄断市场

这是一种极端的市场形式。它分为买方垄断和卖方垄断两种，信息极不对称是它们的基本特征。买方垄断市场是指由一家或几家劳动力需求方掌握就业机会，面对众多的求职者。供求双方的地位不平等，就业机会和工资水平控制在买方手里，求职者只能被动地去接受。例如，国家公务员市场就是典型的买方垄断市场。卖方垄断市场是指极少数劳动力供给者，面对巨大的劳动力需求，或者劳动力组织形成极强的谈判力量，使市场交易较为明显地有利于卖方。作为极端形式，垄断市场很容易引起行政对市场的干预。

3. 垄断竞争市场

这是指介于完全竞争市场和垄断市场之间，市场力量和非市场力量同时起作用时所形成的市场竞争格局。供求双方既要受市场因素的引导，同时还要受到行政因素的约束，其竞争是很有限度的。垄断竞争市场是一种常见的市场形式。

（四）根据不同职业的收入水平划分

根据不同职业的收入水平划分，可以将劳动力市场划分为两种类型，即主要劳动力市场和次要劳动力市场。其中专业技术人员，国家机关、党群组织、企事业负责人，办事人员划归主要劳动力市场。服务性工作人员、商业工作人员、农林牧渔劳动者、生产运输工人和不便分类的其他劳动者划归次要劳动力市场。

三、劳动力市场的影响因素

劳动力市场的运行受到经济因素和非经济因素两种因素的影响。

（一）经济因素

经济因素是影响劳动力市场最根本、最重要的因素，其中最主要的是市场性要素。所谓市场性要素，是指在劳动力市场上由供求对比状态所决定的劳动力资源配置及其价格。

（二）非经济性因素

影响劳动力市场运行的非经济因素主要包括组织性因素和社会性因素。

(1) 组织性因素，是指工会、政府及大型企业等各类组织。古典劳动力市场理论认为，工资随着劳动力供求的变化而自动地进行调整。而现代劳动力市场理论认为，组织性要素能够为劳动力市场提供一系列交易规则，确定最低工资水平，保护劳动力雇佣双方的利益，促进劳动力资源的合理配置。以工会为例，单个劳动者在工资谈判中地位很低，而当工会介入工资谈判之后，罢工威胁使工会对企业的整体工资水平具有较强的谈判能力。有资料表明，西方国家的工会可以将现行工资水平提高 20% ~ 30%。当然，组织性要素的存在也会在一定程度上制约劳动力按照市场规则来进行配置。比如说，当政府规定的最低工资水平超过劳动力市场均衡的价格水平时，企业就必须付出较高的代价来获得劳动力资源，对企业的经营产生负面的影响。

(2) 社会性因素，是指家庭背景、所属阶层、文化、歧视和习俗等，它将对劳动力市场的人员构成、供求状况和工资水平等产生影响。现代劳动经济学在研究人们对工作的选择时，除了重视工资水平、福利待遇等物质水平外，还高度重视文化背景对工作偏好的影响。例如，美国人喜欢具有挑战性的工作，日本人喜欢在工作中创新，而中国人在选择工作时重视亲情、友情等因素的影响。

歧视是影响劳动力市场配置的一个重要非经济因素。歧视是指在所有经济方面都相同的个人之间的报酬差别，或者说是在劳动力市场上对劳动力与劳动生产率无关的个人特征的评价。一般说来，一个人在劳动力市场上的价值应当取决于其创造价值的能力和其他劳动力的竞争情况，但是如果与劳动力创造价值的能力和市场供给竞争无关的因素在劳动力的市场价值决定中起正或负的影响，就可能导致歧视，如种族、性别、原有国籍、宗教、身体障碍等都可能引起待遇上的差别。劳动力市场歧视主要分为工资歧视和职业歧视两类。收入的差别是工资歧视，限制一些人进入某一劳动力市场是职业歧视。

第二节　劳动力市场的均衡与非均衡

本节依然坚持前面两章关于劳动力同质的假定来分析同质的劳动力市场，重点讨论劳动力需求与劳动力供给之间的关系与相互作用。主要是劳动力市场的均衡与非均衡分析。

一、均衡的劳动力市场

（一）均衡的概念

1. 古典经济学对均衡的理解

均衡（equilibrium）这一概念是从物理学中借用来的，它所描述的是一个系统的特殊状态，即运动的物体在受到方向各异，但作用相互抵消，合力等于零的外力作用时，受力的物体所处的相对静止的状态，即为均衡。

古典经济学认为，在均衡状态下，相互对立中的任何一种力量在各种条件制约下不再具有改变现状的动机或能力。在均衡状态下，对立的行为主体的利益共同达到了最大化。劳动经济学最初研究的均衡是劳动力市场均衡，它包含两个方面的条件或含义：一方面，劳动力供给和劳动力需求在量上处于均等状态，即变量均等；另一方面，决定供求的任何一种力量这时不具有改变现状的动机或能力，即行为最优。同时具有以上两个方面含义的均衡称为古典意义上的经济均衡。

按照均衡市场的覆盖范围，古典均衡分析分为局部均衡分析和一般均衡分析。局部均衡分析是经济学中用来考察单个市场、单个商品价格与供求关系变化的一种分析方法，它假定在其他条件不变时，一种商品的价格只取决于它本身的供求状态，而不受其他商品价格与供求的影响。也就是说，局部均衡是在假定其他市场因素处于静止不变状态的条件下，研究单个市场均衡状态的实现与新旧均衡的变动。与此不同，一般均衡分析是经济学中用来考察市场上所有市场、所有商品的价格和供求关系变化的一种分析方法，它假定各个市场上各种商品的价格与供求都是相互联系的，所以一种商品价格与供求的均衡只有在所有商品的价格与供求达到均衡时才能确定，即一般均衡考察的对象是在各种市场因素的影响下一个市场的均衡的建立与变动。一般均衡分析方法的代表人物是瑞士洛桑学派的L. 瓦尔拉，其研究经济问题的出发点是：任何一种特定商品的供求与价格关系必然和其他所有商品的供求与价格的关系联系在一起。单个市场均衡的建立和变动依赖于其他市场均衡的建立和变动。

根据对均衡的时间特性的不同规定，还可将均衡分析分为静态均衡分析和动态均衡分析。静态均衡分析抽象掉时间因素，设定变量的调整能够在可以忽略的瞬时内完成，其调整时间设为零。动态均衡分析则相反，认定经济变量调整中时间的重要性，着重考察经济变量在不同时间的变动情况。它要分析经济现象的变化过程。

2. 现代经济学中的均衡

现代经济学继承和发展了古典均衡理论。现代经济学所说的均衡状态是指经济中各种对立的、变动着的因素处于一种力量相当、相对稳定、不再变动的状态。现代经济学中运用的均衡分析方法与经济的均衡状态之间存在着密不可分的联系。均衡分析方法在于揭示经济变量之间的因果关系，说明实现均衡的条件以及如何实现均衡。

经济学中最初定义的均衡，特指市场均衡。从这个意义上说，如果不存在市场，也就无所谓均衡。在计划经济条件下，只能有平衡，而不会有均衡。但是，现代经济学对均衡的概念有两个方面的发展：一方面，将均衡概念应用于对各种经济形态的分析，将市场均衡条件一般化，用其来概括包括非市场经济的各种状态，比如计划经济中的某些情况，因此，现代经济学所说的均衡，已不仅仅是“市场均衡”，而是一般意义上的“经济均衡”；另一方面，是把只满足古典均衡两个条件当中的一个条件的经济状态也认定为均衡。

20 世纪 30 年代凯恩斯宏观理论出现以后，形成了失业均衡的概念。按照古典均衡的定义，失业均衡是一个悖论：失业意味着劳动力市场上供给大于需求，这时即使在商品市场和资金市场中存在着供求均衡，从整个经济体系来看仍然存在着超额供给，因而是非均衡的，而不是均衡。

但是，失业均衡概念的出现说明：① 瓦尔拉所定义的一般均衡不是唯一的，甚至可以把古典均衡视为一个特例，更一般的均衡则是像失业均衡这样的情况。正因为如此，凯恩斯把自己分析失业问题的理论称为“一般理论”，在其模型中，充分就业机会是这诸多均衡点当中的一个，而不是“唯一的均衡”。② 更重要的是，失业均衡这种状态，虽然不满足“变量均等”这一要求，但同样满足相互对立的任何一种力量这时不具有改变现状的动机和能力，因为虽然失业工人想就业，但由于他们既不能改变现行工资率，又无法迫使企业在现行工资率下扩大雇用工人数，所以只能处于被迫失业状态。在给定的工资刚性、预期资本效率、利率陷阱等一组条件下，一定的失业以及与之相适应的商品市场和资金市场上较低水平的均衡，是符合个人行为最优这一要求的，仍然是每个个别行为主体选择的结果。

（二）劳动力市场均衡

1. 劳动力市场的静态均衡

劳动力市场静态均衡的形成，也就是均衡工资率和均衡就业量的决定。所谓均衡工资率就是指在此工资率下劳动力的供给与需求处于量的相等状态，高于这一工资率，劳动力的供给欲望会变得十分强烈，市场的劳动力供给量会有明显的增加；而劳动力需求则与之相反，需求极度降低，这时市场的均衡就会被打破，市场会向新的均衡点运动。均衡工资率条件下的就业水平就是均衡就业量。劳动力市场静态均衡是通过劳动力供给与劳动力需求双方自发地相互作用形成的。在研究这种均衡的形成时完全剔除了市场经济中其他经济因素对劳动力供求的影响，只考虑工资率即劳动力价格对劳动力供求的影响。

将劳动力供求曲线在同一坐标图上画出，用图 4－1 可以说明静态均衡的形成。

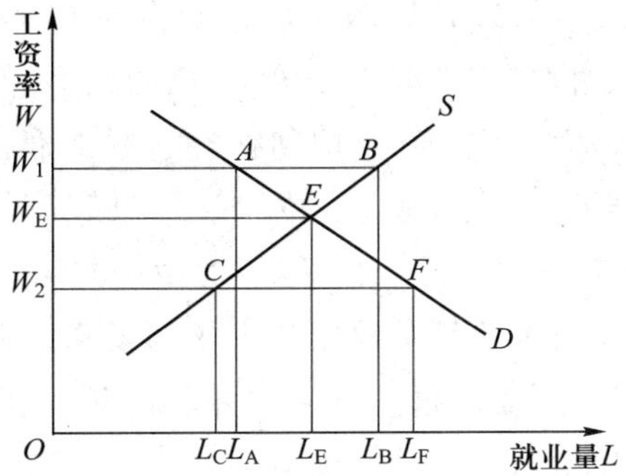

图 4－1 静态均衡的形成

在图 4－1 中，横轴为就业量 L，纵轴为工资率 W，D 为劳动力需求曲线，S 为劳动力供给曲线，对应于纵轴上的每一种工资水平，沿水平方向做出一条直线，该直线会与劳动力供给曲线 S 和劳动力需求曲线 D 相交，由交点向横轴做垂线就会形成与其相对应的劳动力供给量与需求量。劳动力供给曲线与劳动力需求曲线的交点所代表的工资率 W_E 和就业量 L_E 就是均衡工资率和均衡就业量。

当工资率高于均衡工资率时，如工资率为 W_1，劳动力供给大于劳动力需求，在此种情况下为劳动力的买方市场，劳动力的需求者对市场中劳动力的价格具有支配力量，他们会要求降低现有的工资率。虽然劳动力供给方不愿工资率下降，但由于劳动力供给超量，竞争激烈，劳动者不得不接受劳动力需求者的要求。而工资率的下降会使劳动力的供给量下降，需求量增加，供求之间的差额逐渐缩小，直至达到均衡状态。

当工资率小于均衡工资率时，如工资率为 W_2，劳动力需求超过供给。此时，劳动力供给方对于劳动力价格具有支配力量，他们会要求提高劳动力的价格。劳动力的需求方虽然不愿意，但在需求过量、竞争激烈的压力下不得不接受劳动力供给方的价格要求，使得工资率上升。而工资率的上升会使劳动力的需求量减少，供给量增加，供求之间的差额逐渐缩小，直至达到均衡状态。可见，只要工资率不等于均衡工资率，劳动力供给和需求的相互作用将使得工资率回到均衡点，所以只有均衡工资率才是市场的普遍工资率。

劳动力供给等于劳动力需求时，工资率 $W=W_E$，就业量 $L=L_E$，劳动力市场实现了均衡。也就是说当工资率 $W=W_E$ 时，而且只有当工资率 $W=W_E$ 时，以 W_E 作为供给价格的劳动力供给的决策主体能够实现就业，以 W_E 作为需求价格的企业能够雇用到所需的劳动力。由于供给是均衡的，因此在资源限制的条件下，供给的决策主体获得的效用最大；由于需求是均衡的，它满足了劳动的边际产品价值等于工资($\sum VMP=W$)，所以供求双方都没有改变这种状态的动力和要求，也就形成了一种相对静止、相对稳定的状态。因此，均衡的形成，是均衡工资率和均衡就业量的决定。

从另一个角度进行分析，也可以得到同样的结论。例如，当工资率 $W=W_1\neq W_E$ 时，如图 4－1 中的点 A，企业根据劳动力需求确定的原则($\sum VMP=W$)，可以雇用到 L_A 的劳动力，企业此时处于均衡。但是，从劳动力供给这一方来看却并非如此。因此，以 W_1 作为供给价格的劳动力供给量为 L_B，减去已经受雇的 L_A 这部分劳动供给量，其余的部分(L_B-L_A)存在着改变这种状态($W=W_1$，$L=L_A$)的动力和要求，所以这种状态是不稳定的，供求的力量并不相等，不能形成均衡。在这种条件下必然会存在着工资率向 W_E、就业量向 L_E 的运动，最终形成均衡。

再例如，当工资率 $W=W_2\neq W_E$ 时，如图 4－1 中的点 C，以 W_2 作为供给价格的决策主体 L_C 可以实现就业，并同时满足其效用最大化的要求，此时 L_C 这部分劳动力实现了自身的均衡。但是，从劳动力需求这一方来看并非如此，其均衡的需求量为 L_F，市场的条件使其不能实现 L_F 的劳动力需求量，企业在追求利润最大化的要求下，存在着改变这种状态的动力和要求，所以点 C 这种状态($W=W_2$，$L=L_C$)仍然是不稳定的，存在着改变这种状态的变化趋势，即工资率向 W_E、就业量向 L_E 的运动，最终形成均衡。

同理，劳动力供给曲线 S、劳动力需求曲线 D 除点 E 以外的任何其他点所形成的某种工资水平和就业水平都是非均衡的，都存在着与前面类似的调整。只有点 E，当 $W=W_E$，$L=L_E$ 时，才是均衡的，才能够实现没有基本的变化趋势的均衡状态。

2. 劳动力市场均衡的比较静态分析

(1) 劳动力供给的变化。在劳动力市场上，均衡工资率和均衡就业水平并不是由劳动力供给或劳动力需求的某一方单独决定的，均衡工资率和均衡就业水平是劳动力供给方和劳动力需求方在追求自身最大利益时，力量对比达到均等状态下形成的。不过，劳动力供给方和劳动力需求方追求的利益目标存在差异，因此劳动力供需双方中的任何一方的变动都会打破原有的均衡状态，但都能在新的条件下重新实现均衡。图4－2 可以说明劳动力供给的变动对静态均衡的影响。

假设对某职业而言，如果其可替代职业的就业机会增加或工资率提高，就可能导致一些人离开该职业市场，去其他市场求职，这时该职业市场的劳动力供给曲线将向左移动，成为 S_1。反之，如果有更多的人希望从事该职业，或者可替代职业的就业机会减少或工资率下降，就可能导致有更多的人进入该职业市场，这时该职业市场的劳动力供给曲线向右移动，成为 S_2。

从图 4－2 可知，劳动力供给曲线变化后，W_0 不再是市场均衡工资率。在 W_0 这一点，或者存在劳动力短缺，雇主之间为争夺劳动力而展开竞争，竞争促使工资率上扬，重新取得均衡；或者出现劳动力剩余，竞争在求职者之间展开，迫使均衡工资率下降，均衡就业水平上升。

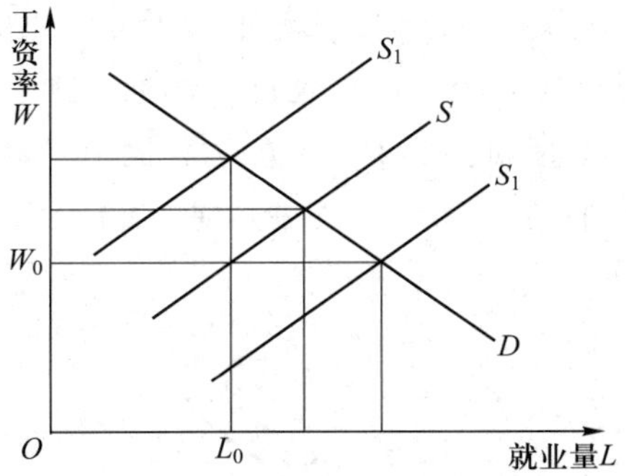

图 4－2 劳动力供给的变动对静态均衡的影响

显然，在劳动力需求曲线不变的情况下，劳动力供给曲线右移，均衡工资率下降，均衡就业量增加；劳动力供给曲线左移，均衡工资率提高，均衡就业量减少。

（2）劳动力需求的变化。资本供给的变动、产品需求的变动、国家的经济政策以及其他非工资因素的影响，都可能造成劳动力需求的变动，在图 4－3 中就表现为劳动力需求曲线沿水平方向的移动。下面用图 4－3 来说明劳动力需求的变动对静态均衡的影响。

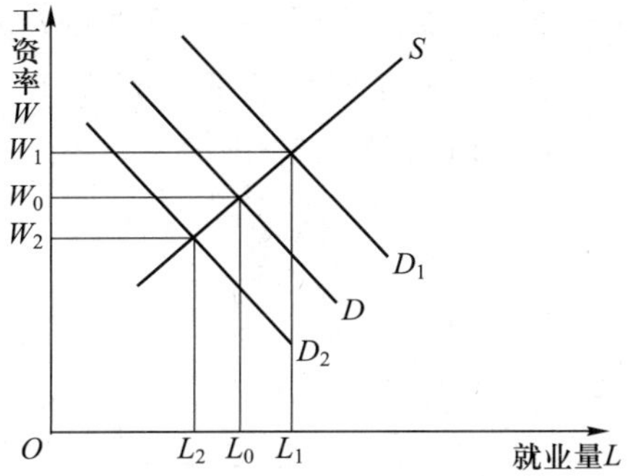

图 4－3 劳动力需求的变动对静态均衡的影响

在图 4－3 中，随着产品需求的增加，劳动力需求曲线右移，成为 D_1，在任何工资水平上，劳动力需求增加。在原均衡工资率 W_0 处，供给和需求不再相等，劳动力市场出现短缺（需求大于供给），从而迫使雇主提高工资率，最终工资率上升到 W_1，就业水平增加至 L_1。在产品需求减少等因素的影响下，劳动力需求曲线左移，移至 D_2，需求曲线左移导致在原有均衡工资率处出现劳动力剩余，企业发现求职者多于职位空缺，求职者发现难以找到工作，降低工资率的压力便随之出现，市场均衡工资率降至 W_2，均衡就业水平降至 L_2。显然，在劳动力供给曲线不变的情况下，劳动力需求曲线右移，均衡工资率提高，均衡就业量增加；劳动力需求曲线左移，均衡工资率下降，均衡就业量减少。

（3）劳动力供求双方同时变化。均衡的破坏也可能是供给和需求同时变化造成的，供求双方的变化可能同向，也可能反向。在同向变化时有变化幅度相同与相异两种情况。在变化幅度相异时，还有劳动力需求变化幅度大于劳动力供给变化幅度，以及劳动力供给变化幅度大于劳动力需求变化幅度两种情况。例如，供求双方同向变化，在图 4－4 中表现为劳动力需求曲线向左移动，从 D_1 移至 D_2，同时劳动力供给曲线向右移动，从 S_1 移至 S_2。如果仅需求曲线向左移动，工资率从 W_{1-1}降至 W_{2-1}，但由于供给曲线同时向右移动，工资率降至 W_{2-2}。

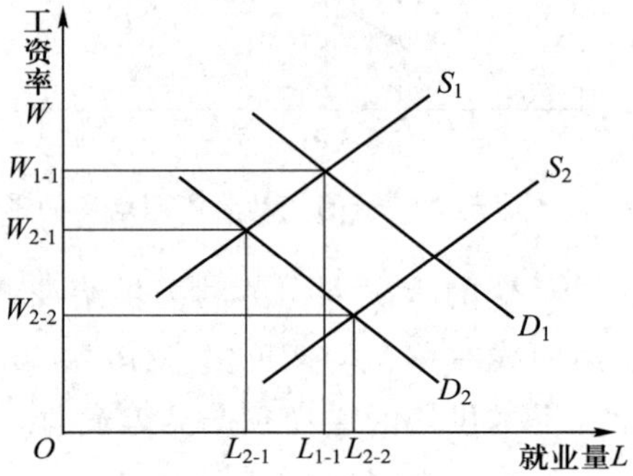

图 4－4　供给曲线右移、需求曲线左移的劳动力市场均衡

在供求双方反向变化时，例如需求曲线向左移动造成降低工资率的压力，而供给曲线向左移动形成提高工资率的推力，最终结果取决于两种力量的对比。在图 4－5（a）中，需求减少形成的力量占优势，均衡工资率从 W_{1-1}降至 W_{2-2}。而在图 4－5（b）中，供给减少形成的力量占优势，工资率从 W_{1-1}升至 W_{2-2}。

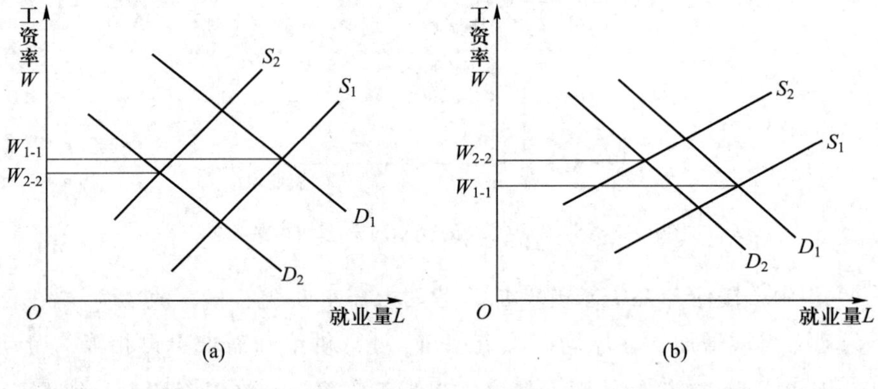

图 4－5　供给曲线、需求曲线左移后劳动力市场重新均衡

从上面的分析我们知道，需求变化或供给变化或两者同时变化都会导致均衡的变化。均衡的变化会导致八种可能的结果，为明了起见，现把这些结果列于表 4－1。

表 4－1　比较静态分析结果汇总表

供求变化	均衡工资率	均衡就业量
需求不变，供给增加	降低	提高
需求不变，供给减少	上升	减少
供给不变，需求增加	上升	提高

续表

供求变化	均衡工资率	均衡就业量
供给不变，需求减少	降低	减少
需求增加，供给增加	不确定	提高
需求增加，供给减少	上升	不确定
需求减少，供给减少	不确定	减少
需求减少，供给增加	降低	不确定

3. 劳动力市场的动态均衡

（1）劳动力市场动态均衡的基本假设。虽然静态均衡分析可以准确地描述劳动力供给与需求在某一时点的状态，但是它不可能描述劳动力供给与需求在一定时期的状态。在现实的经济生活中，任何经济活动都不可能只固定在某一个时点上。例如，根据现在的工资率做出的劳动力供给决策往往需要过一段时间才能变成实际上的劳动力供给。这就是说，在劳动力供给（或需求）决策到执行或实现决策之间存在着时滞。产生时滞的原因是多种多样的，如劳动者在调动时所要花费的时间，再如在改变职业时，需要花费一定的时间进行培训等。

如果考虑了时间因素，我们将会发现这样一个事实，即下一个时期$(t+1)$的劳动力供给实际上是本期(t)工资率的函数。均衡也随之形成与时间序列相关的流动状态，即动态的均衡。这时的分析方法与原来抽象掉时间因素的静态分析方法不同，经济学家称之为动态均衡分析，它更贴近于现实生活。劳动力的生产周期、培训时期较长时，其供给的调节需要相当长的时间才能做到。形成劳动力供给决策到执行或实现决策，客观上存在着一个或长或短的时间间隔，其长度视教育或培训的性质和特点而定。例如，接受完九年义务教育的初中毕业生如果决定未来做一名熟练技术工人，需要2~4年的教育或训练；如果决定未来做一名高等院校的教师，则需7年以上的教育等。这里做如下假设：

首先，假设形成劳动力供给决策的时间为本期，以t表示；执行或实现劳动力供给决策的时间为下期，以$t+1$表示。在t与$t+1$期间，已经形成的劳动力供给决策不变。

其次，假设本期(t)的劳动力需求量决定本期的工资率，分别以W_t和D_t表示本期的工资率和本期的劳动力需求量，两者之间的关系为：

$$W_t=f(D_t)$$

最后，假设本期(t)的工资率(W_t)决定下期的劳动力供给量，以S_{t+1}表示，即本期的工资率W_t为自变量，下期的劳动力供给量S_{t+1}为因变量，则两者之间的关系为：

$$S_{t+1}=f(W_t)$$

（2）劳动力市场动态均衡的三种模型。在前述假定条件下，依据劳动力供给弹性与劳动力需求弹性间相互关系的不同情况，存在着三种均衡变动。为使分析得到简化，设劳动力需求弹性不变，其弹性为1。

首先，劳动力供给弹性小于劳动力需求弹性。

在劳动力供给弹性小于劳动力需求弹性的条件下，工资率与劳动力供给量的波动会越来越小，最后能够恢复均衡。反映其变化的图形称为收敛型蛛网（见图 4－6）。

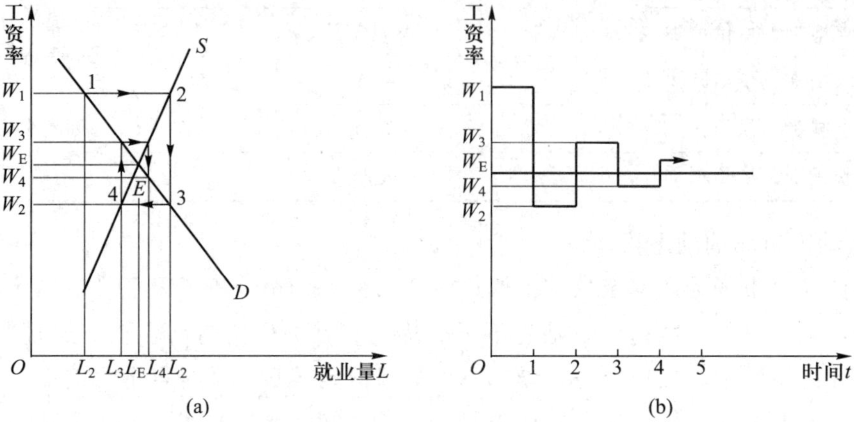

图 4－6　收敛型蛛网

在图 4－6（a）中，劳动力供给曲线 S 与劳动力需求曲线 D 相交于点 E，点 E 为均衡点，均衡工资率为 W_E，均衡就业量为 L_E。劳动力供给曲线 S 比需求曲线 D 陡峭，表明劳动力供给弹性小于需求弹性。如果工资率低于或高于均衡工资率，必然引起劳动力供给量与需求量的波动，进而又会引起下期工资率的波动，如此下去，就形成工资率与就业量的变动。其变动过程如下：

第一阶段，就业量为 L_1，L_1 小于均衡就业量 L_E；劳动力需求价格为 W_1，W_1 高于均衡工资率 W_E。依据 W_1 的工资率决定下期的劳动力供给量 $S_{t+1}=L_2$，即 $W_1=f(L_1)$，$S_{t+1}=L_2=f(W_1)$。

第二阶段，是在第一阶段以 W_1 的工资率决定劳动力供给决策的供给者，执行或实现劳动力供给决策的时期。由于劳动力供给量远远大于需求量，他们只能以 W_2 的工资率实现就业。显然，$W_2<W_E$，$L_2>L_E$。

第三阶段，就业量为 L_2，劳动力的需求价格为 W_2，$W_2<W_E$。依据 W_2 的工资率，决定下期的劳动力供给量为 L_3。

第四阶段，是在第三阶段以 W_2 的工资率决策劳动力供给量的供给者，执行或实现其决策的时期。在此种水平的工资率下，劳动力需求量大于劳动力供给量，他们能以 W_3 的工资率实现就业。显然，$W_3>W_E$，$L_3<L_E$。

第一阶段和第二阶段构成一个本期和下期的循环周期。由于本期工资率高于均衡工资率，就业量小于均衡就业量，造成下期劳动力供给量增加、工资率降低的波动。

第三阶段和第四阶段又构成一个本期和下期的循环周期。由于本期工资率低于均衡工资率，就业量大于均衡就业量，造成下期劳动力供给量减少、工资率增加的波动。

如此反复循环下去，在这样的循环变动中，工资率的波动与就业量的波动逐渐趋近于均衡点，最终趋向于均衡工资率 W_E 和均衡就业量 L_E。在图 4－6（b）中，横轴代表时间，纵轴为工资率。图中折线表明工资率的波动趋向于均衡工资率 W_E。随着工资率波动减弱，就业量波动也随之减弱。这种趋向于均衡点的波动是在劳动力供给弹性小于劳动力需求弹性的条件下，通过供求自发地调节实现的，因此劳动力供给弹性小于劳动力需求弹性被称为“蛛网稳定条件”。

其次，劳动力供给弹性大于劳动力需求弹性。

劳动力供给弹性大于劳动力需求弹性，表明工资率的变动对劳动力供给的影响大于对劳动力需求的影响，也就是说相对于工资率变动，劳动力供给量变动的反应程度大于劳动力需求量变动的反应程度。在这种条件下，工资率波动对劳动力供给量的影响越来越大。因此，当劳动力市场失衡时，劳动力供求和工资率的波动距均衡点越来越远，无法恢复均衡，反映其变化的图形称为“发散型蛛网”，如图 4-7 所示。

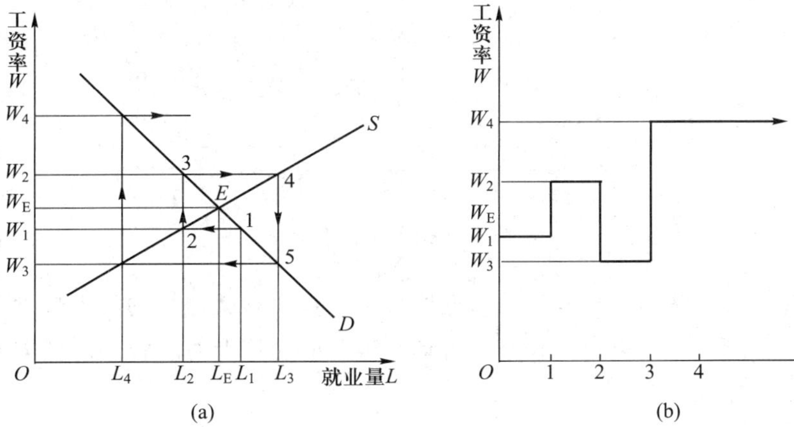

图 4-7　发散型蛛网

图 4-7 与图 4-6 相似，但劳动力供给弹性大于劳动力需求弹性，故劳动力供给曲线 S 比劳动力需求曲线 D 更为平缓，点 E 为均衡点，W_E 为均衡工资率，L_E 为均衡就业量。在这种条件下，当市场失衡时，工资率和劳动力供给量、劳动力需求量的波动过程大致与前述情况相同。只因为劳动力供给弹性大于劳动力需求弹性，使得工资率和就业量的波动幅度越来越大，离均衡点越来越远。这种变动说明，均衡不可能再恢复，因此劳动力供给弹性大于劳动力需求弹性被看作“蛛网不稳定条件”。

在实践中，一般很少有发散型的波动。其主要原因是劳动力供给的决策者对工资率存有某种预期。如果现实工资率比均衡工资率高，他们的预期会降下来，所以不会贸然地将本期的高工资率作为依据决策下期的劳动力供给量。同样，现实工资率远低于均衡工资率，他们也不会都以低工资率决策下期的劳动力供给量。当然，这并不等于说劳动力供给曲线必定比较陡峭，其弹性必定小于劳动力需求弹性，从而满足稳定条件，而是说在劳动力供给决策中，决策是分散进行的，以个人和家庭为决策主体。虽然他们被假设为追求效用的最大化，但是他们存在一定的工资率预期，而预期的稳定有助于劳动力市场的稳定。

最后，劳动力供给弹性等于劳动力需求弹性。

在这种情况下，工资率和就业量的波动，既不是收敛型的、越来越小，也不是发散型的、越来越大，而是在同一波动程度上变动起点的工资率和终点的工资率在同一点上重叠，从而形成一个封闭的循环，如图 4－8 所示，被称为“封闭型蛛网”。由于工资率和就业量既不会恢复到均衡位置，也不会远离均衡点，因此劳动力供给弹性等于需求弹性被看作是“蛛网中立条件”。

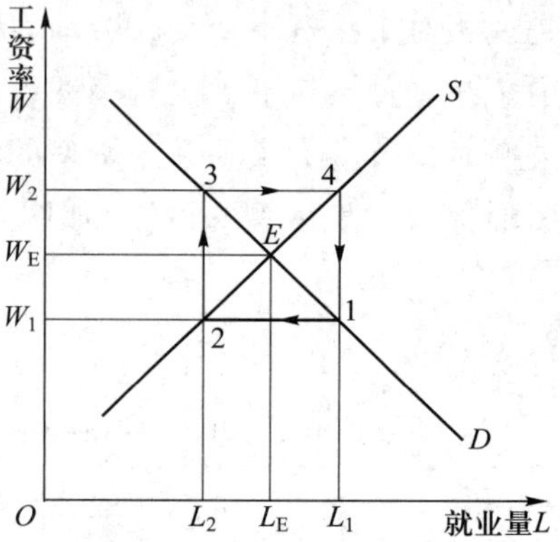

图 4－8　封闭型蛛网

在封闭型蛛网中，蛛网离均衡点的远近取决于工资率和就业量的波动幅度，而它又具有不确定性，可能较大，也可能较小。劳动力供给的决策者对工资率的预期有助于工资率和就业波动幅度的减弱。

4. 多维竞争性劳动力市场的均衡

前面分析的是单个劳动力市场的均衡。而在现实生活中，劳动力是可以分成多种的。如按年龄可分为青年劳动力、中年劳动力和老年劳动力；按性别可分为男性劳动力和女性劳动力；按职业不同可划分为机械制造工人、建筑工人、运输工人等。不同的劳动力构成不同的劳动力市场，因而劳动力市场是多维的。所谓多维劳动力市场的均衡是指在一组工资率下，两个以上的多个劳动力市场同时达到均衡。

为分析需要，假设：① 不同劳动力市场除工资以外的工作条件相同或具有可比性；② 忽略掉劳动力流动所需要的时间和成本；③ 劳动力在被考察的多个劳动力市场之间可以自由流动，没有进出障碍。

在以上假设条件成立的情况下，多维劳动力市场均衡的前提是：所有市场的出清工资率都相等。在此之前，劳动力会从工资率相对较低的市场流向工资率相对较高的市场。这种流动会不断持续下去，直到所有市场的出清工资率都相等。这时劳动者就不能通过流动提高效用，要求改变工资水平和劳动供给或需求数量的所有力量同时消失或抵消。在多维劳动市场达到均衡时，整个经济对劳动要素的配置达到了最有效率的状态，整个经济因此也能从其有限的资源中获得最大的产出。我们用图来分析多维劳动市场的形成及其对整个经济的作用，如图 4－9 所示。

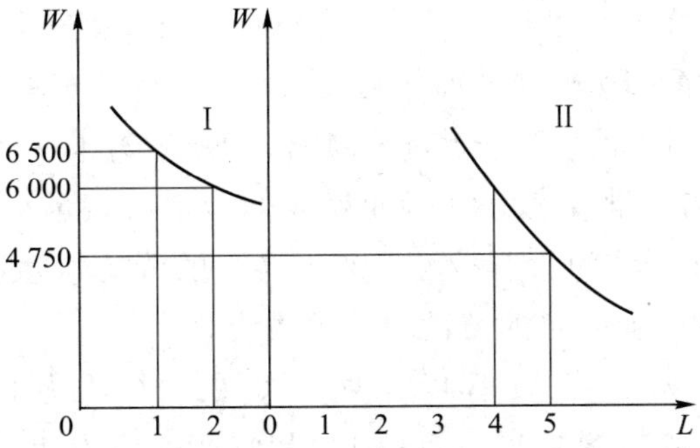

图 4-9　多维劳动力市场的均衡

假设在一个经济体系中有两个市场，即市场Ⅰ和市场Ⅱ，并假定在这个经济体系中有6个单位的劳动力，如果6个单位的劳动力这样分配，即市场Ⅰ中1个，市场Ⅱ中5个。此时，从单个市场看，工资水平等于劳动边际生产率，即达到了均衡水平。但从整个经济看，却没有达到均衡。因为市场Ⅰ中的劳动边际生产率和工资水平为6 500元，而市场Ⅱ中的相应数字为4 750元，此时劳动力会从市场Ⅱ流向市场Ⅰ。当两个市场的工资率都等于6 000时，多维劳动力市场就达到了均衡。此时，劳动力不再流动，工资率不再变化。

（三）劳动力市场均衡的意义

1. 使劳动力资源实现最优配置

在完全竞争的市场结构中，劳动力市场实现均衡，劳动力资源就能达到最有效率的分配。在给定资源与总需求水平的前提下，社会产出亦能取得最高水平。这是劳动力市场均衡在理论上所具有的第一个意义。

劳动力市场均衡，工资率等于总的边际产品价值。企业、行业不同，其资本存量也不同，但是所有企业、行业都将劳动力雇用到使其劳动的边际产品价值等于均衡工资率的水平，由此导致所有企业、行业的边际产品价值相等。在生产技术状况不变、资本存量给定的情况下，必可保证一个经济社会的产出水平是最高的，可用图4-10说明。

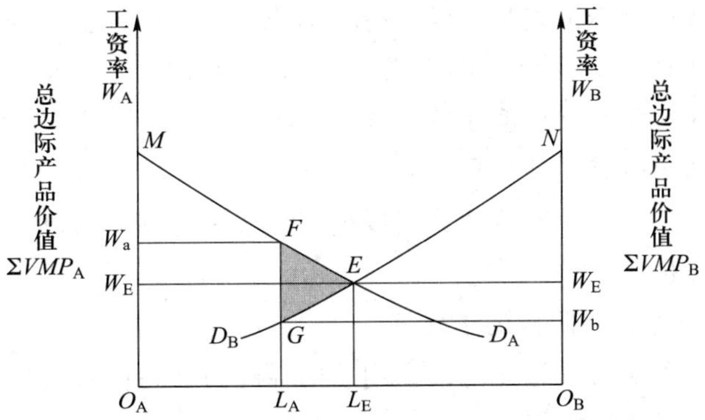

图 4-10　劳动力资源的最优配置

假设一个经济社会由A行业和B行业两个行业构成，存在着A行业劳动力市场和B行业劳动力市场。在图4-10中，纵轴分别表示两行业的工资率W_A和W_B，以及两行业各自总的劳动的边际产品价值$\sum VMP_A$和$\sum VMP_B$；原点O_A向右量度表示A行业就业的劳动力数量，原点O_B向左量度表示B行业就业的劳动力数量；向右下倾斜的D_A曲线与向左下倾斜的D_B曲线分别为A行业和B行业各自的劳动的边际产品价值曲线$\sum VMP_A$和$\sum VMP_B$，它们也是两行业各自的劳动力需求曲线。

在A行业劳动力市场，当工资率$W_A = W_a$时，在A行业就业的劳动力数量为O_AL_A；在B行业劳动力市场，当工资率$W_B = W_b$时，其就业量为O_BL_A。经过分别考察，在上述条件下两个行业的劳动力市场各自处于均衡状态，因为它们都满足$\sum VMP = W$的条件。此时经济社会的就业总量为两行业就业量之和$O_AL_A + O_BL_A$。行业A的总产出由曲边梯形MFL_AO_A的面积表示；行业B的总产出由曲边梯形NGL_AO_B的面积表示；经济社会的总产出水平为上述两块面积之和。

在上述两行业劳动力市场各自均衡的条件下，经济社会统一的劳动力市场却是不均衡的，因为$W_a \neq W_b$，$\sum VMP_A(L_A) \neq \sum VMP_B(L_A)$。此时两行业各自的均衡工资率存在着$W_a > W_b$的关系，由此决定B行业劳动力向A行业劳动力市场流动。A行业劳动力市场由于劳动力的流入，劳动力供给增加，使得$\sum VMP_A$下降，工资率W_a随之下降；B行业劳动力市场由于劳动力的流出，劳动力供给下降，使得$\sum VMP_B$上升，其工资率亦随之提高。劳动力在两个市场间流动的结果，最终实现经济社会统一的劳动力市场均衡，两市场的均衡工资率都等于均衡工资率W_E，并且有$\sum VMP_A = \sum VMP_B$。

在上述变动过程的同时，劳动资源实现了优化配置：低生产率的行业B由于劳动力L_EL_A的部分流出，生产率得到了提高；高生产率的行业A由于L_AL_E部分劳动力的流入，资本得到了更充分利用。在劳动资源总量O_AO_B不变的条件下，使得经济社会净增加产出为曲边三角形FEG这块面积所代表的价值部分。

进一步推理，只要劳动力市场没有实现均衡，必然使经济社会的产出水平受到损失，劳动力资源没有得到最优配置。如果两个市场实现了均衡，劳动力仍然流动，其结果必然造成两个行业的$\sum VMP$不等，仍然使社会的产出水平受到损失。

当然，一个经济社会不可能只由两个行业构成，当经济社会有n个行业时，上述分析依然成立。A和B是经济社会中任意两个行业，两行业统一的劳动力市场实现了均衡，两行业的劳动的边际产品价值相等，社会获得最大的产出水平和劳动资源的最优分配。任意两行业劳动力市场实现均衡的条件是所有行业劳动力市场都实现均衡。因此，经济社会所有行业、部门、地区劳动力市场统一地实现均衡，劳动资源就能得到最优配置并实现产出的最大化。

2. 使同质的劳动力获得同样的工资率

劳动力市场均衡的第二个意义表现在同质的劳动力获得同样的工资率，不存在任何职业的、行业的和地区的工资率差别。

在劳动力市场均衡的条件下，经济社会中任意一种职业、行业，任何一个地区的工资率都不会与其他职业、行业、地区的工资率存在差别。由完全竞争的市场结构的基本假设条件可知：劳动者有完备的信息，各类流动成本为零且不存在任何制度性或其他障碍，劳动力是同质的，即都存在或都不存在对当前特定技能的任何预先投资，其他劳动或工作条件一样。流动和竞争，必然导致没有任何工资率差别。现以图 4 - 11 的劳动力地区间流动为例加以分析。

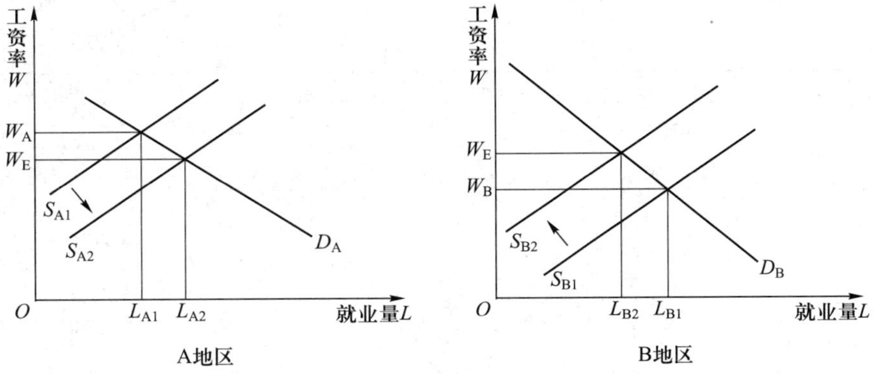

图 4 - 11 劳动力流动导致地区间工资率均衡

假设经济社会由 A 地区和 B 地区构成，劳动和资本在 A、B 两地区有较大差异，A 地区均衡工资率 W_A 比 B 地区均衡工资率 W_B 高。A 地区的高工资率导致 B 地区的工人离开本地区流向 A 地区。B 地区劳动力供给减少，使 B 地区劳动力供给曲线从 S_{B1} 移向 S_{B2}，并使 A 地区的劳动力供给曲线从 S_{A1} 移向 S_{A2}。劳动力的流动造成两地区劳动力供给曲线的移动，最终使地区工资率差别趋于消失，A、B 两地区劳动力市场实现均衡，工资率都等于均衡工资率 W_E。在两地区市场工资率都等于 W_E 的情况下，地区间的劳动力流动停止。

从资本流动的角度观察地区间工资率差别的变动，亦可得到同样的结论。A 地区工资率比 B 地区工资率高，为了取得 B 地区低劳动力成本的利益，A 地区资本向 B 地区转移（资本转移费用假设为零）。B 地区资本的增加，使劳动力需求曲线右移，导致 B 地区工资率上升。资本总量不变，A 地区因资本转移，劳动力需求曲线左移，使该地区工资率下降。资本在地区间的转移，同样会使地区间的工资率差别消失，而趋向于均衡工资率。如图 4 - 12 所示。

同样的理由，也可以得出行业、职业的工资率差别趋近于零的结论。假设图 4 - 11 和图 4 - 12 中的 A、B 两地区描述的是 A、B 两行业或 A、B 两种职业，工人在行业和职业间的流动，也使得他们的工资率逐渐接近，最终收敛于均衡工资率 W_E。同质的劳动力获得同样的工资率，不会因职业、行业、地区差异而形成工资率差别。

3. 促进充分就业的实现

劳动力市场均衡所具有的第三个意义是，劳动力供给与劳动力需求的竞争在均衡工资率决定的同时，实现充分就业，如图 4 - 13 所示。

在图 4 - 13 中，工资率 W_1 高于均衡工资率 W_E，劳动力供给过剩，即在工资率 W_1

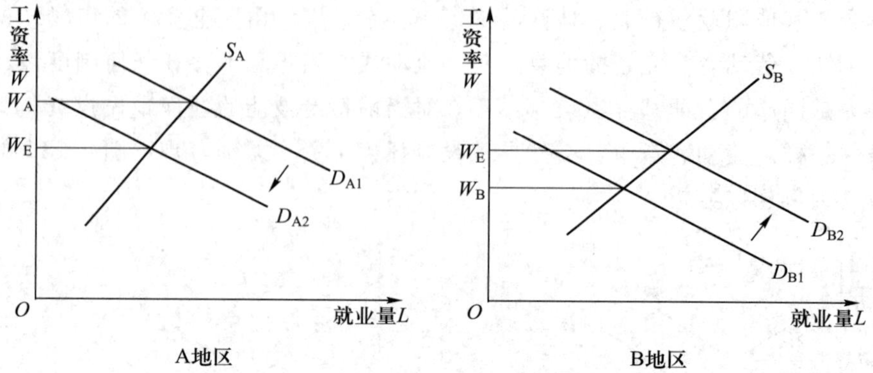

图4－12　资本流动导致地区间工资率均衡

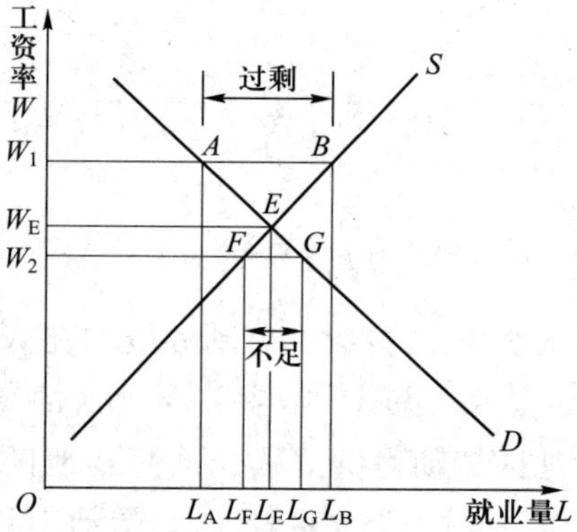

图4－13　充分就业

的条件下，存在着$(L_B - L_A)$的失业。工资率低于均衡工资率W_E，如在W_2的水平上，造成劳动力供给不足，即在工资率W_2的条件下，存在着$(L_G - L_F)$的职业空位。但在工资率等于W_E的条件下，既不存在供给过剩，亦不存在供给不足，接受工资率W_E的工人都能找到就业机会，企业也能雇用到其愿意雇用的劳动力数量。所以，经济社会在均衡时，实现了充分就业。

必须注意的是，在一个经济社会中构成充分就业的就业量并不是一成不变的固定量。在劳动力供给曲线与劳动力需求曲线给定的条件下，供求的竞争导致充分就业的实现。当劳动力供给曲线或劳动力需求曲线一方或双方都发生移动时，均衡工资率的水平不同，其充分就业的就业量也是不同的。

二、非均衡的劳动力市场

（一）劳动力市场的非均衡性

劳动力市场是比较典型的非均衡市场，其主要原因是：① 工资率（包括名义工资率和实际工资率）作为劳动力的价格，具有相当大的刚性，因为人们的消费已达到一定水平，要退回去习惯一种更低的生活水平是很困难的。工资刚性使价格机制往往不能在劳动力市场上充分发挥作用。② 由于劳动力需求是派生需求，所以劳动力需求的数量除受工资率调节外，还要受产品市场需求的调节。③ 由于劳动是人的谋生手段，劳动力供给的数量除受工资率调节外，还受人的主观偏好、财富总量和社会心理等因素的调节。

除此之外，还有一些原因使得劳动力供求处于非均衡状态，如信息的传递速度、经济体制与劳动体制、经济政策与社会政策等因素。① 信息不足。从理论上说，要实现劳动力供求的最优结合必须以供给、需求信息的全面传递为前提，即用人单位必须了解社会上存在的全部劳动力供给情况，劳动力供给者必须了解社会全部的劳动力需求情况。但实际上这是做不到的。当必要的信息不能及时向对方传递时，势必使对方在选择时处于盲目状态，劳动者缺乏必要的信息，会出现职业选择过窄、选择不当甚至不能就业的情况；用人单位缺乏必要信息，则难以把合适的人选择到工作岗位上。② 过度选择。当劳动者对自己的能力估计过高、对社会劳动力需求状况估计过好时就会定出过高的职业目标。这样，在选择职业时就可能出现“挑肥拣瘦”、“高不成低不就”的过度选择现象。过度选择使劳动者在可能就业时不去就业，从而造成选择性失业，就会人为地造成劳动力供求不能结合的现象。③ 制度和政策因素。一个国家的经济及社会制度与政策，可能会对劳动力供求的结合产生影响。例如，西方国家实行高福利政策，使得一部分人以领取高额失业救济金为生而不去就业，这等于鼓励人们不就业，造成劳动力供给的扭曲。

（二）劳动力市场的非均衡分析

1. 劳动力供求关系类型

劳动力供给与需求之间的关系可以分为供大于求、供不应求、供求均衡三种类型。

供大于求即劳动力供给的数量大于社会对其需求数量的状态。这种类型表现为劳动力过剩，存在相当数量的失业或潜在失业人口。劳动力供大于求，不可避免地要造成社会劳动力资源的浪费。造成劳动力供大于求的原因很多，或者是由于物质资源的供给数量不足，或者是由于人口、劳动力资源数量增长过快，还可能是由于经济运转中的一些问题。

供不应求即劳动力供给的数量小于社会对其需求数量的状态。这种类型表现为一个国家或地区缺乏劳动力，企业和社会扩大生产时难以找到充足的求业人员。在生产持续发展、经济增长率长期保持在高水平的状态下，人口、劳动力资源相对或者绝对减少，可导致这种现象出现。供不应求除了有总量问题之外，还有结构性问题，即有可能出现特定部分劳动力需求难以满足的现象（特别是高质量、专业性人员短缺）。需要注意的是，当劳动力需求增加，而劳动力供给趋紧时，应当分析这种扩大的需求有无虚假的成分，以及这种需求能否通过挖掘经济单位内部潜力和社会重新进行资源配置来得到满足。

供求均衡即劳动力供给的数量与社会对其需求量达到均衡的状态。宏观上的这种均衡实际上还包括质量、职业类别、地区分布等在内的多方面的均衡。劳动力供求均衡，可以达到良好的就业状态，可以使劳动力得到充分的利用，并有利于劳动力自身的良性再生产。

从理论上说，一个国家或地区劳动力供求均衡的标志是：① 劳动力供给能够为社会全部吸收；② 社会对劳动力的需求又能全部得到满足。但是，在现实经济生活中，这种理想状况是罕见的，供求均衡的标志就退而求其次，只要劳动力供给的绝大部分都能得到就业岗位，不存在长期的大量失业人员，同时不存在长期、大量缺乏劳动力的部门、行业，就是劳动力供求的均衡状态。少量劳动力处于短期失业状态是正常的，不能认为它是对供求均衡状态的破坏。同时，对劳动力的供求均衡，还必须在国民经济的动态过程中加以把握。劳动力的供给与需求会随着时间的变化而发生变动，两者运动的方向、速度往往是不同的，这对劳动力的供求关系会进一步产生影响：可能扩大原有的不均衡状态；也可能使供求矛盾减轻，趋向于达到均衡；还有可能经过均衡点向新的不均衡状态转化（即由供不应求变为供大于求，或者由供大于求变为供不应求）。当然，还可能基本维持原有的均衡或不均衡状态。因此，必须对劳动力供求做静态和动态分析，必须对劳动力供求的短期和长期状况做出科学的估量，准确、合理、适时地进行调节，以缓和供求间的矛盾，求得它们之间的均衡。

2. 自愿失业与非自愿失业

自愿失业是由于存在工资刚性、市场工资率不能随劳动力供给和劳动力需求的变化而变化，或者由于存在有关工资率方面的法律规定（如最低工资法），使工资率不能下降到法定最低工资率以下，总之是由于实际工资率太高而引起劳动力供给大于劳动力需求而造成劳动者失业的现象。

如图 4－14 所示，在劳动力市场上，如果工资率是有弹性的，劳动力市场均衡决定的工资率为 W_0，就业量为 L_0。当法定最低工资率超过均衡工资率等于 W_1 时，有 L_1 数量的劳动者希望就业。而厂商根据利润最大化目标，只能雇用 L_2 数量的劳动者，从而有 L_1-L_2 的劳动者处于失业状态。这种失业仍是由供求曲线描述的经济主体的行为，因而是自愿失业。

非自愿失业是一种市场非均衡现象，它不是由实际工资率太高而引起的，而是因为产品需求下降使厂商销售发生困难，对劳动供给的数量产生数量限制情形下发生的失业。

3. 劳动力短缺与劳动力过剩

劳动力短缺的含义是，在劳动力市场上劳动力需求处于长边，劳动力供给处于短边，劳动力的初始需求大于有效需求，这种情形也可以称为劳动力过度需求。

在计划经济体制下，劳动力短缺是一种常见的现象。这是因为，从劳动力需求方来说，企业作为社会中的一个行政机构，具有内在的不断扩大自身规模的冲动，而这种扩大规模的冲动会引起扩大劳动力需求的冲动，扩大劳动力需求的冲动表现在企业在向上级单位争取用工指标的行动中，使劳动力需求在劳动力市场上处于长边的位置。劳动力

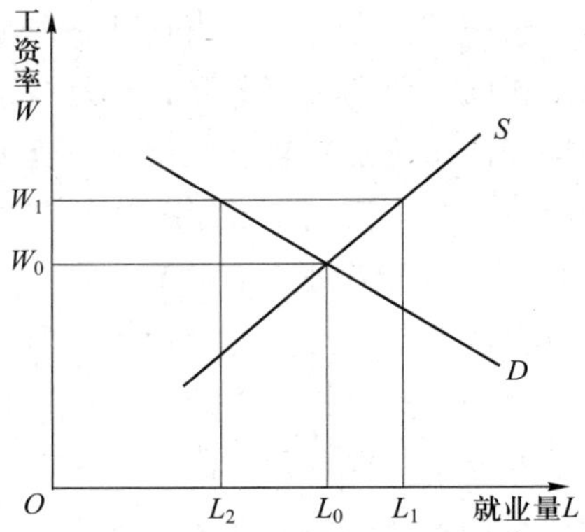

图 4－14　劳动力市场的自愿失业

供给为什么会处于短边的位置呢？以我国为例，虽然我国劳动力资源丰富，但是，首先，我国是二元经济结构，既有发达的工业经济，又有落后的以农业为主的乡村经济。二元经济的存在将劳动力分成基本上不能相互流动的城市和农村劳动力，这就限制了城市劳动力供给数量。其次，商品粮供应有限也限制了城市劳动力供给。商品粮是政府从乡村征收的，在农村生产力有限的情况下，商品粮的征收和供给数量也就有了限度，在商品粮有限的情况下，商品粮能养活的城市劳动力数量也就有了限制，这就是中国曾实行知识青年上山下乡政策以限制城市劳动力数量的原因之一。

在劳动力短缺情况下，保证社会生产的正常进行的主要途径是利用强制替代，具体包括：部分企业因劳动力短缺而停产；对产品产量和品种进行调整；改变工艺和相应地改进技术和装备；用素质比原来需要的劳动力低的劳动力，即小材大用，也有可能是用素质过高的劳动力来替代，即大材小用。

劳动力短缺具有累积、溢散的效应。累积效应是指劳动力短缺时劳动力市场成为卖方市场，助长劳动者懒惰、工作不负责任、服务态度不好等弊端，于是进一步加重劳动力短缺。劳动力短缺溢散效应是指某一工厂的劳动力短缺引起减产，使以这个工厂的产品为原材料的工厂发生原材料短缺，由此引起一系列短缺。

劳动力过剩与劳动力短缺正好相反，它是指，劳动力市场上劳动力需求是短边，劳动力供给是长边，劳动力初始供给大于有效供给。劳动力过剩又称为劳动力过度供给。劳动力过剩的表现形式是劳动力滞存。这种滞存发生在企业内部，就是隐性失业；发生在企业外部，就是显性失业。

引起在职失业或隐性失业的原因有：预算软约束下劳动投入数量冲动引起的工资率大于劳动边际生产率；企业追求规模增长引起的劳动囤积；劳动力短缺引起的互补劳动力的盲目流入；劳动力不能自由流动，已经富余的劳动力存量不能改变；企业目标由规模增长向人均收入最大化转移，劳动力需求急剧下降，不仅低于追求规模增长的企业的劳动力需求量，也低于以利润最大化为目标的企业劳动力需求量。

4. 工资漂浮与平均主义

工资漂浮（wage drift）也是一种市场非均衡的后果。工资漂浮指的是计划经济体制中存在的自下而上层层提高工资率的倾向，以及由这种倾向造成的工资率轮番上升的现象。工资漂浮是由工资紧张促成的。所谓工资紧张，就是指某个集团以另一集团或几个集团的工资水平为参照进行比较而产生的对自己在相对工资关系中所处地位的不满。这种不满导致工资攀比，从而导致工资漂浮。工资紧张当然与决定工资率差别的政府掌握不到有关不同集团劳动差别的完全信息有关，但即使政府一开始确定的工资率差别是与劳动差别相符的，工资紧张也会因劳动力短缺与劳动力过剩的并存而产生。

工资漂浮和由工资紧张引起的工资攀比，在劳动力短缺和劳动力过剩普遍存在的条件下，必然导致工资收入的平均分配，即分配中的平均主义（equalitarianism）倾向。这是因为，在劳动力短缺与劳动力过剩并存的情况下，会造成不同劳动者的忙闲不均，这种忙闲不均的责任不在于哪个劳动者个人或集团。劳动者个人或集团之间支出的劳动有多有少完全是劳动机会不均造成的，不是哪个人或集团资源减少或增加劳动供给的结果。在这种情况下，如果工资分配完全以劳动支出为标准，就会引起劳动机会少的人不满，机会不均等只好用收入均等来弥补。于是，工资收入分配的平均便自然而然地形成了。

通过以上分析，我们可以确定，由于存在数量限制（包括劳动力供给与需求和以工资率作为价格信号的局限），劳动力市场不可能出现瓦尔拉一般均衡。自愿失业与非自愿失业、劳动短缺与劳动过剩，以及工资漂浮与平均主义，作为不同的市场力量相互作用，围绕着实际的劳动力市场均衡点来回波动，不过这种均衡点不是瓦尔拉均衡，而是非瓦尔拉均衡。这种非均衡状态是劳动力市场的正常状态。促使劳动力市场趋向非均衡状态的机制是由许多方面的要素构成的，这些要素有经济的，也有政治的；有伦理的，也有心理的等。劳动力市场的非均衡分析使人们对劳动力市场运行的理解更加贴近现实。

5. $U-V$ 分析

$U-V$ 分析是从失业（unemployment）与职业空位（vacancies），也就是劳动力过剩和劳动力短缺的关系出发，研究劳动力市场资源分配功能效率问题的分析方法。

在失业 U 的条件下，劳动力市场处于供大于求状态，职业空位 V 则是求大于供的表现。U、V 与劳动力市场的供求关系可用图 4－15 表示。

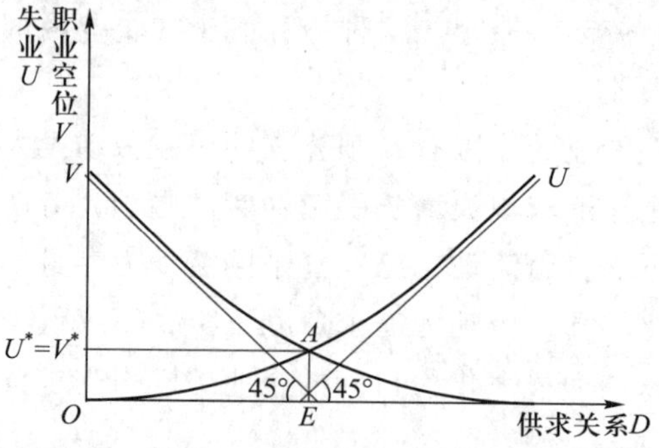

图 4－15 失业、职业空位与供求平衡的关系

在图 4－15 中，纵轴取 U 与 V，横轴取供求关系。横轴上的点 E 是充分就业点，点 E 左侧区间表示求大于供，右侧区间表示供大于求。如果劳动力的需求数量大于供给数量的增加与 V 的增加是完全一致的，两者的关系可用向左上倾斜 45°的线 EV 来表示。同理，劳动力的供给数量大于需求数量的增加与 U 的增加完全一致也可用向右上倾斜 45°的线 EU 来表示。

但是劳动力市场资源分配的实际情况不完全如此，因为摩擦性失业介于其间，因而既有求大于供职位空缺的存在，也有供大于求失业的存在。换句话说失业(U)与职业空位(V)通常是并存的。因此 U、V 与劳动力市场供求关系表现为图 4－15 曲线所描绘的那种状态。两曲线的交点 A 对应于供求一致的充分就业点，实际上 EA 表示留存下来的失业与职业空位的程度，对应于充分就业的这种失业称为充分就业下的失业或均衡失业。

从其定义出发，均衡失业并不是由需求不足造成的失业，而是由所谓的摩擦性失业造成的。均衡失业率 U^* 的高低反映了劳动力市场资源分配机制的效率，即 U^* 高，则摩擦性失业多、效率差；U^* 低，则摩擦性失业少、效率高。这种 U 与 V 的关系用坐标图来描绘，如图 4－16 所示。

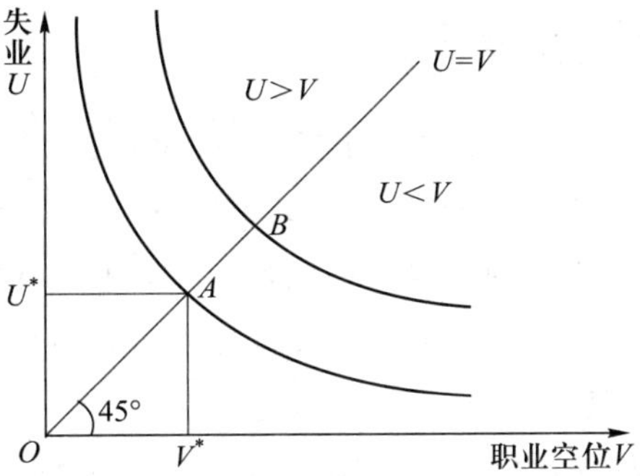

图 4－16　$U-V$ 分析概念图

U 与 V 之间存在着非线性的负相关关系及可替代关系。图上的 45°线是连接 U 与 V 一致的点即充分就业点形成的。$U-V$ 关系在点 B 均衡位置与在点 A 均衡位置的情况相比，因为摩擦性失业多，表明劳动力市场资源配置的效率低。

此外，在 45°线的右下方区域 U 小于 V，是劳动力供不应求的状态区，左上方则是劳动力供大于求的状态区。$U-V$ 分析概念图可以一目了然地观察到劳动力市场的效率。

第三节　劳动力市场分割

上一节我们是在劳动力市场是同质（或所有的劳动力没有差别）的假设下进行分析的，但是，在现实中，劳动力的差异是劳动力市场的主要特征。劳动力市场更多地表现为是异质的劳动力市场，这种劳动力市场的异质性主要体现在劳动力市场分割上。因此，本节讨论劳动力市场分割问题。

一、劳动力市场分割理论的提出

20 世纪 70 年代以来，很多经济学家对劳动力市场运作方式提出了不同的解释。他们放弃了居于主流地位的竞争模式分析，转而强调劳动力市场的分割属性，强调制度和社会因素对劳动力市场报酬和就业的重要影响，这种理论即劳动力市场分割（labor market segmentation，LMS）。

（一）劳动力市场分割理论的起源

劳动力市场分割的起源有两个：① 约翰·穆勒（John Mill）和凯恩斯都曾公开反对亚当·斯密关于劳动力市场具有竞争性质的学说，而倾向于具有非竞争性质的其他学派。[1]对于 20 世纪 40 年代和 50 年代的北美制度经济学家来说，两人的学说奠定了劳动力市场细化和结构化的基本概念。② 20 世纪 60 年代对美国城市劳工和贫困问题的研究，提出的人力资本理论分析。

（二）现代劳动力市场分割学派的理论

现代分割主义学派的理论主要包括米歇尔·皮奥里（Michael Pirore）、皮特·多林格（Peter Doringer）[2]等人的双元结构理论，莱斯特·瑟罗（Lester Thurow）、罗伯特·卢卡斯（Robert Lucas）等人[3]的职位竞争理论，以及米歇尔·雷克（Michael Reich）、大卫·戈登（David Gordon）等人[4]的激进的分割劳动力市场理论等。它们的分析过程具有很大的差异。这些差异主要体现在研究兴趣的关注点（报酬或流动）、市场分割的界线（如按工作划分、按产业划分、按性别划分以及按人种或年龄划分等）、所采用的调查研究方法是定性的还是定量的等。

1. 二元劳动力市场理论

（1）二元劳动力市场理论（theories of the dual labor market）的主要观点。皮奥里把劳动力市场分为一级市场和二级市场。一级市场的劳动者就业具有工资较高、工作条件优越、就业稳定、安全性好、作业管理过程规范、升迁的机会多等特征；而二级市场的工作往往工资低、工作条件差、就业不稳定、管理武断且粗暴、毫无个人升迁机会。由此可见，二元结构的分界线主要在于劳动报酬的差别，同时二级市场的从业者极易失业并且难以向一级劳动力市场流动。

把劳动力市场分为二元结构强调的是工作的特征而不是工人的特征。但是，工人特征的二元理论也是存在的，如二级市场的工作多由非白种人、妇女以及年轻人来承担，按劳付酬的规则在这里一般是行不通的；一级市场的重要工作多由年富力强的男性白人来承担。由于传统的劳动力市场理论主要强调供给方和劳动者个人等因素的作用，而二元劳动力市场分割理论则强调需求方和制度性因素的重要影响，从而使劳动力市场理论得到了丰富和发展。

(2) 二元结构理论的新进展。进入 20 世纪 90 年代后，二元结构理论仍有新的发展。部分经济学家认为，二元劳动力市场是“内生”的，并且与劳动力市场的大规模失业密切相关。由于一级劳动力市场实行高于市场出清水平的效率工资，当经济处于稳定状态时会存在持久的自愿失业。当经济面临总需求冲击时，失业率会上升，二级劳动力市场随即产生。在这里，劳动力市场的分割不是制度等因素引起的外生给定现象，而是完全由经济因素决定的。衰退引起的大规模失业使得工资较低、工作条件较差的二级劳动力市场的出现成为可能。尽管二级劳动力市场的工资低，但是它一般总是高于失业者的收入，因此就可以解释一级劳动力市场工人、二级劳动力市场工人和失业者收入的差异。二级劳动力市场的出现最终使经济达到新的平衡状态（稳态），并吸引部分失业者而使失业率有所下降、失业者的净收入有所提高，从而缓解了经济衰退的危害。现实中经济衰退期所创造的职位大量是来自二级劳动力市场的事实也证明了这种二元劳动力市场的内生理论。

在我国体制转轨时期，有的学者也提出了劳动力市场的多元分割理论。① 二元劳动力市场分割。李萍、刘灿（1999）认为：在我国改革中，存在着体制内劳动力市场和体制外劳动力市场。体制内的劳动力市场主要由国有单位的所有固定劳动者构成，计划调节的成分较多，市场调节的成分还不太充分。体制外的劳动力市场由非国有单位劳动者及转移的农村劳动力构成，基本上是按照市场的调节发挥作用。② 三元劳动力市场分割。朱镜德（1999）认为，我国存在着三元的劳动力市场，即完全竞争的农村劳动力市场、完全竞争的城镇劳动力市场和不完全竞争的城镇劳动力市场。③ 四元劳动力市场分割。有的学者认为，我国的劳动力市场现已形成四个部门（农村农业部门、农村非农业部门、城市正规部门、城市非正规部门）。四种劳动力市场主要是：其一，农村农业劳动力市场，主要由从事种植业、畜牧业、林业、渔业的农村劳动力组成；其二，农村非农业劳动力市场，主要由在农村从事第二、三产业的农村劳动力组成；其三，城市非正规劳动力市场，主要由外来务工人员、城镇个体商贩、失业和下岗劳动力等组成；其四，城市正规劳动力市场，主要由在城镇正规企、事业单位等就业的劳动力组成。

2. 职位竞争理论

职位竞争理论（theory of job competition）是瑟罗（Thurow）[5]和卢卡斯（Lucas）等人提出的。它建立在信息不完全和不确定性基础之上。雇主在雇用工人时并不能准确地知道职位申请者将来的表现会怎么样，又由于假定工人的专门技能是在工作中学会的（干中学），因此，雇主只能借助于决定着一个人培训潜力大小的教育作为判断工人未来表现的手段。该理论包括下面几个方面的内容：

(1) 职位有好有坏，其数量、种类和结构由技术进步状况决定，而且生产力的提高归功于职位而不是工人。

(2) 各职位之间的工资是不同的，但每个职位上的工资却是相对固定的，其高低由技术状况、社会习俗、工会力量、培训费在雇主和雇员之间的分配等决定。

（3）每个工人的工资收入取决于他在劳动力阶梯中的位置，处在阶梯上端的工人更有机会获得好的职位，从而收入较高，而处在阶梯末端的工人只能得到较差的职位，其收入也就相对较低。工人在劳动力阶梯中的位置由他们的预期培训成本决定，预期成本高的工人则置于阶梯末端。

（4）相应地，教育没有了人力资本理论中的那种提高生产的作用，它只是一种“信号”，起着“过滤器”的作用。那些受过较多教育的人被认为培训潜力较大，预期培训成本较少，因而他们能占据劳动力阶梯的上端，而对那些受教育较少的人来说则相反。随着好职位变得越来越少，试图挤上好职位的竞争就会越来越激烈，同样的职位对应聘者所受教育年限的要求也越来越高。于是教育不断膨胀，但这并不会使某一职业的工资下降，也不会使职位工资提高，唯一的后果是使受教育较多者只能从事那些以前只需受少量教育就能胜任的工作。不过这并不会降低人们对教育的需求，结果导致文凭主义盛行和过度教育。

3. 激进的劳动力市场分割理论

激进的劳动力市场分割理论（theory of radical labor market segmentation）的主要特点是秉承了马克思主义的分析方法，把劳动力市场的分割看成是垄断资本主义发展和阶级斗争发展的产物。该理论认为劳动力市场的分割有其深刻的原因：

（1）从历史起源来看，分割是在资本主义从竞争到垄断的过渡过程中出现的。在资本主义早期，劳动力市场是同类化而不是分化，但随着同类化劳动力队伍的不断壮大和工人阶级的统一阶级意识的形成，劳资冲突日益明显和严重，于是，与劳动力同类化一起发展起来的寡头独占公司就开始寻找对付工人一体化威胁的手段，其中的重要一条就是促进劳动力市场的分割，以便分化和征服劳动力。

（2）分割来自资本家自觉的努力。他们一方面在大公司或某一行业建立内部劳动力市场，通过给市场内的工人以较高的工资福利待遇，以提高工人离开公司要付出的代价，从而稳定一支高素质的工人队伍，使生产免受工人罢工的干扰；另一方面，他们还在公司外有意识地利用种族、人种和性别的对抗，以便削弱工会力量并破坏罢工运动，比如用黑人去代替罢工工人的位置。

（3）分割也来自制度本身的力量。由于市场和技术进步的作用，各公司和各行业的发展规模是不一样的，有大有小，有快有慢，这样便出现了一种两体化的工业结构，即一方面是规模较小劳动密集型的公司和行业，另一方面是规模大技术密集型的公司和行业。与这种工业结构相适应，不同公司和行业的工作环境、工资决定和晋升方式也两体化了，结果劳动力市场分割为两体化的主要市场和次要市场。可见，在激进的分割劳动力市场理论看来，劳动力市场分割的出现和固化是功能性的，它有利于防止工人阶级组成统一联盟和形成统一阶级意识，有利于雇主对生产进行控制，从而有利于资本主义制度的运转。

（三）劳动力市场理论的新进展[6]

劳动力市场理论的新进展主要体现在以下三个方面：一是不能用人力资本差别来解

释的不同市场工人报酬的系统性差异；二是劳动力流动的障碍；三是劳动力市场分割与事业的关系。

1. 效率工资理论对劳动力市场分割的解释

效率工资理论认为，工资不是简单地通过计量劳动的边际成本来配置劳动力资源的。支付效率工资既有成本也有收益。收益主要包括两方面：一是通过支付较高的工资可以提高工人的努力程度和劳动生产率；二是支付高工资能减少离职率。

夏皮罗（Shapiro）和斯蒂格里茨（Stiglitz，1984）提出的怠工模型是效率工资理论中最具代表性的模型，它深刻地阐述了效率工资的原理。模型的基本思想是：在绝大多数工作中，工人在其工作业绩完成好坏上都有一定的自由。劳动合同不可能准确规定员工绩效的所有方面。由于监督成本太大或者不准确，再加上劳动产品不能单独计量，在这种情况下，企业支付高于市场出清水平的工资就是一种激励工人努力工作而不偷懒的有效手段。在这个模型中，企业不能完美监督工人的努力程度，工人决定是努力还是偷懒。偷懒的工人有被发现的可能，一旦被发现，就要受到解雇的惩罚。解雇的威胁为工人不偷懒提供了激励。市场均衡条件下，如果不存在失业，工人偷懒就不会有任何损失，那么所有的工人都会偷懒，因此每个企业为了杜绝偷懒，就会提高本企业的工资。当所有的企业都提高工资，平均工资水平就会上升，就业率随之下降。失业（使被解雇的工人面临损失）就成了一个惩罚工人的手段。失业工人即使愿意在较低的工资水平下工作，也不可能得到工作机会，因为如果企业以较低的工资雇用他们，这些工人就会偷懒。

布劳（Brau）和萨默斯（Summers，1986）以该模型为基础，提出了一个二元劳动力市场模型。该模型假定二级市场的劳动能完美监督，而一级市场则不能，根据效率工资模型理论，一级市场的工人获得高于市场出清水平的效率工资，而二级市场的工人则只能获得边际生产率决定的工资。因此，在均衡状态下，即使所有的工人都是同质的，一级市场的工资也要超过二级市场。二级市场的工人即使要求更低的工资，也不可能在一级市场获得一份工作。其理由和怠工模型一样，如果他们接受了更低的工资，他们就有偷懒动机，企业明白这一点，所以不会降低工资雇用二级市场的工人。从这里可以看出，均衡状态下劳动力市场会形成分割，具有同样人力资本的工人由于工作本身特征的差异而获得不同水平的工资。

阿罗尔（Arower，1997）认为，效率工资模型只考虑了部门间工资的差异，而忽略了职业保障的差异。而后者的差异是区分部门最重要的标准。他认为分割的两个基本原因是：一是产品需求稳定状况；二是在同一企业工作的员工是否形成了合作关系。但是效率工资模型没有考虑产品需求情况。他进一步认为，合作的形成是劳动力市场分割的一个重要原因，企业内部员工的合作使得生产率提高，提高的收益能使企业提供高的工作保障，而高的工作保障又促使合作。由于同一社会群体成员合作更富有生产率，因此不同类别的工人面临不同的劳动力需求，工资差异就产生了。那些提供高的职业保障促使合作的企业称为一级部门，而其他部门为二级部门。在竞争性均衡中，一级部门的企业通过提供高的职业保障，促使员工合作和信任的形成来获取高的劳动生产率，而二级部门的企业通过在即期劳动力市场上雇用工人，以便充分利用及时应对产品需求变化调整劳动力投入的优势。和阿罗－德布鲁经济相比较，长期雇佣和短期雇佣企业在均衡中共存。一些一级部门的员工收入比看来相同的二级部门企业员工收入要高，是因为他们和企业雇主同属相同的社会群体，能更有效地相互合作，劳动生产率更高。

2. 内部人－外部人模型对劳动力流动障碍的分析

内部人－外部人模型（insiders-outsiders model）的前提之一是把已经在企业中就业的工人称为“内部人”，把劳动力市场上的失业者称为“外部人”，内部人在工资决定上有着重要的讨价还价能力，因此对企业来说，替换已经就业的内部人和雇用外部人就业要花费昂贵的替代成本；二是工会代表已经就业的内部人与雇主进行谈判和签订劳动合同时是不考虑外部人利益的，工会只代表内部人的要求。

在这两个前提下，企业要雇用外部人来替代内部人起码存在三个方面的成本：第一，企业解除合同需要支付给内部人补偿工资，在外部人当中寻找合适的替代者需要支付搜寻成本和考核成本，由于“内部人”在“干中学”中已经积累了一定的专业技能和知识，因此企业要使外部人和内部人一样有效率还必须支付大量的培训成本；第二，企业解雇内部人和外部人的进入会引起内部人的强烈不满，内部人之间会团结起来采取一些联合行动降低外部人的劳动效率，最终迫使企业对外部人支付的工资远远低于内部人的工资和福利水平，这不仅会损害外部人的利益，而且会导致内外部人群两种不同的劳动效率；第三，由于企业会形成对内部人可能产生敌视态度及其后果的预期，因此，他们如果想提高效率和降低成本而雇用外部人时，就不得不对外部人提出不同于内部人的工资。总之，由于内部人利用已经就业的优势，与外部人不是处于同等的竞争地位，因此他们就可以与企业讨价还价，然后使那些愿意接受比内部人更低工资水平的外部人不能被企业所雇用。

3. 劳动力市场分割与自愿失业

传统的二元分割理论认为，一级市场的运行更多地受到制度因素的影响，如工会力量、劳动保障制度、最低工资立法等，而二级市场的劳动者几乎不受制度性保护，这一市场一般通过工资较大幅度的变动来调节劳动力市场的供求。传统分割理论认为，高技能劳动者不能由二级市场流向一级市场，其原因是一级市场企业认为二级市场的工人的平均技能较低，因此不从二级市场雇用工人。现代分割理论认为，高技能劳动者一旦在一级市场就业，他宁愿保持失业状态等待在一级市场就业，只有那些低技能劳动者才会去二级市场就业。由于一级市场本身需要提供专门培训，而只有对高技能工人培训才是有利的，而企业直到对工人进行培训后才知道他们的劳动生产率，为此企业在雇用工人前都要对他们进行测试，以期望工人能力这一个人信息尽量公开化。企业有理由相信，宁愿留在一级市场失业而不去二级市场就业的是那些生产率较高的劳动者，而选择去二级劳动力市场就业的劳动者普遍劳动生产率较低。这样，在二级市场就业就会被视为低生产率的信号。这一机制可以解释高技能劳动者的自愿失业与岗位并存的现象。从上述分析可以看出，这种类型的失业既具有自愿性质，又有非自愿性质。就其在一级市场的就业失败来说，失业是一种非自愿失业，就其在二级市场的就业来说，由于其不愿意接受二级市场的低工资和较差的劳动条件，因此其失业又是自愿的。

二、劳动力市场分割的原因

劳动力市场分割理论研究者通过对现实问题的观察和实证研究，描述了劳动力市场分割的现状和特点，并分析了劳动力市场分割的原因。对于劳动力市场分割的原因归纳如下。

（一）二元劳动力市场分割的原因

1. 产业结构的影响

由于劳动需求是一种派生需求，是人们对一般商品和劳务的需求派生出来的，因此研究劳动力市场必须联系产品市场。如果企业面对需求稳定的产品市场，则该种类型的企业就会创造包含就业保障在内的一级市场；相反，那些产品需求不稳定的企业只能在二级市场上从事生产活动。当然，产品需求不稳定不是形成劳动力市场分割的唯一原因，工作技能方面的差异也阻止了低技能群体向高技能群体的流动。产业组织的二元结构不仅给工作的稳定性带来了重要的影响，还直接影响了两个市场的工资报酬差异。

2. 制度和工会势力的作用

在某些行业，即使产品市场是高度竞争的，如果行业或企业内部能够抵挡来自劳动力市场外部的竞争，那么也能创造出一级劳动力市场。如在煤炭、卡车、建筑业等行业，大多数都建立了统一的行业工会。工会可以通过集体合同的条款，要求雇主必须雇用会员劳动力，同时提高加入工会的标准，控制会员人数。通过双重控制，工会就能制约该市场的劳动力供给，从而提高工资水平。除了工会的影响，一些企业内部的工人还能借助自己的谈判力量刺激内部劳动力市场的扩张，限制外部劳动力市场的进入，通过内部市场机制维护自身的优势。

3. 资产阶级对工人的分化

一些激进的劳动经济学家认为，劳动力市场的分割是资产阶级分化工人的结果。随着资本主义进入垄断时期，大型股份公司逐渐主宰了整个经济，这是厂商创造一级劳动力市场的原动力。由于大规模生产活动的进行依赖工人的相互配合，并且单个工人的产量难以测度，以前简单的行政控制手段不能发挥作用，因此就采用内部劳动力市场中一系列的制度来控制和激励工人。其中的工作等级制能给雇主带来明显的好处：一是给工人一种垂直向上的意识，可激励工人更努力工作；二是为雇主提供了一种管理的手段，使每个工人与其晋升对手相对立，削弱工人之间的统一。

（二）其他分割原因[7]

1. 种族造成的分割

霍尔（Hall）在 1966 年所做的研究表明，男性黑人和女性的年龄收入曲线，相对于男性白人的要平缓得多，并且收入差距随着年龄的增长而日益扩大。波斯昆特和多林格对英国相关数据的分析表明：英国和美国一样，不同种族收入差异较大，造成劳动力市场分割。有色人种大多从事对技术要求不高的工作；即使他们已经融入英语文化，但在就业的时候，依然受到歧视。

2. 性别造成的分割

霍尔的研究认为女性在劳动市场上处于劣势。波斯昆特和多林格对英国的研究也有相同的结论：女性经常担任对技术要求不高的工作；她们的职业流动率比男性低，晋升的机会比男性少；随着年龄的增大，即使是同一受教育水平，男女收入的差距也日益扩大。

3. 职业造成的分割

波士顿（Boston）通过将职业分类，划分出主要和次要劳动力市场，并分别分析了男性白人、男性黑人、女性白人、女性黑人在主要和次要劳动力市场的特征。结果表明，职业是造成劳动力市场分割的一个重要原因。在四组人群当中，男性白人的劳动力市场分割程度最轻，而男性黑人的劳动力市场分割程度最严重。

4. 国籍造成的分割

美国的研究表明，相对于本土居民来说，东欧和南欧的移民大多进入次要劳动力市场。

5. 教育造成的分割

波利斯（Bowles，1973）和吉利斯（Gintis，1973）认为，教育是一个把学生培养成为一个“好工人”的过程，这个过程是通过使生产过程中和教育过程中的社会关系相一致来实现的。正如企业中的分工一样，教育系统也是在外部利益驱动作用下形成分数等级系统。他们还认为，在资本主义社会，不同学校的学生种类是不同的，不同学校的教学内容也是不同的。学校采用死记硬背的教学方式或联系现实、解决实际问题的教学方式与学生的种族、性别和所属的阶层密切相关。因此，他们认为教育系统不仅仅生产人力资本，而且事先通过一种公开的且貌似公平的精英筛选机制，有意识地将每个个体安排到不平等的职业位置上，从而实现对劳动力市场的分割。

6. 家庭出身造成的分割

波利斯和吉利斯（1973）认为个人工作所属的劳动力市场与其家庭资源有密切关系。他们通过历史的分析表明，在某一阶级背景学生的教育和他们最终被雇佣的劳动力市场部门之间有一种“一致的原则”。来自低收入家庭的年轻人更多地被纳入注重次要劳动力市场工作所需的观念和行为特征的学校中（以及学校内部的相应轨道），这与那些高收入家庭学生所在学校所注重的行为和观念相去甚远。教育中的“前市场分割”限定了学生离开学校后的机会，再生产业已存在的经济等级，并使之合理化。事实上，教育造成的分割和家庭出身造成的分割是相辅相成的。教育造成的分割是建立在区分家庭出身的基础上的，而家庭出身的分割则大部分是通过教育分割来实现的。

7. 信息不完全造成的分割

雇主在雇用工人的时候，由于信息不对称，他们无法准确地知道待雇工人的劳动生产率。因此，他们只能根据以往的经验，给不同特征的工人不同待遇，从而造成了劳动力市场分割。而一旦劳动力市场分割确定后，雇主和主要劳动力市场的雇员将成为劳动力市场分割的受益者，他们会想尽办法强化这种分割。

三、劳动力市场分割的类型

根据不同的分类标准可以将劳动力市场分割划分为不同的类型，大致有以下四种类型。

（一）城乡分割

在这种分割中，农村劳动力不能自由进入城镇劳动力市场，并且城市的行政等级越高，“大门”对农民关得就越严。这种分割在我国尤为突出，是中国劳动力市场上历时最长的一种分割形式。

（二）区域分割

这种分割主要体现在两个方面：第一，农村地区之间的分割；第二，城市地区之间的分割。第一种分割的制度性原因是土地使用制度，第二种分割的制度性原因包括社会保障、住房以及其他福利制度。

（三）部门分割

这种分割是指正式部门劳动力市场与非正式部门（或传统部门）劳动力市场的分割。所谓正式部门在这里是指以现代组织形式进行生产活动的部门；而非正式或传统部门则是以传统的组织形式进行生产活动的部门。

（四）制度分割

制度分割是指正规劳动力市场与从属劳动力市场的划分。正规劳动力市场是指可以获得现代雇佣条件的劳动力市场，在这个市场上，劳动力不仅可以获得较为合理的工资，而且可以获得包括社会保障在内的福利（休假、培训、晋升等）。从属劳动力市场是指工资水平很低，没有社会保障，劳动者权益难以得到保护的市场。从属劳动力市场广泛存在于农村的传统部门和正式部门，并且在城市的传统部门和正式部门中迅速发展。

第四节　劳动力市场歧视

与劳动力市场分割有些相似但又不同的一个现象是劳动力市场歧视问题。本节将对劳动力市场歧视的问题展开讨论。

一、劳动力市场歧视的概念

劳动力市场歧视（labor market discrimination）是指那些具有相同能力、教育、培训和经历并最终表现出相同的劳动生产率的劳动者，由于一些非经济的个人特征引起的在就业、职业选择、晋升、工资水平、接受培训等方面受到的不公正待遇。这里所指的非经济个人特征，主要是指种族、性别、肤色、年龄、家庭背景、民族传统、宗教、身体素质和原有国籍等。

二、劳动力市场歧视的类型

根据概念，歧视可以分为四种类型。

（一）工资收入歧视

这种歧视指的是从事相同工作的员工，一部分人由于非经济个人特征而导致的所获得的工资收入低于另外一部分人的工资收入，即同工不同酬。可见，工资收入歧视是由于劳动生产率差别以外的因素引起的。

（二）就业歧视

这种歧视指的是在其他条件相同，甚至部分劳动供给者具有更好的劳动力供给条件的情况下，由于这部分劳动力个人的非经济特征而遭到雇主的拒绝，因而承受着不适当的失业比重。在世界各地，至今还普遍存在着女性在劳动力市场上遭受歧视的不公正现象。

（三）职业歧视

这种歧视指的是在劳动力市场上，某些劳动力即使完全有能力胜任某项工作，却因为非经济个人特征而导致被限制或禁止进入某些职业，或者被排挤到同一职业中的低档次位置上。

（四）人力资本投资歧视

这种歧视指的是某些劳动力因非经济个人特征导致较少地获得能够提高劳动生产率的正规教育、在职培训及较好的健康照顾等的机会。

前三种歧视通常被称为后市场歧视，或称为当前市场歧视或直接市场歧视。因为，这三种歧视是人们进入劳动力市场以后遇到的歧视。最后一种歧视中，接受正规教育歧视通常被称为前市场歧视，或称为过去市场歧视或间接市场歧视，因为这种歧视出现在人们求职之前。

三、劳动力市场歧视理论

按照对歧视的根源和作用机制的看法不同，西方劳动力市场歧视理论大体可分成四种情况：一是歧视的市场竞争理论，主要是在完全竞争均衡框架下解释歧视的现象，假设歧视的根源在于个人偏见。而克鲁格在同样的分析框架下得出不同的结论，认为歧视的根源不仅在于个人偏见，也在于经济利益驱动。二是非竞争性歧视模型，认为歧视的根源在于垄断力量。三是统计性歧视理论，认为歧视的原因在于非客观因素，即信息的不完全，这种歧视是歧视者的理性选择。四是前劳动力市场歧视理论。由于前劳动力市场歧视的存在，可能诱发被歧视对象的规避性人力资本投资，从而对当前市场歧视产生影响。

（一）歧视的市场竞争理论

根据对歧视的根源认识不同，分别介绍歧视的个人偏见模型和经济动机模型。

1. 个人偏见模型

个人偏见模型（personal prejudice model）主要分为雇主偏见模型（employer prejudice model）、雇员偏见模型（employee prejudice model）和顾客偏见模型（customer prejudice model）三种模型。

（1）雇主偏见模型[8]。根据该模型，雇主是有歧视偏好的，他为了达到与一部分人保持距离的目的而宁愿支付费用或放弃某种收入。假定女性和男性雇员具有相同的劳动生产率，非歧视雇主把他们看作是完全可替代的，在工资水平一致的情况下会随机地雇用他们。但是，如果一个雇主对妇女抱有偏见，情况就完全不同。根据该理论，有偏见的雇主具有歧视的偏好，好像妇女给他带来了主观或心理的代价。这种心理代价的大小可以通过歧视系数来反映，也可用货币 W_a 来计量。如果雇主没有歧视，雇用一个男性雇员的代价就是工资水平 W_1。但是，对于一个有歧视的男性雇主来说，雇用一个女性雇员的成本就应该是女性雇员的工资水平 W_2 加歧视系数所表示的货币值了，即 W_2+W_a。当每个雇员的总成本在歧视雇主看来相同的情况下，即 $W_2+W_a=W_1$ 时，该歧视雇主才愿意雇用妇女。也就是说，只有当女性的工资水平低于男性的工资水平时，歧视雇主才会雇用妇女。更确切地说，为了受雇，尽管女性与男性劳动生产率一致，女性的工资水平必须比男性工资水平少歧视系数的量，即 W_a。例如，男性雇员现行的工资水平为每小时 8 元，妇女给具有歧视倾向的雇主带来的心理代价为 2 元，即歧视雇主雇用妇女的偏见的货币价值为 2 元，那么，该雇主愿意雇用妇女的工资水平就只有 6 元。

上述理论表明，在劳动生产率相同、劳动力市场上存在对妇女的歧视的情况下，为了与男子竞争工作机会，妇女必须接受更低的工资。

劳动力市场的供求分析有助于深入理解该理论的思想。假设在竞争性劳动力市场和竞争性产品市场条件下，有两类雇员 A 和 B，他们的劳动生产率相同。若所有雇主因某种原因都不喜欢A类雇员，那么A的均衡工资必然较低，因为如果工资相同他们就不会被雇用。不过除非不喜欢A类雇员的程度相当大，否则就不会有相当大的工资差别，足以使雇主重新对A和B一视同仁。例如，如果A类雇员的相对工资是B的3/4、1/2或1/4时，雇主也许就会雇用他们。这取决于雇主本身歧视的偏好程度，如图4-17所示。

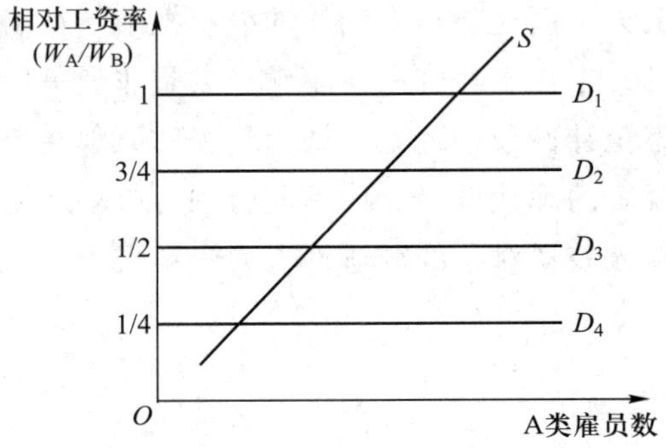

图4-17 偏好一致时的劳动力市场歧视

在图4-17中，纵轴表示相对工资 W_A/W_B，横轴表示A类雇员的数量。如果没有歧视，对A的需求曲线将是 D_1，因为相对工资为1(W_A/W_B)。但是如果所有企业都不喜欢A类雇员，需求曲线则为 D_2，其相对工资(3/4)较低。如果相对工资高于这点，雇主就不愿意雇用他们，但在给定的偏好强度下，在3/4处工资差别足以会使他们雇用A类雇员。对A类雇员歧视程度越重，需求曲线就越低，如图4-17中的 D_4 所示。

以上的分析是建立在雇主偏好相同基础之上的。事实上，并非所有雇主的歧视偏好都完全一致。现实中，往往一些雇主的歧视程度较弱，而另一些雇主的歧视程度会强一些，这样对A类雇员总的市场需求曲线便与如上分析不同，如图4-18所示。在相对工资恰好使企业雇用A类雇员时，把每个企业的需求加总起来就得到了 D。相对工资为1时，水平部分表示对A类雇员无偏见的那些企业的总需求；下倾部分则包括了有歧视偏好的企业的需求状况，越是向上歧视越弱，越是向下歧视越强。所以，曲线表示每种相对工资水平下对A类雇员的需求总数。如果供给曲线为 S_2，均衡相对工资为1/2，那么A类雇员将受到歧视。

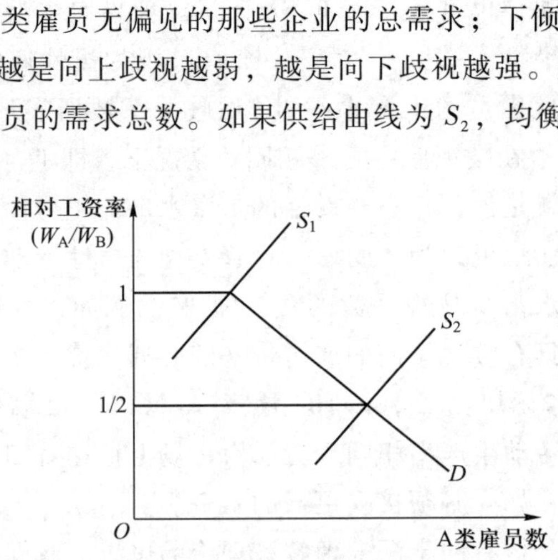

图4-18 偏好不同的劳动力市场歧视

以上说明，大多数雇员与 A 类雇员的工资差别的大小依赖于两种因素的影响：第一个因素是 A 类劳动力的多少。市场上 A 类劳动力的供给量越大，A 类劳动力的相对工资就越低。如图 4－18 中随着 A 类劳动力供给量从 S_1 增加到 S_2，A 类劳动力的相对工资也从 1 降到 1/2，没有歧视偏见的雇主也只能支付1/2的工资，因为在这一点上供给量和需求量相等。第二个因素取决于雇主的歧视程度，如果市场上不存在歧视现象，需求曲线就会具有完全弹性；反之，歧视现象越严重，雇员的相对工资就会越低。

从短期情况来看，假设行业中有些企业只雇用 A 类雇员，另一类只雇用 B 类雇员。根据最初的假定，A、B 两类雇员具有同样的生产率。既然 W_A 小于 W_B，不愿雇用 A 类雇员的企业比雇用 A 类雇员的企业成本要高，但产品市场是竞争的，各个企业必须按同一价格出售，所以这一理论表明，那些不愿按均衡工资雇用 A 类雇员的企业将以减少利润为代价。因此，歧视与利润最大化原则是相悖的。

从长期考虑，由于不同企业获利数量不同，这个行业中的企业结构也可能随时间的发展而变化。那些歧视偏好弱、利润大的企业将向外扩张，而另一些企业将进入这个行业生产。利润少、歧视偏好强的企业所占市场份额将越来越小，由于成本较高，随着时间的推移，它们可能被排挤出这个行业。

这种调整过程可用图 4－19 加以说明，其中包含了图 4－18 的供给和需求曲线，初始相对工资为 1/2。随着新企业的进入和老企业的扩张，对 A 类雇员的需求曲线将外移。如果竞争压力足够大，它会上升到 D_2，最终达到 D_3。关键是在自由进入的竞争市场上，利润最大化会消除歧视，因为减少了利润，在长期内歧视不能持久。

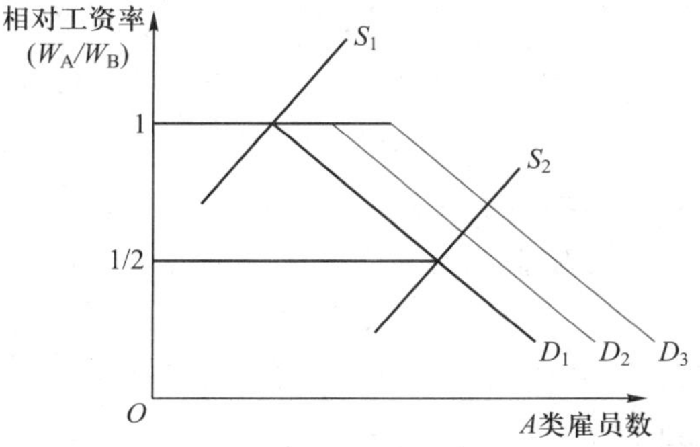

图 4－19　非歧视性雇主数量的增加对于相对工资的影响

雇主歧视模型所面临的最大困扰在于：歧视性雇主的目标似乎是追求效用最大化（即满足他们偏见的偏好），而不是追求利润最大化。问题是这样做他们怎样生存，在一个竞争性的产品市场，企业必须实现利润最大化才能从所投入的资本中获得正常的收益率。相反，由于利润最大化企业（比如非歧视性企业）比歧视性雇主在投资组合中获得了更多的收益，因此可能会出现非歧视性企业买断歧视性企业、逐渐接管市场的情况。也就是说，竞争力量如果能够在产品市场上发挥作用，那么歧视性企业将会受到惩罚，歧视将持续不下去，除非企业的所有者愿意接受低于市场收益的报酬水平或者正在受到某种强大力量的保护。

(2) 雇员偏见模型[9]。阿罗（Arrow）对贝克尔（Becker）模型做了拓展，在雇员歧视模型中，分析了劳动力的不完全替代性和存在劳动力调整成本的情况。

首先，分析劳动力的不完全替代情况。贝克尔在分析雇员歧视时表明，如果存在第三种生产要素（如管理劳动等），这种要素是歧视黑人的，而且与他们是互补的或不完全替代的，那么黑人的工资将低于完全替代情况下的白人工资。阿罗根据这个思想建立了一个劳动力要素不完全替代的雇员歧视模型。他假定只有两种劳动类型，在第一种劳动类型中，白人黑人完全替代，可认为是缺乏技能的工作；第二种劳动类型，他们不完全替代，由于教育程度不同，是互补的，他们宁愿与白人工作而不是黑人。并且假定第二种劳动类型的工资率 w_2 是 L_{1w}/L_1 的函数，L_{1w}、L_{1n}、L_2 分别是第一种劳动类型的白人、黑人和第二种劳动类型的劳动力总量。如果全部劳动被厂商雇佣，则利润由下式给出：

$$\pi = f(L_1, L_2) - W_{1w}L_{1w} - W_{1n}L_{1n} - w_2L_2$$

这里 f 表示产出。通过分别对三种不同劳动力求导等变换，得相对工资差别：

$$\frac{(w_{1w} - w_{1n})}{f_1} = -\left(\frac{w_2{}'}{w_2}\right)\left(\frac{w_2L_2}{f_2L_1}\right) = -\left(\frac{w_2{}'}{w_2}\right)\left(\frac{s_1}{s_2}\right)$$

这里 s_1、s_2 分别是第一、二种劳动类型的总劳动力工资报酬，f_1 是第一种劳动类型在没有歧视情况下的边际生产率。这样我们就可以从上式中引出这样的观点：第二种劳动类型作为一种投入越重要，那么对第一种劳动类型的劳动力的工资歧视就越严重。

其次，分析劳动力调整成本的情况。阿罗假设劳动力调整需耗费资本成本，如雇佣成本、培训成本、组织调整成本等，所以企业也要尽可能减少。那么这种调整成本的大小与雇员歧视的强度比较，不同的结果就会产生不同的歧视性的雇用。

为了说明这个问题，阿罗假定市场上开始没有黑人劳动力，然后黑人劳动力和额外的白人劳动力进入，达到新的均衡。并且假定企业有相同的生产函数，对增加的劳动力没有新企业进入雇用。对于边际雇佣的工人，企业获得收益 r，同时企业发生相应的成本，最大化利润时其成本等于 r，解雇工人没有相应的收益。最后假定成本函数 $C(w, n)$ 是 w 的凹函数，L 固定不变且 $L = W + N$。根据假定，阿罗认为在雇员歧视的情况下，企业最小化成本是在雇用 W、N 的极值点上，所以企业增加雇用通常是处在下列三种情况之一：

$$(SN)\ W = 0,\ N = L$$
$$(I)\ W = L_0,\ N = L - L_0$$
$$(SW)\ W = L,\ N = 0$$

其中，L_0 是企业初始拥有的白人数量。第一种情况意味着白人被解雇。那么在给定劳动力的情况下，可以计算企业在上述三种情况下的利润，以及在利润最大化时三种情况下劳动力数量选择，设为 L_{SN}、L_I、L_{SW}。

在均衡的劳动力市场要求雇用更多的白人黑人时，一些企业处在 SW 情况下，比以前雇用更多的白人；另一些企业处在 SN、I 情况下，只雇用黑人。之所以这样选择，是因为最大化利润要求。那么就存在两种可能：一是分隔雇用(SW & SN)，SW 和 SN 企业等利润，SN 企业比 I 企业利润高；二是混合雇用(SW & I)，SW 和 I 等利润，I 企业比 SN 企业利润高。

在(SW & SN)情况下，如果 $L = L_{SN}$，那么 I 企业执行 SN 政策的成本要提高。比较 SN 企业和 I 企业执行 SN 政策的成本，可得 SN 企业存在的条件：$v(L_0/L_{SN}) \geqslant r$，这里 v 为白人黑人工资差，即 $v(W/L) = w(W/L) - w_n$。说明了当白人工人要求的工资率差异即白人雇员歧视的强度超过雇用新工人的调整成本时，就会出现分隔雇佣。根据这个条件还可得关系式：$v(1) \geqslant 0$，即 $w_w(1) \geqslant w_n$。这表明完全分隔和工资差异同时存在是可能的。

在(SW & I)情况下，如果 $L = L_I$，SN 企业实施 I 政策的成本要提高，比较 I 企业和 SN 企业执行 I 政策的成本，得 I 企业存在的条件：$v(L_0/L_I) \leqslant r$。说明在混合雇佣的情况下，雇员歧视的强度不超过雇用新工人的调整成本。我们还可得关系式：

$$v(L_0/L_I) > v(1) > 0$$

该公式表明在这种情况下，一些企业混合雇佣，一些企业分隔雇佣。白人工资在混合雇佣企业高于在分隔雇佣企业，分隔雇佣企业的白人工资也高于黑人。

阿罗的模型说明了以下几个问题：① 雇员歧视强度与劳动力调整所耗费的资本成本的大小比较，决定了企业的雇佣特征，即混合雇用或分隔雇用；② 在存在劳动力调整成本的情况下，由于额外增加的劳动力成本因素，白人雇员的歧视态度将导致某种程度的市场分割，也导致工资差异；③ 劳动力成本因素的引入，一定程度上弥补了贝克尔理论（从长期看，有歧视偏好的企业将被无歧视偏好的企业从市场上驱逐出去）对现实的背离。如果辞退是有成本的，那么频繁地调整劳动力构成是无效率的，所以歧视性的工资差别只有经过很长的时期才能逐渐消除。

(3) 顾客偏见模型[10]。卡恩（Kahn）发展了贝克尔的顾客歧视模型。他认为在一般均衡框架下，顾客歧视区别于雇主歧视与雇员歧视，特别是在规模报酬不变和非歧视性企业存在的情况下，被歧视的群体可以逃脱歧视，但顾客歧视仍可能存在。歧视性工资差异存在取决于顾客需求、技术、少数群体劳动力的相对规模。

卡恩给出了顾客歧视的一般均衡模型，即两部门两要素模型。设定两部门是服务部门和制造部门，前者顾客与提供服务的生产者直接接触，后者不接触。两要素是白人和黑人工人，并且有相同的劳动生产率。但顾客对黑人在服务部门的产出要打折扣，意味着顾客歧视。卡恩认为白人、黑人劳动配置有三种情况：① 白人在两部门工作，黑人不在服务部门工作。卡恩分析认为，这种情况下，两部门白人工资相同。由于生产部门没有顾客歧视且企业追求利润最大化，所以白人、黑人在制造部门工资相同。这种设定将消除歧视性工资差异。② 劳动力市场完全分割。白人在服务部门，黑人在制造部门，将产生歧视性的工资差异。③ 黑人在两部门工作，白人在服务部门工作。那么两部门的黑人工资相同，白人不在制造部门工作，是因为他们在服务部门机会工资更高。白人在服务部门工资更高是因为顾客歧视。

假定黑人只在制造部门，白人只在服务部门，结果是一个均衡。那么在均衡情况下应当有：

$$1 \geqslant W_B/W_W = \alpha L_W/k\gamma L_B \geqslant D$$

W、L 表示工资率和劳动力，α 是黑人在制造部门产出弹性，γ 是白人在服务部门产出弹性，k 是服务部门与制造部门的产出比，D 是歧视系数。

上述不等式对不同劳动力配置的所有情况（包括分割情况）下白人黑人的工资差异设定了界限。很明显，如果 $W_B/W_W > 1$，那么白人就会进入制造部门（第一种情况）；如果 $W_B/W_W < D$，那么黑人就会进入服务部门，获得白人收入的 D 倍部分（第三种情况）。所以上述不等式成立，白人进入制造部门没有好处，黑人进入服务部门没有好处。卡恩认为白人黑人工资差异在界限范围内变化的概率是下列情况的增函数：① 黑人劳动力的相对规模。规模越大越难以避免顾客歧视（L_B 相对于 L_W 提高），意味着分割均衡情况下，制造部门的 MP 降低。② 收入花在服务部门的比例。k 越大，黑人避免顾客歧视的可能性就越小。③ 劳动在服务部门相对于制造部门的产出弹性。如果 α 相对于 γ 减小，则意味着制造部门的劳动力的 MP 下降，制造部门存在黑人劳动力拥挤现象。

2. 克鲁格的歧视的经济动机（economic motivation of discrimination）模型

贝克尔认为白人雇主的目标函数是效用，歧视偏好也是效用的函数。克鲁格（Krueger）[11] 认为贝克尔的净收入最大化的假设是合理的，但是也存在对歧视的另外的一种解释，即歧视的动机是经济原因，而不仅仅是一种偏好。即使白人没有歧视偏好，白人的效用函数也能导致歧视。

克鲁格同样利用贝克尔的两国贸易模型却得出不相同的结论。贝克尔利用完全封闭交易来解释歧视，而克鲁格利用大国与小国的贸易的最优税收理论来说明歧视问题。

在这里歧视相当于一种税收，如果白人仅仅关心他们自己的收入最大化，而不是整个社会的最大化收益，那么在白人资本家没有个人歧视偏好的情况下，通过设置最优税率，也能最大化白人收入。他们国内与国外收入的最优差别是 $t_W = -1/(N_D + 1)$，N_D 是黑人部门进口资本的弹性。如果白人可以通过对出口资本征收一定税收来增加他们的货币收入，那么在给定白人歧视程度的情况下，黑人能否通过反歧视来增加他们的收入呢？克鲁格认为黑人最大化自己的收入可以对白人资本的进入征收税收，税率是 $t_N = 1/N_S$，N_S 是白人的资本供给弹性。只不过 N_S 非常大，黑人对白人资本的歧视是微弱的。而且黑人的最优税率不是独立于白人税率的。t_N 对 t_W 的偏导数值是负的，意味着白人税率增加，黑人将减少资本进口；同样 t_W 对 t_N 的偏导数值也是负的，因为白人资本出口水平随着黑人税率增加而下降。所以，如果双方都有由于歧视而存在的报复性征税，税率的调整将收敛于一个稳定的状态，即稳定的歧视偏好。

（二）非竞争性歧视模型

非竞争性歧视模型是建立在这样的假设基础之上的，即从劳动力市场需求方来说，放弃厂商作为工资接受者假设，它可以影响工资率；从供给方来说，放弃劳动力匀质性假设，不仅劳动力非生产率特征不同，而且实际生产率特征如人力资本存量等也可能存在差异。所以歧视的原因更为复杂，但根本原因还在于厂商拥有某种程度的垄断势力。首先介绍瑟罗的多种歧视类型相互作用的垄断模型；其次是伯格曼拥挤假说模型；最后运用劳动经济学两个前沿理论即劳动力市场分割理论和劳动力市场搜寻理论解释歧视现象。

1. 瑟罗的多种歧视类型相互作用的垄断模型

瑟罗（Thurow）[12]认为，歧视的竞争理论与其说是歧视理论，倒不如说是分割理论。用两个社会自由贸易被经济歧视阻断的模型来表示歧视是不恰当的，因为歧视是发生在一个社会，而不是两个社会。统治群体在很大程度上控制了与少数群体交易与不交易的权力，就好像有歧视的垄断买主、卖主一样。自然的、社会的或经济的压力可能使主导群体与从属群体交易，少数群体几乎没有选择权利，当然也没有拒绝交易的权利，为了生计不得不那样做。例如，在美国是一个白人至上的社会，而不是一个分割的社会。

在竞争模型中，白人会由于与黑人空间距离上分隔而产生货币收入，但这只是一个幸运的副产品，因为公开的目的是空间上的距离，而不是更高的收入。有时白人会在空间距离和更高的收入之间做出选择。相反，在社会距离模型中，白人的目的在于提高货币收入，更高的货币收入有助于增加社会距离，结果白人精心地、系统地实施歧视来提高他们的货币收入。通过实施歧视，他们能从更大的社会距离中提高货币收入和心理收入。由于垄断公司至少可以获得竞争性公司一样多的收入，白人希望尽可能建立对黑人的垄断。如果相关的供给、需求曲线不是完全弹性，白人可能通过垄断提高收入。垄断不仅是提高白人收入的技术，而且也可以解决竞争模型中歧视消失的问题。如果垄断被建立，那么整个社会对社会距离的一般要求就可以确立，而不需要同没有对社会偏好要求的人竞争（像竞争模型中一样）。

在歧视的垄断模型中，存在多种歧视类型。瑟罗解释了七种歧视类型，即雇佣歧视、工资歧视、职业歧视、人力资本歧视、垄断势力歧视、资本歧视、价格歧视。垄断者相机使用，以提高他们的货币收入和社会距离。由于垄断者的兴趣在社会距离而不是空间距离，他愿意与能给他带来利益的被歧视对象联合。

多种类型的歧视都可以使垄断者提高收入，但它们之间也存在冲突，如工资歧视与雇佣歧视、职业歧视，人力资本歧视与雇佣、工资、职业歧视等。的确，不同歧视类型间的冲突构成了歧视者作为一个群体的主要问题之一。为了解决这些冲突，在可观察的歧视模型中似乎出现一些反常行为。不同结果的出现取决于白人是通过扩大绝对收入还是扩大相对收入的方法获得社会距离。前一种方式，白人采取行动直接提高他们的收入，并且在总劳动力市场上以某种方式分配黑人的职业；后一种方式，白人愿意以降低自己收入的方式来更大地降低黑人的收入。多种歧视类型相互作用的垄断模型的主要问题与歧视的实施机制有关，因为有些人要承担损失。如雇主不雇用更便宜的黑人劳动力，那么是什么机制迫使他们承担损失呢？当政府在歧视中扮演积极的角色时，那么政府权力将提供实施机制。政府权力是建立和实施白人专买专卖权力以及阻止黑人社区反抗力量的主要工具，如教育投资、给实施歧视而受损的白人补偿、暴力镇压等。

如果政府不实施歧视，歧视的实施相对困难一些，社区和社会压力将迫使一些白人承担损失。那么歧视的主要实施机制将来自不同类型歧视的联合状态。不同歧视类型分开来看，会存在有效的经济压力来消除歧视，例如没有歧视的雇主可通过雇用黑人增加利润等。但多种歧视类型被集合在一起来看时，经济压力要么不出现，要么以很微弱的方式作用。每一种类型的歧视都可以促进其他类型的歧视，如黑人受教育少从而技能少，又容易导致职业、雇佣、垄断势力歧视问题，综合起来，所有这些歧视导致低收入，低收入又使价格歧视和人力资本歧视更容易，而且这些歧视限制了黑人的政治权力和使学校教育歧视成为可能。不论考察哪一种歧视都可以促进其他类型的歧视，它们处在一个相互作用的系统中。当所有的歧视被综合起来考虑的时候，没有白人会从歧视中遭受显著损失，结果终止歧视的经济压力也就是很微弱的。

2. 伯格曼（Bergmann）的拥挤假说

拥挤假说（crowd hypothesis）[13]认为，在一些特殊领域，形成了类似于由性别所划分的非竞争性劳动力集团，从而维持了某种性别垄断的职业或职位范围。例如，矿工由男性垄断，护士由女性垄断。在性别垄断下，实际较好的职业或职位被男性所垄断，从而女性劳动者受到歧视。

为了讨论方便，我们假设：① 男性劳动者和妇女劳动者数量相等，假定各有 M 个人；② 总的劳动力市场由三种职业 X、Y 和 Z 所组成，每种职业具有相同的劳动力需求曲线；③ 男女劳动者在劳动力特征方面完全一致，也就是说，两者在三种职业中都具有相同的生产率；④ 产品市场是完全竞争的，即需求曲线不仅反映边际收益产品（MRP），同时也反映边际产品价值（VMP）；⑤ 由于就业隔离，X、Y 是男性从事的职业，而 Z 是妇女从事的职业，即妇女被 X、Y 所排挤，限制在 Z 职业上。

我们可以用图 4 – 20 来表达三个职业对劳动力的需求状况及其所决定的工资水平。

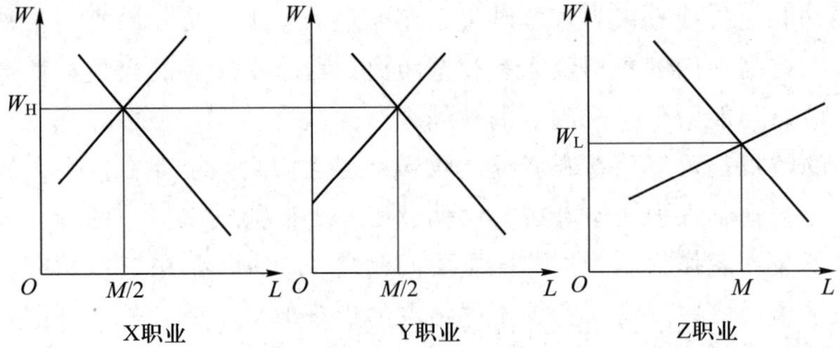

图 4 – 20 劳动力市场的“隔离”或“排挤”

从图 4 – 20 可以看出，男性劳动力将在完全竞争的两个职业劳动力市场中平均分配，其结果是，X 和 Y 两个职业劳动力市场中各有 $M/2$ 个男性求职者，工资水平为 W_H。尽管男性劳动力可以进入 Z 职业市场寻找工作，但是由于工资过低，他们不会进入Z职业市场。Z职业市场工资水平之所以低于X和Y，是因为女性劳动者就业受到排挤，很难进入职业X和Y市场，导致M个女性劳动力拥挤在Z职业市场，从而获得比X和Y市场低得多的工资水平W_L。这种就业隔离的后果显然是男性以牺牲女性劳动力的收益为代价而获得了较高的工资水平。

拥挤假说认为，如果社会通过立法或以其他方式改变人们的行为，人为地拆除职业壁垒，这种歧视现象就必然会消失。高工资水平会吸引妇女劳动力从Z职业向X或Y职业流动，从而实现职业均衡。

3. 双重劳动力市场歧视理论

多林格（Doringer）和皮奥里（Pirore）[14]根据雇佣和报酬支付等特征，将整体的劳动力市场分割为两大非竞争性部门：一级市场和二级市场。一级市场所提供的是相对较高的工资率、较为稳定的就业、良好的工作环境以及进一步发展的机会。而二级市场只能提供较低的工资率、不稳定的就业以及较差的工作条件，并且根本没有职业发展的机会，在这一部门中，教育和经验的收益被认为接近于零。内部劳动力市场理论认为，一级市场以结构性的内部劳动力市场为主体，通常它有一套指导雇佣抉择的详细规则和程序，其工资和劳动力资源配置等由管理和制度性规则来调控，市场力量基本不发挥作用。而二级劳动力市场（也称外部劳动力市场）与新古典经济学描述的劳动力市场一致，企业按照劳动边际报酬与边际成本比较及时增减雇佣劳动力的数量，并按照劳动边际报酬或市场工资支付报酬。

双重劳动力市场理论给出劳动力市场歧视的一个描述性的解释。但一些经济学者分析了分割的原因，认为这是对不同类型的工人进行监督时所需要付出的成本差异造成的。一级市场上工人监督成本高，所以采用效率工资和延期支付工资战略；二级市场监督成本低，可直接监督，没有必要采取一级市场的措施。

瑟罗[15]运用求职列队理论对这种歧视性的就业模式给出一个解释，解释的两个指标是求职列队和统计性歧视。其基本假定有：工资结构是外生变量；雇主间的工资差别很大且与求职者的特征没有多大联系。厂商根据求职者未来的可培训程度（在很大程度上是根据未来的生产率）做出选择或列队。获得求职者的有关信息的成本很高，甚至连求职者自己对能否被录用也不甚清楚。但是非白人以及已婚妇女能意识到自己在求职过程中处于不利地位，因为根据群体的总体态度、工作技能以及被辞退的可能性等方面来判断，他们自身的条件不及男性白人。只有在职业分布的低区域范围内，他们才能在列队中处于有利的地位。

从历史上看，少数民族成员和妇女大部分在从属部门就业，导致了一种长期延续下来的对他们的歧视。这种歧视的态度会进一步导致这些群体在二级劳动力市场上更加频繁地进出劳动力市场，加大工作经历的不稳定性。

4. 搜寻成本歧视理论

搜寻成本歧视理论（theory of seeking cost discrimination）[16]认为，在劳动力市场上，不是所有的雇主都具有歧视偏好或具有歧视行为。而正在寻找工作的妇女或其他受歧视的劳动力也并不知道哪一位雇主会接受或拒绝他们，即他们没有能力掌握劳动力市场的全部信息。这样，他们可能会为了获得与未受歧视的劳动者同等的工作机会，不得不进行更长时间和更为艰苦的搜寻。这就是说，只要遇到了有歧视行为的雇主，他们就不得不增加求职的成本，如图 4－21 所示。

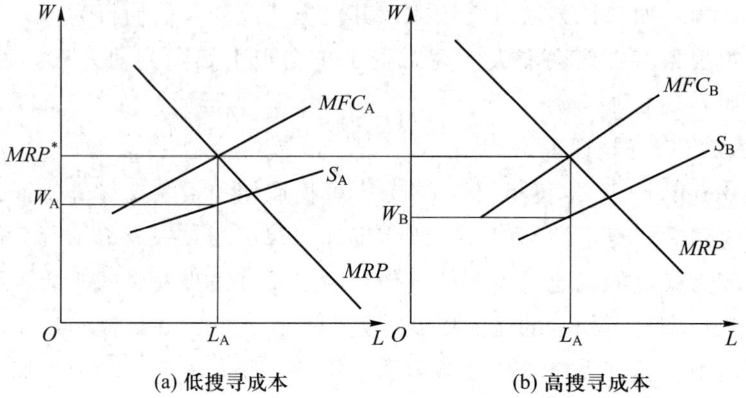

图 4－21　搜寻成本歧视

图 4－21 所描述的情况是，有两个具有相同生产率的雇员群体（在图中表示为可以创造同一水平的边际收益产品 *MRP*，即劳动力需求曲线相同），不过其中的一个群体比另外一个群体具有更高的工作搜寻成本。

图 4－21（a）所描述的是搜寻成本相对较低的雇员群体（比如男性劳动力）的劳动力供给曲线以及劳动力边际收益产品曲线。理论上，由于这一群体的工作搜寻成本较低，所以只要他们所在的企业稍微削减一点工资，就必然导致这些雇员离开这家企业；而稍微有一点工资增加，就会从其他厂商那里吸引来许多求职者。这样，这一群体对他们的雇主的劳动力供给曲线 S_A 就相对平缓，这也就意味着与之相联系的劳动力边际要素成本曲线 MFC_A 也相对较为平缓。利润最大化雇主将会从这一群体中雇用 L_A 个雇员，并向他们支付 W_A 的工资率，这个工资水平仅仅比 MRP^* 稍低。

图 4－21（b）所描述的是由于歧视性雇主的存在而被迫承担较高搜寻成本的那一群体（如女性劳动力）的劳动力供给曲线和劳动力边际收益产品曲线。这一雇员群体被假定与图 4－21（a）中的雇员具有相同的劳动力边际收益产品，但是由于他们具有较高的搜寻成本，因此对于他们而言，就暗含着一条更为陡直的劳动力供给曲线 S_B 和一条更为陡直的劳动力边际要素成本曲线 MFC_B，即在劳动力边际收益产品和工资率之间存在着较大的差距。在这一群体中，将会有 L_B 个雇员被雇用，并向他们支付 W_B 的工资。将图 4－21（a）和图 4－21（b）进行比较，不难看出，尽管两个群体中的雇员都具有相同的生产率，但是具有较高搜寻成本的那一群体中的雇员所得到的工资却要低一些。在实践中，如果两类雇员被同一企业雇用，那些具有较高搜寻成本的雇员群体很可能会被安排到工资率较低的工作职位上去。

（三）统计性歧视理论

统计性歧视理论[17]认为，统计性歧视的根源在于信息的不完全，以及获取信息需要支付成本，企业在劳动力市场上雇佣时，往往将求职者的群体特征推断为个体特征，这种做法会使不利群体遭受统计性歧视。如果不利群体的总体统计性特征中，随机扰动项越大，即总体特征中个体差异越大，那么利用群体特征来推断作为甄选标准的代价就越高。但是对于企业来说，这仍是不完全信息下的高效率的做法，与雇主利润最大化目标是一致的，所以统计性歧视在劳动力市场上将会长期存在。

菲尔普斯假设雇主可以通过考核测得求职者的分数 y_i，作为衡量求职者的产出价值 q_i，用最小二乘法预测求职者产出价值，可得：$q_i'=\alpha_1 y_i'+\mu_i'$，误差项 μ_i 服从均值为 0 的正态分布，q_i'、y_i'为样本的离差形式，并且 $0<\alpha_1<\mathrm{var}q_i/(\mathrm{var}q_i+\mathrm{var}\mu_i)<1$，$E\mu_i=0$。现将种族（或性别等）作为虚拟变量引入模型：$q_i=\alpha+x_i+\eta_i$。这里 $x_i=(-\beta+\varepsilon_i)c_i$，$\beta>0$，$c_i$ 为虚拟变量（$c_1=1$ 求职者是黑人，$c_0=0$ 其他），ε_i、η_i 独立，同均值为 0 的正态分布，x_i 表示与种族（或性别等）相关的社会因素的作用。再设定 $\lambda_i=\eta_i+c_i\varepsilon_i$，$z_i=-\beta c_i$。在种族（或性别等）相关因素介入的情况下，再用最小二乘法预测求职者适合工作的程度，可得：

$$q_i'-z_i'=\alpha_i(y_i'-z_i')+\mu_i，\text{其中 } 0<\alpha_1<\mathrm{var}\lambda/(\mathrm{var}\lambda+\mathrm{var}\mu)<1$$

上式可转化为：

$$q_i'=(\mathrm{var}\lambda_i/(\mathrm{var}\lambda_i+\mathrm{var}\mu_i))y_i'+(\mathrm{var}\mu_i/(\mathrm{var}\lambda_i+\mathrm{var}\mu_i))z_i'+\mu_i$$

根据上式分析，可以得出以下两个结论：① 由于黑人是社会的不利群体，对黑人求职者来说，$z_i'<0$，所以通过上式可以看出，即使白人与黑人考核分数相同，也会认为黑人能力低于白人。这在一般情况下是正确的，但是必须要求对所有人来说 $\varepsilon\equiv 0$，那么 $\mathrm{var}\lambda_i=\mathrm{var}\eta_i$，上式中的系数则是不依赖于 c_i，所以黑人的预测曲线平行且低于白人的。② 当 $\varepsilon\neq 0$ 时，即 λ 不独立于 ε_i 时，受种族因素作用，那么赋予了黑人更大的方差，即：

$$\mathrm{var}\lambda_i=\mathrm{var}\eta_i+c_i^2\mathrm{var}\varepsilon_i，\text{且}\lim_{\varepsilon_i\to\infty}\mathrm{var}\lambda_i/(\mathrm{var}\lambda_i+\mathrm{var}\mu_i)=1$$

也就是在回归预测方程中，黑人的 y_i 系数要比白人的大，两条预测曲线相交，在考核分数很高的情况下，黑人预测曲线的 q_i 值高于白人，那么可以预测黑人能力将超过与他们得分相同或低于其得分的白人。

（四）前劳动力市场歧视理论

前劳动力市场歧视理论（theory of ex ante labor market discrimination）认为，在衡量当前劳动力市场歧视时，是对具有相同生产率特征的人口群体进行收入报酬比较，来判断歧视的程度，把生产率特征当作是既定的。但是这种衡量可能是弱化了整体的歧视问题。因为，强调雇主对雇员的人力资本特征所支付的价格因种族、性别等不同而出现差异，并没有反映出劳动力市场歧视的全部情况，特别是没有说明为什么不同的人口群体所获得的生产率特征是不同的，以及这种不同的生产率特征是前市场歧视的结果，还是人力资本投资的一种自愿选择，或者是在人力资本投资决策时就已经对未来可能的歧视做出了预期的反应。

这种理论可以追溯到冈纳·缪尔达尔的累积性因果原理。这个原理指出了另一种根源：累积性的历史因素。这些因素的主要作用体现在人力资本的歧视性投资上。这种歧视性投资表现在两个方面：社会的歧视性投资和被歧视群体的自我歧视性投资。

社会的歧视性投资表现在社会公共资本的非最优配置上，特别是在教育投资上。克鲁格认为，在民主社会，公共投资方向的决策往往是通过投票表决机制的方式做出，这样人口占优势群体就可以获得更多的影响决策的权力。因为，教育的接受者可以通过教育提高而获得技能来增加自己收入，这样人口优势群体就可以通过投票权来垄断教育投资，从而造成教育投资的不平等，而且造成教育投资的低效率，因为少数群体的人力资本投资的回报率要高于多数群体。

被歧视群体的自我歧视性投资，是对劳动力市场歧视的预期反应，其实是一种理性的人力资本投资决策。贝克尔人力资本理论认为，人们要不要进行人力资本投资和投资量多少的决定性因素是这种投资的收益率。如果少数群体预期自己将要遭受歧视，也就是说获得高工资高技能的工作机会较小，那么他们的预期收益率将小于不受歧视的群体，这样在假定人力资本投资收益率相等情况下，少数群体就会做出减少人力资本投资支出的决策。

第五节 内部劳动力市场

前面的分析都是针对企业之外的劳动力市场，但是，企业中很多岗位的劳动力供求问题，往往可以通过企业内部原有人员之间的调剂来解决。这就提出了内部劳动力市场的概念。本节拟对内部劳动力市场的若干问题展开讨论。

一、内部劳动力市场产生的原因

具体说来，导致内部劳动力市场产生的原因主要有四个方面，这四个方面原因相互之间又有一定的联系。

（一）存在劳动力替换的成本

内部劳动力市场理论与失业理论中的“内部人 - 外部人”理论一样，认为劳动力替换的成本是影响劳动力市场运作的一个重要因素。在“内部人 - 外部人”理论中，劳动力替换成本被界定为三个方面：① 雇佣劳动力和解雇劳动力的直接成本；② 由于内部人不愿与企业新成员合作而破坏与新成员的关系所引起的成本；③ 劳动力替换对劳动力的生产效率造成负面影响而隐含的成本。由于存在着这些成本，企业对于劳动力的替换总是抱着谨慎的态度，这样，劳动力在不同企业间的流动性就降低了，从而也促成了企业内部劳动力市场的形成。

（二）岗位的特殊性

在现代经济中，随着分工的深化和各种岗位上人力资本和知识的专用性提高，很多岗位都对从业人员提出了特殊的要求。从劳动力自身的角度来说，最优的择业行为一般是掌握几项特定的技能，然后在自己的技能范围内寻找合适的职业。这两方面的原因就使得从事不同职业的劳动力之间不具有充分的替代性。这样一来，当企业需要雇用劳动力时，就要耗费一定的成本进行搜寻，这本身就构成了雇用劳动力的成本之一。另外，企业对于新员工一般都要进行一定量的培训，这种培训也是一种人力资本的投资，如果用外部劳动力市场的劳动力对本企业的老员工进行替换，就会降低企业人力资本投资的收益，这构成了企业解雇劳动力的成本之一。反过来说，保持较为稳定的劳动力队伍是企业提高人力资本投资回报的一种手段。

（三）劳动力市场上的信息不对称性

传统理论假定外部劳动力市场信息对称，但实际上，劳动力市场上的信息往往是不对称的。其中，劳动者对于自身就业后的收益一般都能事先从劳动合同中得到了解，而企业一般总处于信息的劣势，因为具体到某个劳动力的生产效率和劳动态度都是事后才能了解的。因此，企业总是通过一定时间的观察后才能对劳动力的生产效率和劳动态度做出评价，并决定劳动力的去留或升降。从这一角度来说，内部劳动力市场的存在也可以视为企业收集信息的一种需要。

（四）工会的作用

工会与内部劳动力市场之间的关系非常复杂，工会即使不是形成内部劳动力市场的决定因素，也至少是一种促进因素。西方企业中的集体谈判机制使得内部劳动力市场的一些规则和程序正式化和成文化。反过来说，内部劳动力市场的形成又对工会的形成有促进作用。在内部劳动力市场上有着较为稳定的职工队伍，而职工特定的职业技能也增强了职工的谈判能力，同时，企业内的规则和程序都对管理层行政权力的范围和特征有着清楚的界定，这些都有利于工会组织的形成和强化。

二、内部劳动力市场概念的组成要素

内部劳动力市场的概念由两个要素构成。

（一）组织结构（structures of organization）

企业组织有一定的结构，但它在很大程度上是由生产活动的技术所规定的。在组织中有保证企业活动、协调一定的合作关系的横向联系，以及按照服从决策、指挥、命令系统的责任与权限排列起来的纵向联系。横向联系建立在生产、销售、营业、财务、人力资源计划、总务、研究与开发等不同职能部门的分工与协作的体制之上，但生产和销售活动经常因产品的种类和特性、选址条件等分为不同的工厂和营业部来进行。特定的产品和企业活动也有采用事业部制的。纵向联系是从工作现场的一般工作员工开始，经过现场监督人员或管理人员、中间管理人员直至最高经营者的层级序列。这个序列对应组织管理上的责任与权限的序列，在很多情况下因其可以证明企业组织内的经验和管理能力以及技能的高低而成为组织内的报酬序列和企业内晋升的梯级。

（二）组织原理（principle of organization）

组织形成的最本质的原理是其成员属于组织。按照这一原理，进入市场的买卖双方形成的只是以市场价格为依据进行交易的互补关系而不是从属关系。卖方在价格高时进入市场，低时退出市场。也就是说可以把市场称为将价格信号作为媒介的经济主体自由进入或退出的社会性系统。当然，组织成员所属的组织并不一定都是固定的，但却由与按价格自由进出市场的截然不同的原理支配。组织与成员的结合受价格以外的技术的、组织的以及制度的等各种各样重要因素的影响，它们的关系被或明或暗的契约及规定制约着。所以，那种所属关系并不能按照相对价格的变化直接地产生出来或消解掉。

作为市场的“人”，工资率如果下降，员工会辞去原有职务，去干工资率高的工作。但是，作为组织成员的“人”不能因工资率变动和工资率差别而立即脱离其所属的组织。人们一旦进入了组织，他们在很大程度上就不再是市场的“人”，而成为组织的“人”了。在组织中的时间越长久，工作岗位越重要，组织的“人”的性质越强。这样，他们与其离开组织倒不如在组织中表达自己的意见，要求改善劳动条件。

三、内部劳动力市场的主要理论及评价

概括地说，内部劳动力市场重要并且具有代表性的理论主要有五个[18]。

（一）内部劳动力市场的主要理论

1. 人力资本理论

该理论主要以贝克尔等学者为代表，认为内部劳动力市场的一系列就业安排，诸如长期雇佣合约、内部职务晋升、年功工资等，本质上是由厂商专用性的人力资本投资决定的。这种投资具有难以“打捞”的“沉淀成本”的性质，容易在事后被要挟或受到对方的机会主义行为侵害，因而在客观上要求保护。长期的雇佣合约通过所谓“锁定效

应”增加了雇佣双方长期合作的激励，同时，借助于一系列相关的制度安排又约束了双方在分享资本准租金过程中的机会主义倾向。因而，专用性人力资本积累可以视为内部劳动力市场的核心基础。

2. 风险分担或隐合约模型

风险分担或隐合约模型（risk - sharing or implicit contract model）继承了奈特关于厂商的特征就在于向雇主转移风险的思想，认为在雇主具有风险中性而雇员具有风险厌恶的通常情况下，雇主以某种隐含承诺的方式向雇员提供较为固定性的工资而使其收入免受外部市场波动的影响，将会使得到保险的员工产生更高的生产力，从而形成一种互利的结果。因此，内部劳动力市场关于工资与就业的安排虽然呈现刚性，但仍然是一种有效率的制度安排。

3. 筛选模型

筛选模型（screening model）由经济学家萨洛普（Salop，1976）等人所提出，主要从信息收集与筛选效率的角度来看待内部劳动力市场，它将企业内部实行的年功工资制度即正斜率的经验（年龄）- 工资曲线，归结为雇主在信息不对称条件下对雇员特征的筛选行为。雇主在支付了大量培训费用的情况下，愿意与员工保持长期的雇佣关系。但是员工方面的偏好可能是多种多样的，应该怎样识别那些愿意长期就业的员工呢？据说，通过实施在就业初期支付相对较低的工资而在就业后期支付相对较高的工资这样一种分配政策，可以有效地将那些愿意在某一厂商中长期工作而较少有跳槽倾向的人分离出来，从而以一种低成本的方式实现雇佣双方的有效匹配。

4. 交易成本学说

交易成本学说（transaction cost theory）具体又分为两个不同的理论模型：威廉姆森（Williamson，1975）等的劳资谈判模型和米尔格罗姆等（Milgrom，1990）的“影响成本”（influence cost）模型。威廉姆森等人的劳资谈判模型虽然也是从人力资本专用性问题立论，但是视角却与贝克尔等人不同，它更强调工作任务的专用性。在工作任务具有专用性的条件下，将发生少数人之间的交换关系，这时，有关工作努力与绩效考核的困难和复杂性使得任何个人性质的劳动合约都难以避免工人机会主义地与雇主进行谈判的行为，从而发生大量的讨价还价的成本。内部劳动力市场通过将工资与工作岗位挂钩以及实行内部晋升的制度安排，防止了个人的工资谈判的发生及其相应的机会主义行为，从而实现了交易成本的节约。米尔格罗姆等人的模型的基本思想是：科层组织的核心特征是其中央决策者的相机权力，而组织内部各种经济行为主体为了自身利益会采取行动去影响这种决策权力的实施，由此而发生的资源非生产性耗费乃至决策的失误便构成了“影响成本”，它将降低组织的效率。内部劳动力市场通过一系列刚性的制度安排，限制了决策者的相机性权限，加深了雇员对于公司政策稳定性的印象，这将大大减少各种非生产性的影响活动及其成本。

5. 激励理论

激励理论（incentive theory）是将内部劳动力市场的制度安排归结为一种长期激励

机制。它大致包含四种不完全相同的理论模型：① 拉齐尔（Lazear，1995）的锦标赛（tournament）模型。它认为内部劳动力市场的职务晋升遵循着相对绩效考核的锦标赛原则，这可以减少监督活动以节约信息成本，并提高激励效果。② 拉齐尔（1995）的延期付酬（deferred compensation）模型，又叫“人质”模型。它与上面的筛选模型有些相似，也认为正向倾斜的经验（年龄）－工资曲线是保证长期雇佣关系、减低雇佣成本的有效安排。不过视角有所不同，它强调的是工人为了在未来获取越来越高的收入而不得不在初期被减低的工资，相当于工人抵押给企业的“人质”，它增强了工人维持原有就业关系的激励。所以，该模型更着眼于事后的激励而不是事前的筛选。③ 夏皮罗（Shapiro，1984）和斯蒂格里茨（Stiglitz，1984）的效率工资模型。所谓效率工资等于外部机会工资与偷懒的净收益之和。在内部劳动力市场上雇主一般都付给雇员高于外部机会工资的报酬，即效率工资，这将加大雇员偷懒的成本，从而增强了激励效果。④ 阿克洛夫（Akerlof，1982）的工资作为礼物交换的模型。该模型与效率工资模型十分相似，认为劳动工资合同可以视为雇主与雇员之间一定程度的礼物交换，雇主支付给工人超过购买其劳动服务所需水平的工资，等于是向工人送了“礼”，这将增强工人对企业的感情，并通过使其工作努力超过最低标准而还回“礼物”。所以，虽然内部劳动力市场的工资按照新古典的等边际法则是未出清的，但企业仍然实现了高效率。

（二）对内部劳动力市场理论的评价

上述理论代表了超越新古典范式来探讨企业内部劳动力市场问题而取得的重要成果。它们之间基本上是互补的，即分别从专用性人力资本、雇员风险规避、交易成本节约以及长期激励等不同侧面揭示了内部劳动力市场的成因与效率基础等问题。但是，由于各自的分析视角不同，其具体的论证过程与逻辑环节仍存在很大差别，某些结论甚至是彼此相左的。比如，关于内部劳动力市场的工资决定机制与动态轨迹，风险分担模型与人力资本、激励模型等的预测就不相同，前者基于保险原则给出了一条平滑的工资曲线，后者则根据激励原则提出向上倾斜的工资路径。再比如，同样是对于向上倾斜的工资路径，人力资本模型与激励模型、筛选模型等的具体解释也大相径庭。前者遵循边际生产力→工资报酬的原则，后者则依据工资报酬→边际生产力的激励思路。此外，关于企业内部长期就业合约双方的风险地位问题，看法也显然各异。风险分担模型认为主要是雇主为员工提供保险，而激励理论的各种模型则隐含着假定员工承担风险。这种情况一方面反映了内部劳动力市场研究的多样化，同时也表明其理论仍有待于进一步深化，而将各种相关的因素加以系统整合可能代表未来研究的一个方向。

四、内部劳动力市场与外部劳动力市场的关系

内部劳动力市场特别强调企业组织内的劳动力分配要通过企业内的组织惯例、章程或者制度等来进行。在传统经济学的劳动力市场分析中，由于劳动力的分配被认为是通

过市场的价格竞争机制进行的，因此，诸如工资率差别的状况就被看成是决定劳动力分配的重要因素。内部劳动力市场理论并不否认市场的价格机制的作用，但同时强调企业内的劳动力分配机制与外部市场的劳动力分配机制之间有着重要的性质差异。这种差异并不是作为个别的异质性而可以抽象掉的，它是理解、说明在劳动力市场上观察到的劳动力分配情况的极为重要的因素。

对外部劳动力市场上的雇用与劳动力转移现象，用传统经济学的市场分析能够比较容易地说明。但是，一旦劳动力的分配和转移、工资决定等被纳入企业组织内的雇用关系中，仅仅简单地用价格机制来说明就不那么恰当了。因为训练、配置、晋升等人力资源管理制度将介入企业的长期规划、用人习惯、工资制度和劳动关系的各种决定中去。

五、内部劳动力市场的特点

与外部劳动力市场相比，企业内部劳动力市场在劳动力资源的配置方面大致表现出以下四个显著的特点。

（一）一些非经济的手段对于劳动力配置所起的作用更大

在内部劳动力市场上，劳动力的工资并不是劳动力供求作用的结果。内部劳动力市场是一个行政性的单位，例如，在一个制造企业里，劳动力的定价和配置是通过一系列的行政性规则和程序来管理的。除了行政性的规则和程序以外，企业的文化和习惯在劳动力定价和配置中所起的作用也非常大。

（二）存在着工作的阶梯

在很多企业中都存在着一些工作的等级制度，其中的每一个等级系列都围绕着一种特定的技能、一个共同的职能或者一项工作的中心。企业的新成员进入企业的位置一般都是在这个等级制度（或称为工作阶梯）的最底层，经济学家们将这一位置称为“进入口”，这里也是内部劳动力市场的工作阶梯与外部劳动力市场的连接处。当进入企业之后，职工才可以依一定的规则和程序逐步晋升到更高的职位上去。

（三）锦标制度常被作为企业内的激励机制

在内部劳动力市场上，企业往往注重从老员工中提拔一定比例的人员进入到工作阶梯的更高层次，而对于新雇用的劳动力则主要用于补充较低层次岗位上人员的不足。这就好比在企业的员工之间开展一场竞赛，由员工的相对表现来决定谁能够得到晋升。一种极端的锦标制度的形式是所谓的“晋升或退出”合同，这种合同的含义是，如果员工在工作一定时间后不能得到晋升，则将被解雇。这种合同常见于会计师事务所、律师事务所这样的企业，员工如果在一定时间内不能晋升到一定职位（如合伙人），那么员工就会自动离开，这甚至已经成为了一种文化，而无须以正式的合同来加以规定。

（四）不同岗位的收入并不完全是按生产力原则确定的

在内部劳动力市场上，各个岗位的收入水平是与企业内的锦标制度相配合的。也就是说，不同的岗位要对应于工作阶梯的一定层次。因此，企业内有相应的工作评估体系，根据不同岗位的劳动条件、工作强度和技能要求等方面的因素来确定岗位在工作阶梯中的位置，并在收入中得以相应体现。现实中，工作阶梯中层次越高的岗位收入越高，这主要是为了能够保证锦标制度的有效性，而并不一定表明不同岗位的生产力之间也有同样幅度的差距。

关键概念

劳动力市场　劳动力市场的均衡　劳动力市场的非均衡　工资漂浮　劳动力市场分割　劳动力市场歧视　内部劳动力市场

即测即评

扫描右侧的二维码图标，内含若干判断题、单选题和多选题，您可在线自测并查看答案。

复习思考题

1. 劳动力市场的类型有哪些？
2. 如何理解古典均衡与现代均衡概念？
3. 劳动力市场静态均衡形成的原因是什么？
4. 劳动力供求变化对静态均衡有哪些影响？
5. 劳动力供求关系有几种类型？
6. 如何分析劳动力短缺和劳动力过剩？
7. 有关劳动力市场分割的理论主要有哪些？
8. 有关劳动力市场歧视的理论主要有哪些？
9. 内部劳动力市场的主要理论是什么？

注释

[1] Mill J S. Principles of Political Economy. New York: Appleton, 1885.

[2] Pirore M J. The Dual Labor Market: Theory and Application. The State and the Poor, 1970.

[3] Thurow L. Generating Inequality. New York: Basic Books, 1975.

[4] Gordon D M, Edwards R C, Reich M. Segmented Work, Divided Workers. Cambridge: Cambirdge University Press, 1982.

[5] Thurow L. Generating Inequality. New York: Basic Books, 1975.

[6] 姚先国，黎煦. 劳动力市场分割：一个文献综述. 渤海大学学报：哲学社会科学版，2005(1).

[7] 郭丛斌. 有关劳动力市场分割理论研究的文献述评. 北大教育经济研究(电子季刊)，2004(2).

[8] Becker G S. The Economics of Discrimination. Chicago:University of Chicago Press,1957.

[9] Arrow K J. Some Mathematical Models of Race Discrimination in the Labor Market,Racial Discrimination in Economic Life. Lexington:DC Heath,1972:187 - 203.

[10] Kahn L K. Customer Discrimination and Affirmative Action. Economic Inquiry, 1991, July: 555 - 571.

[11] Krueger A O. The Economic of Discrimination. Journal of Political Economy, 1963, October: 481 - 486.

[12] Thurow L. Poverty and Discrimination. Washington DC:Brookings,1969:111 - 138;Thurow L. Discrimination and Theories of Income Determination. Generating Inequality: Mechanisms of Discrimination in the U. S. Economy,New York:Basic Books,1975:155 - 181.

[13] Bergmann B. The Effect on Incomes of Discrimination in Employment. Journal of Political Economy, 1971,vol. 79:294 - 313.

[14] Doringer P, Piore M. Internal Labor Markets and Manpower Analysis. Lexington Mass:D. C. Heath, 1971.

[15] Thurow L. Discrimination and Theories of Income Determination. Generating Inequality:Mechanisms of Discrimination in the U. S. Economy,New York:Basic Books,1975:155 - 281.

[16] Black,Dan H. Discrimination in An Equilibrium Search Model. Journal of Labor Economics,13, 1995,no. 2(April):309 - 334.

[17] Phelps E S. The Statistical Theory of Racism and Sexism. American Economic Review,1972,September:659 - 661.

[18] 张凤林,代英姿. 西方内部劳动力市场理论评述. 经济学动态,2003(7).

第五章　劳动力流动

劳动力市场配置劳动要素的功能是在劳动力流动的过程中实现的。劳动力流动既是社会经济发展的客观要求，也是经济发展和技术进步的表现。学习劳动力流动理论，把握劳动力流动的规律，针对性地提出劳动力流动的对策，对于优化配置和合理利用劳动力资源具有重要的理论和现实意义。

第一节　劳动力流动概述

一、劳动力流动的概念与类型

（一）劳动力流动的概念

劳动力流动（labor mobility）是指劳动者根据劳动力市场条件的差异和自身条件，在国际间、地区间、产业间、部门或行业间、职业和岗位间所选择的迁移或转移行为。这一概念包含以下几层含义：① 劳动力流动的主体是劳动者；② 流动的原因是劳动力市场条件和自身条件的差异；③ 流动的方向是在国际间、地区间、产业间、部门或行业间、职业和岗位间；④ 流动是劳动者所做出的迁移或转移决策行为。

与劳动力流动相关的概念是劳动力迁移与劳动力转移。劳动力迁移和劳动力转移虽然存在联系，但劳动力迁移和劳动力转移还存在着如下的区别：① 含义不同。劳动力迁移是指劳动者以改变定居地为目的，由迁出地转入迁入地的流动；而劳动力转移是指劳动者从一个地区转移到另一个地区，从一种专业转移到另一种专业，从一个职位转移到另一个职位，从而引起劳动力和劳动资料结合状态的改变。② 外延不同。劳动力转移概念的外延大于劳动力迁移，劳动力转移除了包含劳动力迁移之外，还包括不改变居住地的劳动力就地产业转移、职位和职业的改变。③ 是否改变常驻地不同。劳动力迁移一般要改变常驻地（户口所在地），而劳动力转移不一定改变常驻地（如就地产业转移、就地职业变动、就地职位变动）。④ 流动的方位不同。劳动力迁移的流动程序是单向性的，即“迁出常驻地→迁入常驻地”，只要迁出很少有复归；而劳动力转移的流动路线既可以有单向流动，也可以具有往返流动，即“流出常驻地→流入临时居住地→回流常驻地”。⑤ 流动的常驻时间和常驻地不同。劳动力迁移前后，常驻时间和常驻地是一致的，而劳动力转移之后既可以是一致的，也可以是分离的，在或长或短的时间内，人不在常驻地工作和生活。

（二）劳动力流动的类型

劳动力流动的类型繁多，可以从不同的角度进行多方面的分类：

1. 按劳动力流动的时间分类

按流动的时间劳动力流动可以分为：① 永久性迁移。即改变了定居地点的流动。② 常年型流动。如农村劳动力常年在外务工或经商，不再从事流出地的工作的一种流动，有人称之为“既离土又离乡”的流动。③ 季节型流动，即农村劳动力农忙时在当地务农，农闲时到外地务工经商的流动，有人称之为“候鸟式流动”或是“两栖式农民”。④ 临时型流动。如有些农民早出晚归在临近当地的城镇或农村做工经商就属这种流动，有人称之为“钟摆式流动”。

2. 按劳动力流动的空间分布特点分类

从流动的空间分布特点上看，劳动力流动可分为：① 聚集型流动。即劳动力集中地向某一城市或地区流动。② 扩散型流动。即一定范围的劳动力呈放射状向四面八方流动。③ 替代型流动。如中等城市的劳动者向大城市流动，而小城市的劳动者又流向中等城市替代其流动的职位空缺；城市郊区的劳动者流动到城市，而边远地区的劳动力流动到城市郊区替代其职位的空缺。④ 水平型流动。即劳动力在地貌条件相似或经济发展水平相近的地区的流动。⑤ 垂直型流动。即劳动力在地貌条件不同和经济发展水平差异较大的地区间流动，如山区流向丘陵，丘陵流向平原，或是边疆流向内地，内地流向沿海；或是做相反的流动。⑥ 跨越国境型流动。即指跨越国境的劳动力流动，如国际劳务输出等。

3. 按劳动力流动的意愿分类

从劳动力流动的意愿上，劳动力流动可分为：① 自愿型流动。这种劳动力的流动的动力来自流动者自身意愿，是劳动力由于追求经济收入、改善生活质量或优越的工作条件等而主动自觉的流动。② 非自愿型流动。这种劳动力流动来自外部的压力，往往是由于战争、自然灾害、政治运动或国家计划等外部因素的影响或压力所造成的流动。

4. 按劳动力流动的方向分类

在劳动力流动方向上，可以分为三种类型：① 单向型流动。如农村劳动力只向城镇流动而不再返回农村的流动或与此相反。② 往返型流动。如在农村劳动力流向城市一段时期后又返回农村的流动。③ 对流型流动，即劳动力在城镇之间、地区之间、城乡之间互相流动。

5. 按劳动力流动的范围和职业分类

从劳动力流动的范围和职业上来看，劳动力流动可以分为：① 企业组织内部的流动。即劳动者在企业组织内部各工种、职位、岗位之间进行的流动。② 职业间的流动。既包括同一职业内部的流动，也包括不同职业之间的流动。③ 部门或行业之间的流动。

即劳动者跨部门或行业的流动。④ 劳动力的产业流动。即劳动者在同一产业内部或产业之间的流动。⑤ 劳动力市场间的流动。即劳动者从一个劳动力市场转到另一个劳动力市场，如劳动力从一级劳动力市场转到二级劳动力市场或相反的流动。⑥ 地区之间的流动。从某一地区到另外一个地区的空间流动。⑦ 就业与失业之间的流动。即就业者转变为失业者，或者失业者转变为就业者的流动。⑧ 角色转换流动，即毕业生、退伍军人、家庭妇女等进入劳动就业队伍的流动。

6. 按劳动力流动的目标分类

在流动的目标特征上，威廉姆·帕特逊（William Petersen，1958）把劳动者流动分为创新型流动和保守型流动两种。他认为，保守型的流动是一些流动者为了能够保持原有的生活方式，而做出了流动到一个新的地方的选择。创新型流动则是一些流动者为追求和实现新的生活方式，而把流动作为实现其目的的手段。[1] 我国学者葛剑雄（1997）把劳动者流动分为生存型流动和发展型流动。生存型流动是指人们为了维持自身的生存而不得不改变居住地而流入其他地区的流动。而发展型流动则是人们为了物质和精神生活状况的改善而进行的流动。[2]

另外，从流动的组织性上，可分为自发的流动和有计划的流动；从流动的内容上，可分为务工型流动、经商型流动；按工作上的转换，可分为工作搜寻型流动、工作调整流动等。

二、劳动力流动的成本与收益

舒尔茨（Schultz）、达凡佐（Davanzo）、史杰斯泰德（Sjaastad）等人对劳动力流动的成本与收益做了分析。舒尔茨在研究人力资本投资时，明确把“个人和家庭进行流动以适应不断变化的就业机会”看作人力资本投资方式之一。达凡佐分析流动成本时，把流动成本分为直接成本、机会成本、心理成本。史杰斯泰德也把人口流动看成是提高人力资源生产效率的一种投资，他还进一步把人口流动的成本分为货币成本和非货币成本，把人口流动收益分为货币收益和非货币收益。

（一）劳动力流动的成本

1. 劳动力流动的私人成本

劳动力流动的私人成本主要有：① 直接成本。这是由流动者为实现流动而直接支出的各项费用所组成的货币成本，它包括信息费、交通费、安家费等。② 机会成本。这是指劳动者因流动而放弃的原有工作收入加上就业选择费用。③ 心理成本。这是劳动者离开原来熟悉的工作和生活环境，离别亲戚、朋友及同事所付出的心理代价。④ 风险成本。这是劳动者在流动中因为一些不确定因素所可能造成的某些损失，如在流动中的失业风险、伤病风险、劳动过程风险等。

2. 劳动力流动的社会成本

在多数情况下，劳动力流动是个人基于私人成本而不是全部成本（有关公共服务及流动的外部性）而做出的决策结果。影响个人流动决策的因素并不总是满足社会公共利益的要求。这样，个人与社会对流动涉及的成本与收益存在一定偏差，这种偏差可以用流动的外部性加以解释。① 流动影响与地区公共服务相关的税收水平，即存在劳动人口净流入的地区，其人均承担的与此相关的税收将下降，而人口净流出地区则人均税收上升（当公共服务由固定规模的公共设施提供时）。② 流动使人口大量流入的地区的公共服务出现供不应求现象，从而降低流入地原居民所享受的公共服务水平。

有关劳动力流动的社会成本主要包括以下几个方面的内容：① 对他人财产价值的影响，主要体现为房地产价格的变化。流动者出售其流出地的房地产并购买流入地的房地产，会影响两地房地产的价格。大量流出劳动力地区的房地产要么闲置，要么价格会下降；而大量流入地的房地产价格会上升。流出地闲置和贬值的房地产意味着这些资源是一种低效率利用，从这个意义上，劳动流动会影响社会资源的优化配置，由此产生一定的社会成本。② 对社会公共管理资产的影响。社会公共资产主要包括学校、道路、公共建筑、公共设施及其他项目。大量流出劳动力地区的社会公共资产会出现闲置和浪费；而大量流入地的社会公共资产则出现供给不足。从充分利用资源的观点来看，流出地闲置和贬值的社会公共资产意味着这些资源是一种低效率利用，从这个意义上，劳动力流动会影响社会资源的优化配置，由此产生了一定的社会成本。③ 对社会公共服务成本的影响。对流入地社会公共服务成本的影响，包括流入者大量涌入大城市或人口集中地区，流动会带来较高的社会公共服务成本，而这些地区间社会公共成本的差异并未体现为更高的福利水平。相反，移民所面对的更高的城市公共开支是将资源运用于非生产和非消费性的无益管理上，是对社会资源的一种浪费。对流出地而言，流动的成本主要在于，当地在向年轻学生进行了教育和保健投资之后，其流出就会产生的人力资本流失问题。

（二）劳动力流动的收益

1. 劳动力流动的私人收益

（1）直接收益。劳动者流动的直接收益来自劳动者在新的职业中获取相对于原来收入净值差额的总和。实践证明劳动力在流动中能够提高其收入水平。根据对四川省农村 1 820 户、4 951 名劳动者的抽样调查，外出劳动力人数是影响家庭收入的重要变量，每增加一个外出劳动力可以使家庭纯收入增加 55%（赵耀辉，1997）。四川省 2004 年外来务工人员的劳务收入达到 576 亿元，对农民增收的贡献率已超过 50%，这表明外来务工人员的劳务收入成为农民增加收入的主渠道。江苏省曾以苏州、扬州、宿迁三市作为苏南、苏中、苏北三个地区带的代表进行统计，三市 2004 年农民人均纯收入中非农业收入所占比重分别为 71.5%、56.5%、39.3%，由此就使其人均纯收入分别达到 7 503 元、6 474 元、4 677 元，可见人均收入的差别与流入非农业产业是正相关的（何伟，2006）。

(2) 间接收益。它是指新的工作和生活环境所提供的各种便利所引起的劳动者部分开支的节省，如齐全的公共设施、便利的交通、负担的减轻等。

(3) 心理收益。这是指给流动者带来的心情愉悦和地位的提高，如社会地位的提高、自我价值的实现，以及丰富多彩的文化娱乐生活、幽雅的生活和工作环境等。

2. 劳动力流动的社会收益

(1) 有利于经济增长。在过去，由于我们限制了农村劳动力的流动，农村的剩余劳动力不能得到有效配置，严重浪费了大量的农村人力资源，阻碍了经济增长。据统计，中国农业劳动生产率按不变价格计算，1975 年比 1957 年还低 11.6%，主要原因是农民的不流动。[3] 另外据统计，由于限制农村劳动力的流动，中国农村剩余劳动力滞留农村的代价 1978 年为 2 040 亿元，2000 年达到了 38 708 亿元。从 1978 年到 1997 年，农村剩余劳动力的总经济代价达 178 750 亿元，相当于这 20 年国内生产总值的 39.9%。假设不存在农村剩余劳动力，即农村剩余劳动力都实现了正常转化和转移，则 1997 年的 GDP 应为 98 743 亿元（当年实际 GDP 为 79 715 亿元），人均 GDP 会超过8 000 元[4]（当年实际人均 GDP 为 6 420 元）。

改革开放以来之所以我国经济取得了高速增长，其中一个主要的原因是劳动力流动。从 20 世纪 80 年代初到 90 年代末，劳动力转移对经济增长（GDP）的贡献在 16% ~20%（蔡昉、杨涛，2000）；潘文卿（1999）估计，1979—1997 年农村劳动力转移对经济增长的贡献约为 15.9%；何伟（2006）认为外来务工人员对我国 GDP 的贡献率在 15% ~30%；李斯（Lees，1997）估计劳动力流动对年平均 9.20% 的 GDP 增长率的贡献率为 16.30%；约翰逊（Johnson，1999）认为，中国在今后 30 年，如果劳动力流动的障碍被逐渐拆除，同时城乡收入水平在人力资本可比的条件下达到几乎相等的话，劳动力部门间转移对年均增长率贡献将提高 2 ~3 个百分点。世界银行（1998）测算，劳动力部门转移可以解释中国约 16% 的 GDP 增长。据测算，2004 年外来务工人员创造的 GDP 是 3 万亿元，相当于 2004 年全国 GDP 的 23.1%。据中国社科院 2005 年的调查数据，中国农民在每年 GDP 增长中的贡献不少于 40%。也就是说，长期以来我国的经济高速增长主要是中国外来务工人员低工资、没有或有很少的社会保障及福利的贡献积累完成的（巫继学，2006）。

(2) 能够使人力资源得到充分利用。① 可以实现劳动力有效率的配置。国民经济各部门、各产业、各行业所需要的劳动力比例是不断变化的。劳动力流动了，就能通过市场机制使劳动不断地满足这些变化对劳动力的需要。② 从长期看，可以减少劳动力闲置和浪费。由于传统的计划经济管理体制使劳动力流动较少，结果形成了有些部门（国有部门）、产业（农业）大量的富余劳动力，同时有很多的部门（私有部门）、产业（第三产业）劳动力则就业不足，于是形成了严重的劳动力闲置和浪费问题。③ 劳动力只有流动才能充分发挥自己的才能，从而提高其工作的效率。

(3) 有利于提升劳动者的社会地位。劳动力流动是劳动者作为劳动力所有者和主人的根本体现。劳动者是劳动力的所有者，最根本的是要承认和允许劳动者可以自由流动选择职业，如果劳动者不能选择适合自己的职业，不能流动，那就剥夺了劳动者对自己劳动力的所有权和支配权，劳动者就成为受人支配、丧失独立人格、没有尊严、社会地位极其低下的工具人。

（4）能够促进社会经济均衡发展。① 劳动力流动可以减少地区发展差距。一方面减少了一些地区过剩的劳动力，提高其劳动生产率；另一方面劳动力的返回可以带动当地经济发展。② 劳动力流动可以缩小收入差距。③ 劳动力流动可以加快调整所有制结构、产业结构的调整。

三、劳动力流动的基本假设与必要条件

（一）劳动力流动的基本假设

一般来说，劳动力流动是劳动者的自主选择行为，在明确劳动力流动的特征基础上，我们可以提出劳动力流动的两个基本假设：

1. 劳动力的流动是劳动者为了实现自己的利益而自愿选择的流动行为

这就是说，劳动力流动不包括由雇主造成的流动，比如由失业而导致的劳动力工作岗位的变化等。

2. 劳动力市场中劳动力有流动的选择性，而雇主只有选择性没有流动性

这是因为，虽然劳动力流动是由资本的运动所支配的，但是资本在一定时期内总是固定的。因此，劳动力流动分析主要是说明劳动力流动的原因、类型、决策合理化等，而很少涉及雇主的选择和流动行为。

（二）劳动力流动的必要条件

如果劳动力要流动，就要依赖一定的条件，这些条件构成了劳动力流动的必要条件。

1. 劳动力的个人所有权

劳动力个人所有权是指劳动者能够自主决定或自由支配自己的劳动，不受制度等非经济因素的限制。如农村劳动力向城市迁移和流动不受城市居住权的限制，工人从一个企业向另一个企业或任何一个其他单位的流动不受人事制度和政策方面的限制等。如果劳动力的选择有许多制度或政策上的限制，那么，劳动的自由选择和流动进行就是不可能的或者是非常困难的。

2. 不同地区和工作之间存在着经济福利方面的差异

导致劳动力流动的原因很多，但其中最主要的是经济上的原因。不同地区和工作之间存在着诸如就业机会、就业条件以及收入报酬等方面所构成的经济福利的差异，这种差异是导致劳动力流动的主要原因。

3. 社会对劳动者就业给予充分的自主权

在计划经济下，劳动力就业采取政府在既定的地理区域范围内直接安排与调配的就业方式，而且工资标准也由国家统一规定，因此较少发生劳动力的流动。但在市场经济下，政府和企业只给劳动者提供就业机会，劳动者必须通过竞争才能真正获得工作职位，这就对劳动者形成一种压力，使其在某一特定劳动力市场求职时，也许由于竞争失败，也可能是由于不满足现有的工作条件或劳动报酬，从而产生了一种强烈的流动愿望。所以，社会必须对劳动者就业给予充分的自主权。

4. 社会分工所造成的劳动技能和工作能力专门化

市场经济条件下的劳动力和生产资料是相分离的，这种条件下的劳动分工，使劳动力的需求变为按不同的生产过程划分的分门别类的需求，每一种特殊劳动都硬化为相应的职业，劳动者不能独立自主地决定做什么、如何去做和做到什么程度。这种社会分工使劳动者失去对自身劳动的控制，从而成为迫使劳动力流动的社会强制因素。

如果一个社会或地区同时具备了以上四个必要条件，劳动力市场就会呈现出较高的流动性。如果只具备其中的一两个条件，那么只会出现有限的劳动力流动。如果条件不稳定或条件不成熟，如一个时期政策限制流动，一个时期不限制流动，或经济福利差别甚微或社会分工程度低等，都会使劳动力的流动受到不同程度的影响。

5. 劳动者本身的条件

即使在完全具备劳动力流动的各种条件的劳动力市场中，不同劳动者的流动情况也不是相同的，因为，劳动力的流动性还同劳动者本身的条件相关：

（1）具有以下几方面特征的劳动者具有较高的流动性：① 劳动者本身所具有的技能能够被许多产业或企业所采用；② 专业知识面较宽，能够在所从事的一系列工作中得到应用；③ 没有任何特长的劳动者一旦失去工作，马上就会流动寻找，而熟练工人愿意或能等待一段时间，渡过需求不足时期，重新回到原来的雇用单位工作。

（2）具有以下几方面特征的劳动者流动性较低：① 劳动者本身所具备的劳动技能要求在特殊的工作中才能发挥作用（技能专用性），技能运用面很小，如铁路机车司机等；② 劳动者本身所具有的工作能力与某些特定地区的特殊需求相联系，如采煤工人、石油工人、渔民等；③ 劳动者知识陈旧、技术落后，社会对该行业或职业的知识和技术需求下降，会限制其流动。

四、劳动力流动的规律

（一）劳动力从农业（种植业）向非农产业流动

科学技术的发展带来了农业现代化生产的发展，农业劳动生产率不断提高，一方面为社会拓展了较多的产业；另一方面农业剩余劳动力也日益增加。因此，向非农业部门转移农业剩余劳动力，就成为社会经济发展的重要条件。这一转移现象在世界各国普遍存在，因此，它是劳动力流动的一条规律。

（二）第一、第二产业劳动力向第三产业流动

随着科学技术的发展和劳动生产率的提高，第一产业和第二产业的劳动力逐渐减少，而从事商业、运输通信、金融保险、咨询服务业等第三产业的劳动力逐渐增加，即从事直接物质资料生产的劳动人口在总人口中的比重下降，而从事非直接物质资料生产的劳动力在总劳动人口中的比重上升。

（三）体力劳动力向脑力劳动力流动

由于科学技术的发展，在社会的发展中和社会产品中，脑力劳动凝结占的比重越来越大，因此，在劳动者总数中，体力劳动者占的比重下降，脑力劳动者所占的比重上升。据专家分析和预测，美国由从事体力劳动的工人占劳动总数的不足 17%，降到 2010 年的 10% 左右，再降到 2020 年的 2%（罗肇鸿、牛树国，1999）。同时在未来一二十年中非专业白领工人人数很可能从 1995 年的 40% 减少到了 20% ~30%，其余 60% ~70% 的劳动大军可能由知识型劳动者组成（陶德言，1998）。

（四）农村劳动力向城市流动

这是社会发展和城市化水平不断提高的必然结果，一方面由于农业劳动生产率的不断提高，农业劳动力逐渐由农业人口转变为非农业人口，并逐渐集聚在一起，加快了城镇化发展；另一方面由于城市具有物流、资金流、信息流、知识流的高度密集性，也必然引起高的人流聚集。

（五）经济落后国家或地区的劳动力向经济发达国家或地区流动

经济发达国家或地区，一方面由于其经济发展迅速，对劳动力需求增加；另一方面经济发达地区或国家工作条件较好，收入水平较高，能够吸引大批劳动力的流入。而经济落后国家或地区的劳动者有着脱贫致富谋求发展的强烈愿望，因此，经济落后国家或地区的劳动力就会想方设法流向发达国家或地区（偷渡现象说明这一点）。

五、劳动力流动的优化决策

现代人类经济发展史证明：凡是流动开放的国家和地区或在一定时期劳动力是流动的，则其社会经济发展就比较繁荣先进；反之，则比较呆滞和后进。当然，并不是任何类型、任何规模、任何流速的劳动力流动都是合理的、可行的和有效率的。衡量合理、可行、有效率的劳动力流动的标准主要有三个：① 社会标准。劳动力流动在整体上要能充分地、合理地开发利用人力资源；能够推动经济结构的合理化和高度化；能够使国民经济持续、稳定、健康地发展，等等。② 用人单位标准。能够优化人力资源配置，

提高其效率；能够适合用人单位发展战略的需要；能够提升单位竞争力等。③ 劳动者标准。能够最大地发挥个人的才智和潜能；能够得到公平、合理的劳动报酬；能够不断地进行人力资本积累等。

优化的劳动力流动决策应该是能够实现宏观社会经济效益、微观社会经济效益与劳动力个人流动经济效益的有机统一。一个国家整体劳动力流动所创造的社会经济效益是宏观社会经济效益；一个企业或一个用人单位人员的流动所创造的效益是微观社会经济效益；劳动者个人的流动所创造的效益，是个人流动的经济效益。在市场经济条件下，三者存在着一定的矛盾，劳动力市场机制并不能完全解决劳动资源的优化配置与合理利用问题。要想使三者实现有机的统一，还需要国家利用政府干预机制解决劳动力资源的合理利用问题。这样劳动力流动决策就不再是单纯的个人决策行为，还要受到宏观政策的调节以弥补市场调节机制的不足。当然在其调节机制上，要以市场调节为主，政府干预为辅，如果政府对劳动力流动干预过多，我们又会重蹈计划经济管理体制的覆辙。

第二节 影响劳动力流动的因素

一、影响劳动力流动的基本因素

劳动力在进行流动决策时首先考虑的是经济因素，同时也考虑非经济因素，因此劳动力流动的影响因素可以分为经济影响因素和非经济影响因素。

（一）影响劳动力流动的经济因素

影响劳动力流动的经济因素最重要的是劳动力流动的成本与收益的比较，当劳动力流动的收益大于成本，即劳动力流动的净收益为正数时，劳动者才可能做出流动的决策，劳动力流动才会发生。如果流动成本大于流动收益时，劳动力流动的净收益为负数，由于流动是得不偿失的行为，劳动者就不会做出流动的决策，流动也就不会发生。那么如何计算劳动力的净收益呢？劳动力流动理论提出了一种计算方法，用公式表示为：

流动净收益现值 = 流动收益现值 - 流动成本

$$NRP = \sum_{t=1}^{n} \frac{Bt_1 + Bt_2}{(1+r)^t} - (C_1 + C_2)$$

式中：NRP 为劳动力流动的收益现值；

Bt_1 为在 t 年从新职业中取得的直接预期收益；

Bt_2 为 t 年从新职业中取得的间接预期收益；

C_1 为实现劳动力流动的直接成本；

C_2 为劳动力流动的间接成本；

t 为预期工作的年限；

r 为贴现率。

如果 $NRP<0$，流动不能发生，因为劳动力流动在经济上得不偿失；如果 $NRP=0$，流动可以发生，但意义不明显；如果 $NRP>0$，流动是合理的，因为通过流动可以获得更多的经济利益。

（二）影响劳动力流动的非经济因素[5]

流动成本与收益是劳动力流动的决定性影响因素，然而非经济影响因素对劳动力流动决策也产生重要的影响作用。这些影响劳动力流动的非经济因素主要有以下九个方面：

1. 年龄

研究表明，年龄是劳动力流动决策的一个重要影响因素。在其他条件相同的条件下，年龄越大，流动的行为越少。这是因为：① 年龄越大者收回流动投资的年限越短；② 年龄较大的人往往拥有较多的人力资本，流动会造成其人力资本积累的中断或流失；③ 年龄较大者流动成本高于年轻人（携带家属和物品搬家费用高、社会保险等延期支付流失等）。

2. 家庭

劳动力流动成本会随家庭规模的扩大而成倍增加。在年龄、学历相同的情况下，已婚劳动力比单身劳动力更不易流动，而且当那些已婚劳动者的配偶在已有满意的工作或收入较高时，他们就更不轻易流动了。此外，家庭中的子女对劳动者的流动也是一个限制因素，父母和子女也会拿预期的货币收益与流动的心理成本进行比较，若后者太大，就没有流动的愿望了。许多经验研究表明：① 未婚比已婚更容易流动；② 妻子就业阻碍着流动；③ 妻子就业时间越长，家庭就越不易流动；④ 有学龄儿童的家庭不易流动。[6]

3. 受教育程度

教育是同一年龄群体内部影响劳动力流动大小的重要因素。统计结果发现，最有可能提高流动性的是接受了大学及以上教育的劳动者，这是因为受过高等教育的劳动力市场可能是国际性或全国性的。此外，可能还因为具有大学及以上学历的人离开家乡的心理成本较小。因为多数大学生在接受高等教育时已经做了多次流动，这种经历使他们在新的机会来临时，更容易再一次流动。

4. 流动的距离

劳动力流动的决策可能与流动的距离呈反方向变动。统计结果表明，随着流动成本的上升，流动的劳动力数量就会随之下降。① 距离越远，可能流动的劳动力获得工作机会的住处越有限。处于远距离的劳动力市场的人获得其他地方的就业信息非常困难，而了解家乡附近的就业前景比远距离的地方要容易得多，如可以通过广告和亲戚朋友来了解。② 流动的实际距离越远，流动的费用及流动后探望亲友和家属的交通费、流动的心理成本都会越多。当然心理成本可能会因为家属跟随、朋友和亲戚一起流动而减少，但不可能完全消除这种心理成本。

5. 失业率

劳动力流动还要考虑失业的状况，根据人力资本原理，失业率高的地区通过劳动力流出，将使流动者的净收益增加。① 有失业者存在的家庭比其他家庭更可能流动。② 地区的失业与劳动力流出成正相关变化。不过，在年龄较大、学历较低或失业和其他转移性收入相对较高的情况下，这种流动也并不如想象的那样多。流动目的地的失业率也会影响流动者的决策。

6. 工会力量

工会力量的强弱，能对劳动力流动决策起到一定的作用。工会若能够代表工人的权益，会在一定程度上减少流动；没有工会或工会力量较弱，会促使工人的流动。

7. 国家和地方政策

国家和地方政策影响着劳动力流动的决策。① 高个人收入所得税将阻止劳动力的流入。② 政府花在公共福利及服务上的人均费用状况将影响劳动力流动。③ 政府吸引新行业的政策会导致特定地区劳动力的较大流动。④ 政府的区域发展政策（如我国曾经采用了建设海南自由贸易试验区的重点发展沿海、西部大开发、振兴东北工业等政策）影响着劳动力流动。⑤ 职业许可证制度会限制劳动力在地区之间和职业之间的流动等。

8. 流入地的环境质量和气候条件

流入地的环境质量和气候条件影响劳动力流动的决策。流入地的环境质量优良、气候条件好，会促进劳动力的流入，减少劳动力的流出；相反，如果环境质量和气候条件恶劣，会减少劳动力的流入，增加劳动力的流出。

9. 国际环境

国际环境影响到劳动力流动的国际决策。如果发生跨国流动，对流入地来说，语言、政治压迫和战争会导致国际的劳动力流动。

二、影响人才流动的因素理论

人才流动（the flow of talent）是指人才在地区、行业、岗位等方面的变动。人才流动的影响因素除了前面分析的基本影响因素外，还有其特殊的个体、组织和社会影响因素。

（一）影响人才流动的个体因素理论[7]

1. 勒温的“场”论

西方社会心理学之父，美国心理学家库尔特·勒温（Kurt Lewin）的“场”论认为，人的心理活动是在一种心理动力场或生活空间里发生的。

(1) 心理动力场或生活空间。“场”这个概念是勒温从物理学中借用过来的，勒温认为心理场（这个概念有点类似于我们平常所说的认知结构）就是由一个人的过去、现在的生活事件经验和未来的思想愿望所构成的一个总和。为了更好地说明心理动力场，勒温又提出了一个新的概念——生活空间（life space，LS），他将影响个人某时某地行为的所有因素总和，称为生活空间，它包含了人及其环境。

（2）人的行为是在心理场或生活空间里发生的。如果以 *B*(behavior)表示行为、*F* 表示函数(function)、*P*(person)表示人、*E*(environment)表示环境、*LS* 表示生活空间，那么，一个人的行为(*B*)取决于个人(*P*)和他的环境(*E*)的相互作用，也就是说，行为取决于个体的生活空间(*LS*)。这样，勒温的基本公式就是：

$$B = f(P, E) = f(LS)$$

这个公式的意思是行为随人及其环境的变化而变化，行为随生活空间的变化而变化。

（3）人才流动的影响因素是由于个人处在不利的环境之中。勒温的“场”论认为，个人的能力不但与其知识和素质有关，而且更与其所处的环境有密切关系。如果一个人处在领导作风民主、尊重人才、晋升和待遇公平、人际关系和谐的良好环境中，即使收入稍低，他也不会选择离职或跳槽。相反，如果他处在一个领导作风专断、不尊重知识和人才、存在严重歧视、人际关系恶劣、升职和待遇不公平等不利的环境中，即使收入较高，由于他个人受到排斥很难发挥其聪明才智，也很难取得应有的成绩，而且个人对环境的改变往往无能为力，改变的方法是离开这个环境，转到一个更适宜的环境去工作。

2. 中松义郎的目标一致理论

日本学者中松义郎在《人际关系方程式》一书中指出，当个人目标与组织目标完全一致时，个人的潜能得到充分发挥，当二者不一致时，个人的潜能受到抑制，就有可能流动（见图 5-1）：

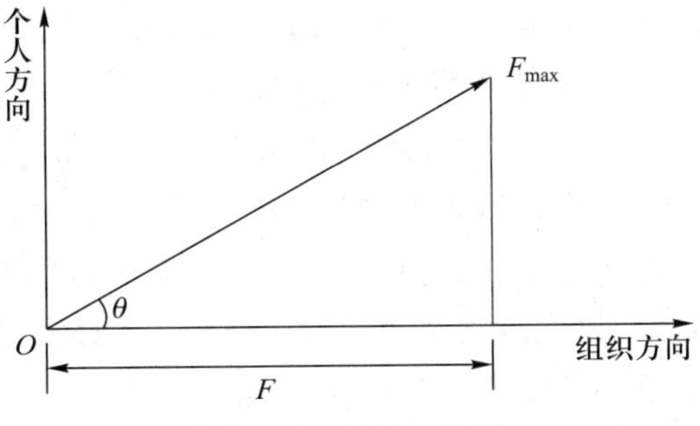

图 5-1 目标一致图

在图 5-1 中，F 表示一个人实际发挥出的能力，F_{max} 表示一个人潜在的最大能力，θ 表示个人目标与组织目标之间的夹角。

用公式表示三者之间的关系为：

$$F = F_{max} \cdot \cos\theta (0° \leqslant \theta \leqslant 90°)$$

显然，当个人目标与组织目标完全一致时，$\theta = 0$，$\cos\theta = 1$，$F = F_{max}$，个人潜能得到充分发挥；当个人目标与组织目标不一致时，$\theta > 0$，$\cos\theta < 1$，$F < F_{max}$，个人的潜能

受到抑制。

解决个人目标与组织目标不一致的问题有两个途径：

(1) 个人目标主动向组织目标靠拢，或者组织目标向个人目标方向靠近。作为个人来讲，要从实际出发，自觉限制或改变自己的行为方向，引导自己的志向和兴趣向组织目标转移，并努力趋于一致。作为企业来说，要积极对个人进行生活和心理方面的关心，了解员工的各种需要，进行业务方面的指导与支持，使个体向群体方向转化。不过，无论是个人或是企业这样做往往都是相当困难的，原因在于：① 由于价值观上的差异，企业和个人在对知识的尊重、人才的自我价值实现、对金钱的追求、对事业的忠诚等在价值观上很难弥合；② 由于人际关系上的矛盾（任人唯亲、排斥异己、嫉贤妒能等）难以克服；③ 由于业务努力方向上难以一致（如专业不对口，一改专业就有可能丧失业务上的优势）。总之，个人目标与组织目标之间的差异难以在短期内解决，因此，这条路的可取性不高。

(2) 人才进行流动。人才流动到与自己个人目标比较一致的新组织去。当个人能够流动到一个个人努力方向与组织期望比较一致的单位时，员工就会如鱼得水，个人积极性、创造性得到充分发挥，个人的行为容易受到组织的认同和肯定，形成良性循环。

3. 工作调整理论

工作调整理论认为，个人可以通过工作调整来选择与自己兴趣、爱好、知识和能力相适应并收入较高的工作，这必然引起人才流动。工作调整有被迫的工作调整（被解雇）和自愿的工作调整两种类型。

(1) 被迫的工作调整。由于自然灾害、经济萧条、劳动者的知识和技能老化等原因，引起企业经营不佳或劳动者的工作效率下降，这时员工的薪酬又不可以调低，那么企业不得不通过解雇职工来降低劳动力成本。

(2) 自愿的工作调整。当雇员不满意于当前工作的收入水平或工作环境时，希望在别的地方能够收入更高一些，工作环境更好一些，这样雇员一般采取辞职方式进行工作调整，这就是自愿的工作调整。主动的辞职还是劳动力获得劳动力市场信息的一种途径，是进行工作搜寻的一个部分。我们常常发现，只有当自己亲身尝试过一种工作以后才会了解所有有关这种工作的信息。这种行为可以形象地描述为“工作采购”，在这一过程中，职工通过尝试和犯错来搜寻那些最为适合自己的技能、兴趣和习惯的工作。“工作采购”的现象在年轻人群中最为常见（见图 5－2）。

此外，一些受教育程度较低、企业的培训较少、雇员工龄较短的劳动力也采取这种行为方式。对于他们来说，经常换工作并不会带来多大的人力资本投资方面损失。国外不少实证研究表明，在一个人最初 10 年的工作时间里，有 2/3 的收入增长是由工作调整带来的。

4. 马奇和西蒙的人才流失模型

美国学者马奇和西蒙（March & Simon，1958）在《企业论》中提出了关于员工流失的模型。他们认为影响员工流动的影响因素有两个：① 员工从企业流出的合理性，

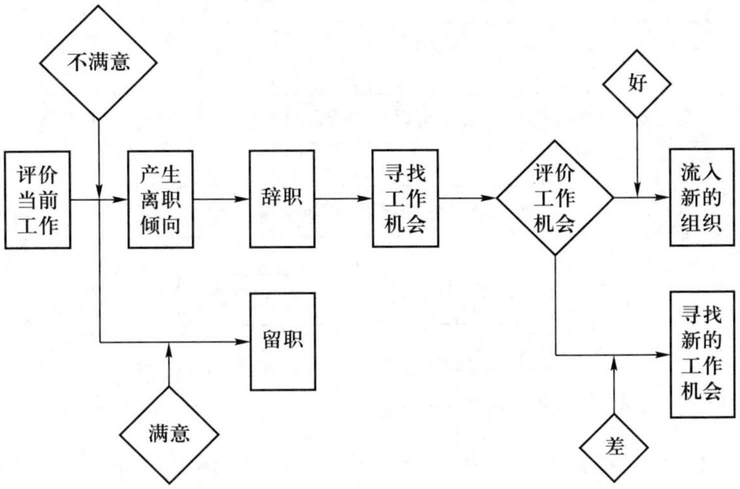

图 5-2 人才调整工作图

其中员工对工作的满意程度及其对企业间流动的可能性估计是两个最重要的决定因素；② 员工从企业流出的容易程度，员工所能够看到的企业的数量、他们胜任的职位的可获得性与他们愿意接受这些职位的程度是其流动的决定因素。

马奇和西蒙的人才流失模型实际上是由两个模型共同构成的。一个模型分析的是感觉到的从企业中流出的合理性，其中员工对工作的满意程度及其对企业间流动的可能性的估计是两个最重要的决定因素（见图 5-3）：

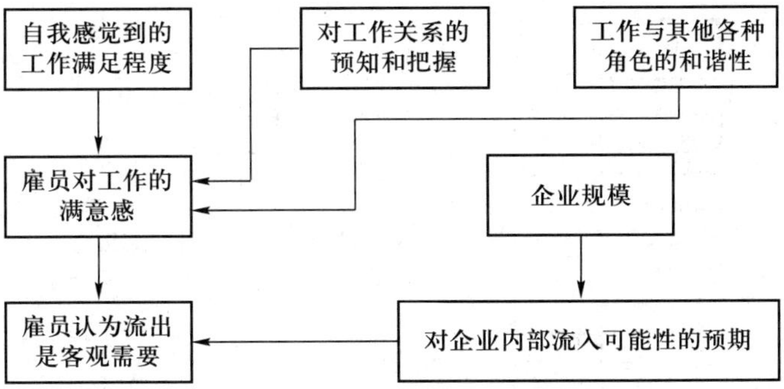

图 5-3 决定员工感觉到的流出的合理性因素

资料来源：March，Simon. Organizations. Newyork：Wiley，1958.

另一个模型分析的是感觉到的从企业中流出的容易性，员工所能够看到的企业的数量、他们胜任的职位的可获得性以及他们愿意接受这些职位的程度这几个因素是该模型中的决定因素（见图 5-4）。

在图 5-4 所示的雇员感觉到的流出的容易程度的决定因素中，马奇和西蒙特别强调雇员所能够看到的企业的数量、他们胜任的职位的可获得性以及他们愿意接受这些职位的程度。这个雇员流出模型是基于如下几点假设的：① 雇员首先对现有工作是充分胜任的或称职的。② 外在可供选择的企业的数量是雇员工作或职业能力的函数。③ 雇

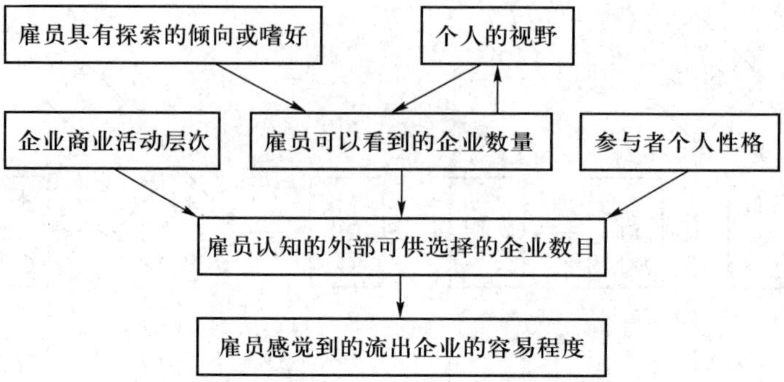

图 5-4 雇员感觉到的流出的容易程度因素

资料来源：March，Simon. Organizations. Newyork：Wiley，1958.

员参与的能力及性格，包括性别、年龄、社会地位、工龄及专业特点。④ 雇员认知的企业的数量。雇员看到的企业数量的多少，从企业的角度看取决于企业地位、产品知名度、产值及增长率，以及企业能提供的具有较高社会地位的职位或企业中拥有具有较高社会地位的人员等。从雇员的角度看，取决于雇员参与能力及水平，雇员认知的企业数量的多少取决于个人接触具有不同特质的人或事的能力、个人的洞察力及辨认事物的能力，以及雇员本身具有的探索倾向或偏好。

5. 普莱斯模型

普莱斯（Price）是美国对员工流失问题研究卓有成就的专家。普莱斯建立了有关员工流出的决定因素和干扰变量的模型——普莱斯模型（见图 5-5）。

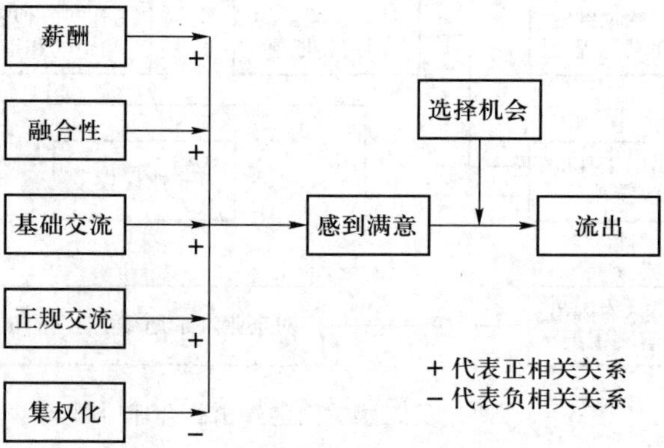

图 5-5 普莱斯关于雇员流出决定因素及中介变量模型

资料来源：James Price. The Study of Turnover. Iowa State University Press，1977.

该模型指出，工作满意度和调换工作的机会是员工流失和其决定因素之间的中介变量。工作满意度可以用来反映企业内员工对企业持有好感的程度。得到工作的机会显示出员工在外部环境中角色转换的可行性。普莱斯模型的前提条件是只有当员工调换工作的机会相当高，且员工对工作不满意时才会导致流失。

普莱斯定义了决定员工流出的主要因素为：薪酬水平、融合性、基础交流、正规交流以及企业的集权化，前四种因素与员工流出呈现正相关性，企业的集权化与员工流出呈现负相关性。工作满足度和变化工作的机会是员工流失和其他决定因素之间的中介变量。

（二）影响人才流动的组织因素理论

1. 卡兹的组织寿命学说

（1）卡兹曲线。美国学者卡兹（katz）从保持组织活力的角度建立了组织寿命学说。他通过对科研组织的寿命研究发现，组织寿命的长短与组织内的信息沟通情况有关，与获得成果有关。他通过大量调查统计绘出了一条组织寿命曲线，即卡兹曲线，如图 5－6 所示：

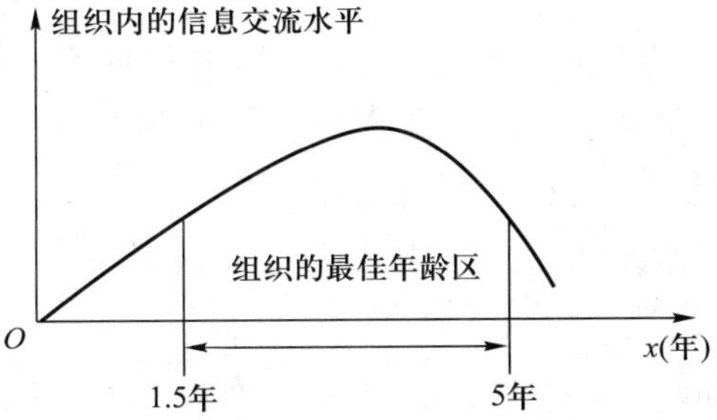

图 5－6 卡兹曲线

资料来源：谢晋宇．员工流动管理．天津：南开大学出版社，2001.

（2）卡兹曲线的内容。在图 5－6 中，卡兹曲线表明，在一起工作的科研人员，在 1.5～5 年这个期间里，信息沟通水平最高，获得成果也最多。而在不到 1.5 年的时间里，成员信息沟通水平不高，获得成果也不多。这是因为相处不长，组织成员之间还不熟悉。而相处超过 5 年，由于大家过于了解和熟悉，在思维上已经形成定势，会导致反应迟钝和认识趋同化，这时组织会呈现出老化和丧失活力。

（3）卡兹曲线的应用意义。卡兹曲线告诉我们，组织和与其他生物一样也有成长、成熟和衰退的过程。组织的最佳年龄区为 1.5～5 年，超过 5 年就会出现组织老化，解决的办法是通过人才流动对组织进行改组。他从组织活力的角度证明了人才交流流动和人才退出的必要性。一般而言，人的一生流动 7～8 次是可以的，流动次数过多反而会降低效率。

2. 库克的人才创造力曲线

美国学者库克（Kuck）从如何更好地发挥人的创造力的角度，论证了人才流动的必要性，库克的人才创造力曲线（库克曲线，kuck curve）如图 5－7 所示。

在图 5－7 中，*OA* 表示研究生在 3 年的学习期间创造力增长情况；*AB* 表示研究生毕业后参加工作初期，第一次承担任务所具有的挑战性、新鲜感，以及新环境的激励，促其创造力快速增长；*AC* 为创造力发挥峰值区，是出成果的黄金时期；随后进入 *CD*，即初衰期，创造力将继续下降；最后进入衰退的 *DE* 期，创造力将继续下降并稳定在一

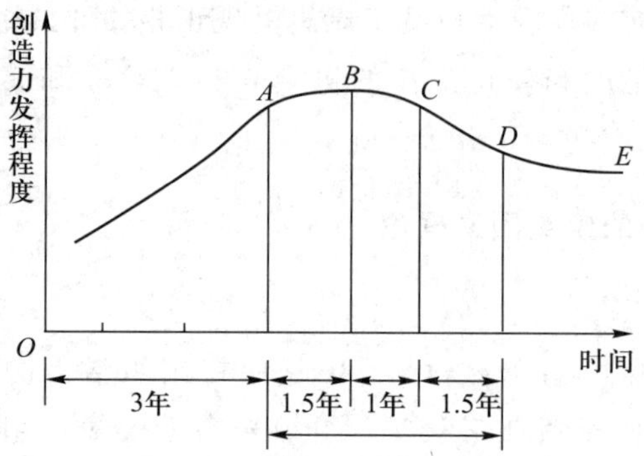

图 5-7 库克的人才创造力曲线

资料来源：谢晋宇．员工流动管理．天津：南开大学出版社，2001.

个固定值。在衰退期如不改变环境和工作内容，人才的创造力将在低水平上徘徊不前。库克指出，为激发研究人员的创造力，应该及时变换工作部门和研究课题即进行人才流动。在图 5-7 中，人才创造力较强的时期大约有 4 年（*AD*），人的一生就是处在不断开辟新工作领域的过程来激发和保持自己的创造力的。即走完一个 S 形曲线，再走下一个 S 形曲线。

库克的人才创造力曲线告诉我们：① 人才的创造力发挥有一个最佳期 *AC*，超过了一定年限，人才的创造力会进入衰减稳定期 *DE*；② 为激发员工的创造力，应及时调整人才的工作岗位、变换新的研发课题环境；③ 组织要保持旺盛创造力，必须不断吸纳新人才并允许原有人才流出组织之外。

（三）影响人才流动的社会因素理论

影响人才流动的社会因素除了教育水平、产业结构等因素外还有如下因素。

1. 不可交换的商品

美国学者格雷夫斯和林内曼认为：在人才流动中，首先要区分可交换的商品和不可交换的商品，不可交换的商品包括气候、自然条件、地理位置、政治制度、社会环境、生活质量等非经济因素。正是由于人们为追求不可交换商品的满足程度，追求高生活质量和舒适程度，才促使人才进行流动。

2. 政府提供的公共物品和社会福利

人才流动考虑的经济因素，除了收入水平外，政府提供的公共物品和社会福利也是一个重要的因素。在人才的国际流动中，哪些国家提供的免费公共物品项目多、福利水平高，就会吸引人才流入；相反哪些国家提供的公共物品质次价高、福利少，这些国家不仅不能引进人才，还会造成本国人才的流失。这是当今发达国家吸引技术移民和发展中国家人才流失的一个重要原因。

3. 不同国家的经济规模和实力

美国学者默菲、斯雷弗和维希里的研究表明，不同国家的经济规模和实力是影响人才国际流动的一个重要因素。他们认为，一般来说，高素质人才在大国的劳动报酬率要高于小国，在强势行业的劳动报酬率要高于弱势行业。因此，那些高税率的小国最容易流失人才，尤其是流失到像美国这样的国家。而对于那些语言、文化相似的国家中的小国来说，就更应将本国的个人所得税税率保持在低于竞争对手国的水平上。

第三节 劳动力（人口）流动理论

一、劳动力流动的成因理论

（一）马克思和列宁对人口流动原因的考察

1. 社会分工和生产社会化

在马克思看来，分工有两类：一类是自然分工；一类是社会性分工。自然分工是在纯生理的基础上产生的，这种分工最初在家庭内部（男耕女织）和单位内部进行；社会分工则是由原来不同而又相互依赖的生产领域之间的交换而产生。社会分工使得不同的人分别从事物质活动和精神活动，它需要有人口的流动。历史上出现过三次大的社会分工，每次大的社会分工都极大地促进了劳动力的流动。马克思进一步认为，资本主义生产方式确立和劳动力市场出现之后，生产社会化大生产才导致了人口的全面流动。

列宁也分析了社会分工和劳动社会化对人口流动形成的决定作用。他指出："社会分工是商品经济的基础……商品经济的发展使单独的和独立的生产部门的数量增加……也就意味着愈来愈多的人口同农业分离，就是说工业人口增加，农业人口减少。"[8]他进一步指出，商品生产的增长和市场规模的扩大，使生产的空前集中代替了分散、自由雇用代替了人身依附、人口流动浪潮替代了定居方式。列宁还认为，城乡经济差异是造成城乡人口流动的经济原因。他指出，19 世纪后期的俄国，工人的状况比农民好，这就使得农业人口不断流动，变成了工人。

2. 过剩人口

马克思认为，无论是人口增殖造成土地不敷使用，或是由于土地兼并使自耕农破产，或是资本主义生产关系入侵导致传统农业经济瓦解，都会出现过剩人口寻找谋生的门路。因此人口流动是达到过剩人口与生产资料进行新的结合的必要途径和条件。在不同的生产方式下有不同的过剩人口流动方式。由于过剩人口对于生产的压力，使古代奴隶制城邦国家"希腊和罗马采取周期性地建立殖民地形式的强迫移民"，以便保持城邦内自由民的稳定生活。……而在资本主义制度下的强迫移民，情况则完全不同。人口过剩完全不是由于生产力不足而造成的；相反，正是生产力的增长要求减少人口，借助于饥饿或移民来消除过剩人口。现在不是人口压迫生产力，而是生产力压迫人口。[9]

3. 大机器工业化和城镇化

工业化过程经历过手工业、工场手工业和机器大工业三个阶段。在前两个阶段，某些手工业者特别是商人，虽然常年处于无休止的流动中，但就整个社会整体而言，人口流动还是少量的。在工业发展的第一、二阶段，工业制度本身并没有破坏生产者的定居生活和闭塞性。相反地，大机器工业必然造成人口的流动性。大机器工业的发展吸收了大量农村人口，从而促进了工业化的发展，人口流向工业中心，又为城市进程输送了大量流动人口，从而促进了城市的发展。列宁把俄国所经历的这种历史过程概括为：“人口流入工业的过程，城市增多的过程以及新的大工业中心形成的过程也在迅速进行。”[10]

4. 经济危机

马克思认为，资本主义生产的周期性发展，繁荣与衰退交替出现，由此引发的产业对于劳动力需求的大幅度增长或削减，也是造成劳动力流动的主要原因。在经济危机时期，随着国内市场日益缩小，“大工业国工人不断过剩，大大促进了国外移民和把外国变成殖民地……”[11]，随着大量资本输出，过剩的劳动力也随着资本输出而流向外国。“停滞和危机时期，即移居国外的愿望最为强烈的时期，也是较多的过剩资本输出国外的时期”，而移民减少的时期，也正是过剩资本输出减少的时期。[12]

（二）配第－克拉克定理与库兹涅茨法则

这一理论主要分析了产业间收入差异和产业结构变迁引起的劳动力流动。

1. 配第－克拉克定理

英国古典经济学家威廉·配第（Willian Petty）较早从经济发展的角度揭示了人口流动的原因。他在《政治算术》（1672）中提出了不同产业的收入差异定理，他说：“比起农业来，工业的收入多，而商业的收入又比工业多。”[13]这种比较利益的差异会引起人口的流动和产业结构的调整，从而揭示了人口流动和产业结构变迁的方向。1935年新西兰学者费希尔提出了三次产业的分类，但没有总结出劳动力转移的规律。1940年英国经济学家克拉克（Clark）在配第收益差异定理和费希尔三次产业分类的基础上，通过整理分析若干国家的统计资料，得出结论：“随着时间的推移和社会在经济上变得更为先进，从事农业的人数相对于从事制造业的人数趋于下降，进而从事制造业的人数相对而言于服务业的人数趋于下降。”[14]由于克拉克认为他的发现印证了配第早年的定理，所以，后人把克拉克的结论称之为配第－克拉克定理。克拉克认为，劳动力在产业之间转移的原因是由经济发展中各产业的收入出现了相对差异所造成的。因此，配第－克拉克定理可以表述为：随着经济的发展、人均国民收入水平的提高，劳动力首先由第一产业向第二产业转移；当人均国民收入水平进一步提高时，劳动力便向第三产业转移。劳动力在产业间的分布状况是：第一产业逐渐减少，第二产业先增加后减少，第三产业将不断增加。

克拉克对其总结的规律提出了二点解释：第一是需求因素。他认为：“随着人均收入的增加，很明显，对农产品的相对需求一直在下降，而对制造品的相对需求开始上升然后下降，而后让位于服务业。”[15]第二是效率因素。农业劳动生产率是不断上升的，它与需求结合在一起就必然导致农业劳动力比例的持续下降；第二产业的劳动生产率最高，会高于需求的增长，所以当生产效率高到一定的程度，劳动力的就业比例就会下降；由于对服务业的需求长期高于其生产效率的提高，所以服务业的劳动力比例总是不断上升的。

2. 库兹涅茨法则

美国经济学家库兹涅茨（Kuznets）在《各国经济增长》（1971）中收集和整理了二十多个国家的庞大数据，通过对各国国民收入和劳动力在产业之间分布结构的演变趋势的统计分析，得出如下结论：

（1）农业部门实现的国民收入随着年代的延续，在整个国民收入中的比重同农业劳动力在全部劳动力中的比重一样处于不断下降之中。

（2）工业部门的国民收入相对比重大体上是上升的，工业部门劳动力上升的份额低于或等于服务业部门。

（3）服务部门的国民收入相对比重和劳动力的相对比重在所有国家都是上升的。

他还认为，由于近代农村人口和劳动力的自然增长率远比城市和非农业部门的自然增长率高，因此，劳动力增长和就业机会差别之间必然产生矛盾，造成大量的国内移民，同代和几代人间的职业和地区转移及随之而来的经济和社会流动，使劳动力结构转移比重加速，国内流动速度更快。

（三）博格的人口流动推力－拉力理论

根据辜胜阻教授的研究，恩格斯最早在《英国工人阶级状况》（1845）一文中就从工业发展对劳动力的需求、工农业比较利益差异的角度分析了人口流动的拉力。[16]在1938年，赫伯尔（Herberle）就指出迁移是一系列力量引起的，这些力量包括促使一个人离开一个地方的推力和吸引他到另一个地方的“拉力”，他将拉文斯坦提出的人口迁移的吸引力（拉力）扩展为“拉力”和“推力”。但是较为全面的推力－拉力理论是由博格（Bogue，1959，1969）明确提出的。博格人口流动的推力－拉力因素如表5－1所示：

表5－1　博格的人口流动推力-拉力因素

人口流出地的推力因素	人口流入地的拉力因素
1. 自然资源枯竭、农业生产成本增加，一些产品、服务需要减少 2. 劳动密集型产业被机械化、自动化替代，出现了就业困难及失业增加 3. 由于政治、宗教、种族等原因出现了就业和待遇歧视	1. 新资源、新产业、新企业、新财富的形成或发现，矿藏或耕地有待开发 2. 对一些产品、技能、服务需求量上升，新产业、新企业增加，有了从事本职业更好的工作机会或从事其他更合意的职业的机会 3. 一些需要经常流动的产业（如钻井、勘探、修路、建筑等）

续表

人口流出地的推力因素	人口流入地的拉力因素
4. 企业破产、罢工、产业并购等原因，产业转移到外地 5. 本地遭到其他职业、收入阶层、外种族人的入侵 6. 本地不能提供个人就业机会、发展机会或婚姻机会 7. 遇到了自然灾害（旱灾、水灾、地震）或传染病，等等	4. 更适合自己的经济环境（如收入水平高、福利好、物价稳定等）和生活环境（如房产价格相对低、气候、地貌、学校等） 5. 能够提高自己的学历、知识、能力，等等

当然，在人口流出地，在推力作用的同时，也存在着拉的力量，拉的力量包括家人团聚的欢乐、亲戚朋友的帮助、互相熟悉的社区环境等。人口之所以流出是因为推的力量大于拉的力量，推力占主导地位。在人口流入地，也存在着推的力量，如家庭和亲人的分离、陌生的工作和生活环境、激烈的竞争、在出生和成长地形成的社交网络的中断、生态环境质量的下降等。

博格认为，从运动的观点看，人口流动是由推力与拉力两种不同方向的力量作用的结果：① 在人口流出地，当推力小于或等于拉力时，人们就不会选择流动，只有当推力大于拉力时，人们才会选择流动；② 在人口流入地，当拉力小于或等于推力时，人们就不会选择流动，只有当拉力大于推力时，人们才会选择流动；③ 在人口流出地与人口流入地之间，当人口流出地拉力大于或等于流入地拉力时，人们就不会选择流动，只有当流出地的拉力小于流入地拉力时，人们才会选择流动。

我国学者运用推力－拉力理论分析了城市与农村之间的劳动力流动（见图 5－8）。

（四）库兹涅茨对人口再分布的研究[17]

库兹涅茨在分析 19 世纪到 20 世纪 50 年代美国人口再分布与经济发展的历史时指出，经济发展与人口的区域再分布相互紧密联系，互为变量。一方面，伴随着经济发展的人口增长会自发刺激人口从过度密集地区流向相对稀少的地区，以开拓自然资源，从而进一步引起人口流动；另一方面，现代社会技术进步造就的经济增长会通过工业化、城镇化等形式对人口分布产生更为重要的影响。他举例说，农业技术进步使得农业劳动生产率极大提高，乡村劳动力的就业机会减少，而资本和劳动力则流入制造业、建筑业、运输业、通信业、贸易及其他服务部门。这些部门不像农业那样依附于土地，而集中于现代城镇社会。因此，他认为，可以说，经济增长由技术变革引导，而人口分布变动则是适应经济机会变化的结果。技术进步往往是十分具体的，它对不同部门和不同地区的影响程度不一。这种变化对人口过程会产生影响。但相对而言，能够迅速而直接适应这种变化的是通过人口流动而形成的人口分布。因此，人口流动是适应技术变化而导

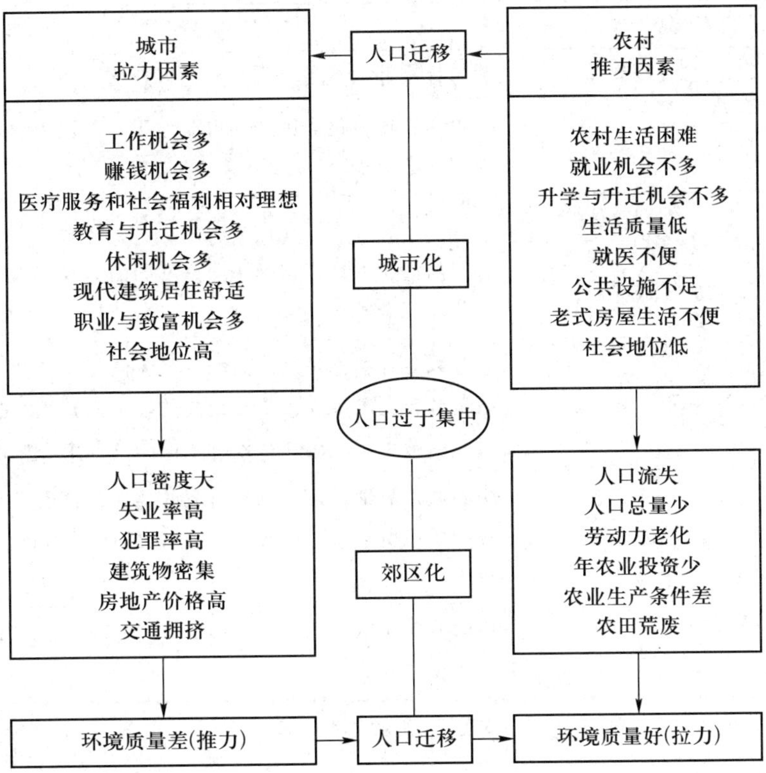

图 5－8　城市与农村之间人口流动的推力－拉力

致经济机会（企业投资机会、劳动力就业机会、要素的收入增加机会等）变化的主导机制。

他还认为，流动人口在性别、年龄、种族、家庭地位、教育程度、健康状况等诸多社会及人口学特征方面是具有选择性的。相比之下，以寻找工作为背景的流动人口会具有更高的生产效率，更能促进经济发展。

二、人口流动规律

（一）拉文斯坦对人口流动规律的初步概括

英国统计学家拉文斯坦（Ravenstein）于 1885 年在英国皇家统计学杂志《Journal of the Royal statistical society》第 48 期上发表了《人口迁移规律》一文，他在对英国 1871 年至 1881 年的人口迁移做了分析的基础上，根据二十多个国家的统计资料提出了七条人口迁移的规律（见表5－2）：

表 5－2　拉文斯坦的迁移规律

研究领域	具体规律	迁移规律的内涵
迁移机制	经济规律	为了提高和改善生活质量而进行迁移
	城乡规律	乡村居民比城镇居民迁移可能性要大，城镇居民比农村居民迁移的数量少
迁移结构	性别规律	女性迁移以短距离为主，而且相对于男性迁移倾向更强
	年龄规律	各年龄段，人口迁移的倾向是不同的，青年人是人口迁移的主体
空间特征	距离规律	多数人口迁移都是短距离的，其流向是工商业中心，移民的数量分布随着距迁入中心距离的增加而减少，长距离的迁移者，通常是优先选择迁入特大的工商业中心城市
	递进规律	中心城市吸纳乡镇人口所造成的空缺，将由乡镇周边更远地区的居民所填补，直到中心城市的吸引力传递至最偏远的角落
	双向规律	迁移的流向不是单向的，每个主要的迁移流会产生一个补偿性的反迁移流

资料来源：朱杰．人口迁移理论综述及研究进展．百度文库，2009.

（二）E. S. 李对人口迁移规律的总结

E. S. 李（E. S. Lee）于1966年在其《人口迁移理论》一文中，除了对人口流动的迁出地、中间障碍、迁移者个人原因进行了分析外，他还对人口迁移的规律进行了总结，他对人口迁移规律的概括主要有人口迁移的流量、流向、迁移者的特征三方面的内容。

1. 人口迁移的流量

他总结出了人口迁移流量的六个方面的规律：

（1）人口迁移量因地区差别而有所变化。在社会经济发展条件、地理位置和自然环境不同的地区里，人口迁移量是不同的。人口迁移量与迁入地和迁出地的差异程度紧密相关，两地差异性越大，迁移量也就越大。

（2）人口迁移量因人口群体差别而有所变化。自然结构和社会结构不同的人口群体有不同的迁移量，如青壮年比重大的人口群体的迁移量显然高于青壮年比重小的人口群体。

（3）人口迁移量的大小与迁出地和迁入地的中间障碍因素克服的难易程度有关。

（4）人口迁移量的大小与经济增长的周期相关，一般情况是经济繁荣时期人口迁移量较大，经济萧条时期人口迁移量较小。

（5）在没有外在强力控制的情况下，人口迁移量和迁移率总是随着时间的推移而不断增加。

（6）人口迁移量和人口迁移率取决于一个国家或地区的发展水平。社会经济越发达的国家或地区，人口迁移量越大，迁移率越高；反之，则人口迁移量小，迁移率越低。

2. 人口迁移的流向

他总结出的六条人口迁移流向的规律是：

（1）人口迁移往往有其特定的流向。一方面是由于迁移机会常集中于某些特定的地区，另一方面则由于迁移往往遵循先行者的线路和方向，分享先行者的经验和信息，以减少中间障碍。

（2）大规模的人口迁移称为迁移流，每一人口迁移流往往都是伴随着与迁移方向相反的回流。回流的原因或是由于迁入地吸引力的消失，或者是经济不景气，也可能是由于迁移者对迁入地和迁出地进行了重新评价。另外，一些社会原因（例如中国的农产品补贴和免除农业税政策）也可能造成人口迁移回流。

（3）流向效率（指迁移流与回流的比率）的变化取决于迁出地与迁入地影响因素的变化情况。如果迁出地对迁移的影响主要是负的，则流向效率较高。

（4）如果迁入地与迁出地状况相似，那么迁移流和回流的流向很低。

（5）中间障碍对迁移流的效率有很大影响，中间障碍越多和难以克服，则流向效率越高。因为困难越多，一方面使迁移者先谋而后动，减少了反向流动的可能，另一方面则同样使反方向流动也很困难。

（6）流向效率与经济周期有紧密关系，一般是经济繁荣时期，流向效率高，经济萧条时期，流向效率低。

3. 迁移者的特征

关于人口迁移者的特征，他总结出了七个方面的内容：

（1）迁移者具有选择性。其原因在于不同人对迁出地和迁入地正负因素评价不同，克服中间障碍因素的能力也不同。

（2）主要出于对迁入地正负因素的反应而迁移，使得迁移者本身存在正向选择。即，着眼于迁入地正面因素而迁移者，往往是对这些因素予以积极评价者，迁移者本身也表现出在这些方面的优势。

（3）主要出于对迁出地负面因素的反应而迁移，使得迁移者本身存在负向选择。这就是说，着眼于迁出地负面因素而迁移者，往往是对这些因素予以负面评价者，迁移者在克服这些因素方面表现出劣势。当然，也有一种情况即迁出地负面因素对所有人来说都是不可克服的，他们没有选择的余地，只有迁移。

（4）就整体而言，迁移的选择具有两极性的倾向。如迁移者的文化程度和职业特征，往往是两极端的人占比重较大（迁移人口中文化程度高和文化程度低的迁移者居多，我国的农村向城市流动也证明了这一点，其中大专科以上文化程度的乡村人口迁入城镇的多，外来务工人员中初中以下文化程度的居多）。

（5）正向选择（如在人口迁移中的正向选择一般是：落后乡村→发达乡村→镇→小

城市→中等城市→大城市→特大城市）随中间障碍的难度而加深（在人口迁移中，迁移的中间障碍难度镇为最小，小城市较小，中等城市次之，大城市最大），迁移中会遇上的障碍犹如一个筛子，逐级淘汰掉部分能力不足者，对迁移做出了正向选择（迁移中的困难越多，能迁移者的素质和能力越高）。

（6）迁移者在其生命周期的一定阶段中所增强的偏好，对于迁移者的选择性有重要作用。

（7）迁移者兼有迁出地和迁入地二者居民的中间特征。

三、扎林斯基的人口流动阶段论

1971 年，人口学者扎林斯基（Wilbur Zelinsky）在美国《地理杂志》第 61 期发表了《人口流动转变论》一文，认为人口流动与社会经济发展条件相关，也与人口的出生率和死亡率存在密切联系。他把人口流动与人口转变理论结合起来，提出了人口流动转变的五个阶段论，如表 5－3 所示：

表 5－3 扎林斯基的人口流动阶段论

历史阶段	人口自然变动	人口流动
传统社会	1. 人口出生率较高或非常高，而且波动小 2. 死亡率几乎与出生率相当，但不同年份波动较大 3. 人口的自然变动很小	很少有真正意义上的改变居住地的迁移。只有有限的与商业、战争、宗教等活动相关的非永久性暂时流动
早期转变社会	1. 人口出生率出现轻微却是意义非凡的上升，然后保持在一个较为稳定的高水平 2. 死亡率迅速下降 3. 人口自然增长速度相当快，人口规模迅速扩大	1. 出现大规模的从乡村向新旧城市的人口流动 2. 在有未开发土地的情况下，乡村人口大规模地移民垦荒 3. 大批人口涌向可以移民的地区或具有吸引力的国外 4. 在一定情况下，数量较少但有重要意义的熟练工人、专业技术人员从更发达的国家流入 5. 各种暂时性人口流动显著增加
后期转变社会	1. 出生率明显下降，开始是缓慢下降，接着是快速下降，在出生率接近死亡率时降低的速度又缓慢下降 2. 死亡率持续而缓慢地下降，人口自然增长明显，但以不断降低的增长速度方式进行，增长率比前一阶段要低得多	1. 从乡村向城市的流动有所减缓，但数量仍然较大 2. 垦荒性的移民减少 3. 向国外移民下降或停止 4. 短暂性流动人口数量进一步增加，形式更加复杂多样

续表

历史阶段	人口自然变动	人口流动
发达社会	1. 出生率停止下降，而且被人为控制在一个很低或较低水平 2. 死亡率在接近或低于出生率的水平上稳定下来，波动性很小 3. 人口自然增长率很低或者停止增长	1. 居住地改变式的迁移达到顶点，并且在一个较高水平上波动 2. 乡村向城市的迁移仍在继续，但无论绝对量和相对量都进一步减少 3. 城市间迁移和市内的流动极具活力 4. 如还存在垦荒式迁移的话，现阶段会处于停滞状态，甚至出现回流 5. 来自于欠发达地区的无技能或半熟练工人迁移显著增加 6. 熟练工人和专业技术人才的国际迁移和流动明显，但其移动的方向与规模取决于具体条件 7. 短暂性人口流动加速增长，大多出于经济及游乐目的或其他目的
未来超发达社会	1. 目前还难以预料人们的生育行为，但很可能的是人们更加谨慎地控制生育 2. 死亡水平可能稳定在一个较目前稍低的水平上，除非疾病得到控制和寿命得到大幅度提高	1. 由于拥有发达的通信与传递手段，居住地改变式的迁移和一部分短暂性流动会减少和降低 2. 几乎所有的迁移是在城市内部或城市之间 3. 不发达地区缺乏技能的劳工的流出仍有可能 4. 一部分短暂性流动可能加速，新形式的短暂性流动也可能产生 5. 国际和国内的人口移动可能受到严格的控制

注：钟水映．人口流动与社会经济发展．武汉：武汉大学出版社，2000：27－28.

总之，扎林斯基对人口自然变动和人口机械变动所概括的五个阶段是：

第一阶段，传统社会阶段。人口的出生率和死亡率都很高，人口自然增长缓慢，人口很少流动。

第二阶段，早期转变社会阶段。随着死亡率的下降，人口迅速增长，人口出现了大规模由农村向城市的迁移；同时也在国内拓荒和在国外建立殖民地。

第三阶段，后期转变社会阶段。人口出生率持续下降，抑制了人口的自然增长，因移民国外使农村人口向城市的流动速度放慢。

第四阶段，发达社会阶段。出生率和死亡率都较低，农村向城市的人口迁移速度较以前更低，然而城市内部和城市之间的人口流动增强。

第五阶段，未来超发达社会阶段。推测大多数居民移动是在城市内部和城市之间，对于来自发展中地区的非技术工人的大量迁入，发达地区可能予以控制。所以人口流动也要与该国当时所处的阶段相适应。

四、二元经济中的劳动力流动理论

二元经济是在发展中国家在实现工业化（城市化）过程中存在着落后农业部门和发达工业部门的二元经济结构：农业国（一元经济，经济主体的是农业经济）→农业工业国（二元经济，农业与工业并存）→工业国（一元经济，经济的主体的是工业经济）。许多研究表明，实施农村劳动力转移的战略有两个要点：一是加速城镇化的进程并建立城乡一体化就业的就业制度，实现农村劳动力的易地转移。二是大力发展农村经济，实现农村劳动力的就地转移。二元经济中的劳动力流动理论如图 5－9 所示。

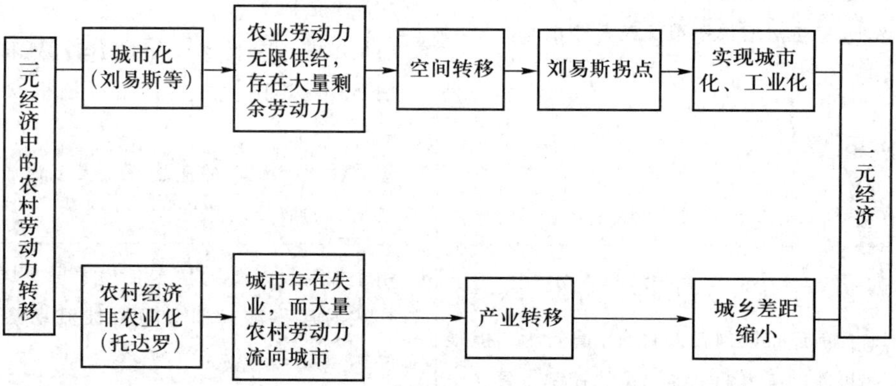

图 5－9　二元经济中的劳动力流动

（一）刘易斯的二元经济理论

美国经济学家刘易斯（Lewis）1954 年在《曼彻斯特学报》发表的《劳动无限供给条件下的经济发展》一文中，提出了发展中国家劳动力从维持生计的部门向现代化部门流动的模型，即二元经济理论。

1. 刘易斯的二元经济理论的观点

（1）发展中国家存在着二元经济结构。刘易斯认为，发展中国家存在着现代化部门和维持生计部门的二元经济结构：① 现代化部门包括矿业、大型农场、工业及大型运输企业、现代服务业等单位，它们以现代化方法进行生产，劳动生产率和工资水平超过维持生计部门，所使用的是可再生性的生产资料加上不断增长的资本投入，从而使生产的发展超过了人口的增长速度而对劳动力需求增加。② 维持生计部门包括家庭农场、手工业、家庭仆人、小商业及临时工等单位。它们以传统生产方法进行生产，劳动生产率很低，收入仅够维持生计。在维持生计部门，一方面，由于经济缺乏资本投入和现代化的生产技术简单而使经济收益呈现递减的趋势；另一方面，人口快速持续增长，达到劳动年龄就自然就业，其结果是劳动力的边际生产率很低，出现了严重的劳动力过剩。

（2）三个假设前提。刘易斯模型是建立在三个假设前提基础上：①“零值劳动力”和劳动力的无限供给假设；② 工资不变假设，即维持劳动力生计的收入决定资本家支付工资的下限；③ 资本家剩余用于投资假设，即资本家由于把剩余再投资而扩大生产，能吸收更多的人从维持生计部门转移到工业部门就业，剩余越来越多，资本形成也越来越大，而且这个过程要一直继续到剩余劳动力消失为止。

（3）二元经济转化为一元经济的两个阶段。刘易斯认为，在二元经济转化为一元经济过程中会经历两个不同的阶段：① 维持生计部门劳动力供给大于需求阶段。由于农业部门存在着大量的剩余劳动力，劳动供给的弹性是无限的，因此，资本主义部门只要支付略高于农村维持生计收入水平的工资，就会获得无限的劳动力供给，这时会出现一个利润急剧增加、资本加速积累、剩余劳动力迅速转移的时期。② 当资本增长赶上劳动供给时，经济发展就进入了第二阶段。此时生产要素的供给弹性很低，维持生计部门转移劳动力的工资也会提高，技术进步的利益也不全归于利润，资本主义部门和维持生计部门两个部门的收入将随着劳动生产率的提高而上升，二元经济也逐步变为一元经济，实现了经济的现代化。

（4）“刘易斯拐点”（转折点）。刘易斯在 1972 年发表的《对无限劳动力的反思》一文中提到两个转折点的观点，理论界把此观点称为“刘易斯拐点”。第一个拐点发生在二元经济发展第一阶段转变到第二阶段时，此时劳动力由无限供给变为相对短缺，资本主义现代化部门的工资开始上升，标志着“刘易斯第一拐点”开始到来。第二个转折点出现于二元经济发展到劳动力开始出现相对短缺的第二阶段，随着农业的劳动生产率不断提高，农业剩余进一步增加，农村剩余劳动力完全释放，两个部门的边际产品相等，一体化的劳动力市场形成，此时，“刘易斯第二拐点”开始到来。

显然，“刘易斯第一拐点”与“刘易斯第二拐点”的内涵是不同的，都具有标志性的象征意义，前者的到来为后者的实现准备了必要的前提条件，但后者的意义是决定性的。对照“拉尼斯－费景汉模型”中的三阶段划分，该模型中从第一阶段转化到第二阶段的过渡点即为“刘易斯第一拐点”，该模型中从第二阶段转化到第三阶段的过渡点即为“刘易斯第二拐点”。

2. 对刘易斯的二元经济理论的评价

（1）刘易斯的二元经济模式在发展经济学中具有重要的意义：① 他第一个提出了二元经济发展理论，分析了两大部门的结构差异，为发展经济学开辟了新的思路。② 他的二元经济理论弥补了新古典经济学不能解释大部分亚洲发展中国家经济发展的空白。③ 他修正了马尔萨斯过高地估计了人口增长率和李嘉图忽视农业技术进步对农村地租、城市地租的影响等理论观点。④ 他把经济发展和劳动力转移有机地结合在一起，揭示了转移的客观规律，对发展中国家制定经济和就业战略有重要的参考意义。

（2）刘易斯的二元经济发展模式存在的缺陷有：① 他的“维持生计部门存在着剩余劳动力、而现代化部门不存在失业”的假定与现实是不符合的。② 他的理论只强调现代部门的发展，而忽视了传统部门的发展。③ 他把不变的工资水平作为分析的基础与实际情况是有差异的。④ 他的零值劳动力假设在计量上有缺陷，对此美国经济学家舒尔茨做了批评。[18] ⑤ 他把资本积累看作工业部门扩张和经济发展的唯一源泉，而忽视了技术进步和制度创新的作用。在刘易斯的二元经济模式的基础上，后来一些学者不断地加以完善和发展。

（二）拉尼斯－费景汉的二元劳动力流动论

由于刘易斯的二元经济模式的两阶段划分过于粗糙，而且忽视了农业发展的作用。针对这些缺陷，拉尼斯（Gustav Ranis）与费景汉在刘易斯模型的基础上提出了二元经济发展的三阶段模型（1961、1964）。

1. 对农业和工业两部门发展阶段划分

拉尼斯－费景汉模型首先假设由于制度性原因，农业部门的工资水平是固定的，在此基础上将农业和工业两部门发展与劳动力流动的对应关系分为三个阶段：

第一阶段，农业部门存在着大量的显性失业，农业部门劳动力的边际生产率为零阶段（类似刘易斯理论）。他们认为，这一阶段，由于农业存在着剩余劳动力，从农业部门转移出一部分多余的劳动力并不会减少农业生产总量。当农业劳动力流入工业部门时，农业产品大于农民消费品之差的农业剩余就产生了，农产品的剩余正好提供给流入工业部门的农业劳动者。

第二阶段，农业部门的劳动力边际生产率大于零小于制度工资阶段。由于农业劳动力不断减少，农业部门的劳动力边际生产率升高，变为大于零但仍低于制度工资，这时农业劳动力显性失业不复存在，但隐蔽失业（disguised unemployment）仍然存在，农业劳动力继续流向工业部门。由于这一阶段农业劳动力的边际生产率为正数，因此，农业劳动力的流失会引起农业产量的减少，粮食短缺引起价格上涨，从而带动工业部门工资的上升，进而决定了工业部门扩张或吸收农业劳动力的规模和速度。

第三阶段，农业部门已不存在剩余劳动力，农业劳动边际生产率逐步高于制度工资率阶段。由于农业剩余劳动力全部转移到工业部门，农业部门已不存在剩余劳动力，农业边际生产率逐渐高于农业平均固定收入。农业劳动力的工资率不再取决于制度工资率而由边际产值决定，农民和工人的收入水平一样都由市场机制来决定。此时，农业已完全商业化，抹去了它的二元经济特征，开始转化为发达的一元经济。

2. 拉－费模式对刘易斯二元经济理论的发展

拉－费模式对刘易斯的二元经济理论发展表现为：

（1）补充了刘易斯模式对农业发展认识的不足。刘易斯模型侧重于工业部门的扩张过程，农业对经济发展的贡献就在于为工业部门的扩张提供廉价的劳动力。拉尼斯和费景汉的模型则把两个部门的发展联系起来考察，认为，农业部门不仅为工业部门的发展提供廉价的劳动力，而且还为工业部门的发展提供必要的农业剩余，农业生产率的提高和农业剩余产品的出现是农业劳动力转入工业部门的先决条件。

（2）克服了刘易斯在技术进步对经济发展认识上的局限。刘易斯把资本看作经济发展的唯一源泉，在刘易斯的理论中或者是忽视了技术进步的作用，或者是把技术进步包含在资本积累之中。而拉－费模型则把技术进步和资本积累看作是提高生产率的两个途径，把技术进步或创新定义为不增加资本投入的产量增加。

（3）认识到了人口增长对劳动力转移的影响。刘易斯在分析人口流动时也考虑到了人口增长的问题，但他认为人口增长一般赶不上资本积累的增长，因此，人口增长在他的模式中不是一个重要抵制因素。而拉－费模型则明确地指出了人口增长对劳动力转移的阻碍作用，并确定了临界最小努力准则。

3. 拉－费模式的缺陷

拉－费模式也存在着一些缺陷，有些是与刘易斯共有的缺陷。

（1）他们与刘易斯一样认为农业存在着剩余劳动力，而工业部门不存在失业，这与实际情况是不符合的。

（2）他们把工业部门的工资水平看成是由农业部门的收入水平决定的，并且农业劳动者的工资水平不会因农业生产率的变化而变化，这一点也是不合理的。

（3）他们只论述了非农经济发展过程与人口转移的关系，并没有回答发展中国家在各种约束下如何发展非农经济问题。

（三）乔根森的剩余农业劳动与二元经济发展

美国经济学家 D. W. 乔根森（D. W. Jorgenson）于 20 世纪 60 年代（1961、1967）通过将利润最大化和竞争性劳动力市场引入刘易斯的二元结构模型，使之改造成新古典的“农业剩余”二元经济理论。[19]他的理论观点主要包括以下几个方面：

1. 农业剩余是农业剩余劳动力转移的充分和必要条件

他不同意刘易斯把农业剩余劳动力作为转移到工业部门的唯一必要条件，认为农业剩余是农业发展的基础，是劳动力从农业部门转移到工业部门的充分和必要条件。只有农业发展了，农业部门才有可能向工业部门提供追加的劳动力，如果农业产出只等于人口增长率，农业没有剩余，那么工业就没有可追加的劳动力。工业的发展不仅取决于资本规模的大小，而且还取决于有没有农业剩余，他认为没有农业剩余，所有的人口都必须从事农业，不然最基本的生活就得不到保证；当农业剩余出现后，农业中的部分劳动力才有可能从土地上被释放出来参加工业生产。农业剩余规模越大，劳动力转移规模也越大，二者呈同比例增长。

2. 工资水平不是不变的，而是不断上升的

在乔根森的模式中，工资水平不是固定的而是上升的，这个观点也是与刘易斯模式、拉－费模式相对立的。刘易斯模式、拉－费模式都认为，由于农业剩余劳动力的存在，劳动力的供给始终大于需求，所以，在剩余劳动全部转移到工业部门去之前，这种生存工资水平是不会改变的。乔根森否定了刘易斯模式、拉－费模式的不变工资说。他认为，两个部门的工资水平都决定于技术进步率和资本积累率，由于技术进步和资本积

累率总是提高的，因此，工资水平是上升的。

3. 二元经济发展的阶段

他指出，农业发展可以划分为三个阶段：第一阶段是存在隐性失业的阶段，也就是工业化的起步阶段。第二阶段是隐性失业消失阶段，这时农业部门劳动的边际生产率低于以农产品计算的实际工资率，工业部门得到进一步的发展。在第三阶段两个部门的劳动边际生产率等于不变的工资率。前两个阶段属于古典发展阶段，而第三阶段可以解释为二元经济理论的新古典阶段。

4. 劳动力转移的意义不在于生产率的提高，而在于人们消费结构的必然变化

在刘易斯和拉－费模式中，农业中存在着生产率极低的剩余劳动力，一些劳动力转移到生产率高的工业部门将会增加整个经济总生产率，从而促进经济发展。但是，乔根森不承认剩余劳动力的存在，他认为，在经济发展过程中农业劳动力之所以持续地转移到工业部门，是因为消费需求结构变化发生的必然。人们对粮食的需求是减少的，而对工业品的需求是不断增加的。当人均粮食产出满足了最大人口增长所需的临界水平时，农业部门的进一步发展就受到限制，于是，农业人口就转向工业部门生产工业品，以满足人们对工业品不断扩大的需求。

5. 二元经济的两种分析方法比较

乔根森认为，刘易斯的二元经济论和拉－费的二元经济论都属于古典模式，而他的二元经济论是新古典模式。二者的主要区别在于：① 古典模式假设存在着剩余劳动力；而新古典模式则假设农业劳动的边际生产率总是正的，因此劳动力就不会出现过剩。② 古典模式假设，只要农业部门存在隐性失业，以农产品计算的实际工资率是固定的；而新古典模式则假设实际工资率是可变的。③ 古典模式认为，在隐性失业消失之前，农业人口必须绝对减少；而新古典模式则认为，农业人口可能有增加、减少、保持不变三种情况。④ 古典模式认为贸易条件不可能是经济内在决定的；而新古典模式则认为贸易条件是由内在的经济因素决定的。

当然，乔根森也认为古典模式和新古典模式存在着一致性：① 两个模式都假设，当工业产出对农业产出的比率提高时，储蓄占收入的比率也会提高。② 两个模式都满足于用提高储蓄对收入的比率来解释经济发展过程。③ 两个模式都假设，储蓄只是来自工业部门的利润。

乔根森模式与刘易斯模式和拉尼斯－费景汉模式相比，更强调农业的发展和技术进步，更着重市场机制在劳动力转移过程中的作用。此外，乔根森模式否定了固定工资假说，这一点比刘易斯模式和拉－费模式更接近现实些。但是乔根森的模式也存在着一些缺陷，有些与刘易斯和拉－费是共同的，如忽视对农业投资的重要性、城市的失业等。他的理论最明显的缺陷是关于粮食需求收入弹性的假定。在他的模式中，当人均粮食产出低于临界最低水平时，所有的收入都用于粮食的消费，一旦人均粮食产出达到或超过临界最低水平时，人们就把所有增加的收入用于工业品的消费，而没有增加粮食消费的愿望了，这些与现实的情况也是不相符的。

（四）托达罗的城乡劳动力流动理论

托达罗（Todaro）是著名的美国发展经济学家。他针对20世纪60年代末至70年代许多发展中国家城市中的失业和就业不足问题不断加重，仍有大量的农村人口源源不断地流向城市的实际情况，发表了一系列的论文，阐述了他的劳动力流动理论。[20]他的理论主要有以下几方面的内容：

1. 假定农村部门不存在剩余劳动力，而城市部门却有大量的失业

托达罗的这种假定不同于刘易斯、拉－费及乔根森三个模式的假定。刘易斯和拉－费模式都假定，农村存在着剩余劳动力，而城市不存在失业；在乔根森的模式中农村和城市都不存在失业；托达罗假定农村部门不存在剩余劳动力，而城市部门却有大量的失业。因此，他的劳动力流动模式不像其他人口流动模式那样强调农村劳动力转移对经济发展的积极意义，而是着重研究如何通过发展农村经济，放慢农村人口流动的速度，以缓和城市失业问题。

2. 农村劳动力迁移的过程

托达罗指出："物质进步通常是与经济人从乡村传统农业向城市现代工业的逐步、连续的转移联系在一起的……尤其是就本地劳动力的职业分布而言，经济发展常常是按照比重很大的劳动者从农业活动向工业活动转移来定义的。"[21]他认为，农村劳动力向城市迁移的过程分为两个阶段：第一阶段，没有技术的农民迁入城市后首先是在城市传统部门待一段时间。城市传统部门的移民是指在城市没有固定就业的所有劳动者，包括公开失业者、就业不足或偶尔就业者、小商贩、服务业中艰难挣扎的劳动者。在这段时间里农民迁移者会处于临时性和间隔性就业或失业状态，职业不佳和收入不稳定及生活条件差是其主要特点。到一定时期后，他们进入了第二阶段，在城市现代工业部门找到了收入稳定的固定工作，融入了城市人的行列。

3. 农村劳动力迁移的决策

托达罗认为，劳动力从农村迁往城市的决策是由城乡预期收入差距与就业概率两个主要变量决定的。托达罗之所以强调这个收入差距不是现实差别而是预期差别（城市预期收入与农村预期收入的差距），是因为在发展中国家的城市中，远未实现充分就业，农村劳动力如果只从现实的城乡工资差别出发，贸然决定迁移到城市后，要么沦为失业者，要么从事临时性的、收入低下的工作，比在农村工作好不了多少。

托达罗假定农业劳动者迁入城市的动机主要决定于城乡预期收入差异，差异越大，流入城市的人口越多。用公式表示为：

$$M=f(d),\ f'>0$$

在公式中，M 表示人口从农村迁入城市的数量，d 表示城乡预期收入差异，$f'>0$ 表示人口流动是预期收入差异的增函数。

农业部门预期收入等于未来某年的实际收入，现代工业部门的预期收入则等于未来某年的实际收入与城镇就业概率的乘积。这样城市预期收入差异可以表示如下：

$$d=\omega\cdot\pi-r$$

式中：ω 表示城市实际工资率；

π 表示就业概率；

r 表示农村平均实际收入。

托达罗认为，在任一时期，迁移者在城市现代部门找到工作的概率取决于两个因素，即现代部门新创造的就业机会和城市失业人数。就业概率与前一个因素成正比，与后一个因素成反比。托达罗所建立的上述人口流动行为模型是指一个阶段而言的。考虑到绝大多数迁移者往往要较长时间才能在现代部门找到工作，为了更加接近实际，人口流动行为模式应该建立在较长时间范围的基础上。托达罗认为，若迁移者的实际收入不变，那么一个迁移者在城市里待的时间越长，他获得工作的机会就越大，从而他的预期收入也越高。托达罗推断，农村青少年预计在城市里待长一点时间会找到工作，因而从长期观点来看，城市预期收入比农村预期收入高。按照他的观点，乡－城人口流动规模是城乡收入差异净贴现值的函数，即：

$$M=f[V(0)],\ f'>0$$

式中：$V(0)$ 表示迁移者计划期内预期城乡收入差异的净贴现值。

若 $V(0)>0$，则迁移者愿意流入城市，城市净流入人口增加；若 $V(0)<0$，则迁移者不愿意流入城市甚至从城市倒流到乡村，于是，城市净流入人口不会增加，甚至减少。托达罗认为，发展中国家城市移民人数猛增，主要是城乡预期收入差异扩大的结果。

由上可知，托达罗的农村劳动力流动决策理论具有以下三点含义：① 促使农村人口流动的基本力量是比较利益和成本的理性经济人考虑，这种考虑也包括心理因素。② 人们做出的流入城市的决策不是现实的城乡工资差异，而是城乡预期收入差异。预期收入包括工资水平和就业概率两个因素。③ 农村劳动力获得城市工作机会的概率与城市失业率成反比。

4. 城市劳动力市场的调节过程

托达罗认为，在城市劳动力市场上，对劳动力供求的调节是通过就业概率机制来实现均衡的。城市劳动力的供给决定于城市劳动力自然增长率和城乡人口流动规模。城市劳动力的需求取决于城市总就业量和城市就业创造率（城市产出增长率与劳动生产增长率之差）。城市劳动力市场的调节过程可做如下的描述：假定一个具有二元经济特点的发展中国家，在工业化初期，现代工业部门所占的比重很小，几乎所有的人口都生活在农村，这时城市的收入水平很高，工业部门迅速发展使得城市就业创造率大大高于城市人口增长率。结果，较大的城乡收入差距和较高的就业概率，诱使越来越多的农村劳动力流入城市。这样城市的劳动力供给增长率就会逐渐地超过劳动力需求增长率，在其他条件不变的情况下，农村劳动力在城市找到工作的可能性就不断变小，就业概率下降。这又会导致城乡之间人口流动速度变慢，最终使得城市劳动力供给增长率下降到等于城市劳动力需求增长率。这时，城市就业率和失业率就稳定在一个特定的水平上（城市劳动力供给增长率等于其劳动力需求增长率）。假若由于某种原因，失业率下降或上升到这个水平以下或以上，那么就业概率的上升或下降又会使它恢复到这个稳定的水平上。由此可见，就业概率充当了调节城市劳动力供求的机制，通过它的调节使得城市的失业率趋向一个稳定的水平。托达罗把这个水平的失业率称为均衡失业率。设 E 为均衡就业率，$1-E=$ 均衡失业率。根据以上的分析，均衡就业率的条件为就业增长率等于零。

5. 托达罗的政策主张

刘易斯模式、拉－费模式和乔根森模式的政策含义是加速城市工业部门的发展，控制人口增长，加快城乡人口流动，尽快地把一个落后的农业国变成一个先进的工业国。与它们不同，托达罗模式的政策含义是如何阻止农村人口向城市流动的规模，以解决日益严重的城市失业问题。他的政策建议主要包括以下几个方面：

（1）大力发展农村经济是解决城市失业问题的根本出路。他认为，如果听任城市工资率的增长速度一直快于农村平均收入的增长速度的话，尽管城市失业状况不断加剧，但农村劳动力大量流入城市的现象仍会愈演愈烈，过量的农村劳动力涌入城市会引起许多社会和经济问题。为此，要尽量减少城乡经济机会的不平等，必须大力发展农村经济。他指出："主要应该使农村部门综合发展，在农村普及小型工业和使经济活动及社会投资面向农村。"托达罗建议，政府应当改变重视工业轻视农业的发展战略，把更多的资金用于农村的生产条件和农村生活环境的改善上，使农村劳动者实际收入水平不断提高，生活环境不断改善。只有这样，人口从农村流向城市的刺激才会降低，城市的就业压力才会减轻。

（2）依靠工业扩张不能解决发展中国家城市的严重失业问题。① 资本积累的扩大必然伴随着劳动生产率的提高，从而工业产出的增长必然高于对劳动力的需求，这样劳动就业率会呈下降的趋势。② 即使采取措施使劳动力的需求增长快于工业部门的产出增长，也不能解决城市的失业问题。在托达罗的模式中，就业概率与现代部门的就业创造率成正比例关系。现代部门创造的就业机会越多，就业概率就越大，城乡预期收入差异也越大，从而将引诱越来越多的农村人口流入城市，而且流入的人口数目远大于工业部门创造的就业机会数目。这就会出现一个怪现象：城市现代部门扩张得越快，创造的就业机会越多，失业率就越高。因此他认为，解决城市失业问题不能仅仅依靠工业部门的扩张。

（3）必须消除一切人为地扩大城乡实际收入差异的措施。在托达罗的人口流动理论中，城乡收入差距是决定农村人口流动的重要因素。他指出，在发展中国家中，城市的工资水平不是由市场力量决定的，而是由政府和工会垄断等外在的力量决定的，由这些外在因素决定的工资水平远远高于农村的收入，一般在 2～4 倍，这么大的城乡收入差距，无疑促使农民大量流入城市，形成城市严重的失业问题。因此，他认为，要降低城市失业率，就必须消除政府对工资形成的干预和减少工会的权力等。同时他还认为降低城市工资水平是困难的，因此，提高农村收入水平和改善农村生活质量才是切实可行的措施。

(4) 不宜过分扩大高等教育的规模。他认为，雇主一般是按人的受教育水平去遴选雇员的，在劳动力供过于求的情况下，原本是中学水平劳动者可以胜任的工作，却要录用受过高等教育的人去担任。一方面，会造成能够就业的中学水平的劳动者成为失业者；另一方面，农村中受教育程度越高的人，他们所预期的城乡工资收入差异越大，就会向城市流动，而在城市又很难找到如愿的工作，终于加入失业队伍行列。政府对教育的过分投资其结果，变成了闲置的人力资源，造成了严重的知识浪费和智力贬值。为此，发展中国家的高等教育发展规模要适中。

6. 托达罗二元经济模式评价

(1) 托达罗二元经济模式的特点。与刘易斯、拉－费和乔根森三种模式相比，托达罗的模式有以下几个特点：① 农村部门不一定存在剩余劳动力，而城市部门却有大量的失业；② 城市部门的工资是由政府和工会等政治因素决定的因而不是固定的，而是上升的；③ 由于把城市失业作为分析的前提和目的，他特别重视就业概率对人口流动的影响；④ 他特别重视农村经济发展的重要性，强调发展农村经济对解决失业问题的重要作用。

(2) 托达罗二元经济模式的贡献。托达罗模式是在传统人口流动模式不能解释人口流动与城市失业并存条件下产生的，它能对这两个相互矛盾的现象做出较为合理的解释，比刘易斯、拉－费、乔根森三模式更贴近发展中国家的现实，它纠正了传统模式只注重农村劳动力流入城市对经济发展的积极作用，提出了诸如农村发展经济，缩小城乡差距，缓解城市就业压力等一系列重大理论和政策措施。因此，受到了经济学界高度的重视。

(3) 托达罗二元经济模式的缺陷为：① 他假定农村不存在剩余劳动力，这不符合发展中国家的事实。在发展中国家，由于农村人口增长快于城市人口增长，在有限的土地上就必然存在一些劳动生产率很低的剩余劳动者。② 他假定流入城市的农民必定在城市里找工作，如果找不到工作就宁愿做临时工或完全闲置也不全都如此，如有些找不到工作的转移者会返回农村。③ 他没有看到人口从城市向农村流动的情况，有些进城的农民在挣到一定数量的钱后，又会返回农村，对农村经济的发展起着促进作用。同时在城市失业问题过于严重时，有些城市人也是流向农村的。

关键概念

劳动力流动　二元经济　配第－克拉克定理　刘易斯拐点

即测即评

扫描右侧的二维码图标，内含若干判断题、单选题和多选题，您可在线自测并查看答案。

复习思考题

1. 劳动力流动的类型有哪些?
2. 劳动力迁移与劳动力转移有哪些区别?
3. 劳动力流动的规律有哪些?
4. 简述影响人才流动的因素。
5. 简述博格的人口流动推力-拉力理论。
6. 拉文斯坦和 E. S. 李分别总结了哪些人口流动规律?
7. 简要说明扎林斯基的人口流动转变的阶段。
8. 如何评价刘易斯的二元经济理论。
9. 运用刘易斯的二元经济理论分析我国城市化发展。
10. 运用托达罗二元经济理论分析我国社会主义新农村建设。

注释

[1] William Petersen. A General Typology of Migrating. American Sociological Review, vol. 23. 1958: 256 - 266.

[2] 葛剑雄. 中国移民史. 第 1 卷. 福州:福建人民出版社,1997:48 - 50.

[3] 国家计委经济研究所课题组. 二元结构矛盾与 90 年代的经济发展. 经济研究,1993(7):3 - 4.

[4] 陈扬乐. 中国农业剩余劳动力规模及滞留代价研究. 人口与经济,2001(2).

[5] 杨河清. 劳动经济学. 北京:中国人民大学出版社,2002:325 - 327.

[6] 张德远. 西方劳动经济学. 上海:上海财经大学出版社,1999:174.

[7] 赵光辉. 核心人才流失:研究背景与主要理论. 科技管理研究,2008(4):159 - 162.

[8] 列宁全集. 第 3 卷. 北京:人民出版社,1984:20.

[9] 马克思. 强迫移民——科苏特和马志尼——流亡者问题. //马克思恩格斯全集. 第 8 卷. 北京:人民出版社,1961:618 - 619.

[10] 列宁. 俄国资本主义的发展. //列宁全集. 第 3 卷. 北京:人民出版社,1984:222 - 223.

[11] 马克思. 马克思恩格斯全集. 第 23 卷. 北京:人民出版社,1972:494.

[12] 马克思. 马克思恩格斯全集. 第 49 卷. 北京:人民出版社,1982:141.

[13] 配第. 政治算术. 北京:商务印书馆,1978:19 - 20.

[14] [15] Colin Clark. The Conditions of Conomic Progress. 3rd ed. London: Macmillan Company, 1957:493.

[16] 辜胜阻. 非农化及城镇化理论与实践. 武汉:武汉大学出版社,1993:94 - 100.

[17] 钟水映. 人口流动与社会经济发展. 武汉:武汉大学出版社,2000:19 - 20.

[18] 舒尔茨在《改造传统农业》(1964)一书中,对"零值劳动力"假设以印度 1918—1919 年流行性感冒所引起的农业生产总量下降的事实为论据,证明在传统农业中农业产量的增减与农业人口的增减之间有着极为密切的关系,农业劳动力的减少必然使农业产量下降。他由此得出结论:"在传统农业中,生产要素配置效率低下的情况是比较少见的。……贫穷社会中部分农业劳动力的边际生产率为零的学说是一种错误的学说。"(舒尔茨,1964、1999)。

[19] 乔根森．二元经济的发展．经济学杂志,1961(6);剩余农业劳动与二元经济发展．牛津经济论文集,1967(11).

[20] 托达罗的主要论文是:《不发达国家工业化、就业与失业分析》(1968);《不发达国家劳动力迁移与城市失业模型》(1969);他与哈里斯(J. R. Harris)共同发表《人口流动、失业和发展:两部门分析》(1970)。

[21] 托达罗．欠发达国家劳动迁移与城市失业模型．//郭熙保．发展经济学经典论著选．北京:中国经济出版社,1998:198.

第 三 篇

人力资本与劳动报酬

第六章—第八章

- 人力资本
- 普通劳动者的劳动报酬——工资
- 企业家和知识型员工的薪酬与激励

第六章　人力资本

当今世界，发达国家主要是运用知识资本和人力资本促进经济发展，而在发展中国家一般是依靠自然资源和物质资本推动经济增长，其结果是发展中国家与发达国家的发展差距越来越大。在劳动力市场上，劳动者的职业与收入不同，关键在于其人力资本的差别，而人力资本的差距主要表现在人力资本投资的差距。原因何在呢？本章将运用人力资本理论对这些问题进行解释。

第一节　人力资本概述

一、人力资本概念的界定

一般而言，资本有五种基本形态，即物质资本(physical capital)、金融资本(financial capital)、人力资本 (human capital)、知识资本(knowledge capital)和社会资本(social capital)。

(一) 人力资本的含义

理论界对人力资本概念的理解主要有三种代表性的观点。

(1) 从人力资本形成上来定义人力资本。如贝克尔(Beeker,1993)认为，人力资本是通过对人的时间和货币性投资而形成的资本，它是通过增加人的资源而影响未来货币或物质收入的各种活动。

(2) 从人力资本的包含内容来定义人力资本。舒尔茨(Schultz,1961)将人力资本定义为是体现于人身上的知识、能力、资历、经验和健康。萨洛(Salo,1970)认为，人力资本是个人的生产技术、才能和知识的总和。

(3) 从人力资本的作用来定义人力资本。米尔格茵姆和罗伯特(Milgrimand & Roberts,1992)认为，人力资本是指一个人获得的知识和技能，这些知识和能力能够增加其在生产活动中创造经济价值的能力。经济合作与发展组织认为，人力资本是个人所拥有的那些能够促进个人创造社会和经济福利的知识、技能和能力。

综合上述观点，本书认为，人力资本是经过长期性投资形成的体现在个人或者群体身上的能够带来收入和经济增长的知识、才能、经验、健康状况等所构成的资本。可以从以下四个方面理解人力资本：① 人力资本是一种长期性投资形成的资本；② 人力资本由体现于劳动者个人或者团体身上的智力、知识、技能、经验、健康状况等因素所构成；③ 它是一种能带来收入和经济增长的重要生产要素；④ 人力资本可以从个体与群体来定义，前者是存在于劳动者个体中，所获得的具有经济价值的智力、知识、技能和健康状况等因素的总和；后者是存在于一个国家或一个地区人口群体中的所获得的具有经济价值的智力、知识、技能、经验、健康状况等因素的整合。

（二）与人力资本相关概念的区别

1. 人力资本与物质资本

物质资本是指由投资形成的物资形式的资本，主要包括机器、设备、厂房、建筑物、交通运输设施等。人力资本与物质资本存在着如下几个方面的区别：

（1）所有者的主体不同。物质资本所有者是多元的，它既可以是个人，也可以是家庭、企业或国家；而人力资本的所有者是单一的，其所有权仅限于个人。

（2）形成路径不同。物质资本主要通过积累、集聚、集中来形成；而人力资本则是通过学习、培训、医疗保健、劳动力流动、经验的累积等来形成。

（3）投资周期不同。人力资本投资具有长期性、连续性，对人的投资是与其生命相一致（百年树人）；相对而言，物质资本的投资周期较短，有些短至几天长至几年。

（4）边际收益规律不同。物质资本存在着边际收益递减规律，而人力资本的边际收益具有递增性。

2. 人力资本与人力资本投资

人力资本是人力资本投资形成的结果，而人力资本投资是形成人力资本而进行的活动。形成人力资本是人力资本投资的目的，而人力资本投资是形成人力资本的手段或达到形成人力资本目的的手段或途径。

3. 人力资源和人力资本的区别

（1）标志不同。人力资源反映的是人的数量与素质状况；人力资本则是人力资源内在质量的标志，人力资本存量的多少、质量的高低在很大程度上反映着一国人力资源的水平高低。

（2）特性不同。资源要体现其生产性，资本要体现其增值性。人力资源是一种资源的形式，具有再生性、开发性、配置性；而人力资本则是一种资本形式，强调的是投资性、增值性、溢出性。

（3）二者在形成的前后顺序不同。人力资源是形成人力资本的载体，是人力资本蓄积的基础，没有人力资源这一载体或基础，也就难以累积人力资本，所以，人力资源先于人力资本而存在。

（4）所属学科不同。人力资源管理属于管理学学科，其研究内容（如人力资源管理）强调的是人员的选聘、使用和配置；而人力资本和人力投资属于经济学学科，它注重研究的是人力投资的成本、收益，对劳动者收入增长和社会经济发展的效应。

(5) 表现不同。人力资源具有外在直观性,人的总量和素质可以从外观上表现出来,其动态性可以通过调整、更新实现资源的转换;而人力资本具有内在性,获取知识、能力、素质和健康的投入无法直观展现出来,其动态性要通过不断投入才能实现其增值显现。

根据以上的分析,我们可以把人力资源和人力资本的区别汇总成表 6-1:

表 6-1 人力资源和人力资本的区别

区别点 / 比较项	标志不同	特性不同	形成先后顺序不同	所属学科不同	表现不同
人力资源	人的数量与素质状况	生产性、再生性、开发性、配置性	先于人力资本存在	管理学	人的外在数量与质量
人力资本	内在素质	投资性、增值性、溢出性	在人力资源之后形成	经济学	人的内在素质

4. 人力资本与知识资本

知识资本是对人力资本的拓展。按照 K. E. 斯维比(K. E. Sveiby, 1997)的解释,知识资本是企业一种以相对的无限知识为基础的无形资产,是企业的核心竞争能力。美国学者斯图尔特(Stewart, 1997)认为,知识资本是企业、组织和一个国家最有价值的资产,是员工的技能和知识、顾客忠诚,以及公司的组织文化、制度和运作中所包含的集体知识。他进而提出了知识资本的H-S-C结构,指出知识资本的价值体现在人力资本、结构资本和顾客资本三者之中。由此可见,知识资本是在人力资本基础上发展而来的一个概念,它的外延大于人力资本(本书认为企业的知识资本除包括人力资本外还包括知识产权、管理资本、市场资本),如表 6-2 所示:

表 6-2 企业人力资本与知识资本构成

知识资本	知识产权	专利、版权、设计方案、商业秘密、商标、企业标志等
	人力资本	健康状况、学历、职业资格、工作知识、职业评估、心理素质、技术、能力、企业家素质等
	管理资本	管理哲学、企业文化、企业形象、管理程序、信息系统、网络系统、金融关系等
	市场资本	品牌、顾客忠诚度、供货商信誉、公司名称、未交订货累积、营销渠道、业务合作、许可协议、有利合同、特许权协议等

资料来源:何传启. 分配革命——按贡献分配. 北京:经济管理出版社,2001:23. 本书作者进行了整理。

二、人力资本的特征与类型

(一) 人力资本的特征

人力资本与物质资本和金融资本相比较,具有自己独有的特征。主要体现在以下几个方面：

1. 个人所有性

人是人力资本的天然载体，一切体能和智慧等依附于活生生的人而存在，因而人力资本不能与其拥有者相分离。罗森（Rosen，1985）认为，人力资本的“所有权限于体现它的人”。巴泽尔（Barzel，1977）认为，即使在奴隶的社会中，人力资本属于个人的命题仍然能够成立。人力资本与物质资本、金融资本不同，物质资本、金融资本所有者可以通过拍卖、捐献、赠送、转让等让渡其所有权或通过承包、租赁、借贷等让渡使用权；对人力资本而言则不然，不可以让渡其所有权，只可部分让渡其使用权。

2. 投资性、长期性与激励性

如前所述，人力资本是通过对人的长期投资而形成的资本，个人的人力资本投资是活到老、学到老，是终生的，而社会的人力资本投资也是永无止境的。人力资本投资的激励性正如贝克尔（1975）所说，在进行这些投资时，会遇到重要的私人与公共选择问题，从人力资本中私人获得的高回报是激励家庭与个人对人力资本投资的动力，而人力资本的社会高回报则是激励公共投资的动力。

3. 收益递增性

人力资本与物质资本和金融资本相比较，具有明显的递增性。由于物质资本的生产和消费是分离的两个过程，因而会随着不断使用而消耗。另外，物质资本当投资超过规模经济后就会出现边际收益递减。金融资本（如股息、利息等）也有涨有落。而人力资本则不然，它的生产过程和消费过程是合而为一的，只会随着使用次数的增加而增加，如从一名普通的工人成为熟练的工程师使其收入增加。

4. 可变性

人力资本和物质资本、金融资本一样，会随着时间的变化而贬值。有些形式的人力资本由于环境的变化在短期内即会贬值，而有些形式的人力资本即使环境发生变化还会在较长时间内起增值作用。因此，区分短期形式的人力资本投资与长期形式的人力资本投资是很重要的，尤其是在教育的情形中（舒尔茨，1993）。

5. 外溢性

外溢性是指人力资本投资所创造的收益的多方面性。人力资本不仅影响到自身，而且会影响到其他人或要素变量。正如卢卡斯指出的，每个人力资本的提高都直接引起产出的提高，同时也会引起社会平均的人力资本提高。而社会平均的人力资本决定了社会平均的运作效率，总体效率的提高又反过来作用于每个企业的个人，提高其收益。例如，小学、初中教育所需要的费用是由国家支付的，但受教育者能力的提高、知识获取所带来的收益却是国家、单位和家庭三方分享的。再比如，企业对劳动者进行职业培训使劳动者生产能力得以提高，对国家来说，可以促进经济的增长，对企业来说，可使利润增加，对劳动者个人来说，则可带来收入的增加。另外，人力资本投资所带来的不仅仅是经济效益的提高，还会带来社会、文化等多方面的收益。如公共教育水平的提高对于减少贫困、维护社会秩序、提高社会道德水平、增进社会平等以及增强人的自主性都有重要的意义。

6. 隐蔽性

人力资本是无形的资产，具有隐蔽性，我们不能直接观察到它的存在，我们所能够观察到的只是人力资本的投资额和人力资本带来的经济增长与收入增加和社会文明提高的效应。例如，受教育多的工人生产率与收入都较高，也能获得更多其他非经济性收益，但是却无法从人力资本所有者本身看出其人力资本的高低。

（二）人力资本的类型

1. 按照人力资本的差异性划分

按照人力资本的差异性划分，人力资本可分为同质型人力资本和异质型人力资本。同质型人力资本是指人们在知识、信息、技能等方面不存在差异性的人力资本（如同是相同学校相同专业的大学毕业生），它在特定时期（如大学毕业生供大于求阶段）中具有边际收益递减的特点。异质型人力资本是指具有边际收益递增形态的人力资本，它主要包括企业家人力资本（企业家才能）、特殊性人力资本（表现为某些经营管理人才、研究开发的知识和能力）、专用性人力资本（某些技能人才具有某种专门技术、工作技巧或拥有某些特定信息）三种类型。异质型人力资本呈现出稀缺性、难监督、难替代、贡献难衡量等特点。

2. 按照人的能力划分

人的能力主要有观察能力、记忆能力、想象能力、分析能力、直觉能力、决策能力、协调能力、组织能力、沟通能力等。按照人的能力划分的人力资本可称之为能力性人力资本，能力性人力资本包括工作经验、相关行业经验、管理经验、专业技能以及在实践过程中形成的社会关系网络等。鲍莫尔（Baumol）把人的能力分为四种：① 一般能力，是人所具有的分析力、计算力、学习能力和适应能力等，是基本能力。② 完成特定意义工作的能力，这是指在资源约束下，一个人具备的加工、生产某种物品或服务的特殊生产技能。③ 组织管理能力，是指在资源约束下，如何把各种资源最佳配置、组织、协调的能力。④ 资源配置能力，是指人如何使市场恢复均衡或发现市场非均衡或称应付不确定性的能力。

根据这四种能力，人力资本理论把人力资本分为四种类型：① 一般型人力资本，对应的社会角色是一般劳动者；② 技能型人力资本，对应的社会角色是专业技术人才；③ 管理型人力资本，对应的社会角色是各级各类管理人员；④ 企业家型人力资本，对应的角色是企业家、政治家、社会活动家、教育家、经济学家等。

3. 按照人在企业中的地位和层次划分

按照人在企业中的地位和层次划分，人力资本分为四个层次：各类专业技术人员的技能型人力资本；以客户经理为主体的市场营销型人力资本；各级管理人员的组织管理型人力资本；企业家型人力资本。

4. 按照人力资本价值和专用性划分

戴维德和斯各特（David & Scott ，1999）从价值和专用性两个维度，将人力资本分为四种类型：低价值低专用性的人力资本（如泥瓦匠的房屋建筑技能）、高价值高专用性的人力资本(如企业家才能)、高价值低专用性的人力资本(如电子商务知识和技能)、低价值高专用性的人力资本(如中医的切脉和观色技能)。[1]

另外,约翰逊(Johnson)将人力资本分为以知识为基础的员工素质、工作态度、理念资本和领导资本。

三、人力资本与经济发展

(一)人力资本与经济增长

1. 人力资本本身就是重要财富

按照当代西方经济学的理解,资本就是能够创造利润的财富。世界银行在 1995 年 9 月公布的可持续发展新的指标体系和评价方法中,第一次把人力资本作为判断各国或地区的实际财富以及可持续能力的标准。另据世界银行制定的新的财富计算法表明,世界各国财富的差距主要是由于人力资源开发上的差距引起的。原材料出口国(63 个发展中国家)的财富在世界总财富中占 4.6%,其中创造的资产占其财富的 20%,自然资本占 44%,人力资本占 36%。其他发展中国家(100 个国家)占世界总财富的 15.8%,其中创造的资产在其总财富中占 16%,自然资本占 28%,人力资本占 56%。高收入国家(29 个国家)拥有世界财富的 79.6%,创造的资产在其总财富中占 16%,自然资本占 17%,人力资本占 67%[2]。

2. 人力资本投资收益率高于物质资本投资的收益率

舒尔茨(1958)认为,半个多世纪的经济增长中,物质资本投资增加 4.5 倍,收益增加 3.5 倍;人力资本投资增加 3.5 倍,收益却增加了 17.5 倍。舒尔茨研究了美国 1929 年到 1957 年的经济增长,得出教育在国民收入增长中的贡献率为 33%,投资的收益率在初等、中等、高等教育中分别为 35%、10% 和 11%,平均收益率为 17%。1996 年美国国家科技委员会提出《为了国家的利益发展科技》的报告,总结了过去几十年经济发展的经验后指出,“技术进步是决定经济能否持续增长的一个最重要的因素”,“技术和知识的增加占生产率增长总要素的 80% 左右”。[3]经济学家们通过研究发现,对于发展中国家来说,20 世纪 60 年代的物质资本投资收益率为 15%,人力资本投资收益率为 20%;20 世纪 70 年代这两个数字分别为 13% 和 15%。蔡昉从我国 20 年(1978—1998 年)的经济增长分析中认为,1978 年到 1998 年 20 年间,物质资本对中国经济增长的贡献率在 28%;劳动力(不含人力资本)的贡献率在 24%;教育程度提高形成的人力资本贡献率为 24%;劳动力转移的贡献率在 21%。

3. 人力资本的经济增长效应

舒尔茨最早提出了人力资本对经济增长的替代效应,即人力资本可以替代自然资源、物质资本与“原生劳动力”(没有接受教育和培训的劳动力)之不足,保持经济的持续增长。如在农业生产中,对农民的教育培训和农业科学研究、推广、应用,可以代替部分土地的作用,促进经济的增长。近些年来,还有些学者总结出了人力资本的知识效应:① 人力资本的需求效应。人力资本的需求效应是指人力资本不仅能够促进物质资本的技术革命,提高物质资本投入的边际产出,而且能够促进社会生产从劳动密集型向技术密集型的转变,从而提高整个社会生产率。② 人力资本的收入效应。它是指能够促进人力资本产权主体合理配置经济资源,提高资源配置效率,进而增加社会收入增加和提高人力资本所有者的收入水平。③ 人力资本的替代效应。人力资本能够替代其他生产要素以克服或缓解经济发展中自然资源与物质资本的不足,进而能够保持社会经济的可持续增长。例如,据专家分析,美国20世纪90年代中期每年由人的科技所使用的计算机完成的工作量可代替4 000亿人的劳动,相当于美国劳动人口一年工作量的2 000多倍。[4]

我国学者陆根尧也总结了人力资本在经济增长中的十大效应:① 人力资本的要素效应(人力资本是经济活动中必须投入的要素);② 人力资本的资源配置效应(开发新市场、引进新技术、适应新环境、抢抓新机遇等);③ 人力资本的溢出效应(可以提高其他人和其他要素的效率);④ 人力资本的互补效应(可以与其他生产要素互补);⑤ 人力资本的再生产效应(人力资本可以再生人力资本);⑥ 人力资本的收入引致效应(收入提高可以扩大生产和消费);⑦ 人力资本的推动科技进步的效应;⑧ 人力资本的吸纳效应(要素组合,可以弥补其他资源的不足);⑨ 人力资本的改善结构效应;⑩ 人力资本的升华精神、意识的效应(更新观念、转变思想)。[5]

(二)人力资本与收入分配

1. 人力资本可以缩小收入分配差距

人力资本论者认为,个人和家庭间的收入分配差距主要是由不公平人力资本投资政策造成的。① 工资的差别主要是由于人力资本投资的差别引起的,人力资本能够提高低收入劳动者的挣钱能力。② 公平的人力资本投资政策将使社会个人收入不平衡状况趋于减少。③ 人力资本投资的增加,可以改变要素所有关系(当前发达国家的知本家雇佣资本家现象就是例证),还可以使物质资本投资和财产收入趋于下降,使劳动报酬增长,整个社会的收入趋于平等化(收入革命:劳动报酬在GDP的比重超过资本利润在GDP的比重)。

2. 向落后地区投资人力资本是反贫困的有效途径

舒尔茨在《穷国的经济学》一文中强调,改进穷人福利的关键因素不是空间、能源和耕地,而是要提高人口质量,提高人的知识和技术水平。他在《改造传统农业》(1964)中更是明确指出,要想改变传统农业,就必须向对农民进行人力资本投资(主要是科学教育投资、培训投资、技术开发投资、医疗保健投资等)。他认为,引进新生产要素,不仅要引进杂交种子、机械这些物的要素,更要引进具有现代科学技术、能运用新生产要素的人。我国一些学者也认为,长期扶贫战略最重要的是对贫困地区进行人力资本投资(智力扶贫、教育扶贫、技术扶贫)。"以工代赈"、"优惠贷款"和"项目扶贫"及政府在财政、税收和对外贸易等方面给予贫困地区一些特殊优惠政策,都未充分考虑贫困地区的一个共同特点是教育事业发展的落后和人力资本投资能力的极端薄弱,所以,无论上述对策设计得如何完美，没有贫困地区人的智力结构的优化，没有人力资本存量的大幅度增加，反贫困就不会真正取得成功（向恒，1998）。

第二节 人力资本理论的产生与发展

人力资本理论的形成与发展经历了如下几个阶段：从17世纪到20世纪60年代前属于人力资本的萌芽阶段；20世纪60年代是以劳动力要素分析为中心的人力资本产生阶段；20世纪70年代是对人力资本理论的再分析阶段；20世纪80年代以来是以新经济增长理论、社会资本理论与知识资本理论为中心的人力资本深化与拓展阶段。

一、人力资本的萌芽阶段

从17世纪到20世纪60年代前属于人力资本的萌芽阶段，这一阶段的特点是逐渐提出并解释人力资本的概念。古典经济学和新古典经济学把人的劳动或人的才能视为经济增长的源泉。古典经济学家威廉·配第（William Petty）在分析生产要素创造劳动价值过程中，把人的"技艺"列为除了土地和劳动以外的第三个特别重要的因素。他在其代表著作《政治算术》（1672）中采用"生产成本法"计算出英国有生命资本的货币价值，并以此来分析英国的国家实力，以及战争、瘟疫造成的人口死亡及迁移带来的损失。经济学之父亚当·斯密（Adam Smith）在《国富论》（1776）中，区分了四种固定资本（前三个分别是机器设备、建筑物、改良的土地），其中第四种就是"一个社会全体居民或成员所具有的有用的能力"，并指出"人的才能与其他任何种类的资本，同样是重要的生产手段"，他还详细地分析了人的经验、知识、能力在生产财富中的重要作用[6]，并第一次论证了人的劳动技能投资如何影响个人收入和工资结构。法国经济学家萨伊（Say，1803）把科学知识作为生产力的一部分，并提出了教育是一种资本，能促进生产力的发展。同时他还认为，由于人的技艺和能力需要花费成本，并可以提高工人的劳动生产率，因此可以将其视为资本。19世纪40年代，德国历史学派的先驱李斯特把资本分为物质资本和精神资本两大类，最先提出了精神资本的概念。他认为精神资本是"个人所固有的或个人从社会环境和政治得来的精神力量和体力"。[7]精神资本是人们对于前人在科学与艺术、智力培养、生产效能等方面的进步和一切发现、发明、改进与努力等累积的结果。他强调一个国家生产力的高低，主要取决于精神资本的运用。在工业国家受到重视、获得厚酬的"首先是天才，其次是技巧，再次是体力"[8]，为此他主张把教师列入生产者之列，并提出"一个国家的最大部分投资，是应该用于后一代的教育，应该用于国家未来生产力的促进和培养上"[9]。马克思也把劳动分为复杂劳动和简单劳动，并指出，复杂劳动是指经过专门培训和训练、具有一定技术专长的劳动，在同样的时间内，复杂劳动的贡献是倍加的简单劳动。

新古典经济学的代表人物马歇尔（Marshall）在《经济学原理》（1890）将人的能力分为

通用能力和特殊能力两种。前者指决策能力、责任力、通用的知识与智力，后者指劳动者的体力与熟练程度。他强调指出："人类在数目上、在健康和强壮上、在知识和能力上……是我们一切研究的目的，所有资本中最有价值的是对人本身的投资。"[10]但他又认为人是不可买卖的，因而拒绝人力资本这一概念。H. 屠能（H. Thünen）却认为将资本概念应用于人并不会贬低人格，不会有损于人的自由和尊严，而是恰恰相反。费雪（Fisher）认为，任何可以带来收益的东西（无论是有形的还是无形的）都可以称为资本，他通过抽象和数学的方法考察指出了人力无疑是资本。他在《资本的性质与收入》（1906）一文中首次提出了人力资本的概念。苏联著名经济学家、科学院院士 C. T. 斯特鲁米林 1924 年发表的《国民教育的经济意义》一文，比较系统地研究了年龄、工龄、教育程度对劳动技能的影响。斯特鲁米林明确肯定，年龄、工龄和教育程度均影响劳动技能的高低，随着教育程度的提高，其劳动技能也随之相应提高，劳动者个人和国家的经济收益远远超过对教育的投资。在历史上第一次真正使用人力资本概念的是美国经济学家约翰·沃尔什（John Walsh），他在 1935 年发表的《人力资本观》中认为，只有大学教育及其他专业教育，才具有资本的特征，即可以带来收益，但又要付出代价，偿还代价可以带来利润。他还将个人的教育费用和以后的收入相比较来计量教育的经济效果。

这一阶段虽然逐渐提出并解释人力资本的概念，但是对人力资本的分析是初步的，人力资本是包含在其他的理论研究当中，并且是零散的，还没有形成系统的人力资本理论，因此，对人力资本的研究还处于萌芽之中。

二、人力资本理论的产生阶段

20 世纪 60 年代是人力资本理论的产生阶段，在这一阶段以劳动力要素分析为中心、从宏观到微观、较为全面地研究了人力资本理论，形成了系统的人力资本理论体系，为其他学科的发展奠定了基础。

（一）人力理资本论产生的历史背景

人力资本理论是在第三次科技革命、西欧和日本经济发展的奇迹与经济之谜求解的背景下产生的。

（1）第三次科技革命使智力劳动越来越重要。在这一时期发生了人类历史上的第三次科技革命，这次科技革命的到来以及其在经济发展中的广泛运用，极大地推动了生产力的高速发展。它使劳动的科技含量和自动化程度大幅度提高，使工业结构和产业结构迅速改变，简单的生产劳动逐步变为技能性劳动，科学技术人员、各种经营管理人员、技能工人等劳动者在社会经济发展中具有越来越重要的作用。

（2）第二次世界大战后西欧和日本重建经验的反思。第二次世界大战后西欧和日本迅速发展，创造了经济发展史上的奇迹，它们的奇迹来自哪里？需要在理论上得到解释。对此舒尔茨（1962）认为，第二次世界大战后西欧和日本的经济奇迹是因为其长边是人力资本,短边是物质资本,在这种条件下,一旦输入物质资本,就会获得很极高的收益率。

(3)经济之谜求解。20世纪50年代,一些西方国家出现了传统理论难以解释的经济之谜。① 现代经济增长"余值"之谜。美国的产出率远远超过了生产要素的投入增长率,余值之源究竟是什么?② 个人收入分配平均化趋势之谜。第二次世界大战后西欧和美国出现了个人收入分配平均化趋势,无论从累进税还是从公共转移都无法得到合理的解释。③ 里昂惕夫(1956)之谜。里昂惕夫研究发现,美国出口的大部分产品不属于资本密集型而是劳动密集型,这与俄林定理相悖。④ 库兹涅茨(1961)之谜。库兹涅茨在研究中发现,在美国经济增长的同时,其物质资本形成的速度却下降了,这使得以物质资本为主要生产要素的增长理论受到了质疑和挑战。⑤ 收入增长之谜。20世纪50年代以来,西方国家劳动者的劳动时间不断缩短,而实际收入水平却大大提高了,劳动者收入增长的来源是什么,需要得到解释。而这些经济之谜是传统理论无法解释的,为了解释经济之谜许多经济学家从不同的角度进行了探索,其中就提出了人力资本理论。

(二)人力资本理论的代表人物与理论观点

在这一阶段,人力资本理论逐步融入主流经济学,有代表性的是美国两位著名的诺贝尔经济学奖获得者舒尔茨和贝克尔,而对人力资本要素作用的计量分析则是雅各布·明塞尔(Jacob Mincer)、丹尼森(Edward Denison),与他们同时代对人力资本理论做出突出贡献的还有斯杰斯塔德(Sjaastad)等人。

1. 舒尔茨的人力资本理论

舒尔茨在20世纪50年代末60年代初发表了多篇文章,提出了系统的人力资本理论,并在1960年美国经济学会以会长的身份在年会上发表了著名的《人力资本投资》演讲。此后,对人力资本理论的研究才引起人们广泛的重视。舒尔茨对人力资本理论的贡献在于:① 第一次系统地提出了人力资本理论,明确界定了人力资本投资的范围和内容;② 强调人力资本是所有资源中最重要的,人力资本投资效益大于物质资本投资的效益;③ 强调教育投资是人力资本投资的重要组成部分,并对教育投资的收益率及对经济增长的贡献做了实证研究,为经济学研究注入了新的思维方式;④ 运用人力资本理论可以对用传统资本理论无法解释的经济之谜进行解释;⑤ 从经济学角度对人的时间价值进行分析,指出人的时间价值提高会产生一系列有利于人力资本形成的价格和收入效应;⑥ 从宏观视野分析了人力资本对经济发展的贡献;⑦ 提出了人力资本可以促进社会分配的平等化,将贫困归为人力资本的缺乏,建立了新"贫困经济学"理论。[11] 由此,他被尊为"人力资本之父",并获得1979年的诺贝尔经济学奖。但其缺陷是侧重于宏观研究,缺乏微观分析;较多采用统计分析的方法,较少采用数学模型分析方法。

2. 贝克尔的人力资本理论

贝克尔的著作《人力资本》(1964)被西方学术界认为是研究人力资本投资理论的起点。贝克尔为了弥补舒尔茨对人力资本理论只重宏观研究的缺陷,特别注重微观分析。其主要理论贡献在于:① 把人力资本理论研究引入家庭经济行为领域,为人力资本理论奠定了坚实的微观基础;② 提出了培养孩子方面的时间配置、家庭时间价值、直接成本、间接成本、家庭中市场和非市场活动等令人耳目一新的概念;③ 特别关注在职培训的作用,认为在职培训是进行人力资本投资的重要形式;④ 强调人力资本投资的多样性,认为收集信息、收集情报资料也是人力资本投资的形式,均具有经济价值;⑤ 提出人们是否进行人力资本投资和投资量的多少的决定性因素是这种投资的收益率;⑥ 提出了包含人力资本的经济增长模型,使之成为后来新经济增长理论的组成部分。

3. 明塞尔的人力资本理论

美国经济学家雅各布·明塞尔在他的博士论文《人力资本投资与个人收入分配》(1958)中首次建立了个人收入分析与其接受培训量之间关系的数学模型。之后,他在另一篇论文《在职培训:成本、收益与某些含义》中,根据对劳动者个人收益率差别的研究,估算出美国对在职培训的投资总量和在这种投资上获得的私人收益率,并提出了收入函数的概念,用收益函数揭示了劳动者收入和个人收入差距缩小的根本原因是人们受教育水平的普遍提高,是人力资本投资的结果。

雅各布·明塞尔也对人力资本理论做出了重要贡献:① 建立了广为采用的人力资本收益模型,提出了著名的明塞尔收入函数(后面讲到);② 用人力资本理论解释了个人收入差别;③ 研究了在职培训对人力资本形成的贡献;④ 将人力资本理论与分析方法运用于劳动力市场行为与家庭决策研究中。

除此之外,丹尼森将经济增长的余数分解为规模经济效应、资源配置和组织管理改善、知识应用的延时效应和劳动力质量本身的提高等,并对舒尔茨论证的教育对美国经济增长的贡献率做出了修正;斯杰斯塔德分析了人口迁移对人力资本形成的影响,默希金(Mushkin,1960)分析了健康对人力资本的影响。在人力资本理论的不断发展中,有些学者还对人力资本的制度环境、人力资本产权等问题进行了研究,提出了有价值的观点。

(三)这一阶段人力资本理论对经济学的贡献

在这一阶段,诸多学者的人力资本理论对经济学发展的重要贡献为:① 对人力资本的概念突破了资本同质性假定,丰富和发展了资本理论;② 人力资本理论从内部和外部两个方面证实了人力资本投资有利于形成递增收益,克服了传统经济学要素"边际报酬递减规律"的局限性;③ 舒尔茨的人力资本投资是反贫困的有效途径观点,为解决贫困问题提供了新思路(智力扶贫、教育扶贫、技术扶贫);④ 以贝克尔为代表的人力资本理论的微观研究丰富了微观经济学的内容,也在研究人类行为学的方法上取得了重大突破;⑤ 将人力资本拓展到经济学的多个研究范围,形成了教育经济学、家庭经济学、卫生经济学、人力资源经济学等多种学科,推动了经济学科的发展。[12]

三、对人力资本理论的再分析阶段[13]

20 世纪 60 年代,人力资本在国际上产生了巨大的影响,但是进入 20 世纪 70 年代后,西方国家出现了严重的滞涨经济危机,许多发展中国家受此影响,经济也出现了萧条。一些国家把资金投入到教育,希望通过教育带动经济的复苏,但是出现了较为严重的"文凭膨胀"和"知识失业"问题而没有成功,人力资本理论开始受到怀疑,一些学者对人力资本理论发起了质疑和挑战,开始对人力资本理论进行再分析。其中影响较大的主要有四种理论:筛选理论、劳动力市场分割理论、过度教育理论、社会化理论。这四种理论研究的共同特点是:① 在方法上都是从微观的视角(雇主和劳动者个体)开展分析的;② 在研究对象上都聚焦于人力资本投资中的教育,都对教育的经济功能进行了研究,提供了不同的解释;③ 都对人力资本重新认识,因此有的学者认为这四种理论是第二代的人力资本理论。

(一) 筛选理论

1. 筛选理论的概念

筛选(screening)的字面意思是利用筛子进行挑选,如筛选种子、筛选矿沙等,现泛指通过淘汰的方式挑选人或事物。筛选理论中的筛选是雇主对劳动者的挑选,其筛子是标志和信号:① 标志是劳动者天生不能改变的特质,如性别、种族、家庭出身等;② 信号是后天获得、具有可以改变的属性,如学历、技术水平、婚姻等。由于标志不能改变,筛选理论研究的主要是教育信号(学历也称文凭)。

筛选理论中的主体有两个:一是雇主,雇主利用受教育程度(学历)对劳动者筛选;二是劳动者,劳动者用学历对职业进行筛选,学历是劳动者个体进入一些高收入职业的门票。筛选理论主要研究的是雇主对劳动者的筛选。筛选理论(screening theory)也称为文凭理论,就是把教育视为一种筛选求职者的装置,以帮助雇主识别不同能力的求职者,将他们安置到不同职业岗位上的理论。

2. 筛选理论的观点

筛选理论是从分析劳动力市场中雇主选聘求职者的过程出发,论述经济与教育关系的。筛选理论的代表人物有 A. 迈克尔·斯宾塞(Andrew Michael Spence,1972、1973)、罗伯特·M. 索洛(Robert Merton Solow)等。

筛选理论强调教育(文凭)的重要性,认为教育只是通过一纸文凭反映了个人已有的能力,并没有增加个人能力;筛选作用是教育的主要经济价值;教育与薪酬之间的正相关的关系,只是通过筛选作用而成立的。具体包括以下几个方面的内容:

(1) 基本假设。① 雇佣过程中存在着信息不对称。即求职者能够清楚认识到自身的劳动生产率,但雇主却不能马上认清求职者的劳动生产率。② 雇主存在着雇用员工的不确定性风险投资。雇主由于不了解求职者的生产能力或工作效率,因而雇用求职者的决定便成为一种不确定的风险投资。③ 劳动生产率并不因接受教育的多少而变化。劳动生产率是个人的内在能力,劳动生产率是因人而异的,它并不因接受教育的多少而有所提高或者下降。④ 信号和标志可以表明一个人的生产能力或工作效率。⑤ 求职者受教育状况可以被雇主免费观察到,这个假设也决定了教育能够充当信号的作用。⑥ 受教育程度高的求职者比受教育程度低的求职者入职后的教育培训成本要低,这个假设又决定了教育能够很好地充当信号的作用。

（2）教育与劳动者能力之间的关系。① 每个人的能力是不同的，教育不能提高一个人的能力，但文凭却能反映一个人的能力。② 教育成本与能力呈负相关。能力高的人支付的教育成本低，能力低的人支付的教育成本高，或者说支付同样的教育成本，能力较高的人能够获得较高的教育水平，能力较低的人只能获得较低的教育水平。③ 教育水平是反映一个人能力大小的有效信号，是雇主鉴定求职者能力筛选求职者的装置。

（3）教育功能在于它为雇主提供筛选的信号。雇主尽管不能直接了解求职者的工作能力，却可以了解到求职者的接受教育的水平（学历），雇主通过教育信号了解求职者的能力，这样接受教育水平就成为雇主选聘求职者的重要信号。为什么教育能成为一种信号呢？这是因为，人们普遍相信，一个人所能达到的教育水平与其付出的成本有关，能力越高，达到这种教育水平需要付出的成本较低，因此，一个人的教育水平越高，就代表他的能力越强，生产率越高，因而雇主就愿意支付他们较高的工资或薪酬，反之亦然。

（4）薪酬与教育信号关系的调整和均衡。筛选理论认为，整个筛选过程经历弱筛选和强筛选二个阶段才能实现薪酬与教育信号关系的均衡。

初级阶段（弱筛选阶段），在雇佣发生以前，顾主根据市场已有的经验，在心中暗含着对不同受教育状况求职者的期望以及提供相应的工资或薪酬结构标准。

雇佣发生后，雇主会观察雇员（如硕士研究生）在工作中的表现，并对雇员创造的价值与给出的起薪相比较，如果两者相等，那么雇主对雇佣发生前的教育信号与薪酬结构之间关系的信条就得到了证实，这样一个信号均衡就达成了，下次雇主招聘时还会给予这样雇员（硕士研究生）同样的待遇。如果两者不相等，雇主就会调整工资或薪酬标准，并进一步促使雇主初始的雇佣准则发生改变，这个循环将一直持续下去，一直到新雇员的劳动生产率与其工资或薪酬相等，才达成新的信号均衡，并且在整个就业市场推广。这就是“筛选理论”的高级阶段——强筛选阶段。

由上可见，筛选理论最突出的特点是：① 从分析劳动力市场上雇主选聘求职者的过程去说明教育的经济价值；② 教育（文凭）只是起到了雇主筛选求职者的信号功能，并没有能够提高人的能力；③ 由于筛选理论强调文凭的重要性，促使人们纷纷追求高学历，因此，筛选理论也被称为“文凭理论”。

3. 筛选理论与人力资本理论的区别

虽然筛选理论与人力资本理论都承认教育与薪酬之间存在着正相关关系，教育对个人具有明显的经济价值。但是二者在具体解说上存在着以下几点区别：

（1）教育与生产率之间的关系不同。人力资本理论认为，教育与生产率具有直接关系，教育能增进个人的生产能力，从而提高个人的生产率。从这个意义上说，教育具有生产要素的性质。而筛选理论则认为，教育和生产率之间只是一种间接关系，教育并不能提高个人的生产能力，雇员与生产率之间是通过筛选这一过程发生关系的，具有信号作用。

（2）教育与个人收入的关系不同。人力资本理论和筛选理论均不否认教育与收入之间具有正相关的关系，均承认较高的教育水平为个人带来较高的收入，但在对这种关系的解释方面大不相同。人力资本理论对教育与收入关系分析的思路是:劳动者较高的教育投资→较高的工作能力→较高的收入。而筛选理论对教育与收入关系分析的思路为:教育投资→较高的文凭→较高的收入。两者的区别主要在教育与收入连接上,在人力资本理论中,连接的是较高的生产能力,较高的收入是对较高工作能力的报偿,而在筛选模型中连接的仅仅是文凭,较高的收入是对高学历的回报。

(3) 对教育投资成本的认识不同。人力资本理论认为人力资本投资收益率高于物力资本投资,要达到相同的效益,人力资本投资成本较低,因此,全社会的人都会热衷于投资教育。而筛选理论认为,只有本身的劳动生产率高的人才会热衷于教育投资,因为个人内在的劳动生产率与改变自身受教育状况所需付出的信号成本是负相关的关系,劳动生产率高的个体改变自身受教育状况的信号成本较低。对高劳动生产率的个体来讲,在合理工资或薪资的结构下,个人投资更高级别教育的收益大于成本,因此其会做出进一步投资教育的理性选择。但对于低劳动生产率的个体而言,由于其要付出更高的成本,因此在对接受过同一教育级别的劳动者所付工资或薪资相同的条件下,其进一步投资教育的成本可能大于收益,从而其理性地选择不进一步对教育追加投资。

(4) 主张的教育政策不同。人力资本理论认为,教育能够促进经济增长与社会平等,所以主张进行大量投资,扩张教育,对教育发展具有积极的意义。而在筛选论者看来,教育只是通过一纸文凭反映个人的先天能力,对社会具有信号价值,却耗费了大量的资源,因而主张一种消极的教育政策。

(二) 劳动力市场分割理论

1. 劳动力市场分割理论的相关观点

本书在第四章第三节较为详细地分析了劳动力市场分割理论(labour market segmentation theory),劳动力市场分割理论对人力资本理论既有继承,又有批判。主要观点是劳动者的收入水平高低不完全取决于接受教育的程度,更重要的是由他们所能进入的市场所决定。具体来讲主要有以下几个方面:

(1) 劳动者进入二元劳动力市场限定不同。一级劳动力市场的雇主都是一些大公司企业,能够进入一级劳动力市场一般是家庭背景优越,学历高的人员;而二级劳动力市场的雇主却是中、小、微企业,进入者多是家庭贫寒、学历较低的雇员。

(2) 二元劳动力市场的收入机制不同。一级劳动力市场较易形成内部劳动力市场,其雇员的收入是其内部劳动力市场中劳动者所处阶梯地位决定的,能得到比竞争劳动力市场高的收入;而二级劳动力市场雇员的工资是由市场上竞争的劳动力供求关系决定,收入水平相对较低。

(3) 二元劳动力市场人力资本投资的作用不同。对于一级劳动力市场的劳动者而言,教育和培训能够提高其收入,而对二级劳动力市场的劳动者而言,接受教育和培训对于提高其收入没有作用。因此,教育的作用不在于提高个人的知识技能,而在于它是决定个人是在一级劳动力市场,还是在二级劳动力市场上工作。在一级劳动力市场，人力资本理论的教育程度与收入水平的正相关的命题能够成立，而在二级劳动力市场，教育能够提高雇员收入的命题不能成立。

（4）二元劳动力市场之间的劳动者很难流动。因此处在二级市场就业的人，即使想办法提高受教育程度（学历），还是很难进入一级市场，也就很难提高其收入水平。

2. 人力资本理论与筛选理论、劳动力市场分割理论在教育功能解说上的区别

虽然人力资本理论、筛选理论及劳动力市场分割理论都承认教育能够提高劳动者的收入，但是在教育功能上解说是不同的，三者的主要区别如表 6－3 所示：

表 6－3　人力资本理论、筛选理论及劳动力市场分割理论在教育功能解说上的区别

区别点 / 比较项	教育的作用	分析的思路	教育与生产率及劳动者收入的关系
人力资本理论	是经济增长与个人收入提升的重要因素	教育→劳动生产率→收入	教育能够培养出具有较高生产率的劳动力，教育水平越高，劳动力的生产率越高，其收入水平也越高
筛选理论	是雇主筛选雇员的信号	教育→筛选信号→收入	教育起信号的作用，教育并不能提升劳动力的能力，教育水平只是反映劳动力能力的高低，它帮助雇主筛选出合适的雇员，因此，教育水平越高，收入水平也越高
劳动力市场分割理论	是劳动者进入一级劳动力市场的门票	教育→劳动力市场→收入	教育作用的发挥要根据劳动者所在的劳动力市场来判断。处在一级劳动力市场的劳动者，其教育程度越高，收入越高；处在二级劳动力市场的劳动者，其收入水平和教育程度没有关系

（三）过度教育理论

1. 过度教育理论产生的背景及代表人物

“过度教育”（over education）的概念最早产生于 20 世纪 70 年代的西方国家。当时西方国家在第三次科技革命和人力资本理论的推动下，教育出现了空前的蓬勃发展，但是许多国家却出现了严重的大学毕业生失业的“反常现象”。在这种形势下，美国劳动经济学家 R. B. 弗里曼（Richard B. Freeman）1976 年在他所著的《美国过度教育》一书中，对过度教育进行了解释。20 世纪 80 年代，美国教育经济学家亨利・M. 莱文（Henry M. Levm，1985）教授在对教育过度问题进行的研究中，提出了教育过度的衡量标准。英国经济学家 R. P. 多尔（Ronald Philip Dore）在多次修订出版的《文凭病》（1976、1978、1997）一书中提出了学历社会和文凭病的观点[14]。

2. 过度教育理论的主要观点

(1) 过度教育的概念。弗里曼把美国自20世纪70年代初以来的教育收益率下降,归因为"教育过度",即教育的供给超过了社会对教育的需求所形成的教育收益率下降现象。弗里曼指出,高等教育劳动力供给增加后不能被劳动力市场吸纳,很多毕业生被迫接受比自己教育水平低的工作。当高技术劳动力被迫接受低于教育水平的工作时,他们将会与技术水平低的工人展开工作竞争,导致这些技术水平低的工人被迫接受更低层次的工作,甚至沦为失业工人,这种现象被称为挤兑效应(bumping down effect)。本书认为,过度教育是指由于某类教育的供给超过了社会对教育的需求所形成的教育收益率下降、文凭泛滥、人才高消费与知识失业等问题。这一概念包含以下几层含义:① 这里的过度教育是特指某类教育(如高等教育的某些专业),而不是泛指整个教育(不包含义务教育);② 这些教育的供给超过了需求;③ 出现了教育收益率下降、文凭泛滥、人才高消费与知识失业等问题。

(2) 过度教育的衡量标准。莱文认为,属于下列三种情况中的任何一种都应称作过度教育:① 相对于历史上的受教育水平较高的人,现在受相同水平教育的人的经济地位下降了;② 受过教育者未能实现其对事业和收入的期望;③ 求职者拥有比其工作要求更高的教育技能;(本书作者认为还应该再加上两个衡量标准)④ 出现了较为严重的高知低就或知识失业;⑤ 用人单位人才高消费。

(3) 学历社会的文凭病。随着教育的发展和教育信号功能的加强,一些国家(如20世纪70年代的日本)出现了雇主对学历要求大幅升格、要求职业证书增多的人才高消费现象,人们纷纷追求高学历,整个社会出现了文凭充斥现象。对此英国学者多尔在《文凭病》一书中,把这种现象称为学历社会,他把学历社会的文明病的症状归结为:① 毕业文凭和职业资格证书被用作甄别、选择就业者的作用越来越大,范围越来越广;② 教育过剩,学历贬值,高学历者高知低就;③ 大量教育投资浪费,知识失业严重;④ 追求知识、真理的教育蜕变为追求学历文凭的教育,教育的相对的实质水准普遍下降。

(四) 社会化理论

社会化理论的代表人物是萨缪·鲍尔斯(Samuel Bowles)和赫伯特·金迪斯(Herbert Gintis)。1976年,鲍尔斯和金迪斯合著的《资本主义美国的学校教育:教育改革与经济生活的矛盾》一书出版,标志着社会化理论的产生。他们采用新马克思主义的观点和方法,强调教育对维护资本主义经济制度所起的作用,认为教育与经济的关系是阶级矛盾关系的反映,教育的主要功能在于维护资本主义经济制度的生存和发展。

1. 社会化理论的概念与基本观点

社会化是指一个人通过学习文化和承担社会角色,并且逐步适应整个社会生活的过程。社会化理论(socialization theory)是一种认为教育的主要功能在于维护资本主义经济制度生存和发展的激进理论。社会化理论的基本观点是资本主义经济结构的等级化、分工化以及不同工作需要不同个性特征的劳动者,教育的经济功能便是通过各种途径及手段使学生社会化,使不同的学生经教育培养形成资本主义经济结构所需要的各种个性特征,教育的社会功能远比教育提高知识和技能对经济的影响更为重要。

2. 资本主义结构需要不同个性特征的人

社会化理论把职业分为高等职业和低等职业,而这些职业需要不同个性特征的人。高等职业如经理、高级行政管理人员等工作需要很强的独立性、较高的自尊心、多疑多问及进取创新的精神等个性特征。低等职业如秘书、打字员、勤杂工等则需要准时上班、严守纪律、循规蹈矩、恭顺听话、盲目服从等个性特征。但这些个性特征不是生来具有的,是要通过教育系统地培养出来。因此,教育的这种社会化功能又是一个"个性差异性"的社会化过程。

3. 教育的功能是为不同阶级的人培养不同个性

一般来说,资产阶级的子女有更多机会进入一流学校接受更高更好的教育,培养出自尊、自重和富有创新进取精神的个性,毕业后就能到高级职业岗位上;而工人阶级及贫困家庭的子女往往在条件差的学校接受较差较低的教育,养成遵守规章、盲目服从的个性,以适应毕业后进入低等职业工作岗位的需要。学校教育对不同社会阶级出身的学生的不平等待遇,反映了不平等的资本主义生产关系并且再生产着这种不平等的生产关系,教育正是通过这种社会化过程为资本主义经济服务的。

4. 社会化理论的结论和建议

社会化理论的结论和建议是:① 教育的主要功能在于维护资本主义经济制度生存和发展;② 教育的社会功能远比教育提高知识和技能对经济的影响更为重要;③ 教育不但没有促进社会平等,而且还会再产生新的社会不平等;④ 经济的不平等是社会不平等的根源之一,教育改革和教育扩展不能根本改变经济的不平等结构,要实现社会平等,就得改革经济结构并实行平等的教育政策。

四、人力资本理论研究的深化与拓展阶段

20 世纪 80 年代以后,对人力资本研究的深化与拓展主要有新经济增长理论、社会资本理论和知识资本理论。

(一) 新经济增长理论

20 世纪 80 年代以来,一些人力资本学者提出了新经济增长理论,认为知识和人力资本是最重要的资本,其投资收益大大高于物质资本。新经济增长理论主要有罗默的知识溢出模型、卢卡斯的人力资本积累模型、巴罗的公共产品模型和拥挤模型、克鲁格曼 - 卢卡斯 - 扬的边干边学模型、斯托齐的边干边学模型(1988)等。其中罗默的知识积累理论和卢卡斯的人力资本积累理论最具代表性。

1. 新经济增长理论与传统经济增长理论的区别

新经济增长理论,又称内生经济增长理论,是美国经济学家罗默(Romer,1986)和卢

卡斯(Lucas ,1988)所创立的一种把知识和人力资本作为内生变量来解释经济增长的理论。它与传统经济增长理论(古典和新古典经济学的经济增长理论)的主要区别是:① 经济增长的构成要素不同。传统经济增长理论的构成要素是土地、资本、劳动和企业家才能,没有或很少涉及知识和人力资本;而新经济增长理论则包括知识和人力资本要素。② 对知识和人力资本考察的视角不同。由于时代的局限,传统经济增长理论把知识和人力资本作为增长的外在因素,没有或较少分析;而新经济增长理论则把知识和人力资本作为内生变量来研究经济增长。③ 强调增长的要素不同。传统经济增长理论强调物质资本对经济增长的作用最重要,认为资本积累是经济稳定增长的决定因素;而新经济增长理论则强调知识和人力资本最重要,经济增长是人力资本不断积累的结果。④ 研究经济增长的边际收益规律不同。传统经济增长理论分析的要素存在着边际收益递减规律;而新经济增长理论研究的知识和人力资本则是边际收益递增规律。

2. 新经济增长理论的主要内容

(1) 罗默(Roemer)的知识溢出理论。所谓知识溢出就是信息、技术、管理经验等各种知识通过交易或非交易方式溢出原有的知识主体。知识溢出源于知识本身的稀缺性、流动性和扩散性。虽然知识溢出和知识传播都是知识扩散的方式,但是二者也有区别,知识传播是知识的复制,而知识溢出则是知识的再造。阿罗(1962)最早用外部性解释了溢出效应对经济增长的作用,他认为新投资具有溢出效应,不仅投资厂商可以通过积累生产经验提高生产率,其他厂商也可以通过学习提高生产效率。罗默继承了阿罗的思想,在他的论文《外部因素、收益递增和无限增长条件下的动态竞争均衡》(1986)中提出了知识溢出理论。知识溢出理论认为,知识是追逐利润的厂商进行投资决策的产物,知识不同于普通商品之处是知识具有公共物品性,任何厂商所生产的知识都能提高全社会的生产率,从而实现全社会经济长期增长。他的知识溢出理论的主要观点是:① 知识是经济增长的内生变量,知识能够提高技术和资本的效益,从而能够说明增长率的非收敛性;② 知识也是一种生产要素,在经济活动中必须像投入其他生产要素一样投入知识;③ 特殊的知识和专业化的人力资本不仅能自身形成递增的收益,而且还使物质资本、劳动力等生产要素也产生递增的收益,从而使整个经济规模收益是递增的;④ 一国人均收入的增长率与该国研究与开发中投入的人力资本比重及其边际生产率成正比(罗默,1990);⑤ 投资促进知识积累,知识又刺激投资,形成一种良性循环,从而投资的持续增长能永久性地提高经济增长率。后来,罗默进一步发展了自己的研究,把知识细分为人力资本(以劳动力受教育的年限来衡量)和新思想(以专利或知识产权来衡量),使其理论更趋完善。

(2) 卢卡斯(Lucas)的人力资本积累理论。1988 年卢卡斯发表了著名论文《论经济发展的机制》,将舒尔茨的人力资本理论与索洛的技术进步模型及阿罗的"干中学"概念结合起来,建立了一个专业化人力资本积累的经济增长模型,用人力资本的溢出效应解释技术进步,说明经济增长是人力资本不断积累的结果。他的主要观点如下:

① 人力资本是经济持续增长的决定性因素。卢卡斯认为,人力资本积累(人力资本增值)是经济得以持续增长的决定性因素和产业发展的真正源泉:a. 人力资本增值越快,

则部门经济产出越快；人力资本增值越大，则部门经济产出越大；b. 拥有丰富人力资本的国家会取得较快的经济增长速度；c. 人力资本低下是发展中国家增长速度较慢的原因所在。

② 人力资本的经济增长效应。人力资本投资对经济增长的影响可以分为内部效应和溢出效应。对于内部效应（一个单位内部，如一个企业内）卢卡斯指出，可以解释为向他人学习或相互学习，一个拥有较高人力资本的人对他周围的人会产生更多的有利影响，提高周围人的生产率，但他并不因此得到收益。人力资本的内部效应表现为：a. 个人的人力资本对其自身生产率提升的作用；b. 人力资本投资所形成的专业化知识能够使组织内其他要素投入产生递增收益；c. 人力资本投资所形成的知识和能力影响到投资者周围的人，促使他们提高生产效率。

我们认为，对于人力资本的溢出效应（对社会经济的影响），主要还表现在以下三个方面：a. 人力资本投资能够带动第三产业的一些行业（文化、科技、信息、体育、保健等）的发展，从而形成产业关联效应；b. 人力资本投资带动相关行业（教育、科技、信息、文化、体育、保健等）投资成倍增长，从而产生投资乘数效应；c. 人力资本投资增加，能够提高人口素质和社会和谐程度、降低社会犯罪率等具有提升社会文明效应。

卢卡斯的理论与罗默的理论的不同是：罗默的贡献在于直接把知识（技术、人力资本）内生化，而卢卡斯的贡献则是把原来外生的技术因素转变为人力资本来研究。他们的共同之处都是充分强调人力资本投资，并把它作为经济长期增长的关键因素，这就是许多学者把罗默和卢卡斯的理论统称为新经济增长理论的原因。

3. 新经济增长理论在人力资本理论研究中的主要贡献

新经济增长理论在人力资本理论研究方面的主要贡献表现在如下几个方面：① 将人力资本纳入了经济增长的数理经济学模型（属于理论研究）。20 世纪 60 年代的研究一般采取的是计量经济学的分析方法（属于工具性应用分析），而新经济增长分析法是数理经济学分析方法。② 新经济增长理论把人力资本作为内生变量进行研究。舒尔茨和贝克尔的人力资本理论都没有把人力资本作为内生变量，而是作为外生变量，也就不可能对人力资本进行深入的研究；而在罗默和卢卡斯的模型中不仅将人力资本纳入进去，并且使其内生化，同时也克服了经济均衡增长取决于劳动力增长率这一外生变量的缺陷。③ 新经济增长模型从经济增长模型中阐发其人力资本理论，将对一般的技术进步和人力资源的强调变成了对专业化的人力资本的强调，从而使人力资本的研究更加具体化和数量化。总之，新经济增长理论极大地深化并拓展了人力资本理论，使人们在实践中能够更加准确地认识人力资本在经济增长中的作用。

（二）社会资本理论

1980 年，法国社会学家皮埃尔·布迪厄（Pierre Bourdieu）在《社会科学研究》杂志上发表了题为《社会资本随笔》的短文，正式提出了社会资本这一概念。20 世纪 80 年代至 21 世纪，美国学者詹姆斯·科尔曼（James Coleman，1988）、罗伯特·普特南（Robert Putnam ,1993)、林南(Lin Nan,2001)等先后提出了社会资本理论并将其作为人力资本理论基础上的理论发展加以阐述,显示了学术界对一国经济与社会发展中的人际关系的重视,深化了早期人力资本理论学者们对人力资本理论中人与经济发展关系的论述。

1. 社会资本的概念

对社会资本概念的解释有两种:一是从微观个体上解释社会资本,认为社会资本是指个人在一种组织结构中,利用自己的特殊位置而获取利益的能力。如果一个人的亲戚、朋友、同学、老乡等关系越多,他就能从这些关系中获取的利益越高,那么他的社会资本就越大。二是从宏观群体上解释社会资本,帕特南(1993)认为"社会资本是指社会组织的特征,诸如信任、规范以及网络,它们能够通过促进合作行为来提高社会的效率"。

2. 社会资本理论的发展

关于社会资本理论,许多学者都进行了研究。布迪厄是第一位在社会学领域对社会资本进行初步分析的学者;科尔曼对社会资本做了较系统的分析;林南对社会资本的研究进行了发展;帕特南从政治的角度对社会资本进行了研究。

(1) 布迪厄对社会资本的先驱性研究。布迪厄在其关系主义方法论的基础上提出社会资本概念。他的主要观点是:① 资本分为经济资本、文化资本和社会资本三种类型,并认为资本之间可以相互转换;② 社会成员和社会团体因占有不同的位置而获得不同的社会资源和权利;③ 社会资本以关系网络(如血缘关系的父母、兄妹等,姻缘关系中的夫妻、岳婿等,学缘关系的同学,军缘关系的战友,地缘关系的老乡等)的形式存在。

(2) 科尔曼对社会资本的较系统的研究。科尔曼以微观和宏观的联结为切入点对社会资本做了较系统的研究。他认为社会资本研究的目的就在于通过对社会资本的研究来研究社会结构。科尔曼指出,社会关系不仅被视为社会结构的组成部分,而且是一种社会资源。他把社会结构资源作为个人拥有的资本财产叫作社会资本。社会资本不是某些单独的实体,而是具有各种形式的不同实体。科尔曼认为社会资本是与物质资本和人力资本相并存的,每个人生来就具有这三种资本。其中物质资本是有形的,社会资本和人力资本是无形的,它们三者之间可以转换。社会资本的形式有义务与期望、信息网络、规范与有效惩罚、权威关系、多功能社会组织和有意创建的组织等。

(3) 林南对社会资本研究的发展。林南通过对社会网的研究提出社会资源理论,并在此基础上提出了社会资本理论。① 社会资源。林南首先把资源分为个人资源和社会资源。个人资源指个人拥有的财富、金钱、自然禀赋、体魄、知识、地位等可以为个人支配的资源;社会资源指那些嵌入于个人社会关系网络中的资源,如权力、财富、声望等,这种资源存在于人与人之间的关系之中,必须与他人发生交往才能获得。社会资源的利用是个人实现其目标的有效途径,个人资源又在很大程度上影响着他所能获得的社会资源。② 社会资本。在社会资源理论的基础上林南又提出了社会资本理论。他认为社会资本是"投资在社会关系中并希望在市场上得到回报的一种资源,是一种镶嵌在社会结构之中并且可以通过有目的的行动来获得的资源"。③ 社会资本的获得。林南认为社会资本存在于一定的社会结构之中,人们必须遵循其中的规则才能获得行动所需的社会资本,同时也说明了人的行动的能动性，人通过有目的的行动可以获得社会资本。

(4) 帕特南从政治的角度对社会资本进行了研究。罗伯特·帕特南在科尔曼的基础上，将社会资本从个人层面上升到集体层面，并把其引入政治学研究中，从自愿群体的参与程度角度来研究社会资本。帕特南在《让民主的政治运转起来》(1993)中提出了公民参与网络。他认为由于一个地区具有共同的历史渊源和独特的文化环境，人们容易相互熟知并成为一个关系密切的社区，组成紧密的公民参与网络。这一网络通过各种方式对破坏人们信任关系的人或行为进行惩罚而得到加强。这种公民精神及公民参与所体现的就是社会资本。在帕特南那里，社会资本是一种团体的甚至国家的财产，而不是个人的财产。帕特南强调，如果认识到社会资本是重要的，那么它的重心不应该放在增加个人的机会上，而必须把注意力放在社群发展上，为各种社会组织的存在留下空间。

3. 社会资本理论的解释力

所谓解释力指社会资本理论对社会经济现象解释的科学性、准确性和应用性，现在社会资本理论的解释力主要集中在以下领域：

(1) 经济与社会发展。纳克等人对社会资本与经济和社会发展的关系进行了经验研究，结果发现一个国家的国民对他人的信任程度越高，国家的国民规范越明确，则该国的经济(社会)发展水平就越高，它们之间存在着显著的关联性。

(2) 社会转型与社会分层。一部分主张“精英再生”理论的学者指出，那些在传统再分配体制下拥有较高社会地位的精英们会在市场转型过程中充分利用自己在传统体制下积累的社会资本，并将这些资本迅速转化为在市场经济体制下可用的资源，从而使自己在新的社会中继续获得较高的经济社会地位。例如苏联和东欧一些国家在社会转型后的一些领导人很多是原共产党的骨干。还有一些学者如安海尔等对德国的作家群体的分层状况进行了研究，结果发现作家们拥有的社会资本和文化资本的差异在很大程度上影响着他在社会上地位的高低(拥有社会资本多的人有可能进入社会上层，缺乏社会资本的人难以改变自己的社会阶层)。

(3) 劳动就业。劳动就业是社会资本理论应用较早的一个研究领域。人们对社会关系网络在个人求职中作用的研究结果表明，即使在欧美等劳动力市场制度建设较完善的国家里，人们在就业和求职过程中还是会更多依靠自己的社会网络关系，求职者可通过自己的社会关系网络来获得信息与帮助，从而容易找到理想的工作。同时，对雇主来说，使用社会网络寻找雇员可扩大雇佣范围，保证员工质量。

(4) 企业的发展。卜长莉在其《社会资本与社会和谐》一书中就社会资本与企业发展的关系进行了探讨，认为企业的网络联系可分为内部网络和外部网络。内部网络主要包括企业内部各部门之间的联系；外部网络主要指企业与其他机构之间的联系。网络这一关系性的社会资本是企业发展的条件，员工之间、企业之间的信任可以提高参与合作的企业内部与企业之间的相互关系的质量，影响合作的结构。也就是说，信任的程度能影响企业的规模，信任也能降低企业的交易费用，提高企业的经济效益和社会效益。

(5) 社会参与与民主政治。帕特南指出，公民对于公共事务的参与有助于产生自发的社会网络组织及成员间的信任和规范，这是市民社会生存所依赖的社会资本。其他一些学者研究表明，以社会参与行为和志愿组织为代表的社会资本是市民社会的基石，人们不仅可以通过社会参与和志愿组织活动更为积极地参与社会政治生活和公共事务，而且可在自发形成的组织活动中自然体验到民主的程序和实质。

（6）科学与技术创新。许多研究者注意研究了社会网络在科学积累与新思想传播中的作用。他们指出，科学知识的积累就是新的科学思想在科学家之间的非正式网络联系中进行的。这种非正式联系或网络被称为无形学院。“无形学院”的存在实质上是科学共同体中的社会资本存量，它为科学家之间交流、合作提供了前提，从而有利于科学与技术创新。

（7）教育与家庭。科尔曼曾指出，在传统社会中儿童的成长过程会受到家庭和邻里人的关注，这些构成了儿童成长的最初社会资本。但随着现代社会结构的变化，父母工作压力不断增加，邻里人际关系逐渐淡漠，儿童所获得的社会资本越来越少，不利于他们的成长。许多学者也对这一领域进行了研究，研究结果表明，父母对子女关心程度的高低在很大程度上决定着孩子们学业成绩的高低和在学校里表现的好坏，社会资本在人力资本的形成过程中发挥着不可替代的作用。

（8）对农村问题的研究。许多学者对农村的社会资本存量进行了研究，结果表明，随着市场经济的冲击，随着农村的贫富差距拉大，农村社会的社会资本存量越来越少，农村的人际关系观念逐渐淡薄，相互之间的交流与互相帮助越来越少，农村的社会资本不断流失。这种状况严重影响了农民的团结，对本来就处于弱势地位的农民非常不利。

虽然社会资本理论具有强大的解释力，但社会资本理论也有其自身无法解决的困境。① 外部困境，现代越来越个体化的社会使得社会资本的形成非常困难；② 自身困境，社会资本是仅用经济学的概念来解释人的社会行为与社会关系，有其自身所无法克服的困境。

4. 人力资本与社会资本的关系

（1）社会资本与人力资本具有相同的特点：① 社会资本与人力资本一样是通过积累而成的；② 社会资本与人力资本都需要不断地补充、更新；③ 社会资本与人力资本都具有生产性；④ 社会资本与人力资本都具有层次性。

（2）人力资本和社会资本也存在着区别。① 研究的视角不同。人力资本关注于个体；社会资本则关注于社会网络或社会关系。② 人的依附关系不同。个人的人力资本依附于独立的个人而存在；社会资本表现为人与人之间的关系，存在于人际关系的交往之中。③ 形成的途径不同。人力资本是通过人力资本投资形成的；而社会资本则是通过人际关系和社会网络的构建而形成。④ 衡量标准不同。人力资本产出是根据个人的收入和个人的生产能力来衡量的；而社会资本是通过社会关系和社会网络的强度来衡量。

（三）知识资本理论

20 世纪 90 年代后期以来，知识对经济增长的作用越来越大，知识可以支配其他生产要素，上升为最重要的经济资源。以斯图尔特（Stewart，1997）、埃德文森和沙利文（Edvins-

son & Sullivin,1996)、斯维比(Sveiby,1997)等为代表的知识经济学派的学者对此进行了研究,提出并解释了知识资本理论。

1. 知识资本的概念与特征

(1) 知识资本(knowledge capital,KC)的概念。知识资本的不同解释:① 美国经济学家 J. K. 加尔布雷斯(J. K. Galbraith)1969 年第一次提出了知识资本的概念,他认为,知识资本是一种知识性的活动,是一种动态的资本,而不是固定的资本形式。② 斯图尔特认为,知识资本是指包括知识、信息、知识产权和经验等在内的,能够生产物质财富的资源,知识资本是一种集体智能的组合。③ 埃德文森和沙利文认为,知识资本是知识企业物质资本和非物质资本的合成,是企业市场价值与账面价值之间的差额。④ 斯维比指出,知识资本是企业一种以相对无限的知识为基础的无形资产,是企业的核心竞争能力。我们认为,知识资本是以各种知识形态表现的资本,它以高科技为主要特征,以无限知识为基础的,是能够给企业带来利润的无形资本。

(2) 知识资本的特征。知识资本具有创新性、垄断性、高度的增值性、收益递增性等特征。① 创新性表现在知识资本的价值来源于其新颖性和创造性,与公共知识、专业知识相比,只有创新性的知识才是稀缺的、能够产生极大的经济价值;也只有创新性的知识才能得到保护(如知识产权、特许),使企业形成产品和服务的领先优势。② 垄断性表现在知识资本本身是非竞争性的,难以模仿与替代的知识资本可以有效地整合、优化、发掘物质资本和金融资本的价值,使其占有其垄断地位。③ 高度的增值性。知识资本的增值性与非知识资本的增值性相比,其增值速度要快得多。④ 收益递增性,如前所述。

2. 知识资本的结构

(1) 斯图尔特的观点。1997 年斯图尔特提出了知识资本的 H - S - C 结构,他认为知识资本由人力资本 (human capital)、结构性资本(structural capital)和顾客资本(customer capital)构成,简称 HSC。人力资本是指企业员工所具有的各种技能和知识;结构性资本是企业的组织结构、制度规范、企业文化等;顾客资本则是指市场营销渠道、顾客忠诚、企业信誉等经营性资产。人力资本、结构性资本和顾客资本三者相互作用,共同推动企业知识资本价值的增值和实现。

(2) 埃德文森和沙利文的观点。埃德文森和沙利文将知识资本划分为人力资源和结构性资本两部分。人力资源是指企业所有跟人相关的方面,诸如企业股东、员工、供应商及其他把自己的能力和技能带到企业的人。结构性资本是指不依附于企业人力资源而存在的组织的其他能力。这种能力表现为企业的信息技术、用户数据库、经营流程、战略计划、企业文化、企业的历史、目标和价值观等无形的部分;也表现为有形的部分,即资产表中有价值的所有项目。他们强调人的知识和技能必须转化为知识资产才能成为企业创新的重要源泉,在知识资产向市场价值转化的过程中,企业的分销网络、供应网络、服务力量和企业的外部能力等经营性资产都会起到重要作用。

(3) 斯维比的观点。斯维比把知识资本划分为雇员能力资本(employee capital)、内部结构(inter structure)和外部结构(extra structure)三部分。这里的内部结构和外部结构实际上是将结构性资本区分为内部结构资本和外部结构资本。内部结构资本的作用是为雇员知识和技能在组织内的传递提供支持,外部结构资本的作用是保证企业知识资本的增值。

本书认为,企业的知识资本包括人力资本、知识产权、管理资本和市场资本(如第一节所述)。

3. 知识资本的经济价值

(1) 知识资本能够创造更多的市场价值总量。知识创新活动可以持续不断地创造和引导市场需求的创新与扩大。每一种新产品、新技术的出现都使市场需求出现新的领域和发展空间,形成新的市场,从而突破原有产品和技术格局下的需求模式与僵局。需求的发展和扩大使企业获得新的市场价值,从而使企业供给、生产总量以及创造的市场价值总量扩大。

(2) 知识资本是企业超额利润的主要源泉。微软生产的"Windows98"软盘,其制造成本不到1美元,但由于它凝结了丰富的知识,而使它当时的市场价值超过了1 000美元;耐克公司生产的耐克鞋由于具有流体动力学和空气动力学的知识含量,可其价格大大高于同类产品;一粒种子由于在它的培育过程中凝结了遗传学、基因工程的知识,可以形成高效农业而身价百倍,等等。

(3) 知识资本能够大大降低产品成本。传统工业化生产模式是基于土地和资本有限性基础上的,随着资源的稀缺加重和生产规模的不断扩大,其产品的成本越来越高。而知识具有可重复使用的特征,知识创新产品可以实现批量化生产和销售,而不需要重复投入等量的资源。因此,投入的成本随销量增加迅速减少,边际成本也大幅度降低。

(4) 知识资本是企业获取核心竞争优势的核心资产。① 知识创新企业比传统资本企业具有更大的市场竞争能力和更高的利润率。② 知识创新是企业转型升级的主要途径。一些传统加工制造企业通过研发、品牌塑造、知识产权保护等形成以知识为基础的核心资产,转型为知识创新企业,使其全球竞争力和超额利润率进一步提高,如汤姆逊、爱立信、福特、大众等企业。③ 通过专利技术等知识资本的垄断取得核心竞争力是新兴高新技术企业的主要手段。例如,计算机CPU主要由英特尔和AMD两家厂商垄断,微软的视窗操作系统则称霸全世界,等等。

4. 知识资本理论的贡献

(1) 丰富并发展了资本理论。20世纪60年代前的资本主要是物质资本和金融资本,20世纪60年代加上了人力资本,20世纪80年代再加上了社会资本,20世纪90年代以来在对人力资本研究的基础上又发展为知识资本。知识资本理论的兴起丰富并发展了资本理论,为全面认识资本理论提供了新的视角。

(2) 丰富并发展了发展经济学。传统发展经济学还很少研究企业信誉、企业文化、企业形象、商标、品牌、员工知识和技能、员工忠诚、顾客满意度对经济增长的贡献。而知识资本理论从人力资本、知识产权、管理资本和市场资本分析经济增长,是对发展经济学的丰富和发展。

(3) 改变了企业无形资产无法计量评估的状况。传统的经济学和管理学对于属于知识资本的无形资产(技术创新、企业形象、企业文化、商标、品牌、员工知识等)无法计量评估。而知识资本理论能够科学地计量属于知识资本的无形资产。

(4) 为企业选择正确的经营方针和发展战略提供了新的指导。传统企业的经营主要围绕着产品生产、市场、促销、分销等来制定经营方针和发展战略。而知识型企业主要围绕研发、品牌、服务等来确定经营方针和发展战略。当代无数事例表明,企业要在国际竞争中获得优势,就必须注重发展知识资本。① 知识资本是形成企业核心能力的关键;② 企业竞争的最大优势是拥有知识资本;③ 知识资本是当前和今后一段时期的最重要资本形态;④ 知识资本是企业获得超额利润的重要源泉;⑤ 知识资本是企业长期持续发展的强大动力。

5. 知识资本理论与人力资本理论的区别

尽管知识资本理论是建立在人力资本理论基础之上的,是对人力资本理论的拓展和深化,知识资本理论包含有人力资本理论(如第一节所述),但是二者也存在着区别。

(1) 知识资本理论与人力资本理论的产生背景不同。现代人力资本理论是在解释"经济增长之谜"的情况下,由舒尔茨、贝克尔等人经过长期研究提出的,并由罗默、卢卡斯等加以内生化得到发展。而知识资本理论起源于知识经济时代,知识在社会经济发展过程中的作用日益凸显,人们对知识和无形资产对经济发展的作用日益关注,知识资本的提出正好解释了经济发展的动力问题。

(2) 研究视角不同。人力资本理论分别从宏观(舒尔茨)与微观(贝克尔)视角来研究;知识资本理论主要是从微观(企业)来分析。

(3) 研究目的不同。人力资本理论揭示的是人在促进技术进步和经济发展中的特殊作用;而知识资本理论的主要任务就是探讨经济持续增长的源泉。

第三节 人力资本投资

一、人力资本投资的概念与特征

(一) 人力资本投资的概念

人力资本投资(investment in human capital)就是"通过增加人的资源而影响未来货币或物质收入的各种活动"(贝克尔)。舒尔茨把人力资本投资分为五部分:影响人的预期寿命、体力和耐力、精力和活力的全部开支;在职培训,包括商社组织的旧式学徒制;正规的初等、中等和高等教育;非商社组织的成人教育计划,特别是农业方面的校外学习计划;个人和家庭进行迁移以适应不断变化的就业机会。[15]

本书认为,人力资本投资包括:① 教育资本投资,即用于教育和培训的费用,以培养和提高在职或未来劳动力的工作能力、技术水平和劳动熟练程度。② 健康资本投资,即用于医疗卫生保健的费用,以保证劳动力的必要数量和在职劳动力的健康水平。健康资本投资的意义在于它是其他形式人力资本存在与效能正常发挥的先决条件。③ 劳动力流动和用人单位吸引人才的投资。④“干中学投资”，即劳动者在实际工作中为积累知识、经验及提高能力所进行的投资。⑤ 企业家经营资本投资，包括企业家能力、企业家创业精神的投资等。

（二）人力资本投资的特征

1. 人力资本投资影响因素的多样性

人力资本投资不仅要受社会经济体制、个人及家庭收入、企业管理方式等多种因素的影响，而且更重要的是取决于个人先天的智商、偏好、行为与性格特征等多方面的因素。因此，人力资本投资评估中需要考察的因素就显得更为复杂。

2. 人力资本投资主体的多元性

人力资本投资不仅有政府、企业和事业单位、社会团体，而且还包括家庭和个人。一般情况下，小学和初中教育是义务教育，投资主体是政府；高中教育和高等教育投资主体是家庭；企业和事业单位是培训、招聘投资的主体；个人又是“干中学”和迁移或流动投资的主体。

3. 人力资本投资者与投资对象交织

人力资本载体自己是天然的投资者，即人力资本载体自身要投入智力、体力、精力、时间等，但是，同时又是被投资者的对象，所以投资者与投资对象集中于承载者一身，这一点与物质资本投资和金融资本投资有着显著的区别。

4. 人力资本投资的时间成本高

人力资本是一种时间密集型的资本，所以时间也就自然成为人力资本投资的投入资源。对于大多数人力资本投资来说，都需要很长时间，有些投资需要几年、十几年、几十年甚至终生的时间。人力资本投资的时间成本受时期和地域的影响，时期不同、地点不同、时间成本也不同。部分人力资本投资，如迁移与流动，其时间成本就较少，除此之外，绝大多数的时间投资成本都比较高。

5. 人力资本投资具有相继性

由于人力资本投资需要花费的时间较长，所以呈现出明显的阶段上的相继性，即后期投资必须以先前的投资为基础或前提条件。如对劳动者的人力资本投资就是由几个阶段相继完成的：义务教育是政府福利性投资，在福利投资的基础上家庭又要进行高中教育（包括中等专业教育）和高等教育的投资；在家庭投资的基础上，企业和事业单位还要进行招聘、培训、激励和约束投资；在工作中劳动者也要进行“干中学”投资；劳动者工作变化又要进行迁移或流动的投资。

二、人力资本的投资成本与收益

（一）教育投资的成本与收益

教育有广义和狭义之分，广义的教育包括家庭教育、学校教育和社会教育。有人也把广义的教育称为终身教育，在这个意义上教育根据受教育者的年龄分为早期教育、中期教育和后期教育：早期教育包括胎教、婴儿期教育、幼儿教育；中期教育包括正规学校教育、成人教育和职业教育；后期教育主要是老年人教育，它围绕65岁（女60岁）以上老年人进行的。本书所研究的教育是指中期教育里的正规学校教育。

1. 教育成本

（1）教育成本的概念。教育投资可以用教育成本来表示，教育成本（educational costs）是指培养每名学生所支付的全部费用，它包括教育的直接成本与教育的间接成本两大部分。

用公式表示为：教育成本 = 教育直接成本 + 教育间接成本

本书认为，教育成本与教育经费并不相同：① 在投资主体上，教育成本的投资主体多于教育经费投资的主体。教育经费投资的主体是国家、社区、社会团体、企事业单位等；而教育成本除了上述投资主体外，还包括家庭和个人。② 教育投资属性有别。教育经费属于教育投资的社会成本（国家及社会团体等支付的教育经费及各种资助）；而教育成本除了教育投资的社会成本外，还包括家庭和个人的私人投资成本。③ 教育成本大于教育经费。虽然教育经费是教育成本的主要构成部分，但不是构成教育成本的全部内容，因为它没有包括家庭及个人所支付的有关教育的费用。

（2）教育成本的类型。教育成本有教育的直接成本和教育的间接成本两种类型。教育的直接成本是国家、社区、团体、家庭及个人所支付的有关教育的全部直接费用。它主要有三个组成部分：① 政府直接拨付的教育经费，用于购置土地资金、校舍建设与购置仪器设备的资金、教职工的薪金、学生奖学金、助学金、图书资料等费用。② 企事业单位、社区、社会团体、慈善者等的捐助，用于学校建设或办学的费用（校舍建设、职工培训费用、学生奖学金、助学金、学生困难补助金等）。③ 学生家庭或个人花费在教育上的费用（额外生活费、交通费、住宿费、学杂费、书本费、文具费、校服等）等支出。

教育的间接成本主要包括教育的社会间接成本和教育的私人间接成本。① 教育的社会间接成本包括达到法定劳动年龄段的学生如不上学而就业时，国家可能获得的税收；教育所使用的货币、土地、建筑物、设备，如果不用于教育而用于其他方面可能获得的利息、租金收入；用于教育的土地、建筑物、设备免除征收的税费等。② 教育的私人间接成本主要是学生因上学而放弃的收入（机会成本）。

2. 教育投资的收益[16]

教育投资的收益包括个人或家庭收益与社会收益。

（1）个人或家庭收益。个人或家庭收益有货币收益和非货币收益。个人或家庭的货币收益主要是经济收入的增加，如在拉丁美洲的研究表明，接受过17年教育的员工比只接受过6年教育的工人，收入要高出200%。哈维曼（Haveman，1984）将教育的个人或家庭的非货币性收益概括为九个方面：① 提高子女的品质（指健康状况、认识能力的发展、接受教育的程度、选择职业的机遇等）；② 提高家庭内部劳务的效率；③ 改善受教育者本人的健康状况；④ 改善配偶和家庭成员的健康状况；⑤ 家庭降低生育率；⑥ 提高消费者选择商品的效率;⑦ 劳动力市场选择更具有效率;⑧ 婚姻选择更具自主权;⑨ 降低犯罪率;⑩ 提高家庭的社会地位或声誉(本书作者加)。

(2) 社会收益。人力资本投资的社会收益分为经济收益和非经济收益。社会的非经济收益表现为,国民教育水平提高可增加国民的社会责任感和政治参与能力,促进国民更好地运用社会赋予的民主权利,社会道德水准更高等。人力资本投资的经济收益表现为:接受过良好训练的劳动力有助于税收的增加,提高劳动生产率,推动经济增长,改善生活、劳动条件,扩大就业,增加人均收入等。据联合国教科文组织统计,20 世纪 80 年代末具有小学文化程度的农民,可使劳动生产率提高 43%,中学文化程度可提高 108%,大学文化程度可提高 300%(雷武科、张秀生,人民网,2006 年 2 月 7 日)。

在对教育投资收益诸多的研究中,以世界银行著名经济学家乔治·萨卡罗波洛斯(George Psacharo-poulos)的研究最为知名,该项研究持续长达 30 多年,使用不同的核算方法,并按性别、国别和教育等级等标准对其他学者的研究进行了归纳和总结(Psacharo-poulos,1972、1981、1985;Psacharo-poulos & Patrinos,2002)。按地区教育投资的私人和社会的收益率和世界平均的教育投资私人和社会的收益率如表 6-4 所示:

表 6-4 按地区不同级别的教育对社会和私人教育的收益率

地区	社会收益率(%)			私人收益率(%)		
	初等教育	中学教育	高等教育	初等教育	中学教育	高等教育
撒哈拉以南	37.6	24.6	27.8	25.4	18.4	11.3
亚洲	20	15.8	18.2	16.2	11.1	11
欧洲、中东、北非	13.8	13.6	18.8	15.6	9.7	9.9
拉丁美洲、加勒比海	26.6	17	19.5	17.4	12.9	12.3
OECD 国家	13.4	11.3	11.6	8.5	9.4	8.5
世界平均	26.6	17	19	18.9	13.1	10.8

资料来源:Psacharo-poulos G, Patrinos H A. Returns to Investment in Educatiog: A Fuerther Update. World Bank Policy Research Working Paper, 2002, No. 2881.

注:(1) OECD 是经济合作与发展组织(Organization for Economic Co-operation, OECD)的简称,经济合作与发展组织当时共有 30 个成员国,分别是澳大利亚、奥地利、比利时、加拿大、捷克、丹麦、芬兰、法国、德国、希腊、匈牙利、冰岛、爱尔兰、意大利、日本、韩国、卢森堡、墨西哥、荷兰、新西兰、挪威、波兰、葡萄牙、斯洛伐克、西班牙、瑞典、瑞士、土耳其、英国、美国(智利、爱沙尼亚、以色列、斯洛文尼亚是后来加入的,现共有 34 个成员国)。

(2) 拉丁美洲、加勒比海的国家和地区有安提瓜和巴布达、阿根廷、巴哈马、巴巴多斯、巴西、玻利维亚、伯利兹、智利、哥伦比亚、哥斯达黎加、古巴、多米尼加、多米尼克、厄瓜多尔、萨尔瓦多、格林纳达、危地马拉、圭亚那、海地、洪都拉斯、牙买加、墨西哥、尼加拉瓜、巴拿马、巴拉圭、秘鲁、圣基茨和尼维斯、圣卢西亚、圣文森特和格林纳丁斯、西班牙、苏里南、特立尼达和多巴哥、乌拉圭和委内瑞拉。

由表 6-4 可以得出教育投资收益的几个认识:① 教育投资在社会收益上存在着社会收益边际递减趋势。在所有国家的教育投资社会收益率中,小学教育收益率最高,其次是中等教育,高等教育投资相对较低。② 经济发展水平较落后的国家或地区,教育投资社会收益率都很高(撒哈拉以南每一教育程度的收益率都最高),而经济发达国家每一教育程度的社会收益率都较低(在OECD国家中,最低的高等教育的社会平均收益率为11.6%)。这是由于发展中国家相对于物质资本而言,人力资本较为稀缺,同时也说明了智力扶贫的重要性。③ 发展中国家在进行教育投资时,应把实行9~12年义务教育置于优先地位(因为发展中国家中小学教育投资的社会收益率都很高),并在资源条件许可范围内追求高等教育发展。

(二) 培训的成本与收益

1. 培训的概念

(1) 培训的定义。培训(training)是指各组织为适应业务及培育人才需要,用补习、进修、实验、实习、考察等方式,对员工进行有计划的培养和训练,使其增加知识、提升能力、改变态度以提高员工现在和将来的工作绩效的活动。贝克尔将培训分为两种:一般培训(general training)与特殊培训(specific training)。所谓一般培训,就是职工接受培训所获得的知识、技能,不仅对本企业有用,而且对其他企业也有用;特殊培训又称专门培训,它可以大幅度地提高本企业的生产率,但对其他企业的影响很小或根本没有影响。

(2) 培训相关概念的区别。培训与教育、学习有相似之处,但是也存在着区别,培训与教育的区别如表6-5所示:

表6-5　培训与教育的区别

区别点	教育	培训
对象不同	各种年龄层次的人	主要是成年人
目标不同	增加知识和技能、 改变态度与观念	是为准备从事新的工作或 将工作做得更好
内容不同	较多关注理论	较多关注技能和态度
方法不同	一般采用讲授法,学生参与度较低	方法的个性化和多样化,学员参与性较强

培训与学习两者的目的都是获得知识,拓展技能,改变态度。二者的区别主要有以下几点:① 内容不同。学习包括经济理论、经营管理、生产技术、领导科学、政策法令等知识内容;培训主要是技术与能力、态度等方面的内容。② 目的不同。培训的目的是提高工作效率;学习的目的是提高自己的学历或素质。③ 效果不同。培训的效果取决于培训人员的态度,学习的效果取决于学习者自身的努力。

一般培训与特殊培训的区别主要在于支付培训费用与收益上。一般培训的受益者是职工,因为他所掌握的技术可以带到其他企业,从而增加职工自己的收入,如果让企业承担,企业就有可能由于雇员的流动而蒙受损失,所以,一般培训的费用应由国家和受训职工支付。相比之下,特殊培训的好处是员工的知识和技能大部分被企业占有,因此,企业应该为此支付成本。一般培训与特殊培训的区别主要是概念上的区分,因为多数培训两方面都是兼而有之，只是培训内容有所侧重而已。

2. 培训的成本

企业或事业单位的培训可以是单位内部培训，也可以采取外包培训。内部培训是指组织内部聘请讲师面授培训形式；外派培训包括外部公开课、拓展培训、外派考察形式。培训成本一般分为直接成本和间接成本，直接成本是指企事业单位业为员工培训直接付出的各项费用；间接成本是指员工由于参加培训没有进行本职工作而企事业单位仍然要付出的薪酬成本等。企业培训的成本如表 6－6 所示：

表 6－6　企业培训的成本

成本分类	内部培训成本	外包培训成本
直接成本	1. 任课教师费（内请或外聘） 2. 培训场地租赁费（如果培训地点在企业内，此费可免） 3. 仪器设备及相关材料费用 4. 培训课程制作费、教材费、资料费 5. 交通费、食宿费等	1. 选择培训机构所花费用（通信费、交通费、信息咨询费等） 2. 培训外包项目商定费用 3. 受训职工的交通费、食宿费等
间接成本	1. 接受培训人员的工资及福利 2. 企业接受培训人员停止工作所造成的损失 3. 培训管理者或服务人员的工资和福利、交通费、通信费等 4. 培训场地和设备的折旧和保养费用	1. 接受培训人员的工资及福利 2. 接受培训人员停止工作所造成的工作的损失 3. 培训管理者或服务人员的工资和福利、交通费、通信费等 4. 培训管理人员的监督管理费用等

3. 培训的收益

（1）培训的个人收益。培训的个人收益主要是知识水平和能力提高、收入的增加、有利于技术职务晋升、有利于职业生涯的成长等。

（2）培训的企业收益表现在：① 培训是企业最有效的投资。如果企业培训后员工由于技能和服务质量的提升，其产品或服务使客户投诉率下降 70%（一个投诉率影响 35 个顾客），将可以使其业绩提升 5 倍。所以贝克尔指出，培训会增加现期的支出，减少现期的收益，但是，如果它可以大幅度地提高未来的收益，或者大幅度地降低未来的支出，企业就乐于提供这种培训。② 培训可以全面提高企业绩效。培训促使员工更新知识、提高技能、转变工作态度、优化工作模式等，从而带动员工业绩提升和企业效益的增加。③ 培训可以造就、吸引、激励、留住优秀人才。无论是新员工的入职培训、老员工在职培训、理论性培训还是工艺技术培训，都能够培养出适应企业发展的人才，同时企业为员工提供科学合理的在职培训，不仅能提高员工的工作满意度、对企业的忠诚度，提高员工士气，还有利于吸引、激励、留住人才。④ 培训能够减少企业责任事故的发生。培训既可以改变职工工作态度，也能使其模范地遵守企业的各项制度，加强了责任心和使命感，使企业的规章制度、价值观内化为员工的自觉行为,从而减少了员工责任事故的发生。⑤ 培训能够构建学习型组织。通过培训,激发职工对接受新思想、新技术、新知识的兴趣,从整体上提高职工的学习能力和团队工作能力,企业就能逐步建立起学习型组织,同时学习型组织又促进培训成果更好地转移,使整个企业形成人人爱学习的良好氛围。⑥ 培训可以解决单位现存的问题。由于在职培训往往是建立在培训需求分析的基础上的,在培训需求分析中,发现企业现状与企业目标或战略之间的差距或问题,从而设立具体的培训计划,逐步解决这些现有的问题。

(3) 社会收益。培训在一定程度上弥补了受训者在先前在学校教育阶段形成的人力资本积累的差距,促进了社会公平、维护社会稳定、构建和谐的"学习型"社会,也增强了受训者个体与企业组织的竞争力,同时提高了两者间的匹配程度,使得技能供给与技能需求更加衔接,从而缓解了经济结构调整带来的就业压力,促进了整个国民经济持续健康地发展。

(三) 健康资本投资与收益

1. 健康与健康投资的概念

(1) 健康的概念。健康(health)有狭义和广义之分。狭义的健康是指身体的无病或不虚弱状态。广义的健康,世界卫生组织(World Health Organization,WHO)在 1978 年发表的《阿拉木图宣言》中指出:健康不仅是没有疾病或不虚弱,而且是身体的、精神的健康和社会适应良好的总称。1989 年世界卫生组织又一次拓展了健康的概念,认为健康包括躯体健康(physicalhysi alhealtl)、心理健康(psychological health)、社会适应良好(good social adaptation)和道德健康(ethical health)。① 躯体健康是指身体结构和功能正常,具有生活的自理能力;② 心理健康是指个体能够正确认识自己,及时调整自己的心态,使心理处于良好状态以适应外界的变化;③ 社会适应良好是指个人对于社会现状有清晰、正确的认识,注重现实与理想的统一;④ 道德健康是指能够按照社会规范的细则和要求来支配自己的行为,表现为思想高尚,有理想、有道德、守纪律。世界卫生组织这种新的健康观念使健康从单一的生物医学模式演变为生物、心理、社会模式。

(2) 健康投资的概念。健康投资(health investment)是社会为保护和增进全体成员的健康,在一定时期内所投入或消耗的经济资源。健康投资可从遗传素质改善、营养水平提高、医疗保健和心理素质改良四方面来进行:① 通过改善遗传素质提高健康水平。通过改善遗传提高健康水平的关键在于限制近亲婚配,限制有重大遗传疾病人的生育,施行胎教,实行优孕,做好孕期保健,合理营养等,为此许多国家都设有生育补贴。② 提高人的营养水平。营养充足、合理是身体健康的基础,借鉴国外经验提高人的营养水平要进行如下的投资:a. 对 1—16 岁和 65 岁的人发放生活补贴(婴幼儿补贴、少年补贴、老年人补贴);b. 为处在义务教育阶段的中小学生提供免费营养午餐或实施营养供应计划;c. 为低收入及贫困人员提供经济援助;d. 减免政府生活必需品的税费,降低其价格。③ 医疗保健投资。医疗保健投资有以下几种模式:a. 实行全民免费医疗,即医疗费用全部由国家承担(如英国、印度、俄罗斯等);b. 对弱势群体实行免费医疗(南非政府规定,所有公立医院无偿为穷人、老人、孤儿、残弱人员提供免费医疗;埃及对农民、无业人员提供免费医疗);c. 医疗保险投资,这是多数国家实行的医疗保健投资;d. 合作医疗加大病救助,这是我国对农民的医疗投资。④ 心理健康投资。主要是用于心理咨询、心理辅导的投资等。

2. 健康资本投资的收益

由于通过遗传提高健康素质、心理健康投资、社会适应良好、道德健康不便量化,限于资料原因,下面我们分析的健康资本投资主要是医疗保健投资。

(1)对健康资本投资,效益显著。提出将健康作为人力资本构成部分的是美国学者默什凯因(Mushkin,1962),他计算出了美国在1900—1960年由于人口死亡率的下降带来的经济收益约为8 200亿美元,从而归纳出了由于疾病对人力资本和劳动生产率造成损失的"3D"框架(death,disability,debility)。卫生经济专家强调,发展中国家政府通过收入再分配投资于基本医疗服务,不仅能够增强全体劳动者的基本能力从而减少贫困,而且还由于人力资源的普遍提高而带来经济增长(Dreze & Sen,1989)。据国外专家测算,如果发展中国家对健康投资,每年能避免800万人死亡,可获得3.3亿个"失能调整生命年"(失去工作能力一年)。而每一个"失能调整生命年"到2015年可平均获得年收入563美元,3.3亿个"失能调整生命年"的直接经济收益将达到每年1 860亿美元。据中国流行病学调查,前些年乙肝病毒携带者已占总人口的10%,慢性乙肝病人约1 300万,每年约有30万人死于肝硬化和肝癌。与乙肝病毒感染相关的肝病患者每年造成直接费用损失260多亿元人民币(蔡仁华,2006)。近些年,我国每年因乙肝所致经济损失至少5 000亿元(2016世界肝炎日北京会场报道)。2003年我国患病未就诊占患病人次的47%,由于健康原因造成的直接和间接经济损失相当于当年GDP的7%。(中国科学院、清华大学国情研究中心课题组,2006)。

(2)健康资本投资可以大幅节省社会经济资源。美国经济政策研究所发现,由于各种压力与疲劳累计的健康问题,足以让企业每年支出3 000亿美元。2003年,我国消耗的卫生资源达6 180亿元,因伤残、疾病过早死亡所造成的经济损失达7 800亿元,两者合计约14 000亿元人民币,占当年GDP的8.34%。世界卫生组织和我国相关研究资料表明,达到同样健康标准所需的保健投入与治疗费、抢救费用的比例为1∶8.5∶100,即如果在预防保健上多投入1元钱,将来就可以在治疗上少支出8.5元和节约100元的抢救费用。[17]由于健康投资对社会经济发展的效应显著,许多国家政府都非常重视对医疗保健的投资,美国医疗保健部门1960年医疗保健支出约占GDP的5%,到2002年已超过15%,2013年达到17.1%。另据世界卫生组织发布的《世界卫生统计2017》数据,2014年全球政府平均卫生支出占政府总支出的11.7%。正如著名经济学家斯蒂格里兹指出的,对人们健康教育、营养干预、医疗服务、免疫计划等的作用在于降低公共健康风险,类似国防一样毫无争议地被视为纯公共产品(斯蒂格里茨,1988)。

(四)劳动力流动的投资成本与收益

舒尔茨在研究人力资本投资时,明确把"个人和家庭进行流动以适应不断变化的就业机会”看作人力资本投资方式的五个主要方面之一。既然人口流动是一种投资行为,流动者在做出流动决策时就必须考虑流动的成本与收益问题。只有流动收益大于流动成本时,人口流动才会发生。达凡佐(Davanzo)在分析流动成本时,把流动成本分为直接成本、机会成本、心理成本。史杰斯泰德同样也把人口流动看成是提高人力资源生产效率的一种投资,他还进一步把人口流动的成本分为货币成本和非货币成本,把人口流动收益分为货币收益和非货币收益。

1. 劳动力流动的成本

(1) 劳动力流动的私人成本(private cost)。劳动力流动的私人成本主要包括:① 直接成本。这是流动者为实现流动而直接支出的各项费用所组成的货币成本,它包括信息费、交通费、安家费等。② 机会成本。这是指劳动者因流动而放弃的原有工作收入加上就业选择费用。③ 心理成本。这是劳动者离开原来熟悉的工作和生活环境,离别亲戚朋友及同事所付出的心理代价。④ 风险成本。这是劳动者在流动中因为一些不确定因素所可能造成的某些损失,如失业风险、伤病风险、劳动过程风险等。

(2) 劳动力流动的社会成本(social cost)。在多数情况下,劳动力流动是个人基于私人成本而不是全部成本(有关公共服务及流动的外部性)而做出的决策结果。影响个人流动决策的因素并不总是满足社会公共利益的要求。有关劳动力流动的社会成本主要包括以下几个方面的内容:① 对他人财产价值的影响。对他人财产价值的影响主要体现为房地产价格的变化上。流动者出售其流出地的房地产并购买流入地的房地产,会影响两地房地产的价格。大量流出劳动力地区的房地产要么是闲置,要么是价格会下降;而大量流入地的房地产价格会上升。闲置和贬值的房地产意味着这些资源是一种低效率利用,从这个意义上,劳动力流动会影响社会资源的优化配置,由此产生了一定的社会成本。② 对社会公共管理资产的影响。社会公共资产主要包括学校、道路、公共建筑、公共设施及其他项目。大量流出劳动力地区的社会资产会出现闲置和浪费;而大量流入地的社会资产则出现供给不足。从充分利用资源的观点来看,闲置和贬值的社会资产意味着这些资源是一种低效率利用,从这个意义上,劳动流动会影响社会资源的优化配置,由此产生了一定的社会成本。③ 对社会公共服务成本的影响。流入地由于流入者大量涌入大城市或人口集中地区,流动会带来较高的社会公共服务成本,这些公共服务成本是将资源运用于非生产和非消费性的无益管理上,是对社会资源的一种浪费。对流出地而言,流动的成本主要在于,当地对年轻学生进行人力资本投资之后,其流出而产生的人力资本流失问题。

2. 劳动力流动的收益

(1) 劳动力流动的私人收益主要有:① 直接收益。劳动者流动的直接收益来自劳动者在新的职业中获取相对于原来收入净值差额的总和。② 间接收益。它是指新的工作和生活环境所提供的各种便利所引起的劳动者部分开支的节省,如齐全的公共设施、便利的交通、负担的减轻等。③ 心理收益。这是指给流动者带来的非经济性效用,如社会地位的提高、自我价值的实现、丰富多彩的文化娱乐生活、幽雅的生活和工作环境等。

(2) 劳动力流动的社会收益。在第五章第一节已对劳动力流动对社会经济的作用做出了分析,除此之外,劳动力流动通过市场和政府调节还能够在以下几个方面获得收益:① 能够使人力资源得到充分利用。a. 可以实现活劳动的按比例分配。国民经济各部门、各产业、各行业所需要的劳动力比例是不断变化的。劳动力流动了,就能通过市场机制使劳动不断地满足这些变化对劳动力的需要。b. 从长期看,可以减少劳动力闲置和浪费。由于传统的计划经济体制使劳动力流动较少,结果形成了有些部门(国有部门)、产业(农业)大量的富余劳动力,同时有很多的部门(私有部门)、产业(第三产业)劳动力则就业不足,于是形成了严重的劳动力闲置和浪费问题。c. 劳动力只有流动才能充分发挥自己的才能,从而提高其工作的效率。② 有利于劳动力社会地位的提高。劳动者是劳动力的所有者,最根本的是要承认和允许劳动者可以自由流动选择职业,如果劳动者不能选择适合自己的职业,不能流动,那就剥夺了劳动者对自己劳动力的所有权和支配权,劳动者就成为受人支配、依附他人的、丧失独立人格的人。劳动力可以流动则意味着劳动者是以主人的身份选择职业和工作单位,劳动力的地位就可以大大提高。③ 能够促进经济发展。a. 劳动力流动可以减少地区发展差距。一方面减少了一些地区过剩的劳动力,提高其劳动生产率;另一方面劳动力的返回可以带动当地经济发展。b. 劳动力流动可以加快调整所有制结构、产业结构的调整。

(五)"干中学"的投资成本与收益

1. "干中学"的概念与"干中学"投资的成本

(1)"干中学"的概念。"干中学"(learning by doing)顾名思义,就是在工作过程中学习,通过对经验的积累总结,乃至创新,达到更高的效率。由于"干中学"广泛实行,杰克·韦尔奇将其形象地比喻为"大学越来越像是企业,而公司也越来越像是可供终身学习的大学"。

(2)"干中学"投资的成本。干中学投资主要包括个人投资成本和企业投资成本两个方面:① 个人投资成本主要有在以师带徒的情况下学徒工向师傅支付学费、职工在工作中为适应工作搜集与工作相关的信息或提升技能所投入的钱财、时间和精力。② 企业投资成本主要是为职工"干中学"所提供的条件而受到的效率损失等。

2. "干中学"投资的收益

(1)"干中学"投资的个人收益主要是职工技能的提高。据研究发现,一个人一生中90%的技能是在实践中累积的,特别是一些技能要求高的职业,如工程技术、书法绘画、竞技体育、医生、司机等"干中学"就显得特别重要。通过"干中学",劳动者积累了知识和技能、晋升了职称或职务等,这就是"干中学"投资的个人收益。

(2)"干中学"投资的企业收益。诺贝尔经济学奖获得者阿罗(Arrow)在著名的《干中学的经济含义》(1962)中提出了"干中学"效应(即学习效应),他认为"干中学"的员工在企业学会了如何更有效率地工作或积累了工作经验,有助于本企业生产率的提高。例如,在飞机机身的生产过程中,一项新的飞机设计被引入后,造一架飞机机身所需要的边际时间,与已生产该型飞机数量的立方根成反比。也就是说,如果已经生产了1 000架飞机机身，则第 1 001 架机身的生产时间为第 1 架飞机机身的 1/10。显然，“干中学”的经验积累极大地提高了生产效率。

(3)“干中学”投资的社会收益。① 阿罗的技术外溢效应论。阿罗的技术外溢效应认为一个生产者的学习会通过技术的外溢过程传到另一个生产者，从而提高其他人的生产率。一项投资的干中学效应越大，就越是有利于经济的增长。因此一个国家的经济要快速发展，就应该将资本重点投向干中学效应较大的行业和领域中去。② 斯托齐(Stoch，1988)的“干中学”持续创新论。斯托齐在“干中学”模型中加入了新产品引进要素，他认为，新产品的不断引进、旧产品的不断被淘汰，以及干中学的各产品之间都具有溢出效应。这样，随着时间的推移，只要不断有新产品引进，“干中学”就会绵延不断。③ 阿温·杨(Alwyn Young，1993)的不同国家“干中学”差别论。他把世界分成发达国家、次发达国家(如东亚)和发展中国家三个部分，认为发展中国家在产业分工的选择上“干中学”潜力低于发达国家，次发达国家与发展中国家的区别在于前者进入技术进步快的新兴行业，而后者停留在技术进步慢的传统行业。

(六) 企业家人力资本投资

1. 企业家人力资本投资的主体

企业家人力资本投资主体具有多元性，个人、企业和政府是促进企业家人力资本成长的三大投资主体。主要表现为：

(1) 个人是企业家成长最主要的人力资本投资者。企业家个人进行人力资本投资主要是教育投资，例如接受 BBA(bachelor of business administration，工商管理学士)、MBA(工商管理硕士)、EMBA(executive master of business administration，高级工商管理硕士)、DBA(doctorate of business administration，工商管理博士)教育的时间、精力、金钱等的投入。

(2) 企业是企业家人力资本的最重要的投资者。企业对企业家人力资本投资的范围主要集中于在职训练、“干前学”、“干中学”、“干外学”、“干后学”等方面。企业进行企业家人力资本投资的目的是获得符合企业特殊需要的企业家人力资本，同时以企业价值最大化为原则。企业对企业家人力资本进行的投资可以增加企业物质资本与人力资本的互补性，提高企业物质资本的边际贡献，为企业带来更多的超额利润。

(3) 政府对企业家人力资本的投资。政府在企业家人力资本成长过程中的投资主要表现在教育经费、制度安排、环境等方面的供给上，而且这种投资不直接以经济利益为目的。政府对企业家人力资本投资具有个人和企业对人力资本投资所不具备的特殊作用。在不同的政治和经济制度下，政府对企业家人力资本成长的作用范围存在很大的差异，而政府对国民教育、科学研究、公用事业、社会保障、医疗卫生、市场秩序等方面进行的大量投入对企业家人力资本的成长具有重要意义。可供企业家人力资本投资的要素主要包括人力资本、货币资本、物质资本等。这些资源是企业家人力资本成长必不可少的投入要素。① 投入企业家人力资本生产的人力资本对企业家人力资本的成长具有决定的影响作用。在其他条件相同的情况下，投入的人力资本要素数量越多、质量越好，企业家人力资本的产出也就越多，质量也就越好。反之，则相反。② 投入企业家人力资本生产的货币资本数量与企业家人力资本存量成正比。③ 投入企业家人力资本生产的物质资本主要是消费品，这就使得消费品和消费活动本身具有了生产的性质。

2. 企业家人力资本投资的途径

企业家人力资本投资包括为正规教育、在职培训、“干前学”、“干中学”、“干外学”、“干后学”、医疗保健和迁移流动等方面所投入的资金、实物和劳务。这些不同形式的投资均可以增加企业家人力资本的存量，从而提高企业家才能。就企业家人力资本的成长过程而言，其投资的主要途径有四条：

（1）对企业家自我学习及终身学习能力的投资。这主要是为了增加企业家知识资本存量，提高其分析处理各种信息的能力，借以形成正确判断的能力。这种能力通常是通过学校正规的高等教育而获得的。

（2）对企业家经营管理特定能力的投资。这类投资主要是通过在职培训、“干前学”、“干中学”、“干外学”“干后学”等途径来完成的。这也是企业家人力资本投资中最重要的投资形式。

（3）对企业家工作效能的投资。这主要是通过医疗保健、体育锻炼等形式来增强企业家的体质和保持旺盛精力的投资。

（4）对企业家人力资本空间配置的投资。主要是指企业家地域性的迁移和职业性流动的投资，包括迁移成本，以及与此迁移、流动相关的信息成本和机会成本。

关键概念

人力资本　人力资本投资　知识资本　社会资本

即测即评

扫描右侧的二维码图标，内含若干判断题、单选题和多选题，您可在线自测并查看答案。

复习思考题

1. 人力资本与人力资源、知识资本有何区别？
2. 评析舒尔茨与贝克尔的人力资本理论。
3. 人力资本与人力资源、知识资本有何区别？
4. 人力资本有哪些类型？
5. 人力资本对社会经济发展有何作用？
6. 简述筛选理论与人力资本理论的区别。
7. 简述新经济增长理论与传统经济增长理论的区别。
8. 人力资本投资的形式有哪些？
9. 为什么说医疗保健投资是一种公共产品？

10. 为什么说“干中学”是人力资本的重要投资形式?

注释

[1] David P. Lepak, Scott A. Snell. The Human Resource Architecture: Toward A Theory of Human Capital Allocation and Development[J]. Academy of Management Review, 1999(24).

[2] 夏振坤. 中国跨世纪的再就业工程. 武汉:华中理工大学出版社,1997:20.

[3] 张德远. 西方劳动经济学. 上海:上海财经大学出版社,1999:171、192.

[4] 卢传继. 知识是经济增长的动力. 人民日报,1996-03-02.

[5] 陆根尧. 经济增长中的人力资本效应. 北京:中国计划出版社,2004:86-95.

[6] 亚当·斯密. 论国民财富的性质及其原因之研究. 上卷. 北京:商务印书馆,1964:231-234.

[7][8][9] 李斯特. 政治经济学的国民体系. 北京:商务印书馆,1961:193,175,123-124.

[10] 马歇尔. 经济学原理. 北京:商务印书馆,1965:232.

[11][12] 彭朝晖,杨开忠. 人力资本与中国区域经济差异. 北京:新华出版社,2005:74-77,81-82.

[13] 这一部分是根据研读相关的书籍与网络文献(① 陈柳钦:《教育经济学研究的理论拓展及其进一步发展》;② 孙传钊:《从二元经济论到筛选理论》等),由本书作者概括总结完成。

[14] 多尔:《文凭病——教育、资格和发展》(1976)。两年后此书日文版的译者松居弘道征求了多尔本人的意见后,把书名译成《学历社会——新的文明病》(岩波书店,1978)。日文版出版后,在日本学界引起极大的反响,对当年日本学历社会的研究起了推波助澜的作用。在英国,隔了整整20年,1997年又重版了经过修改和补充的《文凭病》,足见它的生命力和影响力。

[15] 舒尔茨. 教育的经济价值. 长春:吉林人民出版社,1982:130.

[16] 谷宏伟. 凹型收益率曲线与中等教育投资瓶颈. 中国人口科学,2006(4):57-63.

[17] 吴书坤. 健康资本投资与公共政策选择. 深圳特区报,2006-07-13.

第七章　普通劳动者的劳动报酬——工资

根据劳动力市场分层和劳动力分类，普通劳动者的劳动报酬不同于特殊的劳动者（政治家、企业家、科学家、一些知识员工等），普通劳动者的劳动报酬主要是工资。工资是人们普遍关注的社会和社会生活的重要因素。劳动者关心它，是因为工资是其劳动者收入来源和生活水平的决定因素；企业重视它，是因为工资占生产经营的很大部分[1]，工资总量的多少不仅影响利润的增减，还关系到能否最大限度地调动员工的劳动积极性；政府注重它，是因为工资总量及其分配直接影响到国民经济的正常运转和社会的安定以及就业、价格和国民收入的创造；经济学家研究它，是因为工资是联结劳动与消费的不可缺少的中介，是生产关系的重要内容。本章在分析了劳动力市场分层理论的基础上，联系我国劳动者劳动报酬情况（在我国所有劳动者都实行的是工资制度）考察普通劳动者的工资理论与工资制度问题。

第一节　工资的概念

一、国内外（境外）对工资的不同解释

对于什么是工资，国内外（境外）有不同的解释。

（一）国外（境外）对工资的解释

根据《韦氏词典》的解释，工资（wage）是雇主根据合同或口头许诺，以计时（小时、天数）或计件为基础付给工人的劳动或服务的报酬。在《牛津现代高级词典》中，工资是指能够维持生活的报酬，一般适用于周工资和最低工资的表述中。在我国香港、台湾地区的劳资关系法案中，工资主要用在建筑业和餐饮服务业佣工和家庭佣工的劳资关系中。因此，国外和我国港台地区所使用的工资主要有三个含义：① 它是指因工人提供劳动或服务而产生的报酬，而不是管理、资本、技术等要素产生的收入；② 它的使用一般限于蓝领阶层（操作工人和餐饮服务人员、临时工、季节工、佣人等）的劳动者，不包括白领阶层中的公务员、企业家和知识员工等脑力劳动者；③ 它是一项政府为维护弱势群体劳动者权益所采取的保证维持其生活的报酬制度（如最低工资制度）。

(二) 我国内地对工资的解释

1. 工资的定义

在我国，人们习惯于把所有的劳动者的劳动报酬统称为工资。根据劳动部《关于贯彻执行〈中华人民共和国劳动法〉若干问题的意见》(1995)，我国内地对工资下的定义为：工资是指用人单位依据劳动合同以货币形式支付给劳动者的劳动报酬，包括计时工资、计件工资、奖金、津贴和补贴、加班工资以及特殊情况下支付的工资等。

我国内地的工资包括三层意思：① 工资是劳动报酬的货币形式（这里的劳动既包括体力劳动也包括脑力劳动）；② 工资的依据是劳动合同；③ 工资由计时工资、计件工资、奖金、津贴和补贴、加班工资以及特殊情况下支付的工资六个部分组成。

2. 工资的构成

根据《关于工资总额组成的规定》（1989 年 9 月 30 日国务院批准，1990 年 1 月 1 日国家统计局令第 1 号发布），工资总额由下列六个部分组成：

（1）计时工资。计时工资包括：对已做工作按计时工资标准支付的工资；实行结构工资制的单位支付给职工的基础工资和职务（岗位）工资；新参加工作职工的见习工资（学徒的生活费）；运动员的体育津贴。

（2）计件工资。计件工资包括：实行超额累进计件、直接无限计件、限额计件、超定额计件等工资制，按劳动部门或主管部门批准的定额和计件单价支付给个人的工资；按工会任务包干方法支付给个人的工资；按营业额提成或利润提成办法支付给个人的工资。

（3）奖金。奖金包括：企业的生产奖、节约奖、劳动竞赛奖；机关、事业单位的奖励工资；其他奖金。

（4）津贴和补贴。津贴有补偿职工特殊或额外劳动消耗的津贴、保健性津贴、技术性津贴及其他津贴（岗位津贴、职务津贴、政府津贴等）；补贴主要是物价补贴，为保证职工工资水平不受物价上涨而支付的各种补贴。

（5）加班加点工资。加班加点工资是指按规定支付的加班工资和加点工资。

（6）特殊情况下支付的工资。特殊情况下支付的工资包括：根据国家法律、法规和政策规定，因病、工伤、产假、计划生育假、婚丧假、事假、探亲假、定期休假、停工学习、执行国家或社会义务等原因按计时工资标准或计时工资标准的一定比例支付的工资，等等。

3. 不属于工资范围的收入

（1）单位支付给劳动者个人的社会保险及福利费用，如社会保险（养老保险、失业保险、医疗保险）、公积金、丧葬抚恤救济费、生活困难补助费、计划生育补贴等。

（2）劳动保护方面的费用，如用人单位支付给劳动者的工作服、解毒剂、清凉饮料费用等。

（3）按规定未列入工资总额的各种劳动报酬及其他劳动收入，如根据国家规定发放的创造发明奖、国家星火奖、自然科学奖、科学技术进步奖、合理化建议和技术改进奖、中华技能大奖以及稿费、讲课费、翻译费等。

（三）国内外（境外）对工资解释的区别

由上可见，我国内地的工资与国外（境外）对工资的解释存在着区别（见表 7－1）。

表 7－1　我国内地的工资与国外（境外）对工资解释的区别

区别点 比较项	含义不同	适应对象不同	构成不同
国外（境外）的工资	1. 对一般蓝领工人，工资是根据合同并以计时（小时、天数）或计件为基础付给劳动或服务的报酬 2. 对弱势群体，工资是能够其维持生活的报酬	1. 蓝领阶层的劳动者（操作工、建筑工人、餐饮服务人员、临时工、季节工、佣人等） 2. 弱势群体劳动者	工资加津贴（如交通补贴等）
我国内地的工资	指用人单位依据劳动合同以货币形式支付给劳动者的劳动报酬	全国内地所有劳动者（包括蓝领和白领劳动者）	计时工资、计件工资、奖金、津贴和补贴、加班工资以及特殊情况下支付的工资

二、工资类概念间的区别

（一）实物工资与货币工资

1. 实物工资

实物工资（natural wage）是“货币工资”的对称，是指用人单位以实物计算和支付给劳动者的工资。在资本主义发展初期，实物工资比较流行，工人在劳动后，资本家以实物的形式给工人支付工资。有的工人领到自己生产的产品的一部分，有的工人从资本家那里领取实物券，然后到资本家开设的商店里换取一些生活资料。在这种工资形式下，工人作为劳动力的出卖者在生产中受资本家的双重剥削，大大降低了工人的实际收入。这种残酷的剥削形式，必然引起工人的反抗，在工人阶级的坚决斗争下，一些资产阶级政府不得不制定一些法令，限制或禁止采用实物工资制。在我国，原劳动部在《工资支付暂行规定》（1994）第 5 条中也明确了“工资应当以法定货币支付，不得以实物及有价证券替代货币支付”。可是在现代，一些经济不发达的国家里，在某些行业中还保留着实物工资制，在经济萧条、商品滞销、企业倒闭时期，一些企业也在实行实物工资制。

2. 货币工资

所谓货币工资（Money wages），是指工人单位时间的货币所得。它受到货币工资率、劳动时间长度和相关的工资制度安排三个主要因素的影响。随着实物工资被淘汰，当前世界上绝大多数国家都实行了货币工资制度。

3. 实物工资与货币工资的区别

实物工资与货币工资的区别如表 7－2 所示：

表 7－2 实物工资与货币工资的区别

比较项＼区别点	支付方式不同	使用环节不同	特点不同
实物工资	物品	物品→变卖→购买→消费	不便携带，不便使用；存在着工资被拖欠或克扣现象
货币工资	货币	货币→购买→消费	携带方便，使用方便

（二）名义工资与实际工资

1. 名义工资

名义工资（nominal wages）是指工人付出劳动时所得到的未经价格修正的货币数量。名义工资不能确切反映出工资的实际水平，因为名义工资不变，实际工资可以因为物价的涨跌而降低或上升。

2. 实际工资

实际工资（real wage）是指货币工资经过物价修正后所能购买到的商品和服务数量。它可用来表示货币工资的购买能力，它是反映工人实际生活水平的一个重要标志。实际工资用公式表示为：

实际工资＝名义工资/消费者物价＝货币工资/物价指数

3. 名义工资与实际工资的关系

名义工资与实际工资的关系表现在：① 名义工资提高的幅度高于物价上涨的幅度，其实际工资增加；② 名义工资水平提高而物价不变，实际工资水平也提高；③ 名义工资提高的幅度低于物价上涨的幅度，实际工资减少；④ 名义工资变动的幅度等于物价变动的幅度，名义工资与实际工资是一致的。

（三）绝对工资与相对工资

绝对工资（absolute wage）是指员工所得到货币工资绝对额。相对工资（relative

wage）则有两种解释。一种是马克思的观点，相对工资是指工人的工资和资本家的利润相比较的相对量。他写道："工资首先是由它和资本家的赢利，即利润的对比关系来决定。这就是比较工资、相对工资。"[2]另一种是国际经济学的解释，相对工资是指该国工人每小时的工资与外国工人每小时的工资的比值。

（四）应得工资与实得工资

1. 应得工资

应得工资（gross pay）是指工人按照相应法规应该从用人单位得到的全部工资总额，它包括用人单位已发工资加上应该发而未发或少发的工资。应该发而未发或少发的工资包括低于最低工资制度规定的差额、奖金、津贴、加班加点工资、特殊情况下应该支付的工资。

2. 实得工资

实得工资（take home pay）是指在应得全额工资的基础上扣除必要的各种税、费后，以现金方式支付给工人的工资。实得工资与账面表格工资往往都有一定差距，也就是所扣的各种税费。在我国，在工人工资中除了扣除个人所得税外，用人单位还要扣除应该由工人个人缴纳的"三险一金"（养老保险金、医疗保险金、失业保险金和住房公积金，工伤保险金和生育保险金完全是由用人单位承担的，个人不需要缴纳费用）、工会会费等费用。用公式表示为：

$$实得工资 = 应得工资 - 缴税 - 三险一金 - 缴费$$

由于实得工资归工人任意使用，所以又称可支配工资。

3. 应得工资与实得工资的差别

一般来说，应得工资通常高于实得工资，这是由两种情况所决定的：① 即使用人单位支付给了工人应得工资的全额，但是在应得工资中还要做必要税费的扣除，使实得工资少于应得工资；② 用人单位没有支付给工人应得工资的全额，就使得实得工资大大少于应得工资。

三、与工资相关的概念的区别

（一）工资与薪水

在国外，蓝领工人的劳动报酬称为工资（wage），而白领职员的劳动报酬称为薪水（salary）。薪水（salary）也称薪资。根据《韦氏词典》和《牛津词典》两个权威辞书的解释，薪水是指按月发放的年俸，限指白领阶层的收入。依据国内外相关文献，我们可以看出工资与薪水存在以下的区别。

1. 适用的对象不同

工资一般是对蓝领劳动者所支付的劳动报酬；而薪水一般是白领劳动者或企业管理

者、科技和教育人员所支付的劳动报酬。工资是工人作为人力资源劳动的数量而享受的回报，而薪水是白领劳动者由于人力资本投资提升了人力资源素质享受的回报。

2. 计付报酬的单位不同

① 从计时来看，工资计付的周期是以小时、日、周或月为单位，其最小的计时单位为小时工资；而薪水计付的周期比较长，一般是月薪或年薪，最小的计时单位是月薪。② 从完成的作业量来说，一般来说工资有按作业量来计算的计件工资，而薪水很少有计件薪水。

3. 变化不同

工资有涨有落，经常处于变动之中，例如一个受雇某装修公司的泥工，在装修旺季他每月可以达到5 000 元的工资，而到了装修淡季他只能得到工资 3 000 元。而薪水具有下降刚性，只涨不落。

4. 支付的依据不同

在现代企业的分配制度中，工资一般是按劳动的数量或作业数量支付，实行按劳分配原则；而薪水一般是按岗位的责任、技术或职务级别、承担的风险和工作业绩支付，实行按业绩付酬原则。

为了更明确地了解工资与薪水的区别，我们列表 7－3 如下：

表 7－3 工资与薪水的区别

区别点 比较项	适用的对象不同	计付的单位不同	变化不同	支付的依据不同
工资	蓝领工人	小时、日、周，最小的计时单位为小时，有计件工资	工资有涨有落，经常处于变动之中	按劳动的数量或作业数量支付，实行按劳分配原则
薪水	白领劳动者	月薪或年薪，很少有计件薪水	具有下降刚性，只涨不落	按岗位的责任、级别、承担的风险和工作业绩支付，实行按业绩付酬原则

另外，工资和薪水也不同于酬金，工资和薪水一般是按一定的时间周期支付的，而酬金一般没有支付周期，通常是一次性支付。

（二）工资与福利

根据一些福利经济学家的理论，一切促进经济发展、人民生活水平提高的都是福利的增加。但是员工的福利是指用人单位支付给员工的除工资或薪水之外的劳动报酬，如社会保险（医疗保险、失业保险、养老保险等）、带薪休假、免费午餐、免费交通等。员工福利不是雇主的恩惠，它同工资或薪金一样是员工劳动所得，属于劳动报酬的范畴。但是，它不属于工资或薪水，因为工资或薪水是按劳或按工作业绩付酬，员工之间工资或薪水存在差别，而员工福利是根据用人单位和员工的需要支付，员工之间福利差别不大；工资或薪水是直接的劳动力再生产费用，而员工福利是间接的劳动力生产费用；工资或薪水金额与劳动数量、劳动技能、岗位的级别有关，而员工福利则与之无关；工资或薪水作为人工成本随工作时间的变化而发生变化，员工福利作为人工成本则随人数而非工作时间发生变化；工资或薪水具有个别性、相对稳定性，而员工福利则具有集体性和随机性。

（三）工资与薪酬

薪酬（salaries）有广义与狭义之分，狭义的薪酬是指从企业家或知识员工从用人单位那里获得的所有各种形式的货币化薪酬。它主要包括基本薪酬、激励薪酬（奖金、津贴、利润分红、生产或销售提成、公司股票收益、股票期权）、福利薪酬（福利社会保险、各种补贴、带薪休假等）。广义薪酬是雇员从雇主那里获得的所有各种形式的经济收入、服务和福利。它除了货币化薪酬外还包括非货币化服务薪酬，非货币化服务薪酬主要有良好的工作环境、职业生涯的阶梯、培训与学习、工作的挑战性、医疗咨询、员工餐厅、俱乐部、健身设施等。

第二节　工资的相关理论

一、工资决定理论

（一）维持生存工资理论

维持生存工资理论（survival - maintaining wage theory）又称“糊口工资理论”或“最低工资理论”。它是指以维持劳动者生计的水平来确定工资的理论。这一理论最初由威廉·配第提出，他把工资与生活资料的价值联系起来，提出了工资是维持工人生活所必需的生活资料的价值观点。这一见解，后来就成了古典经济学派关于一般工资的理论基础。18 世纪初的法国经济学家魁奈和杜尔哥以及后来的李嘉图、拉萨尔在此基础上有所发展，分别提出了“工资铁则”和“工资铁律”。“工资铁则”来源于大卫·李嘉图。他认为，工资是由工人为维持其自身及家属的生存所必需的生活资料的价值决定，工资始终等于工人必要的生活资料的价值，这是一个铁的规则。如果工资超过生活资料的价值，“劳动者可供养更多子女，人口必然增加→劳动力供过于求→失业增加，工资又会下降到生活资料价值水平”；如果工资低于生活资料的价值，“劳动者只能供养较少的子女，人口增长必然减少→劳动力供不应求→工资又上升到生活资料的价值水平”。德国机会主义者拉萨尔在此基础上提出了“工资铁律”。他认为，平均工资始终在一国人民维持生存和延续后代所必要的生活水平中上下波动，当工资高于平均工资，人口势必增加，出现劳动力供过于求，以致出现失业和工资水平下降；工资低于平均工资，工人生活贫困，人口生育减少，结果劳动力短缺、工资上升。所以工资总是保持在维持劳动者生存水平，同时，维持生存工资也是必要的，低于这个水平，工人们将无法生存，资本家也失去继续生产财富的人力保证。因此，维持生存工资水平不仅是工人维持生存的基本保障，也是雇主生产经营的必要条件。

一些现代经济学家认为，维持生存工资水平理论在当时也许可以得到证实。但是，有些国家的工资水平很难说在生存线上，此外，它也不能解释为什么在同一国家和地区的工人之间的工资差别。所以，19 世纪中期，多数经济学家放弃了这一理论，逐渐被工资基金理论所代替。这里说明一点的是，受维持生存工资理论的启迪，现在许多国家制定并实施了最低工资保障法律，以协调劳资之间的利益冲突。

（二）工资基金理论

工资基金理论（wage funds theory）是指工资水平取决于劳动力人数与用于购买劳动力的资本之间的比例的理论。工资基金论发端于马尔萨斯的“维持劳动基金论”。在此基础上 J. 穆勒和约翰·斯图亚特·穆勒提出了“工资基金论”。工资基金的理论观点主要有以下三个方面的内容：

1. 工资基金的数量是固定的

工资基金决定于资本中扣除了生产资料资本和利润之后的剩余，对一个国家来说，在一定时期的资本总额是一个固定的量，其中用于支付工资的部分（工资基金）也是一个固定的量。因此，在国家总工资规模和水平一定的情况下，一些工人和企业工资的变动是与另外一些工人和企业的工资变动相对应的，即，其中一部分人的工资增加是以另外一部分人的工资减少为代价的。同样，如果用于劳动者报酬的部分多了，工资的增长就会影响资本的增长，最终影响生产的发展，使下一个生产周期的资本和工资减少，因此，工资的增长不能影响资本增长。雇佣劳动者的工资总基金没有增加，或者劳动力供给量不减少，工资总额不可能增加；工资基金不减少，或者领取工资的工人人数不增加，工资水平不会下降。

2. 工人的工资水平取决于就业数量和工资总额

（1）在工资基金总额一定的情况下，工人工资水平的水平高低就取决于工人就业数量的多少，工人就业的人数越小，工资水平就越高，反之亦然。

（2）在就业水平一定的情况下，工资水平的高低就取决于工资基金总额的多少，工资基金总额多，工人的工资水平就高，反之就低。

3. 工资基金论是为了证明两点结论

（1）工资决定于劳动力人数和购买劳动力的资本与其他资本之间的关系，即工资决定资本。

（2）用于支付工资的资本成为短期内无法改变的工资基金。工资基金论者认为工会斗争和政府干预提高工资，改善工人生活的企图是无济于事的，如果工会增加了一部分人的工资，必然使另一部分工人的工资下降。政府制定的最低工资法虽然有利于低收入的工人，却牺牲了多数劳动者的利益。

穆勒的工资基金理论存在着很多缺陷。用于支付工资费用的比例和劳动力数量在特定时间内是不变的，不符合事实，实际上工资基金所占的比例和劳动力数量都会时刻发生波动。所以穆勒本人也放弃了这一理论。[3]

（三）边际生产力工资理论

边际生产力工资理论（marginal productivity wage theory）是指工资水平决定于劳动力创造的边际收益的理论。德国经济学家 J. H. 屠能（J. H. Thünen）于 1826 年把边际生产力运用于生产和分配，1890 年 A. 马歇尔在《经济学原理》、1899 年美国经济学家 J. B. 克拉克（J. B. Clark）在《财富的分配》中加以系统论述，形成了边际生产力工资理论。克拉克以雇主追求利润最大化为前提，用边际分析方法，分析了边际生产力递减规律，得出了工资取决于工人的边际生产力的结论。他认为，厂商利润最大化的原则是边际成本等于边际收益，因此，劳动的边际成本等于劳动边际收益就是劳动的最佳雇佣点。如果增加工人所增加的收益（劳动边际收益）小于付给他的工资（劳动边际成本），雇主就不雇用或裁减工人；如果增加的收益大于付给他的工资，雇主就会增加雇用工人；只有在工人所增加的收益等于付给他的工资时，雇主才既不增加雇用也不减少雇用工人。因此，工资水平是由劳动边际成本等于劳动边际收益决定的。他指出，工资规律是：边际工人的收入等于自己的边际产品，而所有同等能力的工人则与有相同能力的边际工人的收入相等；前者决定工资的自然标准，后者决定工资的市场标准。

尽管边际生产力工资理论被一些现代经济学家所推崇，但是也有人称这一理论很难在实际工作中运用，因为现实生活中无论是雇主还是雇员，他们的竞争条件都是不完善的，在企业中由于各种复杂因素的影响，使得难以计算出边际工人的劳动生产率。

（四）均衡价格理论

均衡价格理论（equilibrium price theory）是指工资水平决定于劳动力供求双方在市场竞争中形成的均衡价格的理论。克拉克的劳动边际生产理论只从劳动力需求方面解释了工资的决定，没有反映劳动力供给方面对工资决定的作用，所以被认为是不全面的。英国著名经济学家阿弗里德·马歇尔在他均衡价格的基础上，从劳动力供给与需求两方面来说明工资的商定，提出了工资水平是由劳动要素的均衡价格决定的理论。

根据均衡价格理论，工资是由完全竞争市场上的劳动需求与劳动供给两种力量共同决定的。从需求方面，劳动的需求价格取决于劳动的边际生产力，厂商愿意支付的工资水平，是由劳动的边际生产力决定的。从供给方面，劳动的供给包括两类：一类是实际成本，即维持劳动者及其家庭生活必需的生活资料的费用以及培养教育劳动者的费用；

另一类是心理成本，即劳动是以牺牲闲暇的享受为代价的，劳动会给劳动者心理带来负效用。

均衡价格工资是劳动的需求价格与供给价格相均衡的价格，是由劳动的需求曲线与供给曲线的交点决定的。可用图 7-1 来说明均衡价格工资的形成：

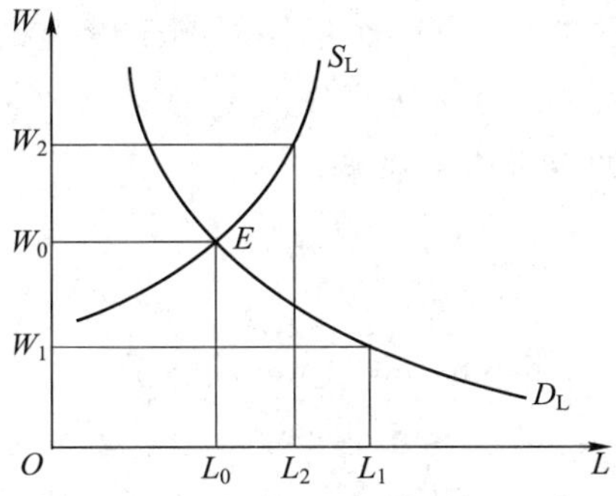

图 7-1　均衡价格的决定

在图 7-1 中，横轴 OL 表示雇佣量，纵轴 OW 表示工资水平。D_L是劳动力的需求曲线，S_L是劳动力的供给曲线。劳动的需求 D_L曲线与劳动的供给曲线 S_L相交于 E 点，E 点为劳动供求的均衡点。假定最初工资为 W_1，这时劳动力的需求量大于供给量，厂商竞相寻求新工人，工资会上升；如果市场上工资为 W_2，这时劳动力需求量小于供给量，市场上会有一部分多余的劳动力，他们竞相寻求新职业，有的工人不得不接受低于现行工资的工资水平而受雇于人，从而使工资降低。只有当市场上工资率为 W_0时，劳动力的供给量等于其需求量，劳动力供求曲线相交于 E 点，劳动力供求达到平衡。W_0便是均衡工资率。均衡价格认为，当劳动的需求大于供给时，工资率会上升，从而增加劳动供给，减少劳动需求，工资率又会回到均衡价格水平；当劳动需求小于供给时，工资率会下降，从而减少劳动供给，增加劳动需求，工资率又回到均衡价格水平上。但是这种工资理论只能说明完全竞争市场上的工资决定，对不完全竞争市场上的工资决定缺乏说服力。

（五）集体谈判工资理论

集体谈判工资理论（theory of collective negotiation wage）是工会发展的产物。所谓集体谈判，就是以工人集团、即工会为一方，以雇主或雇主集团为另一方进行的劳资谈判。早在 18 世纪，亚当·斯密等经济学家就注意过集体谈判对工资决定的影响，19 世纪末 20 世纪初，英国的庇古和美国的克拉克等经济学家对此也做过研究。第二次世界大战以后，随着工会力量的强大，工会在工资决定中的作用日益突出，集体谈判工资理论也得以完善，对这一理论做出重要贡献的有英国经济学家希克斯（J. Hicks）、多布（M. H. Dobb），美国经济学家邓洛普（J. T. Dunlop）、张伯伦（N. W. Chamberlain）、厄尔曼（L. Ulman）、里斯（A. Rees）等人。

根据经济福利工会理论的观点，工会是由员工组成的为提高工资、改善工作条件和增加就业机会的有组织的集团。[4]提高工资作为工会的一项重要职责，通常采取增加对劳动的需求、减少劳动供给和游说最低工资立法等措施来提高工资。这样就使市场上存在着两种垄断：一是劳动者组成工会对劳动供给垄断；另一种是厂商联合组织（雇主联合会）对劳动需求的垄断。所以工资水平是劳资谈判力量抗衡的结果（工会的抵制工资曲线与厂商的让步工资曲线的交点），而集体谈判工资理论又被说成是工会起作用下的工资决定理论。但是在现实中，工资水平的确定不完全取决于劳资谈判的力量，它还受工会力量的强弱、经济周期等因素的影响。

（六）购买力工资理论

购买力工资理论（theory of purchasing power wage）认为，企业兴旺的条件是市场存在大量的需求，以使企业能以适当价格出售产品，从而获得足够的合理利润。雇员和他们的家属也是企业产品的消费者。如果员工工资和购买力高，需求就越强，生产规模的高水平就可以持续；反之，如果工资和购买力低，生产规模将相应萎缩，失业就会出现。

这一理论有一定的缺陷。因为只有提高工资后能够带来生产的增长才是理想状态，否则，增加购买力就会带来物价上涨，除非购买力的增加部分都用于储蓄。需求不足导致失业（企业不景气是因为雇员工资过低无力购买），如果他们有钱则愿意购买企业产品，在这样的情况下，购买力理论可以发挥作用。但如果失业是由于资本财力缺乏（如在工业生产薄弱的发展中国家），这种理论则不适用。在那些本国经济主要依赖于国际贸易的国家，采取这一理论要慎重。因为，增加工资会强化对进口商品的需求，同时也抬高了出口商品的价格，如果不通过提高劳动生产率补偿这种影响，增加工资就会降低这些国家在国外市场的竞争地位。在那些已经面临巨大国际收支逆差的国家，工资水平迅速提高可能会导致严重后果。[5]

二、工资差别（wage difference）理论

（一）补偿性工资差别

1. 职业补偿性工资差别

英国18世纪著名经济学家亚当·斯密是工资差别理论的创始人之一。他认为，造成不同职业工人之间工资差别的原因主要有两类：一类是由不同的职业性质造成的；另一类是由工资政策造成的。各种不同性质的职业从五个方面造成工资差别，包括：

（1）使劳动者心理感受不同。有的职业可以令人愉快，而有的则使人感到厌烦。斯密写到："所有职业中最令人生厌的莫过于死刑执行者了，按所完成的工作量来计算，其所得远远超过任何通常的行业。"[6]

（2）技术掌握难易程度不同。有的职业很容易学习和掌握其技术，有的则难以

掌握。

(3) 安全程度不同。有的职业风险大，不安全系数高，有的则没有风险，比较安全。

(4) 担负的责任不同。有的职业负担的责任重大，有的职业则没有什么责任。

(5) 成功可能性不同，有的职业容易成功，而有的职业则容易失败。

那些使劳动者不愉快、学习成本高、不安全、责任重大、失败风险率高的职业，要付给高工资；反之，则付给低工资，由此造成了不同职业之间的工资差别。

亚当·斯密还揭示了工资政策与工资差别之间的关系，指出政府不适当的工资政策会扭曲劳动力市场上的供求关系，例如，限制职业间竞争、阻碍劳动力的自流动，等等。在这种情况下，工资作为劳动力价格的表现形式，会通过不合理的工资差别反映出来。

2. 人力资本投资的补偿性工资差别

人力资本投资补偿性工资差别理论主要说明由人力资本投资回报或补偿所形成的工资差别。人力资本造成的工资差别可以从以下三点得到解释：

(1) 人力资本投资回报和补偿。人们在进行人力资本投资时，总是想在未来得到高于投资额的回报；否则，没有人愿意投资。在美国，“医生、律师和工程师用多年时间投资于接受正规教育和在职培训，他们以付学费和放弃工资等形式投资 100 000 ~ 200 000美元于上学和读研究生，并且长时间地学习”，“近期数据表明，一个大学毕业的 18 岁男子，到 65 岁时大约能挣 450 万美元（按 1996 年价格和收入水平计算），而他的一个仅高中毕业的同龄人大约只挣 270 万美元，没有读完高中的人一生平均仅挣 180 万美元”，“专业人员的高工资，一部分可以认为是对其人力资本投资的回报，即对使这些受过高度训练的工作者成为特殊类型劳动力的教育回报”。[7]

(2) 高人力资本投资的劳动者的贡献大于低人力资本投资者的贡献。一般地讲，一个人的人力资本含量越高，其劳动生产率和边际产品价值也越高，他应得到较高的工资；反之一个人的人力资本含量越低，其劳动生产率和边际产品价值也越低，他应得到较低的工资。工资差别正是内在人力资本价值的外在表现。

(3) 当代社会经济发展对劳动力的需求是高素质、低数量。随着知识经济的来临，在一些发达国家的劳动力市场上，出现高素质劳动者供不应求，低素质劳动者供过于求，依据劳动供求关系决定工资理论；也使人力资本投资多的劳动者的工资高于人力资本投资少的劳动者。

(二) 垄断性工资差别理论

1. 由经济租金形成的工资差别

租金是使用完全缺乏弹性的生产要素所支付报酬。劳动的租金称为工资，作为租金的工资不同于通常所说的工资，它是劳动者得到的超过劳动机会成本的报酬。

人们对 19 世纪末以前租金的研究主要是地租理论。英国经济学家威廉·配第、亚当·斯密、大卫·李嘉图、马尔萨斯、法国经济学家杜尔哥、魁奈、萨伊等对地租理论都有研究。19世纪末英国经济学家马歇尔提出了"准地租"，用于说明除土地之外其他要素获得租金。后来，有的经济学家在马歇尔"准地租"的基础上抽出了"经济租金"概念。

经济租金是资源所有者得到的实际收入高于补偿其成本的差额。这一理论应用到工资上即为经济租金工资理论。在劳动力市场上，某些具有非凡天赋或才能的人垄断了该劳动要素的供给，而使之成为稀缺劳动资源，他们可以得到较多的收入。

2. 内部人控制形成的工资差别

该理论由林德伯克（Lindbeck，1984）和斯诺瓦（Snower，1986）两位经济学家提出。内部人是指目前已在职的雇员或暂时被解雇雇员同属于某一利益集团（如工会）的人；外部人是指不受企业或行业工会保护的新工人或在职的临时工。内部人与外部人相比在工资收入上占有优势：

（1）在谈判工资中，由于内部人的控制，总是设法提升其工资水平，而不管外部人的工资收入，使内部人的工资高于外部人。

（2）如果用人单位用高工资雇用外部人后，就会出现内部人不再努力工作从而效率下降、内部人与外部人不能很好合作出现的内耗等问题，这些情况都引起生产率下降，给用人单位造成损失。

（3）由于内部人控制的存在，当劳动需求减少时，内部人不愿削减工资，只能压低外部人的工资水平。由于内部人控制的存在，就使劳动力市场存在着内部人享受高工资、而外部人只能接受较低的工资水平的就业状况。在国外，由于内部人控制（工会），使外部人（非工会成员）工资收入出现了较大差别。有资料表明20世纪80年代，美国工会会员的工资率平均比非工会会员高33%。

3. 行业垄断形成的工资差别

在我国，由于体制（体制内外）、政策（专营）等因素的影响，形成某些资源垄断与行政垄断的行业，如在我们过去所说的高工资行业是"五行（银行）一保（保险公司）"，"三电（电信、电力、电视台）一水（自来水公司）一草（烟草公司）"，这些行业职工的工资一般要高于其他国有竞争行业的职工的工资。

据国家统计局测算，行业最高与最低人均收入比1995年达到2.23∶1，2000年为2.63∶1，2003年为3.98∶1，2004年第3季度达到4.25∶1。2004年我国机关职工的人均年工资约为1.6万元，事业单位约为1.5万元，一般企业为1.4万～1.5万元，而垄断企业超过了6万元。据媒体报道，2007—2011年中国金融行业、电力、燃气及水的生产和供应业平均工资年增长幅度平均值达到10%，2011年一些省电力公司在职员工平均工资在100 000元左右，2013年各个省电力公司在职员工平均工资均在130 000元左右，而2017年全国农村居民人均可支配收入才有13 432元。

（三）歧视工资差别（discriminatory wage difference）理论

早在19世纪与20世纪之交，英国就在公平报酬问题上发生了争论，其焦点是妇女低工资问题，这场争论产生了关于歧视经济学的大量文献。经济歧视理论的现代发展始于美国经济学家加里·贝克尔，他于1957年出版了《歧视经济学》，随着20世纪六七十年代先后在美国、英国等国家通过禁止歧视的法律，对歧视经济学的研究出现了高潮。

按照一般的理解，歧视是指用不公正或不公平的态度对待某些人或事物。劳动力市场歧视是指雇主及其他组织因为偏见，不能公平地对待一些劳动者而造成的职业和收入差距。正如美国著名经济学家萨缪尔森所指出："当收入差距的产生仅仅由于不相干的个人特征，如种族、性别、性倾向或宗教等原因时，我们称之为歧视。"[8]

劳动市场上的歧视包括职业歧视和工资歧视两种形式。职业歧视是受歧视者在同等条件下，不能找到同等水平的职业，更多地被雇用在低于个人能力的工作岗位上。工资歧视是劳动者同工不同酬。职业歧视和工资歧视都导致了工资差别（前边讲的工资差别是不同质的劳动造成的，这是说的工资差别是同质的劳动由于歧视造成的）。由歧视造成的工资差别主要体现如下几个方面：① 性别歧视，男女同工不同酬，一些国家或地区女性员工工资只有男性职工工资的70%～80%。② 年龄歧视，同样劳动量因年龄不同而使工资存在着差别。按照年龄与工资的关系，工资的年龄峰值应在中年，呈倒U形年龄工资结构，由于歧视的作用使工资随年龄呈直线上升式结构，老年人工资高于中年人工资。③ 种族歧视。如美国1990年黑人的收入仅占欧裔白人（西班牙人除外）收入的70%，印第安人为71%，亚洲人为94%。[9] ④ 地区歧视。在我国过去的计划经济体制下采取了城乡隔离就业政策，形成了城乡劳动者收入的较大差距。⑤ 身份歧视。如我国在计划经济体制下人为地把企业员工分为干部与工人，也造成了他们工资收入上的差距。

造成歧视主要是雇主偏见、雇员偏见（已受雇的员工对另一些集团可求职者的偏见）、劳动供求状况（劳动力供大于求时歧视更为突出，供不应求时歧视较少）、信息不完全等原因所造成的。

人们断言，之所以有人搞歧视，是由于歧视可以使他有利可图，白人对黑人的歧视，就会增加白人雇主的利润和白人雇员的工资，从而使白人的收入上升；对妇女歧视就会增加雇主的利润和男子的工资；限制农民进城就会形成城市人和农村人的收入差距；限制某些人进入某些职业或工作岗位，就形成了内部人与外部人工资收入的差别，等等。正因为歧视性工资差别是人为因素（一些人的偏见）造成的，所以，许多国家都制定了反歧视法规。

三、工资形式管理理论

工资形式管理理论主要是美国学者泰勒的科学管理理论与法国管理学家法约尔的工资管理形式理论。

（一）科学管理理论

科学管理理论的创始人是美国的弗雷德里克·温斯洛·泰勒。1898年泰勒的"搬运生铁块试验"和"铁锹试验"使伯利恒钢铁公司堆料场的劳动力从400～600人减少为140人，平均每时每刻每天工作量从16吨提高到59吨，每个工人的工资从1.15美元提高到1.88美元。他又在1895年、1903年、1912年分别发表和出版了《计件工资制》、《工场管理》、《科学管理原理》的论文和著作，创立了科学管理理论。他的主要创见之一就是提出了实行刺激性的计件工资原则。泰勒的计件工资制度包括三点内容[10]：

（1）通过工时研究的分析，制定出一个有科学依据的劳动定额或标准。

（2）采取“差别计件制”的刺激付酬制度，即计件工资率按完成定额的程度而浮动。

（3）工资支付的对象是工人而不是职位，即根据工人的实际工作表现而不是根据工作类别来支付工资。

泰勒认为实行计件工资能激励工人努力工作，克服消极怠工现象，提高劳动生产率，完成工作定额。[10]

（二）工资管理形式理论

法国管理学家亨利·法约尔具体地论述了工资管理形式理论。他认为，支付工人工资的不同方式有计时工资率、包工工资率、计件工资率。这三种支付方式可以结合使用，并可衍变出奖金、分红、实物支付、精神奖励等多种重要形式。[11]法约尔的具体论述如下：

（1）计时工资率。在这种制度下，作为对事先确定金额的一种回报，工人按照限定的条件向雇主出卖自己一定时间的劳动。这种制度的缺点是易于引起玩忽职守，需要经常进行监督。只有当所完成的工作不易测定时，才不得不采用这种方法。

（2）包工工资率。工资支付取决于事先确定的工作执行情况，可以不受工作期限的限制。当工资支付的条件仅限于工作必须在一段正常的工作时间内完成时，这种方法与计时工资的方法就融为一体了。按照每日的包工工作支付工资不要求像按日支付工资那样进行严格监督，但是，它的不足之处是把优秀工人的工作下降到一般工人的水平上。优秀工人感到自己可以挣得更多工资；而一般工人又感到他们的任务太重了。

（3）计件工资率。工资支付与所完成的工作有关，而且没有限度。这种制度常用于生产大量相同零件的车间，也可以用于产品可按重量、长度或体积进行测量的地方，一般来说，在任何有可能的地方都可运用这种方法。人们批评这种方法强调数量而损害质量，并且当由于生产过程的改进必须修改支付工资率时就会引起冲突。当计件工资用于一个重要的工作单元时，计件工资就会变成合同工作。一般来说，计件工资会使收入增加，在一定时间内有刺激作用，然而，这种制度最终的普遍采用，会使这一支付方式逐渐接近于预先确定支付金额的计时工资率。

（4）奖金与分红。为使工人关心企业的顺利经营，有时在计时、包工或计件工资之外，以奖金形式发给额外报酬，如考勤奖、积极工作奖、设备完好奖、超产奖、卫生奖，等等。这些资金的比重、性质及获奖条件多种多样。有每日小补贴、月奖、年奖，给最突出者股票甚至还可实行分红制。分红是一种非常吸引人的想法，似乎它可以使劳资双方协调。但是还没有找到切实可行的分红方式。首先，没有盈利目的的单位（国家机关、宗教团体、慈善团体、科学团体等）和亏损企业不可能进行分红。其次，由于对工人来讲，红利在大企业的最终成果所占比例是不一定可能评估的，而且是微不足道的。因此工人对那种与他们对利润的作用成比例的分红报酬并不感兴趣。再次，工长、部门主任、工程师参与分红几乎并不比工人进展得快。因为他们的劳动在整个成果中几乎看不出来（成果中有许多因素与他们的才能无关），最后，国家高级人员不能用分红作为基础支付报酬。总之分红是一种支付方式，不是报酬的一般规则。

（5）福利和精神奖励。法约尔写到，雇主的福利措施可以多种多样。在工作方面，表现在保健和舒适程度的问题上，如通风、照明、清洁、食堂等。在工作之外，则表现在住房、设备、食物、教育和训练、救济计划问题上。任何一种有可能使全体人员更发挥作用，改善其生活命运，并且也鼓励各级雇员热情工作的支付方式都应是管理经常注意的事情。

四、工资分配理论

（一）公平分配理论

公平（equity）理论是美国心理学家史坦斯·亚当斯于20世纪60年代提出的。这种理论主要讨论报酬的公平性对人们工作积极性的影响。公平理论认为，个人不仅关心自己经过努力所获得的报酬的绝对数量，也关心自己的报酬与其他人报酬的比较。他们对自己的投入和产出与他人的投入和产出的比较做出是否公平的判断，如图7－2和表7－4所示：

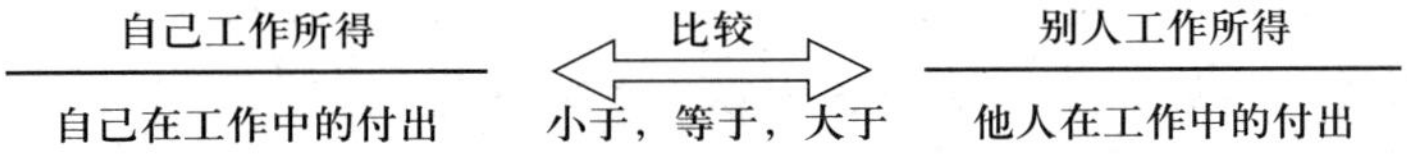

图7－2 公平的比较

表7－4 公平分配理论

比率比较	感觉
$O/I_a < O/I_b$	由于报酬过低产生不公平
$O/I_a = O/I_b$	公平
$O/I_a > O/I_b$	由于报酬过高产生的不公平

资料来源：斯蒂芬·P. 罗宾斯．组织行为学．北京：中国人民大学出版社，1997：178.

注：O/I_a代表某一员工的产出/投入之比；O/I_b代表相关的其他人的产出/投入之比；投入包括努力、经验、受教育水平和能力等；产出包括工资水平、加薪、认可等；相关的其他人包括本组织中的其他人以及别的组织中与自己相当的同类人。

在组织中任期短的员工可能不太了解组织中其他人的信息，所以他们把自己当前产出/投入与自己过去的产出/投入进行比较。但是任期长的员工更多的用同事做比较。高层的员工掌握更多的关于其他组织中人们的信息，他们进行更多的与组织的相关人员比较。通过与自己过去或别人进行比较后，感到公平时，他会努力工作，当员工感到不公平时他会选择以下6种行为方式中的一种：[12] ① 改变自己的投入（如不再那么努力）；② 改变自己的产出（如实行计件工资的员工通过增加产量降低质量来提高自己的工资）；③ 改变自我认识（如我曾认为我以中等速度工作但是现在我意识到，我比其他任何人工作都更努力）；④ 改变对其他人的看法（如张三的工作不像我以前认为的那样令人满意）；⑤ 选择另一个参照对象（如我可能不如我内弟挣钱多，但我比父亲在我这年龄时好得多）；⑥ 离开工作场所（如辞职）。

公平理论提出了不公平报酬有关的四种观点：[13] ① 以时间计酬，报酬过高的员工的生产率高于报酬公平的员工。为了增加投入以保持公平，按小时拿工资的计时员工会提高生产的数量或质量。② 以时间计酬，报酬过低的员工的产量更低、质量更差。③ 以产量计酬，酬劳过高的员工比报酬公平的员工产量低，但质量高。实行计件工资的员工通过增加努力来达到公平，这可以带来更高的产量或质量。但是产量的增加只能加剧不公平，因为生产的每一单位产品会带来更高报酬。因此，努力的方向该是提高质量而不是产量。④ 以产量计酬，与报酬公平的员工相比，报酬过低的员工产量高而质量差。实行计件工资能带来公平，因为牺牲质量而追求产量导致在投入不增加或增加极少的情况下带来报酬的增加。

本书认为劳动报酬公平分配包括外部公平、内部公平、个人公平三个方面。

（1）外部公平。外部公平是指支付给职工的工资水平不能低于劳动力市场上工资水平。因为实现外部公平可以吸引、留住公司发展需要的技术职工。实现外部公平，主要从工资水平与劳动力市场价位接轨和明确工资水平定位策略两方面入手。① 工资水平要与劳动力市场价位接轨。② 逐步实现不同层次的人员实行不同的工资水平定位策略。对核心层实行领先型工资水平。对公司发展起关键作用的核心层职工的工资水平要高于市场价位，以保持较强的吸引力。对骨干层实行匹配型工资水平。骨干层职工的工资水平不低于市场价位，以保持较强的稳定性。对普通层实行浮动型工资水平。普通层职工的工资水平根据绩效及市场供给情况围绕市场价位上下浮动，可保持一定的流动性。

（2）内部公平。内部公平是指支付给职工的工资在公司内部要准确地反映职工之间的相对劳动价值差别。实现内部公平，要以职位分析、岗位测评为基础，根据对职位（岗位）要素的分析评价，合理确定各职位（岗位）之间的相对价值，从而确定相应的报酬。

（3）个人公平。个人公平是指支付给职工的工资要准确地反映职工个人技能和业绩表现。通过绩效评估，对个人的技能和业绩表现进行科学评价，并与工资紧密挂钩，可以有效地满足个人的公平感，激发职工的进取心。

（二）按劳动分配理论

按劳动分配理论是我国工资理论的基础。根据朱子云先生2003年在《按劳动分配方式的多样性及适应领域》一文的研究，按劳动分配的方式及适应领域主要体现在以下十个方面：

（1）按劳动力价值分配。它比较适用于按劳动力付出的价值补偿的分配领域。在这类分配领域，可以实行学历工资制、职称工资制、技能工资制，以及这几种形式的不同组合。

（2）按劳动时间分配。它比较适用于按部就班岗位以及劳动绩效计量无法妥善解决的分配领域。在这类分配领域，可以实行计时工资制。

（3）按劳动年限分配。它比较适用于企业稳定的经营者和生产者人才的分配领域。在这类分配领域，可以实行工龄工资制。

（4）按劳动岗位分配。它比较适用于不同岗位对企业贡献度差异明显的分配领域。在这类分配领域，可以实行职务工资制、岗位工资制。

（5）按劳动数量分配。它比较适用于企业产品供不应求或供求基本平衡的分配领域。在这类分配领域，可以实行计件工资制。

（6）按劳动质量分配。它比较适用于产品质量不够稳定而对企业产品销售负面影响较大的分配领域。在这类分配领域，可以实行产品质量工资制。

（7）按劳动收益分配。它比较适用于营业收入利润率较高、销售收入利润率较高的分配领域。在这类分配领域，可以实行营业收入工资制、销售收入工资制。

（8）按劳动效益分配。它比较适用于盈利水平较高且竞争激烈企业的分配领域。在这类分配领域，可以实行利润工资制。

（9）按劳动力支出的数量分配。它比较适用于非竞争性企业的分配领域。在这类分配领域，可以实行技能岗位结构工资制。

（10）按劳动力的支出质量和使用效果分配。它比较适用于劳动岗位贡献差异较大、技能贡献差异较大、劳动成果差异较大的分配领域。在这类分配领域，可以实行岗位绩效结构工资制、技能绩效结构工资制、岗位技能绩效结构工资制。

（三）分享经济（分享工资、经济民主、人民资本主义）分配理论

20 世纪 80 年代，知识经济在发达国家已经初现端倪，90 年代以来进入一个快速发展时期。体现在分配上的一个变化就是提出了三种分配理论，即分享工资、经济民主、人民资本主义。

1. 分享工资理论

分享工资理论是美国学者威茨曼于 1984 年提出的，其理论核心是按照劳动与资本的边际效率的“分享比率”确定工资水平，使劳动和资本共同分享企业利润。它是一种将工人的与雇主的利润联系起来的理论，主张以“分享基金”作为工人工资的来源。它与利润挂钩，工人与雇主在劳动力市场上达成协议规定双方在利润中的分享比例。利润增加，分享基金增加，反之，减少。分享制度具有重要的作用：① 具有稳定就业，减少失业作用；② 分享经济在宏观方面具有制约滞胀效应；③ 在微观方面具有改善企

业内部人际关系的效应。

2. 经济民主理论

经济民主理论是以企业职工持股制度和职工参与制度等为基础的经济理论。其代表人物是美国的凯尔沃，他认为现代经济是劳动与资本共同创造财富，他们的所得大小“由其劳动和资本投入在自由市场竞争机制评估中的高低决定”。

3. 人民资本主义理论

人民资本主义是1989年由英国的巴东提出，劳动者通过分享企业的利润和所有权等，获得与资本家相同的权利。此外，近年来从企业理论、激励制度安排方面也对智力资本参与分配进行了研究。这些研究已经从简单的要素价格分享扩大到参与剩余收益的分享。

第三节　工资水平

一、工资水平的概念

工资水平（wage level）是指某一特定时期、特定范围（国家、地区、部门、企业）内员工平均工资的高低。用公式表示为：

工资水平 = 雇员工资总额/雇员总人数

如果从时间上来划分，工资水平分为年工资水平、月工资水平、周工资水平、日工资水平；从范围上来划分，可以分为全国工资水平、地区工资水平、部门或行业工资水平；还可以从职业、职位、年龄、性别等，对工资水平进行划分。由于工资可以表现为货币工资和实际工资，所以工资水平也就有货币工资（名义工资）水平和实际工资水平的区分。所谓货币工资水平，是以货币工资数额表示并计算出的平均工资；而实际工资水平，则是用实际工资数额表示并计算出的平均工资。实际工资用公式表示为：

实际工资水平 = 货币工资水平/同期物价指数

从上述两个公式可以看出，影响员工工资水平的有工资总额、雇员人数、物价水平三个因素，其中员工工资总额与工资水平成正比关系变化，而雇员人数和物价水平与工资水平成反比关系变化。但是要全面深入地分析影响工资水平的因素，还必须分别从宏观和微观两方面来考察。

二、完全竞争条件下的工资水平

（一）完全竞争劳动力市场的基本假设

完全竞争劳动力市场的基本假设为：① 企业追求利润最大化，劳动力追求个人效用最大；② 劳动力市场上，供求双方所掌握的信息是全面的；③ 劳动力市场上的供求对象具有匀质性；④ 劳动力市场上供求双方为数众多；⑤ 劳动力自由流动和就业机会是均等的；⑥ 劳动者是非工会成员，企业间也不存在合谋行为。

（二）劳动力市场的供求决定工资水平

1. 劳动力需求大于供给

劳动力需求大于供给时，工资水平上升，如图 7－3 所示。

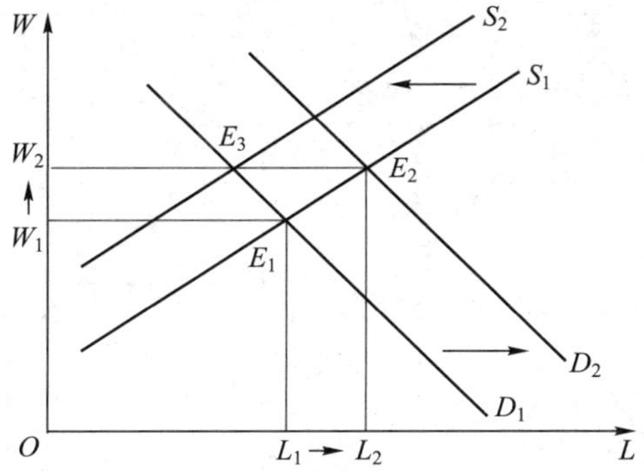

图 7－3 需求大于供给时的工资水平

在图 7－3 中，在劳动力供给不变的情况下，如果劳动力需求上升，那么劳动力需求曲线将从 D_1 向右方位移至 D_2，均衡点将从原来的 E_1 变为 E_2，于是均衡工资水平从原来的 W_1 上升至 W_2；假如劳动力需求不变，劳动力供给减少，反映在图中即劳动力供给曲线从原来的 S_1 变为 S_2，均衡点将从原来的 E_1 变为 E_3，工资水平由原来的 W_1 上升至 W_2。两种情况下，工资水平上升相同的幅度纯属偶然，工资上升幅度的其他情况可做类似的分析。由此可见，如果需求大于供给，市场机制作用的结果将使工资水平不断上升，同时厂商的雇佣规模会有所下降。

2. 劳动力供给大于需求

劳动力供给大于需求时，工资水平下降，如图 7－4 所示。

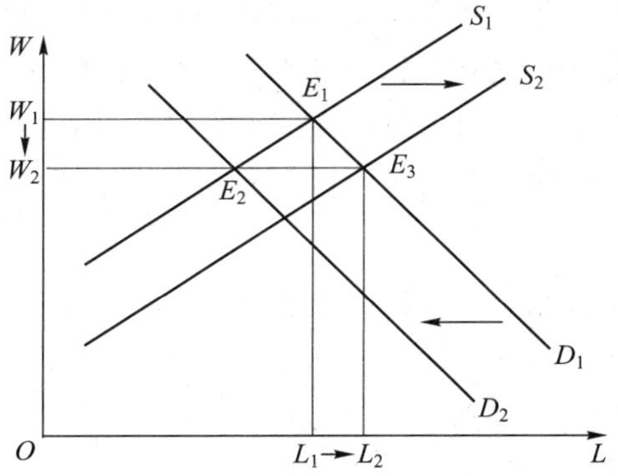

图 7－4 供给大于需求时的工资水平

在图 7－4 中，在劳动力供给不变的情况下，如果劳动力需求下降，那么劳动力需求曲线将从 D_1 向左方位移至 D_2，均衡点将从原来的 E_1 变为 E_2，于是均衡工资水平从原来的 W_1 下降至 W_2；假如劳动力需求不变，劳动力供给增加，反映在图中即劳动力供给曲线从原来的 S_1 变为 S_2，均衡点将从原来的 E_1 变为 E_3，工资水平由原来的 W_1 下降至 W_2。两种情况下，工资水平下降相同的幅度纯属偶然，工资下降幅度的其他情况可做类似的分析。由此可见，如果供给大于需求，市场机制作用的结果将使工资水平不断下降，同时厂商的雇佣规模会有所增加。

3. 工资变动与市场均衡

工资变动与市场均衡，如图 7－5 所示。

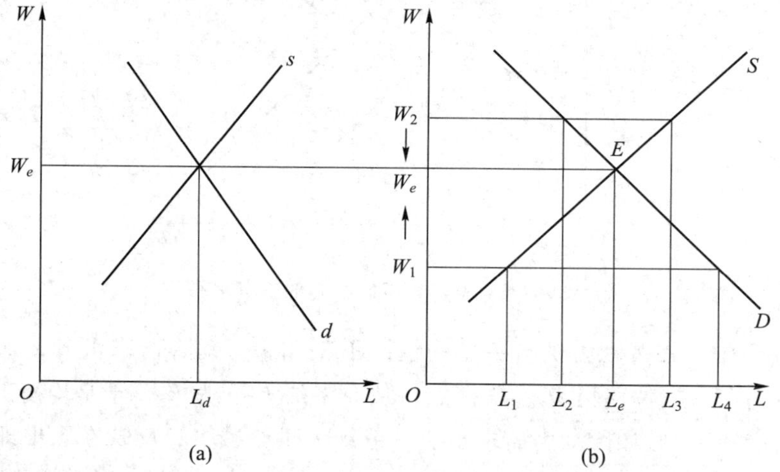

图 7－5　工资变动与企业均衡和市场均衡

由图 7－5 中右图可见，工资水平是由供求关系决定的。当现行工资率较高时，如 W_2，劳动力供（L_3）大于求（L_2），产生了 L_3-L_2 的供给过剩，在供方就业竞争压力的作用下，工资水平必将不断下降，直至供求相等实现均衡（W_e）为止；当工资率较低时，如 W_1，劳动力供（L_1）小于求（L_4），产生了 L_4-L_1 的需求过剩，在需求方之间激烈竞争的作用下，工资水平必将上扬，直至供求相等实现均衡（W_e）为止。左图中，当企业的劳动力需求曲线 d 和劳动力供给曲线 s 的交点对应的 L_d 即为该企业雇工规模。如某企业的工资水平较高，竞争的压力将促使所有的企业都给付相同的工资水平。工资水平过低，则该企业通过劳动力市场所获得的劳动力供给量就等于零。

三、非完全竞争市场条件下的工资水平

（一）工会与工资水平

工会（labor union）是以领取工资生活的劳动者以改进工作和生活条件为目的建立起来的工人自治组织。西方经济学认为，工会的目的主要是会员就业量最大化、工资水

平的最高化和工人利益极大化。在资本主义早期，由于没有工会或工会不够强大，资本家对工人的剥削极为严重，劳动者的工资水平不仅低，而且增长非常缓慢。随着工会的发展，在一些国家，工会作为劳动供给的垄断者，由于它控制了劳动的供给，这样劳动力市场就变成了一种不完全竞争的市场，工会可以利用多种方法来提升工人的工资水平。

1. 工会可以利用减少劳动力供给来提高工资水平

工会可以利用游说、选票、罢工等手段迫使政府或议会通过强制退休、禁止雇用童工、限制移民、减少工作时间、增加合法假期的政策和法律来减少劳动的供给，以提高工资。

2. 工会可以通过扩大劳动力需求来提高工资水平

强大的工会利用选票、组织会员参与领导人支持率调查和国会议员竞选和其他活动来游说政府和国会制定增加出口、限制进口、实行保护贸易政策和法规来扩大对商品的需求，从而提高对劳动的需求，提高工资水平。

3. 工会通过国家工资制度建设来提高工资水平

工会的强大不仅提升了工人的工资水平，而且迫使政府和国会在制定工资制度上获得了相当程度的保障，主要有以下几点：

（1）确立最低工资率制度。各产业均有最低工资率标准，并由各产业工会分别派遣巡视员到各企业检查厂方实施情况。

（2）确立生活费用保障制度。生活费用保障包括两项内容，其一是普遍进行工人家计调查，确定工人家庭的最低生活费用，并确保工资收入不低于这个最低标准；其二是确立工资应当随物价上涨而随时调整的原则，以保证工人生活不受通货膨胀的影响。

（3）确立同工同酬原则。同工同酬原则有两项内容，其一是不得因宗教、种族、国籍、性别、年龄或信仰等原因对工人进行歧视；其二是工资由工作决定，对技术要求高、劳动消耗大、劳动强度大的工作付较高工资，反之则付较低工资。

（4）确立工资偿付保证。在工厂倒闭或资方宣布破产时，工会方面有保留其资产、并要求首先清偿积欠工人工资的权利，其他方面不得阻挠或要求享受同等优先权。

（5）确立报到工资和带薪假期制度。所谓报到工资就是工人受雇报到后立即开始计薪。带薪假期则包括两种，一种是工人服务一定时间后，厂方应给予带薪的休假；另一种是在国家的法定假日（通常每年以6～8个假日为限）工人休假，薪金照付。

（6）确立逐年加薪原则。凡未达到最高工资标准的工人，如果没有重大过失，厂方应当于年终自动给予加薪。

4. 工会对非工会工资水平的影响

工会对非工会工资水平的影响表现在两个方面：一方面非工会工人工资会向工会会员的高工资看齐；另一方面较高的工会工资限制了本地经济中的工会部门的就业机会，导致求职者挤入非工会部门，从而带来了工资的疲软效应。

（二）雇主垄断下的工资水平

雇主垄断下的工资水平一般是劳动力市场存在着劳动力无限供给，或工人没有组织起来建立工会及工会不够强大的情况，劳动力需求方单方决定工资水平，供给方无力影响工资水平，如图 7－6 所示。

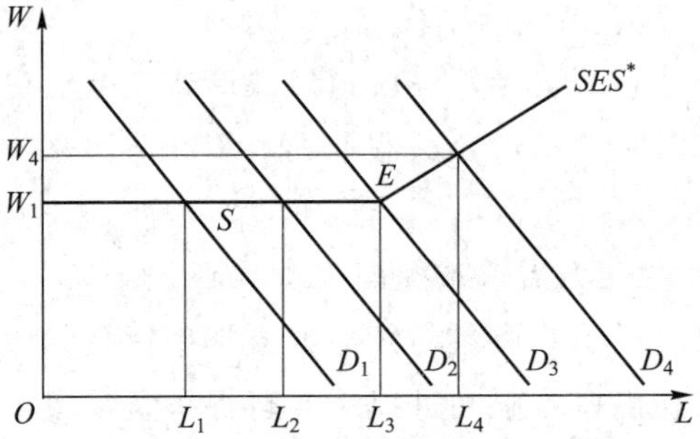

图 7－6　劳动力无限供给转变为有限供给情况下工资水平决定

图 7－6 中 SES^* 表示劳动力供给曲线，在 E 以前是一条水平曲线，这意味着工资水平稍微发生变化，就会产生无限的供给量变动，即劳动力无限供给；在 E 点以后，供给曲线是一条向右上方倾斜的曲线，这意味着随着工资水平的上升，劳动力供给也会相应地提高，即劳动力有限供给。当出现劳动力无限供给的情况时，不管劳动需求如何发生变化，所能变化的只是均衡就业量，工资水平不会发生变化。在图 7－6 中，当劳动需求从 D_1 提高到 D_2 再提高到 D_3 时，均衡就业量依次从 L_1 变为 L_2 和 L_3，然而，工资水平却始终维持在 W_1 的水平上。超过 E 点以后，随着劳动需求的进一步提高，比如提高到 D_4，这条需求曲线与向右上方倾斜的供给曲线的交点决定了均衡的工资水平 W_4 和就业量 L_4，就业量进一步提高，同时工资水平也有了一定的提升。

该模型可以解释我国改革开放以来的外来务工人员市场工资水平的情况。从改革开放以后到 2004 年（该年我国报道了沿海地区“民工荒”现象），我国城镇的外来务工人员劳动力市场上一直处于劳动力无限供给的状态（对应于模型中的 E 点以前），外来务工人员的就业量虽然有了一定程度的提高，但是工资水平几乎没发生什么变化；最近几年，随着我国劳动力人口结构进入“人口红利拐点”和“刘易斯拐点”之中，很多地区出现了企业“用工难”和劳动力供给上的“民工荒”等现象，外来务工人员由无限供给转向有限供给（对应于模型中的 E 点以后），并逐渐由有限供给转为短缺，这样，在就业量提高的同时，工资水平也有了一定程度的提高。

（三）双边垄断下的工资水平决定

随着工会组织的强大，就使劳动力市场上存在着双边垄断（bilateral monopoly）：一种是劳动者组成工会对劳动供给垄断；另一种是厂商联合组织（雇主联合会）对劳动需求的垄断。所以工资水平是劳资谈判力量抗衡的结果（工会的抵制工资曲线与厂商的让步工资曲线的交点)，而集体谈判工资理论又被说成是工会起作用下的工资决定理论。对此研究主要有两种模型：

1. 庇古模型

庇古认为，在存在工会情况下，工资率不是通过劳动力市场自由竞争决定的，而是通过集体交涉决定的，工会对工资的要求有一个上限和下限，雇主对工资的要求也有一个上限和下限。在两者上限和下限之间会有一交涉区，工资率就是在这个交涉区（图 7 - 7 中阴影的部分）谈判决定的，如图 7 - 7 所示：

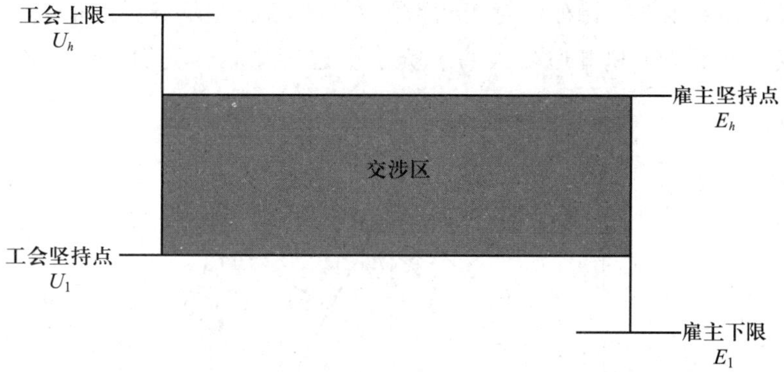

图 7 - 7　工会与雇主工资率的交涉区

从图 7 - 7 可以看出，工会的上限大于雇主的上限，工会的下限大于雇主的下限，而雇主的上限大于雇主的下限，这使工会与雇主的谈判成为可能，谈判的区域也称为交涉区（在图中以阴影部分显示)，至于谈判的结果处于交涉区的哪个具体位置，则取决于双方的力量对比。

2. 希克斯谈判工资模型

希克斯谈判工资模型（hicks bargaining model）认为，雇主由于担心罢工造成的损失，不得不允许工资有一定的增长率，表现为让步曲线；而工会由于担心工资率下降过多，不得不控制罢工时间，表现为工会抵制曲线，如图 7 - 8 所示：

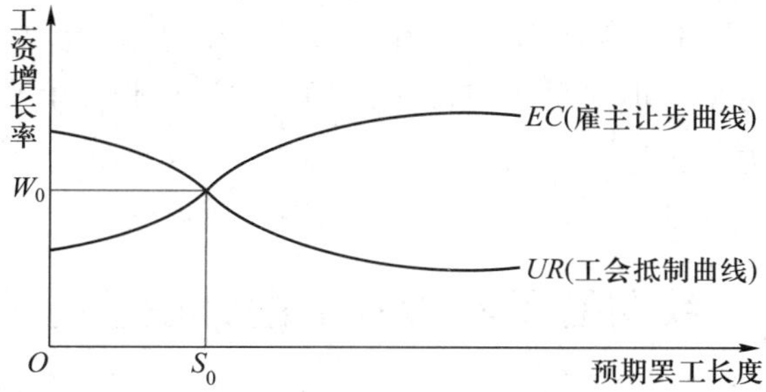

图 7 - 8　希克斯的谈判工资模型

在图 7 - 8 中，纵轴代表工资增长率，横轴表示工会预期罢工时间，*UR* 表示工会抵制曲线，*EC* 表示雇主让步曲线。该谈判模型的意义在于：① 工会抵制曲线会随工会力量的增强而上移；② 雇主能力增强使其让步曲线下移；③ 两条曲线相交点决定工资水平，预期罢工长度为 S_0，工资率为 W_0。

（四）技术工人市场的工资水平的决定

技术工人的工资水平不同于普通工人的工资水平，因为要获取技术，必须事先进行人力资本投资，投资要以工资等形式加以补偿。由于获取技术的时间、难度等因素不能随意改变，因此，技术工人的供给是缺乏弹性的，表现为较为陡峭的供给曲线；由于技术工人的稀缺以及专用性等特征，对于技术工人的需求也是缺乏弹性的，表现为较为陡峭的需求曲线。为了便于和普通工人的工资水平进行比较，我们将两者同时在图 7－9 中加以分析：

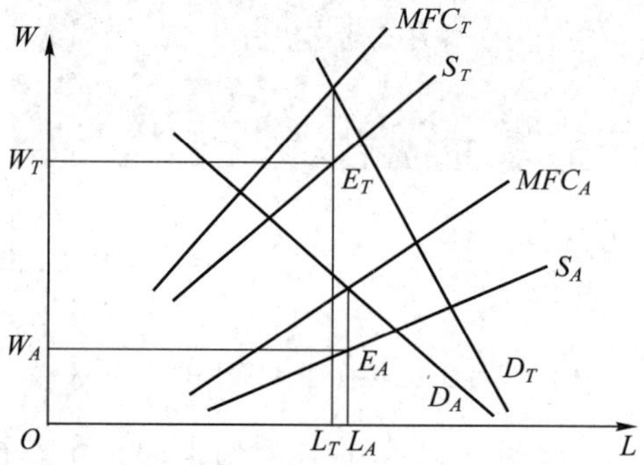

图 7－9　技术工人的工资水平决定

在图 7－9 中，下标 T 表示技术工人，下标 A 表示普通工人，D_T、S_T 和 MFC_T 分别表示技术工人的需求曲线、供给曲线和边际要素成本曲线；D_A、S_A 和 MFC_A 分别表示普通工人的需求曲线、供给曲线和边际要素成本曲线。从图 7－9 可以看出，技术工人的需求曲线与其对应的边际要素成本曲线的交点决定了均衡的就业量 L_T，这个就业量对应于其供给曲线上的 E_T，由此决定的技术工人的工资水平为 W_T；普通工人的需求曲线与其对应的边际要素成本曲线的交点决定了均衡的就业量 L_A，这个就业量对应于其供给曲线上的 E_A，由此决定的普通工人的工资水平为 W_A。显而易见，普通工人的均衡就业量大于技术工人的均衡就业量，但是技术工人的均衡工资水平大于普通工人的均衡工资水平。

第四节　我国的工资形式及国外企业的分享制

我国工资的基本形式是计时工资和计件工资，奖金和津贴是从这两种形式派生出来的。除工资形式外，当代一些发达国家还出现了企业分享制，在此一并分析。

一、计时工资

(一) 计时工资的内涵与计算方式

1. 计时工资的内涵

计时工资 (hourly wages) 是要根据劳动者本人的劳动者质量 (技术或业务水平、岗位等) 预先规定相应的工资标准，按照劳动者的实际工作计付工资的一种工资形式。其计算公式为：

$$计时工资额 = 单位时间工资标准 \times 实际工作时间$$

它包括以下几层含义：① 以劳动者所能提供的劳动质量为依据；② 按照实际工作时间来计量；③ 它是工资的一种形式。

2. 计时工资的计算方式

按照计算时间单位不同，计时工资有五种形式：

(1) 小时工资。即依据劳动者的实际工作小时和相应的小时工资标准计算工资。

(2) 日工资。即按照劳动者实际工作日数和相应的日工资标准计算工资。

(3) 周工资。即按照劳动者的周工资标准和实际工作周数计算工资。

(4) 月工资。即按照劳动者月工资标准，以日历月为时间单位计算工资。

(5) 年工资。即以 1 年为时间单位来确定劳动者的工资。

(二) 计时工资的特点和适用的范围

1. 计时工资 (piece wage rate) 的特点

与其他工资形式相比，计时工资有如下四个特点：

(1) 在工资标准既定情况下，劳动者的工资主要取决于实际劳动时间的长短。

(2) 在单位时间内的工资额取决于工资标准。

(3) 测量要素稳定，标准固定统一，易于管理，也有利于雇员的收入的相对稳定。

(4) 劳动者工资差异主要在于劳动者技术水平或岗位 (职务) 的标准。

2. 计时工资适用的范围

总的来说，计时工资的特点和计付方法决定了适用于任何单位。但是在下列条件下实行计时工资，更有益于发挥它的长处：

(1) 质量比数量更重要的工作。

(2) 不便以件数计算的工作，如流水线上作业的工作、管理工作等。

(3) 劳动成果难以反映员工技能水平的工作。

(4) 规模小，上级对下级能够实施严密监管的单位。

(5) 任务完成周期长，劳动成果需要一定的生产经营周期才能显示出来的工作。

（三）正确实施计时工资制

建立健全考勤制度，对员工实际工作时间进行严格的监督统计，确保按工作时间支付工资的合理性；制定科学合理的技术、业务、岗位标准与相适应的工资标准；建立严格的技术、业务、职务考核和升降制度；实行有定额的计时工资制；计时工资应与奖金、津贴配套实施。美国哈佛大学的 W. 詹姆士（W. James）教授在对员工激励的研究中发现，按时计酬的分配制度仅能让员工发挥20% ~30%的能力，如果收到充分激励的话，员工的能力可以发挥出 80% ~90%，两种情况之间 60%的差距就是有效激励的结果。

二、计件工资

（一）计件工资的构成要素

计件工资是根据劳动者完成工作量或合格产品为计件单位计发的工资，它主要由以下 5 个因素构成：① 员工从事某项工作单位时间的工资标准；② 员工从事该项工作时的单位时间的劳动定额或工作量的要求；③ 根据具体的工作性质和特点选择计件形式（个人计件和集体计件等）；④ 计件单价，即员工每完成一件合格产品或单位工作量时，应得到的工资额；⑤ 计件工资的具体计算和支付规定。这五个部分应在计件工资付诸实施之前加以确定。

（二）计件工资的形式

1. 个人计件工资和集体计件工资

个人计件工资是依据员工个人的劳动成果计件单价计发工资；集体计件工资是依据员工集体劳动成果和计价单价计算出工资总额，再在个人之间进行分配。

2. 无限计件工资和有限计件工资

无限计件工资是不论员工完成或超额完成劳动定额多少，都按同一计件单价计发工资，即所谓的计件工资“上不封顶，下不保底”。有限计件工资是对员工在单位时间内的工作量加以限制，包括低量限制和高量限制。低量限制即在一定时间内必须达到多少产量才能发给计件工资，采用这种方法是为了促进员工完成工作任务；高量限制主要是为了保证工作和劳动成果的质量。

3. 超额计件工资和累计计件工资

超额计件工资也称计时计件混合工资，是将工人完成的工作量分为定额内和定额外两部分，定额内的工作量按计时工资标准发放，定额外的工作量按计件工资发放。累计计件工资又称差额单价计件工资，是按照员工生产合格产品数量不同阶段，以一定的差额比例规定不同的计件单价，分别计算计件工资额，然后以月工资形式一并计发的工资形式。这种工资又有不同的计算方式：一种是两段单价计件，即定额内产品按标准单价计算，超额部分按一个较高的、统一的单价计算。另一种是累进（退）计件。定额内产品按标准单价计算，超额部分按直接累进（退）或分段累进（退）单价计算。

4. 包工工资和提成工资

包工工资是一种集体计件工资方式。即将一定数量和质量的生产或工作任务包给工人（班组或工程队），预先规定完成工作的期限和工资总额，在包工工人按期按质完成任务后，就分发全部包工工资。采用包工工资必须加强对工作质量的监督与检查。提成工资是将工人的工资按照班组或个人的营业额、毛利或纯收入等的一定比例提取进行计发的工资形式。实行这种形式应正确规定提成比例。一般是根据经验统计及支付能力并参照同行业平均先进水平确定。

5. 直接计件工资和间接计件工资

上述计件工资形式均属直接计件工资。间接计件工资是指对一些辅助工人的计件工作量不能直接反映，要通过被辅助对象的工作量间接反映。采用间接计件工资的目的是促使辅助工人关心实行计件工资工人的产量，提高服务和协作意识。

（三）计件工资的特点和要求

1. 计件工资的特点

与其他工资形式相比，计件工资的特点和作用表现在以下几个方面：

（1）充分地贯彻按劳分配的原则。将劳动报酬与劳动成果紧密地联系在一起，能够直接和准确地反映劳动者的数量和质量。

（2）便于工资管理。对劳动成果和劳动报酬的计算和分配程序简化、透明公正，减少人们在工资分配差距上的矛盾。

（3）激励劳动者工作积极性。计件工资是一种激励工资，它刺激工人从物质利益上关心自己的劳动成果，提高工作效率和工作质量。

2. 实行计件工资的要求

计件工资需要具备一定的条件和完善的管理制度，要求有良好的正常的工作秩序和分工协作状态。但是，实行计件工资容易导致工人追求产量而忽视质量；追求效率而忽视节约原材料及安全生产；会使一些工人在工作中“挑肥拣瘦”等；因此，除了完善管理制度外，还应加强思想教育。

（四）计件工资的适用范围和条件

1. 工作性质

计件工资适合于那些机械化、自动化水平低，尤其是纯手工操作的生产条件。因为，在此条件下产品数量和质量主要取决于劳动者本人的技术业务水平、劳动熟练程度、工时利用率和劳动态度。

2. 工作物特征和生产目的

凡是产品的数量能够单独准确统计，并反映工人劳动量和质量，可以得到单独及时检查，并且生产目的是增加产品产量的情况。

3. 生产过程持续、稳定

计件工资适合于一些生产过程持续而稳定，实行大批量生产的工作。这些工作可以保证员工对生产工艺的掌握，也可以使劳动定额、计件单价等条件相对稳定。如果试验性生产或小批量生产，品种多变，就不利于计件工资的全面管理。

4. 管理完善、规范

实行计件工资要求企业有健全的管理制度、先进合理的劳动组织、齐全的职能管理人员、科学而合理的劳动定额指标体系和严格的考核制度等条件。

三、奖金

奖金（bonus）是对员工超额劳动或者增收节支的一种报酬形式。发放奖金的目的是为使员工从物质利益上关心超额完成工作任务，提高工作质量，节约物力和财力等。

（一）奖金的特点和类别

1. 奖金的特点

奖金与计时计件工资相比具有如下四个特点：

（1）单一性。奖金可以只对员工某一方面的特殊贡献给予奖励，而不考虑其他方面的因素。

（2）灵活性。奖金可以根据工作的实际需要而灵活运用，奖励的对象、条件、规模、周期等都可以随时调整，以达到预期目标。

（3）及时性。奖金由于考核和支付周期短而灵活，所以可以及时发放，加以激励或约束。

（4）荣誉性。奖金不像计时工资和计件工资那样每个员工都可得到，而是对做出优异成绩的员工进行奖励。因此，它不单纯是物质刺激，还起着精神鼓励的作用，是一种荣誉。

2. 奖金的种类

奖金依据一定的标准可以进行多种分类。按奖励的周期的长短，可分为一周奖、月奖、季度奖、年度奖；按一年内奖金的发放次数或目的，可以分为一次性奖励和经常性奖励；按奖金支付对象不同，可以分为个人奖和集体奖；从奖励条件考核项目范围，可以分为单项奖和综合奖；按奖励的内容，可分为超产奖、质量奖、安全奖、节约奖、劳动竞赛奖等。

（二）奖金制度的制定与实施

1. 奖金制度的制定

奖金制度的制定除了考虑奖励的类型、奖品的标准外，更重要的是考虑奖励的条件。奖励条件应注意如下五点：① 奖励条件一定要与劳动者所可能创造的超额劳动紧密联系，切实贯彻多超（多节约）多奖、少超少奖，不超不奖的原则；② 奖励条件所规定的超额劳动标准应该是平均先进，不可偏高或偏低；③ 奖励条件必须以提高劳动标准、不断降低劳动消耗（工资成本）和管理成本为目标；④ 奖励条件要根据各单位工作的性质和需要以及各类人员的劳动特点来制定；⑤ 奖励条件主次分明，便于考核和计奖。

2. 奖金制度实施的注意事项

奖金制度的实施应注意如下几点：

（1）兼顾用人单位与员工双方的利益，不能偏废。首先，发放奖金必须保证基本工资不受影响，不能挪用基本工资作为奖金。其次，奖金必须能够提高工作效率、节约成本和增加职工收入。再次，奖金应与基本工资保持合理的比例。最后，奖金水平的增加幅度应低于经济效益（超额部分）增长的幅度。

（2）有效地发挥奖金的积极作用。首先，奖励的考核指标、奖金额与奖金来源应有密切的相互关系。只有在劳动成果增加的同时奖金来源与奖金额也随之增加的情况下，奖金才会发挥最大作用。其次，奖励形式与方法与劳动特点、劳动组织和生产组织，以及计奖单位的工作任务相适应。最后，在选用某一奖励形式时，不应对其他工作任务的完成产生不良影响。

（3）奖金制度要运用目标激励。首先，要使员工对本单位目标有认同感。其次，奖励的考核与奖金标准不可过高也不可过低。

（4）奖励的形式要多样化、新颖化。

四、津贴

津贴（subsidy）分为补偿性津贴与非补偿性津贴两大类。前者与工作有紧密关系，后者虽然也与工作有关，但一般均有表扬和鼓励的性质，如劳动模范津贴、有突出贡献专家津贴等。在此我们着重分析补偿性津贴。津贴是指对特殊劳动条件下，以及特定条件下工作的生活费用额外支出给予补偿的一种工资形式。

（一）津贴的特点和作用

1. 津贴的特点

与其他工资形式相比，津贴具有以下四个特点：① 它不与劳动者劳动数量和质量发生直接联系，其支付的主要依据是劳动环境的差异；② 它是一种补充性的分配形式，仅仅起到调节不同环境下员工收入和维护员工健康的作用；③ 各种津贴都有特定的补偿目标，所以具有单一性或针对性的特点；④ 津贴具有均等分配的特点，即在同一劳动环境下工作的员工，不论贡献大小均享有同等待遇。

2. 津贴的作用

合理的津贴具有如下重要作用：① 可以有效解决其他工资形式不能解决的特殊劳动问题（苦、累、脏、险、粗、毒等岗位的劳动），充分体现劳动者的劳动差别；② 津贴是合理调整工资关系的重要补充措施；③ 合理的津贴项目及标准可以引起市场配置劳动力，合理调节劳动力流向的作用。

（二）津贴的种类和津贴标准

1. 津贴的种类

津贴的种类概括地讲，主要有如下三类：

（1）岗位性津贴。指为补偿劳动负效用而引起的生理和心理的损失而设立的津贴，如高温津贴、有毒有害津贴、野外津贴、矿山井下津贴、夜班津贴，等等。

（2）地区津贴。指为补偿员工在某些特殊地区工作，付出较多的体力消耗或较高生活费用而设立的津贴。如海岛津贴、高寒山区津贴、边远地区津贴、特区津贴等。

（3）生活保障性津贴。指为保障员工实际工资收入不受外界影响，补偿其生活费用的额外负担外开支而设立的津贴。如出差津贴、食品价格津贴，等等。

2. 津贴标准

津贴标准是指某些津贴在单位时间内支付的数额。它的确定方法有两种，一种是按照该员工本人工资标准的一定比率支付；另一种是以同一绝对额支付。规定津贴标准的主要依据是：计时或计件的工资标准、地区的艰苦程度和生活费用高出平均水平的程度、劳动的繁重和危险程度、对身心健康的有害程度等。

（三）建立和实施津贴制度的要点

1. 建立津贴制度的要点

（1）建立津贴制度或增加津贴项目，必须符合津贴的性质和目的。

（2）建立津贴制度必须切实执行国家有关政策和法律。

（3）津贴的范围、种类、标准等应联系工资标准综合考虑，统筹安排。

（4）正确处理结合部（处在享受津贴边缘的岗位）人员的津贴给付问题。

2. 津贴制度实施的要点

（1）津贴在员工工资总额外的比重不可过高，应在基本工资和奖金份额之下。因为它与劳动者的能力贡献无关。

（2）在劳动工资体制改革中，应正确处理津贴分配权限上的国家、集体和个人之间的关系。

（3）要加强对津贴制度的管理。

（4）严格执行津贴享受条件，不能任意扩大，搞平衡分配。

五、国外的企业分享制

20 世纪 70 年代以来，发达国家在分享经济、经济民主、人民资本主义的理论指导下，劳动报酬形式发生了深刻的变化。一些国家的企业对普通劳动者也实行了利润分享、市场价值分享、所有权分享和管理权分享等劳动报酬形式。

（一）企业利润分享制

利润分享制（profit sharing system）在 20 世纪 60 年代以前仅仅在一部分企业和高级经理阶层试行，20 世纪 70 年代以后扩展到普通职工，20 世纪七八十年代以来在美国和欧洲得到快速发展，如美国 80 年代末已经有 15% 的公司实行利润分享制，法国上市公司的 2/3 企业实行利润分享制，英国 16% 的职工参加了利润分享制，至 1998 年，美国职工总数的 42% 参加了利润分享制。

1. 企业利润分享制的概念

企业利润分享（利润分红）制是指企业所有者和企业员工共同分享企业利润的一种纯收入分配模式。实行利润分享制的企业，定期按照一定的比例将企业利润分配给职工。这种收入分配模式的特点是：企业员工只参加企业利润的分享，不承担企业的亏损和经营风险，企业根据赢利状况决定是否进行利润分享、利润分享的比例和分配方法。

2. 利润分红与工资、奖金的区别

（1）利润分红是企业盈利分配，不属工资总额范围。

（2）利润分红一般不与员工劳动成果直接挂钩，只要是本企业员工参加了一定时间的劳动均可得到，而工资和奖金是按劳付酬。

（3）利润分红是为增强企业员工向心力和主人翁责任感，而基本工资和奖金是从物质利益上调动员工的积极性。

（4）在物质利益上的刺激作用，利润分红不及基本工资和奖金。

（5）利润分红不同于股息。员工并不是作为持股者从利润中分红利，而是作为本企业员工在劳动后所取得一种特殊报酬。

3. 利润分享制建立的依据

（1）人类经济活动的出发点和归宿是满足人的需要。人的需要的满足依赖于人的创造力。经济发展是人们分享经济增长成果的过程。

（2）企业一个年度中所取得的利润主要是集体劳动创造的，因此，企业中所有人员都有享有一份利润的权力。

（3）参与经济活动的各要素所有者是平等的交换关系，企业取得的利润不再是只归资本家所有，而是在劳动者、投资者、企业家之间分享。

（4）利润分红是雇主与雇员之间的再分配，它既能保证有利于协调劳资矛盾、调动员工的工作积极性、从而提高经济的高效率，也能实现收入分配的公平。

4. 利润分享的形式

利润分享的形式可以从以下四个方面进行划分：

（1）从分配的对象上划分有两种：一是年度分红计划，主要面向管理人员、科技人员，一般为公司税后利润的20%；二是收益分享计划，一般分享工资总额的5%为红利分给职工。

（2）从分配的时间上划分，多数企业是每年年终分红一次，少数企业是每月按盈利状况分红。

（3）从支付方式上划分，多数企业是现期现金支付，它的特点是定期将一定比例的企业利润直接分配给职工现金；有的企业是以股票形式延期支付，例如，假设以5年为期，每年支付他应得该年分红的20%，如此循环顺延。延期支付的优点是员工个人的现金所得平均化，以及他退休后的几年仍继续得到分红以保障其退休后的收入不至于猛降，同时可以防止某些员工“跳槽”，有助于稳定员工队伍。

（4）从水平上划分，约有以下五种类型：① 统一按工资一定百分比支付；② 按照本企业工龄划分不同档次，再以不同的工资比例支付，资历越长，比例越大；③ 按职位以本人工资的不同比例支付，职位越高，比例越大；④ 在人员考绩基础上分等，按工资百分比支付；⑤ 在岗位评价基础上对每个岗位确定一个分红系数，总分红系数除以人员总额得出分值，再计算出各人应得的分红。

5. 利润分享总额确定

利润分享总额（分红基金）可以按税后利润的百分比提取，也可以按绝对额提取。一般多是以工资总额的一定比例为基准，再得出从利润中应提的百分数。例如，假定确定分红总额为工资额的50%相当于100万元，计划预期税后利润是5 000万元，则可计算出分红总额占税后利润总额的2%。决定了分红总额以后，再进一步按上述分红形式做出如何对个人进行分红的决策。利润分红总额的确定不受工资水平的影响，利润分红不能作为实行低工资的借口。

（二）企业价值分享制

企业价值是指企业股票的市场价值的总值。它是一种以公司股票价值增值为基础的企业纯收益分配方式。它的特点是公司将股票分配给职工，职工和公司其他股东一起分享公司市场价值增加（股票上涨）带来的收入和股息，同时也承担股票价格下降带来的风险。它一般适应于公司股票已经上市的企业。20世纪70年代以来，股票期权制日益成为价值分享的主要形式，它包括多种以公司股票价值增值为基础的企业纯收入分配形式。

（三）企业所有权分享制

企业所有权分享制是指企业职工通过持有企业一定的份额或者全部的股份，同时以员工身份参加企业一般收入分配和以股东身份参加企业纯收入分配的一种企业收入分配模式。其特点是雇员具有员工和所有者的双重身份，雇员既是企业的员工，也是企业的所有者或者股东，与其他股东一起承担经营风险，分享经营收益。企业所有权分享制有多种形式，如股份合作制、职工持股计划、职工持股会等。20 世纪 70 年代以来，企业所有权分享制逐步在美国和欧洲流行。到 20 世纪 90 年代末期，美国大约有 15 000 个公司实行广泛的企业所有权分享，其中 10 000 多个公司是通过员工持股计划实现的，其他是通过广泛授予股票期权等方式实现的。同时自 20 世纪 80 年代以来，欧美国家和日本还出现了企业所有权社会化倾向，主要表现为：一是法人股持股比例增加，如 1990 年美国法人股持股比例占股票市场总值的 53%；日本 1995 年则为 70%；二是持股人数占全国人口比例提高，据 2000 年 3 月美国联邦储备委员会公布的统计报告显示，1999 年美国通过共同基金和个人账户等方式投资股票市场，平均每个家庭的股票占家庭资产的 31%，而日本 1989 年持股人数为 2 400 万，占全国人口总数的 20%。

员工持股有三种情况：① 员工资本股权，是员工通过购买公司股票获得企业股权；② 员工知识股权，是员工通过创造的知识产权转化为企业股权；③ 员工人力资本股权，是员工通过利润分享、工作奖励等获得的企业股权。

企业所有权分享制与企业价值分享制不同的是，员工在获得股票期权后有四个选择：① 在规定的期限内兑现，获得差价；② 在规定的期限内买进等待股票上涨后卖出；③ 规定的期限内买进然后长期持有；④ 放弃股票期权。

（四）企业管理权分享制

这是指企业职工参与企业经营管理的一种企业管理模式，实际上就是企业所有者与职工分享管理权。它与经理革命是不同的：职业经理的管理权来自董事会的授权，即所有权的授权，而不是职业经理与企业所有者共同分享企业管理权；而企业管理权分享制中，职工根据法律或者有关规定参与企业管理，代表全体职工利益，职工的管理权来自法规、习惯或者惯例，而不是企业所有权或者所有权的授权。

实行这种模式以德国最为典型，德国占职工总数 85% 的职工参与企业管理。具体做法为：① 选派职工代表进入公司领导机构，如监事会和理事会；② 选举职工委员会，通过职工委员会参加管理。

第五节 工资制度

工资制度（wage institution）可以分为工资生成制度和工资分配制度两大类。工资生成制度是市场上劳资双方谈判（工资谈判制度在前边已做了分析）和政府干预下形成的最低工资制度；工资分配制度除了前边我们分析的工资形式外，还包括工资等级制度、绩效工资制度、工资调整制度等。

一、最低工资制度

（一）最低工资及相关概念

最低工资（minimum wage）是劳动者在法定工作时间内提供了正常劳动的前提下，其所在企业应支付的最低劳动报酬额。与最低工资相关的概念主要有以下五个：

（1）最低工资标准。也称最低工资率，是由最低工资制度所规定的单位时间最低工资数额，如2004年美国全国最低法定工资标准是每小时5.15美元。

（2）最低等级工资标准。它是指行业、部门、企业等用人单位实行工资等级制度中，最低一个等级的工资标准。它可以等于或高于最低工资率，但不能低于最低工资率。

（3）最低工资收入。它是用人单位中工资收入最低的员工，在单位时间上实际取得的货币工资数额。

（4）最低收入，即“贫困线”。一般是指社会劳动者家庭的人均收入下限，低于此标准者，可以申请社会救济。例如，欧盟2004年的最低收入是个人的年收入低于9 000美元者；美国2014年的贫困标准是两口之家少于19 662美元，三口之家少于24 737美元，四口之家少于29 812美元，五口之家少于34 887美元为贫困家庭。

（5）最低工资制度。它是有关最低工资确立与实施的一系列法律、法令条例、规定及办法的总称，包括最低工资法、最低工资标准、实施范围、水平调控及监督手段等内容。

（二）最低工资制度的作用

最低工资立法最早出现在新西兰在1884年制定的《产业仲裁法》中。现在许多市场经济国家都制定了最低工资法。最低工资制度之所以在西方国家盛行，是由于它具有以下重要作用：

（1）保障劳动者个人及家庭成员的基本需要，维持劳动力的再生产。

（2）最低工资制度是国家调节经济活动、干预收入分配、体现社会公平的一个重要手段。

（3）有利于维护工资劳动者的合法权益、社会安定以及企业公平竞争。

（4）有利于保证生产的高效率和社会购买力，从而对发展经济起积极的影响作用。

（三）最低工资制度的程序

最低工资制度的制定程序一般有两种方式：

（1）由立法机关用立法程序颁布最低工资法，用以确定最低工资并加以调整。

（2）由中央政府授权主管部门来制定，即以政府或劳工部加以命令、条例规定的形式颁布实行。最低工资制度的执行情况一般由各级劳动行政部门负责检查与监督工作（各级工会也有权监督），如发现违规问题及时向仲裁机构诉讼，以得到解决。

（四）最低工资制度的适用范围

最低工资制度的适用范围有以下五种：

（1）制定统一限额的最低工资标准，在全国范围所有行业的员工中推行。

（2）在不同行业中规定不同的最低工资标准。

（3）只有某些部门中实行最低工资限额，而且不同产业的最低工资标准不同。

（4）按地区分别制定统一的最低工资标准。

（5）不实行最低工资制度，或者仅仅极少数工人实行最低工资保护。

（五）确定最低工资标准应考虑的因素

确定最低工资标准应综合考虑以下因素：劳动者本人及平均赡养人口的最低生活费用、社会平均工资水平、劳动生产率、就业状况与达到和保持高就业水平的计划以及经济发展水平等。此外，最低工资标准应该高于当地社会救济金和失业保险金标准，还应考虑当地其他人员的相对生活水平及提高劳动者素质所必需的培训费用等。

（六）最低工资调整制度

最低工资必须依据工资水平、物价状况、通货膨胀和经济发展水平等因素进行正常的调整，否则其功能就会丧失。国外最低工资的调整方式有三种：① 定期经常性调整，如美国纽约州 2005 年实行的最低日工资标准是 6.1 美元，2006—2007 年分别调高到 6.75 美元和 7.15 美元；② 适时性调整，即根据不同经济情况选择最佳调整时间；③ 工资指数化，即最低工资随物价和一般工资水平的变化而变动。

二、工资等级制度

工资等级制度（wage rank institution），是一种依据劳动差别，确定不同等级工资标准的工资制度。它在工资分配中居主导地位，是其他工资分配制度的基础。

（一）影响工资等级的劳动差别因素

概括地讲，影响工资等级的劳动差别因素有五个：

（1）劳动的复杂程度。这是指从事某些工作所必须具备的技术业务水平的高低，如技术的难易、知识面的宽窄等。

（2）劳动的精确程度。指对劳动成果的精确要求以及达到此要求所使用方法的复杂性。

（3）劳动负责程度。指劳动者在劳动过程中，以及对劳动成果所负责任大小。

（4）劳动繁重程度。这是指在单位时间内劳动强烈程度的大小、密集程度的高低。

（5）劳动条件。指劳动者在劳动过程中所处环境状况及对人体的损害程度。

（二）工资等级制度的特点

（1）从劳动质量的角度用来区分劳动差别并划分出等级，按等级确定工资。

（2）只能反映各种工作的劳动质量不能反映实际劳动消耗。

（3）它所规定的工资标准和技术业务标准，只反映一定时期内经济和科技发展水平，其稳定性是相对的。

（4）工资等级制度的形式视劳动特点、工作的性质不同而都有区别，不要求形式完全统一。

（三）工资等级制度的主要内容

（1）工资等级，即各等级之间工资差别比例关系。

（2）工资标准，指按单位时间规定的工资数额，它反映了某一等级的工资水平。

（3）职务（工种）等级。

（4）技术（业务）等级标准。它是对员工担任某项工作（职务、工种岗位）所具备的劳动能力技术规范要求。

（四）工资等级制度主要类型

（1）能力工资制。它是以劳动者本人的劳动技能水平来确定工资标准，如技术等级工资制、职能工资制（对应于个人能力对单位贡献程度而确定工资）等，其特点是对“人”不对“事”。

（2）工作工资制。它是在评价工作（岗位、职为）的基础上确定工资标准的一种工资制度，如职务工资制、岗位工资制等，其特点是对“事”不对“人”。

（3）组合工资制，又称结构工资制。依据工资的各种职能，将构成工资标准的诸因素分别规定工资额，再将各部分汇总，即为员工的工资标准。组合工资一般由基本生活工资（基础工资）、职务（岗位）工资、技能工资、工龄工资、奖励工资（效益工资）五部分构成。

（4）年功工资制。年功工资是根据员工累积的年功时间按一定标准确定的工资，它反映员工的累积劳动贡献，以职工当年出勤和业绩大小及表现情况为依据，随年功时间的增加而增加。但年功时间不等于工龄时间，当病假和事假超过一定时间、厂内退养、受到处分的员工等要扣除年功时间。

（五）制定工资等级的原则

（1）正确区分和反映劳动质量的差别。这是制定工资等级制度的基础和关键。

（2）与劳动组织形式、生产工艺、工作性质等相适应，能够反映其劳动特点，从而有助于计量劳动消耗。

(3) 既要反映当前科技和管理的先进水平，又要考虑员工现实素质状况，做到先进合理。

(4) 工资差别反映劳动差别。

(5) 工资等级制度要简明、易行。

三、绩效工资制度

绩效工资制度（performance wage institution）。绩效工资制度是将员工的工资与个人工作业绩相联系的一种工资制度。这种工资制度在发达国家颇为盛行，“1996 年美国的工作场所大致上已经有 3/4 采取了按比例提成、贡献奖、利润分成及其他各种便以更改的付酬计划”。[14]

（一）绩效工资的评估

(1) 评估目标及原则。业绩评估目的不仅是为付给员工合理的工资提供依据，更重要的是发展员工个人的能力和创造性，达到其个人发展目标与企业发展目的的一致。在评估目标制定中要遵循如下几个原则：① 员工对评估目标要认同接受；② 业绩测量手段要可靠、公正和客观；③ 要激励先进、鞭策后进。

(2) 业绩评估的要素包括工作的数量和质量、与工作相关的知识和技能、效益情况、责任心和敬业精神等。

(3) 评估的方式包括：① 评估报告法，评估者以书面形式对被评估者的业绩做出全面、客观、具体的评估。② 图解化评分法，首先制定一些与业绩相关的要素，然后根据这些要素为被评估者评分，最后，将每个分值累计和以积分确定工资。③ 多人比较法。在多人之间进行比较，按业绩大小排出名次，根据名次确定不同工资。④ 自我评估法，员工对照评估要素填写表格，评定分值，最终评估主管者根据表格协商确定分值和工资。

（二）绩效工资制需要具备的主要条件

(1) 工资范围足够大，各档次之间拉开距离。

(2) 业绩标准要科学、客观合理、公正，衡量结构应与工资结构挂钩。

(3) 有浓厚的企业文化氛围支持评估系统的实施和运作，使之起到奖励先进、鞭策后进的目的。

(4) 将业绩评估过程与组织目标实施过程相结合，将工资体系运作纳入整个企业的生产和经营运作系统之中。

（三）绩效工资制的优缺点

与传统工资形式比，绩效工资制的主要优点是：① 有利于员工工资与可量化的业绩挂钩，将激励机制融于组织目标和个人业绩的联系之中；② 有利于工资分配向业绩优秀者倾斜，提高企业效率和节约工资成本；③ 有利于突出团队精神和企业形象，增强激励力度；④ 有利于工资管理规范化、公正化、客观化等。

但是绩效工资制也会产生负面影响。主要是：容易导致对业绩优秀者鼓励有方、对业绩低劣者约束欠缺的现象；而且在对业绩优秀者奖励幅度过大的情况下，容易造成一些员工瞒报业绩的行为，还会形成业绩优秀者与业绩低劣者的矛盾。因此，对员工业绩的准确评估和有效监督及人际关系调节是绩效工资实施的关键。

四、工资调整制度

工资调整制度（wage adjustment institution）包括考核升级、自动增加工资、提高工资标准、调整工资区域类别等内容。它动态地反映员工工资关系。

（一）工资调整的原则

工资调整要遵循如下原则：① 要协调好各方面的关系，保证国家和个人的不断发展；② 有稳定的资金来源和充分的经济基础；③ 要符合国家有关政策和法律；④ 工资调整制度各个组成部分，各有特定的作用对象与方式，不能混淆或替代。

（二）工资调整的类型

（1）考核升级。即在考核员工的劳动能力及业绩的基础上，依据技术（业务）标准提高职工的工资等级，按规定的级差增加员工工资。

（2）自动增加工资。包括级内定期（2～3 年）增加工资、工龄工资（随工龄增加而工资增加）、工资指数化（根据物价上涨情况相应增加工资）、自然提升（3～5 年升高一级职务）。

（3）调整工资区域类别。全国不同区域工资不同，如边远地区、艰苦地区，都有一定的津贴。

（4）定级制度。包括学徒出师、大中专毕业生见习期满定级、调动工作的定级和提升职务的定级等。

关键概念

工资与薪金　边际生产力工资　工资差别　企业分享制　工资水平　工资制度

即测即评

扫描右侧的二维码图标，内含若干判断题、单选题和多选题，您可在线自测并查看答案。

复习思考题

1. 什么是工资？工资与薪水有什么区别？
2. 国内外对工资解释有什么区别？
3. 工资与薪酬及福利有哪些区别？
4. 简述工资决定理论。
5. 如何理解工资差别理论？
6. 简述工资形式管理理论。
7. 简述工资报酬公平分配理论。
8. 劳动分配的方式及适应领域有哪些？
9. 完全竞争条件下的工资水平是如何决定的？
10. 为什么说工会是影响工资水平的重要因素？
11. 为什么说在雇主垄断下的工资水平低、增长慢？
12. 简要分析技术工人市场的工资水平。
13. 简述双边垄断下的谈判工资模型。
14. 工资形式主要有哪些？
15. 如何理解企业分享模式？
16. 简述最低工资制度与工资分配制度。

注释

[1] 在发达的企业里，劳动报酬在其总成本中所占的比重，一般都在60%以上，在人力资源本集约型企业中占80%以上。资料来源：王一江，孔繁敏．现代企业中的人力资源管理．上海：上海人民出版社，1998：210.

[2] 马克思恩格斯选集．第1卷．北京：人民出版社，1972：372－308.

[3] C. A. 摩尔根．劳动经济学．北京：工人出版社，1984：65－67.

[4] 西方的工会理论主要有5种：(1) 伦理调整理论，工会被认为是一个伦理代理机构，工会所做的工作主要是将公平和正义带到工作场所，以便工会能够控制工作场所的运作；(2) 社会革命理论，认为工会是帮助工人阶级推翻资产阶级统治的工具；(3) 心理环境理论，工会是工人采取集体行为来满足心理需求的组织；(4) 社会制度理论，工会的主要职能是改善工人在工作场所和社会当中的自由程度，并在社会结构中有一席之地；(5) 经济福利理论。参见：郭庆松．企业劳动关系．北京：经济管理出版社，1999：197－198.

[5] 刘雄，赵延．现代工资管理学．北京：北京经济学院出版社，1997：54－55.

[6] 葛寿昌．劳动经济学．上海：上海社会科学院出版社，1998：171.

[7][8][9] 保罗·萨缪尔森，威廉·诺德豪斯．经济学．16版．北京：华夏出版社，1999：191，196，198.

[10] 罗锐韧．哈佛经理手册．上卷．北京：企业管理出版社，1999：364.

[11] D. S. 皮尤．组织理论精萃．彭和平，等，译．北京：中国人民大学出版社，1990：134－139.

[12][13] 斯蒂芬·P. 罗宾斯. 组织行为学. 北京:中国人民大学出版社,1997:178－179.

[14] 美国《未来学家》(双月刊),转引自:陶德言. 知识经济浪潮. 北京:中国城市出版社,1998:180.

第八章　企业家和知识型员工的薪酬与激励

在现代社会中，具有特质人力资本的企业家和知识型员工，他们的劳动报酬与激励不同于一般的体力劳动者。在第七章我们分析了普通劳动者的工资，本章将探讨企业家和知识型员工的薪酬与激励，其中，第一节研究企业家的薪酬与激励，第二节分析知识型员工的薪酬与激励。

第一节　企业家的薪酬与激励

一、企业家薪酬与激励概述

（一）国内外学者对企业家概念的解析

1. 国外学者对企业家的解释

“企业家”最早来源于法语中的 enterpreneur 一词，“企业家”一词最早出现于 1755 年法国经济学家康替龙（Cantillon）所著的《商业概况》一书中，他将企业家定义为承担不确定性风险、从事经济活动的人。19 世纪初，法国经济学家萨伊（Say）在《政治经济学问答录》中最早赋予企业家突出地位，他把将劳动、资本和土地要素结合起来进行生产的人称为企业家，认为“企业家就是把经济资源从生产效率较低和产量较少的领域转移到效率较高和产量较大领域的人”。萨伊指出企业家概念包括企业家职能（协调、决策和承担风险等）和企业家精神（判断能力，坚忍不拔的意志，掌握监督、指挥和管理的技巧，以及丰富的工商业和社会知识等）两项内涵。马克思认为，作为资本家的企业家是资本的人格化，或者说企业家是一定资本的所有者。马歇尔认为，企业家包括三种才能：预测生产和消费趋势并组织提供新产品、新生产方法的才能；要有领导才能；统驭企业和市场的才能。美国经济学家熊彼特（Schumpeter）赋予企业家以创新者的角色，他认为企业家是以创新为己任，其定义为“我们把新组合的实现称为企业，把职能是实现新组合的人们称为企业家”。美国著名管理学家德鲁克认为，企业家是为谋取利润，并为此承担风险的人，他们是能开拓新市场、引导新需求、创造新顾客的人，是一批别出心裁、独具匠心、与众不同的人。20 世纪 60 年代，美国经济学家列宾斯坦（Leibenstein）将 X-非效率引入对企业家的分析，认为企业家的作用在于克服 X-非效率（X-inefficiency，X效率是指一个组织内部或者个人动机方面的低效率状态，它是相对于市场价格配置的帕累托效率而言的）。美国新制度经济学代表人物科斯（Coase）认为企业家的作用在于降低交易费用。诺斯（North）认为企业家是这样一群人，他们以经营企业为自己的职业，通过利用自身人力资本，对企业生产性活动和交易性活动综合协调，不断地进行判断性决策和创新活动，最大限度地降低交易成本和生产成本，实现企业的长远发展和自身利益最大化的有效结合。[1]

2. 我国学者对企业家的解释

我国部分学者对企业家概念的解释主要有以下几种：① 企业家能将所有生产资料集中起来，并对他利用的全部资本、他能支付的工资价值、利息和租金以及属于他自己的利润进行重新安排（董福忠，1996）。② 企业家是以自己的人力资源为资本获取收益，以经营管理企业为职业，以使企业获得巨大的经济效益和社会效益为目标，并已取得一定业绩的人（李永安，1997）。③ 从其身份角度讲，企业的厂长（经理）、董事会成员、副厂长（副经理）等，在企业中担任高级职务，出于经营决策管理层，掌握企业经营权的"经理阶层"（徐传谌，1997）。

综上所述，国内外学者分别从承担风险说、要素组合说、提升效率说、资本所有者说、管理才能说、创新说、降低交易费用说、角色身份说对企业家概念进行了解说，如表8－1所示：

表8－1 中外学者对企业家概念的解说

观点	代表人物	定义
承担风险说	康替龙	企业家是承担不确定性风险、从事经济活动的人
要素组合说	萨伊	企业家是能够将劳动、资本和土地要素结合起来进行生产的人
提升效率说	列宾斯坦	企业家是能够克服企业X-非效率的人
资本所有者说	马克思	资本家的企业家是资本的人格化，或者说企业家是一定资本的所有者
管理才能说	马歇尔	企业家是具有预测、领导、统驭企业和市场才能的人
创新说	1. 熊彼特 2. 德鲁克	1. 企业家是以创新为己任、实现新组合的人 2. 企业家是能开拓新市场、引导新需求、创造新顾客的人
降低交易费用说	1. 科斯 2. 诺斯	1. 企业家是能够降低企业交易费用的人 2. 企业家是经营企业为职业，能够最大限度地降低交易成本和生产成本，实现企业的长远发展和自身利益最大化的有效结合的人
角色身份说	国内一些学者	企业家是在企业中担任高级职务，处于经营决策管理层，掌握企业经营权的经理阶层

3. 企业家概念的界定

虽然中外学者对企业家的概念进行了不同的解说，但是从共性来看，企业家应包含以下几方面的特征：① 企业家是一种职业，而不仅仅只是一种职务，他们以经营管理企业为职业，并在激烈的市场竞争中产生；② 企业家在市场竞争中具有敢冒风险的胆略、远见卓识的思维和勇于创新的精神；③ 企业家要具备管理企业的知识结构、能力结构、素质结构和经验经历；④ 企业家必须具有高超的决策、领导、组织、指挥、协调、监督和控制才能，具有知人善用、处变不惊、指挥若定的素质；⑤ 企业家要实现企业持续增值；⑥ 并非所有企业领导人（企业高管）都是企业家，不具备企业家的素质和能力的具有董事长、总经理、厂长、经理称号的人不能算是企业家（据我国有关部委2000年对2 000家国有亏损企业的调查显示，企业经营者素质低下造成企业亏损的占2/3以上[2]）；⑦ 企业家既可以是个人也可以是职业化的一批人。本书认为，企业家是具有敢冒风险的胆略、远见卓识的思维和高超的管理才能，并勇于不断创新，能够降低企业交易费用和生产经营成本实现企业持续增值的个人或群体。本书研究的是企业家个人的薪酬与激励。

（二）企业家劳动与一般管理劳动的主要区别

1. 企业家的劳动是高强度和高度复杂的脑力劳动

企业家的劳动是通过运用现代科学技术对企业科研、生产、经营进行研究决策和管理的高级脑力劳动，而一般管理劳动者的劳动是参与、接受和具体执行决策的脑力劳动。

2. 企业家的劳动是创新的劳动

企业家劳动的目的主要是管理理论创新、管理制度和管理办法创新、组织方法创新、产品研制开发创新、发现潜在投资机会、打破市场均衡、为获取潜在利润而进行创新劳动。而一般管理劳动者则只是这种劳动的被动接受者。

3. 企业家的劳动是决策性劳动

面对企业内外部市场的瞬间变化、国家宏观调控的政策性变动，企业家必须十分警觉及时地掌握这些变化，并适时做出最优的决策和重新对各种生产要素进行组合和优化，尽快使企业适应新的形势，以立于不败之地。因此，企业家正确决策与否，是企业兴衰成败的关键。而企业的一般管理劳动者，除执行企业家的决策外，并不承担上述责任。

4. 企业家的劳动是高风险的劳动

瞬息变化的市场和它的不可预测性，给企业家带来了极大的冒险和挑战，因而造成极高的风险性。它包括经营风险和企业家本人职业生涯风险两方面。如果企业经营不好，就会失去市场，甚至亏损、倒闭、员工失业。同时，也危及自身的职业生涯。而一般管理劳动者不承担上述风险，其他一般劳动者则只是这些风险的规避者。

5. 企业家的劳动是全局性、多层面的劳动

由于企业家这个岗位、职责的特殊性，使企业家劳动的知识面涉及科学技术、生产经营、企业管理、市场、人力资源、政治思想等企业的全局，使企业家劳动的内容涉及

企业的经营决策、科研和生产管理、产品开发、企业文化、制度创新等多层面。因此，企业家的劳动在企业中是全面性的、必须同时掌握多方面的科学技术和管理知识的特殊劳动。而一般劳动者的劳动内容相对单一、层次简单，只需要掌握本专业、本岗位的一般技术、业务知识和技能。

6. 企业家的劳动是时间无规律和超负荷的劳动

企业家由于要面对多变的市场，充分利用各种生产要素，组织全体员工不断开发产品，加强企业管理，按时、保质完成企业各阶段的科研、生产任务，使企业在激烈的市场竞争中求生存、求发展，所以其责任重大、工作量繁重。往往是工作不计时间、无规律性，甚至没有节假日休息，长期超负荷劳动。而一般劳动者则是每周工作 5 天、每天 8 小时，只要求做到按时上下班和能完成本职的工作任务；延长工作时间和节假日加班，不是发加班工资就是按同等时间给予补休。

（三）企业家的劳动报酬与薪酬的区别

劳动报酬与薪酬的区别主要体现在以下三个方面：

（1）内涵不同。劳动报酬（labor remuneration）是劳动者参加劳动所获得经济性和非经济性的回报；而薪酬（remuneration）是指企业家与知识员工在从事劳动、履行职责并完成任务之后，所获得的经济酬劳。

（2）适用的对象不同。劳动报酬适用于所有参加劳动的劳动者（包括体力劳动者和脑力劳动者）；而薪酬主要适用于脑力劳动者（政治家、企业家、科学家、知识员工等）。

（3）外延不同。劳动报酬包含的外延大于薪酬，它包括经济性和非经济性报酬，在经济性报酬中又有直接报酬与间接报酬，而在非经济性报酬中包括有内在报酬和外在报酬。由此可见，企业家的劳动报酬外延大于薪酬，企业家薪酬只属于劳动报酬中一部分（见图 8－1）。本节主要研究的是企业家经济报酬里的外在报酬中的直接报酬。

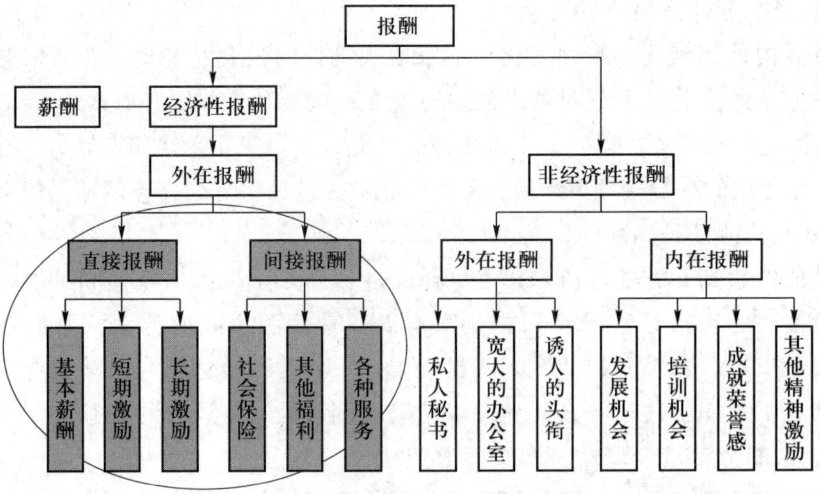

图 8－1　企业家的劳动报酬与薪酬

（四）企业家薪酬决定及激励理论

1. 异质人力资本回报论

（1）异质人力资本产权的特点。丁栋虹（2002）认为企业家是异质型人力资本的所有者，由于异质型人力资本经过了四种形式，即财产资本、技术资本、创新资本和信息资本，由此产生了四类主导类型企业家，即业主型企业家、发明家型企业家、经理型企业家和专家型企业家。根据连建辉等人的研究，异质型人力资本所有者有以下几个特点：① 异质型人力资本比起一般人力资本，其所有者自身的主动性更强、灵活性更大、独立性更强。② 异质型企业家人力资本决定着一个企业的命运，企业家无形资产则可以为企业带来巨大的利润。③ 异质型人力资本的专用性和团队化趋势则使人力资本所有者日益成为企业风险的真正承担者。④ 异质型人力资本运用创造利润的无限性、潜在性、时间性、动态性以及跳跃性等特征决定了异质型人力资本产权报酬人为计量或计划计量的艰巨性和报酬给付形式选择的困难。

（2）企业家型人力资本作用的特殊性。企业家型人力资本作用的特殊性表现为：① 企业家是企业在市场活动中的"灵魂"和"编导"，他需要有善于抓住机遇的知识和能力。② 企业家是提高企业组织效率、组合创新的开拓者，需要有创新的能力和素质。③ 企业家是企业经营风险的主要承担者，他需要具有过人的胆识。④ 企业家是激励职工创造性劳动的领导者，他需要有领导的知识和艺术。⑤ 企业家在管理实践中或"干中学"过程中逐步形成了深刻的洞察力、顽强的意志、强烈的进取心、乐于接受风险与挑战等企业家特质。

（3）企业家人力资本的价值。企业家的人力资本价值由基本价值、风险价值和贡献价值三个部分构成。基本价值是企业家才能作为一般人力资本投入所创造的价值，这一价值相对固定，其数量由企业家的人力资本（教育水平、工作能力等）的投入效率决定。风险价值是指企业家承担风险、责任所创造的价值，这一价值与企业家所承担的风险、责任大小成正比。贡献价值是指企业家创新所创造的价值。企业家人力资本价值与一般人力资本价值的区别在于企业家能通过创新和承担风险，创造贡献价值和风险价值。

2. 经济租金论

经济租金是指一种生产要素的所有者凭借垄断地位而获得的收入中，超过其机会成本的剩余。企业家作为租金的收入不同于通常所说的工资，它是企业家得到的超过劳动机会成本的报酬。劳动的租金来源于垄断、创新等方面。企业家管理才能是作为一种生产要素相对于自然资源、资本和一般劳动更为稀缺的资源。其一，它要求企业家具有一般人所不具有的胆、识、智、术统一的素质；其二，企业家要经过长期的市场竞争和优胜劣汰的洗礼，成功的企业家就更为稀缺。由于企业家供给严重缺乏弹性，就处在了垄断地位。其三，企业家的基本职能在于创新，他只有不断地组织企业进行技术、产品、市场、制度等方面的创新，才能使企业立于不败之地，而创新也是一般人所不具有的能力，这也形成了一种稀缺资源。所以，企业家才能作为一种完全缺乏供给弹性的要素，这样就会产生经济租金。在企业家才能存在经济租金的情况下，只有其薪酬的不断提高，却没有其供给的大量增加。普通劳动者一生的收入可能不及企业家一年的收入，这是企业家收入高于常人的一个主要原因。

3. 企业家市场竞争论

在健全的企业家市场上，企业家的职位升迁、收入的增加是通过其激烈的竞争实现的，这一理论的代表理论有两个：一是美国芝加哥大学的罗森（Rosen）和斯坦福大学的拉齐尔（Lazear）两个教授提出的“锦标赛”理论。该理论认为，企业家的收入与其在公司中的位置有关，即职务越高者，收入也越高。而高级企业家是通过长期市场竞争和层层筛选才担当此任的，这为中下层管理人员提供了努力工作、争取提拔的积极性。其实质如同体育比赛中通过竞争来选拔和淘汰运动员以调动积极性一样，所以称为“锦标赛”。这一理论强调了竞争优胜者的收入优势和企业家收入级差问题。二是美国著名经济学家卢卡斯提出的企业家“明星效应”理论。卢卡斯认为，优秀企业家是在长期市场竞争中形成的，是一种非常稀缺的无形人力资源，如体育、影视和音乐明星一样能产生明星高收入效应，由于企业所有者对明星企业家的过多需求，就会展开对优秀企业家聘用的竞争，所以，大型企业的企业家的收入就特别高，如 1993 年，迪士尼的总经理艾斯纳（Michael Eixner）年收入超过了 2 亿美元。20 世纪 90 年代，美国大公司总经理的平均收入为一般职工的 150 倍，日本为 17 倍，法国和德国为 24 倍。[3]

4. 激励论

（1）优秀企业家建立筛选机制。当委托人不能观测代理人的努力水平时，最优的激励合同要求代理人承担比对称信息情况下更大的风险，股票期权使代理人获利的风险和所有者利益的风险具有某种比例的一致性。所以如果所有者是风险中性的，代理人就不能是厌恶风险的，事实上厌恶风险的代理人也不可能接受风险过大的股票期权合约，这样，所有者就能为自己找到合适的代理人。因此，不同类型的企业、同一企业不同的发展时期就可以通过设计不同的股票期权方案或者结合其他短期激励措施向代理人市场发出“信号”来选择适合本企业特点的经营者。

（2）企业剩余索取权。经理人和股东是一个委托代理的关系，在委托代理中，如果不能根据企业家贡献支付真实努力的报酬，企业家就会偷懒，要解决这一问题又需要支付监督成本。为此，一些学者强调了剩余索取权分配在激励代理人的重要性。1976 年，詹森（Jensen）和麦克林（Meckling）在《公司理论：管理行为、代理成本和资本结构》一文中认为，代理成本是企业所有权结构的决定因素，让经营者成为完全剩余权益的拥有者，可以降低甚至消除代理成本。霍姆斯特姆和蒂罗尔（Holmstrom & Tirole，1989）也在《企业理论》一文中进一步强调了所有权在解决企业激励问题上的重要性。

为解决代理问题，经济学提供了三种激励措施：① 委托人对代理人的直接监督，由于委托人与代理人之间的信息不对称和监督的成本太高而损害了委托人监督的绩效。② 让代理人承担全部风险，并享有全部剩余索取权，委托人的利益为零。在委托人追求利润最大化的假定下，这种情况不可能存在。③ 在委托人与代理人之间按一定的契约进行剩余索取权的分配，将剩余分配与经营绩效挂钩，这是绝大多数两权分离的公司实行激励经营者努力工作的方法。以经营者实际经营绩效为计酬依据，主要包括以下几种形式：a. 剩余索取权制度，包括公开给予企业家赠予或优惠价购买公司一定数额股票的权利；b. 控制权制度，即公司赋予企业家全面负责企业经营的权力，确定有关资产使用的剩余控制权；c. 在职消费制度，它以控制权为基础并且是控制权回报的一部分，它是享受到在职时利用控制权所获得各种收益的权力。[4]

（3）股票期权激励是对企业家产权进行计量的一种定价机制。我们认为，由企业家产权特性所决定的对企业家产权进行计量的高度复杂性和艰巨性，通过实行股票期权制，能够得到比较合理的解决。理由有以下几个方面：① 股票期权制是企业家参与企业剩余索取分配的一种激励报酬方式，体现了企业家在现代企业中控制权与索取权相结合的“激励相容”原则。② 股票期权制也体现了激励与约束有机结合的管理理念，比较有效地解决了由于信息不对称而极易产生的逆向选择和机会主义行为，大大降低了监督管理的交易费用，实现了对企业家外在监督的内生化。③ 实行股票期权制，实现了企业家产权计量的市场化、外部化和客观化，能够有效地解决企业家产权计量的复杂性和艰巨性问题。

（4）激励强度。美国从 20 世纪 70 年代中期开始的对管理层获得的薪水与奖金的激励效果的研究表明：高薪水和高奖金与公司的业绩之间并没有正相关关系。但在实行股票期权之后这种情况得到改变，1998 年美国学者雷列和默非等人的研究表明，股票期权的实行使管理层和公司业绩的相关性大大增强，默非的研究结果更是得出股东财富每增加 100 元，总经理的收入就增加 2～5 美元。

5. 风险承担论

风险是将来可能发生且可以通过保险和预见加以排除的损害性事件。企业家的决策很大部分是为将来做出的，由于企业家对将来的认识是不完全的，所以他必然面临企业盈亏和个人经营声望的风险。从企业盈亏来讲，企业一旦亏损，企业家的收入必然大量减少，例如，1978 年美国克莱斯勒汽车公司面临危机时，科卡出任总经理，年薪基本薪水为 1 美元。[5]从经营对个人来讲，企业家最关注的是自己经营声誉和人力资本的市场价值。如果经营业绩突出，自己会成为企业经营的明星，收入不断高升；如果经营失败，企业家名声扫地，不但收入大减，而且很难再受聘用（经营失败者一般要退出企业家职业，美国 2000 年 1—6 月平均每天有 5 位大企业总裁下岗）。这种风险使经营者的收入高于一般人，这样为鼓励企业家承担风险必须在薪酬上有所体现。

6. 效率报酬论

按照效率收入理论的观点，提高收入可以解决企业家的低效率问题。一是消除他们的偷懒行为，提高其工作的效率。因为企业家的怠工不同于一般员工，会造成整个企业的损失，即艄公不努力，会耽误一船人。二是减少优秀企业家的“跳槽”和兼职行为，并能吸引优秀企业家入伍，有利于单位引进优秀经营人才。三是可以增强企业家与所有者的合心力，共同搞好企业的发展。以上三点使企业家的薪水高于了市场出清的收入率。另外，根据阿克洛夫（Akerlof，1982）的“礼物交换”模型，企业提供高于市场出清水平的那部分报酬等于向企业家赠送的一份“礼物”，企业家超出工作标准部分的劳动也是赠送给企业一份的“礼物”，两种礼物交换，企业支付的劳动成本等于没有增加，所以效率报酬并不影响企业利润的扩大。

7. 经营规模论

经营规模可以从两方面分析：一是经营不同规模的企业，可分为大、中、小型企业的经营者。一般来说，企业规模越大，经营者的收入就越高，企业的规模越小，经营者的收入就越少，这就形成了大、中、小型企业经营者的不同收入。二是一个企业的不同层次，可分为高、中、低层次的经营者。一般来说，层次越高，经营者经营的规模就越大，收入也就越高；经营者经营层次越低，经营规模就越小，其收入也就越低。对经营规模差异所引起的经营者的这种收入差异，可有两方面的解释：一方面，是经营者所承担任务和风险及对经营者的素质要求不同，大企业或企业的高层次的经营者的工作任务和承担的风险及对经营者的素质要求要高于中小企业或中低层经营者，所以在收入上要体现这种差别；另一方面，由于经营企业规模或层次不同可用于支付经营者收入的成本存在着差异，根据芝加哥大学教授罗森（Rosen，1990）的研究，企业的销售额每增加10%，经理人员的收入增加2%～3%。[6]由于大企业的销售额高于中小企业或高层经营者高于中低层经营者，所以，大企业或高层的经营者的收入高于中小企业或中、低层经营者。

8. 企业家特点论

企业家在身份、工作和分配上有四个特点：① 企业家的特殊身份决定了他们要与员工的报酬制度分离。企业家对所有者负责，具有企业一切经营管理活动的决策权，他的管理目标是为所有者尽可能实现利润最大化，而员工追求的则是收入最大化。这就使企业家与员工形成不同利益主体，因此，不应与员工实行同一的劳动报酬制度。② 企业家的工作性质、劳动特点决定了他们应该实行年薪制。企业家担负着企业兴衰的使命，决策活动具有风险性，这要求企业家具有高素质的工作能力。同时，他们的劳动成果好坏具体反映在企业总体经济效益上，很难在短时间内显示和评价。实行年薪制才能较准确地考核其业绩，并将其劳动成果与劳动报酬挂钩。③ 为了避免企业家与员工互相拉动增加收入，企业家的劳动报酬形成与增加也应与员工报酬相脱钩。④ 为了激励企业家勤奋工作，忠于企业，也应使他们的收入高于一般员工。

二、企业家年薪制

(一) 企业家年薪制的概念及构成

企业家年薪制 (annual salary system) 是以年度为单位，依据企业的经营规模和经营业绩，确定并支付企业家年薪的一种薪酬分配方式。

国外企业家的年薪一般由四部分构成：

(1) 基薪。基薪为固定收入，基本职能是保证企业家个人及家庭的基本生活费用。基薪确定的主要因素有：① 企业的规模。德国大型企业和中型企业经营者的基薪相差3~4倍。② 企业家的市场声誉。明星企业家的基薪高于一般的经营者，生活费用和工作表现等做适当调整。

(2) 年度奖金。年度奖金是对经营者短期经营业绩 (1~2 年) 的奖励，为非固定收入部分。年度奖金取决于企业家经营企业的绩效，衡量企业家经营企业绩效的指标是销售额、税后利润、资本报酬率、净现金流量、股票价格年增长率等。年度奖金一般占企业家总薪酬的25%。在奖金的领取上，美国很多大公司里的企业家有时只能拿到当年1/3 的奖金，其余的2/3 要等到整个公司考核期结束并取得成效时方可全部拿到。

(3) 长期激励薪酬，时间为3~5 年，通常以股票和股票期权的收益形式支付。

(4) 福利。国外企业家福利大致分为三种类型：第一种是在企业内部为企业家提供舒适的工作环境，如豪华办公室、经理餐厅、专用停车场、秘书等；第二种是在企业外部为企业家提供良好的生活服务，如为企业家及家属支付度假旅游费用、免费修缮个人住宅等；第三种是提供金融服务，包括金融咨询、低息贷款、税收补助、公司为企业家购买各种保险等。

(二) 国外企业家年薪制的模式

1. 美国模式

(1) 美国企业家年薪制的结构。在美国，企业家的年薪制包括由低到高三个层次，第一层次是企业为企业家支付基本薪酬；第二层次为短期激励薪酬，如企业为企业家支付的年度奖励、在职消费、福利、额外津贴等；第三层次为长期激励薪酬，包括股票期权等长期激励薪酬。美国企业家年薪制的结构是：

企业家年薪制 = 短期年薪 (基本年薪制 + 年度奖金) + 长期激励薪酬 (股票期权)
+ 其他年薪 (在职消费 + 福利 + 额外津贴)

(2) 美国企业家年薪制的特点是：① 年薪的总额高。据美国标准普尔500 指数公司的统计，在2010 年薪酬最高的50 强首席执行官中，最高的维亚康姆首席执行官菲利普·道曼 (Philippe Dauman) 的薪酬为8 450 万美元，最低的美国运通首席执行官肯尼斯·切诺特 (Kenneth Chenault) 的薪酬为1 630 万美元。[7] ② 在年薪制结构中基本薪酬比重小，长期性激励薪酬占总薪酬的比重特别大。在 2007 年美国销售额在 122 亿美元以上的大型企业的企业家年薪制结构中，基本薪酬占比为 12.9%，而长期激励占比为 63.85%。③ 与普通工人收入差距大。据美国人口普查局统计，美国企业高级管理人员的薪酬 1980 年是一般工人年收入的 42 倍，1999 年则为一般工人的 419 倍。

2. 日本模式

（1）日本企业家年薪制结构一般为：

基本年薪制 + 奖金 + 福利津贴 + 长期激励薪酬

其中，基本年薪制主要由企业规模和效益状况两方面因素确定，奖金则与企业的经济效益紧密联系，是一种绩效年薪制，津贴和其他福利待遇主要包括俱乐部会员费和交际费用等职位消费待遇；而长期激励收入在整个年薪结构中占比较少。

（2）与美国企业家年薪制相比，日本企业家年薪制的特点是：① 企业家年薪制总额较低；② 年薪制结构中以短期激励为主，长期激励占比较小；③ 与普通雇员平均收入差距较小。

为了对比国外两种企业家年薪制模式，可以对 2007 年美国和日本销售额在 122 亿美元以上的大型企业的企业家年薪制水平及结构进行对比，如表 8－2 所示：

表 8－2 美国和日本大型企业企业家薪酬水平及结构 单位：万美元

国别	基本薪酬		年度奖金		长期激励		合计
	金额	比例（%）	金额	比例（%）	金额	比例（%）	金额
美国	191	12.9	358.7	24.3	928.8	63.8	1 478.5
日本	91.5	55.6	42.7	25.9	30.5	18.5	164.7

资料来源：日本董事协会．经营者报酬指南，2008（10）．

由表 8－2 可以发现美国和日本大型企业企业家薪酬的差异。① 美国企业家薪酬水平高于日本，美国企业家薪酬总额是日本企业家薪酬总额的 8.977 倍。② 美国企业家薪酬以长期激励为主，日本薪酬激励以短期激励为主。在美国企业家薪酬中比例最大的是长期激励部分，而日本企业家薪酬中占最小比例的是长期激励，两者相差 3.5 倍；在基本薪酬方面，日本企业家平均拥有高达 55.6% 的固定年薪，是美国企业家基薪比例的 4.31 倍。③ 美国和日本企业家的年度奖金在全部薪酬的占比基本相近。在年度奖金部分美国和日本的企业家薪酬虽然数额相差甚远，但所占其薪酬比例却大致相同，分别为 24.3% 和 25.9%。

（三）我国企业高管年薪制的模式及优缺点

1. 我国企业高管年薪制的模式

高管是企业高层管理者的称谓，包括企业的董事长、总经理以及同级别的党委书记等。有的学者根据我国的具体国情将企业高管的年薪划分为准公务员型、一揽子型、非持股多元化型、持股多元化型、分配权型五种模式，如表 8－3 所示：

表 8－3 我国企业高管年薪制的模式

年薪的内容 / 年薪的类型	年薪结构	考核指标	适用对象	激励作用
准公务员型	取决于高层管理人员的行政级别，基薪为职工平均的2～4倍，正常退休后的养老金水平为平均养老金水平的4倍以上	政策目标是否实现，当年任务是否完成	承担政策目标的大型、特大型国有企业、控股公司的董事长、总经理、党委书记和临近退休年龄的高层管理人员	激励机理类似于公务员报酬的激励机理，职位升迁机会、较高的社会地位和稳定体面的生活保证是主要的激励力量来源，而退休后更高的生活水准保证起到约束短期行为的作用
一揽子型	单一固定数量的年薪	企业年度经营目标，如减亏额、实现利润、资产利润率、上交税利、销售收入等	面临特殊问题亟待解决的企业，如亏损国有企业的企业总经理或兼职董事长。领导班子其他成员的工资可用系数折算，但系数不得超过1	具有招标承包式的激励作用，但易引发短期化行为。其激励作用的有效性发挥在很大程度上取决于考核指标的科学选择、准确真实
非持股多元化型	基薪＋津贴＋风险收入（效益收入和奖金）＋养老金计划	依据企业的资产规模、销售收入、职工人数等指标确定基薪；依据资产增长率、实现利润增长率、销售收入增长率、上交税利增长率、职工工资增长率等指标确定风险收入	追求企业效益最大化的非股份制企业。现阶段我国国有企业绝大多数都采用这种年薪报酬方案	如果不存在风险收入封顶的限制，考核指标选择科学准确，相对于以前国有企业经营者的报酬制度和上述方案而言，这种多元化结构的报酬方案更具有激励作用。但该方案缺少激励经营者长期行为的项目，有可能影响企业的长期发展

续表

年薪的内容 年薪的类型	年薪结构	考核指标	适用对象	激励作用
持股多元化型	基薪＋津贴＋含股权、股票期权等形式的风险收入＋养老金计划	依据企业的资产规模、销售收入、职工人数等指标确定基薪；依据净资产增长率、实现利润增长率、销售收入增长率、上交利税增长率、职工工资增长率等指标确定风险收入	一般的国有股份制企业的总经理或兼职董事长，其他领导班子成员的报酬按照一定系数进行折算，折算系数小于1	多种形式的、具有不同的激励约束作用的报酬组合保证了经营者行为的规范化、长期化。但该方案的具体操作相对复杂，对企业具备的条件要求相对苛刻
分配权型	基薪＋津贴＋以分配权、分配权期权形式体现的风险收入＋养老金计划	依据企业的资产规模、销售收入、职工人数等指标确定基薪；确定风险收入时，要考虑企业业绩指标	可在各类企业中的总经理或兼职董事长实行，其他领导班子成员的报酬可通过给予不同数量的分配权或期权来体现	把股权、股票期权的激励机理引入到非上市公司或股份制企业中，扩大其适用范围；这是一种理论创新，其效果还有待实践检验

2. 我国企业高管年薪制模式的优缺点

（1）我国实行企业高管年薪制的优点是：① 年薪制体现了高管的职务级别和劳动特点。因此，可以根据高管一个年度或任期内的经营业绩，确定与其贡献的相称薪酬，具有一定的激励作用。② 年薪结构中含有较大的风险收入，有利于高管承担责任和风险。③ 年薪制可以为实施股权激励创造基础条件，进而可以把高管薪酬与国有资产所有者利益及企业发展前景紧密结合起来。④ 高于一般员工的薪酬不仅能对高管产生激励作用，同时也能在一定程度上减少决策失误和公款挥霍消费及贪污受贿行为的发生。

（2）我国实行企业高管年薪制的缺点有：① 对于垄断性的国有企业，由于垄断本身就能产生超额利润，垄断性国有企业的超额利润很难说就是企业高管的业绩贡献，所以给予高管的高薪不但起不到激励作用，还会扩大与同级别职务其他国有单位人员的收入差距。② 由于年薪制只考虑了企业短期经营状况，公司高管可能放弃那些对企业长期发展有益而短期需要支付代价的项目，不利于企业长期发展。③ 只有年薪而没有长期激励，高管会把自己的收入与国外企业家收入攀比而感觉不公平，在监管不力的情况下，会导致高管通过各种途径寻租来增加其收入。

三、企业家的股票期权激励

（一）股票、期权、股票期权的概念与特征

1. 股票的概念与特征

股票（stock）是股份公司为筹集资金而发行给股东作为持股凭证并借以取得股息和红利的一种有价证券。股票具有的特征是：① 不可返还性。股票一旦发售，持有者不能把股票退回给企业，只能通过证券市场上出售而收回本金。② 风险性。购买股票是一种风险投资。股票投资者能否获得预期的回报取决于企业的盈利情况，经济的、政治的、社会的甚至人为的等诸多因素的影响，处于不断变化的状态中，大起大落的现象也时有发生。③ 流通性。股票可以在股票市场上随时转让，进行买卖，也可以继承、赠予、抵押。

2. 期权的概念

期权（share option）是指在未来一定时期可以买卖的权力，即是一种可在一定日期，按买卖双方所约定的价格，取得买进或卖出一定数量的某种金融资产或商品的权利。期权有股票期权、股指期权（以股票指数为行权品种的期权合约）、利率期权、商品期权以及外汇期权等多种类型。

3. 股票期权的概念与特征

股票期权（stock option）又叫股票选择权，它是一种通过经营者获得公司股权形式，使其能够以股东的身份参与企业决策、分享利润、承担风险，从而勤勉尽责地为公司的长期发展服务的一种激励措施。股票期权具有如下几个特征：① 权益性。股票期权是一种权利，而不是义务，经营者可以根据业绩情况获得股票的收益。② 统一性。实行股票期权能够实现所有权与经营权的统一，把经营者所有权与经营权结为一体，使经营者以股东的身份参与企业决策、分享利润并承担风险。③ 激励性。股票期权能够激励和约束经营者以企业为家，尽其所能地为企业做出奉献。

（二）国外股票期权激励的发展历程

第二次世界大战后由于美国多届政府推行“人民资本主义”，企业股票期权激励制度成为美国最重要的企业管理制度创新之一，当今美国是世界上股票期权制度最发达的国家，下面我们以美国为主线，考察国外股票期权激励的发展历程。

1. 萌芽阶段（20 世纪 30 年代）

美国股票期权激励最早产生于 20 世纪 30 年代，其目的在于探索改善由于企业经营权和所有权分离而导致的企业所有者和经营者利益不一致（所有者追求企业利润最大化，而经营者追求企业销售额最大化与权力满足最大化）所引发的经营效益大幅下滑的局面。但由于当时物质资本仍然统治企业的发展，对人的激励也仅是一种简单的单向激

励，即物质资本所有者仅将其持有的股权或股票期权的增值部分让渡给企业少数经理层，实质上依然将经营者纳入所有者雇佣的范畴里。

2. 形成阶段（20 世纪 50—70 年代）

1952 年美国辉瑞公司首先提出了股票期权计划，但由于 1952 年美国税率过高，企业管理层的薪酬被“吃”掉大部分，为了对付如此高的税率，美国菲泽尔公司设计推出了世界上第一个股票期权计划。20 世纪 70 年代美国企业界和政府都在寻找可以使转移出来的消费基金转化为生产基金的路子，应其要求，员工股份制为经济界所选择。1973 年 4 月 26 日，全球第一个有组织的、规范化的、由政府监督管理的股票期权交易市场——芝加哥股票期权交易所由美国证券交易委员会批准成立，同时推出了标准化股票期权合同，正式挂牌交易。

3. 发展阶段（20 世纪 80—90 年代）

在前两阶段，股票期权激励并没有能真正起到长期激励的作用。然而，随着股权形式不断发展，其强有力的激励作用不断地显现。通过授予管理层一定股票使其利益与股东一致，解决管理层在二者利益相背时逆向选择的问题。20 世纪 80 年代到 90 年代末股票期权激励在美国企业中广泛使用，并得到了迅速的发展。1985 年到 1997 年，高级管理人员的年薪数额增长不到一倍，而企业股票期权激励中股票期权的收益数额却增长了 178 倍。1997 年美国持股人数已占企业员工数的 50% 左右，而这其中的 50% 又是通过公司的企业股票期权激励来实现的。[8]迈克尔 · 詹森和凯文 · 墨菲（Michael C. Jensen & Kevin Murphy，1990）在对股票期权的激励效果进行研究时指出：股东财富每有 1 000 美元增加，总经理股票期权的价值平均增加 14.5 美分，股票期权对总经理的激励较之每年的现金补偿变化明显要高。[9]

4. 发展受挫阶段（20 世纪 90 年代末—21 世纪初）

随着 20 世纪 90 年代后期 IT 产业（information technology，信息科技产业）泡沫的破灭，2001 年安然、环球电讯和世界通信等公司的破产案以及施乐、时代华纳、通用电气和 IBM 等公司的财务丑闻，引起了全球对以股票期权为主的股票期权激励制度进行反思。人们认识到股票期权作为对经营者的激励机制是一把“双刃剑”，由于公司高层管理人员对股权的滥用，在缺乏透明度和有效监管的前提下，股票期权会异化成为经营者损害所有者利益的“激励机制”。这种负面效应所造成的巨大损失促使政府官员和企业投资者对股票期权激励制度进行改革，以尽量消除它的负面效应，更好地发挥它的积极作用。

5. 完善、稳步发展阶段（21 世纪初至今）

作为一种长期激励制度，股票期权激励有着其不可替代的作用。因此，美国根据自身的经济发展水平和企业经营模式特点，完善本国的法律法规体系，从而充分发挥股票期权激励的强势作用，降低其负面作用的影响，已经越来越被股票期权激励环境与模式及其机制研究所重视。股票期权激励的完善与发展表现以下两个方面：

（1）完善制度。从 20 世纪 70 年代中期至今，美国国会已通过 20 多种与企业股票期权激励相关的法令，以规范这种股票期权激励的实施。

（2）发展股票期权激励形式。进入20世纪90年代后，股票期权激励突破了传统的股票期权计划，非传统股票期权计划逐渐普及，其主要形式如表8－4所示：

表8－4　美国非传统股票期权计划

名称＼特征	非传统股票期权形式特征
溢价股票期权（premium options）	与传统股票期权的区别在于在行权时有一个更高的行权价。传统股票期权的行权价等于股票期价授予日市价，而溢价股票期权的行权价却比授予日的市价更高。更高的行权价使溢价能激励受益者付出更多的努力
购买股票期权（purchase options）	受益者所获得的股票期权不是无偿赠予的，而需要支付一定的股票期权费购买，股票期权费为行权价的一定比例。当受益者行权时，他们预先支付的股票期权费可以抵作行权价的一部分，受益者只需支付行权价的其余部分即可，如果股价低于行权价，受益者行权无利可图，预先支付的部分就作为对受益者的惩罚
业绩股票期权（performance-vested options）	将股票期权的行权条件与企业某些长期的业绩指标相挂钩（这些指标可以是财务会计指标，也可以是市场指标），受益者能否获得这种股票期权及其行权价都视公司是否达到业绩目标而定
指数股票期权（indexed options）	行权价不是固定的，隔一定时期就根据市场同业指数或者其他股票指数的变化进行调整。指数股票期权不以企业的业绩标准来奖赏，而是只有公司的业绩超过同业或者市场的平均业绩时，持有者才会获得奖励报酬
掉期股票期权（swapping options）	公司在股价下跌时采用新发行的较低行权价的股票期权来代替原先发行的行权价较高的股票期权的一种激励方式
换新股票期权（reload options）	受益者可以在规定的期限内选择自己认为合适的任何时候兑现，而且换新股票期权受益者如果在原定期限未满时先行用原来持有股票按当时的市价换算为现金实施购股权，则自动授予他与用去的原有股票同等数量的新股权，行权价为当时的市价，到原定期限时期满
重新定价股票期权（replaceable options）	公司在股价不断下跌，甚至低于行权价时，为了保证股票期权的激励性，通过给已发行的股票期权重新确定一个新的较低的行权价使之有利可图

资料来源：潘先秀．MWS型非上市民营企业股票期权激励机制设计研究．扬州大学劳动经济学专业硕士论文，2008．本书作者做了修改。

除了股票期权计划外，还有一些长期激励方式，它们当中就有一些是股票期权计划的衍生产品。主要形式如表8－5所示：

表 8－5 美国非传统股票期权计划衍生品

名称＼特征	非传统股票期权形式特征
储蓄-股票参与计划（saving-stock participation plan）	允许员工一年两次以低于市场价的价格购买本企业股票，在实施过程中，它首先要求员工将每月基本薪酬的一定比例放入企业为员工设立的储蓄账户。其更像是一个储蓄计划，激励作用较小
股票持有计划（stock ownership plan）	允许员工以一定折扣购买企业股票。其特点是：参加该计划的员工在股票升值时可以获得收益，在股票贬值时则受到损失
受限股票计划（restricted stock plan）	专门为某一特定的计划而设计，是指经营者出售这种股票的权利受到限制，股票只有在特定情况下才能出售。薪酬委员会预期某战略目标实现后，企业股票价格应上涨到某一目标价位。然后企业将股票无偿赠送或以低于市价的价格售予经营者，且只有在股票价格达到或超过目标价格时，经营者才能从中受益。其股权不可转让，企业有权将无偿赠予的受限股票收回，或按经营者的购买价格加以回购
虚拟股票计划（phantom stock plan）	企业给予高级管理人员一定数量的虚拟股票，对于这些虚拟股票，经营者没有所有权，但是与普通股股东一样享有股票价格升值带来的收益，以及享有分红的权利
股票增值权（stock appreciation rights）	企业给予经营者的这样一种权利：经营者可以获得规定时间内股票增值权计划中规定数量股票价格上升所带来的收益，但是该经营者对这种股票没有所有权
延期支付计划（deferred compensation plan）	将经营者的部分年度奖金以及其他收入存入企业的延期支付账户，并以款项存入当日按企业股票市场价格折算出的股票数量作为计算单位，然后在既定的期限（多为 5 年）后或该经营者退休后，以企业股票形式或者依据期满时股票市值以现金方式支付给该经营者
特定目标长期激励计划	设立特定目标奖金。与年度奖金相同，特定目标奖金也是一年一评，但是评定标准是前 3～5 年内企业战略计划中既定长期目标的实施情况。该奖金一般以现金计量，但是也可以用股票支付

资料来源：潘先秀．MWS 型非上市民营企业股票期权激励机制设计研究．扬州大学劳动经济学专业硕士论文，2008. 本书作者做了修改。

总之，股票期权制度经过几十年的探索，现在在美国的众多企业中已蔚然成风。主要特征如下：① 股票期权收入在经理人员的报酬结构中增加快，比重大；② 股票期权计划的范围不断扩大，现在已扩大到企业的普通雇员；③ 股票期权数量在公司总股本中的比重上升；④ 股票期权的种类日益丰富；⑤ 股票期权的执行方式灵活多样。

（三）股票期权激励的作用机理[10]

股票期权激励的机理是为了让委托人与代理人目标能够趋同，委托人让渡部分剩余索取权给予代理人，达到利益共享、风险共担，从而促进代理人努力工作。委托人通过制定各种考核指标（净利润、净资产收益率和净利润增长率等）来保证公司发展达到自己的目标，保证自己的利益实现。而代理人努力工作，使得公司的业绩满足考核指标的要求，自己获得劳动报酬和所有权收益两方面的所得：报酬方面表现为公司经营好，股票上涨，代理人行权就可获超额收益；所有权收益表现在代理人行权成为公司股东之一。最终委托人与代理人的目标趋同，达到了股票期权激励的目的。因此，在股票期权激励实施过程中，授予条件和行权条件的确定是至关重要的因素，而其中对于考核指标和考核期限的选择更是重中之重，可以说业绩考核指标选择和期限长短导致了最终结果，决定了股票期权激励的有效性。股票期权激励的机理如图 8－2 所示：

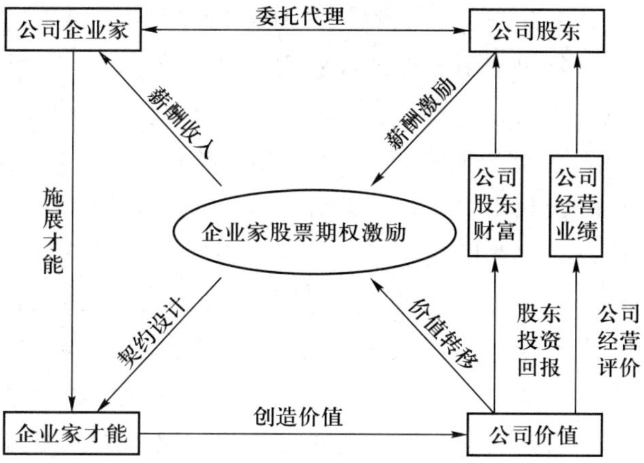

图 8－2　股票期权激励的机理

（四）股票期权激励的主要形式

1. 业绩股票

（1）业绩股票的概念。业绩股票（performance shares）是指在年初确定一个较为合理的业绩目标，如果经营者到年末时达到预定的目标，则企业授予其一定数量的股票或提取一定的奖励基金购买企业股票的一种激励措施。业绩股票的流通变现通常有时间和数量限制。另一种与业绩股票在操作和作用上相类似的长期激励方式是业绩单位，它和业绩股票的区别在于业绩股票是授予股票，而业绩单位是授予现金。

（2）业绩股票的优缺点。① 优点有以下几点：a. 能够激励经营者努力完成业绩目标。为了获得股票形式的激励收益，经营者会努力完成企业预定的业绩目标；经营者获得激励股票后便成为企业的股东，与原股东有了共同利益，更会加倍努力地去提升企业的业绩，进而获得因企业股价上涨带来的更多收益。b. 具有较强的约束作用。经营者获得奖励的前提是实现一定的业绩目标，并且收入是在将来逐步兑现，如果经营者未通过年度考核，出现有损企业行为、非正常调离等，经营者将受风险抵押金的惩罚或被取消激励股票，退出成本较大。c. 激励与约束机制相配套，激励效果明显，且每年实行一次，因此，能够发挥滚动激励、滚动约束的良好作用。② 以业绩为责任基础的股票期权激励的缺点有三：一是业绩目标的制定需要科学、准确、可行并由所有者与经营者共同认可，所以业绩目标的确定难度大；二是企业的业绩目标确定的科学性很难保证，容易导致企业经营者为获得业绩股票而弄虚作假；三是激励成本较高，有可能造成企业支付现金的压力，尤其是传统行业上市企业，较高的激励成本也决定了激励对象难以扩大。

（3）业绩股票适用的企业。由于业绩股票激励方式只对企业的业绩目标进行考核，因此比较适合业绩稳定、现金流充裕的集团企业及子企业和我国的竞争性上市企业。

2. 虚拟股票

（1）虚拟股票的概念与特征。虚拟股票（phantom stocks）是指企业授予经营者一种虚拟的股票，经营者可以据此享受一定数量的分红权和股价升值收益的一种激励措施。虚拟股票激励具体有上市公司采用的溢价收入型、股利收入型和非上市公司采用的内部价格型三种类型。虚拟股票的特征是：① 股权形式的虚拟化。虚拟股票并不是完整意义的股票。② 权益的不完整性。虚拟股票持有者只能享受到分红收益权，但没有所有权，没有表决权，不能转让和出售，在经营者离开企业时自动失效。③ 获得的无偿性。虚拟股票由企业无偿赠送或以奖励的方式发放给经营者，不需经营者出资购买。

（2）虚拟股票的优缺点。① 虚拟股票的优点有如下几点。a. 不影响总资本和股本结构。它实质上是一种享有企业分红权的凭证，除此之外，不再享有其他权利，因此，虚拟股票的发放不影响企业的总资本和股本结构。b. 虚拟股票具有内在的激励作用。虚拟股票的持有人通过自身的努力去经营管理好企业，使企业不断地盈利，进而取得更多的分红收益，企业的业绩越好，其收益越多；同时，虚拟股票激励模式还可以避免因股票市场不可确定因素造成企业股票价格异常下跌对虚拟股票持有人收益的影响。c. 虚拟股票具有一定的约束作用。因为获得分红收益的前提是实现企业的业绩目标，并且收益是在未来实现的。d. 虚拟股票激励有更多的灵活性、针对性等特点，可以更好地对经营者发挥激励作用。② 虚拟股票的缺点是经营者可能因考虑分红，减少甚至于不实行企业资本公积金的积累，而过分地关注企业的短期利益；在这种模式下的上市企业分红意愿强烈，导致企业的现金支付压力比较大。

（3）虚拟股票适用的企业。虚拟股票适合现金流量比较充裕的企业和一些高科技企业。

3. 股票增值权

（1）股票增值权的概念。股票增值权（stock appreciation rights，SARS）是指上市企业授予经营者在未来一定时期和约定条件下，获得规定数量的股票价格上升所带来收益的权利的一种激励措施。它的特点是：① 它只针对股票的升值部分进行兑现，经营者可以在规定时间内获得规定数量的股票股价上升所带来的收益；② 它是企业给予经营者股票增值收益的权利，但不拥有这些股票的所有权、表决权、配股权。

（2）股票增值权的优缺点。① 股票增值权的优点是：a. 股票增值权通过市场请客、企业买单的方式将企业长期利益与个人利益联系起来，从而达到对经营者激励与约束的目的；b. 股票增值权方案简单且易于操作，股票增值权持有人在行权时，直接对股票升值部分兑现，不涉及真实股权的变动，同时又有股票期权的特点；c. 股票增值权无须解决股票来源问题。② 股票增值权的缺点是：a. 经营者不能获得真正意义上的股票，激励的效果相对较弱，如果资本市场不成熟，实施股票增值权难以达到有效激励经营者的效果；b. 股票增值权还会引起经营者和股东合谋操纵企业股价、业绩等问题；c. 股票增值权的收益来源是企业提取的奖励基金，企业的现金支付压力较大。

（3）股票增值权适用的企业。股票增值权主要适合于发达成熟资本市场的企业以及股价与业绩呈现正向相关的企业；由于这种激励方式普遍需要支付现金，因此较适合现金流量比较充裕且比较稳定的企业。

4. 限制性股票

（1）限制性股票的概念。限制性股票（restricted stock）是指企业给予经营者股票的拥有权是受到一定条件限制的一种激励措施。企业对经营者的限制主要体现在两个方面：一是获得股票条件的限制，国外大多数企业是将一定的股份数量无偿或者收取象征性费用后授予经营者，而在我国《上市企业股票期权激励管理办法（试行）》中，明确规定了限制性股票要规定经营者获授股票的业绩条件。二是出售股票条件，企业可依据企业的不同要求和不同背景，设定可售出股票的市价、年限、业绩等条件。

（2）限制性股票的优缺点。① 限制性股票的优点有：a. 将企业业绩与经营者的报酬紧密结合，对于经营者有较强的激励作用；b. 经营者无须现金付出或以较低价格购买，因而限制性股票容易被经营者接受；c. 由于它规定了出售股票的条件（年限）限制，可以激励经营者将精力集中于企业长期战略目标上，减少了经营者的短期行为。② 限制性股票的缺点是：a. 业绩目标和股价的科学确定困难；b. 对于无偿授予的股票，企业激励成本较高，支付现金的压力较大；c. 对于有偿获得的股票，经营者资金压力较大，激励力度相对较弱。

（3）限制性股票适用的企业。限制性股票主要适用于业绩不佳的企业、产业调整期的企业、初创期的企业。

5. 延期支付

（1）延期支付的概念。延期支付（deferred compensation）是指企业将经营者的部分薪酬（特别是年度奖金、股票期权激励收入等）按当日企业股票市场价格折算成股票数量，存入企业为经营者单独设立的延期支付账户，在既定的期限后或在该经营者退休以后，再以企业的股票形式或根据期满时的股票市场价格以现金方式支付给经营者的一种激励措施。经营者通过延期支付获得的收入来自于既定期限内企业股票的市场价格上升的股票价格差收入。如果折算后存入延期支付账户的股票市价在行权时上升，则经营者就可以获得收益；相反如果该市价不升反跌，经营者的利益就会遭受损失。

（2）延期支付的优缺点。① 延期支付的优点有：a. 把经营者一部分薪酬转化为股票，且长时间锁定，促使经营者更关注企业的长期发展，减少了经营者的短期行为；b. 增加了经营者的退出成本，有利于留住并吸优秀企业家；c. 延期支付方法简单，可操作性强；d. 管理人员部分收入以股票的形式获得并在离职或退休时支付，因此具有减税作用（在职时没有兑现不必交税，离职或退休时经营者收入减少，税率较低）。② 延期支付的缺点是：a. 经营者持有企业股票数量相对较少，难以产生较强的激励力度；b. 股票二级市场（有价证券的交易场所）具有风险的不确定性，经营者不能及时地把薪酬变现，在一定程度上影响了激励作用。

（3）延期支付适用的企业。延期支付比较适合那些业绩稳定型的企业及其集团公司及其子企业。

四、管理者收购与金色降落伞计划

（一）管理者收购

1. 管理者收购的概念

管理者收购（management buy outs，MBO）是指目标企业的管理者或经理层利用所融资本购买企业的股份，从而改变本企业所有者结构、控股权结构和资产结构，实现管理者以所有者和经营者合一的身份主导重组企业，进而获得产权预期收益的一种收购行为。

管理者收购不同于企业并购：① 买卖方主体不同。管理者收购是本企业的经营者或内部管理人员，主体是企业内职工；企业并购发生在企业之间，主体是企业。② 经营角色不同。管理者收购的目的是实现所有者与经营者一体，即加强控制权，也对经营者激励起作用；企业并购后所有者会发生变化，但还可沿用或新聘管理团队，实行职业经理人制。③ 融资方向不同。管理者收购的融资主要在内部，企业并购的融资发生在外部。④ 体现的文化不同。管理者收购体现主人翁文化，企业并购体现职业经理人文化。⑤ 表现不同。管理者收购因发生在内部，所以主要是估值问题；企业并购一般是在合作与竞争条件下，企业的价格与价值主要通过竞争与谈判来体现。

2. 管理者收购的优缺点

（1）管理者收购的优点有：管理者通过收购企业的资产或证券实现了所有者与经营者的统一，能够极大地激励经营者经营好企业；通过内部收购避开了相关法律对诸多问题特别是股票来源的限制，使持股方案能顺利实施；管理层和其他员工自己出资认购企业股份，既能保证激励，又能保证约束；通过内部人收购能够节约交易费用。

（2）管理者收购的主要缺点是：经营者利用个人的权力可能低评企业资产的价值而从中获利，特别是在我国国有企业实现管理者收购，若监管不力会使国有资产流失。

3. 管理者收购的渠道

管理者收购主要有以下五条渠道：

（1）母公司的分拆。在美国和英国由于各种原因，许多大企业出售了公司业务的一些部分甚至是子企业或分公司出售给管理人员。

（2）国有企业的部分或全部私有化。例如，俄罗斯及东欧的一些国家在私有化过程中就把原来的国有企业出售给管理层，在我国20世纪90年代中后期在“抓大放小”的国有企业改制中，一些中小企业也实行了管理者收购。

（3）独立企业破产。当一个企业破产时，便把企业交给负责处理破产事务的机构，该机构就把企业的部分或全部卖掉。

（4）集团公司破产接管。该集团公司虽然母公司破产了，但有些子公司仍有活力，这些子企业的经营者就会出资购买他们管理的业务。

（5）家族企业或私营企业的业主退休或死亡，而继承者不能继续经营（无兴趣或无能力等）。如果业主退休，他为避免交纳繁重的过继财产税，往往把企业卖掉。

4. 管理者收购的模式与方式

（1）管理者收购的模式主要有：① 经营层收购股东的企业；② 经营层收购母企业下属的子企业；③ 经营层收购母企业下属的业务部门；④ 经营层收购母企业。

（2）管理者收购的方式主要有三种：① 收购资产。收购资产适用于大集团公司分离出来的子公司或分支机构、公营部门或企业。② 收购股票。即管理层从目标企业的股东那里直接购买控股权益或全部股票。③ 收购综合证券，除了收购股票外，管理者还收购企业债券、认股权证、可转换债券等。

（二）金色降落伞计划

1. 金色降落伞的概念、类型及补偿方式

（1）降落伞计划的概念与类型。降落伞计划是一种企业补偿协议，是指在企业被收购的情况下，企业人员都可以得到一笔安置补偿费用。降落伞计划按对企业的不同人员的补偿分为三种类型：① 针对高级管理者的计划称为金色降落伞（golden parachute）；② 针对中层管理者的计划为银色降落伞（penson parachute）；③ 针对一般员工的计划为锡色降落伞（tin parachute）。

（2）金色降落伞的概念与补偿方式。金色降落伞是指在企业控制权变动时，对非自愿离职的企业管理者进行补偿的一种规定。常见的补偿方式有：① 一次性现金补偿，通常是年度固定薪酬的若干倍；② 将经营者持有的股权加速行权或归属；③ 增加额外的股权奖励；④ 高额退休金补偿。例如，2011年，facebook 辞退副总裁 Ullyot，支付给其的补偿是一次性遣散费675 000美元，1 184 990美元的期权和1 238 850美元的限制性股票；再如，据 Equilar 企业估计，2014年年初离职的雅虎卡斯特罗（Castro）的现金及股权补偿总价值高达1.09亿美元（吴胜涛，2014）。

2. 金色降落伞计划的优缺点

（1）金色降落伞计划的优点有：① 金色降落伞计划加大了管理者收购的成本，能够有效地抵御恶意收购；② 维护了被收购企业经营者的权益，免除其后顾之忧，对企业家有较强的激励作用；③ 高额的退职补贴一定程度上减少了企业家的权力滥用和寻租行为。

(2) 金色降落伞计划的缺点是：① 如果对经营不善者的离职支付高额费用，加重了企业的负担，是一种资源的无效配置；② 为了获取高额的离职补偿金，一些经营者有可能促使企业被收购而低价贱卖企业；③ 在我国的一些国有企业，如果实行金色降落伞计划难以避免个别官员临近退休时来企业做高管，从而获得高额退休金的不良行为。

3. 金色降落伞计划的实施

根据吴胜涛先生的建议，在我国国有企业的高管实施金色降落伞计划时要注意以下几点：

(1) 授予对象应该是少数长期在国有竞争性企业工作并为企业发展做出杰出贡献的元老级的高管。

(2) 金色降落伞计划补偿的金额需要与高管的企业业绩及任职时间挂钩。避免出现业绩不佳却获得高额离职补偿的现象，更要避免个别官员临近退休时来企业做高管，从而获得高额退休金的不良行为。

(3) 对授予金额要有限制，防止对企业高管补贴虚高。美国在其《国内税收法案》中就对“金色降落伞”金额做了限定，即被授予人在“突发事件”前的5年以内的各年薪酬的平均值。如果超出这个限额，就要对其超出的部分征收20%的税款，而同时企业也会失去相当于超出授予部分的税收减免。

(4) 要完善企业股权激励机制。西方国家的金色降落伞计划中企业家收益大部分来自股权，这也有利于离职企业家利益与企业利益保持一致，有利于企业家继续关注企业发展，避免其在任职期间及离职后做出有损企业长远利益的行为。

(5) 决策机制需要公开透明。在西方国家主要是私有企业采用金色降落伞计划较多，该计划一般由企业董事会决定，并在年报中披露。而中国金色降落伞计划是针对国有企业，计划参与对象（董事长和总经理）常常在董事会拥有决定性影响力，极易形成为自己定薪的怪圈。建议对国有控股企业，与高管薪酬计划一起报送上级人民代表大会审议批准。

第二节 知识型员工的薪酬与激励

一、知识型员工的概念与特征

(一) 知识型员工的概念

知识型员工这一概念是20世纪50年代由美国管理学大师彼得·德鲁克（Peter

Drucker）首先提出的，当时他称之为“知识工作者”（knowledge worker），指的是那些掌握和运用符号和概念，利用知识或信息工作的人。管理学者沃德苏艾（Woodruffe，1997）认为，知识型员工就是那些拥有知识并且运用其掌握的知识进行创造性工作的人。他强调了知识型员工在于工作创造性。加拿大学者弗朗西斯·赫瑞伯（Frances Horibe，2000）认为：知识型员工就是那些创造财富时用脑多于用手的人们，他们通过自己的创新、分析、判断、综合、设计给产品带来附加价值。这个定义强调了知识型员工是脑力工作者，而非体力劳动者。我国学者刘琴等人（2005）提出，知识型员工指那些具有从事知识生产、创造、扩展和应用的能力，为企业带来资本增值并以此为职业的人。该定义强调了知识型员工是从事与知识相关的活动，并且为企业带来资本增值的人。[11]

从以上各种说法中，我们可以得到以下几点作为知识型员工的共性：① 工作的知识性，知识型员工必须是与知识的生产、创造、扩展和应用相关；② 工作的创造性，创造性是知识型员工价值的体现；③ 组织性，即知识工作者必须加入一个组织为组织工作方可为知识型员工，个体工作者不能称为知识型员工；④ 增值性，在企业的知识型员工必须利用其知识为企业增值做出贡献。

根据贺宝成（2005）的说法，企业的知识型员工在我国企业主要有两类：一类是中高层管理人员，除了总裁、总经理外，包括财务总监、营销总监、人事总监、运营总监、各部门经理等；另一类则为中高级技术人员，包括工程师、网络设计师、高级咨询师、会计师等技术人才。

（二）知识型员工的特征

知识型员工与一般劳动劳动者相比，有其自身的特征，这些特征概括起来主要有以下五个方面：

1. 素质高，自主性强

知识型员工一般都大多受过系统的专业教育，具有较高学历、较高的知识水准、扎实的理论基础，对于专业和管理等方面等都有较深的认识，掌握着最新的技术，一般具备积极的开拓创新精神，是引领组织文化发展、变革生产和制度的开路先锋。同时由于受教育水平较高，知识型员工大多具有开阔的视野、强烈的求知欲，并对新思想、新知识、新技术具有良好的领悟能力和学习能力，以及其他方面的能力素养。与一般员工相比最大的区别在于拥有较强的独立自主性，一般员工往往只是被动地适应组织和环境，而知识型员工向往拥有一个灵活的组织和自主的工作环境、工作场所和工作时间方面的灵活性，以及宽松的组织气氛，他们不仅不愿意受制于人，也不喜欢被上司完全摆布。

2. 富有创新性

与体力劳动者简单重复性劳动相反，知识型员工是在易变和不完全确定的系统中，他们依靠自身拥有的专业知识，充分发挥个人的知识禀赋和灵感，应对各种可能发生的情况，进行创造性的劳动。正如库珀所说，知识型员工之所以重要，并不因为他们已经掌握了某些秘密知识，而是因为他们具有不断创新有用知识的能力。

3. 高成就动机

从马斯洛需要层次理论来看，知识型员工的需要往往属于较高的层次，是一个偏好自我管理的人，也是一个要努力实现自我价值的人，因此与一般员工相比，他们更加有着发挥自己专业特长和成就自己事业的追求，尽力追求完美的结果，渴望通过这一过程充分展现个人才智，这种员工更热衷于具有挑战性的工作，把攻克难关看作一种乐趣、一种体现自我价值的方式。

4. 较高流动性

全球化的深入使国与国之间的界限日益模糊，这为知识型员工的流动提供了可能。由于他们占有特殊生产要素（隐含于他们头脑中的知识和技能），而且他们有能力接受新工作、新任务的挑战，因而拥有远远高于传统工人的职业选择权。调查表明，知识型员工忠于职业多于忠于单位，具有高度智慧的知识型员工留在一个单位服务并不是他们的“需要”而是他们的一种“选择”。这些要知识型员工永远忠于其所服务的单位已日趋艰难，这也是知识型员工流动性加大的原因之一。

5. 劳动复杂性

知识型员工的劳动复杂性表现在：① 劳动过程不易被监督管理。知识型员工的工作主要是思维性活动，劳动过程以无形劳动为主，而且可能发生在每时每刻和任何场所，固定的劳动规则较少存在。因此，对劳动过程的监督管理既是不可能的，也没有实际意义。② 劳动成果不易加以直接度量和评价。知识型员工的工作成果常常以某种思想、创意、技术发明、管理创新的形式出现，因而往往不具有立竿见影、可以直接测量的经济形态。另外，知识型员工劳动需要团队的协同合作，共同努力，其劳动成果多是团队智慧和努力的结晶，这使得个人的绩效评估难度较大。

二、知识型员工的激励理论与激励因素

（一）知识型员工的激励理论

1. 激励的含义

斯蒂尔斯（Steers）认为激励是给人们以行为动力，使人的行为指向特定的目标和维持人的行为。[12]它说明了激励过程所包含的三个基本方面：① 人的行为动力是什么；② 行为如何被导向目标；③ 怎样维持这种行为。

2. 激励理论的内容

激励的理论主要包括内容型激励理论、过程型激励理论、行为矫正型激励理论和综合型激励理论，如图 8－3 所示。

（1）内容型激励理论。内容型激励理论是指针对激励的原因与起激励作用的因素的具体内容进行研究的理论。这种理论着眼于满足人们需要的内容，即：人们需要什么就

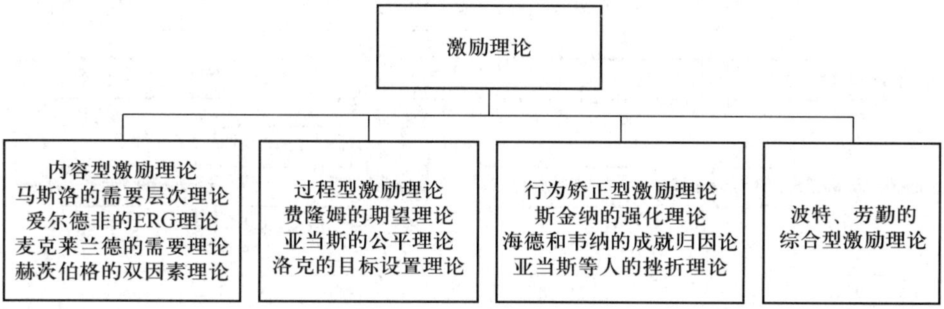

图 8－3　激励理论的内容

满足什么，从而激起人们的动机和行为。有代表性的理论主要有：① 马斯洛（Maslow，1943、1954）的需要层次理论（生理需要、安全需要、社会需要、尊重需要、自我实现需要等）；② 爱尔德弗（Alderfer，1969）的 ERG 理论（生存 existence、相应关系 relatedness 和成长 growth 的需要）；③ 麦克莱兰德（McClelland，20 世纪 50 年代在一系列文章中提出）的需要理论（成就需要、权力需要、合群需要）；④ 赫茨伯格（Herzberg，1959）的激励－保健双因素激励理论。

（2）过程型激励理论。过程型激励理论侧重于研究从动机的产生到采取具体行动的心理过程，该理论试图弄清楚员工的努力和绩效之间的关系，以达到激励的目的。有代表性的理论主要有：① 弗隆姆（Froom，1964）的期望理论（激励水平＝期望值×效率）；② 亚当斯（Adams，1962、1964、1965）的公平理论；③ 洛克（Locke，1968、1990）的目标设置理论。

（3）行为矫正型激励理论。行为矫正型激励理论是研究如何改造和转化人们的行为。主要有斯金纳（Skinner，1956）的强化理论（正强化、负强化、自然消退）、海德（Heider，1958）和韦纳（Weiner，1972）等人的成就归因论、亚当斯（Adams）等人的挫折理论。

（4）综合型激励理论。综合型激励理论是对内容型、过程型、状态型激励理论的概括与综合，试图全面揭示人在激励中的心理过程，其主要代表是波特、劳勒（1968）提出的激励理论。在波特和劳勒看来，人们是通过努力来达到一定的工作绩效，不同的绩效决定不同的报酬和奖励，并给员工带来不同的满意程度。波特－劳勒模型是对绩效、奖酬、满意的一种综合理解，三者之间的激励作用关系如图 8－4 所示。

在图 8－4 中，个人是否努力以及努力的程度由绩效与奖酬的效价、期望值所决定。个人努力的程度以及他对自己作用的认知和理解、个人能力的大小、环境因素的限制又决定了工作绩效的高低。个人应得到的报酬应当以其实际达到的工作绩效为价值标准，只有当绩效与报酬之间的关系公平合理了，员工才可能觉得满意。个人是否满意以及满意的程度又将会反馈到其完成下一任务的努力过程中，满意会导致进一步的努力，而不满意则会导致努力程度的降低。

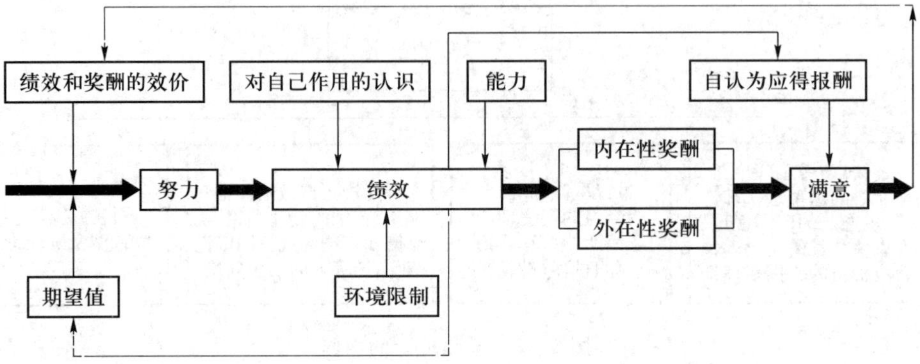

图 8－4　波特、劳勒的综合激励理论

3. 激励的报酬

用于激励的报酬分为内在报酬（intrinsic rewards）和外在报酬（extrinsic rewards）。内在报酬包括具有挑战性或令人愉快的工作、责任和自尊等；外在报酬包括工资、赞扬等。内在报酬对工作的关系较少，它是通过其他的渠道来获得的。对员工进行激励主要是外在报酬，它主要包括以下几个方面：[13] ① 经济奖励，付给劳动者个人的奖金。② 附加福利。如带薪假期、免费午餐、人身保险金、健康保险待遇、公司折扣商品以及其他非工资形式的报酬。③ 利润分红和激励计划。为鼓励员工踊跃参与公司经营和提高绩效，公司给职工分一份红利；有时公司将节省的一部分资金分给大家。④ 同行和同事的赏识，以满足个人成就和取得同事尊敬的需要。⑤ 职位与晋升。在本公司内有不断晋升、不断获得新的职务的途径。⑥ 领导管理。领导人以表扬、友谊和领导权的形式给人以奖励。⑦ 友谊。开展非正式群体活动，包括社交机会、非正式场合充当领导的机会。⑧ 延迟报酬。付给个人的报酬将从将来的某一个时间开始支付（常在退休后），在员工退休期得到一笔比工作期间税率较低的收入。⑨ 非传统式的奖励。如奖励休假、旅游等。⑩ 员工持股计划。企业将雇员一部分收入以赠送或低价售予股票的形式付给，并规定允许出售的年限。

（二）国内外对知识型员工激励因素的研究

1. 国外对知识型员工激励因素的研究

根据美国知识管理学家玛汉·坦姆仆（Mahen Tampoe，1988）的研究，对知识型员工产生激励的有四个因素：个体成长占总量的 33.74%；工作自主约占 30.51%；业务成就占 28.69%；金钱财富约占 7.07%。安盛咨询公司与澳大利亚管理研究院对澳大利亚、美国、日本多个行业的 858 名员工（其中包括 160 名知识型员工）进行分析后列出了知识型员工的激励因素。名列前五位的激励因素依次是：报酬、工作的性质、提升、与同事的关系、影响决策。其中，“工作的性质”、“与同事的关系”、“影响决策”三个因素对于知识型员工的重要性强于其他员工。“报酬”、“提升因素”两个因素的重要性，知识型员工与其他员工差别不显著。

2. 国内对知识型员工激励因素分析

中国人民大学张望军、彭剑锋（2001）在对150名研发人员和150名销售人员、服务人员进行问卷调查的基础上比较、分析得出中国知识型员工激励因素排序为：工资报酬与奖励(31.88%)、个人的成长与发展（23.91%）、有挑战性的工作（10.145%）、公司的前途（7.975%）、有保障和稳定的工作（6.52%）。中国科学技术大学郑超、黄攸立（2001）对426份问卷调查表进行分析后，得出中国国有企业知识型员工的激励因素排序为：提高收入（48.12%）、个人发展（23.71%）、业务成就（22.30%）、工作自主（5. 87%）。

根据陈井安和景光仪（2005）对中央在四川和省级研究单位302人的调查得知：① 业务成就、工作环境、薪酬福利和个人成长是知识型员工的四个主要激励因素。知识型员工认为激励自己努力工作的激励因素依次如下：业务成就占51.3%，工作环境占48.8%，薪酬福利占47.7%，个人成长占44.7%，工作自主性占27.5%，领导认可占25.5%，就业保障占13.2%，人际关系占7.3%，其他占2%。② 高级知识型员工偏好业务成就激励；中级知识型员工偏好工作环境激励；初级知识型员工偏好薪酬福利激励。③ 39岁以下的知识型员工偏好薪酬福利激励；29岁以下的知识型员工偏好个人成长激励。④ 具有硕士及以上学历的知识型员工偏好业务成就激励；具有本科及以上学历的知识型员工偏好个人成长激励。[14]

吴绍琪、贺礼英（2007）通过对重庆8家IT企业调查发现，知识型员工的需求排在前四位的分别是：个人发展（44.65%）、提高收入（32.08%）、业务成就(18.24%)、工作自主（5.03%）。曾艳（2009）采用五分制，通过对我国中部和珠江三角洲的企业调查发现，知识型员工的需求排在前五位的分别是：个人成长（4.43）、环境支撑（4.29）、业务成就（4.24）、工作自主（4.10）、金钱财富（3.84）。

从国内外对知识型员工的激励因素研究对比看出：① 国外和国内近些年的调查表明，知识型员工比较重视个人发展和工作性质，在国内外的调查结果中分别排第一位和第二位。这反映了知识工作者具有较强成就动机的特征。② 在收入水平较低时中国的知识型员工比较重视收入因素。2001年在中国人民大学张望军、彭剑锋和中国科技大学郑超、黄攸立的调查结果中都是排在第一位，这说明了我国知识型员工在薪酬较低时，提高薪酬水平是企业吸引和留住人才的关键所在。③ 不同的素质、不同年龄的知识型员工其激励因素重要程度不同，陈井安和景光仪的分析说明了这一点。

三、知识型员工的短期薪酬激励

充分调动企业内知识型员工从事研发的积极性和创造性，是解决技术要素短缺、提高企业经济效益的重要途径。由于知识型员工人力资本的作用既具有巨大的创造性，同时也具有难以监督性的特点，因此，现代经济学认为，对于知识型员工，企业除了寻找激励之道外，别无良策可以使其尽心尽力地服务于企业。美国哈佛大学的詹姆斯教授对这一类人力资本的激励问题做过专题研究，其结论是：如果没有激励，一个人的能力发挥只不过是20%～30%；如果施以激励，一个人的能力则可以发挥到80%。

（一）我国传统的短期工资激励

我国对知识型员工长期实行的薪酬体制是传统的岗位工资制、资历工资制（工龄工资制）加上奖励工资，其工资水平主要是依据员工的教育背景、专业知识、工作时间等确定。它包括以下三种工资形式：

（1）职务工资制。它是首先对职务本身的价值做出评估，然后根据这种评估的结果赋予担任这一职务的从业人员与其职务价值相当的工资的一种工资制度。其缺陷是容易形成职务上升的独木桥，一般知识型员工晋升的机会比较少，成长的空间比较小，影响了他们工作的积极性、主动性和创造性。

（2）资历工资制。它是根据员工工作时间的长短定期增加工资的制度。它的优点是有利于工资计划的管理和具有加薪的客观标准；缺点是形成排资论辈现象。

（3）奖励工资。对知识型员工（主要是科技人员）的奖励工资主要有三种形式：一是一次性项目奖金激励，即企业根据科技项目或科技成果完成情况，对科技人员进行一次性现金或住房等实物奖励；二是科技项目承包企业与科技人员签订科技开发项目承包合同，企业出课题、经费，科技人员按合同规定，开发新产品并获得奖励；三是税后净利润提成，即企业对拥有职务技术成果的人员，在技术成果实施转化后，从每年产生的利润中，提取一定的比例给予奖励。

传统的短期工资激励模式随着竞争的加剧，越来越不能有效地吸引知识型员工、激励知识型员工和留住知识型员工，需要进行革新。

（二）新的短期薪酬激励

1. 契约薪资

为了充分发挥薪资对知识型员工的激励作用，应打破传统的薪资等级体系，实行契约薪资制度。所谓契约薪资制是指在市场经济条件下，以企业、雇主或其组织为一方，以知识型员工组织为另一方，双方就薪资分配问题通过谈判后签订契约。确定薪资高低的依据是每个人的技术、成果、态度、可替代性，同时参考物价情况、经济发展水平、企业利润增加以及劳动力市场上同类人员的市场价格等指标，与员工单独谈判确定每个人的薪资标准，达成一致则签订劳动契约，达不成则员工离开。实行谈判契约制度承认了知识型员工的人力资本价值，并从制度上确立了对人力资本的补偿。在此制度下，劳资双方结成“利益共同体”，形成稳定和谐的劳动关系，共同努力发展生产，促进企业目标的实现。

2. 绩效薪资

绩效是一个综合的概念，比产品的数量和质量内涵更为宽泛，它不仅包括工作数量和质量，还包括员工对企业的其他贡献。绩效薪资制度的基本特征是将雇员的薪酬收入与个人业绩挂钩。企业支付给员工的业绩薪资虽然也包括基本薪资、奖金和福利等几项主要内容，但各自之间不是独立的，而是有机地结合在一起。根据美国1991年《财富》杂志对500家公司的排名，35%的企业实行了以绩效为基础的薪资制度，而在10年以前，仅有7%的企业实行这种办法。绩效薪资制的优点是：一是有利于员工薪资与可量化的业绩挂钩，将激励机制融于企业目标和个人业绩的联系之中；二是有利于薪资向业绩突出者倾斜，提高企业效率和节省薪资成本；三是有利于突出团队精神和企业形象，增大激励力度和员工的凝聚力；四是绩效薪资占总体薪资的比例在50%以上，浮动部分比较大。

3. 知识薪资

创新是企业生命的源泉，而创新需要知识型员工掌握新知识和新技术，这在知识型员工的薪酬中也要有所体现，对此，国外不少企业实行了知识薪资制度。知识薪资是奖励员工获得与工作相关的能力、知识或技术，而不是奖励他们的工作业绩（约瑟夫·J. 马尔托奇奥，2000）。知识薪资的优点是从员工的角度来看，它可以提高员工的基本素质，对企业而言，它可以提高公司的业绩和综合竞争力。知识薪资计划一共有四种基本类型，即楼梯-台阶模型（stair-step model）、技术单元模型（skill-block model）、工作积分累计模型（job-point accrual model）和跨部门模型（trans-department model）。

（1）楼梯-台阶模型。这个模型与传统的职位薪资系统的差别最小。在此模型中，职位被界定为起步职位到复杂职位过程，然后可以被安排到不同的“阶梯”中去。阶梯代表一个具体工作组中复杂程度不同的工作，员工每完成一个台阶的课程培训，知识和技能会增加，他的薪资也会上升到与这个阶梯对应的水平。员工的培训可以是由公司内部安排，也可以由外部的专门的培训机构来完成。一般而言，针对公司的专门工作培训是由公司自己承担的，而一般比较普遍的技术则由外部的专门机构承担。

（2）技术单元模型。这种模型适用于相同的工作族之中。在此模型中，职位也被归类到技能群中去，就像楼梯-台阶模型一样，员工也是由简单的工作升入复杂的工作，但是员工的晋升不是直线阶梯形的（从低一级课程到紧接着的高一级的课程，如从第一级课程到第二级课程，第二级课程再到第三级课程，以此类推），而是带有一定的跳跃性。例如，员工在达到入门技能水平（一级课程）后，就可以任意选择学习另一课程中任何一个职位所需的技能，比如说第二级课程、第三级课程或第四级课程中的职位所需的技能等。当然，掌握的技能的复杂度越高，员工的收入也就应越高。技术单元模型和楼梯-台阶模型有相似之处，但是它们的重要区别是楼梯-台阶模型强调知识或技术深度的发展，而技术单元模型则是强调水平和垂直技术。

（3）工作积分累计模型。这种模型旨在鼓励员工提高技术和学习完成不同工作组的工作。如果一家企业有太多的职位且有太多的技能需要员工学习，那就可以考虑采用传统的职位薪资制中的工作分析法来分析每个职位，给每个职位进行评分后，技能与职位相对应，收入与技能相对应。该模型和技术单元模型的区别就是员工不能选择自己要学习的知识和技能，而由公司安排。工作积累模型能够通过对员工学习的鼓励直接增强公司的竞争优势。

(4) 跨部门模型。这种模型给员工提供的培训是完成其他部门工作所需的重要技术，目的是增强员工知识和技能的多样性和灵活性。例如，公司通过多样性的知识或技能培训，员工成为工作的多面手，一个企业管理人员既会管理又能从事研发和销售工作，他的薪资也相应提升。

4. 效率薪资

本书认为效率薪资不同于绩效薪资：① 含义不同。效率薪资是指企业或其他组织支付给员工的比人才市场平均水平高得多的薪资，以促使员工努力工作的一种激励薪酬制度；而绩效薪资是建立在对员工绩效的有效考核的基础上，实行将薪资与考核结果相挂钩的一种激励薪酬制度。② 比较对象不同。效率薪资是与企业外部的人才市场的薪资平均水平相比较，本企业的薪资水平高于外部的企业；而绩效薪资是在企业内部相比较，业绩好的比业绩差的薪资水平高。③ 激励方式不同。效率薪资是通过高薪加大失业威胁激励员工努力工作提高效率；而绩效薪资则是通过业绩考核激励员工努力工作提高效率。

效率薪资是在20世纪80年代发展起来的一种理论。一些经济学家从信息不对称、劳动流动和社会伦理等方面论述了效率薪资的作用。尽管论述角度不同，但基本假设是一致的：① 在没有激励的条件下，劳动者是懒散的。② 对偷懒行为的监管是需要成本的，而且在信息不完全情况下监督是一件不容易的事。③ 工人的生产率取决于薪资率。

要使知识型员工主动地在劳动过程中付出努力，有两种机制可以发挥：一是把薪资定在较高的水平上（高于市场出清的薪资水平），在一定程度上，薪资越高，劳动效率越高，在这种意义上说，高于劳动力市场出清水平的薪资称之为“效率薪资”；二是失业的威胁也可以促使工人提供努力，因为失去工作，领取的救济金会低于薪资水平，从而使生活水平下降。

按照效率薪金理论的观点，提高薪资可以解决对知识型员工的激励问题，消除他们的偷懒行为。因为对知识型员工来说，在一定的薪资水平下之所以付出一定的努力是因为存在失业的威胁，但是，在雇佣制度下，知识型员工不是为自己劳动，而是为雇主劳动，所以在监督不充分的情况下，偷懒又是必然的。在不同的薪资水平下，知识型员工的努力和偷懒现象的产生是不同的。在薪资水平很高时，知识型员工将通过两个因素对待他们的工作：其一，高薪资；其二，相应的低就业水平（高薪资引起低水平的劳动需求）。高薪资的员工意味着一旦被解雇，很难找到如此高薪的企业。所以，只要薪资水平高，知识型员工为了避免失业，也不会偷懒。但是在低薪资水平的情况，偷懒就会发生，这是因为：第一，低薪资意味着工作与失业无大差别（在有失业保险金情况下）；第二，高就业水平（由低薪资引起的高水平的劳动需求）意味着即使被解雇，也不会经历很长的失业期。这种情况下，企业只能提高薪资以防止偷懒行为。

接着是要分析的如下两个问题：① 雇主为什么不用低薪资招聘新的雇员？其原因有三。其一，解雇老雇员需要支付赔偿费、安置费等成本，而雇用新工人又需要花费广告征选、培训等费用；其二，不利于积累劳动者的工作经验和技能；其三，降低员工对雇主的忠诚度和向心力。② 当高薪资提高成本，企业怎样实现利润最大化？对该问题的解释是：一方面，企业可以把监督成本（低薪资下必须支付的）转移为员工薪资；另一方面，效率薪资可以激励员工做出超过企业要求的努力水平。对此阿克罗夫的“礼物交换”模型说明了这一点，企业提供高于市场出清水平的那部分薪资，等于向员工送一份“礼物”，雇员超出工作标准部分的劳动也是赠送给企业的一份“礼物”，两种礼物交换，企业支付的劳动成本等于没有增加。所以效率薪资并不影响企业利润的扩大。

5. 自选式福利

社会养老保险、失业保险、医疗保险、工伤保险等强制性福利措施是员工的基本福利，也是员工权益的重要组成部分。但是鉴于知识型员工的独立性和差别性的特点，对其实施福利激励可以采取自选方式，即由企业设计出一系列合适的福利项目，并平衡好大概的费用，然后由知识型员工根据自己的需要进行选择，这样员工选择的余地大了，满意度会更高，福利项目的激励作用也会增强。这样的福利项目主要有以下几个方面：

（1）工作福利。主要有弹性工作时间、改善工作环境和工作条件、交通补贴、免费提供培训（包括提供吃、住、行费用）、免费午餐或发放午餐补贴、发放工作服装或工作服装补贴、企业迁址补贴（因企业迁址造成员工上班不便而补贴）、提供临时休息房舍等。

（2）非工作时间福利。主要包括带薪节假日、带薪事假及探亲假、每年多发放 1 ~ 2 个月的薪水（6 月份发双薪，供度假之用，12 月份发双薪补贴圣诞节花费）、补充养老金等。

（3）员工医疗保健福利。员工及家庭成员人寿保险、员工疾病和事故保险、牙科保险、免费体检、带薪病假与住院补贴、加入保健组织补助、病残补助、遗属补助等。

（4）生活照顾福利。据美国全国性的调查，被调查企业中有 85% 为员工提供了某种类型的儿童看护帮助，96% 提供了照顾家庭经费账户，40% 提供了应急处理及安排治疗服务，13% 提供了急救患病儿童护理项目，10% 提供了儿童看护中心。[15] 除此之外还有住房补贴、公司折扣商品等。

（5）人情关怀福利。包括：员工生日补贴和礼物、婚丧补贴和礼品、领养儿童补助、带薪旅游观光、减肥补贴等。

另外还有员工服务福利，主要是信用互助会、法律咨询、社交活动（体育比赛、舞会、郊游）、娱乐活动（提供电影、芭蕾舞、演唱会、运动会、球赛门票等）。

四、知识员工长期激励

（一）员工持股计划

1. 员工持股计划的含义

员工持股计划（employee stock ownership plan，ESOP）是指企业为了吸引、保留和

激励员工，通过赠予员工股票，使员工享有剩余索取权的利益分享机制和拥有经营决策权的参与机制的一种福利计划。

2. 员工持股的实现方式

在国外，员工持股的实现方式一般可分为非杠杆型的员工持股计划与杠杆型的员工持股计划。

（1）非杠杆型的员工持股计划。非杠杆型的员工持股计划是指由公司每年向该计划贡献一定数额的公司股票或用于购买股票的现金。这个数额一般为参与者薪资总额的15%，当这种类型的计划与现金购买退休金计划相结合时，贡献的数额比例可达到薪资总额的25%。这种类型计划的要点是：① 由公司每年向该计划提供股票或用于购买股票的现金，职工不需做任何支出；② 由员工持股信托基金会持有员工的股票，并定期向员工通报股票数额及其价值；③ 当员工退休或因故离开公司时，将根据一定年限的要求相应取得股票或现金。

（2）杠杆型的员工持股计划。杠杆型的员工持股计划主要是利用信贷杠杆来实现的。这种做法涉及职工持股计划基金会、公司、公司股东和贷款银行四个方面。这种类型计划的要点是：① 银行贷款给公司，再由公司借款给员工持股信托基金会，或者由公司做担保，由银行直接贷款给员工持股信托基金会；② 信托基金会用借款从公司或现有的股票持有者手中购买股票；③ 公司每年向信托基金会提供一定的免税的贡献份额；④ 信托基金会每年从公司取得利润和其他资金，归还公司或银行的贷款；⑤ 当员工退休或离开公司时，按照一定条件取得股票或现金。

除上述两种典型的员工持股类型外，美国还有许多实现员工持股的方式，如广泛的认股权计划（broad stock option plans）、股票购买计划（stock purchase plans）、股票奖励计划（stock bonus plans）等。

3. 采用员工持股计划的作用

（1）实行员工持股计划对员工的作用，表现在以下几个方面：① 员工持有本企业股票使员工同时具有公司的劳动者与所有者双重角色，可以分享公司的经营成果和资本增值的收益；② 员工可以在薪水之外获得更多收入，也减少了纳税；③ 由于企业赠送了股票，加大其解雇成本，可以保障员工长期在本企业工作；④ 可以增强员工主人翁和参与管理意识，提高员工在企业的地位（获得股东的地位）。

（2）实行员工持股计划对企业的作用，表现在以下几个方面：① 实行员工持股计划能够提高员工的工作效率。据美国全国员工持股中心的研究，实行员工持股计划的公司在企业生产率上比不实行的公司平均高8%～11%。② 通过员工持股计划可以实现劳动者与所有者风险共担、利益共享，挖掘公司内部成长的原动力，提高公司自身的凝聚力和市场竞争力。③ 员工以股东身份参与公司的管理，提升了企业的科学管理、民主管理的水平。④ 实行员工持股计划可以吸引、保留和激励优秀员工为企业服务。⑤ 通过实行员工持股计划，将公司股份分散于企业员工之中，利用公司员工担心企业被兼并后可能裁员的心理和员工对企业的感情，在一定程度上可以帮助企业抵制外部敌意并购。⑥ 实行员工持股计划可以将沉淀在企业内部难以充分发挥效益的资金重新推回市场。⑦ 实行员工持股计划可以减轻企业税负（雇主向员工出售股份或股票，可以减免增值税）。⑧ 政府为鼓励实行员工持股计划而提供的多种税收优惠可以使实行员工持股计划的企业大大减轻其融资成本，使员工持股计划成为公司理财的重要手段之一。

（3）实行员工持股计划对国家的作用，表现在以下几个方面：① 实行员工持股计划有利于社会资金通过资本市场进行优化配置，有助于提供资本市场服务实体经济，从而促进国民经济的稳定健康发展。② 实行员工持股计划可以扩大公众对资本的占有，缩小社会的贫富差距，缓解劳资矛盾，获得社会的和谐稳定。③ 实行员工持股计划可以在一定程度上降低失业率（实行员工持股计划的公司，雇主和员工一般都达成不裁员的协议）。

当然，实行员工持股计划受诸多因素影响，也是有一定风险的。在内因方面，公司的经营情况、盈利与否、工作效率和劳动生产率的高低都直接影响计划的执行；在外因方面，行业间的竞争、宏观经济环境、市场的变化和政治原因、货币波动等公司都会受到影响。许多公司不愿承担这样的风险。此外，政府在税收上为鼓励员工持股的推行，每年都要承担巨大收入的损失。例如，根据美国税收联合委员会的计算，1999 年到 2000 年度，税收损失额高达 46 亿美元。这些因素在不同方面阻碍和制约了员工持股计划在美国的进一步发展。

（二）股权激励

1. 股权激励的方式

股权激励就其形式而言，比职工持股计划要丰富得多，在第一节我们较为详细地介绍了企业家的股票期权，其中很多项目也适用于知识型员工。下面我们总结国内外通用的股权激励模式及它们各自的优缺点和适用范围，如表 8 – 6 所示：

表 8 – 6　各种股权激励方式特点及适合的企业类型一览表

激励方式	优点	缺点	企业类型
业绩股票	短期不会影响公司的总股本和所有权结构；激励相关人员努力完成业绩指标，增加其退出企业的成本；符合国际惯例、比较规范、操作性强	行权价、抛售价和业绩目标的确定难度较大；激励成本高，公司现金压力较大	现金流量较充裕、业绩较稳定的公司
增值奖股	激励对象不需要现金付出	资本市场的弱有效性使股价和经营者业绩关联不大；公司的现金压力较大	现金流量较充裕且股价较稳定的公司

续表

激励方式	优点	缺点	企业类型
股票期权	捆绑企业与员工之间的长期利益；变外部激励与约束为自我激励与约束，进而达到双赢；锁定了期权人的风险，降低了企业的激励成本；激励力度大，相对公平	我国资本市场的弱有效性，股价与业绩的关联不大；抛售股票受到限制，需证监会批准；实施期权的股票来源问题存在法律障碍	初始资本投入较少、资本增值快、人力资本贡献显著的公司
限制性股票计划	激励对象不需要付钱购买；可激励员工为实现长期目标而努力工作	业绩目标或股价目标的确定较困难；现金流压力大	业绩不佳的公司；产业调整期的公司，初创期的公司
业绩单位	激励对象努力完成业绩目标，实现股东和激励对象的双赢	激励对象获得现金，激励没有长期性；业绩目标确定的科学性很难保证，容易导致激励对象弄虚作假	现金流量充裕且股价较稳定的公司
延期支付计划	锁定时间长，减少了激励对象的短期行为，计划可操作性强	激励对象持股数量较少，难以产生较大的激励力度	业绩稳定型的公司及集团公司子公司
股票增值权	激励对象不需要现金付出	资本市场的弱有效性使股价和员工业绩关联不大，公司的现金压力较大	现金流量较充裕且股价较稳定的公司
虚拟股票	虚拟股票发放不会影响公司的总股本和所有权结构	公司现金压力较大，虚拟股票的行权价和抛售时的价格确定难度较大	现金流量较充裕的公司
储蓄－股票参与计划	吸引和留住高素质人才并向所有员工提供分享公司潜在收益机会	激励力度可能不够，有平均化和福利化的倾向	高科技公司及其子公司

资料来源：潘先秀．MWS 型非上市民营企业股权激励机制设计研究．扬州大学劳动经济学专业硕士论文，2008.

2. 技术入股

技术入股是知识型员工用其拥有的技术成果作价入股所占有的股份，知识型员工一般拥有完全的所有权，并用其所拥有的技术承担风险。但在实践中，也有规定认为，知识型员工只拥有干股的收益权。例如，1999 年江苏省科学技术委员会等部门联合发布的《关于推进技术股份化的若干意见》第四条指出："鼓励采取期股、干股等长期性的激励措施对公司制企业的骨干科技人员，可以采用期股、干股等长期性的激励措施。……干股的所有权仍归公司原有股东所有，但享受干股激励的技术骨干拥有干股的收益权。干股兑现根据技术骨干的工作业绩来决定。技术骨干无权转让该股份，离开公司后也不得带走。"（秦兴方，2004）

3. 行业特征与股权激励

高科技行业的股权激励效果总是处于领先地位。而在自然资源垄断型、劳动和资本密集型等其他行业，股权激励的激励和约束作用就要小得多。股权激励在各行业中的重要程度具体总结如表 8－7 所示：

表 8－7 行业特征与股权激励

行业名称	行业特征	薪酬策略	股权激励
高科技行业	1. 一般属于竞争性行业 2. 行业需求不断增长 3. 技术含量高，创新人才需求大 4. 行业盈利水平高，成长性高	从公司战略出发，确定对怎样的业绩和行为进行回报以及怎样回报；确定基本薪酬和福利的基础上，重点实施长期股权激励；关注薪酬支付方式及团队薪酬的设计	重要
知识型服务行业	1. 蕴涵密集的知识资产和创新 2. 高度依赖新技术和高知识水平的人才 3. 我国仍处于初级发展阶段 4. 行业基础薄弱、发展水平偏低、自主创新能力有限 5. 未来发展空间大，盈利能力强	对普通员工主要实施普通的薪酬计划（基本薪酬、福利、奖金等）；对知识、资本的不同层次的拥有者实施不同层次的股权激励，以提升企业的盈利、发展能力	重要
资本密集型行业	1. 巨额资本是企业价值创造的主要来源 2. 高层管理者对公司业绩的提升有较大影响 3. 前期投资巨大，为新进入者制造了较高的进入壁垒	由于企业的生产主要依赖于资本，对普通员工实施普通的薪酬计划；主要对高层管理者实施股权激励	一般
劳动密集型行业	1. 生产主要依靠大量使用劳动力，对技术和设备的依赖程度低 2. 投资少，资金或资本周转快，进入门槛低 3. 工资与设备折旧支出相比所占比重较大 4. 行业增长缓慢	由于工作技术含量不高，可以通过奖金等激励方式提高员工的劳动效率；又由于员工的价值创造量的差距不大，因此持股比例也不会拉得太开，激励效果不明显	不重要

续表

行业名称	行业特征	薪酬策略	股权激励
自然资源垄断行业	1. 行业中，只有很少几个企业进行生产，进入这一行业比较困难 2. 所生产的产品或提供的服务有一定的差别或者完全无差别 3. 对价格有很大程度的控制 4. 行业的高成长性源于对资源的垄断，而不是科技与人才的作用	具有垄断性质的资源是盈利的主要来源，因此没有必要对员工进行股权激励，企业可以采取普通的薪酬计划	不重要

五、企业生命周期与知识型员工薪酬激励

（一）企业周期的不同发展阶段[16]

在企业周期的不同发展阶段，知识型员工报酬分配的方式也是不一样的。图 8－5 反映了企业在不同发展阶段所考虑的主要薪酬模式和激励机制类型以及它们之间的各种组合。

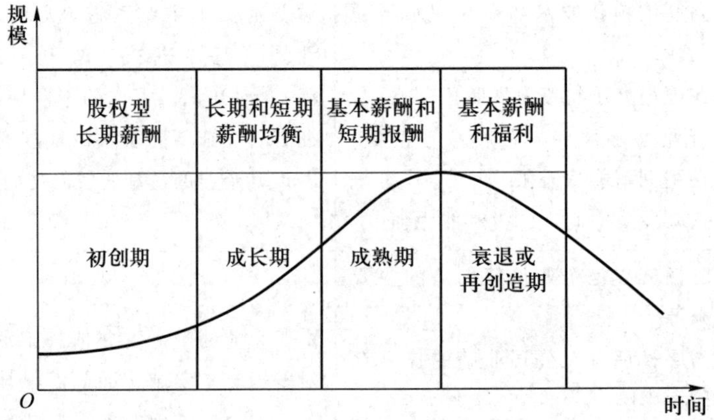

图 8－5　企业发展各阶段的薪酬模式

图 8－5 表明，在企业发展的不同阶段，各种生产要素在其中的地位是不同的，由此，所采用的薪酬模式和激励机制类型以及它们之间的各种组合也呈现差异。

（1）在企业初创阶段，持有技术成果的专家和风险投资的种子资金是最重要的因素。因此，对知识型员工也有足够的激励强度，但企业在这一时期受资金特别是现金流的压力，所以，企业在初创期一般无法给知识型员工以较高的现金薪酬，而股权分配这一长期激励制度既可以大大降低创业成本，又能使知识型员工的努力与企业价值的成长联系起来。

（2）在从初创期晚期到成长期这一阶段，一方面，知识型员工的作用得到充分体现，另一方面，随着企业生产能力的扩大，市场开拓或营销成为主要任务，管理人员、市场营销人员、生产工艺知识型员工的作用尤其重要，同时围绕客户的再开发投入和成长性资金的作用又显现出来。因此，在这一阶段，激励模式要将长期的股权激励与短期的薪酬激励方式结合起来，以调动各种人力资本所有者的积极性。

（3）在企业进入成熟期阶段，一方面，企业由企业创新所带来的超额利润因技术逐步为全社会其他企业采用而趋于零，另一方面，企业内部全员持股日益普遍。因此，基本薪酬和短期报酬等直接激励方式将更具有激励效应。

（4）在衰退期或再创造期阶段，企业由技术创新所带来的超额利润消失，如何使企业在激烈的竞争中立足，并稳定企业知识型员工队伍，激励其进行再创业成为企业的根本任务。在这一阶段，现金薪酬与股权薪酬的结构关系将逐渐逆转，基本薪酬与福利相结合的分配方式成为主要的激励方式。

（二）企业生命周期与薪酬关系

根据埃尔灵（Elling，1984）的研究，在企业生命周期各阶段应采取的薪酬如表8－8所示。

表8－8 企业生命周期与薪酬组成关系图

生命周期 薪酬要求	初创	成长	成熟	衰退
基本薪酬	低 为了储备资金增加投资，以促使组织成长	中 组织的盈利能力日益增加	中 组织盈利能力已趋稳定	高 长期激励计划难以奏效
短期激励薪酬	中 组织为储备资金	高 组织为促使新发展的视野能稳定成长，借此向市场占有率最高的组织挑战，以获取更大的影响力	高 为维持目前市场上的占有率	中 针对部分市场上占有率较低而设的激励计划，已遭遇困难
长期激励薪酬	高 因为资金短缺，借此使员工与组织有同舟共济的感受	高 为建立稳固的市场地位，市场价值的计划更盛行	中 几乎不再成长，非市场价值的计划取代市场价值计划	低 长期激励难以进行

资料来源：B. R. Elling. Compensation Issues of the 80’s. //C. H. Fay, R. W. Beatty. The Compensation Sourcebook. Amherst, MA: Human Resources Development Press, 1984.

关键概念

企业家 薪酬 股票期权激励 知识型员工 契约薪资 知识薪资

即测即评

扫描右侧的二维码图标，内含若干判断题、单选题和多选题，您可在线自测并查看答案。

复习思考题

1. 国内外对企业家概念有哪些解说?
2. 企业家劳动与一般管理者的劳动有何不同?
3. 试述企业家的薪酬激励理论。
4. 比较国外企业家年薪制的模式。
5. 简述企业家股票期权激励的主要形式。
6. 简述管理者收购的优缺点。
7. 知识型员工与一般劳动者有何不同?
8. 简述知识型员工的激励理论。
9. 对知识型员工激励的主要因素有哪些?
10. 如何对知识型员工进行长期激励?

注释

[1] 诺思. 制度、制度变迁与经济绩效. 上海:上海三联书店,1994:116.

[2] 程小琴,蔡希贤. 如何塑造战略型的企业家——关于企业家地位和作用的思考. 咨询与决策,2001(12).

[3][5][6] 王一江,孔繁敏. 现代企业中的人力资源管理. 上海:上海人民出版社,1998:265－267,269,268.

[4] 黄群慧. 控制权作为企业家的激励约束因素:理论分析及理实解释意义. 经济研究,2000(1).

[7] 数据来自榜文网,2014 年。

[8] 周春生,王汀汀. 员工持股计划与股票期权激励制度研究. 上证联合研究计划第三期课题报告,国家雇员所有权中心官网,2013.

[9] Jesnsen M C,Kevin J. Murphy. CEOs Incentives—It's Not How Much You Pay,But How. Harvard Business Review, May－Lune,1990:138－153.

[10] 柴曼昕. A 股上市公司高管股票期权激励收入与价值创造关系研究. 博士论文,2013.

[11] 刘琴,徐拥军,陈幸华. 论知识型员工的激励. 求索,2005(5).

[12] S. 阿尔特曼. 管理科学与行为科学. 上. 北京:北京航空航天大学出版社,1990:148.

[13] A. D. 西拉伊. 组织行为学. 北京:煤炭工业出版社,1992:388－390.

[14] 陈井安,景光仪. 知识型员工激励因素实证研究. 新华网,2006 年 10 月.

[15] 乐章,陈璇. 福利管理. 深圳:海天出版社,2003:173.

[16] 根据《非上市创业企业的股权激励》有关《企业发展各阶段的薪酬与激励方式图》(国务院发展中心调查研究报告)第13号,2002年1月18日版,第4页改编。

第 四 篇

职业与就业

第九章—第十一章

- 职业
- 就业
- 失业

第九章　职　　业

职业是劳动经济学的一项新内容，它对个人和组织、社会都有重要的意义。对个人来说，职业生涯和职业选择关系到劳动者的发展和成就。正如哲学家罗素所说："选择职业是人生大事，因为职业决定了一个人的未来，所以说，选择职业，就是选择将来的自己。"[1]因此，职业是微观人力资源配置的基础，也是就业与失业经济理论研究的微观基础。对组织和社会来说，职业设计和职业匹配是人力资源配置和开发利用的一项重要内容。

第一节　职业概述

一、职业的概念与特点

（一）职业的概念

职业（occupation）的概念由来已久，但由于研究的目的不同，学者们分别从不同的视角、不同的侧面对职业的概念进行了不同的解读。概括起来，可以分别从词义学、社会学和经济学意义上来认识职业的概念。

1. 词义学上的职业

从词义学上看，"职业"一词是由"职"与"业"二字构成。所谓"职"，包含着社会职责、天职、权利与义务的意思；所谓"业"，包含着从事业务、事业、事情、独特性工作的意思。有的学者用"职是责任，业是业务"这样一句话来反映"职业"一词的内涵。这里的职业是指一种承担了某种责任、行业性、专门化的业务活动。

2. 社会学上的职业

在社会学上，代表性的观点主要如下：

（1）日本社会学家尾高邦雄认为，职业是某种一定的社会分工或社会角色的持续的实现，涵盖工作、工作的场所和地位，并指出："职业是社会与个人，或整体与个体的结合点；通过这一点的动态相关，形成了人类社会共同生活的基本结构；整体靠个体通过职业活动来实现，个体则通过职业活动对整体的存在和发展做出贡献。"[2]

（2）美国学者泰勒（Lee Taylor）在其《职业社会学》（1968）一书中指出，职业的社会学概念，可以解释为一套成为模式的与特殊工作经验有关的人群关系。这种成为模式的工作关系的整合，促进了职业结构的发展和职业意识形态的显现。

(3) 中国学者陈婴婴（1995）认为，职业是“个人进入社会的物质生产或非物质生产过程后获得的一种社会地位，个人通过这一社会位置加入社会资源的生产和分配体系，并建立相应的社会关系”。[3]

(4) 在《社会学小词典》中职业被定义为：在存在社会分工的社会中，人为地作为独立的社会单位存在、谋求自己生计的维持，同时实现社会联系和自我实现而进行的持续的人类生活方式（《社会学小词典》，1977 年版，第 196 页）。

(5) 王荣发在《职业发展导论》（1994）中总结了社会学的职业含义，包括四个方面的内容：① 职业是社会分工体系中的一种社会位置；② 职业是已经成为模式并与专门工作相关的人群关系和社会关系；③ 职业同权力（保持自身的垄断领域权力和经济收益权力）密切相连；④ 职业是国家确定和认可的。

3. 经济学上的职业

其代表性的观点主要有：

(1) 法国权威的《拉鲁斯词典》（1995）将职业定义为“为了生活而从事的经常性活动”[4]。

(2) 美国学者阿瑟·萨尔兹（Arthur Saltz）撰写的《社会科学百科全书》认为，职业是一个人为了不断取得个人收入而连续从事的具有市场价值的特殊活动，这种活动决定着从业者的社会地位。

(3) 日本劳动问题专家保谷六郎认为，职业是有劳动能力的人为了生活所得而发挥个人能力，向社会做贡献的连续活动。“职业”的特性为：第一，经济性，即从中取得收入；第二，技术性，即可发挥个人才能与专长；第三，社会性，即承担社会的生产任务（社会分工），履行公民义务；第四，伦理性，即符合社会需要，为社会提供有用的服务；第五，连续性，即所从事的劳动相对稳定，是非中断性的。

(4) 有些中国学者认为，职业是劳动者能够稳定从事有报酬的专门类别的工作或职业（潘锦棠，1991）；是劳动者能够稳定地从事某项有酬工作而获得的劳动角色（张再生，2002）。

可见，经济学上的职业概念的内涵主要包括三个方面的内容：① 职业是社会分工体系中劳动者所获得的一种劳动角色；② 职业是一种有报酬的经济活动；③ 职业具有连续性和稳定性。

综上所述，职业一词包括四层意思：① 职业是与其所从事业务和工作相联系；② 职业是在社会分工体系中劳动者所获得的一种劳动角色；③ 职业是劳动者为获得收入而参与的社会经济活动；④ 在职业内有稳定的持续性。本书认为，所谓职业，是指人们在一定时期内所从事的社会认可的、工作相对稳定的、有收入的专门别类的社会劳动。

（二）职业的特点

1. 社会性

职业是在人类长期生产活动中，随着生产力发展和社会劳动分工的出现，而逐步产生和发展起来的。

（1）职业根源于社会分工。① 社会分工是职业产生的基础。在原始社会初期，生产力水平低下，劳动过程只有简单的自然分工，还没有职业的产生。随着生产力的发展，人类出现了三次社会分工，即游牧业同农业的分离、手工业同农业的分离、商业和商人阶级的产生。由于这些分工，最初的职业便出现了，比如牧人、农夫、工匠、商人等职业。② 社会分工的发展决定和制约着职业的发展。随着科学技术的进步，社会分工越来越细，从而职业也越来越多。③ 社会分工的变化决定和制约着职业的变化。随着全社会劳动分工模式的变化，在职业结构中一些传统职业萎缩甚至消失了，而新的职业不断出现并不断扩大。

（2）职业是个人和社会存在和发展的基础。因为职业给人们解决了生活的经济来源，提高了人们的生活水平；不同的职业赋予劳动者以不同的工作内容、不同的职责、不同的声誉和社会地位；有了职业选择活动，才为其他一切社会经济的发展奠定基础。

（3）职业是国家（社会）承认的。任何一种职业，必定为社会所承认，职业的存在才有法律效应。

（4）职业是劳动者所获得的一种社会劳动角色。每一个劳动者通过职业获得了一种专门劳动角色，所以，职业是劳动者特定社会角色的标记。

2. 经济性

劳动者从事某项职业，必定要从中取得经济收入。换言之，劳动者就是为了不断取得个人收入，才较为长期、稳定地承担某项社会分工，从事该项社会职业的。没有经济报酬的工作，即使其劳动活动较为稳固，也非职业工作。例如单独从事自己家庭家务的人员，便没有职业可言。

3. 连续性和相对稳定性

劳动者连续、不间断地从事某种社会工作，或者从事该项工作相对稳定，才称其为劳动者的职业。否则，在千万种职业中，今天干这个，明天干那个，后天又改行，就不会有劳动者的职业的存在。可以说，不相对固定地从事某项专门工作，离开了工作的稳定性，就无所谓职业。

4. 职业内部具有同一性、职业之间存在差异性

（1）职业内部具有同一性。某一类别的职业内部，其劳动条件、工作对象、生产工具、操作内容、人际关系等都是相同的或是相近的。由于职业情境的同一，人们就会形成同一的行为模式，有共同语言。正是基于职业的同一性，才构成职业工会、同业工会、行业等社会组织。这种同一性往往会给人打上社会印记。例如张三是侦探，人们会认为他精明；张三改行搞文艺，人们就认为他活泼而浪漫；张三又去当教师，人们则认

为他有学问等。

（2）不同职业间有着巨大的差异。职业不同其职业活动内容、个人行为模式、职业社会心理等也不相同。随着分工的细化、技术的进步、经济结构的变动和社会的发展，新职业不断产生。当今社会职业差异还在继续加大。这种差异导致了不同职业者的不同社会人格，以及人在职业转换中的矛盾与困难。

5. 层次性

在众多的职业类型间，是可以区分不同层次的。在现实社会中，人们对不同职业的看法（即职业的社会评价）存在着层次，即有“高低贵贱”之分。这种职业社会评价的层次性，根源于各种不同职业的体力付出、脑力付出、工作的复杂程度、工作的轻松程度、教育资格条件、在工作组织权力结构中的地位、工作内容的自主权、收入水平、社会声望等方面的差异。承认职业存在地位高低的区别，就应当通过给人们创造平等竞争、自由择业的机会，促进人的向上流动，进而促进社会的健康发展。

6. 广泛性

职业问题涉及社会的大部分成员，也涉及社会的经济、政治、心理、教育、技术、伦理等许多领域，因而它具有广泛性。就个人而言，一个人生活的方方面面都与职业发生着多种联系。

7. 流动性

职业流动是劳动者在不同的职业群体之间的流动，是职业角色的变换过程，职业流动主要表现在：① 以职业地位和职业声望为标准，可以把职业流动分为水平流动和上下流动；② 两代人之间从事的不同职业的变化表现为代际流动；③ 劳动者个体在整个职业生涯过程中进行职业选择和变换活动；④ 从职业流动引起社会职业结构性变化的情况看，表现为结构流动和个别流动。

8. 时代性

职业的时代性，有两个含义：① 职业随着时代的变化而变化，一部分新职业产生，替代一部分过时的职业；② 每一个社会都有自己的“时尚”职业，它表现为该社会中的人们所热衷的职业。例如，改革开放以来，人们从过去重视第一、第二产业职业转而注重第三产业职业，等等。

二、职业分类

职业分类是指以一定的规则、标准及方法，按照职业的性质和特点，把一般特征和本质特征相同或相似的社会职业，分成并统一归纳到一定类别系统中去的过程。职业分类不同于职业分层，其区别在于：① 基础不同。职业分类的划分基础是职业的社会分工不同，而职业分层划分的基础是职业的社会地位不同。② 排列方向不同。职业分类一般是横向排列，而职业分层一般是纵向排列。③ 划分的标准不同。职业分类是以劳动过程的同一性或工作性质的同一性为标准来划分的；而职业分层是以职业的社会地位和职业声望为标准来划分的。④ 是否具有法律性和权威性不同。职业分类往往是政府制定并认可的，因而具有法律性和权威性；而职业分层是社会做出的，是一种社会价值取向，虽然为社会公众所认可，但不具有法律性和权威性。

（一）国外的职业分类

1. 按脑力劳动和体力劳动的性质、层次进行分类

美国的职业分类方法之一是把工作人员分为两大类：一类为白领工作人员，另一类为蓝领工作人员，即通常所讲的白领职业与蓝领职业。

（1）白领工作人员。白领工作人员是指有较高教育背景和工作经验，从事脑力劳动以获取薪资的劳动者。包括：① 专业性和科技性的工作人员。如会计、建筑师、计算机专家、工程师、法官、医生、教师、牧师、社会科学家、作家等。② 农场以外的经理和行政管理人员。③ 销售人员。④ 公务办公室工作人员等。

（2）蓝领工作人员。蓝领工作人员是指一切从事知识和技术含量较低的重复性劳动，以获取工资收入的体力劳动者，包括国内劳工和国际劳工。

国内劳工主要包括：① 手工艺及类似的工人，如木匠、砖瓦匠、油漆工等；② 运输装置机械工人；③ 农场以外的工人，如饲养人员、矿工、建筑工人、垃圾工、伐木工等；④ 服务性行业工人，如清扫服务工、农场工人、私人服务人员等。

国际劳工主要包括：① 移民工人（或称出国劳务人员）。② 边境工人，是指那些在邻国保持日常住所，通常每天或至少一星期返回一次的流动工人。③ 季节工人，是指工作性质由季节条件决定，并且仅在一年的部分时间在国外从事该工作的工人。④ 海员。⑤ 近海设施工人，是指被雇在近海设施上工作，而本人又非该设施所有国的国民的工人。⑥ 巡回工人，是指在某国有日常住所，由于其职业性质的原因，不得不短期旅行到其他国家工作的工人。⑦ 项目工人，是指进入就业国在限定的期间内仅为其雇主在该国实施的特定项目而工作的工人。⑧ 特殊雇用工人，是指被雇主派到工作所在国的限定的时间内承担特定的任务或责任；或根据工作所在国雇主的要求，在限定的时间内，从事暂时性或简短性的工作的工人。⑨ 自营职业工人，自营职业工人是指那些不是根据劳务合同从事有报酬工作的工人，通常他们是单独地或与其家庭成员一起通过有报酬的工作谋生；也指任何其他根据工作所在国立法或双边、多边协议认作自营职业的工人。

2. 按劳动者从事职业工作的性质分类（国际标准分类）

国际标准（international standard classification of occupations，ISCO）是国际劳工组织（ILO）为给各国提供统一准则而制定的职业分类标准。早在 1923 年的第一届国际劳工统计学家会议上人们就讨论了制定职业分类国际标准的需要，1949 年，这一项目正式启动。1958 年《国际标准职业分类》初版发行，之后又经 1968 年、1988 年、2008 年三次修订，形成较新版本《国际标准职业分类（2008）》。《国际标准职业分类（2008）》分为 10 个大类、43 个中类、125 个小类、436 个细类，其中 10 个大类分别是：管理者；

专业人员；技术和辅助专业人员；办事人员；服务与销售人员；农业、林业和渔业技工；工艺和相关行业工；工厂、机械操作与装配工；初级职业；武装军人职业。

（二）我国的职业分类

1. 按劳动者所处的产业分类

职业的产业分类为：第一产业指农业、林业、渔业、畜牧业等国民经济的基础行业；第二产业是指工业、交通业、建筑业等国民经济发展的主导行业；第三产业是指商业、服务业、旅游业、信息业等行业。

2. 按工作特点分类

按工作特点可分为实务、社会服务、文教、科研、艺术及创造、计算及数学、自然界、户外、一般服务、管理等十多种类型的职业。

（1）实务性职业。主要指工作任务很实际的职业，包括使用机器、工具和其他种类设备的工种，也包括使用各种书写仪器的职业，如打字员等。

（2）社会服务性职业。主要是指帮助别人解决困难或问题的职业，如医疗卫生保健、民事调解、婚姻、心理咨询、职业介绍等。

（3）文教性职业。是指使用文字或其他媒介，把信息、知识和技术传授给别人的职业，如教师、记者、图书、档案工作人员等。

（4）科研性职业。是劳动者从事科学研究实验方面的职业，如科学家、技术人员、化验员、药剂师等。

（5）艺术及创造性职业。是指用语言、动作、音响、色彩等来创造艺术作品的职业，如摄影业、作家、画家、演员、音乐家、设计师、舞蹈家等。

（6）计算及数学性职业。是指钱财管理、资料数据统计及分类等，如银行职员、会计、统计员等。

（7）自然界性职业。是指料理牲畜、植物的职业，如农、林、牧、渔业等。

（8）户外性职业。是指大部分工作时间在户外，且有一定艰苦性的职业，如交通警察、地质、勘测及其他野外作业人员等。

（9）一般服务性职业。是指向别人提供所需各项服务的职业，如招待员、导游员等。

（10）管理性职业。是凭说服力和影响力进行工作的职业，包括管理、指派他人做事，运用说服力和影响力达到工作目标，如国家公务员、厂长、经理、律师等。

3. 按劳动者从事职业的工作性质分类

参照国际标准和方法，1986 年，我国国家统计局和国家标准局首次颁布了中华人民共和国国家标准《职业分类与代码》，之后又多次细化和修订。根据我国 2017 年的《中华人民共和国职业分类大典》将我国职业归为 8 个大类、66 个中类、413 个小类、1 838个细类（职业）。8 个大类分别是：

第一大类：国家机关、党群组织、企业、事业单位负责人，其中包括 5 个中类、16

个小类、25 个细类。

第二大类：专业技术人员，其中包括 14 个中类、115 个小类、379 个细类。

第三大类：办事人员和有关人员，其中包括 4 个中类、12 个小类、45 个细类。

第四大类：商业、服务业人员，其中包括 8 个中类、43 个小类、147 个细类。

第五大类：农、林、牧、渔、水利业生产人员，其中包括 6 个中类、30 个小类、121 个细类。

第六大类：生产、运输设备操作人员及有关人员，其中包括 27 个中类、195 个小类、1 119 个细类。

第七大类：军人，其中包括 1 个中类、1 个小类、1 个细类。

第八大类：不便分类的其他从业人员，其中包括 1 个中类、1 个小类、1 个细类。

4. 按照劳动者在劳动力市场所处的层次分类

有些学者（刘强、薛惠锋、刘泽双，2005）把中国劳动力市场的三级五个层次划分为：高级劳动力市场（Ⅰ级市场）、普通劳动力市场（Ⅱ级市场）和低级劳动力市场（Ⅲ级市场）。而这三级劳动力市场中的职位，又被细分为五个层次职业，它们依次是“金领”、“白领”、“灰领”、“蓝领”和“黑领”，其中“金领”和“白领”属于Ⅰ级劳动力市场，“灰领”属于Ⅱ级劳动力市场，“蓝领”和“黑领”则属于Ⅲ级劳动力市场。在Ⅰ级劳动力市场中，大中型企业机构中的高级管理人员（如董事长、总经理等）及政府高级官员（如厅局级及以上干部等）在职业上属于“金领”；而大中型企业机构中的中层管理人员（如部门负责人等）、政府机构内的中层人员（如处科级干部等）以及科研院所的教授和专家等职业则属于“白领”。在Ⅱ级劳动力市场中，企业机构中的一般管理人员、政府内的一般公务员等职业属于“灰领”。在Ⅲ级劳动力市场中，企业中的普通体力劳动者所从事的职业属于“蓝领”；而外来务工人员由于从事脏、累、苦、险、粗、毒和收入低的工作则属于“黑领”。

5. 按职业经费来源分类，可分为行政、事业单位和企业单位

经费主要来源于国家财政和地方财政拨款的是行政、事业单位。自主经营、自负盈亏、以发行股票或银行贷款为经费来源的是企业单位。

三、职业对于“人”的重要作用

职业，是人的一种社会活动，是人的一种经济行为，又是人的一种生活方式，它对于社会中的每一个人都是极为重要的。具体来说，职业对于“人”有以下作用：

（1）职业是人们参与社会生活、从事社会活动、进行人生实践的最主要场所，从多方面决定了个人的特征和境遇。无职业者在此方面就大受影响。

（2）职业是个人获得经济收入的主要来源，从而成为个人生存和维持家庭的物质基础。“趋利”与“避害”一样，都是生物对外部环境的必然选择，人的“趋利”就更多地体现在追求高收入的职业上，这也成为人们就业的选择标准。

(3) 职业是人们从事的某种特定的工作。它要求人们有一定的素质条件，又能使人的才能、兴趣得到发挥，并成为积累人力资本和促进人的个性发展的手段。

(4) 职业是个人获得非金钱利益的来源，如名誉、地位、权力、各种便利等，从而使个人获得心理满足，达到“乐业”的境地。

(5) 职业生活使个人进入一种社会情境，这种社会情境又因职业的异同而异同，这样，职业就成为使人担任特定的社会角色，形成一定行为模式的条件。

(6) 职业类别、职业环境和职业中的个人等级（如局长、厂长或办事员、工人）是人的社会地位的象征。人们在职业问题上的努力和奋斗，构成人们在社会地位“阶梯”中的向上流动。

(7) 职业是一种社会劳动分工体系。个人在这个体系中活动，是个人为社会做贡献的途径。

第二节　职业生涯

一、职业生涯的内涵

在一个人从出生到死亡的整个人生经历中，存在着不同的生命周期，主要有生物生命周期、家庭生命周期、收入生命周期、职业生涯周期等。其中职业生涯是人一生中最重要的历程，它对职业最有决定性意义。职业生涯概念最早是由沙特列（Shartle，1952）提出的，他认为，职业生涯是指一个体在工作生活中所经历的职业或职位的总称，是职业、工作、职位的关联顺序。法国的权威词典《拉鲁斯法语词典》将职业定义为：“表现为连续性的分阶段、分等级的职业经历。”[5]美国学者罗斯威尔（Willian J. Rothwell）和思莱德（Hery J. Sredl，1992）将职业生涯定义为人的一生中与工作相关的活动、行为、态度、价值观、愿望的有机整体。[6]格林豪斯与克拉那（Greenhaus&Callanan，1994）认为职业生涯就是贯穿人一生中与工作经验相关的经历的模式。美国著名心理学家和职业管理学家施恩（Edgar H. Schein，1987）则将职业生涯分为内职业生涯和外职业生涯。内职业生涯是指从事一种职业所具备的知识、观念、经验、能力、心理素质、内心感受等因素的组合及其变化过程。它是别人无法替代和窃取的人生财富。外职业生涯是指经历一种职业的通道，包括招聘、培训、晋升、解雇、退休等各阶段。有的学者（如吴国存教授，1999）将职业生涯分为狭义职业生涯和广义职业生涯。前者是指一个人从职业学习开始到职业劳动结束的全部过程，上限起始于任职前的学习和培训；广义的职业生涯是从人的出生开始到退出职业劳动的全过程，其上限从 0 岁起点开始。

综合不同学者对职业生涯的不同认识，可以看出职业生涯包括以下四层含义：

① 职业生涯是一个个体的概念，是个体的工作行为经历，而非群体或组织的行为经历；② 职业生涯是一个职业概念，实质是指一个人一生之中的工作任职经历或历程；③ 职业生涯是一个时间概念，有广义和狭义不同职业生涯期限界定；④ 职业生涯是一个动态概念，包括职业发展、变更经历和过程。本书认为职业生涯是指人的一生中经历的连续性工作历程，该历程包括了社会角色与收入的变迁、职位的改变、岗位的转换等。

二、职业生涯发展阶段理论

职业生涯的主要理论是职业发展阶段理论，对职业生命周期发展阶段的理论主要有萨柏的职业生涯发展理论、施恩的职业生涯发展理论、金斯伯格的职业生涯发展理论、格林豪斯的职业生涯发展理论等。

（一）萨柏的职业生涯发展理论

美国著名职业管理学家萨柏（Donald E. Super）根据劳动者个体的不同年龄，把人的职业生涯发展分为五个阶段。

1. 成长阶段（0—14 岁）

该阶段属于认知阶段。通过家庭和学校中关键人物的影响并加以认同，儿童会逐渐发展其自我。在这个阶段的早期，需要和幻想占统治地位，随着参与社会和了解现实的程度增加，兴趣和能力也变得更加重要。

成长阶段的任务是：逐渐认识自己是个什么样的人，同时对工作及其意义有一个初步理解。成长阶段又可分为三个时期：① 幻想期（4—10 岁），需要占主导地位，在幻想中扮演自己喜欢的角色；② 兴趣期（11—12 岁），兴趣和爱好成为职业期望和活动的主要决定因素，开始职业选择；③ 能力期（13—14 岁），开始更多地考虑自己的能力以及工作要求，有意识地进行能力的培养。

2. 探索阶段（15—24 岁）

这属于学习打基础阶段。在这一阶段，一个人开始通过学校学习、业余活动和部分时间工作进行自我考察、角色鉴定和职业探索。探索阶段包括三个时期：① 尝试期（15—17 岁），个人对需要、兴趣、能力、价值观以及就业机会等因素都有所考虑，并通过幻想、讨论、课外工作等方式进行择业的尝试性选择，鉴定出可能的合适的工作领域和工作层次。这一时期的主要任务是明确一种职业偏好。② 过渡期（18—21 岁），个人进入劳动力市场或专门培训机构，更多地考虑现实并试图补充对自我认知的看法。该时期的发展任务是明确一种职业倾向。③ 试验和初步承诺期（22—24 岁），个人已经发现了一个大体上合适的职业，开始从事第一份工作并试图把它定为可能的终身职业，在这个时期，承诺仍是暂时的，如果第一份工作不合适，个人可以重新进行明确、确定并实现某种职业倾向的过程。该时期的任务包括：实现一种职业倾向，发展一种现实的自我认知，了解更多的机会。

3. 创业阶段（25—44 岁）

这属于选择、安置阶段。到了创业阶段，一个人已经找到了一个合适的领域，并努力在其中永久保持下去。以后发生的变化主要是职位、工作和单位的变化，而不是职业的变化。这一阶段的发展任务是：发现从事自己新希望的工作机会；学会与他人相处；巩固已有的地位并力争提升，使职业有保障，在一个永久职位上稳定下来。创业阶段又可分为两个时期：① 承诺和稳定期（25—30 岁），个人在所选择的职业中安顿下来，并确保一个位置。由于对以前选择的职业不满意，因而在找到终身职业以前可能会变换几次工作。② 提升期（31—44 岁），对大多数人来说，这是一个富有创造性的时期，个人有了资历，在工作中做出了最好的成绩，资格也增强了。

4. 维持阶段（45—64 岁）

这属于升迁和专精阶段。由于在自己的工作领域中已取得了一定地位，主要考虑的是维持目前的地位，沿着所创立的道路前进，而很少或几乎不寻求新的领域。这一阶段的发展任务是：接受自己的局限性，确定需要解决的新问题，开发新的技能；集中于最重要的活动，维持已获得的地位并努力加以增进。

5. 衰退阶段（65 岁及以上）

这属于退休阶段。随着体力和脑力的逐步衰退，工作活动的变动也将停止，个人必须发展新的角色，从有选择地参与到完全退出工作领域成为一个旁观者。由于退休，个人必须找到满意感的其他来源。这一阶段的主要任务是：开发非职业性角色，做自己一直想做的事情，减少工作时间以维持生命力。

衰退阶段又可分为两个时期：① 衰退期（65—70 岁），工作的步骤变缓慢，责任转移，适应正在下降的能力，开始以部分工作时间来代替全日制工作；②退休期（71 岁及以上），工作活动完全停止或转移为部分时间工作，开始注重志愿工作或闲暇性活动。

（二）施恩的职业生涯发展理论

美国著名心理学家和职业管理学家施恩教授依据人的生命周期及不同年龄段面临的职业要求和工作主要任务，将职业生涯分为九个阶段。

1. 成长、幻想、探索阶段

一般是人在 0—21 岁处于这一职业发展阶段。这一阶段的主要任务是：① 发展和发现自己的需要和兴趣，发展和发现自己的能力和才干，为进行实际的职业选择打好基础；② 学习职业方面的知识，寻找现实的角色模式，获取丰富信息，发展和发现自己的价值观、动机和抱负，做出合理的受教育决策，将幼年的职业幻想变为可操作的现实；③ 接受教育和培训，开发工作世界中所需要的基本习惯和技能。在这一阶段所充当的角色是学生、职业工作的候选人、申请者。

2. 进入工作世界

16—25 岁的人步入该阶段，这一阶段充当的角色是应聘者、新学员。主要任务是：① 进入劳动力市场，谋取可能成为一种职业基础的第一项工作；② 学会如何寻找、评估和申请一项工作，并做出现实有效的第一项工作选择；③ 个人和雇主之间达成正式可行的契约，个人成为一个组织或一种职业的成员。

3. 基础培训

处于该阶段的年龄段为16—25岁。与进入工作世界阶段不同，此时已经迈进职业或组织的大门，要担当实习生、新手的角色。主要任务是：① 了解、熟悉组织，接受组织文化，克服不安全感，学会与人相处，融入工作群体，尽快取得组织成员资格；② 适应日常的操作程序，应付工作，成为一名有效的成员。

4. 早期职业的正式成员资格

此阶段的年龄为17—30岁。其角色是取得组织新的正式成员资格。这一阶段面临的主要任务是：① 承担责任，成功地履行与第一次工作分配有关的任务；② 发展和展示自己的技能和专长，为提升或查看其他领域的横向职业成长打基础；③ 根据自身才干和价值观，根据组织中的机会和约束，重新评估当初追求的职业，决定是否留在这个组织或职业中，或者在自己的需要、组织约束和机会之间寻找一种更好的配合；④ 寻求良师和保护人。

5. 职业中期

处于职业中期的年龄一般在25岁以上。其主要角色是正式成员、任职者、终生成员、主管、经理等。主要任务是：① 选定一项专业或查看管理部门；② 保持技术竞争力，在自己选择的专业或管理领域内继续学习，力争成为一名专家或职业能手；③ 承担较大责任，确实自己的地位；④ 开发个人的长期职业计划；⑤ 寻求家庭、自我和工作事务间的平衡。

6. 职业中期危险阶段

处于这一阶段的是35—45岁者。在这一阶段可能会发现自己并没有朝着自己的职业目标靠近或发现新的目标，因而需要重新评估自己的需求和目标，处于一个转折的危险期。主要任务为：① 现实地估价自己的进步、职业抱负及个人前途；② 就接受现状或者争取看得见的前途做出具体选择；③ 建立与他人的良师关系。

7. 职业后期

从40岁以后直到退休，可以说是处于职业后期阶段。其主要角色是骨干成员、管理者、有效贡献者等。此时的职业状况或任务是：① 成为一名良师，学会发挥影响，指导、指挥别人，对他人承担责任；② 扩大、发展、深化技能，或者提高才干，以担负更大范围、更重大的责任；③ 选拔和培养接替人员；④ 如果求安稳，就此停滞，则要接受和正视自己影响力和挑战能力的下降。

8. 衰退和离职阶段

一般在40岁之后到退休期间，不同的人在不同的年龄会衰退或离职。此阶段主要的职业任务是：① 学会接受权力、责任、地位的下降；② 基于竞争力和进取心下降，要学会接受和发展新的角色；③ 培养新的工作以外的兴趣、爱好，寻找新的满足源；④ 评估自己的职业生涯，着手退休。

9. 离开组织或职业——退休

离开组织或职业的年龄因人而异。在失去工作或组织角色之后，面临两大问题或任务：① 适应角色、生活方式和生活标准的急剧变化，保持一种认同感；② 保持一种自我价值观，运用自己积累的经验和智慧，以各种资深角色，对他人进行传、帮、带。

需要指出的是，施恩教授划分职业周期阶段是依据职业状态、职业行为和发展过程的重要性，又因为每人经历某一职业阶段的年龄有别，所以，他只给出了大致的年龄跨度，并且职业阶段上所示的年龄也有所交叉。

（三）金斯伯格的职业生涯发展理论

美国著名职业指导师、职业生涯发展理论的先驱金斯伯格（Ginzberg）对职业生涯发展进行过长期研究。他研究的重点是从童年到青少年阶段的职业心理发展过程（他的职业生涯发展理论，事实上是初次就业前人们职业意识或职业追求的变化发展过程），他通过比较美国富裕家庭的人从童年到成年早期和成熟过程中的有关职业选择的想法和行动，将职业生涯分为幻想期、尝试期和现实期三个阶段。

1. 幻想期

处于11岁之前的儿童时期。儿童对大千世界，特别是对于他们所看到或接触到的各类职业工作者，充满了新奇、好玩的感觉。此时期职业需求的特点是：单纯凭自己的兴趣爱好，不考虑自身的条件、能力水平和社会需要与机遇，完全处于幻想之中。

2. 尝试期

11—17岁，这是由少年儿童向青年过渡的时期。从此时起，人的心理和生理在迅速成长发育和变化，有独立的意识，价值观念开始形成，知识和能力显著增长和增强，初步懂得社会生产和生活的经验。在职业需求上呈现出的特点是：有职业兴趣，但不仅限于此，更多地和客观地审视自身各方面的条件和能力；开始注意职业角色的社会地位、社会意义，以及社会对该职业的需要。

尝试期又可以分为四个阶段：① 兴趣阶段（11—12岁），以兴趣为中心来理解、评价职业，开始职业选择；② 能力阶段（13—14岁），开始考虑自身条件与喜爱的职业相符合与否，有意识地进行能力培养；③ 价值观阶段（15—16岁），逐步了解自己的职业价值观，并能兼顾个人和社会的需要，以职业的价值观选择职业；④ 综合阶段（17岁），将上述三个阶段进行综合考虑，并综合相关的职业选择资料，以此来正确了解和判定未来的职业生涯发展方向。

3. 现实期

17岁以后的青年即将步入社会劳动，能够客观地把自己的职业愿望或要求，同自己的主观条件、能力，以及社会现实的职业需要紧密联系和协调起来，寻找适合于自己的职业角色。此期所希求的职业不再模糊不清，已有具体的、现实的职业目标，表现出的最大特点是客观性、现实性、讲求实际。

现实期又可分为三个阶段：① 试探阶段，根据尝试期的结果，进行各种试探活动，试探各种职业机会和可能的选择；② 具体化阶段，根据试探阶段的经历做进一步的选择，进入具体化阶段；③ 专业化阶段，根据自我选择的目标，做具体的就业准备。

（四）格林豪斯的职业生涯发展理论

格林豪斯（J. G. Greenhaus）研究了人生不同年龄段职业发展的主要任务，并以此将职业生涯划分为五个阶段。

1. 职业准备阶段

典型年龄段为0—18岁。主要任务是发展职业想象力，对职业进行评估和选择，接受必需的职业教育。

2. 查看组织阶段

18—25岁为查看组织阶段。主要任务是：在一个理想的组织中获得一份工作，在获取大量信息的基础上，尽量选择一种合适的、较为满意的职业。

3. 职业生涯初期阶段

处于此期的典型年龄段为25—40岁。主要任务是：学习职业技术，提高工作能力；了解和学习组织纪律和规范，逐步适应职业工作，适应和融入组织；为未来的职业成功做好准备。

4. 职业生涯中期阶段

40—55岁是职业生涯中期阶段。主要任务是：需要对早期职业生涯重新评估，强化或改变自己的职业理想；选定职业，努力工作，并力争有所成就。

5. 职业生涯后期阶段

从55岁直至退休位于职业生涯的后期。继续保持已有职业成就，成为一名良师，维护尊严，准备引退，是这一阶段的主要任务。

另外，米勒和福姆（Miller、Form）把职业生涯发展分为工作预备期（0—15岁）、最初的工作阶段（15—18岁）、尝试阶段（18—34岁）、稳定阶段（35—65岁）和退休阶段（65岁以上）五个阶段。

三、影响职业生涯的主要因素

人的职业生涯，首先是选择哪些职业道路、发展顺利不顺利的问题；进而是能否成功、成就有多大的问题。显然，人们的职业道路选择、职业发展和事业成功，受到个人、家庭、社会多方面的影响。总的来看，职业生涯的影响因素主要包括以下几个方面：

（一）个人条件的影响

职业生涯首先要受到个人自身条件的影响，如个人的潜力、局限力、知识、能力、气质、性格、兴趣、价值观、动机、需要等，它们通过不同的方式制约着个人对职业生涯做出决策、设计和开发。

(二) 父母的影响

一个人最初是通过对父母职业角色的观察甚至是模仿才获得对职业的了解，所以父母所担负的工作角色，他们的价值观、态度、行为等对个人选择职业道路会产生深刻的影响。这也可以解释为什么某些职业如医生、教师、书画家、音乐家等会出现子承父业，甚至其家庭中几代人都从事同样的职业的原因。

(三) 朋友、同龄群体的影响

职业的选择会受到朋友、同龄群体的感染和影响，朋友、同龄群体的工作价值观、工作态度、行为特点等不可避免地会影响到个人对职业的偏好、选择从事某一类职业的机会、变换职业的可能性等方面。

(四) 社会环境的影响

社会环境中流行的工作价值观、政治经济形势、经济结构的变动等因素，无疑会深深地影响到个人职业生涯的决策、设计与开发。

(五) 学校教育的影响

学校教育对个人职业生涯的影响表现在两个方面：一方面，一个人所接受的教育的程度和水平对他选择什么样的职业、成功的可能性大小等产生着直接的影响；另一方面，学校教育所提供的知识和技能训练为个人职业的选择和发展提供了现实基础。

(六) 信息的影响

一个人只有掌握全面而准确的职业信息，才能有效地管理自己的职业生涯。职业信息包括对个人职业适应性的充分了解，也包括对不同职业的前景、所需具备的条件及发展机会的把握。

(七) 其他因素的影响

对职业生涯的决策、设计与开发还受到许多其他因素的制约，如性别、种族、阶层等。这些因素虽然不十分明显，但仍然占据着一定的影响地位，很难忽略。

四、职业生涯发展中的角色发展

根据张添洲先生在《生涯发展与规划》（1993）中的著述，职业生涯发展中的角色发展主要包括如下的内容。

（一）个人职业生涯角色取向

个人的职业生涯角色取向主要考虑四个方面的因素：① 职业生涯发展的阶段；② 个人生涯可能承担的专业角色；③ 各阶段的中心任务；④ 各阶段的重大心理议题。具体见表 9－1。

表 9－1　个人职业生涯角色取向

阶段	角色	主要任务	重大心理议题
阶段一	学生	发展和发现个人价值、兴趣和能力，拟订明智的教育战略；经由讨论、观察及工作经验，找出可能的职业选择	接受个人选择的责任
阶段二	应征者	学习如何找工作，如何磋商一场面谈；学习如何评估一个工作和一个组织的资讯；拟订实际且有效的工作选择	果断将自己呈现给别人，忍受不确定性
阶段三	储备人员	学习组织的诀窍；协助别人；遵循命令；获得认可	依赖他人；面对现实及组织真相所带来的震撼；克服不安全感
阶段四	同事	成为一个独立的贡献者；在组织找到一个担任专家的适当位置	根据新的自我知识和在组织内的发展潜力重新评估原始的生涯目标；独立；接受个人成败的责任；建立平衡的工作与生活形态
阶段五	指导者	训练或指导他人；介入组织的其他单位；管理小组专案计划	为别人承担责任；从别人的成就中获得满足；如果不是领导管理的角色，则接受现有的专业角色，并从横向发展中发现机会
阶段六	资助者	分析复杂的问题、影响组织的方向；处理组织的机密；发展新的想法；赞助别人其创意的专案计划；承担管理权力和责任	比较关心组织的利益；关心对高压力水准的个人情绪的反映；平衡工作和家庭；对退休生活进行规划
阶段七	退休者	适应生活标准和生活形态的变化；找出表达个人意愿和兴趣的新方法	在个人过去的生涯成就中找到满足的同时，也对个人发展的新途径保持开放态度

（二）组织中的职业生涯发展角色

在组织中，员工的职业生涯发展，不仅是其个人行为，也是组织管理的重要任务。因此，员工职业生涯的发展角色，就包括了员工的角色、主管的角色和人力资源开发部门不同的角色。具体见表9－2。

表9－2 组织中的职业生涯发展角色

角色项目	目的	员工角色	主管角色	人力资源开发部门角色
职业生涯目标	确定职业生涯努力方向，实现个人理想	（1）剖析自己；（2）分析有关因素；（3）规划自我发展目标	（1）为员工提供有关信息；（2）协助员工剖析自己；（3）帮助员工确定目标	（1）职业生涯规划指导；（2）分析员工生涯目标的可行性
配合与选用	配合组织发展目标与发展方向，晋升优秀员工	（1）提供自己的真实资料；（2）争取获得晋升	（1）界定某一工作所需的技能、知识和其他特殊条件；（2）甄选候选人，提出建议	（1）协调过程；（2）指导与分析，对主管和员工提出忠告；（3）对候选人进行考核、面试
绩效评估	指导和教导员工达到最好的工作绩效，提高工作满意度	（1）自我评估；（2）请求和接受回馈	（1）提供回馈和教导；（2）以正式或非正式的方法进行评估。	（1）监督和评估各种评估表，使其达到一致和公平；（2）训练主管人员的评估员工
个人职业生涯发展	创造良好的环境，沟通职业生涯目标	（1）负起自我生涯发展的责任；（2）寻找和获得有关自我和生涯趋势的真实信息；（3）界定和沟通；（4）完成发展性的计划	（1）组织并指导有关职业生涯发展问题的讨论；（2）提供真实的反馈信息；（3）提供有关职业生涯发展方面的参阅资料；（4）鼓励和支持员工的职业生涯发展	（1）提供有关职业生涯发展方面的参阅资料及信息；（2）训练主管人员如何带领员工讨论；（3）为员工职业生涯发展提供训练、教育机会；（4）制定并公布有关职位的标准及要求
职业生涯发展评估	每年对员工的工作能力及其潜力进行评估，使其与单位的发展需求相结合，确保组织效能持续增长	进行自我认识和自我评估，研究自我发展存在的问题	（1）根据当前的绩效、潜能和兴趣评价员工；（2）与其他主管沟通信息；（3）确认机会和问题；（4）推动员工生涯规划的实施	训练主管人员如何对员工进行职业生涯发展评估
职业生涯调适	使工作、生活、职业生涯目标能密切地融合	（1）接受评估意见；（2）必要时调整工作和职业生涯目标	根据评估结果，提出调整意见并实施	（1）对调整方案进行备案；（2）协助主管完成员工的工作或职业生涯目标的调适

资料来源：张添洲．生涯发展与规划．台北：五南图书出版公司，1993．

五、职业生涯模式[7]

（一）职业生涯的一般模式

一个人的职业生涯有着多种不同的发展可能，不同的职业生涯发展，是个人与社会多种因素相互作用的结果，最后构成不同的模式。据美国社会学家米勒和福姆的研究，人的职业生涯发展可以划分为四种基本模式。其内容如下：

1. 标准型

属于这种类型的人，顺序经过职业生涯的各个时期，这是典型的职业生涯的发展过程。

2. 稳定型

稳定型即在前期确定职业方向或选择期很短的类型。属于这种类型的人具有较强的职业意识，由学校毕业后马上能走上已相中的工作。

3. 不稳定型

不稳定型指数次选择职业的类型。属于这种类型的人，往往徘徊于“职业选择与适应→职业再选择与适应→……”的过程中，不能使自己稳定于某个职业。

4. 复杂试用型

复杂试用型即频繁变动职业的类型。属于这种类型的人，没有一个长期的固定工作，而是经常变换职业，所变换的职业间也没有必然联系，即该类人的工作极不稳定、极不可靠。

（二）不同人员的职业生涯模式

关于职业生涯模式，对于不同人员有着不同的研究。比较全面地对各类型职业进行分析的，是美国社会学家福姆与米勒的理论。他们把人的职业分为专门职业人员（即专业人员）、业主与经理人员、白领人员（即一般白领人员阶层）、熟练工人（包括领班、工头）、半熟练工人、非熟练工人、家庭服务与个人服务人员七种类型，并对每种类型的从业者的生涯演变进行了研究，描绘出了不同人员的职业阶层变动过程。

1. 专门职业人员

专门职业人员相当于我国的“专业技术系列”的各种人员，如教师、医生、律师等。专门职业人员最初可能从事各种阶层的职业，但他们通常很快就转入专门职业，实现了向上流动，其实验期一般为 4 年，而后就长期固定于某一专门职业，很少再有转换职业的尝试。

2. 业主与经理人员

这是经济境况极好又能从事一定事业的阶层。该类型的人员也是起始于各个阶层的职业，许多人经过相当大程度的向上流动，其中有人职业上有“大起大落”的变动，然后归于业主阶层，并相当长时间地维持该职业。以这种类型为归宿的人，其生涯变动显然比专门职业人员复杂。

3. 白领人员

其工作最初时期较短，一般仅2年。该类人员既有出身较低阶层而向上流动者，也有曾从事前两类职业而后向下流动者，但大多数人是有较长的白领工作而完成其白领人员阶层归宿的。白领阶层人员，还会出现在本阶层内部变换职业、调换工作的现象，甚至变换次数很多，但这不涉及职业阶层的变更，即向上、向下的纵向流动。

4. 熟练工人或者工匠

这是体力劳动阶层中的高等层次。领班或工头也属于此类。熟练工人类的人员主要来自半熟练工人或非熟练工人，其主要趋势是程度不大的向上流动。少数人起始于较高层次或最低的服务人员层次。熟练工人在现代社会是人数众多的一大阶层，其工作比较稳定。

5. 半熟练工人

半熟练工人通常是技术程度略差的机器操作工人、司机等。半熟练工人的职业起点均为中、低阶层；少数人开始进入职业时是熟练工人或白领职业，但以后向下流动至此。从总体上看，半熟练工人常处于不太稳定的状态，其试行期也比较长。

6. 非熟练工人

该类人员一般是从事无技术的重体力劳动，处于职业状况较差、生活境况低下的阶层。该类人员起点基本是本类职业或更低的服务人员。非熟练工人缺少向上发展的知识技能，有些人有向上流动的尝试，但失败后又返回。总的来看，该类职业试行期不长，但工作变动（不超出同阶层）较大，是一种不稳定的阶层。

7. 家庭服务人员与个人服务人员

该类人员的职业起点主要是本阶层人员，也有一部分从较高阶层向下流动，固定在此阶层。其试验期较短，该阶层人员也往往处于不稳定的状态。

第三节　职业声望与职业选择

一、职业声望

（一）职业声望的概念及其影响评价因素

1. 职业声望的概念

职业声望（occupational prestige）是人们对职业地位资源状况，如对社会的贡献、权利、薪酬收入、晋升机会、发展前景、工作条件等的看法或社会舆论对某种职业社会地位的评价。职业声望不同于社会地位，职业声望判断是主观的，而评价社会地位主要有财产地位（经济地位）、权力地位和声望地位三个维度。相对而言，财产地位和权力地位是客观的，认定要容易一些；而职业声望的确认则因为涉及主观的评价而较为复杂，对于职业声望地位的确认，一般通过职业声望调查完成。对职业声望的研究始于1897年美国人口普查局工作人员W. 亨特，他将美国的职业划分为产业主、秘书、熟练工人、非熟练工人四个等级。1925年，C. 康茨第一次使用他自己编制的职业声望量表，对美国的职业声望进行调查。自此以后，西方社会学界关于职业声望的研究逐渐多起来，并发展出许多职业声望测量技术。

2. 影响职业声望评价的因素

影响职业声望评价的因素主要有几种：① 职业社会功能。职业社会功能是指一定的职业对社会的作用，它由责任、权力、义务体现出来。社会功能大的职业，任职条件高，职业层级也高。② 职业社会报酬。职业社会报酬是指任职者的收入福利待遇、晋升机会、发展前景等。这是一个比较综合的指标，如眼前工资或薪酬收入高，并不一定福利待遇高，也不一定晋升机会就多，也不一定发展前景就好。因此，不同的人以不同的认识来评判。③ 职业自然条件。职业自然条件是指与职业活动相关的自然工作环境。如技术装备、劳动强度、安全系数、卫生条件等。职业自然条件好，职业社会层级也就高。④ 职业要求。职业要求是指一定的职业对任职者各种素质的要求，包括文化程度、工作能力、道德品质、身体素质等。职业对人要求越高，被人替代的可能性就越小，职业社会层级越高。⑤ 个人偏见。有些人形成了对某一种或某一类职业的好与恶的心理定式，缺乏客观性与全面性，只以评价职业声望的个别因素为依据，来对职业进行评价。⑥ 舆论氛围。一定时期内大众舆论所造成的具有倾向性认同的职业，虽然职业地位不高，但因其收入等其他因素，使评价者对某一种或某一类职业出现了心理倾向性。⑦ 国别和地区。不同国别和不同地区的人们，在职业声望比较中，也显示出了差异性。⑧ 教育程度。受教育程度不同，人们对职业声望的评价不尽相同。职业声望是以上诸多因素的综合反映和综合作用的结果，任何单项都不能全面地反映职业声望的状况。

职业声望是现实的，也是历史的、发展的。在农业社会，对农民的评价高于商人；工业社会崇尚科学技术和管理，对工人和商人的评价高于农民。从就业上来说，一般人们都愿意选择声望高的职业，或者是从职业声望较低的职业流向职业声望较高的职业。

（二）职业期望与职业成功

1. 职业期望

职业期望（job expectancy），又称职业意向，是劳动者对某种职业的希望、愿望和向往，也就是希望自己从事某项职业的态度倾向。职业期望的特点是：① 职业期望来自劳动者个体方面的主观愿望和行为。② 职业期望不是空想、幻想，而是劳动者的一种主动追求，是劳动者将自身的兴趣、价值观、能力等与社会需要、社会就业机会不断协调，力求实现个人目标的过程。③ 职业期望也不同于职业声望。职业声望是职业地位的反映，是人们对某种职业的社会地位高低的主观评价。同时，二者也有联系，劳动者个体所追求和希望从事的职业，当然多是社会声望高的职业。

职业期望直接反映着每个人的职业价值观。每种职业都有各自的特性。不同人对职业特性可能有不同的评价和取向，这就是所谓的职业价值观。萨柏曾经将职业价值观或职业取向概括为助人、美学、创造、智力刺激、独立、成就感、声望、管理、经济报酬、安全、环境优美、与上级的关系、社交、多样化、生活方式15种类型。

日本NHK广播舆论调查所在职业调查中选择和设计了七个价值取向：① 能推动社会发展的职业；② 助人、为社会服务的职业；③ 得到人们高度评价的职业；④ 受人尊敬的职业；⑤ 能赚钱的职业；⑥ 虽平凡，但有固定收入的职业；⑦ 若不为人所用，就自谋职业。人们的职业期望常常由几种价值取向所左右，但是居主导地位的职业价值取向对职业期望起决定作用。

2. 职业成功

职业成功是个人职业生涯追求目标的实现。由于人生目标的多样性，因而职业成功标准也有不同。有的人把获得高社会地位和社会声望的职业称为成功；有的人认为有一个薪资不低、安稳轻松的职业算是成功；有的人获得了很多金钱，于是有一种财富的满足感和职业成功感；还有的人把勤奋努力工作，取得成绩看作成功；也有人把事业辉煌，充满了工作成就感，视为成功；还有人以自己能帮助许多人，使他们高兴和感到满足，同时也实现了自我的价值，作为成功的表现。根据德尔（G. Brooklyn Derr，1988）的研究，公司雇员职业成功的标准和方向有以下五种类型：① 进取型。一些人希望自己在职业生涯中直线上升，使其达到组织的最高地位或职业的较高阶层。② 攀登型。一些人将职业成功定义为不断上升和自我完善的螺旋式攀登过程。③ 平衡型。即在工作、家庭关系和自我发展之间取得有意义的平衡，以使工作不至于变得太耗费精力或太乏味。④ 安全型。一些人追求认可具有长期稳定和相应不变的安全工作，被认为是组织中的内部人。⑤ 自由型。自己在工作中能够得到最大的自由而不是被别人控制。

职业成功不仅取决于个人评价，还与家庭、单位、社会的评价密切相关。如果一个人在个人、家庭、单位和社会中都得到了肯定的评价，那么他的职业就是成功的。关于职业成功的评价体系详见表9－3。

表9－3　职业成功评价体系

评价方式	评价者	评价内容	评价标准
自我评价	本人	（1）自己的才能是否充分施展；（2）对自己在单位发展、社会进步中所做的贡献是否满意；（3）对自己在职务、职称、薪酬待遇等方面的变化是否满意；（4）对处理职业生涯发展和他人生活的关系的结果是否满意	根据个人的价值观念及个人的知识、水平、能力
家庭评价	父母、配偶、子女等家庭成员	（1）是否能够理解和肯定；（2）是否能够给予支持和帮助	根据家庭文化

续表

评价方式	评价者	评价内容	评价标准
单位评价	上级、平级、下级	（1）是否有下级和同级的赞赏；（2）是否有上级的肯定和表彰；（3）是否有称职的职务、职称的晋升或相同职务责权利范围的扩大；（4）是否有薪酬和待遇的提高	根据单位文化及其总体管理经营结果
社会评价	社会舆论、社会组织	（1）是否有社会舆论的支持和好评；（2）是否有社会组织的承认和奖励	根据社会文明程度、社会历史进程

资料来源：张再生．职业生涯管理．北京：经济管理出版社，2002：50－51.

二、职业选择

（一）职业选择的内涵

职业选择（vocational selection），是劳动者依照自己的职业期望和兴趣，凭借自身能力从社会现有的职业中选择一种适合自己的职业，使自身能力素质和职业需求特征相符合的过程。这一概念包含以下三层含义：① 劳动者是职业选择主体，是择业行为能动的主导方面，社会上各种职业则是被选择的客体。② 职业选择受劳动者自身条件和职业要求的限制，不能随心所欲任意进行。一方面，受到劳动者不能也不可能有从事一切职业的能力、兴趣等方面的限制；另一方面，各种职业由于有各自不相同的劳动对象、劳动手段、劳动条件和作业环境，必须受到各种职业对劳动者能力有相应的特定要求的制约。③ 职业选择是一个双向选择过程。它既是劳动者作为主体自主择业的过程，同时又是职业选择劳动者的过程，它是劳动者与职业岗位相互选择、相互适应的过程，这一过程在人们职业生涯中会有多次发生。

职业选择是一项复杂的工作，会受到诸多因素的影响，特别是职业声望和职业分层、经济收入、职业期望和职业成功等因素是决定人的职业价值观的重要因素，因而这些因素对职业选择具有重要的影响作用。

（二）职业选择理论

总的来说，职业选择理论有三个方面的取向研究：① 个人取向。这类理论重在从个体的角度来探讨职业行为，重视个人的需要、能力、兴趣、人格等内在因素对职业选择与职业发展的重要作用。个人取向的理论又可大致分为三类：以强调个人特性与职业特性相匹配的特性论模式（如特性－因素论、人格类型论）；以强调个人内在动机为核心的动力论模式（如需要论、心理动力论）；以发展的观点来研究个体职业行为的发展论模式。② 社会取向。这类理论倾向于研究作用于个人职业选择和职业发展的社会环境因素，强调个人所处的家庭与社会环境等外在因素在职业选择与职业发展中的重要作用，包括社会学理论、经济学理论等。③ 综合取向。这类理论认为，无论是个人因素还是社会环境因素，都不能单方面决定个人的职业选择和职业发展。职业选择与职业发展既受个人因素的影响，也受个人所处家庭与社会环境的影响，两者相互作用，共同决定个人的职业行为。这类理论有行为论和决策论。

1. 帕森斯的职业－人匹配理论

美国波士顿大学教授弗兰克·帕森斯（Frank Parsons）在《选择一个职业》（1909）一书中，明确阐明了职业选择的要素和条件：① 应该清楚地了解自己的态度、能力、兴趣、智谋、局限和其他特征。② 应清楚地了解职业成功的条件，所需要的知识，在不同职业工作岗位上所占有的优势、不利及补偿、机会和前途。③ 上述两个条件的平衡。他的理论的内涵是在清楚认识自己的主观条件和社会职业岗位需求条件的基础上，将主客观条件与社会职业岗位对照、相匹配，最后选择一种职业需求与个人特长匹配的职业。

职业－人匹配，分为两种类型：① 条件匹配。即所需专门技术和专业知识的职业与掌握该种特殊技能和专业知识的择业者相匹配；或者脏、累、苦、险、毒等劳动条件差的职业，需要吃苦耐劳、体格健壮的劳动者与之相匹配。② 特长匹配。即某些职业需要具有一定的特长，如具有敏感、易动感情、不守常规、有独创性、个性强、理想主义等人格特性的人，宜于从事审美、自我情感表达的艺术创作类型的职业。

2. 霍兰德的人业互择理论[8]

约翰·霍兰德（John Holland）是美国约翰·霍普金斯大学心理学教授。他长期从事职业咨询工作。通过对自己的职业生涯与他人职业道路的深入研究，于1959年首次提出了具有广泛社会影响的择业倾向理论。根据职业本身的内容与它对劳动者素质的要求，可以将职业划分为相应六种类型的人业互择理论，也称"霍兰德六边形理论"（见图9－1）。

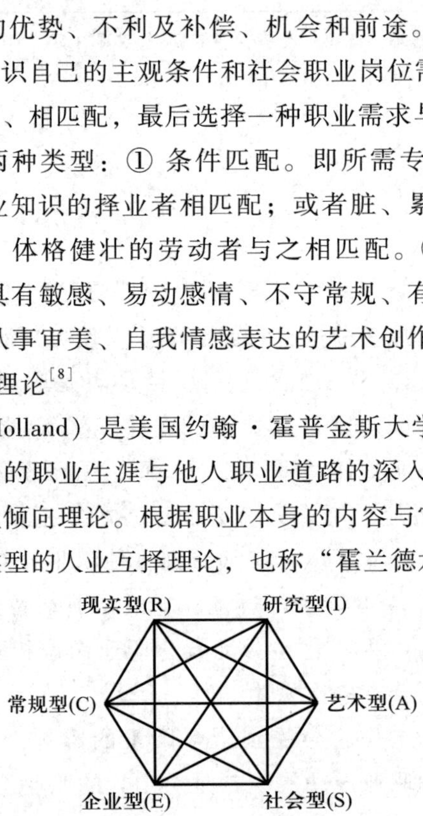

图9－1　劳动者职业的六种类型

在图9－1中，六边形的六个角分别代表霍兰德所提出的六种类型。六种类型之间具有一定的内在联系，它们按照彼此间相似程度定位，相邻两个维度在各种特征上最相近，相关程度最高（如现实型与常规型）；距离越远，两个维度之间的差异越大，相关程度越低（如常规型与艺术型）。每种类型与其他五种类型存在三种关系，分别是相近、中性和相斥。

（1）劳动者的类型。

霍兰德根据心理素质与择业倾向，可以将劳动者划分为六种类型：

第一，现实型（R）。现实型劳动者具有运动机械操作的能力，喜欢与机械、工具、植物或动物打交道，不愿从事与人交往的工作。他们做起事来手脚灵活、动作协调，但不善言辞，不善交际，在社交场合往往觉得很不自在，最不喜欢与人打交道的工作。他们给人的印象是：不合群的、谦卑的（避免抛头露面的）、循规蹈矩的、自然的、倔强的（不可变通的）、直率的、节俭的、坦诚的、有毅力的、缺少见识的、固执的、注重实际的和不介入的。

第二，研究型（I）。研究型劳动者具有观察、学习、研究、分析、评估、写作或数理分析的能力，乐于解决抽象问题，喜欢运用词、信息符号和观念进行工作。他们非常好奇，急于了解周围的未知世界，宁愿思考问题而不愿意动手去处理问题，喜欢独立的和富有创造性的工作，而不喜欢社会性的和重复性的活动。他们通常不愿意受人督促，也不愿意督促别人。他们知识渊博，为自己的学识和才能感到自豪，而对自己的领导能力缺乏信心。他们给人的印象是：分析型的、独立的、理性的、细心谨慎的、有智慧的、冷漠的（沉默寡言的）、不满的（善批评的）、内向的、孤独的、复杂的、悲观主义的、不摆架子的、好奇的、精确的和不合群的（不讨人喜欢的）。

第三，艺术型（A）。艺术型劳动者具有艺术、直觉、创造的能力，喜欢在以写作、作曲、绘画、摄影、建筑等各种艺术形式表现自己的环境里工作。他们乐于创造新颖的与众不同的东西，渴望表现自己的个性。他们比较敏感，易动感情，喜欢独立工作，而不过多关心社会纠纷。一般对单调的或经营性的工作不感兴趣。给人的印象是：复杂的、不切实际的、直观的、目无法纪的、不守常规的、感情冲动的、有独创性的、善于表达的、独立的、敏感的、理想主义的。

第四，社会型（S）。社会型劳动者擅长与人相处交际，喜欢从事为人服务和教育、帮助、启发或训练别人的工作，喜欢参与解决人们共同关心的社会问题。他们热情慷慨，善于交际，关心他人，人际关系很融洽。他们总是在寻求与人接触的机会，渴望发挥自己的社会作用，平时比较看重社会义务与社会道德。他们一般缺乏操作机械的技术特长，不喜欢从事需要运用劳动工具的工作。他们给人的印象是：向上的、乐于助人、有责任心的、合作的、理想主义的、合群的、耐心的、八面玲珑的、友好的、仁慈的、善解人意的、慷慨的、有说服力的和温暖的。

第五，企业型（E）。企业型劳动者喜欢竞争，敢冒风险，精力充沛，乐观自信，善于追求政治和经济上的成就，他们乐于交际，能说会道，具有领导才能，喜爱权力、地位与物质财富。他们一般不擅长科学研究，对系统而复杂的思维工作很不耐烦。他们给人的印象是：精力旺盛的、好出风头的、乐观的、大胆的、兴奋的、自信的、讨人喜欢的、外向的、合群的、野心勃勃的、滔滔不绝的、盛气凌人的、风流的和贪得无厌的。

第六，常规型（C）。常规型劳动者喜欢按计划办事，乐于完成指令性的任务。总希望知道别人期望他干什么，自己从不谋求领导职务。他们不喜欢冒风险，对复杂的人际关系问题不感兴趣。工作踏实，忠实可靠，遵守纪律。给人的印象是：小心的、缺乏灵活的、有恒心的、遵守常规的、自我约束的、实际的、认真的、有条理的、拘谨的、被动的、顺从的、节俭的、有效率的、守纪律的和缺乏想象力的。

（2）霍兰德提出了与六种劳动者类型相对应的六种职业类型：

第一，现实型（R）。现实型职业主要是指各类工程技术工作与农业工作。主要有：机械、汽车、飞机、土木、采矿等方面的工程师和技术员；机械操作、维修、安装、热处理工人，矿工、电工、木工、鞋匠等；公共汽车、出租汽车、工业卡车的司机；轮船、火车驾驶员；测绘员、描图员、消防队员等；农民、农业机械师、牧民、渔民等。

第二，研究型（I）。研究型职业主要是指科学研究和科学实验工作。主要有：物理、化学、数学、生物学、植物学、经济学、人类学等方面的专家和助手；化学、飞机、电子、冶金、无线电和电视等方面的工程师和技术人员；飞机驾驶员、电子计算机操作人员等。

第三，艺术型（A）。艺术型职业主要指各类艺术创作工作。主要有：艺术、音乐、戏剧、外语、文学、舞蹈等方面的教师；歌唱家、舞蹈家、乐队指挥等；编辑、广播节目作者；艺术、家具、珠宝等行业的设计师；文学、艺术方面的评论员等。

第四，社会型（S）。社会型职业主要指各种直接为他人服务的工作。主要有：社会科学、历史、体育等方面的教师，保姆、保育员、教育行政人员；社会科学、政治科学、社会学、历史学等方面的专家；政治人员、职业护士；社会服务指导，体育教练；食品、戏院、酒店、旅社的经理；物业管理人员；发型师；慈善或福利人员等。

第五，企业型（E）。企业型是指那些组织与影响他人共同完成组织目标的工作。主要有：家具、杂货、艺术品、礼品、零售等行业的商人；农场、家庭用品店的经理；工程师；律师；市场的商业系统分析专家；银行、固定资产工作人员；工作关系指导、管理助手；供销人员、售货员；政府官员；无线电和电视广播员等。

第六，常规型（C）。常规型职业主要是指各类科室工作。主要有：会计、出纳、统计人员；打字员、办公室人员、秘书与文书；图书馆人员、外贸职员；邮递员；接线员、保管员；书刊销售员、审计人员、人事职员等。

综上所述，将霍兰德的人业互择理论总结如表 9－4 所示：

表 9－4 劳动者类型与职业类型对应表

类型	劳动者特征	职业领域与适应的职业
现实型	（1）愿意使用工具从事操作性工作；（2）动手能力强，做事手脚灵活，动作协调；（3）偏好于具体任务，不善言辞，不善交际 人格特征：真诚坦率，较稳定，讲求实利，害羞，缺乏洞察力，容易服从	各类工程技术工作、农业工作，通常需要一定的体力、需要运用工具或操作机器的工作 主要职业有：木工、电器技师、工程师、营养师、建筑技术人员、运动员、农场主、森林工人、公路巡逻队员、园艺工人、城市规划人员、军官、机械操作工、维修工、安装工、矿工、司机、测绘员、描图员、农民、牧民、渔民等

续表

类型	劳动者特征	职业领域与适应的职业
研究型	（1）思想家而非实干家，抽象思维能力强，求知欲强，肯动脑，善思考，不愿意动手；（2）喜欢独立的有创造性的工作；（3）知识渊博，有学识才能，不善领导他人 人格特征：思维复杂，有创见，有主见，但无纪律性，不切实际，易于冲动	主要在科学研究和科学实验领域工作 主要职业：生物学家、化学家、地理学家、数学家、医学技术人员、生理学家、物理学家、心理学家等自然科学和社会科学方面的研究与开发人才、专家；化学、冶金、电子、无线电、电视、计算机、飞机等方面的技术人员
艺术型	（1）喜欢以各种艺术形式的创造来表现自己的才能，实现自身的价值；（2）具有特殊艺术才能和个性；（3）有创造力，乐于创造新颖、与众不同的艺术成果，渴望表现自己的个性 人格特征：富有想象力，直觉强，易冲动，好内省，有主见	主要在各类艺术创作领域中工作 主要职业：广告策划人员、艺术教师、艺术家、作家、广播员、室内装修人员、医疗绘图师、音乐家、摄影师、公共关系人员、舞蹈和戏剧及影视演员、画家、书法家、节目主持人、编辑、家具和珠宝等行业的设计师等
社会型	（1）乐于助人，喜欢从事为他人服务和教育的工作；（2）喜欢参与解决人们共同关心的社会问题，渴望发挥自己的社会作用；（3）寻求亲近的人际关系，比较看重社会的义务和社会道德 人格特征：机智老练、友好、易了解、乐于助人、亲切仁善、爱操纵别人	主要在各种直接为他人服务的领域工作 主要职业：公务员、教师及教学管理人员、医护人员、工作分析专家、图书管理人员、婚丧承办人员、慈善和福利人员等
企业型	（1）追求权力、权威和物质财富，具有领导才能；（2）喜欢竞争，敢于冒险；（3）精力充沛、自信、善交际、口才好，做事巧妙 性格：自信，有雄心，精力充沛，健谈	主要在那些组织与影响他人共同完成组织目标的行业工作 主要职业：综合性农业企业管理人员、房地产商、经理、企业家、政府官员、律师、金融家、零售商、人寿保险代理人、采购代理人、行业部门和单位领导者、管理者等
常规型	（1）尊重权威，喜欢按计划办事，习惯接受他人指挥和领导，自己不谋求领导职务；（2）不喜欢冒险和竞争，富有自我牺牲精神；（3）工作踏实，忠诚可靠，偏爱那些规章制度明确的工作环境 人格特征：缺乏想象，能自我控制，无灵活性、有责任心、依赖性强、高效率、猜疑心重	主要在各类与文件档案、图书资料、统计报表之类相关的各类科室工作 主要职业：会计、出纳、银行职员、速记员、鉴定人、统计人员、打字员、办公室人员、秘书和文书、图书管理员、风险管理者、旅游外贸职员、保管员、邮递员、审计人员、人事职员等

资料来源：张再生．职业生涯管理．北京：经济管理出版社，2002：57－59.

根据上述内容，最为理想的职业选择就是个体能找到与其个性类型重合的职业类型，即人职协调，这时，个人最可能充分发挥自己的才能并具有较高的工作满意感。如果个人不能获得与其个性相重合的职业，则寻找与其个性类型相近的职业，由于两种类型之间有较高的相关系数，个人经过努力和调整也能适应职业环境，达到人职协调。最差的职业选择是个人在与其个性类型相斥的职业环境中工作，在这种情况下，个人很难适应工作，也不太能感到工作的乐趣，甚至无法胜任工作，是人职不协调的匹配方式。总之，个性类型与职业类型的相关程度越高，个人的职业适应性越好；相关程度越低，个体的职业适应性越差。因此，六边形理论有助于人们更好地理解和进行职业选择。

上述六种类型是典型的情况，在现实中许多职业和劳动者往往是几种类型的综合，有的职业兼有实际型与调研型两种特征，有的职业以艺术型为主兼有社会型的特点等。因此，可以根据一定的需要，对六种类型进行再次分类。

3. 弗鲁姆的期望理论及择业动机

霍兰德人业互择理论告诉人们，劳动者倾向于选择与自己类型相一致的职业。但如果劳动者面临同一类型的AB两种职业，他会选择A还是B呢？对此，期望和择业动机理论做出了解释。美国心理学家维克托·弗鲁姆（Victor H. Vroom）在1964年出版的《工作与激励》一书中提出了解释员工行为激励程度的期望理论。这一理论可以用以下公式表示：

$$M = V \cdot E$$

式中：M为动机强度，是指调动一个人的积极性，激励个人为达到一定目标而努力的强度；V为目标效价，指达成目标后对于满足个人需要及其价值的大小；E为期望值，指个人对完成目标可能性大小的估计，也就是目标实现的概率。

根据弗鲁姆的期望理论，在激励过程中（个人努力→取得绩效→组织奖励→满足个人需要程度）为了有效地激励工作动机，需要处理好以下三种关系。① 努力与绩效的关系。努力与绩效的关系决定于个体对目标的期望概率知觉。期望概率是一种主观估计与知觉，受到人们的认知、态度、价值取向等个体因素和任务特征、奖励结构及组织文化等因素的影响。② 绩效与奖励的关系。绩效与奖励的关系是指在实现预期工作绩效后能得到适当、合理奖励的方式与程度，包括内在奖励与外在奖励。研究表明，绩效与奖励之间的关系应注意其总体性和多重性，使奖励制度更具综合激励作用。③ 奖励与满足个人需要的关系。所获得的奖励是否能满足不同层次人员的需要，这是期望理论关注的又一问题。设计多种奖励方案，有利于形成复合式效价结构，满足多重需求。

期望理论运用在个人如何进行职业选择上，分为两个步骤：

第一步，确定择业动机。弗鲁姆的期望理论用来解释劳动者的择业行为，经过具体化的择业动机，用公式表示如下：

$$择业动机 = 职业效价 \times 职业概率$$

式中：择业动机表明择业者对目标职业的追求程度，或者是对某项职业选择意向的大小；职业效价是择业者对某项职业价值的评价，职业效价的大小取决于择业者的职业价

值观以及他对某一具体职业各项要素（兴趣、劳动条件、工资收入、职业声望等）的评估。因此

职业效价 = 职业价值观 × 要素评估

职业概率是择业者获得某项职业的可能性。职业概率的大小取决于以下四个因素：① 某项职业的社会需求量。在其他条件一定的情况下，职业概率同职业需求量呈正相关。② 竞争能力，即择业者自身的工作能力与求业能力。竞争能力越强，获得职业的可能性越大，反之就小。③ 竞争系数，即谋求同一职业的劳动者的多少。在其他条件一定的情况下，竞争系数越大，职业概率越小。④ 其他随机因素。因此

职业概率 = 职业需求量 × 竞争能力 × 竞争系数 × 随机性

择业动机公式说明，某项职业对于择业者的效价越高，获取该职业的可能性越大，择业者选择这项职业的倾向就越大。

第二步，比较择业动机，确定选择的职业。择业者对其视野内的几个目标职业，进行价值评估和获取该职业可能性的评价，在对几种职业的择业动机进行比较的基础上对职业目标进行选定。为加深对择业动机理论的理解，下面是一个假设的择业案例，在劳动者张三面前有 A、B 两项职业，他对两项职业的效价与职业概率分别估计，如表 9－5 所示：

表 9－5 张三面对 A、B 两项职业的评估

职业要素	职业价值观（1）	职业 A（2）	职业 B（3）	效价 A（4）=（1）×（2）	效价 B（5）=（1）×（3）
兴趣	4	6	7	24	28
工资	3	5	6	15	18
职业声望	2	4	5	8	10
劳动条件	1	3	4	3	4
效价合计				50	60
职业概率				0.8	0.5
择业动机				40	30

资料来源：王志强．白领职业教程．北京：企业管理出版社，1998：56.

对于劳动者张三来说，职业 B 的效价（60）高于职业 A（50），但他认为谋取 A 比较有把握（职业概率 0.8），而欲谋取职业 B，他要付出较大的努力（职业概率 0.5）。经过权衡，即：

择业动机（A）= 效价（A）× 职业概率（A）> 择业动机（B）= 效价（B）× 职业概率（B）

$$40 = 50 \times 0.8 > 30 = 60 \times 0.5$$

经过权衡，结果职业 A 择业动机（40）大于职业 B 择业动机（30），于是张三倾向于选择职业 A。

（三）个人差异与职业选择[9]

个人差异主要是指个人心理过程特征的差异，表现为能力、兴趣、气质、性格、动机等的不同。从个人差异与职业活动的关系来看，每种心理过程特征都有其相应的作用，但其对职业活动的影响及制约程度是不一样的。一般来说，能力和兴趣是决定职业适应性即职业成功和工作满意的两个最主要的方面，也是职业设计和职业决策过程中所应着重考虑的因素。同时，气质、性格、动机等因素对职业活动也有不同方面和程度的影响，但所起的作用要弱于能力和兴趣。因而，从这方面看，职业生涯的设计和决策既要考虑多方面的个人差异，同时将它们作为决策依据时也应有一定的顺序，特别是当各个因素之间存在着不一致时。

1. 能力与职业选择

能力是一个人完成一项目标或者任务所体现出来的个人的素质，个人能力包括想象力、记忆力、联想能力、组织能力、沟通能力、领导能力、创新能力、学习能力、号召能力，适应能力等。但是人与人之间的能力是有差异的，一般把人的能力差异概括为四方面：① 能力的水平差异，主要指个人能力发展程度的差异，这种差异可分为能力低下、能力一般、才智和能力兼备、天才四个等级。② 能力的类型差异，指个人能力发展方向的差异。如在知觉能力方面有分析型、综合型、分析——综合型、情绪型；在记忆能力方面有视觉型、听觉型、运动型、混合型；在表象方面有视觉型、听觉型、动觉型、综合型；在思维能力方面有形象型、抽象型、中间型等。③ 能力发展的年龄差异。例如，奥地利作曲家莫扎特 5 岁就创作了他的第一首乐曲，8 岁时举办独奏音乐会；我国唐初四杰之一的王勃 10 岁能作赋，13 岁写出著名的《滕王阁序》。在大器晚成上我国著名画家齐白石，本来长期做木匠，40 岁才显露绘画才能，后来成为举世闻名的国画家。④ 能力的体力差异，这是由于身体的生理素质存在差异，致使人的能力的发挥出现差异。如有的人力气大，有的人力气小，有的人很有爆发力，有的人有耐力等。

（1）能力与职业匹配的原则。从能力差异的角度来看，在职业决策中应遵循以下几个原则：

第一，能力类型与职业相匹配。对职业生涯的研究表明，职业可以根据活动的性质、内容和环境而划分为不同的类型，并且对人的能力也有不同的要求，因此，应注意人的能力类型与职业类型、职业性质的匹配。例如，就思维能力来看，有人擅长于形象思维，有人擅长逻辑思维，有人擅长于行动思维。如果根据思维能力类型来选择职业的话，属于形象思维型的人比较适合于从事文学艺术方面的职业和工作；具有逻辑推理型思维的人比较适合于从事哲学、数学、物理等理论性较强的职业和工作；而具体动作思维型的人比较适合从事机械修理等方面的职业和工作。如果不考虑人的能力类型，而让其从事与之不同甚至相斥的职业，他的工作绩效都不会好。在长期的职业研究和指导活动中，人们对能力类型和职业类型进行了多种划分。如霍兰德从理论角度把个性（能力是其中的重要方面）与职业划分为六种类型，并描述了人的个性类型与职业类型的匹配关系。就实践方面来看，美国劳工部编制的著名的《一般能力倾向成套测验》把人的基本能力分为9种，每2~3种基本能力又分别组合成各种职业能力倾向类型，每种职业能力倾向都有与之相匹配的职业类型和职业群。

第二，能力水平要与职业层次相一致。就同一种职业或职业层次类型来说，由于所承担的责任不一样又可分为不同层次，相应对人的能力水平也有一定的要求。如智力超常者可以从事科学研究工作，而有智力障碍者却不能从事科学研究工作。因此，在根据能力类型确定了职业类型后，还应进一步根据自己所达到或可能达到的能力水平确定相匹配的职业层次，即从已选定的职业的哪个层次上开始工作。只有这样，才能使能力与职业的匹配具体化。

第三，发挥优势能力的作用。每个人都有一个多种能力组成的能力系统。在这个能力系统中，各方面能力的发展是不平衡的，常常是某方面的能力占优势，而另一些能力则不太突出。对职业选择和职业决策而言，都主要考虑一个人最佳能力或能力群，选择最能运用其优势能力的职业。同样，在组织的人力资源管理中，如果能够注重一个人的优势能力并安排相应的工作，会更能发挥一个人的作用。

（2）职业能力分析。能力包括一般能力和特殊能力两大部分。一般能力即智力，是人们从事任何活动都必须具备的能力。特殊能力则是从事具体活动所需求的能力。要顺利完成某种活动，既要具有一定的智力，又要具有一定的特殊能力。我们可按能力这个基本结构来进行职业能力分析。

第一，能力倾向与成就。特殊能力又可分为能力倾向和成就两部分：能力倾向指的是一个人的潜能，即从未来训练中获益的能力；成就则指个人通过正规学习和培训已经掌握和达到的能力程度，是显能力。而在进行职业设计和职业决策中更注意的是一个人的能力倾向即潜力，特别是在未接受正规培训前。相应地，运用测量手段，成就测验主要用于测量个人的学习效果，可用于绩效评价；能力倾向测验则用于预测被测者的潜在成就和将来可以充分发展的能力。因此，成就测验和能力倾向测验的区别只在于用途和目的的不同，但并没有本质的不同。基于这个原因，有人开始用能力这一术语来代替能力倾向和成就两个概念，把能力倾向和成就测验统称为能力测验。

第二，智力与职业。对某些职业来说，其对从业者的智力水平有绝对的要求，智力在相当大程度上决定了劳动者所要从事的职业类型。心理学家通过大量研究得到结论：68%的人的智商（智商=100×心智年龄/生理年龄）在85到115之间，他们的聪明程度属于中等水平；智商超过140的人属于智力超常；智商低于70的人属于智力障碍。追踪研究表明，智力超常的人大多从事科学、文化方面的职业，并且取得较大的成就，而智商在70—100者只能从事一般的简单劳动。某些职业需要从业者具有较高的智商，如律师、工程师、大学教师等，智力测验结果表明，他们的智商一般在130左右，比平均值100高出许多；一般的管理人员和行政人员的智商也比平均水平高出一点，在110左右；智商低于平均值以下的人只能从事一些简单的工作。[10]当然，智力并不是决定从事职业的唯一因素，因为每种职业除了对智力的一般要求外，都有特殊的能力要求。智力只能作为职业决策最初的参考因素，要进行合理的职业决策，必须把智力和特殊能力结合起来考虑。

第三，特殊能力与职业。随着社会分工的发展，人们从事的职业领域日益扩大，每种职业对人的特殊能力的要求也都不一样，因而具体的职业能力是非常丰富的。职业能力模式是由几种不同的基本能力组成的，根据《加拿大职业分类词典》，职业能力分为11个方面，包括智力和10种基本的特殊能力，这10种特殊能力为：

① 一般学习能力，它是指人认识理解客观事物并运用知识、经验等解决问题的能力。包括记忆能力、观察能力、注意能力、思维能力，其核心是逻辑思维能力。一般学习能力是人在学习、工作、日常生活中必须具备、广泛使用的能力，职业或专业的水平越高，对人的一般学习能力的要求也越高。

② 语言表达能力，是指对词语及其含义的理解和使用能力，对词语、句子、段落、篇章的理解能力，以及善于清楚而准确地表达自己的观点和向别人介绍信息的能力。简单来说，它包括语言文字的理解能力和口头表达能力。不同的职业对人的语言能力要求不同。例如，教师、营销员、演员、服务员、主持人等职业，必须具备较强的语言表达能力。

③ 算术能力，是指人的计算、运算的速度和精确度。大部分职业都要求从业者有一定的算术能力，但不同职业对人的算术能力要求的程度不同。比如，对于会计、统计、审计、建筑师等职业来说，工作者必须具有较强的计算能力；但对于法官、律师、护理工等职业来说，对算术能力要求则较低。

④ 空间判断能力，是指在看懂图形、识别物体在空间运动中的联系、解决几何问题的能力。如果一个人爱好平面几何及立体几何并且学得较好，这个人的空间判断能力就比较强。与图纸、工程、建筑等打交道的建筑师、设计师等职业，空间判断能力要求很高；对于裁缝、电工、木工等来说，也要具有一定的空间判断能力，才能胜任。

⑤ 形态知觉能力，是指对物体或图像的有关细节的知晓和感觉能力，如对于图形的阴暗、线条的宽度和长度做出视觉的区别和比较，能看出其细微的差异。对于生物学家、制图员、医生、书法家、画家等职业，需要较强的形态知觉；而对于历史学家、社会服务工作人员、招待员、办公室职员来说，形态知觉就显得不重要了。

⑥ 事物知觉能力，是对言语或表格式的材料的细节的知觉能力，发现错字或正确地校对数字的能力等。像设计、经济、记账、打字等工作，都必须具备一定的事物知觉能力。

⑦ 动作协调能力，是指能够迅速准确和协调地做出精确的动作和运动反应的能力。对于驾驶员、飞行员、雕刻家、运动员、舞蹈家等来说，这种能力显得尤其重要。

⑧ 手指灵活度，是指手指迅速、准确、和谐地操作小物体的能力。纺织工、钢琴家、外科医生、打字员、书画家、裁缝等人员的手指必须比一般人灵活。

⑨ 手的灵巧度，是指手指灵巧而迅速地活动的能力，像体育运动员、舞蹈家、兽医等，手必须能够灵巧地活动。

⑩ 眼、手、足协调能力和颜色分辨能力。眼、手、足协调能力是指根据视觉刺激，手足配合活动的能力，如音乐家、画家等职业。颜色分辨能力是指观察或识别相似或相异的色彩，或对相同色彩明暗效果的感知能力，包括识别特殊色彩、识别调和色或对比色以及正确配色的能力，如影像师、CT 和 B 超操作医生等。

第四，确定职业层次。前面曾论述过，要使职业选择具体化，不仅需要确定所要从事的职业类型，还需要确定相应的职业层次。

职业层次是指在同一种职业或职业类型内部，由于工作活动及其对人员要求不同而造成的区别。一般按照工作所要求的技能和责任心的程度分为六种层次：

一是非技能性工作。这种工作简单、普遍化，不要求独立的决策和创造力。

二是半技能性工作。要求在有限的工作范围里具有一些较低程度的技能知识，或具备一种较高程度的操作技能。

三是技能性工作。具备熟练的技能、专门知识和判断能力，能够独立完成所分配的工作。

四是半专业性和管理性工作。它要求劳动者具有一定的专门知识和判断能力，属于一般的脑力工作，在管理中对他人有较低程度的责任。

五是专业性工作。要求大量的知识和判断能力，具有一定的责任和自主权。

六是高度专业性和管理性工作。要求具有高水平的知识、智力和自主性，承担更多的决策和监督他人的责任。

由以上可知，决定一个人的职业层次的应该是他的能力水平。一般用一个人的受教育程度或培训水平来代表他所达到的相应能力水平。因而不同层次的工作要求不同的教育程度或培训水平，一个人的教育水平在相当程度上决定了其所要从事的职业层次。一般来说，第五、第六两个层次的工作要求经过研究生教育；第三、第四个层次的工作需要大学教育或中等程度的培训即可。

2. 兴趣与职业选择

（1）兴趣对某些职业活动的影响。兴趣是指一个人寻求并参与某些特定活动的心理偏好倾向，职业兴趣就是个人对某些类型职业和与其相关的活动、学习等的喜好。人们在选择职业时，需要知道自己对哪类工作感兴趣并能满足个人的意愿，而且将能力和兴趣结合起来考虑，才更有可能取得职业适应和成功。具体来说，兴趣对人们职业活动的影响主要表现在以下三个方面：① 兴趣是人们选择职业的重要依据。当外界环境限制较小时，人们都会选择自己感兴趣的职业。② 兴趣可以增强人的职业工作效率。兴趣可以通过工作动机促进一个人能力的发挥，兴趣和能力的合理结合会大大提高工作效率。研究表明：如果一个人从事自己感兴趣的职业，则能发挥他的全部才能的 80% ~ 90%，而且长时间保持高效率而不感到疲劳；而对所从事工作没有兴趣的人只能发挥其全部才能的 20% ~30%。③ 兴趣影响人的工作满意感和稳定性。一般来说，从事自己不感兴趣的职业很难让人感到满意，并由此导致工作的不稳定。

（2）职业兴趣类型与对应的职业。与职业选择有关的兴趣称为职业兴趣。职业兴趣根据不同的标准可分为不同类型，下面是根据《加拿大职业分类词典》（1987）中不同职业对于兴趣因素的要求整理而成的职业兴趣类型特点及相应的职业，可供参考。

兴趣类型一：愿与事物打交道。喜欢同事物打交道，而不愿意与人打交道，相应的职业如制图、勘测、工程技术、建筑、机器制造、出纳、会计等。

兴趣类型二：愿与人交往，不愿与物接触。这类人喜欢与人交往，对销售、采访、传递信息一类的活动感兴趣。相应的职业有记者、推销员、服务员、教师、行政管理人员、外交联络人员等。

兴趣类型三：愿意做有规律的工作。这类人喜欢常规的、有规则的活动；习惯于在预先安排好的程序下工作。相应的职业如邮件分类、图书管理、档案管理、办公室工作、打字、统计、流水线等。

兴趣类型四：喜欢从事社会福利和助人的工作。乐意帮助人，他们试图改善他人的状况，帮助他人排忧解难。相应的职业有律师、咨询人员、科技推广人员、医生、护士、慈善人员、志愿者等。

兴趣类型五：愿做领导和组织工作。喜欢管辖人和处理事务，希望受到众人的尊敬和获得声望，他们在企事业单位中起着重要作用。相应的职业是各级各类的组织领导和管理者，如行政干部、企业管理干部、学校领导和辅导员等。

兴趣类型六：喜欢研究人的行为。对人的行为举止和心理状态感兴趣，喜欢谈论人的问题。相应的职业大多是研究人、管理人的工作，如心理学、政治学、人类学、人力资源管理等研究工作以及教育管理、行为管理等工作。

兴趣类型七：喜欢从事科学技术事业。对分析的、推理的、测试的活动感兴趣，擅长于理论分析，喜欢独立地解决问题，也喜欢通过实验做出新发现。相应的职业如生物、化学、工程学、物理学、地质学等研究及实验工作。

兴趣类型八：喜欢抽象的和创造性的工作。对需要想象力和创造力的工作感兴趣，大都喜欢独立的工作，对自己的常识和才能颇为自信，喜欢抽象的问题，而且急于了解周围的世界。相应的职业大都是科学研究工作和实验室工作，如社会调查、经济分析、各类科学研究工作、化验、新产品开发等。

兴趣类型九：喜欢操作机器设备的技术工作。对运用一定的技术操作各种机械、制造新产品或完成其他任务感兴趣，喜欢使用工具，特别是喜欢大型的、马力强的先进的机器，喜欢具体的东西。相应的职业如飞行员、驾驶员、机器制造、建筑、石油、煤炭开采等。

兴趣类型十：喜欢具体的工作。希望能很快看到自己的劳动成果，愿意从事制作能看得见、摸得着的产品的工作，并从完成的产品中得到满足。相应的职业如室内装饰、园林、美容、理发、手工制作、机械维修、厨艺等。

3. 气质与职业选择

气质是指人的相对稳定的个性特点和风格气度。一般来说，气质虽然对人们所从事的职业活动并不具有决定性意义，但是气质却对职业活动具有反作用，当人的气质与职业相适应时，可能起促进作用，反之当二者不适应时，可能有阻碍作用。气质与职业的关系首先应该注意的是气质差异的分类，气质差异主要表现为气质类型及其行为特征的差异。被誉为“医学之父”的古希腊医生希波克拉特斯（公元前460年—公元前370年）在其所著的《论人的本性》一书中把人的气质类型划分为多血质、胆汁质、黏液质、抑郁质四种类型。他的气质分类与相应的心理特征以及相对应的职业如下。

（1）多血质。① 优点：反应迅速，有朝气，活泼好动，感情外露，遇事敏感，思想活跃，可塑性大，对环境适应性强，快人快语，善于并易于结交朋友，有很强的活动能力和语言表达能力。② 缺点：情绪不稳，粗枝大叶。代表人物有《三国演义》中的关羽、《西游记》中的孙悟空、《红楼梦》中的王熙凤等。这一气质类型的人适合从事与外部世界打交道、灵活多变、富有刺激性和挑战性的工作，如外交人员、管理者、记者、驾驶员、运动员、导游、推销员、节目主持人、外事接待人员、演员、市场调查员、监督员等，但他们不太适合做过细的、单调的机械工作。

（2）胆汁质。胆汁质的人又称为兴奋型（不可遏止型），属于兴奋而热烈的类型。① 优点：积极进取，不怕困难，热情高涨，直率豪爽，有魄力。精力充沛，表里如一，刚强果敢，反应迅速，体验强烈，深刻而稳定。行为坚忍不拔，智力活泼敏捷，能以很高的热情埋头做事。兴奋时，决心克服一切困难；精力耗尽时，情绪又一落千丈。② 缺点：脾气急躁、暴躁和焦躁，行事鲁莽，易因小事而大发脾气，与别人产生对立情绪，萌生报复心理，办事不考虑后果，事后又后悔，虽然“虚心接受，但坚决不改”。易冲动发泄，感情用事，缺乏耐心，在遇到不如意时，甚至会欺负无辜来发泄不满。代表人物有《水浒传》中的李逵、《三国演义》中的张飞等。胆汁质的人喜欢从事与人打交道，工作内容不断变化，环境不断转换并且热闹的职业，如导游、推销员、节目主持人、公关人员等，但明显不适合长期安坐、持久耐心细致的工作。

（3）黏液质。① 优点：为人平静，情绪不易变化，也不易外露；善于克制忍让，生活有规律，不为无关的事情分心，埋头苦干，有耐久力，态度持重，不卑不亢，不爱空谈，严肃认真；处变不惊，总能三思而后行；能坚定地执行已做出的决定，不紧不慢地去完成工作，对自己的行为有较大的自制力。② 缺点：在运动和行为上都很迟缓；对已习惯的工作比较适应，但对新工作较难习惯；可塑性差；不够灵活，注意力不易转移，因循守旧，对事业缺乏热情；稳重而缺乏灵活，踏实却有些死板，沉着但生气不足。代表人物有《三国演义》中的诸葛亮、《水浒传》中的林冲等。属于黏液质气质类型的人适合于做稳定的、按部就班的、静态的工作，如外科医生、法官、管理人员、出纳员、会计、播音员、话务员、调解员、教师、人事管理主管等。

（4）抑郁质。① 优点：沉静，易相处，人缘好，办事稳妥可靠，做事坚定，能克服困难；敏锐、稳重、体验深刻，有较多的敏感性，能感觉出一般人所觉察不出的事。富于想象，办事谨慎，对力所能及的工作坚忍不拔。② 缺点：多愁善感，心理反应速度慢，遇事犹豫不决，缺乏果断，动作迟缓。易受挫折，怯懦，孤僻，寡断，疲劳不容易恢复，不图进取，面临危险和紧张情况时，常表现出恐惧和畏缩；受挫后，会心神不安。其代表人物有《红楼梦》中的林黛玉等。抑郁质的人能够胜任安静、细致的工作，如校对、打字、排版、检查员、化验员、保管员等。

虽然气质并不是决定一般职业适应性和成功的最主要因素，但在一些特殊职业中对从业者的某些气质特征要求是非常高的，而且是无法用其他心理特点来弥补的。这方面的职业有飞行员、宇航员、大型动力和系统调度员以及运动员等，这些职业都要求身心的高度紧张、反应灵敏、具有顽强的耐力等，这些气质要求都不是一般人所能达到的。因而对这些职业来说，气质成了职业选择的最主要的决定因素，在人员挑选中必须首先针对职业的要求对候选人进行气质的测定，然后根据气质测定结果挑选和培训符合气质绝对要求的人员。这样，既可以避免造成重大的工作失误，同时也可以减少人员培训和开发上的不必要的浪费。

4. 性格与职业

性格在心理学上的定义是个人对现实的稳定态度和习惯化了的行为方式。同气质相比，性格更带有后天性，它是个人在社会实践活动中通过个体与环境的相互作用而逐步形成的，一经形成后，就有了一定的稳定性。性格是个人心理特征的核心部分，它使一个人的个性心理特征构成了一个整体。气质是心理过程的动力特征，能力是完成某项活动所必备的心理特征，它们两者对现实的作用都是中性的，由于性格的参与才使它们带有了一定的意识倾向性并作用于客观现实，我们可以从这个角度来理解性格对职业活动的影响。

对性格类型进行研究是性格差异研究的一个重要视角，其中最流行的是瑞士心理学家卡尔·古斯塔夫·荣格（Carl Gustav Jung，1875—1961）1913 年所提出的内向型和外向型的分类方法。在现实生活中，人在性格方面的内向、外向的表现是很明显的，属于外向型性格的人对外界事物表现出关心和兴趣，善于表露自己的情感和行为并乐于与人交往；而属于内向型性格的人对外界事物缺少关心和兴趣，不善于表露自己的情感和行为而且不乐于与人交往。一般来说，外向型性格类型的人更适合从事能充分发挥自己行动能力积极性并与外界有着广泛接触的职业，如管理人员、演员、律师、政治家、推销员、记者、教师等；内向型性格类型的人比较适合从事有计划的、稳定的、不需要与人过多交往的职业，如科学家、技术人员、会计师、一般办公室人员等。

当然，无论是内向型的人还是外向型的人都有许多非常具体和丰富的性格特征，纯粹属于内向型或者外向型的人不多，大部分人属于混合型，只是存在着程度的差别。表 9－6 是一张性格类型测试表，通过它可以简单地测试一个人的性格类型。

表 9－6 性格类型测试

外向型（E）：与他人在一起时感到振奋；希望成为注意的焦点；先行动，再思考；喜欢边想边说，易于被了解；愿与人共享个人信息；说的比听的多；热情地交流，反应迅速，喜欢快节奏；较之精深更喜欢广博	内向型（I）：独自一人时感到振奋；避免成为注意的焦点；先思考，再行动；在脑中思考，注重隐私；只与少数人共享个人信息；听的比说的多；不把热情表现出来，思考之后再反应；喜欢慢节奏；较之广博更喜欢精深

续表

感觉型（S）：相信确定而有形的事物；喜欢具有实际意义的新主意；崇尚现实主义与常识；喜欢运用和琢磨已有的技能；留心特殊和具体的，喜欢给出细节，循序渐进地给出信息；着眼于现在	直觉型（N）：相信灵感和推理；喜欢新主意和新概念，出于自己的意愿；崇尚想象力和新事物；喜欢学习新技能，但掌握之后容易厌倦；留心普遍的和有象征性的，使用隐喻和类比，跳跃式地以一种绕圈的方式给出信息；着眼于将来
思维型（T）：后退一步，客观地分析问题；崇尚逻辑、公正和公平；有统一标准，自然地发现缺点；有吹毛求疵的倾向，可能被视为无情、麻木、漠不关心；认为诚实比机敏更重要；认为只有合乎逻辑的感情才是正确的；受获得成就欲望的驱使	情感型（F）：向前看，关心行动给他人带来的影响；注重感情与和睦，看到规则的例外性；自然地想让别人快乐；易于理解别人，可能被视为过于感情化、无逻辑、脆弱；认为诚实和机敏同样重要；认为所有感情都是正确的；无论有意义与否，受驱使与被人理解的驱使
判断型（J）：做完决定后感到快乐；具有工作原则；先工作再说；确立目标并按时完成任务；想知道自己的处境，着重结果；通过完成任务获得满足；把时间看成有限的资源，认真对待时间期限	知觉型（P）：因为保留选择的余地而快乐；具有“玩的原则”；先玩再工作；当有新的情况时，便改变目标；喜欢适应新环境，着重过程，通过着手新事物而获得满足；把时间看成无限的资源，认为时间期限是活的

从性格差异及类型的划分出发可以考察性格与职业之间的关系。个人选择职业时需要考虑性格与职业品质，选择适合个人特点的职业；同样，由于每种职业对从业者的性格品质都有特定的要求，因此在挑选人员时也应重视有关性格特征的考核，尤其是对一些高层次工作更应如此。

上述性格和职业相互适应的分析是较为粗略的，只能提供一个大致的方面。对于性格来说，它作为人的一种心理特征具有一定的稳定性，但又不是一成不变的，客观环境的变化和个人的主观调节都会使性格发生变化，所以性格与职业的对应也并非绝对，而是具有一定的弹性的。

关键概念

职业　职业生涯　职业声望　职业选择

即测即评

扫描右侧的二维码图标，内含若干判断题、单选题和多选题，您可在线自测并查看答案。

复习思考题

1. 如何理解职业的概念？

2. 职业有哪些特点?
3. 简述职业的分类。
4. 职业对人有哪些作用?
5. 如何理解职业生涯的含义?
6. 简述职业生涯阶段理论。
7. 影响职业生涯的因素有哪些?
8. 简述职业生涯中的角色发展。
9. 简述职业生涯的模式。
10. 职业分层与职业分类有哪些区别?
11. 影响职业声望评价的因素有哪些?
12. 如何理解职业期望?
13. 职业成功的标准和方向有哪些类型?
14. 职业选择有哪些理论?
15. 简述个人差异和职业选择。

注释

[1][8] 王志强. 白领职业教程. 北京:企业管理出版社,1998:49,49-53.

[2] 陈婴婴. 职业结构与流动. 北京:东方出版社,1995:64.

[3] 张再生. 职业生涯管理. 北京:经济管理出版社,2002:35.

[4][5] Le Petit Larousse;Pars,Larousse,1995:826,189.

[6] Willian J. Rothwell,Hery J. Sredl. Professional Human Resource Development Roles& Competencies. 2nd ed. Massachusetts,HRD,Press,1992:8.

[7] 姚裕群. 市场经济下的就业理论与就业促进. 北京:中国劳动出版社,1996:108-111,122-125.

[9][10] 杨体仁,祁光华. 劳动与人力资源管理总览. 北京:中国人民大学出版社,1999:565-570,566.

第十章　就　　业

就业是人类社会研究的主题之一，特别是凯恩斯主义产生以来，就业理论备受人们关注。正如美国著名经济学家布坎南所说：“传统的资源配置理论现在被称为‘微观经济学’，而新加的就业理论则被称为‘宏观经济学’……宏观经济学……将高水平产出和就业提高到支配地位。”[1]许多国家都把充分就业作为宏观经济政策的首选目标。作为研究劳动力资源配置与利用的劳动经济学，就业问题就显得更重要了。

第一节　就业概述

一、就业的概念与类型

（一）就业的概念

西方的就业者概念是指适龄劳动人口在调查周内正在从事有报酬工作的人，以及有职业但由于生病、休假、罢工等原因而没有工作的人。就业的适龄劳动人口的定义是指年满16岁或16岁以上的所有不受管制的人。不受管制是指没有被监禁或被送进精神病机构以及没有受到其他方式的管制。[2]“在调查周内，人们成为就业者的条件可以概括为下列几条：① 从事任何有报酬的工作；② 在家庭企业或农场工作15小时以上而没有报酬；③ 在调查周内有职业，但因为休假、生病或天气恶劣等，没有在岗位上进行工作。”[3]

我国把就业（employment）定义为：具有劳动能力的人，参加某种社会劳动并取得劳动报酬或经营收入的经济活动。这一定义包括四层含义：① 就业必须达到一定年龄并具有劳动能力；② 就业者必须是从事某种社会劳动，而不是家务劳动；③ 这种劳动必须是有收入的劳动，而不是无报酬的公益劳动或义务劳动；④ 就业的主体是就业人员。我国的就业人员包括：全部职工，含在党政机关、社会团体及企业和事业工作并取得报酬的全部人员；城镇私营企业人员和个体劳动者；农村社会劳动者；其他社会劳动者，包括再就业的离退休人员、民办教师以及在各单位中工作的外方人员和港、澳、台方人员。

我们认为，要合理界定就业概念，必须注意以下几点：

第一，就业概念的内涵与外延。根据就业概念的广度不同，其概念分为广义就业和狭义就业两种。广义就业是指社会一切生产要素得到利用并得到相应收入的活动，包括土地所有者利用占有的自然资源取得收入，资本所有者利用资本取得收入，企业家通过管理才能发挥取得收入，劳动者通过劳动力的支付和租赁取得报酬等都是就业活动。狭义的就业特指劳动要素的利用而取得报酬的活动，因此可称之为劳动就业。我们研究的就业主要是狭义的就业，即劳动就业。

第二，就业相关概念的关系。与就业相关的概念主要有从业、搜寻职业、歇业和失业。从就业与从业的关系来看，两者既有联系又有区别。两者的联系是两者都表明劳动者已有了职业和工作，就业包含了从业；两者的区别是从业含有“已经”、“正在”从事工作或有职业的意思，而就业除包括从业的含义外，还包括“开始进入”工作的含义，它暗含有“转入”的意思，如由上学转入就业，由失业转为就业等。搜寻职业有两种可能：一是没有职业或工作而求职或寻找工作，这是失业条件下的搜寻职业；二是有了职业或工作搜寻条件较好、收入较高的职业，这是就业条件下的搜寻职业。歇业一般是在就业情况下发生的工作中断现象，它主要是指有职业的劳动者因疾病、事故、劳资纠纷、节假日、气候等原因而暂时停止工作。而就业与失业是一对相对的概念。失业是就业出现的一个问题，就业的问题主要有两个：一是劳动力供给紧张；二是失业。从就业活动的演变顺序来看，这些概念的联系为：搜寻职业→就业（进入有职业状态、从业、歇业）→失业→搜寻职业……

第三，劳动就业统计的对象。劳动就业统计的对象不同，其计量结果也不相同。劳动人口以人口自然数量为度量单位，它反映的是劳动年龄范围的人口的规模，包括可供利用的劳动人口规模以及实际被使用的劳动人口的规模。在理论上，劳动力则不同，它是指在单位时间内一个能够达到标准产出的劳动人口，它以单位时间内具有标准产出的劳动人口为计量单位，而不是以劳动人口的自然数为单位。从整个社会来说，社会劳动人数与社会劳动力总数量是不同的。劳动反映的是一个劳动者在生产过程中体力与智力的消耗活动，通常以活动持续的时间来衡量，计量单位是时间。由于劳动就业统计的是反映社会劳动力资源利用的情况，因此，劳动就业统计的对象既不是劳动力也不是劳动，而是劳动人口。

第四，就业的合法性。从现行的就业定义来看，它只说明了有劳动能力的劳动者参加某种社会劳动，并获取报酬或收入的活动。对这种活动是否合法缺乏明确的界定，这不利于遏制“黑色经济”和“灰色经济”的蔓延，为此必须明确就业活动的法律含义。

综上所述，我们认为就业的定义应该是在一定时期内，在一定年龄范围内的社会劳动者进入或已经参加某种合法社会劳动，并取得劳动报酬或经营收入的经济活动。

（二）就业的类型

就业可按照不同的标准进行多种分类，按照就业的表现形式不同可分为显性就业（公开就业）和隐性就业（非公开就业）；按就业的范围不同分为国内就业和国际就业，国内就业又分为城镇就业和农村就业；按就业的管理形式不同分为计划就业和市场就业；按就业的时间不同可分为长期就业（1年以上）和短期就业（1年以下）；按就业的序次不同分为初次就业、再就业和多次就业；按就业的概念不同分为广义就业和狭义就业。另外还可按就业的地区、产业、部门、所有制等不同对就业进行分类。

联合国开发署根据经济增长率和就业增长率的关系将就业划分为四种类型：① 高经济增长、高就业机会型；② 高经济增长、低就业或无就业型；③ 经济增长率下降，就业机会下降型；④ 经济增长率下降、就业机会有所扩大型。

二、就业的功能

（一）就业对劳动者个人的功能

1. 劳动者生活保障功能

就业是劳动者个人谋生的手段。劳动者通过就业，而后取得一定的收入，从而获取自身生存及其延续后代所需的生活资料。就业中所生产的产品又为其他社会成员提供生活资料，从而保证劳动力再生产的顺利进行。

2. 劳动者自我价值实现功能

就业是劳动者个人聪明才智显示发挥的条件。劳动者经过数载“寒窗”学习，通过职业培训，具备了一定的知识和才能，人所共有的心理要求是在适合自己的职业岗位上，显示和发挥自己的知识与才能以得到社会的承认。这种心理要求只有就业才能实现。如果劳动者的知识和才能离开了就业岗位，只能束之高阁，处于“怀才不遇”、“英雄无用武之地”的境地。

3. 劳动者自我发展功能

就业是劳动者积累经验和技能的阶梯，是人力资本价值的增效剂。劳动者在职业岗位的就业过程中，个人的思想道德、体力、智力、技能水平会得到不断发展和完善。如果离开了就业岗位，劳动者的人力资本价值就会不断降低甚至丧失，同时还会对劳动者的生理和心理造成损害。

4. 劳动者服务社会功能

就业是劳动者服务社会的途径。在共同劳动过程中，每个人都专门从事一项特定的具体工作，这就是劳动分工。社会劳动者的劳动总和，为社会创造出各种各样的财富，以满足人们不断增长的物质文化需求。而每个人的物质文化生活需求是多种多样的。这些需求的满足，只有通过众多生产和服务部门的劳动才能实现。实际上，人们用自己在社会就业岗位上的劳动成果与他人的劳动成果相交换，通过这种交换，一个人在满足自我需求的同时，也满足了其他社会成员的需求，使“我为人人，人人为我”的市场理念得到了体现。从这个意义上讲，就业协调了人与人之间分工和协作的关系，使每一个人为自己也为社会而劳动，从而为人们服务于社会提供了途径。

总之，就业与人的一生息息相关。人的生活供给，必须通过就业来获取；人的聪明才智，必须通过就业来发挥；人的人力资本，必须通过就业来增值；人为社会做贡献，必须通过就业来实现。

（二）就业的社会经济功能

1. 增加财富功能

这是就业的最基本经济功能。恩格斯指出，劳动是“整个人类生活的第一个基本条件”。马克思也说：“任何一个民族如果停止劳动，不用说一年，就是几个星期也要灭亡，这是每一个小孩都知道的。”[4]就业使分离的生产要素得以结合，从而生产出物质财富和精神财富，为人类社会的存在和发展提供经济基础。按照马克思主义和劳动价值理论，一切财富都是由劳动创造的，而创造财富的劳动的前提条件是劳动者必须实现就业，从这个意义上讲，没有就业活动，人类的财富就失去了源泉。

2. 社会稳定功能

就业不单纯是一个经济问题，而且是一个政治问题和社会问题，就业问题解决得好有利于建立社会的平等、稳定环境。因为劳动就业可以使社会成员各得其所，安心工作，使正常的工作秩序、生活秩序和社会秩序得到维护。相反，如果就业安排得不好，有劳动能力的人长期得不到安置，不但其物质生活会受到影响，而且思想意识也会发生变化，有些人因意志消沉、悲观失望，甚至会铤而走险，违法犯罪。这不仅是对劳动力的极大浪费，而且会严重影响社会稳定。大量调查也表明，就业是社会的“稳定器”，而失业是社会的“振荡器”，凡是高就业率的时期，社会就稳定，凡是高失业率的时期就会出现贫困人口增加、犯罪率上升等问题。正因为如此，许多国家都把充分就业作为宏观经济政策的首选目标。

3. 社会发展功能

就业作为一种经济活动，对社会的发展起着重要作用。一个社会的就业水平越高（体现为经济活动人口率与就业率越高），就业的经济效果就越好（体现为社会劳动生产率、国民生产总值和国民收入越高），社会财富就越丰富，人们的物质、文化生活水平就越高，从而就能促进社会的繁荣与发展。

第二节 西方主要学派的就业理论

一、古典经济学和新古典经济学的就业理论

传统的就业理论主要是凯恩斯经济学产生以前的就业理论，它主要处在古典经济学和新古典经济学阶段，主要包括就业自动均衡论、均衡工资就业论、有效需求充足就业

论和就业周期波动论等。

（一）就业自动均衡论

“萨伊定律”是西方传统就业理论的基石。按照凯恩斯的说法，如果没有它，则整个西方传统的就业理论就要“崩溃”。[5]“萨伊定律”是法国经济学家萨伊在其1803年出版的《政治经济学概论》中提出的所谓“供给会给自己创造需求”的教条。萨伊认为，一种商品总是用另一种商品来购买，一种商品的出售就是对另一种商品的购买。他断言，“一种生产物一经产出，从那时刻起就给价值与它相等的其他产品开辟了销路”[6]。由此，他提出了一个根本命题：“生产给产品创造需求”[7]，也就是说，供给会自行创造需求。

萨伊以后，一些西方经济学家从萨伊定律出发引申出另一个结论，通过利息率的自行调整一切储蓄必然全部转化为投资。这是因为收入不是用于消费，就是用于储蓄。用于消费的部分形成对消费资料的需求，如果储蓄转化为投资，就形成对生产资料的需求，也即生产过程中形成的收入最终都要形成对产品的需求。

在“供给自动创造需求”和“储蓄全部转化投资”两个前提下，就可推论出：① 通常情况下，依照价格机制的自发调节，商品市场和生产要素市场会趋于供求均衡，趋于充分就业。② 供求关系对均衡的偏离是暂时的。进而暂时的失业也是无关紧要的，因为它可以自动恢复到均衡状态。③ 政府不应干预经济，即使政府要干预经济，也仅限于“鼓励生产”而已。[8]

由于“萨伊定律”把以货币为媒介的商品交换同物物交换混为一谈的错误，资本主义周期性的经济危机，特别是20世纪30年代西方国家的经济大萧条，使传统的就业自动均衡论遭到破产。

（二）均衡工资就业论

均衡工资就业论的核心内容是：工资由劳动力的需求和供给所决定，劳动力的使用量即就业量由均衡工资所决定。

1. 新古典经济学认为，对劳动力的需求和真实工资呈反方向变动

按照边际生产力理论，在生产能力和生产技术水平已定条件下，厂商的产量决定于雇用的工人数量。但随着厂商雇用工人人数的增加，工人生产的边际物质产品是递减的。在完全竞争情况下，厂商要实现最大利润，就要调整其雇用工人的人数，使其为最后雇用的工人所付出的工资（成本）等于其生产的边际物质产品的货币价值。这时，便达到了雇用工人数量的均衡状态，这种情形下的工资是均衡工资。

如果市场上出现了货币工资率下降即工资成本降低时，原有的均衡会遭到破坏。按照上述理论，厂商在最大利润目标的驱使下，将会增加对工人的雇用数量，但此时这批工人的边际物质产品又减少了，直至当增加雇用的工人较低水平的工资成本等于他们降低了的边际物质产品的价值时，新的均衡又会形成。而当一般物价水平上涨而工资率不

变时，也会产生类似的调整。因为当一般物价水平上升时，真实工资率同样下降。可见，新古典经济学的看法是：真实工资率越高，对劳动力的需求或就业水平就越低；真实工资率越低，对劳动力的需求或就业水平就越高。若 w 为货币工资率，P 为一般物价水平，W 为真实工资率，N 为劳动力的需求或就业水平，则有

$$W=\frac{w}{P}$$

$$N=f\ (W)$$

将上述理论扩展，整个社会的就业量就是就业扩大到最后雇用的工人的边际产品恰好等于真实工资率时的就业量。在这种情况下，整个社会的就业达到均衡状态，其就业量是均衡就业量，其工资率是均衡工资率。若以 ΔY 代表实际产量的变化，ΔN 代表就业水平的变化，$\Delta Y/\Delta N$ 就代表整个社会的劳动边际产品。当

$$\frac{\Delta Y}{\Delta N}=\frac{w}{P}$$

时，会达到就业量的均衡状态。

2. 劳动力总供给和真实工资率是正的函数关系，即真实工资率增加，劳动力供给量也增加

新古典经济学认为，工人提供劳动力为的是得到最大数量的收入，或者说，真实工资是克服工作辛劳（劳动负效用）、吸引人们就业的必要报酬，是工人从货币工资所购买的商品和劳务中享受的效用。因此，真实工资率增加，工人所享受的总效用增加，进而劳动力供给量也会增加。

劳动力总供给与真实工资率之间的这种正的函数关系，还建立在劳动者不发生“货币错觉”的假设前提下。货币错觉是指由于人们只看到货币的表面价值，而不了解其真实购买力，认为货币单位的价值是稳定不变的，从而认为货币收入的增加也就是真实收入的增加。如果是这样，那么劳动力的供给就不是真实工资率而是货币工资率的函数了。但新古典经济学否定了这一点，认为货币是中性的，只起流通手段的作用，工人应该是以他得到的实际工资与他的劳动的负效用相比较来决定是否就业的。

根据上面对劳动力需求和供给的分析，进而比照一般商品的供求关系，可以通过劳动力供给曲线和需求曲线，建立起均衡工资率条件下的均衡就业模型。

对于这种均衡工资论，庇古在其《失业原理》中明确指出：“由于在职工中进行完全的自由竞争和劳动力的完全流动……始终会有着一种工资比率要与要求人人就业相联系的强烈倾向在起作用。因此，在安定的条件下人人的确会就业。从而在安定的环境中人人会在实际上找到就业的位置。”[9]

新古典经济学认为，由劳动力供求曲线交点 E 所确定的均衡就业量，也就是充分就业的就业量。但这并不是说所有工人在这种均衡状态下都有工作的机会。这时仍然存在着摩擦性失业和自愿失业。前者是由于季节性停工、消费者偏好的变化、技术革新等，使原有工作不断消失、新工作不断出现、就业者在转换工作期间所产生的临时性失业；

后者主要是有些工人要求的真实工资率高于劳动的边际生产力，拒绝接受与其边际生产率相适应的工资率而造成的失业。可见这些失业只是暂时的或少量的，并不影响充分就业的大局。同时，新古典经济学由于反对政府干预经济运行，还从这一角度提出了失业的问题，即如果政府通过法律手段，将最低工资率定为 W_2，那么劳动力的供给量就会大于需求量，由于劳动力的使用量是由厂商的需求决定的，因而也就产生了失业，但这种失业的根源在于政府对经济的干预。

（三）有效需求充足就业论

（1）新古典经济学通过“萨伊法则”认定，充分就业是交换经济的正常状态，不会发生由于全面生产过剩而出现非自愿失业的现象。每一个生产者把自己生产的商品拿到市场上出售，都是为了交换其他产品；每一个生产者的供给都形成对其他商品的需求，所有的经济活动目的都在于消费，消费依赖于取得收入，而收入则来源于生产，因此每一生产行为都代表对另外某种物品的需求。从这种理论出发，建立在私有制基础上的市场经济是不可能出现全面生产过剩的，也不会有总需求不足。局部的生产过剩可能会发生，但只要通过市场的价格机制便可以纠正。因为生产过剩的行业中的生产者，可以转移到其他有利可图的行业中去。生产过剩不会存在，总需求是充足的，非自愿失业也就不可能存在。

（2）新古典经济学通过其利息理论论证了有效需求是充足的。储蓄是现期收入中没有用来购买现期生产的商品的那部分收入，如果人们进行储蓄，总需求就会相应形成一个缺口。但新古典经济学认为，利息率是使投资与储蓄趋于均衡的因素。如果在当前的利息率水平下，一国公众储蓄的数量大于厂商为了投资购买资本品所需的贷款数量，利息率必然会下跌，这时储蓄会减少而投资会增加，利息率一直要降至投资和储蓄相等时，才处在稳定状态。可见，在市场机制作用下，储蓄会自动转化为投资，储蓄的存在不会引起总需求的不足。

（3）新古典经济学通过其价格水平理论论证了有效需求是充足的。新古典理论认为，货币流通速度取决于社会的支付习惯，因而是相对固定的。在充分就业的假定下，总产量是一定的，则真实收入也是固定不变的。而在短期内成为变量的只有货币供应量和一般物价水平。但由于货币只是作为流通的手段，人们出售产品得到货币后，就会购买其他商品，从而保持着充分的总需求。如果有人持有货币而不购买商品，由于价格具有伸缩性，市场上的商品仍会销售一空，只不过商品的价格下降了；如果本期支出的货币比本期收入多，在产量保持不变的情况下，物价会上涨，进而供求仍然是平衡的。

（四）就业周期波动论

经济的周期性波动同时也是就业的周期性波动，所以，西方关于经济周期的理论，也就是关于就业周期的理论。在西方经济学中曾出现过多种不同关于经济周期的理论。这一部分详见第十一章第二节中的“经济周期变化形成的失业”。

二、凯恩斯主义的就业理论

（一）凯恩斯的就业理论与政策

1. 凯恩斯的就业理论

凯恩斯的就业理论是以充分就业为目标，以有效需求原理为基础展开分析的。

（1）凯恩斯的充分就业。充分就业是凯恩斯就业理论中的一个基本概念。传统就业理论认为，只要依靠市场机制，将失业局限于经济运行难以避免的自愿失业和摩擦失业之内，就是实现了充分就业。凯恩斯认为，在资本主义社会中除了自愿失业和摩擦失业外，还存在着非自愿失业（involuntarily unemployment）（庇古等人所未发现的失业类型）。在他看来，只要想办法消除了非自愿失业，就是实现了充分就业。凯恩斯的充分就业与传统的充分就业都认为充分就业并不能完全消除失业，但两者也存在着如下的区别：① 传统就业理论认为依靠市场机制能够实现充分就业；而凯恩斯认为仅有市场机制的作用不能实现充分就业，实现充分就业还需有政府的干预；② 传统就业理论认为，充分就业仅限于自愿失业和摩擦失业之内；而凯恩斯认为充分就业是消除了非自愿失业。[10]

（2）有效需求与就业。有效需求，按照凯恩斯的解释，就是"总需求函数与总供给函数相交点之值"。即商品的总供给与总需求达到均衡状态时的总需求。凯恩斯提出了以下几个观点：① 总就业决定于总需求。他认为总需求增加，总就业则增加，总需求减少，总就业则减少。因为当总需求大于总供给时，这对雇主有利，于是必然扩大生产，使就业人数增加；相反，当总需求小于总供给时（有效需求不足），这对雇主不利，于是必然缩小生产、解雇工人使就业人数减少。② 失业是由于有效需求不足造成的。有效需求包含两方面的内容，即对消费品的需求和对投资物的需求，前者取决于边际消费倾向，后者取决于资本的边际效率和货币利息率。有效需求不足是由三条心理规律造成的，由于边际消费倾向递减规律，使得消费需求不足；由于资本边际效率递减和货币灵活偏好规律使得投资需求不足。正是由于消费需求不足，才形成了就业量减少、失业量增加的问题。③ 政府应通过干预政策（财政政策、货币政策、对外政策等）来扩大消费、增加投资、加快商品和资本输出，以实现经济增长和充分就业的目标。

（3）乘数原理与增加就业。英国学者卡恩在所著《国内投资与失业的关系》（载于英国《经济学杂志》1931 年 6 月号）一文中首次把乘数概念应用于经济分析之中，提出了他的就业乘数原理。凯恩斯在《就业、利息和货币通论》一书中，利用卡恩的就业乘数原理，提出了自己的投资乘数原理，以说明增加投资在增加收入、从而在增加就业方面的重要作用。凯恩斯认为，当增加投资需求时，首先就要增加投资物的生产，从而就可以增加投资物生产部门的就业和收入；而这笔收入一增加，消费需求也就随之增加，从而消费品的生产也将增加，这样又可增加新的收入，从而引起新的就业。因此，增加一笔投资最终引起的总收入的增加额，不仅包括增加这笔投资直接增加的收入，而且还包括因间接引起的消费需求增加而增加的收入。这样得到的总收入增量和投资增量之比，就叫作投资乘数。如果以 K 代表投资乘数，ΔI 表示投资增量，ΔY 表示总收入增量，ΔC 表示消费增量，则

$$K \cdot \Delta I = \Delta Y$$

或

$$K = \frac{\Delta Y}{\Delta I}$$

因

$$\Delta Y = \Delta I + \Delta C$$

故

$$K = \frac{\Delta Y}{\Delta I} = \frac{\Delta Y}{\Delta Y - \Delta C}$$

再将$\frac{\Delta Y}{\Delta Y - \Delta C}$分子与分母同时除以 ΔY，则

$$K = \frac{1}{1 - \frac{\Delta C}{\Delta Y}}$$

式中：$\frac{\Delta C}{\Delta Y}$是消费增量与收入增量之比，亦即边际消费倾向。

显然，投资乘数与边际消费倾向成正相关关系。凯恩斯认为投资乘数 K 也基本适应于就业乘数 K'，假设由一定量投资直接引起的投资品工业中的就业增加量为 ΔN_2，由该项投资间接引起的消费品工业的就业增加量为 ΔN_1，则由该项投资引起的就业总增加量为 $\Delta N_2 + \Delta N_1$。如果以 ΔN 表示就业总增加量，则就业乘数

$$K' = \frac{\Delta N}{\Delta N_2}$$

或

$$\Delta N = K' \cdot \Delta N_2$$

这个公式表示，当总投资增加时，它所引起的就业增加量将 K'倍于投资品工业中的就业增加量。凯恩斯认为乘数理论十分重要。他指出，在总就业量与直接用于投资的就业量之间建立一定的比例，是他的就业理论中“不可或缺的一步”。[11]有了这一步，只要提高人们的边际消费倾向，“则投资之小量变动可以引起就业量之大量变动，故只需投资量增加少许，便可达到充分就业”。[12]

（4）货币工资与就业。传统就业理论认为，只要劳工市场上没有人为阻碍货币工资率的自由降低，那么充分就业状态总是可以达到的。凯恩斯否定了这种见解。他断言，采取有弹性的货币工资率政策并不能保证充分就业。第一，工资率的降低虽然会对一些企业产生有利的影响，但货币工资率的全面降低又会形成消费需求缩减，而使企业生产的产品滞销，从而减少就业量。所以，从长期看较大的生产量只有在总需求增加时才能

维持。第二，工资率存在着下降刚性。当雇主设法压低货币工资率时，常常会遭到工人的强烈反抗而中止。为此，为扩大就业，凯恩斯主张增加货币数量而反对降低货币工资率，即主张实行有伸缩性的货币政策而反对有伸缩性的工资政策。因为这样做在货币工资率不变的条件下，通过增加货币数量和使工资品价格上涨，既可以达到降低工人实际工资率和增加雇主利润的目的，又缓和了劳资之间的矛盾。

（5）价格水平与就业。凯恩斯认为，在讨论价格水平时，传统经济学家有两种互不相关的混乱解释。在价值论中他们说价格水平由商品的供求决定；在货币论中他们又强调货币数量决定着价格水平。凯恩斯认为货币数量的增加不能直接影响价格水平，只能直接影响利率水平。因为，货币数量增加首先是降低利率，利率降低，利润率就会提高，因此企业投资扩大，投资物的需求增加，这又可以增加就业和收入，从而增加消费需求，结果是有效需求增加，这虽然使价格提高，但有效需求增加又刺激供给增加，供给增加又使价格降低。据凯恩斯的看法，价格水平是否随货币量的增加而上涨，这要看当时社会上有无闲置未用的生产资料和劳动力而定。大体说来，有以下几种情况：① 货币数量增加以后，如果社会上存在有大量闲置未用的生产资料和劳动力，它们的短期弹性非常大，扩大生产不会引起边际成本的提高。在这种情况下，因货币数量增加而增加的有效需求只能使就业量同比例的增加，而不会影响价格水平。因为这时需求的增加虽然导致物价上涨，但供给的增加则又导致物价下降。② 未被利用的生产资料、劳动力逐渐减少以及就业量逐渐增加以后，物价水平会随着因货币数量增加而引起的有效需求增加而逐渐上涨。这是因为，随着就业量的增加，劳动的边际产品要递减，如果货币工资率既定，则只有使物价提高，使工人实际工资率下降，才有利于维持新的较高的就业水平。但在这种情况下，物价上涨的幅度仍然小于货币数量增长的幅度。③ 当社会已处于充分就业的状态，劳动力的供给已经没有弹性时，因增加货币量而引起的有效需求的增加已经没有增加产量和就业量的作用了。在这种情况下，物价才会随着货币数量的增加而同比例增加。根据上述分析，凯恩斯断言，在充分就业以前，货币数量的任何增加都不会导致真正的通货膨胀，货币数量的增长有利于扩大就业；在充分就业之后，货币数量的增加才会发生需求过度的通货膨胀。所以在凯恩斯的就业理论中，实际上把工人失业归于货币供给量过少，把通货膨胀当成解决失业问题的有效手段了。

2. 凯恩斯的扩大就业政策主张

凯恩斯从宏观的角度，提出了一套以国家干预、扩大需求为主要内容的改革措施。

（1）政府干预。凯恩斯认为，资本主义社会缺乏调节需求使之达到充分就业的力量，而且社会越富足，消费倾向递减和投资下降就越严重，因而经济困难和失业现象就越严重。在这种情况下，只有由政府出面，采取干预经济的办法，通过税收、利率、政府投资等措施进行调节，才能消灭危机和失业。

（2）扩大消费需求。凯恩斯认为，国家要运用各种经济杠杆来扩大消费需求。其侧重点有两个：其一是增加消费乃至挥霍浪费，反对节俭和储蓄；其二是对所得进行再分配，通过征收各种所得税来缩小财富所得的过分悬殊，以促进消费，进而提高就业水平。

(3) 扩大投资需求。凯恩斯认为，消费倾向是相对稳定、一时不易改变的，所以扩大投资就成为重点。对此，凯恩斯提出实行“全国范围的调节投资的计划”。这种计划包括两个方面：其一是调节私人投资，即国家增加货币数量、降低借贷利息来刺激私人投资；其二是“投资社会化”，即由政府直接举办公共工程，弥补私人投资的不足，消除投资者的悲观心理，使经济自动复兴。凯恩斯强调，这种投资是一种能带来一系列相关部分的发展，从而形成国民收入总量翻倍增长和就业翻倍增长的投资，“故只需投资量增加少许，就可达到充分就业”。

(4) 增加货币发行，压低利息和工资。通过增发货币和压低利息，来刺激投资，从而增加就业机会。在这种情况下，必然造成通货膨胀和物价上涨，并导致工人的实际工资率下降。但在凯恩斯看来，在必要的情况下必须放弃传统的健全财政的原则，甚至实行赤字财政和有节制的温和的通货膨胀，只有这样，才能刺激投资，从而扩大就业。

(二) 新古典综合派的就业理论

新古典综合派是一种把凯恩斯的宏观经济理论与新古典的微观经济理论加以综合而区别于“新剑桥”理论体系的学派。其主要代表人物，在英国有 J. 希克斯 (J. Hicks)、J. 米德 (J. Meade) 等，在美国有 A. 汉森 (A. Hansen)、P. 萨缪尔森 (P. Samuelson)、F. 莫迪里安尼 (F. Modigliani)、J. 托宾 (J. Tobin)、A. 奥肯 (A. Okun) 等。其主要就业理论如下：

1. 滞胀 (stagflation) 理论

按照凯恩斯经济理论，有效需求不足引起经济萧条和失业，过度需求产生通货膨胀，所以通货膨胀与失业不可能并发。但是整个 20 世纪 70 年代，特别是 1973 年至 1975 年的经济危机以及随后出现的滞胀并发顽症，使凯恩斯上述理论及萨缪尔森在菲利普斯曲线基础上提出的失业率与通货膨胀之间呈反方向关系的观点遇到了挑战。因此，新古典综合派必须运用新古典的微观经济理论来补充宏观经济理论，从而对 20 世纪 70 年代的滞胀问题做出新的解释。

根据新古典综合派一些经济学家的研究，他们对滞胀的原因提出了四种解释：① 由于微观经济部门的供给出现了异常变动。这主要是华尔特·海勒提出的看法。他认为，20 世纪 70 年代世界性的石油、农产品等原料短缺，价格猛涨，提高了生产成本，推进了通货膨胀（成本推动型通货膨胀），同时，因成本上升，产品价格提高，使产品滞销，最终导致生产紧缩，失业增加，就出现了加速通货膨胀下的严重失业问题。② 由于政府增加福利支出的微观效应。这主要是萨缪尔森的观点。他认为，政府福利支出不同于公共工程支出，扩大公共工程支出，能扩大需求，增加就业，而扩大福利支出虽然能增加需求，但是，由于它弥补了低收入家庭的收入，使得失业者不急于找工作，即使物价不下降，也不能减少失业，从而出现滞胀局面。③ 由于微观的市场结构特征。提出这一看法的主要是詹姆斯·托宾和詹姆斯·杜生贝。他们认为，在当代经济社会中存在着两大垄断力量：大公司与工会。大公司控制着商品价格，即物价；工会控制着劳动力的价格，即工资。这两种控制的结果造成价格刚性和通货膨胀。劳工市场的常态是失衡，这种失衡表现为失业与空位并存的结构性失业。④ 由于工资刚性。工资刚性论发端于凯恩斯，他认为资本主义的劳动力市场是不完全竞争市场，由于工会垄断和非工会劳工的攀比效应使货币工资率具有“易升不易降”的刚性，这样随着货币工资率只升不降和劳动力供过于求，就会存在劳工的非自愿失业。美国经济学家詹姆斯·托宾继承了凯恩斯的工资刚性观点，用于解释20世纪70年代一些国家的滞胀问题。他在1972年发表的《通货膨胀与失业》一文中提出，在工会存在的条件下，劳动力市场形成了工资率能升不能降的刚性。有职位空缺，工资率上升；有失业存在，工资率不下降，于是必然发生下列情况：如果失业多于职位空缺，连续失业增量在降低通货膨胀方面的作用越来越小，这是由于职位空缺存在着抑制工资率下降的作用，从而使物价继续上涨，如果职位空缺多于失业率，更会加速工资率上升，即使空位总数等于失业总数，劳动力市场仍然失衡，工资率仍不会下降。这样在劳动力市场失衡的情况下，失业率与空位并存会转化为失业与工资率增长的并存，由于物价随工资水平而定，因此，失业与工资率增长的并存又必然转化为失业与通货膨胀并存。由于工资刚性，有空位，工资率就上升，有失业，工资率并不下降，于是出现了失业与通货膨胀并发症。

为了解决滞胀问题，新古典综合派还提出了多种政策建议：① 制定和执行新的能源和农业政策，缓和个别部门供给紧张状态；② 修改和改进福利支出政策，把福利支出与技术教育、劳动力培训结合起来；③ 实行工资和物价管制政策，抑制工资率和物价过快增长；④ 实行劳工市场政策，解决失业与空位并存的结构性失业问题等。

2. 劳动力市场理论

新古典综合派的劳动力市场理论主要包括以下几个方面：

(1) 劳动力市场的结构。劳动力市场的结构包括技术结构、部门结构、区域结构、社会结构等方面。其中，英国经济学家希克斯对劳动力市场部门结构的分析（劳动力市场部门结构对通货膨胀和失业问题研究）是对凯恩斯就业理论的补充。

(2) 结构性失业。结构性失业是由于劳动力市场的结构方面不相适应而造成的失业，它表现为失业与空位并存。托宾、杜生贝提出的结构性失业是对凯恩斯总量就业理论的补充和发展。一些新古典综合经济学家采用结构性失业取代了凯恩斯的非自愿失业，在萨缪尔森《经济学》后期的某些版本中，作为凯恩斯的就业理论体系之轴心的“非自愿失业”这个范畴竟被取消了。[13]

(3) 劳动力市场均衡。新古典综合派理论在劳动需求上与新古典理论没有区别，都认为工资率取决于劳动边际产品，都认为劳动需求是工资率的函数，但在劳动供给方面与新古典存在着区别，新古典学派认为劳动供给是实际工资率的函数，而新古典综合派则认为，劳动供给是货币工资率的函数（货币工资率不变，价格水平提高，从而实际工资率下降时劳动供给也不会减少）而与商品价格无关。同时，新古典综合派还区别了新古典的劳动力市场均衡和凯恩斯的劳动力市场均衡。新古典经济学家把劳动力市场均衡理解为市场充分发挥作用时所能实现的就业量，凯恩斯则把劳动力市场均衡理解为“雇主们想要提供的总数和工人们按流行的工资率与物价想要接受的总数这样的就业量”[14]。新古典综合派还把希克斯和汉森的 *IS－LM* 模型同劳动力市场均衡结合起来分析整个社会经济所要实现的稳定的最优状态，在商品市场、货币市场及劳动力市场三种市场均衡模型中体现了凯恩斯宏观经济理论与新古典微观经济理论的结合。

另外，托宾还对货币学派的自然失业率假设进行了批评，说明了经济增长与就业关系的奥肯定律，希克斯分析了公平性原则、价格黏性和失业及通货膨胀的关系，汉森、萨缪尔森分析了乘数与加速原理等。

（三）新剑桥学派对新古典综合派就业理论的批评

新剑桥学派是凯恩斯主义的另一重要分支，因其主要代表人物在英国剑桥大学任教而得名。其主要代表人物有 J. 罗宾逊（J. Robinson）、N. 卡尔多（N. Kaldor）、P. 斯拉伐（P. Sraffa）、L. 帕西内蒂（L. Pasinetti）等。新剑桥学派自命是凯恩斯经济理论的嫡传，而把新古典综合派看作是冒牌的凯恩斯主义。凡是被新古典综合派视为凯恩斯经济理论要点的内容，都被新剑桥学派看作对凯恩斯原意的曲解；凡是新古典综合派认为是在新形势下对凯恩斯理论的发展的，都被新剑桥学派看作向旧理论的倒退，是对凯恩斯学说的背叛。所以，虽然在就业问题上新剑桥学派讨论的并不多（罗宾逊著有《新业理论引论》），而是着重讨论收入分配理论、价值理论、经济增长理论等方面，但也是从对新古典综合派的批判而阐发的。

1. 他们指责新古典综合派仅仅把投资作为减少失业的办法

与新古典综合经济学派不同，新剑桥学派不仅重视投资对扩大就业的作用，而且更加强调收入分配对扩大就业的意义。罗宾逊认为，新古典综合派的经济学家们常把增加投资看成是减少失业的唯一办法，似乎只要把越来越多的资源投入到经济中去，就是目的本身。但问题在于：资源的利用究竟是为了生产什么？如果说是为了解决消费问题，那么究竟由谁来消费？消费什么东西？罗宾逊说，新古典综合派谈论经济增长时是不考虑这些问题的。由于只重视投资不注重公平的收入分配，使得无计划的经济增长和失业、通货膨胀形成了共存的局势。在新剑桥学派看来，仅仅依靠投资虽然提高了经济增长水平，但对公众却是不利的。这种经济增长必然给资本主义社会带来“富裕中的贫穷”和大量失业问题：

（1）建立在不平等分配基础上的经济增长只能加剧收入分配更加不平等。因为随着经济增长，利润占国民收入的份额越来越大，工资占国民收入的份额越来越小。由于利润和工资的不合理分配和靠工资收入生活的人口众多，使超过半数以上的人口总是过着低于全社会提供的平均生活水平的生活，由此造成了有效需求不足和严重失业问题。

（2）经济增长加重了失业者贫困。经济增长所要求的技术进步改变了劳动力的构成，大部分职位只有受过较高教育、掌握技术知识的工人才能得到，但受教育的机会不均等和掌握技术的不平衡，使得越来越多的工人失去了取得工作职位的资格，他们的就业机会就更少，他们的家庭经济地位也就不得不下降。[15]

（3）垄断集团决策和出资的经济增长只能由垄断资本而不是由劳苦大众享受经济增长带来的成果，劳动者的失业和贫困问题不能得到解决。

2. 对资本主义的滞胀问题认识

新剑桥学派的基本观点是：成本推动的通货膨胀具有抑制经济活动，从而加剧失业的作用，特别是在发生大量失业的情形下，受垄断因素左右的通货膨胀绝对不能减轻失业。卡尔多和罗宾逊都认为，工业制造品的价格对需求变动不是十分敏感，但对成本变动却会迅速做出反应。成本推动型通货膨胀一旦发生，就会造成人们对物价的看涨心理，工资谈判双方为维护并提高自己的收入，以抵补物价上涨的损失，就会更激烈地讨价还价。这样，工资与物价的螺旋上涨便一发不可收拾，但却对生产本身毫无刺激作用，因而就丝毫不能减轻失业程度。经验证明，菲利普斯曲线已经“破产”，物价同失业率一起上升。

3. 批评托宾关于失业与职位空缺并存转化为滞胀的理论

针对新古典综合派经济学家托宾提出的“失业与职位空缺并存转化为滞胀”的观点，罗宾逊指出：“把失业的存在归咎于工人想找一个好的工作，而不是缺乏工作机会，这完全是美国经济学家杜撰出来的荒唐论调。劳工市场确实有其不完全性，即某些工人缺乏流动性和他们的文化技术水平不符合需要，但这绝不是失业的根本原因，也不可能是大量失业人口长期存在的原因。”[16]

4. 提出了不同于新古典综合派的政策主张

在政策目标上，新古典综合派把经济增长视为国家政策的第一目标（其他目标包括充分就业、物价稳定等），而新剑桥学派则把收入的公平的合理分配看作国家政策的第一目标。在政策手段上，新古典综合派主张使用财政政策和货币政策来调节社会总需求，以实现经济的均衡稳定增长，而新剑桥学派则主张实行凯恩斯的关于对投资实行全面管制的设想，主张通过改进税收体制和加强社会福利等措施，来实现收入分配的公平合理化。其主要措施有：用累进制税收改变分配结构；给低收入家庭适当的补助，提高失业者的文化技术水平；发展为国内提供较多岗位的出口品生产；特别要实行没收性的遗产税（只给孤寡者留下适当的终身财产所有权），并将其用于公共目标方面等。

（四）新凯恩斯主义的就业理论

新凯恩斯主义一般是指美国在20世纪80年代以来新发展起来的凯恩斯主义。20世纪70年代至80年代，过去占主导地位的新古典综合学派受到冷落和严重挑战。其原因至少有三种：① 理论和政策主张不能解释和解决滞胀问题；② 该学派较少论述劳动生产率问题，其政策主张无法解释劳动生产率增长问题；③ 资本积累的迟缓使新古典综合学派的鼓励消费限制储蓄的理论受到怀疑。在这种背景下，为捍卫凯恩斯主义的主导地位，一种新的凯恩斯主义学派应运而生了。新凯恩斯主义的主要成员有：哈佛大学的格里高利·曼昆（N. Gregory Mankiw）、麻省理工学院的奥利维尔·布兰查德（Olivier

Blanchard)、斯坦福大学的约瑟夫·斯蒂格利茨（Joseph Stiglitz）等。他们的就业理论主要体现在“非市场出清”论中，主要是研究了商品价格黏性、工资黏性、资本供给限额和利息黏性。

1. 商品价格黏性论

新凯恩斯主义认为产生商品价格黏性的主要原因有以下几点：

(1) 价格调整风险成本论。他们认为，在不完全竞争的市场下，价格是由厂商制定和调整的。但是厂商调整价格是有风险的，因为他们的信息有限，难以预料商品价格调整后，居民、厂商和竞争对手会有什么反应；同时价格水平变化时，厂商拥有的资产价值会受到何种影响难以确定。这些风险使价格调整要付出代价，这些代价即为风险成本。通常由于风险成本较高，因此厂商不会经常调整价格，于是价格具有了黏性。在价格存在黏性的情况下，厂商往往会调整产量和就业量，当产量和就业量减少时，就会出现失业问题。

(2) 价格调整菜单成本论。这种理论认为，一个大型企业调整价格要付出相当多的代价，如调查研究和确定价格、开会协商价格、与人谈判确定价格、电话通知价格变动、重新印制价格表等，这些既需要付出费用也需要花费时间。由于这些调价的实际成本类似饭店里印的菜单项目那样多，故称菜单成本。新凯恩斯主义者认为企业只有调价后的利润大于菜单成本时才会调整价格，否则是不会调价的。由此，当市场上对自己的产品需求减少时，本来可以降价，但考虑到调价的菜单成本，而宁愿减少产量和就业量也不愿变动价格。所以当需求下降时，由于减少产量，员工就会产生失业问题。

(3) 合同定价论。这种理论认为，厂商买卖双方的交易许多都有正式的或隐含的价格合同，这对买卖双方都有好处，因为可以在较长的时间内避免屡次讨价还价而可能花费的时间和费用。尤其是对小额成交的商品而言，这种讨价还价的交易成本更大。按合同规定，价格合同期满之后才能调整，但从全社会来看，由于存在许多在时间上相互交错的价格合同，当一些合同到期时，另有许多合同还没有到期而不能调价，结果到期合同里的价格也受其他价格不变的影响而固定下来。合同定价论进一步认为，价格无论是由于合同或其他别的什么原因，只要在一定时间内固定，而且固定的时间又相互交错，就会产生价格黏性。

(4) 成本加成定价论。这种理论认为，一些垄断企业通常都是按照生产成本加上一定的利润百分比来确定价格的。这种定价策略一般对成本的变动反应灵敏，而对需求的反应较小。这是因为，成本中的劳动成本占的比重很大，而劳动成本即工资存在刚性；对其他成本因素来说，由于各厂商之间的投入产出存在着错综复杂的联系，一家厂商的产出，便是另一家厂商的投入，于是一家厂商产品价格的刚性也就会影响到另一家厂商产品价格的刚性，而不论其产品的需求是否减少。

(5) 非市场出清定价论。这种理论认为，垄断厂商在确定价格时，往往把价格定在非市场出清的水平上，而由于自己处于市场中的垄断地位，在一种新产品上市时为了刺激需求便把价格定得较低，而后再提高价格；或者由于市场信息不完全，把价格定得偏高，而当实际销售中发现价格偏高时也不愿降价，因为降价会使利润减少，这势必使价格存在刚性。

2. 工资黏性

对工资黏性主要有以下两种理论解释：

(1) 交错调整工资论。新凯恩斯主义的交错调整工资论主要是阐明在短期内，不论是通过合同机制还是理性预期机制来稳定工资水平，都会导致通货膨胀和失业并存。该理论认为一些有工会组织的大型企业的工资是由劳资双方谈判签订合同固定下来的，一订几年不变。一些没有签订劳动合同的企业的工资也会受到有合同企业的合同工资的影响，这样就会使工资在一个时期内相对稳定在某一水平上，使工资具有了黏性。交错调整工资是指劳资双方通过雇佣合同调整工资，实际经济运行中所有合同在时间上是交错签订的，因此调整工资的决策一般是交替地做出的。合同机制有助于总工资的稳定性，但导致了工资黏性。合同工资维持工资的稳定性的作用越大，总工资水平越稳定，就业和产出的波动就越大。反之，合同机制对稳定工资的作用越小，产出和就业就越稳定。因此，当国家力图稳定实际工资水平或理性预期要求实际工资稳定时，通货膨胀必然产生，同时超额需求波动剧烈，生产下降时，失业就会增加。

(2) 隐含合同论。隐含合同论是由贝利（Barily，1974）、戈登（Gordon，1974）及阿扎利艾迪（Azariadis，1975）提出并发展的，而被奥肯称为“看不见的手”的一种理论。隐含合同是指风险中性的厂商与厌恶风险的工人之间没有正式工资合同，但互相有将工资相对稳定的非正式协议和默契。隐含合同论着重解释工资黏性与非自愿失业的关系。隐含合同论者认为企业经营是有风险的，但劳资双方对风险的态度不同。厂商对风险是中性的，因企业资本归分散的股东所有，股东们不太在乎企业的风险，只要有一定的平均利润即可，经理不能占有超额利润也不在乎风险。而工人因相对固定在企业工作，不希望有不稳定的工资收入，所以对风险是厌恶的。于是劳资双方在确定工资时就可达成一定默契，使实际工资不随经济波动而相对稳定下来。这样隐含合同的存在，使工资具有黏性。由于黏性工资失去了调整劳动供求的灵敏性，当厂商根据经济的变化减少雇员数量时，就可能出现失业。

由于黏性工资的存在，使工资失去了调节劳动力市场供求的功能，当社会对劳动需求减少时，不能用降低工资来扩大就业需求，减少失业，从而必然导致失业增加。

3. 资本供给限额和利息黏性

新凯恩斯主义认为，资本供给主要有两个来源：一是新发股票，二是向银行贷款。但两者受信息不对称下逆向选择和道德风险的制约，都会使资本的来源不可能无限增长，前者称为产权限额论，后者称为信贷限额论。

产权限额论认为，企业出售新股权，即新发股票，一般意味着企业经理对企业的估价不如市场乐观。因而，发行新股票到一定的数额将会导致市场对企业的估价逐渐降到一定的水平，使企业决策者认识到若继续发行新股票是不明智的，从而做出逆向选择，即停止发行新股票。因此靠发行股票来增加资本供给总是有限的。

信贷限额论认为，金融机构对企业的贷款利率一般都定得较低，低于市场出清水平，使企业得到信贷资金的需求远远大于供给，以致银行不得不采用信贷配给的办法，从而企业的信贷只能获得有限的满足。金融机构为什么不用提高利息率的办法来出清信贷市场，而把利息率定低呢？新凯恩斯主义认为，这是由于考虑到了有道德风险的缘故。所谓道德风险是指提高利息率会刺激企业界进行风险投资。企业进行风险投资一旦失败，银行连本钱也收不回来；同时高利息率还会使诚实而风险小的企业退出借款队伍，致使银行贷款的对象只是那些善于冒风险的不诚实企业；加之银行信息不充分，难以辨明企业的诚实性和投资的风险性。所以银行宁愿采取低息贷款，也不愿意用提高利息的办法把款贷给那些善于冒风险或不诚实的企业，这样就使利息存在黏性。

新凯恩斯主义认为，由于资本供给有限，特别是由于因利息率黏性而引起的信贷配给会使企业资金不足，从而导致投资需求不足，以致市场不能出清，这是形成经济周期的一个重要原因。其传导机制是：当外生有效需求增加而需要企业增加资本投资时，由于资本受到产权限额和信贷配给的限制，不能获得足够的资本去生产满足社会需求的产品，这就导致了产品的有效供给不足，于是价格上升，价格上升又使实际信贷供给减少从而有效投资减少。随着有效投资减少，对资本的需求也减少，最终使经济陷于衰退之中，失业增加。

三、货币主义的“自然失业率”假说

货币主义是美国在20世纪50年代开始出现，而于20世纪70年代最有影响的新自由主义学派之一，它由芝加哥大学的米尔顿·弗里德曼（Milton Friedman）所创立，并以芝加哥大学为主要阵地，因而又称为芝加哥学派。在西方经济学界，这个学派对凯恩斯主义的反对是最有力的。加拿大经济学家约翰逊说过：“当代货币主义对凯恩斯革命的对抗，就经济学的发展看，大概可以说是第一个意义重大的对抗革命的革命。”[17]

按照货币主义者卡尔·布朗纳的说法，货币主义的中心命题是：① 货币最重要，货币的推动力是说明产量、就业和物价的变化的因素。② 货币存量的变动是货币推动力的最可靠的测量标准。③ 货币当局的行为支配着经济周期中货币存量的变动，因而通货膨胀、经济萧条或经济增长都可以而且应当唯一地通过货币当局对货币供应的管理来加以调节。[18]

（一）“自然失业率”的含义

依据上述基本观点，货币主义便对凯恩斯主义的借助赤字财政、通货膨胀来刺激需求，以增加产量和达到充分就业的主张持否定看法。弗里德曼首先就提出一个重要问题：经济中是否存在如凯恩斯所说的那种“非自愿失业”呢？他的回答是：“非自愿失业”并不存在，失业仍然是暂时性的摩擦失业。在这里，弗里德曼实际上回到了凯恩斯以前的新古典经济学那里。根据弗里德曼的看法，经济中的失业，并不是像凯恩斯所说的非自愿失业，而是同自然失业率有关的失业。他受19世纪末20世纪初瑞典经济学家维克赛尔把利息率分为市场利息率和自然利息率的启发，把失业率分为市场失业率和自然失业率。市场失业率是市场上实际存在的失业率；自然失业率是指在没有货币因素干扰下，让劳动力市场和商品市场的自发供求力量发挥作用时，处于均衡状态的失业率。自然失业率是一个动态的非常数的概念。他解释，只要发挥市场竞争的作用，提供充分的市场信息，增加劳动力的流动等，就有可能把自然失业率降低；反之，如果阻碍市场竞争发挥作用，市场信息不充分，劳动力缺乏流动等，自然失业率就可能上升。

弗里德曼说："在任何时候，都存在着与实际工资率结构相适应的某种均衡水平。""较低的失业水平是劳动者需求过量的迹象，它将迫使实际工资率上涨，失业水平较高则表示劳动力供给过量，它将迫使实际工资率下跌。换句话说，所谓'自然失业率'是这样一种失业率，它可以根据瓦尔拉的全面均衡方程体系计算出来，只要给出这些方程式的劳动力市场和商品市场的现实结构性特征，这些特征包括市场不完全性，需求和供给的随机变化，获得有关工作空位和可利用的劳动力的信息的费用，劳动力的流动的费用，等等。"[19]

可见，货币主义的自然失业率指的是：在没有货币因素干扰的情况下，让劳动力市场和商品市场的自发供求力量发挥作用，从而使经济中的总需求和总供给处于均衡状态的失业率。在这种失业率下，通货膨胀既不会受到向上的压力，也不会受到向下的压力。因此，在自然失业率的概念中所包括的失业人员，是指那些因缺乏技能和受到就业结构方面的限制而无法就业的失业者，以及那些因缺乏就业刺激，在现行工资条件下不愿就业的失业者。这也就是说，他们只承认结构性失业和自愿失业，即失业都是"摩擦性的"。

（二）自然失业率并不取决于通货膨胀率

由于自然失业率水平的高低主要取决于劳动力市场的结构，则它与通货膨胀率就是无关的。弗里德曼的观点是与凯恩斯刺激需求以提高就业水平的观点相对立的。他的政策的基本含义是：通货膨胀缓和不了失业现象，菲利普斯曲线的通货膨胀与失业交替关系在长期内是不存在的。

弗里德曼以美国为例，说明了自然失业率上升的原因。他说："由于两大原因，自然失业率在美国明显上升：① 妇女、十几岁的青少年和部分时间工作的工人，已成为劳动力的一个渐增的部分。在就业中，这些人比其他工人流动性更大，进出劳动力市场，较频繁地在工作岗位之间转换。结果，他们趋向于经历较高的平均失业率。② 较多类别的工人可以享受失业保险和对失业人员的其他帮助形式，这些在期限和金额上都已变得更加慷慨。失去工作的工人们寻找其他工作的压力减少了，将趋向于等待更长时间，希望被召回到他们以前的就业岗位，这个希望一般能够实现，并且他们对考虑的可选择的工作，变得更加挑剔。"[20]也就是说，主要是劳动力妇女、青少年等的数量的增加以及政府的失业保险制度导致了美国失业率提高。这虽然不同于凯恩斯主义的观点，但寻找出的这种原因的正确性也是值得怀疑的。

既然失业与通货膨胀并无关联，那么，为什么刺激需求的做法能够暂时引起失业率的下降呢？弗里德曼认为，这主要是由于工人暂时不了解通货膨胀造成的名义工资率与实际工资率的差异，即当采用刺激需求的办法来对付失业时，通货膨胀使实际工资率降低了，但工人暂时没有觉察到这一点，而雇主却看到了，因而愿意增雇工人，增加产量。但当工人觉察到实际工资率下降了，并要求提高货币工资率时，情况就不同了。因此，只有持续地加速通货膨胀并使之高于预期通货膨胀率时，菲利普斯曲线作为一种特例才会存在。如果通货膨胀率的增大没有跑在工资率增加的前面，则势必使失业率回到最初的状态，即回到自然失业率水平上。因此，弗里德曼认为，由于自然失业率的存在，在长期中，菲利普斯曲线已变成一条垂直线了。进一步说，当政府运用经济政策指望实现凯恩斯主义所谓的“充分就业”时，通货膨胀率自然会上升，结果是使高通货膨胀率与高失业率并存。这时，菲利普斯曲线变为正斜率，即通货膨胀率与失业率变成了正相关的关系。[21]

（三）增加就业的途径

弗里德曼根据其自然失业率的观点，提出了不同于凯恩斯的就业途径，即发挥市场机制的自发调节作用，主要依靠降低自然失业率的水平来增加就业。他认为，只要加强劳动力市场的竞争性，广泛提供市场信息，调整失业补贴和社会福利措施，减少工会力量对工资率和就业条件的干预，自然失业率是可以降低的。显然，这同凯恩斯的要求国家干预、刺激需求、以通货膨胀来减少失业的对策是恰好相反的。同时，弗里德曼还提出，在长期内解决失业问题的办法主要是更多地鼓励人们储蓄、投资、工作和雇用别人工作；要解决黑人、青少年的失业率问题，有效的办法是在教育中采用一种保证合格的凭证制度，提高黑人、青少年所受教育的质量。

四、理性预期学派的就业观点

20 世纪 70 年代以来，美国一些经济学家，如 R. 卢卡斯（R. Lucas）、T. J. 萨金特（T. J. Sargent）、N. 华莱士（N. Wallace）、R. 巴罗（R. Barro）等，以理性预期假说为基础，运用经济计量学一套研究方法，向美国的新古典综合派的宏观经济模型从理论基础到政策主张提出了全面挑战。理性预期学派认为个人和企业都能进行合理预期，也就是说，人们根据预期获得的所有相关信息计算得出的数学期望值，将是最好的预测，他们不会犯可以避免的规则性错误。所以，理性预期学派的奠基人约翰·穆思说，由于预期是对未来事件有依据的预测，所以它们在本质上与相关的经济理论的预测是一致的，这种预期是理性的。他们认为，资本主义市场经济本质上是稳定的，凯恩斯主义的旨在烫平经济波动，实现稳定的充分就业、经济增长的需求管理政策（简称稳定政策），不仅是无效的，而且是导致滞胀的原因。由此，他们彻底否定凯恩斯主义调控宏观经济的财政政策和货币政策，主张回到传统的自由放任、无为而治的政策上来。因此，该学派又被称为新古典宏观经济学派（neo-classical macroeconomic school）。

理性预期学派关于就业的理论观点简单来说主要包括如下内容：

（一）资本主义没有非自愿失业

理性预期学派理论建立的基本前提之一是“市场出清”（market-clearing）（另两个是理性预期和自然率），也就是说，无论在产品市场还是在劳动力市场上，产品价格和货币工资将适应供求状况迅速调整达到供求均衡。在劳动力市场上，有与某一时期工资率相对应的追求效用最大化的工人愿意提供的劳动，恰好等于追求利润最大化的厂商愿意购买的劳动。当劳动力供给过剩，即出现失业时，工资率就会下降，由于工资率下降使厂商愿意雇用更多的工人，从而达到劳动力市场供求的平衡；相反，当劳动力供给短缺时，工资率就会上升，工人愿意提供更多的劳动，厂商对劳动的需求减少，也实现了劳动的供求平衡。所以，任何预计到的失业或目前业已失业的人，都可以在低于现行工资率的情况下就业。因此，失业都是摩擦性的、自愿性的，并不存在非自愿失业。与劳动力市场供求均衡相对应存在的是自然失业率（自然失业率是劳动力市场达到均衡时，实现充分就业时的失业率）。针对这种观点，新古典综合派的莫迪利安尼曾反驳说，如果不承认非自愿失业的存在，美国20世纪30年代发生的事件只能是受到传染性懒惰病的严重袭击的结果了。

（二）执行货币政策对产量和就业水平不会产生影响

理性预期学派沿袭弗里德曼的自然失业率假说并通过引进理性预期假说取代弗里德曼的适应性预期假说，推导出原来自左向右倾斜的菲利普斯曲线将变成一条从自然失业率点上开始的垂直线，并且认为，货币主义关于短时期内菲利普斯曲线存在的假设也是不正确的。我们可以通过图10－1说明其观点。

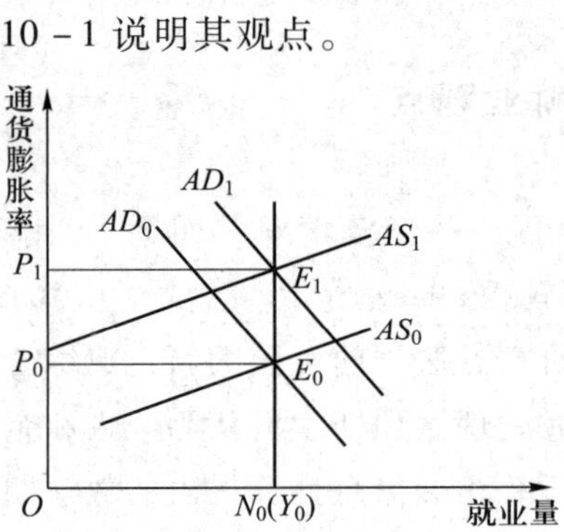

图10－1 理性预期与稳定政策的无效

假设货币当局目前增加货币供应量，总需求曲线就会由 AD_0 移至 AD_1，由于人们预期的通货膨胀率等于实际通货膨胀率，则随着总需求曲线的移动，总供给曲线也会由 AS_0 移至 AS_1，AD_1 与 AS_1 相交于 E_1 点，通货膨胀率由 P_0 上升到 P_1，就业量（N_0）与实际国民收入量（Y_0）保持不变。由此可得出其政策含义是：在市场经济条件下，由于价格和工资可以适应市场供求状况及时调整，则市场机制的内在作用必然有使经济趋于充分就业的趋势。如果政府执行凯恩斯主义的需求管理政策，必然会引起通货膨胀的后果，而这一点在当前将会被人们准确无误地预料到。所以，凯恩斯主义的政策除了引起工资和物价上涨之外，对扩大就业是徒劳的。

当然，理性预期学派并不认为自然失业率是固定不变的，而是认为它有可能因条件的变化而变化。因为劳动者能否就业，是否愿意就业，与下列因素具有密切联系，如劳动者受教育的程度、迁移费用、获得空位信息的困难程度、税法、最低工资法、失业补贴等。所以，只要政府能够拿出改善和刺激劳动力供给的政策，自然失业率是可以降低的。

五、供给学派的就业观点与政策主张

供给学派是美国在20世纪70年代中期逐渐兴起的一个经济学流派。它认为在市场供给与需求的关系中，供给是主要方面；强调自由放任，让市场机制自发调节经济；主张减税、减少政府开支，以促进增加供给。该理论学派的主要代表人物有：A. 拉弗（A. Laffer）、R. 温尼斯基（R. Wanniski）、R. 蒙德尔（R. Mundell）、M. 费尔德斯坦（M. Fieldstein）等。

（一）供给学派主要的就业观点

以拉弗为代表的供给学派，从供给不足的角度对凯恩斯的“充分就业”理论发动了全面攻击，提出了供给不足是失业产生的原因，增加供给减少开支是扩大就业积极而有效的措施的观点。他们认为，在供给严重不足的情况下，继续运用凯恩斯刺激有效需求的扩张政策，非但不能解决失业问题，还会加剧通货膨胀。

供给学派关于就业的观点主要是：

1. 减税是刺激经济增长和就业扩大化的最重要手段

供给学派认为，20世纪70年代至80年代美国经济的主要问题是供给不足，美国长期奉行凯恩斯主义刺激需求的政策的结果，使得消费膨胀，储蓄下降，生产率增长缓慢，因此当务之急要增加供给，增加供给就是要促进资本形成的劳动力投入。由于在高税率下降低了储蓄和投资的真实报酬率形成了储蓄和投资不足，从而导致了经济增长放慢和对劳动力需求减少。供给学派还认为，由于劳动投入受收入的边际税率影响较大，过高的边际税率提高了工作的相对价格，劳动者在劳动收入和闲暇选择上更多地倾向于闲暇的抉择，使得劳动力供给减少或自愿失业率增加。如果降低边际税率，工人就会愿意加班加点，努力工作。即使在生产资源接近充分利用时，通过降低边际税率的减税，也可以增加产量和就业量，而且不会产生严重的通货膨胀。

2. 政府庞大的社会福利支出会使失业增加

像其他批评凯恩斯的非自愿失业观点的学者一样，供给学派也认为，在美国庞大的

失业队伍中，有很大一部分是因为失业成本过低而形成的自愿失业。失业成本是由失业而付出的代价，即

失业成本 = 就业工资 - 个人所得税 - 失业救济金

由此可见，在工资率和税率既定的条件下，失业救济金越多，失业成本越小，工人在这种情况下就不会去积极谋求就业。所以，失业保险和社会救济金制度导致了失业增加和总产量的减少。

3. 提高劳动力使用成本的做法都会阻碍就业的扩大

工会运用谈判能力提高会员的实际工资率的做法，最低工资法等有关劳动立法的实施，工人保健和安全条款的推行，都增加了雇主使用劳动力的成本，具有阻碍提高产量和就业量、增加失业量的副作用。

（二）供给学派扩大就业的政策主张

供给学派提出的减少失业扩大就业的政策主张包括以下几个方面：

（1）通过减税刺激供给的增加。供给学派与凯恩斯主义减税主张存在着两点区别：① 凯恩斯主义主张减税的目的是增加总需求和缩小贫富差距，着重于削减低收入阶层的税率。而供给学派减税的目的是增加供给，着重于减少高收入阶层的税率，认为只有这部分人收入增加才会增加储蓄和投资。② 凯恩斯主义的减税并不区分削减平均税率还是边际税率，只要调节了可支配收入就可以了。而供给学派注重削减边际税率，认为通过减少边际税率就可增加产量和就业量。

（2）反对国家过多干预，主张市场调节。

（3）削减政府的福利开支，对失业救济金征税。

（4）实施限制性的货币政策，恢复金本位。

（5）由政府普及教育，鼓励私营企业对工人进行技术和专业培训，以适应科技发展和经济结构调整对劳动力的要求等。

六、加尔布雷斯的就业观点

美国学者加尔布雷斯（J. K. Galbruith）是新制度学派的主要代表人物，他的主要就业观点如下：

（一）权力转移论与企业目标的变化

1. 权力转移论

加尔布雷斯认为，在人类不同的历史发展阶段，谁掌握了当时最难获得或最难替代的生产要素谁就掌握了权力，“权力归于最难获得或最难替代的生产要素”[22]。在封建社会，土地是最重要的生产要素，所以地主掌握权力，到资本主义时代，资本是最重要的生产要素，权力则转移到资本家手中。随着工业和科学技术的发展和进步，知识和科

学技术越来越重要，于是权力又从资本家手中转移到具有“各种技术知识、经验或其他才能的人”[23]手中。

2. 企业目标的变化

加尔布雷斯认为，在资本家掌权的初期，企业目标是追求最大化利润，在现代社会“成熟的公司并不一定要使它的利润最大限度化”[24]。企业将以稳定、增长和技术完善作为主要目标。所谓“稳定”是指企业要保持一种稳妥可靠的收入，以防止股东将股票卖掉投资别处来巩固技术结构阶层的地位。所谓“增长”是指公司要保持尽可能高的增长率，来为技术结构阶层增加收入，提升职位，扩大声望。同时，由于经济增长，规模扩大，可以减少失业避免劳资纠纷，也可增强企业竞争能力。所谓技术完善是指技术结构阶层对科学技术研究的乐趣。

（二）二元体系与就业

加尔布雷斯认为，当代一些国家的经济不是一个统一的整体，而是由两部分既有区别又有联系的经济所组成的，即由计划体系与市场体系组成。计划体系是由有组织的若干大公司组成的经济，基本特征是大公司是按计划进行生产和销售，实行价格控制，生产者主权代替了消费者主权，它所涉及的部门包括大工业、交通运输业、金融业等；所谓市场体系是由分散的小企业和个体生产者组成，基本特征是听命于市场、无法控制价格、消费者主权，它所涉及的部门包括农业、服务业、住宅建筑业、零售商业等。比较之下计划体系力量强大，市场体系力量弱小，因此，在整个社会经济中，前者处于有利地位，后者处于不利地位。

与二元体系相适应，劳工市场也有两种类型，即存在于计划体系中的劳工市场与存在于市场体系中的劳工市场。计划体系中的劳工市场受两个基本因素的影响：一是公司目标的变化，使失业队伍中有越来越多的缺乏技术的工人和缺乏专门知识的人员。二是工会柔和的作用，在计划体系中的工会及会员是不关心缺乏知识和技术的失业者的，因为他们认为，让这些失业者再就业是国家和社会的责任，而不是工会的责任。

市场体系中的劳工市场有着不同于计划体系劳工市场的特点：第一，企业是小企业，工会力量较大，于是形成了小企业外部受到大公司的压力，内部受到有组织工会的对抗的两面夹击，处境困难；第二，这类劳工市场受雇人中许多是非熟练工人或可能没参加工会，这类工人完全无权，处境困难；第三，既不雇工也不受雇的独立生产者，由于竞争的压力和销售信贷等方面的限制，他们是靠“自我剥削”（延长劳动时间，提高劳动强度）来维持自己生存的，他们随时有可能加入雇佣工人或失业队伍之中；第四，该劳工市场拥有很大的后备的潜在的劳动力（主要是家庭妇女和未成年者），他们对受雇者形成较大的就业威胁和压力。因此在市场体系中的劳工市场一般是收入较低、工作条件较差、劳动时间较长和劳动强度较大且存在失业威胁的市场。

加尔布雷斯还论及了扩大市场体系的权力与扩大就业的问题，内容主要包括：要使小企业主不受反托拉斯法规的限制，使他们能够联合起来，以稳定其产品的价格和产量；政府直接调节市场体系中的价格和生产；鼓励组织工会；大幅度地提高最低限度工资率及范围；采取国际贸易保护政策；政府支持市场体系在教育、资本和技术方面的需要；缩小计划体系与市场体系在权力和收入上的差别。

（三）社会统制与政府扩大就业

加尔布雷斯反对把自由竞争当作经济均衡的调节者的理论，极力主张国家干预经济，主张对社会经济实行统制。在国家干预经济问题上，他与凯恩斯的观点有许多类似的地方，即都承认资本主义条件下存在着摩擦失业和自愿失业、资源浪费、经济增长速度不稳定等缺陷；都承认资本主义经济中缺乏自动保护均衡和经济增长力量。因此，让经济顺其自然地发展不会有好结局。但是两者在采取一些具体措施和政策上却存在着明显的区别。凯恩斯实行国家干预理论的核心是解决有效需求不足问题，加尔布雷斯则认为加强国家干预、实行社会统制是为了使成熟的大公司适应科学技术进步和大规模投资的要求，也只有如此，才能实现“工业计划化”和“专家组合革命”（完善专家组合执行委员会的国家）。加尔布雷斯在其《丰裕社会》和《新工业国》等著作中里提出了许多实行社会统治的措施，主要包括：

1. 调节总需求以消除失业

加尔布雷斯认为，储蓄与投资不协调会引起需求不足或需求过度，只有通过国家的税收政策和货币政策，才能保证经济的均衡发展。在这方面，加尔布雷斯反对凯恩斯主义的把刺激总需求、扩大就业同经济军事化连在一起，而主张停止军备竞赛，建议在征服空间方面进行比赛，认为这样才能更好地扩大投资，增加就业并不致受到毁灭性世界大战的威胁。

2. 加强对工资和物价的控制

由于加尔布雷斯认为现代经济中通货膨胀加剧的原因是工资和物价的螺旋式上升，所以非常重视工资与物价的作用。他指出，要消除通货膨胀只用增加失业的办法是不行的，必须实行收入政策，加强对工资和物价的管制。

3. 要制定教育和培训职工的人力政策，重视人力投资，大力发展科学技术

加尔布雷斯认为，“经济的发展取决于控制技术和资源的力量，取决于创造革新和采用‘革新’”[25]。随着科学技术迅速发展，社会迫切需要技术人员和熟练工人，而教育制度落后，不能满足要求，致使没有技术的人失业，而需要技术工人的部门又存在职位空缺。因此要解决失业问题，就要改善教育制度，促进技术进步，提高职工的技术素质。加尔布雷斯主张增加对人的投资，重视人力政策，强调对人的投资数量要赶上对物的投资数量。

另外在他的社会统制主张中，他还非常强调对国民经济实行计划化。

第三节　就业的相关理论分析

一、充分就业与失业

根据凯恩斯的就业理论，就业态势有三种：一是充分就业；二是普遍失业；三是介于充分就业与普遍失业之间的一种就业状态。因此，全面了解就业状态，就必须分析这三种就业状态之间的关系。

（一）充分就业

充分就业（full employment）在经济学中是一个重要理论，在政府政策中是一项重要的政策目标，此项研究对优化劳动力资源配置和维持社会稳定具有重要意义。在已有的文献中，人们通常是从劳动力使用数量情况来认识和运用充分就业的，较少从劳动力配置效率上来理解它。本书认为，只从劳动力的使用数量（失业率）标准上来衡量充分就业是不全面的，充分就业还包括劳动者的利用效率标准（劳动力个体的职业匹配和在业劳动力的利用效率）。可从以下三个方面来探讨充分就业概念：

1. 劳动者个体中的充分就业

劳动者个体中的充分就业是指劳动者的个体特质与职业相匹配，劳动者在其工作岗位上能充分发挥自己的能力和作用的就业状态。这种充分就业对于激发劳动者工作主动性、积极性具有重要意义，它主要适合于微观组织的充分就业情况。这种充分就业观主要包括以下内容：

（1）劳动者所从事的职业与其劳动价值观相适应。

（2）劳动者所从事的职业与其能力相适应。

（3）劳动者所从事的职业与其兴趣相适应。

（4）劳动者所从事的职业与其气质相适应。

（5）劳动者所从事的职业与其性格相适应。

劳动者个体中的充分就业是一种严格的理想就业状态，在现实劳动就业中，实现劳动者的个体特质与职业的完全匹配是有困难的，但从劳动者个体的充分就业来说，劳动者所从事的职业必须与其特质的主要方面（劳动价值观、知识及能力、兴趣）相匹配。

2. 在业劳动力中的充分就业

在业劳动力中的充分就业是指不存在隐性失业或劳动力低效利用的就业水平。正如美国学者莫里斯·博恩斯坦（Morris Bornstein）所说："隐蔽的失业或不充分就业是指工人虽然有工作，但未能充分发挥其作用。"[26]之所以把隐性失业定义为不充分就业，是因为它同失业一样存在着劳动力资源的浪费，劳动者在其工作岗位上不能充分发挥自己的作用，达不到充分就业的效率水平。克里希纳（R. Krishna）和爱德华兹（E. O. Edwards）对不充分就业的研究理论值得重视：

一种理论是由克里希纳提出的，他对不充分就业（非公开失业）提出了四种计量标准：① 在时间标准上，劳动者在一年中劳动的天数或时数低于充分就业下的天数或时数。如充分就业下劳动者一年劳动的天数为 250 天或 1 600 小时，而一些劳动者一年只工作了 150 天或 1 200 小时，那么这些劳动者就没有实现充分就业。② 在收入标准上，劳动者在一年中获得的劳动收入低于某种必要的最低额，如一些劳动者在正常的负担情况下，一年的劳动收入不能养家糊口，那么，这些劳动者也没有实现充分就业。③ 在意愿标准上，劳动者愿意工作的时间大于他目前工作的时间。如劳动者一年愿意工作 250 天，而实际上为他提供的就业时间使他只能工作 180 天，那么这些劳动者也没有实现充分就业。④ 在效率标准上，劳动者从目前的就业岗位中脱离出来，劳动的效率并不降低，即不充分就业是由于存在富余人员而引起的，也属于没有实现充分就业。[27]

另一种理论是由爱德华兹（E. O. Edwards）提出的，他区分了在业劳动力利用不充分的四种情况：① 就业不足。劳动者工作的时间少于他们希望工作的时间，如劳动者希望一天工作 8 小时，而工作机会使他只能劳动 4 小时。② 表面上是在工作但利用不充分。第一，变相的就业不足。尽管某些工作并不需要劳动者整天去干，但他们还是整天在岗位上工作，有效工时利用率低。第二，隐蔽失业。指有些劳动者因无工作可做而选择非就业活动，如有些劳动者在受过一定教育后本想参加工作，但因就业机会缺乏而被迫继续上学。第三，过早退休。在有些国家或地区，尽管人们的平均寿命不断延长，但退休的年龄却在下降。③ 健康损伤。这是指在正常情况下劳动者本来可以做全日劳动，但因营养不良和医疗保护差，以致劳动者不能做全日性劳动。④ 无效益生产。本能为生产劳动提供必要的人力资源的劳动力，但因补充性的物质资源不充分，生产率极低，生产出来的成果甚至还不能补偿他们的生活必需品。[28]

3. 劳动力人口中的充分就业

这种观点是以一定的劳动力的失业率来界定充分就业的，也是经济学界普遍流行的观点。它主要有以下几种不同的理解：

（1）充分就业是指劳动力的供给能够全部获得就业岗位。在苏联的经济学著作中，把失业看作资本主义特有的现象，而充分就业是由公有制和计划经济决定的，是社会主义经济规律之一。他们指出："所谓充分就业就是这样一种状态，在这种状态下，居民对于工作岗位的需要，能够得到保证。"[29] 这种观点曾对一些社会主义国家影响较大，许多社会主义国家曾把消灭失业、保证人人就业作为宏观调控的政策目标。

（2）充分就业是消除了非自愿失业，失业仅限于摩擦失业和自愿失业范围内的就业水平。这是凯恩斯的观点。

（3）充分就业是失业人数（U）等于空缺职位（V）时的就业水平。贝弗里奇（Beveridge，1944）认为，"当 U 很高时，我们会认为 V 很低，反之也相反。如果超过某个波动数值，U 和 V 给出一条相当稳定的向下倾斜的曲线，我们就能在这条曲线上找

出 $U=V$ 的一点作为表示充分就业的数值”[30]。

(4) 充分就业是通货膨胀率为零时的失业水平。菲利普斯 (Phillps, 1958) 认为，在货币工资变化率和失业率之间，通过选择使工资膨胀率为零的失业率水平或使价格膨胀率为零的轻度增长的劳动生产率，就能准确地确定充分就业的水平。因为在此基础上，再提高就业率，就必须以通货膨胀为代价了。

(5) 充分就业是长期均衡的自然失业率。弗里德曼 (Friedman, 1968) 把存在自然失业率时的就业称为充分就业。他反对菲利普斯的观点，认为在长期中没有失业与通货膨胀的交替关系，存在着自然失业率（长期均衡失业率或充分就业失业率）。因此，如果实际失业率被推进到自然失业率以下，将不仅有通货膨胀，还会有加速的通货膨胀。所以，可以选择非加速通货膨胀下的失业率作为目标。

(6) 劳动力存在3% ~4%的失业率时为充分就业。杰菲指出，“一般来说，当96% ~97%的劳动力得到使用时，并且平均说来，生产工厂以90% ~95%工作效率投产时，我们就可以说是已经充分就业”[31]。另外，有的学者还认为充分就业是总需求的任何增加，都不会再引起失业率减少时的失业水平。

综上所述，对充分就业的界定有两种：一种是从劳动力资源配置效率上来认识充分就业，包括劳动力个体的充分就业和在业劳动力的充分就业；另一种是从劳动力资源的利用数量来认识充分就业，即用失业率的高低来认识充分就业。在计划经济下，人们较多地从后者来确定充分就业，只从劳动力的数量上考虑充分就业，没有注重劳动力的利用效率的充分就业，所以达不到充分就业的效率水平。在建立市场经济体制的过程中人们必须从效率和数量的结合上来认识充分就业，才能很好地处理改革与发展的关系。充分就业有三个衡量标准，即职业优化匹配标准、劳动力工作效率标准和劳动力就业数量标准。从职业优化匹配标准来看，充分就业下的劳动者在其职业岗位上必须人尽其才、才尽其用。从劳动力工作效率标准来讲，充分就业下的劳动者必须高效率地工作，不存在过多的富余劳动力或在职失业人员。从劳动力就业的数量来说，不存在过高的失业率。

（二）充分就业下的失业

1. 充分就业不能消除失业

充分就业是一种令人满意的就业水平，并不是所有的劳动力都百分之百地就业。那种认为充分就业是保证每个劳动力都就业的观念，既是不必要的也是不可能的（会由于依赖思想造成等待性失业）。因为在三种充分就业的理解中，失业都是不可避免的。劳动者要选择适合自己价值观、能力、兴趣、气质、性格的职业，就必须进行职业搜寻，从而产生职业搜寻型失业；要提高工作效率，就必然裁减冗员，从而出现隐性失业显性化。从劳动力就业的数量来看，也不能完全消除失业问题：① 经济运行中有着难以避免的摩擦失业和自愿失业；② 保持较高的劳动生产率和稳定的物价水平也不可能消除失业；③ 没有失业或者过低的失业率，会形成紧张型的劳动力市场，减少雇主在劳动力市场所能够网罗到人才的存量；④ 消除失业会形成劳动力资源的低效率配置，劳动力不得所用问题严重。

2. 充分就业下存在的失业

对充分就业下的失业情况的认识主要有四种观点：① 最大就业数量论。即就业量最大时就达到了充分就业，最大就业量可用劳动力人口的最大就业比率来表示（在业劳动力占劳动力的最大比率高低有不同的认识）。② 短期失业论。即充分就业意味着失业期减低到很短的时间，保证失业者不久会很快就业，长期失业较少。③ 快速寻到职业论。即劳动力市场上寻找工作比较容易，劳动力寻找工作平均持续时间最短。④ 最低失业率论。即当失业率最低时，就达到了充分就业。最低失业率是指失业率低于历史上失业水平。

充分就业在实际操作中一般用失业率来表示。对此，不同的组织和不同的历史时期有不同的认识，失业水平正常与否由有关团体或个人的既得利益决定。一方面，劳工和劳工组织的代表经常说，超过2%的失业率是不正常的失业；另一方面，雇主和雇主协会的代表认为，高达8%的失业率是正常的。摩尔根同样写道，我们持折中的看法，把恰当的充分就业定义为大约有平均5%的劳动力失业。充分就业的失业率是不断变化的。在美国，一般认为“20 世纪 50 年代至 60 年代的正常失业率为 3.5% ~4.5%，充分就业则是 95.5% ~96.5% 的劳工得到了就业；在 20 世纪 70 年代的正常失业率为 4.5% ~5.5%，充分就业则是 94.5% ~95.5% 的劳工得到了就业；在 20 世纪 80 年代的正常失业率为 5.5% ~6.5%，充分就业则是 93.5% ~94.5% 的劳工得到了就业”[32]。到了 1994 年年底至 1995 年年初，一位经济学家又向美国联邦储备委员会提出自然失业率为 5% ~6% 的建议。[33]

二、非正规部门就业[34]

根据第四章劳动力市场分割的分析，劳动者就业部门分为正规部门与非正规部门，其就业也有正规就业与非正规就业。正规部门包括公共或私营企业，它们通过合同雇佣劳动力，并受制于劳动法和规章制度。正规就业易于理解，下边着重探讨非正规就业问题。

（一）非正规部门与非正规就业

从劳动组织形式的非正规性来确认非正规部门，非正规部门是多种多样的，没有一个统一的模式。世界银行在 1990 年的《世界发展报告》中就这样描述过非正规部门：“非正规部门的收入结构和活动是多种多样的。其主要由一个人开设的公司和只有几个学徒（多为亲属）和雇佣工人的小公司构成。这些小公司不在政府劳工条例的管辖之内，因而在登记开业上不受任何限制。”[35]

国际劳工组织将非正规部门细分成三种类别：小型或微型企业类。这一类在经济上非常活跃，可视作正规劳动部门的延续，通常通过承包或分承包协议与正规部门联系在一起。但这类企业绝大多数是独立的，且主要面对低收入者市场。第二类为家庭企业，其活动大多由家庭成员承担（较多为无薪酬的妇女劳动力）。第三类为独立的服务者，包括家庭帮手、街头小贩、清洁工、街头理发师、擦鞋童等。从数量上说，第三种类型为非正规部门的主体，从技术等级来说，该类型职业又是非正规部门中最低的。[36]现在非正规经济部门还可以进一步分为传统的非正规经济部门与新兴的非正规经济部门两类：传统非正规部门即从事传统性劳动，如家政服务、废旧物资的回收、修理等行业的经济组织；分布于新兴行业的非正规经济部门如未经注册或虽然注册但稳定性较低的经济组织，如今天创建明天可能就消失的小网站、独立的广告人组合、科技含量较高的微型公司等。

从就业方式的非正规性而言，非正规部门是指那些没有劳动力市场规范的就业方式，比如自我雇佣、家庭内就业、阶段性就业、从事非全日制的弹性工时工作、钟点工、临时工、季节工等。如果更广义一点说，那些没有按照劳动力市场规范就业的方式，也应包括在内，如劳资双方没有签订劳动合同，或有合同但没有对雇佣的时间、待遇和应享受福利做出明确规定，或合同的语义不明、没有法律约束力。

上述两种观点有相互覆盖的地方（如从事家政的钟点工，既属非正规部门，也属非正规就业），但也有各自独立的内容，比如在正规经济部门，也可能存在着非正规就业。比如，目前我国在一些国有企业中，以临时工和外包工形式雇用着相当数量的外来务工人员，就是在政府机关中也会雇用一定数量的临时工。

（二）非正规就业的共同特征

尽管非正规就业是多种多样的，但它的共同特征也是鲜明的。国际劳工组织对非正规就业的特征做过如下概括（1972 年）：① 容易进入或没有进入障碍；② 主要依赖于本地资源；③ 家庭所有制或自我雇佣；④ 经营规模较小；⑤ 采用劳动密集型的适用性技术；⑥ 劳动技能不需要在正规学校获得；⑦ 较少管制或竞争比较充分。[37]这些特征既包括了非正规经济组织形式，也包括了非正规就业形式。从这些特征我们可以看到非正规就业的非常突出的特征就是就业的灵活性（也可以说是非正规性）和低成本性（包括低组织成本、低人力资本、低管理成本）。国际劳工组织在 1998—1999 年《世界就业报告》中，又对非正规部门的低技能、季节性和非法制框架等特点进行了如下阐述："非正规部门包括雇佣工人的小企业、主要利用家庭成员劳动的'家庭'企业和自谋职业者。在其生产过程中劳动资本对固定资本之比较高，这也反映了较低的技能使用水平。即便有的小企业也可能从事持续性的生产过程，但大多数从事的是批量生产，其性质多带有季节性特征。法制框架为其另一重要特征：一般看来，在买卖双方之间及雇主、雇员间并不存在约束其经济行为的书面的正式合同关系。这些活动往往游离于国家财政网之外，且通常是无形的。"[38]

（三）非正规就业存在的意义与问题

1. 非正规就业存在的意义

非正规就业存在具有以下几方面的意义：

（1）非正规就业有利于扩大就业、增加劳动者收入。从劳动者的角度看，非正规劳动力市场存在的最大贡献，是为受到正规劳动力市场排斥的一部分劳动者提供了就业空间。世界银行1990年的《世界发展报告》中说："在许多发展中国家中，非正式部门在提供就业和收入方面发挥着突出的作用。"[39]国际劳工局在《世界就业报告（1998—1999）》中亦强调："在大多数发展中国家，非正规部门是城市地区就业的主要源泉"，"由于许多发展中国家的正规部门越来越趋向资本或技术密集型方向发展，正规部门就业增长率远低于非正规部门"，大批劳动力受雇于非正规部门已成为发展中国家就业趋向的"一个最新特征"。[40]据黄少宽对我国广州、湛江两市失业下岗职工的研究，在失业下岗期间，有半数以上的人有过增加收入的非正规就业活动：14.1%的人打过散工，6.8%的人被短期雇佣，6.8%的人找零活，6.2%的人沿街摆卖，5.6%的人从事炒股、期货或传销，2.5%的人自己做小生意，3.9%的人从事其他经济活动。[41]2016年，外来务工人员的平均年收入为39 300元，相当于同年全国农村居民人均可支配收入12 363元的3.18倍。

（2）对企业来讲，非正规就业降低了企业的雇佣成本，使企业可以高薪雇佣优秀人才。

（3）外来务工人员的非正规就业为城市生活提供很多重要的服务。例如，在南京市，安徽农民卖菜卖肉，苏北农民经营鸡、鸭、鱼、蛋，浙江农民推销小商品，河南农民供应粮、棉、油。

（4）非正规部门的小生产和分配保证了低成本的服务和产品，使得正规部门的工资向上攀高的趋势得到了一定程度的控制。

2. 非正规就业存在的问题

非正规就业存在的主要问题有三个：① 非正规就业群体边缘化，即非正规部门和非正规就业普遍存在组织化程度低、远离正规就业部门与正规就业的问题；② 非正规就业群体弱势化，即非正规部门和非正规就业普遍存在技能低、收入低、就业不稳定、社会保障度不足等问题；③ 非正规就业群体贫困化，即非正规部门易受经济周期的影响，哪怕经济轻微恶化，都会使这些部门受到损害，这就使就业于这一领域的人存在较大的贫困化问题。

（四）非正规部门和非正规就业的健康发展

1. 改变对非正规部门和非正规就业的认识

可能有不少人认为，正规部门代表着先进组织，正规部门就业群体代表先进生产力，而非正规部门代表着落后组织，非正规部门就业群体代表落后的生产力。

本书认为这不能一概而论，要具体情况具体分析：

（1）许多新兴产业也可以采取非正规的组织形式。例如，那些稳定性较低的合作经济组织、网站、从事科技服务的微型企业等，而科技工作者、软件设计师、经纪人、自由撰稿人、广告人等从事创造性智力活动的人，也可采取弹性工时、自我雇佣、个体经营等非正规就业形式。

（2）即使在正规部门发达的国家，非正规部门和非正规就业也是增加劳动力市场弹性的必要补充。在发达国家，在蓝领与白领劳动力的收入差别趋小、正规劳动部门劳动力成本越来越高的情况下，也必须维持一个低廉的劳动力市场，使其劳动力市场增加弹性。例如，欧盟为扩大就业采取了如减少工时、设置非全日制工作岗位和建立弹性工作制等政策。统计资料显示 20 世纪 90 年代中，澳大利亚、丹麦、荷兰、挪威等国的部分工时人员已占到全部受雇人员的 18.0%、24.3%、23.5%、28.6%。[42]

（3）在经济不景气的时期，非正规劳动力市场作为正规劳动力市场的蓄水池，可以避免失业率急剧增加的险境出现。例如，1997 年日本妇女劳动者的 36%、男子从业人员的 12% 是采取非全日制就业的。

2. 政府要扶持非正规劳动力市场就业的发展

非正规劳动力市场在我国，长期以来不是被置于边缘任其自生自灭就是视作临时安置富余劳动力的权宜之计。我们认为，政府要扶持非正规劳动力市场就业的发展。

（1）政府应该采取政策倾斜以扶持非正规部门发展。劳动力密集型的非正规部门，因为其规模小，利润微薄，艰难生存于大企业的夹缝之间，它们常常面临资金不足等困难。应改革金融制度，发展小额信贷、建立创业基金、优惠税收，特别是对那些利用适度技术的微型企业和含有较高技术成分的自我创业者应予以必要的启动资金（如贴息贷款）。

（2）提供就业补贴。给提供较多的工作岗位的非正规部门以就业补贴，如英国和德国都给予能提供较多就业机会的中小企业就业补贴；此外，对实行非正规就业但就业不稳定、不充分，达不到法定工作时间一半的人也可给予低于失业救济的就业补贴。事实上荷兰 1996 年实行修订的《工资时间法》，就规定失去原来工作时间 50% 以上，现有工资水平较以往大大下降的，也可获取失业保险津贴。

（3）为非正规就业群体提供社会保障。1990 年世界银行的《世界发展报告》也指出："劳动力市场政策——最低工资、工作保障条例和社会保障——通常会增加福利或减少剥削。然而，它们实际上增加了正式部门的劳动力成本，并且减少了对劳动力的需求。对 20 世纪 70 和 80 年代的研究表明，工作保障条例减少了对劳动力的长期需求……政府在减少正式部门就业的同时，还努力通过提高正式部门工人福利，增加对农村和城市非正式部门的劳动力供应。而这样做的结果是在绝大多数穷人集中的部门减少了劳动力的收入。"[43]

（4）加速非正规劳动力市场的培育，减少其发展制度性障碍，并取消不利于其发展甚至是歧视性的条款。这类歧视性条款目前还有不少，如非公有经济从业者参保时过高的个人缴纳比例，参保年龄偏大的个体私营业主“视同缴费年限”短于国有、集体企业职工甚至没有。特别是应取消对流入城镇的外来务工人员设置的过多的行政的、经济的限制，打破城乡劳动力市场的分割。例如，逐渐取消对外来务工人员就业的行业性限制，将征收的外来劳动力管理费、就业调节金真正用于外来务工人员本身，用于职业培训、建外来务工人员公寓、提供子女教育和必要的工伤大病保险等。

（5）为非正规劳动力市场建设提供必要的中介服务和技术培训。完善非正规劳动力市场机制，同样需要建立必要的中介服务和培训制度以及必要的法规以确立市场运作规则。只是由于目前中介机构的多样化不充分，基本面向正规劳动力市场的中介服务和培训成本偏高，所以就业于非正规劳动力市场的劳动者大多通过非正规途径，如通过私人关系网络就业，带有较大的偶然盲目性，其合法权益受到侵害的事件屡屡发生。所以，如何为他们提供更低廉更有效的中介服务和培训是需要重视和研究的。例如，鼓励非营利性质的民间中介组织发挥更大作用、建立公共培训制度、探索适合于非正规劳动的灵活培训制度等。

关键概念

就业　充分就业　非正规就业

即测即评

扫描右侧的二维码图标，内含若干判断题、单选题和多选题，您可在线自测并查看答案。

复习思考题

1. 就业有哪些类型？
2. 就业有哪些功能？
3. 简述西方的传统就业理论。
4. 分析凯恩斯的就业理论与政策。
5. 简述新古典综合派的就业理论。
6. 新剑桥学派是如何对新古典综合派就业理论进行批评的？
7. 分析新凯恩斯主义的就业理论。
8. 简述货币主义的“自然失业率”假说。
9. 简述理性预期学派的就业观点。
10. 简述供给学派的就业观点与政策主张。
11. 简述加尔布雷斯的就业观点。
12. 如何理解充分就业？充分就业与失业的关系是什么？
13. 如何认识非正规就业？

注释

[1] 布坎南,瓦格纳．赤字中的民主．北京:北京经济学院出版社,1988:27－28.

[2][3] 唐·白劳德,马克·杰克逊．劳动经济学．北京:科学普及出版社,1989:60,62.

[4] 马克思恩格斯全集．第4卷．北京:人民出版社,1972:368.

[5] 凯恩斯．就业、利息和货币通论．北京:商务印书馆,1963:23.

[6][7][8] 萨伊．政治经济学概论．北京:商务印书馆,1982:144,142,149.

[9] 米歇尔·博德．资本主义史:1500—1980. 北京:东方出版社,1986:215.

[10][11][12] 凯恩斯．就业、利息和货币通论．北京:商务印书馆,1981:19,97,101.

[13] 刘涤源,谭崇台．当代西方经济学说．下册．武汉:武汉大学出版社,1994:69.

[14] 詹姆斯·托宾．通货膨胀与失业//现代国外经济学论文选．第1辑．北京:商务印书馆,1979:266.

[15][16][18] 胡代光,厉以宁．当代资产阶级经济学流派．北京:商务印书馆,1982:88,91,102.

[17][19] 现代外国经济学论文选．第1辑．北京:商务印书馆,1979:93,120－122.

[20][21] 弗里德曼．诺贝尔经济学奖金获得者讲演集．上．北京:中国社会科学出版社,1997:292－293,294.

[22][23][24] 加尔布雷斯．新工业国．1971:55,58,161.

[25] 加尔布雷斯．经济学和公共目标．北京:商务印书馆,1980:256.

[26] 莫里斯·博恩斯坦．比较经济体制．北京:中国财政经济出版社,1989:476.

[27] 克里希纳．印度的失业//经济与政治周刊,1973－03－03.

[28][33] 伊兰伯格,史密斯．现代劳动经济学．6版．北京:中国人民大学出版社,1999:24,570.

[29] 姜作培,等．再就业的理性审视．南京:南京出版社,1997:55.

[30] 新帕尔格雷夫经济学大辞典．第2卷．北京:经济科学出版社,1996:476.

[31] B. L. 杰菲．宏观经济学与微观经济学．北京:机械工业出版社,1985:209.

[32] 胡代光,高鸿业．现代西方经济学辞典．北京:中国社会科学出版社,1996:140－141.

[34] 金一虹．非正规劳动力市场形成和发展中的几个问题．百度网,2003－07－23.

[35][39][40] 世界银行．1990年世界发展报告．北京:中国财政经济出版社,1990:63.

[36][38][43] 国际劳工局．世界就业报告1998—1999. 北京:中国劳动社会保障出版社,2000:140－141,4,145.

[37] 参见:International Labour Organasation: Employment, Incomes and Equality: A Strategy for Increasing Productive Employment in Kenya, Geneve, 1972.

[41] 黄少宽．失业者群体特征及其经济主持网络分析．中山大学学报,1999(2):55－60.

[42] 盛乐,谢玲．推行劳动力市场弹性工时制的经济分析．中共浙江省委党校学报,1999(4):41－46.

第十一章　失　业

失业是世界各国普遍关注的重要社会经济问题，许多国家都将充分就业作为政府宏观调控的重要政策目标，因此研究失业具有重要的理论与实践意义。

第一节　失业的基本分析

一、失业的界定

（一）劳动力人口与失业人口

“劳动力人口（labor force population）是指在劳动年龄（16岁以上）或者在工作，或者在积极地寻找工作，或者因为暂时失业而等待被召回的所有的人；劳动力中那些没有获得有报酬职业的人被称为失业者。没有工作，并且不寻找工作，也不是暂时失业或不是等待雇主召回的人不算作劳动力。因此，总的劳动力包括在业者和失业者。”[1] 失业（非自愿性失业）是指有劳动的能力并愿意就业的劳动力找不到工作的一种社会现象。根据这个失业定义，失业主体必须同时具备三个条件：① 有劳动能力；② 愿意就业；③ 没有工作。在就业与失业调查中，一般要求被调查者回答如下两个问题来加以区分。第一个问题是：你是否有一份工作？如果答案是肯定的，被调查者是一个就业者，如果答案是否定的，就继续追问第二个问题。第二个问题是：你是否在寻找一份工作？如果答案是肯定的，我们就可以确定被调查者是一个失业者，如果答案是否定的，被调查者就是一个不愿意参加工作的人，可以算作不在劳动力人口。关于就业人口、失业人口和不在劳动力人口，我们可用图11－1来表示这种关系。

由图11－1可见，劳动力人口包括就业人口和失业人口，劳动适龄人口中不愿意工作的那部分人口被称为不在劳动力人口。从动态来看，劳动力人口是在不断流动变化的，劳动力市场上劳动力是有进有退的。劳动力市场之间主要有四种流动形式（见图11－2）。

从图11－2可以看出，劳动力的就业流动有四种形式：① 由于自愿辞职或解雇，就业者变成失业者；② 失业者由于新近被雇用或者被召回原岗位，失业者变成就业者；③ 无论是就业者还是失业者，由于退休或决定不再承担或不再寻求有报酬的工作，劳

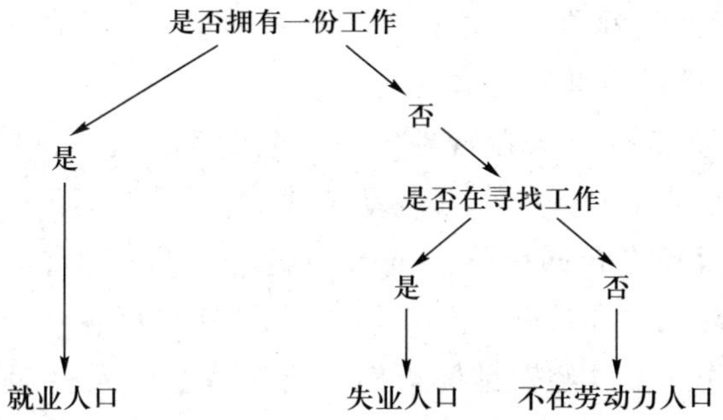

图 11－1 被调查者失业的确定

资料来源：袁志刚．失业经济学．上海：上海人民出版社，1997：13. 本书作者对原图形做了修改。

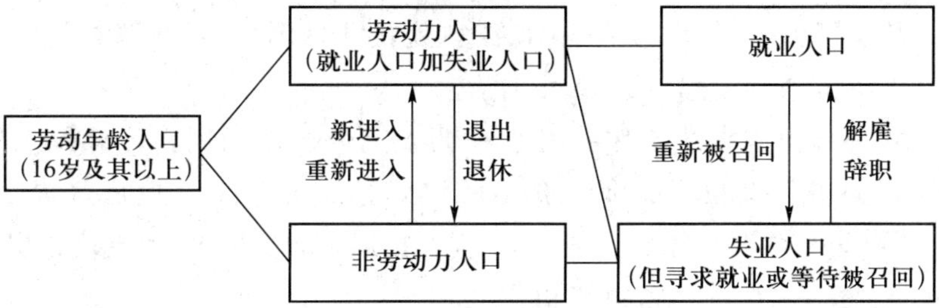

图 11－2 劳动力流动中的失业

资料来源：伊兰伯格，史密斯．现代劳动经济学．6 版．北京：中国人民大学出版社，1999：23. 本书作者对原图形做了修改。

动力变成非劳动力；④ 由于以前从未求职的人的进入，或者由于中途退职者的重新加入，劳动力的数量扩大了。

(二) 国外对失业的界定

在国外，虽然失业是一种有久远历史的现象，但作为一个词汇直到 19 世纪才见诸于文字。早期研究失业的专家喜欢采用较为婉转的用语，如“待业”或“非自愿赋闲”。在英国，E. P. 汤普森指出，失业早在 1820 年到 1830 年间已经偶然见于欧文主义和激进主义的著作之中。《牛津英语词典》中说明：“失业”（unemploymet）一词在 1895 年以后才开始通用。德文中的“失业”（albeit Slosigkeit）一词在 1890 年前很少见到使用。法语的“失业”（chomage）一词虽然在中世纪就出现了，但该词另外有“休息”之意，如在某日或假日无事休息可称为“un jour de chomo”。[2]

在当今，依据对失业的内涵和外延界定不同，理论界对失业的概念有三种解释：① 宽派。宽派的失业是指社会上的一切生产要素，未得到利用并停止收入的活动。美国学者费希尔指出，“机器和工厂，可以使用而被遗弃不用时，这些未被使用的生产要素，也可称为失业”[3]。这种失业包括：劳动者未利用劳动取得收入；土地所有者未利用占有的自然资源取得收入；资本所有者未利用资本取得收入等。② 中派。中派的劳动者失业，包括劳动者的自愿失业和非自愿失业；显性失业和隐性失业。③ 窄派。窄派的劳动者失业，专指劳动者的非自愿失业。经济学界一般说的失业是中派的解释，本书研究的主要是窄派的劳动者非自愿失业。

根据国际劳工组织的定义，失业者是指在一定年龄以上，在规定的调查时间内没有职业或工作时间没有达到规定标准，有劳动能力，正在寻找有报酬工作的人。具体来讲，失业者包括：① 因工作合同已终结或暂时停止，目前正在寻找有报酬工作的人；② 从未曾受雇工作，现正在寻找有报酬工作的人；③ 已经退休，正在寻找有报酬工作的人；④ 目前尚无工作，但已经安排好工作，正在待业的人；⑤ 暂时被解雇而又没有经济收入的人。

定义中"工作没有达到规定标准"是指：① 正在协助家庭经营企业或农场不领取报酬的家属工人，在规定的时间内，从事正常工作时间 1/3 以下者；② 劳动者在规定的调查周内，从事任何一项有报酬工作低于规定的小时数；③ 在调查周内，在农场或家庭企业及其他单位从事工作不足 15 小时者。

定义中"正在寻找有报酬工作"是指在调查期内及前三周内为寻找工作而进行的多种求职活动：① 在公共或私人职业介绍所登记寻找工作；② 向雇主提出就业申请；③ 托亲友介绍工作；④ 刊登求职广告；⑤ 应征招雇广告；⑥ 寻找土地、房屋、机器设备建立自己的企业；⑦ 申请经营执照和许可证等。

许多国家的政府和理论工作者除十分关注显性失业情况外，在理论研究和制定政策时还非常重视劳动力不充分就业和隐性失业两种现象。不充分就业是介于就业与失业之间的劳动力经济活动参与情况，即劳动力未能充分有效地发挥个人的劳动能力。主要有三种情况：① 劳动者没能在全部应劳动时间内参与经济活动，而只是部分时间参与经济活动（通常为法定劳动时间的一半）；② 劳动者在所从事的工作中未能发挥或未能充分发挥个人的就业机能；③ 以上两种情况的交叉并存。在联合国的标准失业定义中，已经提出了不充分就业问题，并进一步区分为"明显的"和"不明显的"两种情况，由于后者的不明显性，调查统计十分困难。因而国际标准只建议调查统计"明显的不充分就业"。在西方国家的官方劳动就业统计中，通常利用部分时间就业的数据进行分析，但这是从劳动时间的角度进行分析的。隐性失业在形式上仍是全部时间就业，但是实际上并不能获得相应收入，而只能获得标准收入的一定份额（如 50%）。

为了了解国外的失业含义，本书用表 11-1 来说明部分国家的失业定义。

表 11-1 部分国家的失业定义

国别	失业者定义	失业数据来源	失业率
美国	16 岁以上具有工作能力的劳动者在调查周内无工作，并在过去 4 周内进行了求职活动。包括被暂时解雇的工人和等待 30 天内开始新工作者	劳动力调查	失业人数/总劳动力资源（不含军人）×100%

续表

国别	失业者定义	失业数据来源	失业率
英国	调查日中无工作，有工作能力者，失业保障所提供救济（失业保险、补助免交保险金）的申请者	职业介绍机构业务统计	申请失业救济者/总劳动力资源×100%
日本	劳动力在调查周内无工作，并进行求职活动，有工作能力的15岁以上者，包括等待被召回和求职活动未结果者	劳动力调查	失业人数/总劳动力资源×100%
德国	调查日中在职业介绍机构登记求职者，且希望周工作19小时以上及3个月以上的付酬雇佣，有工作能力者	职业介绍机构业务统计	登记失业人数/总劳动力资源（不含军人）×100%
法国	劳动力无工作，调查日向职业介绍机构提出应征固定全日制就业申请，进行求职登记者，且能够立即工作的16岁以上的劳动者	职业机构业务统计	失业人数/总劳动力资源×100%
意大利	劳动力无工作，且正在求职的14岁以上劳动者	劳动力调查	失业人数/总劳动力资源（不含军人）×100%
加拿大	调查周内无工作，过去4周内（含调查周）曾进行求职活动，且有工作能力的15岁以上者，包括自调查周起4周后有新工作的待业者	劳动力调查	失业人数/劳动力资源（不含军人）×100%
澳大利亚	在联邦就业服务机构登记求职，过去4周进行求职活动的15岁以上劳动者	联邦就业服务机构业务统计	失业人数/劳动力资源×100%
韩国	调查周内无工作，有求职活动的15岁以上劳动者	劳动力调查	失业人数/劳动力资源×100%

资料来源：《中国经济时报》，1998年4月10日，本书作者进行整理列表。

（三）我国对失业的界定

1. 我国对失业的认识

在过去的一段时间内，我们把失业看作资本主义国家的特例，因而否定社会主义国家有失业问题（苏联于20世纪30年代末就公开宣布消灭了失业，我国也于1958年宣布中国已彻底消灭了失业人口）。在社会主义无失业论的固定思维模式下，为消除失业，农村实行适龄劳动力自然就业；20 世纪 60 年代在城镇采取了知识青年上山下乡运动，20 世纪 70 年代至 80 年代以城镇待业表示劳动者有劳动能力并愿意就业而未能就业的现象，20 世纪 90 年代中期以后又以下岗职工（最初提法为下岗待业职工）来说明劳动者离岗情况。这样，在我国就出现了与失业相关的两个概念：城镇待业人员与下岗职工。

（1）待业与失业。城镇待业人员是指在劳动年龄以内，有劳动能力，无业而要求就业并在城镇基层政府组织登记的人员。待业从本质上说是失业，而之所以采用待业这种概念，是受“社会主义无失业”思维定式的影响。

（2）下岗与失业。下岗职工是指由于企业的生产和经营状况等原因，已经离开本人的生产和工作岗位，并已不在本单位从事其工作，但仍与用人单位保留劳动关系的人员。下岗职工大体分为四部分人：

下岗职工总数 = 寻找工作的下岗人员 + 等待回岗的下岗人员 + 等待向新单位报到的下岗人员 + 已重新就业的下岗人员[4]

公式右端的前三部分类似于国外的失业人口，但是差别在于中国的下岗职工与原单位仍保留名义上的劳动关系，并享有原单位提供的部分工资收入及福利。第四部分属于就业人员，多数是采用了隐性就业形式。

由于下岗职工概念不清（即有失业又有就业），原劳动部副部长林用三提出了按“三无”（无工作岗位、无被安置就业、无解除劳动关系）标准来重新界定下岗职工，即由于企业的生产和经营状况等原因，在原企业中没有工作岗位三个月以上，又没有得到安置再就业，但仍没有与原企业解除劳动关系的职工。[5]按照这一定义，下岗职工实际是国外的失业人员，只是还保留与原单位的劳动关系而已。总之“下岗职工”是特定情况下的产物，是一个混乱不清的概念：既包括失业人口，又包括重新就业人员，既下岗，又与原单位保留着劳动关系。因此，国家采用了在一定期限内下岗转入失业的政策。

（3）我国失业的新概念。在把握中国的失业问题时，通常采用四种不同的统计口径：① 第一种统计口径是国家统计部门发布的城镇登记失业率；② 第二种统计口径是城镇登记失业人数再加上企业下岗职工未就业者；③ 第三种统计口径是在第二种口径的基础上再加上现有企业的冗员；④ 第四种统计口径是第三种口径再加上农村的剩余劳动力。这样，中国政府官方公布的失业率水平可能与采用不同口径的研究存在相当大的差异。例如，2002 年 4 月中国有关部门发表的《中国的劳动和社会保障状况》白皮书公布的城镇登记失业率为 3.6%，但是也有一些学者测算的全口径的失业率却为 28%。

由于城镇登记失业率不能全面真实地反映我国城镇失业情况，而下岗职工又是一个模糊概念，因此，对制定宏观经济目标和政策意义不大。鉴于这些情况，1998 年原劳动部和国家统计局重新界定了“失业定义”，是指在规定的劳动年龄内，具有劳动能力，在调查期内无业并以某种方式寻找工作的人员。具体包括：① 16 岁以上各类学校毕业与肄业的学生中，初次寻找工作但尚未找到工作者；② 企业宣告破产后，尚未找到工作的人员；③ 被企业终止、解除劳动合同或辞退后，尚未找到工作的人员；④ 辞去原单位工作后，尚未找到工作的人员；⑤ 符合失业人员定义的其他人员。[6]应该说，这一失业定义更接近国际通用失业定义，但是，至今尚未公布按此定义的全国失业人口和失业率。

2. 中外对失业统计的差异

从中外失业概念统计的界定来看，中外对失业的界定存在着较大的差异，主要表现为：

（1）失业统计的口径不同。国外的失业人数是包括城镇和农村的全部失业人数，而我国失业的统计口径只限于城镇居民，不包括农村劳动人口中的失业人数。

（2）失业数据的来源不同。许多国家的失业数据主要是通过对住户的抽样调查和职业介绍机构的统计获得的，而我国的失业数据主要是通过在地方政府劳动管理部门登记的失业人数汇总而来的。

（3）对失业年龄的规定不同。许多国家通常对失业者只规定年龄下限（如 16 岁），并无年龄上限规定，退休以后并继续寻找工作者仍算失业者。我国不仅对失业者的年龄下限有规定（16 岁），而且也规定了年龄上限（过去是男 50 岁，女 45 岁，[7]现在变为男 60 岁，女 55 岁）。

（4）失业统计的指标体系完善程度不同。国外对失业统计的指标体系较为完善，主要指标有：失业人口数、失业率、平均失业时间（周）、每月（周）初申请失业保险金的平均人数、申请就业人口、职位空缺数、招工率、不充分就业和隐性失业的指标等。我国的失业统计指标相对而言还不完善。一方面我国的失业统计指标没有国外的指标广度，如我国还没有反映农村失业的指标，还缺乏不充分就业和隐性失业的统计指标；另一方面我国的失业统计指标没有国外失业统计指标的深度，统计指标多是总量的及粗线条的。

（5）以劳动者从业时间来确定失业的规定不同。根据国际惯例，一些国家通常对劳动者在一定时期内的工作时间做了规定，凡劳动者在一定时期内劳动时间累加不足于规定标准的人，被视为失业者，列入失业人口的统计范围。对于工作时间，各国规定也不一样，例如美国规定在调查周内工作 15 小时，法国规定每周工作 20 小时，低于这些时间标准的属于失业，高于时间标准的为就业。而在我国的劳动统计中，缺乏以劳动时间来界定失业的明确标准，失业者多是指那些长时间没有工作的人员。

（6）对失业人数及失业率（unemployment rate）确认的及时性不同。国外通过调查组织经常性地对住户失业情况进行调查，有季度、月、周的失业调查数据，能及时反映失业情况的变化。而我国现有失业统计数据多是年底城镇失业人数和失业率，它是根据全年底最后一天的失业数据汇总计算出来的，难以全面地反映全年的失业情况。

3. 我国失业与失业统计存在的主要问题

（1）从失业界定的对象来看，失业概念比较混乱，缺乏明晰的失业界定。我国的失业是与待业、无业、下岗、富余人员等概念交织在一起的，这些概念都缺乏明晰的内涵与外延界定。另外，中国对暂时被解雇者和初次求职者是否称作失业也没有明确的规定。

（2）失业统计的范围较窄。① 在城镇只有参加失业登记的劳动力才计算在失业中，因各种原因没有参加失业登记的人没有统计到失业率中。② 我国的失业统计仅限于城镇劳动力，没有统计人数众多的农村劳动力。③ 没有统计一些隐性失业、脱离工作岗位但未就业的劳动力。由于这些原因就使我国的失业数据不能全面反映真实失业情况。

（3）缺乏科学的、及时的、客观的、细致的失业数据收集方法。一般来说，我国的失业数据来源于劳动部门和统计部门的统计数据，不是通过调查组织经常对居民入户调查获得的，由于这种统计方法带有行政记录的特点，因而有着主观性、不全面、欠细致、不及时等缺陷，所获取的失业数据对认识失业问题并及时采取对策意义较小。

4. 科学界定我国失业概念的意义

（1）便于国际间比较，有利于借鉴国外科学合理并适合我国国情的理论和政策，从而使我国的失业问题得到较好的解决。

（2）有利于促进我国失业理论研究的丰富和发展。

（3）能够全面、客观、细致、动态地把握我国失业状况和发展趋势，及时而有效地采取治理失业对策。

5. 改革我国失业统计要做好的工作

（1）理清失业与下岗、农业剩余劳动力、隐性就业的关系，按照国际惯例标准，重新确定我国失业的内涵和外延，使我国的失业统计概念与国际上接轨。

（2）扩大失业统计范围，逐步建立包括农村在内的完整失业统计体系。

（3）改进统计方法，建立专职的失业调查队伍，采取经常的入户抽样调查与行政统计相结合的方法，客观地收集出失业的信息。

（4）提高失业调查的频率。当前美国、加拿大、日本、澳大利亚、韩国等国家都是每月调查一次。鉴于我国人口多、调查成本高等因素，建议我国至少要每个季度调查一次。

（5）完善失业指标体系，逐步建立平均失业时间（周）、每月（周）初申请失业保险金的平均人数、申请就业人口、职位空缺数、招工率、不充分就业和隐性失业等指标。

二、失业的类型

（一）按失业的表现形式划分

按失业的表现形式划分，失业分为公开失业和非公开失业。对此有两种理论值得重视。一种研究是由 R. 克里希纳（R. Krishna）做出的，他把公开失业定义为零工作时间零收入，而对隐性失业（非公开失业）提出了四种计量标准；另一种研究是由 E. O. 爱德华兹（E. O. Edwards）做出的，他认为失业就是劳动力不得其用，它包括公开失业和非公开失业。他区分了在业劳动力利用不充分的四种情况（详见第十章第三节中的“在业劳动力中的充分就业”的内容）。在理论和政策的研究上，人们往往较多注重公开失业，其实，非公开失业更为普遍，据有的专家估算，非公开失业一般是公开失业的3倍至5倍。

（二）按失业的成因划分

1. 摩擦性失业

摩擦性（frictional unemployment）失业是指在生产过程中由于局部的暂时的失调而引起的短期的、暂时的就业失调情况。这种失业一方面存在着职位空缺，另一方面存在着与此数量相对应的寻找工作的失业者。这是由于劳动力供求信息不灵、市场组织不完备、行业与企业发生调整或转移等方面原因所致。摩擦性失业在任何时期都存在，即使在经济高速增长时期，人们从一种工作到另一种工作，从一个地区到另一个地区，从学校或者家庭到工作岗位的正常流动都需用一定时间，这就会造成某些摩擦性失业。

2. 结构性失业

结构性失业（structural unemployment）是因经济结构变化和产业兴衰转移所造成的失业。经济结构的变动（如有些部门发展迅速，而有些部门正在收缩；有些地区正在开发，而有些地区已经衰落）要求劳动力的流动能够迅速适应这些变动。但由于劳动力有其一时难以改变的技术结构、所有制结构、地区结构和性别结构等因素，很难适应经济结构的这种紧急变动，从而造成失业。这种失业往往是失业与空缺并存。结构失业与摩擦性失业也有异同，二者共同的特点是职位空缺与失业并存，但结构性失业更强调的是空缺职位所需要的劳动技能与失业工人所具备的劳动技能不相符合，或空缺职位不在失业者所居住的地区，或失业者无力支付昂贵的培训费用和迁移费用，因此，尽管失业者能够获得劳动力市场有关职位空缺的信息，但他们无法填补空缺的职位。一般来说结构性失业与摩擦性失业有以下几点区别：一是结构性失业比摩擦性失业持续期要长；二是摩擦性失业侧重劳动力供求数量失衡，结构性失业侧重于劳动力供求结构失衡；三是结构性失业集中于一些劳动技能低或陈旧的、劳动者居住在经济落后而工作机会缺乏的地区的群体。

3. 周期性失业

周期性失业（periodical unemployment）是指由于经济周期的经济波动引起劳动力市场供求失衡所形成的失业。周期性失业产生的原因是：当经济繁荣时，劳动需求量大，大量的失业者被迅速吸收，社会失业率趋于正常状态；在经济衰退时期，产品的生产和需求下降，因有效需求不足而致使部分工人失业。这种失业是与经济的周期变化紧密联系在一起的，它一旦出现就相当严重。

4. 技术性失业

技术性失业（technological unemployment）是由于技术进步所引起的失业。在经济增长过程中，技术进步的必然趋势是生产越来越广泛地采用了资本密集型技术，越来越多的先进技术设备代替了工人的劳动。这样，对劳动力需求量的相对缩小就会使失业增加，此外，在经济增长过程中，生产资料相对价格的下降和劳动力相对价格的上升加剧了机器取代工人的趋势，从而也就加重了这种失业。这种失业是为经济进步而必须付出的短期的代价。

5. 季节性失业

季节性失业（seasonal unemployment）是由于某些行业生产经营活动的季节性变动所引起的失业。某些行业的生产经营具有很强的季节性，生产经营繁忙的季节所需的工人多，生产经营淡季所需的工人少，这样就会引起具有季节性变动特点的失业。这些行业生产的季节性是由自然条件决定的，表现为生产经营有淡季旺季之分，很难改变。因此，这种失业也是正常的。在农业、建筑业、家电业、旅游业等行业中，这种季节性失业最突出。如在一些落后的农村地区的农业劳动者一年是在“四个月农忙，四个月农闲，四个月过年”中度过的。

（三）按失业的程度划分

在国际上，对失业程度的研究结果主要有两种：一种是失业率高低对劳动力市场供求的影响；二是失业率的高低对社会经济的影响。

1. 衡量劳动力市场状况的失业程度[8]

从劳动力市场状况来看，美国对失业程度的基本判断表现在以下几个方面：

(1) 5%以下的失业率属于劳动力供给紧张型劳动力市场。在这种劳动力市场状况下，由于存在大量职位空缺，大多数失业者会很快就业，而雇主却难以补充职位空缺。

(2) 5%～7%的失业率属于劳动力供给宽松型劳动力市场。在这种劳动力市场状况下，劳动力从总体上存在供给大于需求，某些地区或职业的劳动力就业较难，雇主可有选择地雇用劳动力。

(3) 7%及以上的失业率为失业问题严重型劳动力市场，劳动力就业困难，雇主选择劳动力条件苛刻。

2. 衡量社会经济安全的失业程度

从国际上来看，失业率对社会性经济安全的影响，可将失业情况分作四种类型：① 无警情失业，失业率低于6%；② 轻警情失业，失业率在6%～9%；③ 重警情失业，失业率在10%～19%；④ 巨警情失业，失业率超过20%。

在我国，顾海兵先生则依据失业率及对社会经济的影响，对我国失业警情做了如下较细的分类。[9]在我国城镇，他将失业分作5个区类：① 无警区失业，失业率为2.9%以下；② 轻警区失业，失业率为3%～4.9%；③ 中警区失业，失业率为5%～8.9%；④ 重警区失业，失业率为9%～14.9%；⑤ 巨警区失业，失业率为15%以上。

在我国农村，他也将失业分作5个区类：① 无警区失业，失业率为4.9%以下；② 轻警区失业，失业率为5%～7.9%；③ 重警区失业，失业率为8%～11.9%；④ 重警区失业，失业率为12% ~17.9%；⑤ 巨警区失业，失业率为18%以上。

他在提出城乡失业警情的基础上还综合出全国的失业警情区类：① 无警区失业，失业率为3.9%以下；② 轻警区失业，失业率为4% ~6.9%；③ 中警区失业，失业率为7% ~9.9%；④ 重警区失业，失业率为10% ~16%；⑤ 巨警区失业，失业率为16%以上。

顾海兵先生的分类同国际上分类的主要差异是立足的失业统计概念不同。若沿用国际上失业统计概念，综合考虑我国人口、改革及人们对失业的承受程度等因素，可以确认，我国警情失业划分的标准应高于国际惯例标准。

（四）按失业者的意愿划分

按失业者的意愿划分，失业可分为自愿失业（voluntary unemployment）和非自愿失业（involuntary unemployment）。

1. 自愿失业

自愿失业主要有以下四种情况的失业：

（1）求职性失业（job search unemployment）。劳动者不满意现有的工作，离职去寻找更理想的工作所造成的失业。这种失业的存在主要是因为劳动力市场不是同质的，或者即使完全相同的工作也存在着报酬与其他条件的差异，而且劳动市场信息又是不充分的，并不是每人都可以得到完全的工作信息。工人在劳动力市场上得到的信息越充分，就越能找到理想的工作。如果好工作的收益大于寻找这种工作的成本，劳动者就宁愿失业去找工作。劳动者在寻找理想工作期间的失业就是求职性失业。这种失业也是劳动力流动的结果，但它又不同于摩擦性失业，因为它不是经济中难以避免的原因所引起的，而是劳动者自己造成的，属于自愿失业的类型。

（2）等待性失业（wait unemployment）。这是指因受某些制度或自身心理等因素的影响，劳动者放弃当前的就业机会而坚持等待理想的就业岗位的一种失业类型。例如：在第一级劳动力市场失业的劳动者坚持要在第一级劳动力市场上去就业，而不愿意去二级劳动力市场就业；在城市失业的劳动者坚持要在城市就业而不愿意到农村去就业；在大企业里失业的劳动者坚持要在大企业里就业而不愿意到中小企业里去就业。再如，在我国传统劳动制度下，人们坚持要在国有单位就业，而不愿意到非国有单位里就业。

（3）休闲性失业（recreational unemployment）。这是以追求休闲为目的的失业类型。例如：一些家庭其他成员收入较高劳动者对有收入的工作不感兴趣，而自愿在家休闲；一些劳动者在获得一定收入后而停止工作进行休闲等。

（4）追求非劳动收入性失业。这些劳动者有的放弃高薪工作或不工作是为了得到非劳动收入，如享受失业保险金、救济金、剪息票（证券交易收入、储蓄利息收入、彩票收入、出租房产、买卖房产）等。在社会保障水平较高、非劳动收入丰厚的情况下，这类失业者就会增多。

2. 非自愿失业

非自愿失业是劳动者非个人意愿所造成的失业。它是由凯恩斯（1936）提出的一种有效需求不足非自愿失业类型，他说："有效需求不足时，就业量也不足；所谓就业量不足者，是指有人愿意接受比现行真实工资更低的报酬去工作，但无业可就。"[10] 除此之外，还有被迫型失业，如在押罪犯、失业沮丧者和无业可就而选择非就业活动等。

（五）按失业者的失业次数划分

按失业者的失业次数可将失业分为：① 初次失业，指劳动者进入就业年龄后要求就业而无业，这在我国过去称作"待业青年"；② 二次失业，指劳动者就业前曾有过失业经历，而现在又处于失业状态，这在前些年我国下岗职工中存在；③ 多次失业，指劳动者已有两次以上的失业经历。

另外，按失业的含义广度不同，失业分为广义失业和狭义失业（如前所述）；按失业的时间不同，分为长期失业与短期失业；按失业的主体不同，分为蓝领劳动者失业和白领劳动者失业（也称知识失业，指接受过高等教育的劳动者不得所用）。

三、失业的衡量

（一）对显性失业的测度

1. 失业率

失业率是最常用的测度失业的标准。失业率是失业人数占劳动力总数的百分比，用公式表示为：

$$失业率 = 失业人数/劳动力总人数 \times 100\%$$

失业率能基本反映失业状况，具有重要意义：① 失业率是国民经济周期变动的显示器。失业率低，国民经济发展的高潮期将会到来；失业率高，预示着国民经济衰退期行将到来。② 失业率是国民经济运行效率的衡量指标。"奥肯定律"表明了失业率与国民生产总值呈反方向变化。③ 失业率与国民的物质和文化生活质量具有紧密联系。失业率低，国民的物质和文化生活水平就会提高；失业率高，国民的物质和文化生活水平就会下降。

但是，用失业率反映失业情况也有局限性：① 高估失业程度。有些自愿失业者、失业兼职者被统计为失业人数，高估了失业程度。② 低估失业程度。沮丧的失业者（经过长期而艰辛的寻职努力而失败，退出劳动力市场的人）、大部分劳动力利用不充分者未能统计到失业数字中去，从而低估了失业率。③ 失业率没能说明失业者的收入分配情况，包括他们是否超过了贫困线。④ 不能反映就业者的工作情况等。

2. 失业持续期

失业持续期（unemployment duration）是指失业连续的时间。这一指标反映的情况是：① 失业的程度和解决失业问题的难度。失业持续期短，说明失业问题轻，解决失业问题难度小；反之，说明失业问题重、解决失业问题难度大。② 劳动力流动情况。在失业率既定的情况下，失业持续期越短，说明劳动力流动的速度越快；失业持续期越长，说明劳动力流动的速度越慢。③ 人口、经济运行的惯性等。失业持续时间主要取决于：劳动市场组织、职业介绍所的数量；构成劳动力的人员分布情况；失业者寻找工作的要求和能力；职业的种类和提供就业的机会。

3. 离职率（dimission rate）

离职率是指某一时期（如某一个月）内退职、解雇以及退休的总人数在就业总人数中所占的百分比。它表明就业减少或失业增加的情况。就业增长率和离职率还可以反映经济周期的状况，就业增长率提高、离职率下降表明经济正走向繁荣；反之，则表明经济正走向衰退。

4. 就业增长率（accession rate）

就业增长率是指某一时期内增加雇用的职工人数在就业总人数中所占的百分比。它表明了就业增长或失业减少的情况。

5. 失业率分布（the unemployment rate distribution）

失业率分布这个指标反映各集团失业和各种失业原因的比例。它包括失业者的年龄、性别、职业、地区、原因等情况。

6. 失业警戒线（unemployment cordon）

在美国，20 世纪五六十年代的失业警戒线为 4%，20 世纪七八十年代失业警戒线为 5%，20 世纪 90 年代后失业警戒线为 6%。我国著名经济学家厉以宁（2010）认为，我国宏观调控的警戒线应该是 4% 的失业率和 4% 的通货膨胀率，越过警戒线，如失业率超过 4%，可出台一定的宽松政策；通胀率突破 4%，也可采取一定的紧缩政策。

除上述指标外，还可用失业人数、申请失业保险金的平均人数、申请就业人数等指标来综合测度失业情况。

（二）对隐性失业的测度

1. 直接方法

（1）边际生产率法（或劳动生产率法）。这是一种通过测定劳动的边际生产率或边际劳动生产率来直接测定隐性失业量和过剩劳动力量的方法。

（2）工作率法。这是一种通过比较劳动供给主体所希望的就业时间和实际的就业时间来测定剩余劳动力的方法。采用这种方法要直接了解劳动者本人的意见，从这个意义说，把它归结为直接方法。

2. 间接方法

（1）最佳劳动投入法。这种方法首先在理论上设定投入在一定生产资料上的必需最佳人员（或劳动时间）。然后，通过与实际就业人员（或劳动时间）的比较来推算过剩劳动力。使用这种方法测定的难处就是测定最佳劳动人员（或劳动时间）的数额。

（2）最佳人口法。这是一种比较人口密度的方法。采用这种方法首先要运用人口学等学科的理论，拟订出理论上最佳人口密度，然后将它与实际的人口密度进行比较，推算出过剩人口数。

（3）理论收入法。这种方法是先拟订出收入标准，然后比较在生产资料一定的条件下能够保证标准收入的最少人口和实际人口。

3. 常用的几种方法

人们通常用以下几种方法来计算隐性失业状况：

（1）在生产函数已知的情况下，从全员制度工时与实际完成工时的差额统计出隐性失业的程度。如果存在隐性失业就会有窝工现象存在，因此全员制度工时一定会大于实际完成工时。隐性失业越严重，其差额必定越大，反之则相反。

（2）在生产函数已知的情况下，从实有员工数与任务定员数的差额中计算出隐性失业程度。

（3）在技术条件不变的情况下，从实有员工人数与设备定员人数的差额中计算出隐性失业程度。

（4）如果是由于没有接到足够的下达任务，产品自销部分又遇市场不景气而滞销，致使企业处于停产、半停产状态，那么，那部分因停产而停工的员工便应直接被计算为隐性失业人员。

（5）企业在改善劳动组织的过程中被筛选下来的待安置人员也应被计算为隐性失业人员。

四、失业的影响

正如任何事物一样，失业对社会经济的影响既有积极的一面，也有消极的一面。

（一）失业的积极影响

失业既是当代社会难以避免的社会经济现象，也对社会经济和劳动者的发展有一定的积极影响，失业的积极影响表现为：

1. 对社会来讲，一定程度的失业是必需的

（1）失业可以为经济周期发展提供劳动供求的“蓄水池”。当经济处于收缩阶段时，将会排斥劳动力，出现失业问题；当经济处于扩张阶段时，可为经济发展提供急需的劳动力。

（2）失业的强逼机制，会促使劳动者不断提高自身素质，从而提高社会就业质量。

（3）有利于提高工作效率。一方面，高效率的工作并不保证每个劳动者全部就业，保证每个劳动者都就业必然是低效率的（计划经济的就业体制充分证明了这一点）；另一方面，失业的威胁必然使劳动者为保持就业岗位而努力工作，从而提高其工作效率。

（4）失业是劳动力资源优化配置必须付出的代价。劳动者不断适应经济技术对劳动

需求的变动，而变动工作是劳动力优化配置的过程。在这个过程中，失业是必须付出的代价。

2. 对劳动者个人来讲，一定时间的失业是人尽其才所必要的

按照职业匹配理论，劳动者只有通过大量搜寻，才能找到与自己气质、性格、能力、知识等相适应的职业，这样的职业搜寻而形成的失业，对劳动者来讲是得大于失的。另外，劳动者为适应经济技术的变化而不断提高自身素质，放弃工作去接受教育也需要以一定时间的失业为代价。

3. 在我国改革和经济发展过程中，失业既是难免的，也是必要的

失业有利于我国劳动力市场的培育和完善；失业会促使我国用工、社会保障、劳动者身份等制度改革的深入进行；有利于企业减轻负担、提高效率、走出困境；有利于人们自觉接受计划生育观念，控制我国人口过快的增长等。

(二) 失业的消极影响

失业无论是对社会还是对劳动者个人来讲都有消极影响，其表现为：

1. 失业是劳动资源低效率配置，会造成经济总量的损失

根据“奥肯定律”，失业是劳动资源低效率配置，会造成经济总量的损失。失业既可视为劳动力资源的浪费，又可视为整个社会产出的损失，它意味着生产达不到充分就业时的水平，不符合充分利用一切资源发展经济的原则，会降低一个国家为公众提供福利的能力。如美国 20 世纪 80 年代初期的高失业所造成的产量损失每年在 1 220 亿 ~ 3 200 亿美元，按人口平均每人为500 ~ 1 300 美元。[11]

2. 失业扩大收入分配的差距，加剧两极分化

就业收入是广大劳动者最重要的收入，大量的劳动者失业会减少劳动在全部要素收入中所占的份额，扩大与其他要素收入分配差距。另外失业提高了劳动者贫困的比例。高失业率会造成失业与贫困的恶性循环：高失业率→劳动者贫困→消费需求减少→更多人失业→……。

3. 失业对失业者生理和心理造成损害

一般来说，劳动者就业的动机主要是：劳动者及家庭为了谋生的需要；发挥劳动者个人的聪明才智，追求实现自我价值；驱除空闲带来的烦恼；为了安全保障（如养老保障、失业保障、医疗保障等）的需要；积累人力资本的需要等。而失业就会使失业者处于以下不利的境地：基本生活得不到保障或生活质量严重下降；无法实现自我的价值；缺乏安全感，思想压力加重；人格降低等。根据研究，失业对失业者的生理和心理影响主要有两方面：一方面，“失业→失业者生活贫困→身体素质下降→预期寿命下降”。1995 年，俄罗斯大约 1/5 的人失业，人们身体状况恶化，男人的预期寿命由 1990 年的 64 岁下降到 57 岁。[12]另一方面，失业使失业者心理受到压力和损害。根据强化刺激分析，对人造成最大压力的三个层次依次是：第一层次是死亡的威胁；第二层次是入狱的威胁；第三层次是失业，失业对人的心理压力是仅次于死亡和被捕的第三层次威胁。许

多失业者形成了复杂或变异的心态，如不满、自卑、失落、悲观厌世、慌乱、埋怨等。据美国霍普金斯大学教授布伦纳的调查，美国失业率每上升1%，监狱里的囚犯便增加4%；被谋杀的人增加5.7%；自杀的人增加4.1%；到精神病院看病的男子增加4.3%、妇女增加1%；死于心脏病、肝硬化和其他疾病的人增加1.9%。事实表明，失业给失业者带来严重的心灵创伤和极大苦难，也给在业工人造成巨大的精神压力（陈莉、叶劲松，2001）。

4. 失业影响社会治安，甚至危及社会稳定

事实说明，失业率的上升往往会引起犯罪率的上升。当人们没能从工作中得到收入时，有时会采取犯罪活动（如盗窃、卖淫、贩毒等）来获取收入。当失业率过高时还会引发“工潮”、“农潮”形成社会动乱，甚至危及社会的稳定。

5. 失业人力资本的损失

人力资本来源的一个重要方面是在劳动场所“干中学”积累的工作经验和能力。失业对人力资本造成的损失是双方面的。一方面，失业者已有的人力资本得不到运用，形成人力资本的浪费；另一方面，长期失业既会降低人力资本的价值，也会使原有的知识和能力退化或丧失。

在现代社会中，失业是不可避免的，但是，高失业率又是难以忍受的。失业程度不同，问题的性质也不同。因此，我们在考察失业的影响时，不能孤立地只看某一方面的影响，应综合系统地研究失业的性质。

（1）讨论失业影响首先要分析失业程度。当存在低而稳定的失业率时，失业的积极影响就大于消极影响，从而使失业成为社会经济发展的良性机制；相反，当出现高而持续期长的失业率时，失业就会释放严重的消极影响，使失业成为社会经济发展的恶性机制。

（2）讨论失业影响时，必须区分自愿失业和非自愿失业。在失业中，自愿失业一般不会对社会和个人构成消极影响，只有非自愿失业才会构成消极影响。

（3）讨论失业影响，还要选择适度失业率。适度失业率是一种既有利于整个社会高效运转，又可为绝大多数劳动者所接受，既与一定时期的社会经济发展相适应，又不会使大量失业者生活无保障造成社会震荡的失业水平。在当前，西方一些国家将本国的适度失业率定在4%～6%。

在选择适度的失业率时，要综合考虑以下几个方面的因素：① 社会公众对失业率的承受程度。即失业率高低的把握，要充分考虑社会公众及失业者的经济和心理的承受能力，将失业率控制在能容忍的限度内，不能因失业率过高引发社会性动乱。② 效率因素。即失业率高低的把握，要充分考虑劳动者就业的边际效率，当就业的人数增加带来劳动边际生产力递减，造成产出总量减少时，在不影响社会稳定的条件下，可以适当扩大失业率，不能为追求充分就业而进行无效率的非经济投入，再次陷入“高就业，低效率”的不良循环之中。③ 保障因素。即失业率高低的把握，要充分考虑社会保障水平。社会保障水平高，失业率也可稍高一些，社会保障水平低，应该控制过高的失业

率。④ 周期性因素。即失业率高低的把握，要充分考虑失业者在“蓄水池”中滞留的时间的长短。也就是劳动者从失业到再就业的周期。周期短，即使失业率总体水平稍高一些，也不会出现大的问题。⑤ 整体因素。即失业率高低的把握，要充分考虑社会与经济的全面协调发展。在我国当前的情况下，就是要充分考虑改革、稳定和发展的关系。

（4）讨论失业影响，还要考虑隐性失业水平。因为随着改革的进展，多数隐性失业会不断地转化为显性失业，使失业问题日趋严重。另外，讨论失业的影响还要考察失业的持续期等因素。

第二节　失业的成因理论

一、人口失业论

人口既是劳动力供给者，又是商品和劳务的需求者，它对就业有直接的影响。人口失业成因论包括两种失业成因理论：人口增长过快失业论和人口增长减缩失业论。

（一）人口增长过快失业论

人口增长过快失业论者认为，人口是劳动力供给的来源，人口增长在无节制的情况下会超过物质资料的增长，这样随着人口的增长势必出现过剩人口，带来诸如失业、贫困等问题。这种理论的典型代表是新老马尔萨斯主义者。马尔萨斯根据 18 世纪后期欧洲存在的大量工人失业、贫困问题，认为失业的原因在于人口增长过快。他在《人口原理》（1798）中写到，过剩人口“在大自然的盛宴上，没有人替它安排一个席位，大自然要它走开”[13]。第二次世界大战以后，一些西方学者更全面、更深刻地研究了人口过快增长带来的人口过剩、资源短缺、环境恶化、粮食紧张、人口爆炸等威胁人类生存的问题，主要代表是：

（1）农业经济学家皮尔逊和哈珀（Pearson & Harper，1945）出版的《世界饥饿》，提出了“人口与食物竞赛理论”。他们认为，人类的繁殖比他们赖以生存的食物供给增长得快是一条自然规律，因而不可避免地出现过剩人口。

（2）生态学家福格特（Vogt）在他 1949 年出版的《生存之路》中，提出了资源枯竭和人口压力普遍化理论。他认为，由于人类过度增长，已经造成了资源危机，“如果人类不根据有限的资源数量来全面调整生活方式，那我们就应该放弃过文明生活的一切希望，准备着以不可遏止的速度陷于战争的深渊，回复到野蛮时代”[14]。

（3）社会学家赫茨勒（Hertzler）在 1956 年出版的《世界人口危机》中，认为“人口爆炸性”增长，带来人均耕地减少和资本形成不足以及越来越多的人失业等问题。

(4) 生态学家保罗·埃利希（Rhrlich）在1968年出版的《人口爆炸》和1970年出版的《人口、资源、环境》中，呼吁世界各国要把人口爆炸作为头等问题加以对待，否则世界将面临像氢弹爆炸那样可怕的毁灭性的灾难。

(5) 以探讨当代全球重大问题为己任的“罗马俱乐部”更为突出人口增长带来的问题。继美国管理学家梅多斯（Meadows）1972年出版的《增长极限》后，1981年又推出了意大利实业家佩奇的《世界的未来——关于未来问题一百页》一书。他们认为人口增长犹如癌细胞扩散在威胁着人类，它造成了人们的失业、贫困、资源短缺和环境恶化等诸多问题，因此必须尽快实现人口与经济的零增长，才能达到全球的均衡。

（二）人口增长减缩失业论

人口增长减缩论者认为，人口作为商品的消费者，人口增长减缩或人口减少会产生有效需求不足，有效需求不足导致了失业；劳动作为生产要素是资本积累的主要源泉，人口减少会形成资本积累减缩和投资减少，投资减少降低了对劳动力的需求从而产生失业。著名经济学家凯恩斯在《货币论》（1930）一书中，开始从担心人口增长过快、人口过剩转向忧虑人口增长减缩、人口不足，并认为人口增长减缩是引起投资不足、从而使经济停滞的主要原因。他又在1933年发表的《罗伯特·马尔萨斯——剑桥第一个经济学家》的讲演中指出，马尔萨斯一生主要关心两个问题：一是贫困问题；二是失业问题。年轻的马尔萨斯认为工人阶级的贫困是由于当时人口快速增长引起的。然而，拿破仑战争之后，他关心的主要问题从贫困转向了失业，认为失业不是由于生产力不足，而是由于人口减少所形成的有效需求不足造成的。凯恩斯在他1936年出版的名著《就业、利息和货币通论》中，进一步分析了有效需求不足所引起的失业问题。他还在《人口减少的若干经济后果》（1937年在优生会议上发表的讲演）一文中，针对当时一些西方国家人口增长减缩的趋势，认为人口减少是造成失业的原因。[15] 因为：① 人口在降低增长速度时，给经济带来了停滞，从而使失业增加。② 人口增长减少带来了有效需求不足，从而使失业增加。他还在该文中提出了马尔萨斯的两个魔鬼理论（人口魔鬼P和失业魔鬼U)。他认为，由于人口增长停止或减少，可以减少人口贫困的威胁，但是人口增长减缩又带来了有效需求不足，导致了慢性失业和经济长期停滞，并且失业魔鬼比人口魔鬼更可怕。他说：“当人口魔鬼锁起来时，我们虽然一度解除了一种威胁，但是我们又遭受到另一个已失业魔鬼的威胁，并且与以前相比，这后一种威胁有增无减。”[16]

美国经济学家汉森继承了凯恩斯的观点，进一步论述了人口增长减缩失业论。他的主要观点是：① 人口增长的停滞意味着经济外延扩张的减退。他把19世纪一些国家的经济繁荣归结为发明、新领土新资源的开发和人口增长三要素，把20世纪30年代一些国家的经济衰退归结为人口增长和新领土新资源开发的停滞。② 人口数量减少带来资本扩张减缩。他认为，19世纪后半期，人口增长在资本形成总量中的贡献是：在西欧各国占40%，在美国占60%。[17] 他提出，人口减少，则购买力低，从而引起投资减少和失业增加。③ 增加人口就能解决失业问题。因为人口增加引起了劳动力增加，从而增加资本需求导致资本扩张，其结果是资本和劳动力同时增加。他还认为自1929年开始的西方国家经济大萧条就是人口绝对量发生剧烈下降的时期，人口减少降低了有效需求，减少了投资出路，以致出现经济萧条和大规模失业问题。

二、经济运行失业论

（一）经济低速增长或停滞形成的失业

经济增长会带动就业的扩大，经济低速增长或停滞会引起失业。对此亚当·斯密早有论述，他指出："对工资劳动者的需求，自随国民财富的增加而增加。国民财富不增加，对劳动者的需求绝不会增加。"[18]奥肯定律也描述了经济增长与失业之间保持2∶1的规律关系。奥肯认为："如果国民生产总值增长率为3%，失业率就可保持不变。年增长率每增加2%（例如从3%增加到5%），失业率便下降1%；年增长率在3%以下每下降2%（例如从3%下降到1%），失业率便上升1%。"[19]奥肯定律表明，经济增长率上升，失业率下降；经济增长率下降，失业率上升。对此奥孔也描述了实际经济增长率与失业率之间保持2.5∶1的规律关系。根据奥孔定律，实际国民生产总值的增长超出每年保持的倾向率每2.5%积点时，失业率也下降1%积点。奥肯定律和奥孔定律都说明，经济的低速增长或停滞是造成失业的重要原因。

（二）经济结构变动形成的失业

这种失业是由于经济结构的变化引起的劳动力市场结构和职能长期失调而造成的失业。在新古典经济理论中，结构失业与摩擦失业是混为一谈的，有的学者甚至否认结构失业的存在，但是第二次世界大战以后西方国家出现了较为严重的失业，一些学者提出了结构失业论。结构失业论者认为，失业产生的主要原因是：

（1）科技革命会产生一些新的产业，淘汰一些旧产业，而旧产业的劳动者很难到新产业去就业。如美国每年技术的淘汰率为20%，1983—1998年已经淘汰了8 000种职业（秦言，1998）。而旧产业的劳动者到新产业去就业，有着短期难以克服的知识和技术等障碍，从而出现失业。

（2）消费结构或需求结构的变化引起产业结构调整，这就使不适应消费结构变化的部门出现失业。

（3）人口结构变化和政府产业政策的变化等影响经济结构的变化，也会产生失业问题。

（三）经济周期变化形成的失业

西方一些学者认为，失业是与经济周期的变化相联系的，表现为每一萧条阶段都会出现高水平的失业率。关于经济周期性失业的成因，西方学者观点各异，主要代表有以下几种：

1. 天体运动周期论

（1）杰文斯父子的"太阳黑子活动周期论"。杰文斯（Jevons）父子 1910 年提出了"太阳黑子热力周期理论"，他们认为太阳黑子热力变化造成农业丰歉波动的周期约为 3.5 年，经过两个或更多的这样周期，农业收成的影响力就能积累得足以引致工业、商业的较大波动。具体来讲，太阳黑子活动频繁，致使农业减产（农民就业减少，失业增加），农业减产会使工业、商业的劳动报酬、购买力、投资等方面下降，从而引发整个经济萧条，就业量减少；相反，太阳黑子活动减少则使农业丰收，整个经济繁荣，就业量增加，失业减少。该理论认为，太阳黑子每 11 年爆发一次，这样太阳黑子的周期爆发就形成了经济的周期变化，即"太阳黑子爆发→农业歉收→工商业衰退→整个经济萧条→失业增加……"的周期循环。

（2）穆尔的"金星运动周期论"。美国经济学家穆尔于 1914 年提出了"金星运行雨量论"。穆尔认为，金星每 8 年运行至太阳与地球之间，使太阳光不能充分照射地球，引起雨量的变化，雨量的周期变化引起农业生产的周期波动，农业生产的周期波动又引起整个经济的周期波动。在经济繁荣时期，就业量增加，在经济萧条时期，就业量减少，失业增加。

2. 货币信用松紧交替论

该理论由英国经济学家霍特里（Hawtrey）提出，他在 1913—1933 年的一系列著述中坚持认为，经济周期和危机是纯粹的货币现象，经济的周期性波动完全是由于银行体系交替地扩大和紧缩信用所造成的。当银行体系降低利率、扩大信用时，商人就会向银行增加借款，从而增加向生产者订货，这样就引起生产的扩张和收入的增加，而收入的增加又引起对商品需求的增加和物价上升，经济活动继续扩大，经济进入繁荣阶段，就业扩大。当银行体系转而紧缩信用时，商人得不到贷款，就减少订货，经济由此进入萧条阶段，就业量缩小。在萧条阶段，资金逐渐回到银行，银行又会扩大信用，促进经济复苏。在现代经济中货币信用的松紧对经济周期有很大的影响，但是把货币归结为引起经济周期的唯一因素并不符合实际情况。

3. 投资过度论

这一理论的主要代表人物是奥地利经济学家哈耶克（Hayek）。他在《货币理论与商业周期》（1929）中提出，经济运行中所发生的周期性萧条是由于投资过度，货币的供给满足不了现实经济生活对货币的需求而造成的。在繁荣阶段，由于许多企业新建或扩建项目增多使投资过度，而投资的过度增加又引起对投资品需求的增加，进而引起投资品价格的上升以致物价普遍上涨，而物价的上涨则会使储蓄率下降；同时由于法律和习惯对银行继续扩大信用的限制，因而导致货币供给不足。一旦货币供给不足，投资活动被迫中止，于是，正在兴建或扩建的项目不得不停工下马，经济陷入萧条，由此便引起失业增加。不过，在哈耶克看来，只要听其自然，危机所引起的物价下跌便会扭转储蓄率下降的趋势。一旦资本供给得以恢复，经济也就会自然走向复苏，这样繁荣决定了萧条，因为繁荣之后是资本供给不足；萧条又决定了繁荣，因为萧条之后又是投资过度。于是整个经济便如此这般地经历着繁荣、萧条、复苏的周期性循环，就业也就因此呈现出周期性的波动。

4. 消费不足论

消费不足理论早期的代表是英国经济学家马尔萨斯、法国经济学家西斯蒙第，近代代表人物是英国经济学家霍布森。该理论认为，经济萧条、就业不足是消费品的供过于求，即经济萧条、就业不足是消费不足所引起的。而造成消费不足的根源，又在于国民收入分配上的不平均所造成的富人储蓄过度，消费太少。由于储蓄过多，因而投资增加，产品供给增加，但同时消费却未增加。这势必引起价格下跌，生产缩减，使经济走向萧条，失业增加。所以，解决经济萧条和失业的办法就是实行收入分配均等化的政策。

5. 熊彼特的创新周期失业论

熊彼特在《经济周期》（1939）一书中认为，现实资本主义经济运行中存在着繁荣、衰退、萧条和复苏四个阶段。创新引起了企业投资和居民收入增加，由于企业乐观投资使投资增加，而居民高估收入，增加贷款消费，出现产销两旺，使经济走向繁荣。但是由于繁荣中的投资失误和过度投资行为，加上物价上涨，会使投资与消费减少，经济陷入衰退。当经济中产品饱和而后严重滞销，就可能造成经济萧条，使失业增加。经济萧条发生后，又需有新的创新使经济走向复苏，而创新又使经济从复苏进入繁荣。

6. 庇古、凯恩斯等人的心理预期失业论

他们认为，心理预期对人们的经济行为具有决定性的作用，乐观与悲观的心理预期的交替出现引起了经济的繁荣与萧条。当人们具有乐观预期时企业过度增加投资，居民大量购买产品（经济繁荣时会伴随着通货膨胀）使经济出现过度繁荣；一旦产品滞销，人们又会出现悲观心理预期，投资和购买量急剧减少，经济走向低谷，出现严重失业问题。

7. 希克斯、汉森和萨缪尔森的乘数和加速失业论

他们认为，当投资出现正乘数时，自发投资会形成总投资成倍地增长，经济的增长会使就业和收入增加，收入的增加使消费增加进而又会进一步促进投资增长，经济走向繁荣；当投资出现负乘数时投资和收入剧减，经济走向萧条，失业大量增加。

三、有效需求不足失业论

消费需求不足会引起失业的观点由来已久，在重商主义时代晚期，不少学者就提倡消费，反对节俭和储蓄，认为节俭和储蓄将造成失业，而消费和支出会带来经济繁荣。英国古典经济学家配第也曾为穷奢极侈、建造大型工程之类辩驳，理由是这类开支有利于就业。曼德韦尔在《蜜蜂的寓言》（1714）一书中也认为，支出特别是用于奢侈品的支出对经济繁荣和就业起促进作用，而节俭和储蓄则导致产量和就业水平的低落，从而

使经济恶化。曼德韦尔的这种观点被西方学界称为有效需求不足论的原始形态。1776年英国经济学家亚当·斯密提出了“有效需求”概念，他把有效需求定义为“愿意支付商品自然价值的人的需求，或者愿意支付将商品运来而必须支付的租金、劳动及利润的全部价值的人的需求”[20]。后来，有效需求理论得到了发展，法国的西斯蒙第（消费需求）、英国的马尔萨斯（有效消费需求）和凯恩斯（在封闭经济下包括投资需求和消费需求，也称国内需求，如果经济开放还包括净出口，也称国外需求，凯恩斯主要研究的是国内需求）运用有效需求不足理论分析了失业产生的原因，形成了有效需求不足失业论。

（一）西斯蒙第的消费不足论

西斯蒙第是法国古典经济学的完成者，他在《政治经济学新原理》（1819）一书中阐述了消费不足失业论，其主要的观点是：

1. 强调消费与生产平衡在经济学中的重要性

他认为，政治经济学应该研究人的需要，研究人的消费，使生产适应人的消费需要。他指出，“政治经济学的基本问题……在于消费与生产的平衡”[21]；“这个真理可以看作是政治经济学的基础”[22]。在该书中，他以大量的篇幅（第二篇、第四篇及附录等）论述随着国民财富的增长，生产会超过消费，从而产生经济危机及失业等问题。

2. 强调消费对生产收入的决定作用

他认为，消费是生产的目的和动力，生产应该服从于消费并由消费所决定；“收入是从生产中来的”，“但生产本身还不是收入，因为生产只有在实现之后，只有在每一件物品找到需要它或享受它的消费者，因而把它从流转中抽出来使它变成消费基金之后，才能取得这一名称”[23]。

3. 分配和消费决定市场大小

在他看来，收入即消费的差异程度决定着市场的大小，消费的平等结果总是扩大市场；不平等总是缩小市场。他指出，自由竞争、新技术和机器采用的结果是小业主大批破产而沦为无产者，小企业、小农业为大企业、大农业所代替，贫富两极分化加剧。这种分配上的不平等必然会缩小市场；少数富人在他们增加的收入中更多地用于扩大再生产而不是消费，他们增加的消费比穷人少得多。因此，小生产者的收入和消费是市场的重要支柱，财产集中到少数富人手中，国内市场必然日益缩小。

4. 经济危机和失业是由于生产扩大和消费不足引起的

他写道：“全部生产都应该用来消费；如果它生产的产品送到市场上找不到消费者，再生产就会陷于停顿，国家就会由于过剩产品而陷入灭亡。”[24]西斯蒙第断定，一方面，国内市场日益缩小，另一方面，竞争、资本积累、技术改进和机器的采用使生产盲目地无限地扩大，结果必然出现这样一种局面：“工厂没有订货，产品没有销路，工人没有足够的工资，无数工人完全失业。”[25]

（二）马尔萨斯的有效需求不足论

马尔萨斯针对拿破仑战争后英、法等国的严重失业和萧条，在与李嘉图的论战中，于1820年出版的《政治经济学原理》中，提出了有效需求不足失业论（主要分析的有效消费需求不足失业论）。[26]其主要观点如下：

1. 强调需求对财富增长的重要

（1）他认为政治经济学的目的和任务，就是要尽量找到能促进财富增长的生产能力和有效需求合理比例关系的结合点。他认为，“政治经济学主要研究财富增长的原因是什么?”而只有“兼顾生产能力和消费愿望，才能最有力地促进财富的增长”，所以政治经济学的目的和任务就是要找到“生产和有效消费的比例”[27]。

（2）与供给相比，需求则更能保持财富持续稳定地增长。他写道：“对生产最有利的三种要素是：资本积累、土地肥力和节约劳动的新发明。这三种因素在同一方向发生作用；由于它们都倾向于便利供给，而与需求无关，它们不可能单独地或共同地对财富的不断增长提供充分刺激。”由此他强调，促进财富增长的关键，是要创造出一种足以保证持续不断供给增长的需求，或者说，要创造能对全部产品提供充分的有效需求。[28]

2. 解说了有效需求（有效消费需求）的含义

他指出，有效需求是“人们对于该商品的具有一般购买能力的购买欲望”，它“是用需求者为了满足其欲望而愿意和能够付出的货币来表示和衡量”[29]。在这里我们可以看到马尔萨斯的有效需求是指有效消费需求，即人们有购买欲望和支付能力的需求。形成有效消费需求必须同时具备两个条件：① 消费者必须有购买欲望，愿意购买；② 有货币支付能力，能够购买。

3. 分析了有效需求不足形成的原因及带来的失业

他认为，生产过剩和失业增加在于有效需求不足。而有效需求是由两方面的原因造成的：

（1）资本家阶级和劳动阶级存在着消费不足。从资本家阶级来看，“他们一生的重大目的是节约和积累一笔财”，因此，他们不会在扩大生产的同时扩大消费；同时他们“也不能通过交换各自的产品，来相互提供足够的市场”。从劳动阶级来看，“由生产性劳动者创造出来的需求，绝不是一种足够的需求，因为这种需求绝不会与劳动者生产出来的东西一样多。如果会完全达到这样的程度的话，那就不会有什么利润，因而也不会有雇用他们的动机了”[30]。

（2）由于储蓄过度引起了有效需求不足。他认为储蓄过多，一方面转化为投资使生产扩大，产品供给增多；另一方面造成消费减少，需求不足。有效需求不足使供给大大超过了需求，其结果是生产普遍过剩，产出和就业停滞，经济萧条和大量失业问题就接踵而来。

4. 提出了扩大需求和减少失业的主张

他主张通过扩大非生产消费者（地主、政治家、军人、牧师、奴仆等）的需求和兴建公共工程来解决有效需求不足及失业的问题。他认为，劳动者的消费只限于工资，如果工资下降或劳动者失业，有效消费就会减少；资本家的有效消费由他们的生活需要和资本积累来决定，由于资本家的重大目的是节约和积累资本，所以资本家的消费也不会很多。只有一批非生产性的消费者才能提供巨大的有效消费。他所指的非生产性消费者主要包括地主、国家官员、军人、司法人员、卫生人员、教育人员、牧师等。他指出："一批非生产性消费者的特殊作用在于保护产品与消费的平衡，使全国人民辛勤的劳动成果获得最大的交换价值，从而促进财富的增长。"（马尔萨斯，1803）

（三）凯恩斯的有效需求不足失业论

凯恩斯针对20世纪30年代西方国家经济的大危机，继承了马尔萨斯的有效需求不足失业论，在1936年出版的名著《就业、利息和货币通论》中发展了有效需求不足失业论。他的有效需求不足失业论的观点主要是：

1. 就业量决定于有效需求

凯恩斯的有效需求是指总需求价格等于总供给价格时的社会需求。当总需求价格大于总供给价格时，资本家认为有利可图，于是增加投资，增雇工人；当总需求价格小于总供给价格时，厂商为了减少风险和损失，就缩减生产规模，解雇工人。所以，只有当总需求价格等于总供给价格时，资本家才保持生产规模不变。既不增雇工人也不解雇工人，正是这种有效需求决定了劳动者的就业量。

2. 有效需求不足是引起失业的原因

凯恩斯认为社会之所以存在大量失业，原因是有效需求不足，有效需求不足是由消费需求不足和投资需求不足造成的，而消费需求不足和投资需求不足又是由三条基本规律所决定：由于边际消费递减规律使消费需求不足，由于资本边际效率递减和流动偏好两条规律的作用使投资需求不足。由于有效需求不足，产品滞销，生产规模减缩，就形成了大量工人非自愿失业。

3. 解决失业和危机问题必须提供足够的有效需求

（1）设法提高消费倾向，以便扩大消费需求。他认为要加大国家消费、举债消费，国家的一切消费（正常消费、浪费性消费、破坏性消费）都具有生产性，他甚至提出："建造金字塔，甚至地震、战争等天灾人祸都可以增加财富。"[31]

（2）设法提高资本边际效率，以便扩大投资需求。在财政政策上要加大政府投资，特别强调政府举债支出，甚至实行财政赤字政策，在金融政策上主张降低利息来刺激投资，在对外经济政策上，主张扩大对外商品和资本输出等。

四、工资失业论

工资失业理论主要包括工资基金失业论、"工资铁律"失业论、边际生产力工资失业论、工会垄断高工资失业论、效率工资失业论、黏性工资失业论等，有关理论在本书

第七章第二节中的“工资理论”和第十章第二节中的“新凯恩斯主义的就业理论”中有所阐述，这里不再赘述。

五、技术失业论

技术失业论在古典经济学中以机器失业论存在，英国经济学家李嘉图和法国经济学家西斯蒙第都有类似的观点。李嘉图在“论机器”中指出，使用机器的结果是“对劳动的需求就必然会减少，人口也将过剩，劳动阶级的生活状况就会限于贫困”。“用机器来代替人类劳动，对劳动阶级是极为有害的。”西斯蒙第也指出，“发明出用更少的工人生产一切劳动成果的经济方法，几乎农业中所有劳动都用牲畜代替了人，几乎工业中的所有工序都用机器代替了人”[32]。这就造成了大批劳动者失业。当代一些学者也认为，技术进步必然造成失业问题。20 世纪 50 年代美国学者罗伯特·威纳就写道：“工业革命的技术进步使人类和兽类不再成为动力的源泉”，“未来的工厂为计算机所控制，不再需要劳动者，其劳动者失业的严重程度使经济的衰退，甚至于 30 年代的萧条好像是一个愉快的笑话。”[33]美国学者梅多斯也在《增长的极限》中指出，应用技术在很大程度上加深了失业问题，并提出现代社会的任务不在于保证就业，而是使全体社会成员得到有保证的最低失业。

六、货币失业论

货币失业论除了前面讲的霍特里的货币信用松紧交替论外还有两种观点：

（一）英国华特的战争与和平货币数量失衡论

他在 1945 年发表的《医治失业》一文中认为，战争期间对产品的需求是不知足的和有效的，因为战时常常有足够的货币；如果和平到来出现失业的话，那是因为流通中的货币量不足。为医治失业，政府应当时刻准备增发没有黄金保证的钞票。

（二）哈耶克的货币发行政府垄断论

哈耶克（Hayek）认为，竞争是市场机制发挥作用的关键。而政府对于货币发行权的垄断对经济的均衡造成了破坏，就会产生失业。因为市场经济本质上是一种私人经济，要使经济得以正常运行，必须以私营银行之间竞争的存在为前提。然而，由于国家垄断了货币发行权，剥夺了私人经济自行提供货币的可能性，于是市场机制发挥不了应有的作用，市场不能提供较多的就业机会，引起了失业。要消除失业，只有实行货币的“非国家化”，即用私营银行的竞争货币来代替国家货币。

置费等），而雇用外部人又需要花费新成本（征选费、培训费等）才能使外部人与内部人一样进入生产过程。

内部人与外部人相比有两个优势：一是就业优势，厂商在工会和解雇成本的压力下总是率先雇用内部人，率先解雇外部人；二是工资或薪水优势，在谈判工资或薪水中，内部人的工资或薪水高于外部人。由于这两点造成了雇用外部人后，内部人不再努力工作从而效率下降、内部人与外部人不能很好合作出现的内耗等问题，这些情况都引起工作效率下降，给厂商造成损失。同时，由于内部人与外部人的存在，当劳动需求减少时，内部人不愿削减工资或薪水，外部人失业。当劳动需求增加，内部人工资或薪水增加，外部人就业仍不会有大量增加。这样就出现了高工资或高薪水与高失业并存的情况。

十、劳动者歧视失业论

这里讲的歧视是职业歧视，指一些用人者以不公正的态度对待某些人的就业，受歧视者在同等条件下不能找到相同的工作或找不到工作。职业歧视产生的主要原因是劳动力市场上存在着个人歧视与劳动力市场上存在垄断。

（一）劳动力市场上存在着个人歧视形成的失业

劳动力市场上存在着个人歧视主要包括雇主歧视、雇员歧视、顾客的歧视：① 雇主歧视是指雇主在用工上存在着与劳动者生产效率无关的个人偏见。如有的雇主在招工时存在着性别、年龄、地区、民族等偏好，表现为：在支付相同劳动报酬下用男不用女，甚至于“宁要武大郎不用穆桂英”；招工时用青年人而不用中、老年人，用本地人不用外地人，或招工时只招城市人不招农村人等。② 雇员歧视是指已就业者对另一些求职者或群体的歧视。如反对单位新增职工，不愿与农村人、残疾人、大龄人、有色人同事合作等。③ 顾客歧视是指顾客对为自己提供服务的人存在着偏见。如外科医生、机械工程师、卡车司机等顾客喜欢中年男性提供服务；护士、导游、酒店服务员、商店营业员等，顾客喜欢年轻貌美的女性提供服务。由于个人歧视就使一些受歧视的人存在着就业困难，若不接受收入，他（她）们就会失业。

（二）劳动力市场上存在垄断形成的失业

由于劳动力市场的垄断产生的职业歧视主要表现在以下几个方面：① 劳动力市场的拥挤。由于职业的隔离劳动力市场上存在着拥挤现象。比如在世界多数国家存在适合女性的职业较少，使妇女就业的职位相对有限，处在较为拥挤的劳动力市场上，当劳动力供给大于劳动力需求时，妇女就业量降低，失业增加。② 二元劳动力市场中非竞争性集团的存在，形成了结构性失业。在现实经济中存在着两个非竞争部门（两个集团无法开展竞争），形成了两种劳动力市场，在一级市场，工资或薪酬相对较高，就业稳定，工作条件好，晋升机会大；在二级市场工资或薪酬低，就业不稳定，工作条件差，前途不佳。由于二元劳动力市场的存在使失业者不能在两个劳动力市场之间进行流动，从而形成结构性失业问题。③ 雇主之间的互相勾结形成对劳动力需求的垄断。雇主们在工资或薪水不能降低的情况下，往往相互勾结通过减少对劳动力需求的办法来增加其利润，这也往往造成劳动力需求性失业。④ 工会组织对进入劳动年龄新的求职者和非工会人员就业的排斥造成了被排斥者的就业困难或失业增多问题。

十一、制度失业论

制度是社会的游戏规则，它包括政治制度、经济体制、法律和政策、风俗习惯等内容。下边主要是分析两种制度失业论。

（一）资本主义制度失业论

对资本主义制度造成失业的分析在18世纪末期就已开始了，英国学者威廉·葛德文在《政治正义论》（1793）和《研究者》（1797）两本著作中，法国革命家里·让·孔多塞在《人类理性发展史》（1795）中，都认为社会状况的好坏取决于社会制度，当时存在的失业、不平等、贫困等问题是由资本主义财产私有制度造成的，主张建立财产公有制度来减少失业和贫困，实现人类正义、平等和自由的原则。无产阶级革命导师马克思也认为相对过剩人口是由资本主义制度造成的。他从资本主义社会的基本矛盾着手，提出了相对过剩人口（失业人口）是资本积累的必然产物，是资本主义特有的人口规律，过剩人口是资本主义积累的杠杆和资本主义生产方式的条件。他还提出相对过剩人口的四种形式：流动的过剩人口、潜在的过剩人口、停滞的过剩人口和相对过剩人口的最底层（需要救济的贫困人口）。

（二）失业保险和救济制度失业论

在一些社会保障水平高的国家，“慷慨大方的失业补偿费的存在，是造成高失业率的一个重要原因”[34]。

从雇主方来看，如果失业补偿费主要由用人单位承担，那么，用人单位就会尽量减少雇工的数量。因为，用人单位对被解雇者进行了补偿后，雇主在解雇工人时遇到较少的矛盾和阻力，同时，“解雇的工人不能为失业而遭受较大的损失的这个事实，使雇主暂时解雇工人比让他们保持就业更具有吸引力”[35]。

从劳动者来看，高额的失业补助费会造成工人自愿失业率的提高和失业持续期的延长。① 高额的失业补偿费降低了失业成本，劳动力在工作和休闲选择上更偏好于休闲。“在失业补偿费更为慷慨的国家，失业的男人得到的失业补偿超过他们净收入的80%，失业的女人得到的失业补偿达到她们收入损失的100%。”这样，很多人就会在失业补偿期内不工作，据“S. T. 马斯顿估计，由于失业补偿费的存在，有保障的工人保持

16% ~31% 不就业”[36]。据统计，日本人参加工作的头三年，初中文化程度者自愿离职率约 70%，高中文化程度者的自愿离职率为 46%，大学文化程度者的自愿离职率约 32%，为了得到可观的退休金，约 1/3 的日本雇员自愿提前退休。欧盟的高福利的社会保障制度，无论从失业的资格认定、失业救济金的慷慨程度到救济金发放的持续时间都非常宽松，它削弱了欧盟国家失业者寻求工作的动力，使许多人自愿失业。② 高额的失业补偿费提高了人们求职的保留工资，对职业的选择更加挑剔，从而延长了失业持续的时间。美国的一项研究表明，如果美国在 1976 年就停止实行失业保险福利计划，那么，失业者当年的失业时间就将会从 4.3 个月下降到 2.8 个月。另外一些研究表明，失业保险福利计划对工资的替代率每上升 10 个百分点，则美国失业者的失业时间就增加一周左右。[37]

十二、综合失业论

经济合作与发展组织秘书处在对 20 世纪 70 年代后西方国家失业率上升分析中，概括出了 10 种失业成因：① 失业率是由于公司支付的实际工资太高。② 失业是由于工人所得到的实际工资太低。③ 失业是由于与劳动力储备投资有关的结构变动。④ 失业是由于 70 年代停滞期间投资不足。⑤ 失业是由于诸如社会保障金支付水平和方法改变等制度因素引起的。⑥ 失业是由于劳动力不流动。⑦ 失业反映出某些部门的劳动力（如非熟练工人和青年人）缺乏就业能力。⑧ 失业是由于能源短缺。⑨ 失业是由于通货膨胀。⑩ 失业是由于失业期望和未来工作容量小引起的。[38]

20 世纪八九十年代，我国一些学者在分析中国失业的原因时，认为引起我国失业或下岗的原因是多方面因素综合的结果，其中主要的失业原因是：① 人口原因。新中国成立后我国出现的三次生育高峰，加大了劳动力供给，形成了三次失业高峰。② 历史原因。如“大跃进”运动、知识青年上山下乡、“文化大革命”等造成了劳动力不合理配置和一些人文化素质不高。待业问题是历史积淀问题的总爆发。③ 体制原因。改革前的所有制结构堵塞了广阔的就业渠道；统分统配的就业政策积蓄了大量的隐形失业人员。在建立社会主义市场经济过程中，要优化劳动力资源配置，旧体制所蓄积的就业问题必然会释放。④ 经济原因。经济结构的变化会形成结构性失业；经济的周期性波动会形成周期性失业；某些行业经济活动的季节性会形成季节性失业；还有经济活动中难以避免的摩擦性失业等。⑤ 产业现代化、资本有机构成的提高是失业率形成的技术原因。⑥ 就业观念转变、劳动力择业流动化是失业形成的社会原因等。

第三节 失业治理的政策及措施

失业的治理政策主要有主动的失业治理政策和被动的失业治理政策，主动的失业治理政策包括改善劳动力供给、扩大劳动力需求、修复劳动力市场的功能性障碍，被动的失业治理政策主要是对失业者进行救助。

一、改善劳动力供给

改善劳动力供给包括两方面的内容：一是改善劳动力供给的数量；二是提高劳动力供给质量，使其符合劳动力市场需求的结构和质量要求。

（一）改善劳动力供给数量

1. 控制人口数量

在控制人口数量方面一些发展中国家的政策措施主要有：① 中国建立一套严厉计划生育的奖罚制度，政府直接干预家庭的生育决策，人为地调高生育子女的成本。② 在落后的农村建立和完善“老有所依、老有所养”的养老保险制度，以转变人们多生多育的生育观。③ 实行特殊的优惠政策，扩大妇女的受教育和就业机会，提高生育子女的机会成本。④ 提高个人非义务教育的私人成本，建立就业机会、收入水平与教育水平成正比的良性机制，形成用子女的质量替代子女数量的生育观念。⑤ 改善公共卫生医疗条件和儿童营养状况，提高婴儿存活率，降低家庭目标子女数。

2. 降低劳动参与率

在降低劳动参与率方面，可以采取的政策及措施有：

（1）延长劳动者的受教育年限。延长每个劳动者的受教育年限主要是实行 9～12 年义务教育，增加年轻人正式就业前的培训和实习时间，推迟年轻人正式进入劳动力市场的年龄。这一措施的效应主要是：① 推迟年轻人就业时间，直接缓解失业状况；② 可以增进未来劳动者的人力资本积累，提高劳动者的素质；③ 提高该国的国际竞争力，缓和其失业问题。在发达国家中进入高中和大学学习的年轻人比重相当大。经合组织国家 20 世纪 90 年代总体上 93% 的适龄青年接受高中教育，39% 的适龄青年接受大学教育。加拿大的以上两组数值分别高达 100% 和 55%。[39]

（2）降低退休年龄。在失业特别严重的时期，通过提前退休使一部分劳动者提前退出劳动年龄人口（如中国一些单位的内部退休规定女工人 50 岁退休等）。

3. 减少在职劳动力供给数量

减少在职劳动力供给数量主要有如下的政策措施：

（1）缩减社会就业时间，扩大就业数量。具体措施有：① 缩减工作时间。缩短每个就业者的工作时间，腾出部分工作时间供其他人就业。如法国从 1996 年就开始实行了法定每周 4 天工作制，将每周法定工作时间缩减到 32 小时，同时给工薪者增加每年度五周带薪假期，为此增加了 150 万个工作岗位。② 实行灵活工作时间制。即改变必须每周工作 5 天、每天工作 8 小时的方式，经劳资双方协商一致后，就业者每天、每周甚至每年灵活安排、分配其工作时间。如瑞典非全日制工作者占 20%；英国已达到 40%。③ 提供临时性工作。即政府和企业向失业人员提供临时性工作岗位。如法国、德国、荷兰、西班牙等国在20世纪80年代新创造的就业岗位中，就有一半以上属于临时性工作。[40]

（2）实行妇女阶段性就业制度。日本按照妇女生理、角色分工等特点，实行了妇女阶段性就业的制度。日本学者大渊宽、森冈仁写道："劳动参与率在某一时点按男女、年龄分别取不同的值。男子除少年和老年两端外，劳动参与率高而稳定，从年龄图形上看，呈倒U字形……妇女劳动参与率大都呈M字形曲线。这与女子的上学→毕业、就业→结婚、退职→生育、育儿→解除家务劳动、再就职→退休的生活周期相适应。"[41]

（二）提高劳动力供给的质量

1. 大力发展教育事业

教育对减少失业有双重的作用：一是可以延长劳动者就业的年龄，减少劳动力的供给；二是可提升劳动者的素质，能够适应新产业、新技术对扩大劳动力就业的需要。所以很多国家都把发展教育事业作为解决失业问题的重要途径。大力发展教育事业的具体措施有：① 全方位地发展教育（初等教育、中等教育、高等教育、继续教育）；② 调整教育投资方向，加快发展中小学教育尤其是乡村中小学教育的步伐，缓解农村失业问题；③ 鼓励和支持贫穷落后地区发展职业教育事业；④ 通过教育加快创业人才的培养，通过创业带动就业扩大。

2. 加强职业培训

多数失业者是由于职业技能上的陈旧或缺失造成的，因此加强职业培训，能够提高求职者的技能，减少失业。具体培训方式多种多样。① 求职培训，对求职者的职业技能、求职技巧进行培训能够帮助其就业。② 离岗培训和在岗培训。前者包括对失业人员进行专项培训和系统培训；后者指在岗职员一边工作，一边利用业余时间进行培训。③ 有针对性的技能培训和一般性素质培训。前者大多是有针对性地让失业人员接受专门技能培训，以便让他们尽快再就业；后者是使在岗人员更多地接受与其工作相关的一般能力和素质培训，避免其失业。④ 政府、企业和社会各自组织的培训。以新西兰为例，它有政府机构直接组织开展的培训，还有企业设立的工业培训组织。例如，新西兰估计有五十多个政府认可的工业培训组织，参加培训的人数占全部劳动力的2/3。20世纪80年代美国工商企业每年培训在职职工的经费已达2 100亿美元，有97%的企业为其职工制定培训计划，到20世纪90年代中期这项经费已达6 000亿美元。瑞典有100多所劳动力市场培训中心，每年约有10万人接受劳动力市场训练。[42]这些培训都大大地缓解了失业的压力。⑤ 面向全体失业人员的培训和面向特殊群体的培训，以解决他们在就业上的困难。

二、扩大劳动力需求

（一）促进经济增长带动就业扩大

失业问题的解决，根本出路在于实现经济的快速增长，创造更多的就业岗位。其理论基础是凯恩斯主义的失业理论。凯恩斯主义者认为，应当通过刺激消费、投资、政府支出和出口等变量，促进总有效需求扩大，带动整个国民经济活动水平的提高，从而通过经济增长来吸收失业人口。某些变量对就业扩大的最终效果，依赖于该变量对国民收入的乘数效应和就业的国民收入弹性有多大。如果一个国家某变量对国民收入的乘数效应大，在总产出中所占比重高，就业的国民收入弹性大，那么这一变量的增长就可以较大幅度带动就业的扩大；反之，其对就业的影响就小。

促进经济增长，积极创造就业机会在不同类型的国家采取的措施也有所区别。

（1）发达国家促进经济增长的措施主要是扩大商品需求。① 扩大消费需求。通过增加提供公共物品和社会福利政策扩大公众的消费需求。② 增加投资。通过扩大财政支出增加对公共事业的投资，通过货币、信贷、税收政策鼓励私人投资，通过对外投资等扩大投资需求。③ 扩大商品、资本和劳务出口。政府高度重视扩大商品和劳务的出口，许多发达国家的元首和政府首脑都直接介入，以充当本国商品或技术的“推销员”为荣。在这方面的主要措施有：进行农产品、食品的出口补贴；出口产品免征增值税；适当调整汇率；开展信息和咨询服务等。

（2）发展中国家促进经济增长的政策有：① 引进国外资金、技术，改变其资金短缺、技术落后状况来促进本国国民经济的发展，扩大经济对劳动力需求容量，增加其就业机会。② 学习和借鉴发达国家的知识、制度、政策、管理经验（诸如市场制度、宏观调控、企业管理、金融保险、财政税收、证券期货等），加速其经济发展，促进就业。③ 采取优先发展城市或工业战略，调整经济结构，努力消除二元经济特征，促进整个经济生产率的提高和经济发展。

（二）实行工作分享制

工作分享制（job sharing system）是指通过缩短劳动时间、共同分享工作，保证大家都有工作可干而不至于失业，从而达到稳定就业目的的政策和措施。工作分享主要有：工作岗位分享、时间购买计划、减少加班、提前退休和过渡性退休计划、延长休假时间、弹性工作制等形式。

1. 工作岗位分享

工作岗位分享是通过对现有工作岗位的劳动时间（工作日或工作周）进行不同形式的分割和重组，从而创造出更多的工作岗位来，使就业机会增加。例如，甲、乙二人分享一个岗位，每人每周分别工作 2 天半，使就业机会增加一倍。同理，也可以让三个人分享两个岗位，或者四个人分享三个岗位，等等。

2. 时间购买计划

这是一种以年为单位进行工作时间分割的工作分享形式。在加拿大，企业员工可以自愿加入政府资助的“四一工作计划”（每工作四年可休假一年）。在工作的四年中，员工每月只领取工资的 80%，另外 20% 存入政府资助的银行为其开设的专门账户，这部分延期支付的报酬加上复息成为第五年的收入来源。加拿大政府还为鼓励员工加入该计划，对其存入银行的20%报酬实行免税政策，并通过法律保障参加该计划的员工在休假一年后能够回到原公司的原岗位上工作。

3. 减少加班

日本政府、经济团体联合会和劳动组合总联合会三方通过协商达成协议，从自2002年3月开始实行，通过政府补助采取减少企业加班等手段合理安排职工的工作调整和职业训练，确保员工不至于失业。

4. 提前退休和过渡性退休计划

英国在1977年开始实施提前退休计划，让失业人员接替提前退休人员让出的工作岗位，同时对自愿提前退休人员给予适当的补偿。过渡性退休是让接近退休年龄的员工在个人自愿的基础上逐步减少工作时间和工作责任，让他们逐渐从工作岗位上退出，直至正式退休。采用这种方式可以使企业让一些经验丰富和技术水平较高的老员工指导新雇用的不熟练的非全日制青年员工，起到以老带新的作用。根据沃森·怀亚特的调查，20世纪90年代后期美国大约600家大公司有类似过渡性退休的工作安排计划。

5. 延长休假时间

休假时间的延长可以使在岗员工的实际工作时间缩短，从而使企业增加员工来弥补岗位空缺。延长休假时间的形式有：不付薪的延长休假、储蓄性休假、周期性休假、自愿休长假等。从2002年起，瑞典政府开始试行自愿休长假的制度，自愿脱离工作岗位休假12个月的员工，虽然在休假期间没有工资，但可以领取85%的失业保险金。

6. 弹性工作制

弹性工作制是企业对员工实行不固定的工作时间，而灵活安排工作时间和工作地点。在英国可供选择的弹性工作方式有十几种，包括弹性工作时间、团队自我排班、在家办公、岗位轮换、暂时离岗、特别休假等。在美国弹性工作制的种类主要有计时工作、随叫随到制、远程在家办公等，据估计，当前美国在家里从事远程办公的职业人士已达到6 000万人。

（三）选择劳动密集型产业来解决过剩劳动力问题

事实证明，在经济发展的初级阶段，选择劳动密集型产业能够解决过剩劳动力问题。根据拉尼斯和费景汉（1992）的研究，日本和印度在经济发展的相近阶段由于选择了不同的技术发展模式，解决劳动力过剩问题的结果截然不同。[43]

（1）日本的情况。日本在1880年至第二次世界大战前，采用劳动密集型技术（至少是不太节约劳动力的技术），其主要措施包括：鼓励和扶持中小企业和家庭手工业的发展；在企业内部推行轮班制和多班制；尽可能用剩余劳动力替代机器运转过程中的各种外围工作；加强对进口设备的本土化改造，等等。这使人口稠密、资源贫乏的日本成功地解决了劳动力过剩问题。

（2）印度的情况。印度在1949—1985年，在工业部门推行了资本密度增加的政策，结果在整个20世纪50年代，印度工业部门的劳动力吸收率超过人口增长率只有1年，总失业人数从1951年的300万人增加到1961年的700万人；而在60年代和70年代也只有少数几年工业部门的劳动力吸收率超过人口增长率，1971年总失业人数高达1 350万人，直到20世纪90年代仍然没有摆脱劳动力过剩的困境。

（四）采取针对某些特殊群体的就业促进措施

特殊群体一般包括青年人、残疾人及妇女等就业竞争中的弱势人员，他们依靠自身的能力就业是困难的，政府应该采取一些倾斜性的优惠政策促进他们就业。其主要措施有：① 设置专项资金。例如，加拿大1996年用于青年人就业的预算就达3.15亿加元，法国1997年用于解决青年就业的预算经费也达10亿法郎。② 政府补贴。在匈牙利，企业每雇用一个刚进入劳动力市场的青年人，政府在9个月内给予补贴。西班牙也规定，雇用残疾人、26岁以下的青年人、45岁以上的长期失业者，均可得到政府的一次性补贴。③ 比例就业制。如西班牙规定，超过100人的企业，必须雇用2%的残疾人。④ 税收优惠。法国、德国对雇用青年人、45岁以上的长期失业者和残疾人的企业，在企业社会负担、就业税等方面给予减免优惠。残疾人自谋职业者，通常免征所得税。[44]

（五）积极拓宽就业领域

积极拓宽就业领域主要措施有：① 开发高新技术、环保产业以及与之相关的服务行业等扩大就业。② 实行垄断领域的竞争化。许多国家在原来的国有垄断领域实行民营化、竞争化，允许国外企业和私人企业进入电力、铁路、通信、航空等领域投资或经营，以减少内部人控制，增加就业载体数量，创造更多就业岗位。如日本的国有铁路民营化、英国的电力经营竞争化。再如法国继1996年向国外开放国内航空后，1998年又开放了邮电、电信领域等。③ 细化行业分工。行业分工细分，增多就业载体，也有利于增加就业岗位。④ 在商贸领域鼓励创办中介企业。如法国在指定地区对从事贸易的新创建企业实行的免、减税收优惠政策。⑤ 合理布局企业体系，扩大就业。在发达国家的企业体系有两类企业，一是为数较少的大型跨国集团公司，主要是提高其在国际市场上的竞争能力，实现经济快速增长；二是为数众多的中小企业，在实现经济增长的同时起到了扩大就业的目的。⑥ 开辟家庭雇工的就业领域。在意大利，家庭工人约占全体劳动力的4%。[45] ⑦ 鼓励劳务输出。如西班牙为鼓励劳动者到国外就业而规定：免费办理有关证件和手续、提供打折的机票、免交出国所需体检费、免去出国就业者的兵役等。⑧ 采取多样的灵活就业形式。市场经济和信息经济的发展要求实行灵活多样的就业形式。发达国家20世纪90年代以来，就呈现了灵活就业扩大的趋势，如美国有40%的职工、西欧有13.6%的职工采取了灵活就业形式。[46] 灵活就业形式包括短期合同工、季节工、临时工、天工、小时工、流动工、家庭服务工等。由于灵活就业不仅对用人单位能降低劳动成本，适应单位用工结构变化，而且对劳动者自主择业和流动就业有益，因此，在许多部门、行业和企业有广阔的发展空间。

三、修复劳动力市场的功能性障碍

修复劳动力市场的功能性障碍的实质是让市场机制能够灵活地调节劳动力市场，具体表现在以下几个方面：

（一）放松企业雇用劳动力裁员的规定

从供求灵敏变动角度看，主要是放松企业雇用劳动力裁员的规定，给企业充分的合理利用劳动力的权力，以保持其高效率。后者的问题主要是如何改变和创新就业形式，拓宽就业领域，使企业方便地使用劳动力，劳动者通过多种途径参加社会劳动，最终减少失业人数；前者则强调企业裁员的自主权，以免企业不敢雇工，结果反而不利于就业，这主要是在取消或简化裁员控制措施方面做文章。如英国、法国、德国的裁员控制措施大大简化，保留的限制规定主要涉及裁员手续。

（二）减少工资或薪水黏性

西方经济学认为，劳动力市场由工资或薪水调节有利扩大就业，而工资或薪水黏性不利于就业扩大。因此要使工资或薪水能够灵活地调节劳动力，就要减少工资或薪水黏性。前边我们对工资或薪水黏性不能充分调节劳动力市场供求形成的失业原因进行了较多分析，代表性的理论有“工会垄断论”、“交错调整工资或薪水论”、“隐含合同”论、“效率工资或薪水”论、“内部人控制”论等。正如法国经济学家马兰沃所提出的，工资或薪水受政府管制，工资或薪水政策屈从于公共政策，对市场供求不起调节作用，形成的劳动力市场失灵问题越来越重。自 20 世纪 80 年代以来，许多发达国家纷纷放松对工资或薪水的多种限制。法国实行了工资或薪水非指数化政策；美国淡化工资或薪水指数化，鼓励让职工分享企业的利润；西班牙和荷兰等国寻求工资或薪水谈判分散化的方法，避免集体谈判工资或集体谈判薪水。美国、加拿大、日本等国与西欧国家相比工资或薪水刚性较小。此外，由于在社会保障体系发达的国家，劳动力成本不仅包括工资或薪水收入，还包括企业交纳的社会保障金等非工资或非薪水性成本。因此，降低非工资或薪水性的劳动力成本亦是其中应有之意。

（三）建立健全劳动力市场的组织，为就业提供全方位的就业服务

建立健全劳动力市场的组织，提供全方位的就业服务（帮助劳动力就业和用人单位寻找合格的劳动力）可以增加就业，主要措施有：

1. 建立健全就业服务组织

为了改善劳动力市场的组织，很多国家都建立了形式多样的就业服务机构，形成了网络化的就业服务体系。如法国 1967 年就设立了就业管理局，下设 850 个分支机构，是全国最大的职业介绍服务机构。意大利的就业服务机构名目繁多，包括职业介绍所、

地方行政机构中的劳工办公室、劳动信息机构、人才介绍机构，有的是公立的，更多的是私营的，据统计仅人才介绍机构就多达2 000多家，工作人员190多万。英国有三层就业服务机构网络，即政府就业部及其下属的就业总署、地区局、基层管理机构及下属职业介绍所。日本有劳动省属下的职业安定局（负责政策实施和统筹管理）、各地的职业安定科（负责地区就业安排、失业保险和职业培训）、基层的职业安定所（负责信息咨询、就业介绍等）。[47]

2. 提供全方位的就业服务

就业服务体系的内容包括：搜集、分析和发布劳动力市场信息；职业介绍；为劳动力供需双方提供咨询，帮助他们确定自己的合理选择范围和选择标准等；为就业者提供培训服务，提高其市场竞争就业的能力；完善服务保障体系等。

四、对失业者进行救助

对失业者进行救助属于被动的失业治理政策。与主动的失业治理政策不同，被动的并不是通过干预市场机制本身的运行来提高一个社会经济中的就业水平。被动的失业治理政策是建立在另外两个认识的基础之上的：① 劳动者的失业并不完全是出于其自身的原因的，多数是由于社会原因（劳动力市场分割、歧视、社会阶层流动固化、政治运动等）、政府的发展战略和政策的原因（重城轻乡或重工轻农发展战略、战争、产业结构调整、不平等的教育政策等）造成的。② 追求经济增长的市场机制存在着重物轻人、重效率轻公平等缺陷，依靠市场不能很好地解决失业问题。基于这两点认识，政府除了采取主动的失业治理外，还必须采取被动的失业治理政策。被动的失业治理政策主要包括失业社会保险和失业救助。失业社会保险金一般由政府、雇主和就业者分摊费用，以回避失业可能带来的风险（关于失业社会保险我们在十三章还有说明，这里讲的主要是失业救助）。失业救助金由政府财政提供，以保证低收入失业者的最基本生活需要，维护社会公平。在一些发达国家，政府用于失业救助方面的开支是很大的，截止到2007年部分发达国家政府用于失业救助支出占GDP的比例如表11－2所示：

表11－2 部分发达国家政府用于失业救助支出占GDP的比例 单位：%

国家 \ 年份	2000	2001	2002	2003	2004	2005	2006	2007
美国	0.2	0.5	0.5	0.4	0.3	0.3	0.3	0.3
英国	0.3	0.5	0.3	0.3	0.2	0.3	0.2	0.2
澳大利亚	0.9	0.9	0.8	0.7	0.6	0.5	0.5	0.4
新西兰	1.3	1.1	1.0	0.8	0.5	0.4	0.3	0.2
加拿大	0.7	0.8	0.8	0.8	0.7	0.6	0.6	0.6
丹麦	3.0	2.9	3.0	3.3	3.3	2.8	2.3	1.9

续表

国家＼年份	2000	2001	2002	2003	2004	2005	2006	2007
法国	1.5	1.5	1.7	1.8	1.8	1.7	1.5	1.4
意大利	0.4	0.4	0.4	0.4	0.5	0.5	0.5	0.4
西班牙	2.0	2.1	2.2	2.2	2.2	2.2	2.2	2.1
瑞典	1.4	1.1	1.0	1.2	1.3	1.2	1.0	0.7
瑞士	0.5	0.5	0.7	1.0	1.0	0.9	0.8	0.6

资料来源：根据经济合作与发展组织官网的数据整理而来。

关键概念

失业　摩擦性失业　结构性失业　周期性失业　技术性失业　季节性失业

即测即评

扫描右侧的二维码图标，内含若干判断题、单选题和多选题，您可在线自测并查看答案。

复习思考题

1. 如何理解劳动力人口与失业人口?
2. 国外对失业是如何界定的?
3. 如何科学地准确界定我国失业概念?
4. 简述失业类型的划分。
5. 衡量失业的指标有哪些?
6. 失业有哪些积极影响和消极影响?
7. 联系我国实际分析人口失业理论。
8. 简述经济运行失业理论。
9. 分析有效需求不足失业论。
10. 简述工资失业理论。
11. 如何认识失业回滞失业理论?
12. 简述劳动力市场分割失业理论。
13. 联系实际分析歧视失业理论。
14. 如何认识制度失业理论?
15. 综合分析我国失业形成的原因。
16. 失业治理政策及措施有哪些?

注释

[1] 伊兰伯格,史密斯. 现代劳动经济学.6版. 北京:中国人民大学出版社,1999:23.

[2] 曼库尔·奥尔森. 国家兴衰探源. 第7章. 中华网,2001年6月.

[3] 斯坦利·费希尔,鲁迪格·唐布什. 经济学. 下册. 北京:中国财政经济出版社,1991:9.

[4] 胡鞍钢. 中国城镇失业状况分析. 管理世界,1998(4):50.

[5][6] 引自《中国劳动报》,1998年3月12日、3月8日。

[7] 中国统计年鉴. 北京:中国统计出版社,1995:129.

[8] 迈克尔·P. 托达罗. 经济发展与第三世界. 北京:中国经济出版社,1992:209-210.

[9] 顾海兵. 建立失业监测系统的理论探讨. 经济参考,1993-12-20.

[10] 凯恩斯. 就业、利息和货币通论. 北京:商务印书馆,1993:249.

[11] A. Blinder. Hard Heads, Soft Hearts. Reading. Mass. Addison-Wesley, 1987.

[12] 保罗·萨缪尔森,威廉·诺德豪斯. 经济学. 北京:华夏出版社,1999:455.

[13] 马尔萨斯. 人口原理.2版. 朱泱,等,译. 北京:商务印书馆,1961:531.

[14] 福格特. 生存之路. 北京:商务印书馆,1981:272.

[15] 凯恩斯的人口失业论有两个阶段:发表《货币论》(1930年)以前,他主要是沿袭马尔萨斯的过剩人口理论,认为人口增长阻碍经济发展,人口增长带来失业问题;1930年以后,与以前相反,他认为人口减少造成的有效需求不足是失业的主要原因。

[16] 凯恩斯全集. 英文版. 第14卷. 武汉:武汉大学出版社,1973:132.

[17] Hansen A H. Economic Progress and Declining Population Growth. 日译本,第230页。

[18] 亚当·斯密. 国民财富的性质和原因的研究. 北京:商务印书馆,1994:63.

[19] 舒尔茨. 论人力资本投资. 北京:北京经济学院出版社,1990:281.

[20] 亚当·斯密. 国民财富的性质和原因的研究. 北京:商务印书馆,1994:58.

[21][22][23][24][25] 西斯蒙第. 政治经济学原理. 北京:商务印书馆,1964:518,483,84,63,223.

[26] 理论界有两个马尔萨斯的说法:人口学的马尔萨斯和经济学的马尔萨斯。年轻时的马尔萨斯主要研究人口学,认为社会的灾难在于人口过多、增长过快;晚年的马尔萨斯主要研究经济学,提出了失业是由于有效需求不足造成的理论。

[27][28][29][30] 马尔萨斯. 政治经济学原理. 北京:商务印书馆,1962:12-13,297-298,56,332.

[31] 凯恩斯. 就业、利息和货币通论(英文版).1936:129.

[32] 西斯蒙第. 经济学原理. 北京:商务印书馆,1977:514.

[33] 萨缪尔森,等. 经济学. 上册. 北京:商务印书馆,1991:486.

[34] C. A. 摩尔根. 劳动经济学. 北京:工人出版社,1984:234.

[35] B. L. 杰菲. 宏观经济学与微观经济学的应用. 北京:机械工业出版社,1985:319.

[36] 唐·白劳德,马克·杰克逊. 劳动经济学. 北京:科学普及出版社,1989:261.

[37] 刘昕. 等待性失业及其制度基础与制度变革. 财经问题研究,1998(11):48-49.

[38] 经济合作与发展组织秘书处. 危机中的福利国家. 北京:华夏出版社,1990:119-120.

[39] 谷书堂,高明华. 劳动力经济研究. 北京:经济科学出版社,1998:254.

[40][42][44][45] 国务院研究室综合研究司,劳动和社会保障部就业司. 就业指南. 北京:中国言实出版社,1998:167,169,166,171－172.

[41] 大渊宽,森冈仁. 经济人口学. 北京:北京经济学院出版社,1989:166.

[43] 王检贵. 劳动与资本双重过剩下和经济发展. 上海:上海三联书店,2002:140－146.

[46] 李培林. 中国就业面临的挑战和选择. 劳动经济,2001(1):52.

[47] 姜作培,等. 西方国家的再就业政策及其对我国的探索. 晋阳学刊,1998(3).

第五篇

劳动关系与社会保障

第十二章—第十三章

- 劳动关系
- 社会保障

第十二章　劳动关系

劳动经济学所研究的劳动力市场中的劳动报酬和就业水平的决定、劳动者收入和工作条件、劳资双方冲突与合作等问题，都与劳动关系有关，如何通过劳动关系提高劳动力市场运行的绩效？本章在对劳动关系一般概述的基础上，分析劳动关系理论，探讨劳动关系的调整制度。

第一节　劳动关系概述

一、劳动关系概念

（一）劳动关系的含义

最早使用劳动关系这一概念见诸于1935年7月美国制定的《国家劳动关系法》中，经过了长期发展，对劳动关系的认识不断丰富。根据劳动关系的内涵和外延不同，有宽、中、窄三种理解：

（1）宽派的劳动关系。宽派认为劳动关系是人与人之间在劳动中发生的所有关系。在劳动过程中，劳动者既发生人与物的关系，也发生人与人的关系。劳动关系不是说人与物关系，而是指人与人之间的关系。这种相对于人与物关系的人与人之间的关系，就是劳动关系。劳动关系包括就业关系或从业关系、组合关系（由一般分工所形成的国民经济各部门或产业劳动力分配的比例与结构）、业缘关系（由特殊分工所形成的劳动过程中的分工协作关系）、分配关系（劳动成果如何分配）等。

（2）中派的劳动关系。中派认为劳动关系是雇主及雇主组织与劳动者个人及团体之间产生的合作、冲突、力量和权力等关系的总和。这种劳动关系既包括就业组织内部的劳资关系，也包括组织外部的雇主协会与工会的关系。

（3）窄派的劳动关系。劳动关系是劳资关系。这是在就业组织内部由雇佣行为而产生的劳资关系或雇佣关系。即，劳动关系是指用人单位与劳动者之间，依法所确立的劳动过程中的权利义务关系。

（二）劳动关系的主体

劳动关系主体是指劳动关系的参与者，劳动关系的主体包括雇员与雇员组织、雇主和雇主组织、政府。

1. 雇员与雇员组织

(1) 雇员也称为雇工、受雇人、劳工、雇员，是指在就业组织中，本身不具有基本经营决策权力并从属于这种权力的工作者。雇员的范围有工人、医务工作者、办公人员、教师、社会工作者、中产阶级的从业者和底层管理者，不包括自由职业者、自我雇佣者。

(2) 雇员组织主要有工会、雇员协会、职业协会、企业委员会等。① 工会是雇员的最重要组织，工会是雇员组成的旨在维护和改善其就业条件、工作条件、报酬待遇以及社会地位等权益的组织，工会主要通过游说劳动立法、集体谈判、互保互助等方式来维护劳动者（雇员）在就业组织和整个社会中的权益。② 雇员协会往往是在一个就业组织内部形成的。如基于某一兴趣而组织的雇员俱乐部、雇员体育协会等。③ 职业协会是由跨企业、行业从事某种特定职业的雇员组成的组织，其目标是为其成员争取更多的、在其特定职业方面的利益。企业委员会将在下面讲到。

2. 雇主和雇主组织

(1) 雇主也称雇佣者，是指在一个组织中，利用雇员进行有组织、有目的的活动，并向雇员支付劳动报酬的法人（用人单位）或自然人（老板）。在中国现行的劳动立法中没有使用雇主这一概念，而是普遍用“用人单位”这一名称。

(2) 雇主组织的最重要形式是雇主协会，它们以行业或贸易组织为纽带，一般不直接介入雇员与雇主的直接关系之中。主要任务是同工会代表进行集体谈判，在劳动争议处理程序中为其雇主成员提供支持，通过参与同劳动关系有关的政治活动、选举和立法改革（比如修改劳动法）来间接地影响劳动关系。

3. 政府

在现代社会中，政府的行为已经渗透到社会经济、政治、文化生活等的各个方面，政府作为劳动关系的主体一方，在劳动关系的运作过程中扮演着重要的角色。① 政府是劳动关系制度的制定者，政府通过相关立法和制定政策影响劳动关系；② 政府是公共利益的维护者，通过监督、干预等手段促进劳动关系的协调发展；③ 政府是公共部门的雇主，在公共部门政府以雇主身份直接参与和影响劳动关系。

二、劳动关系的表现形式

（一）合作

1. 合作的概念

合作就是人与人、群体与群体之间为达到共同目的，彼此相互配合的一种联合行动、方式。劳动关系中的合作是指在就业组织中，雇佣双方在共同遵守既定制度的基础上相互配合、相互支持的一种行为。合作的基础是相关制度，这些制度是经过双方协商一致，以正式的集体协议或劳动合同形式，甚至是以一种非正式的心理契约的形式存在。协议内容非常广泛，涵盖双方的行为规范、雇员的薪酬福利体系、对雇员的努力程度的预期、对各种违反规定行为的惩罚，以及有关争议的解决、违纪处理和晋升提拔等程度性规定。

2. 合作的方式

（1）企业内部合作的内容主要有：① 员工分享计划。此计划包括利润分享、产权分享、市场价值分享和管理权分享四种方式。② 利润分享计划。其做法是当总劳动成本除以产品销售或市价的比值有改善时，即给予员工红利。③ 提高员工满意度。用人单位通过改善工作内容（实行工作扩大化、工作丰富化和变换工作岗位）、改善劳动条件、进行工作再设计等来提高员工满意度。④ 劳资协商会议。这是一种劳资双方在平等地位上共同协商，以增加劳资双方的相互信任和理解。

（2）合作的机构主要有：① 地区性劳资委员会。这是劳资双方在某一特定地理区域内联合组成的组织，既不参与集体谈判，也不组织多雇主谈判或多工会谈判。它的宗旨和职责是发现并确认劳资双方共同面临的共同难题，然后用合作方式解决问题，减少或避免冲突。地区性劳资委员会主要参与四种活动：发起社会活动，增进劳资双方的沟通；在企业建立劳资委员会；在集体谈判时提供必要的帮助；促进地区的经济发展。② 劳资联合委员会。它由某一行业中的工人联合会与企业联合会共同组成，主要是处理劳动关系中的具体细节性问题。③ 企业内部合作。这是雇主与工会在企业内的合作，主要包括协商员工分享计划、集体收益分享计划、质量劳资联合委员会、提高员工满意度计划、员工自我管理的工作团队等。

（二）冲突

冲突按其表现方式，可以分为明显的冲突（如对雇员或工会来说主要有罢工、旷工、辞职等；对雇主来说主要有关闭企业、解雇等）和潜在的冲突（如对工人来说主要有怠工、抵制等；对雇主来说主要有黑名单、雇用罢工替代者、复工运动等）。劳动关系的冲突分为雇员或工会采取的冲突形式和雇主采用的冲突形式。

1. 雇员或工会采取的冲突形式

雇员或工会主要采取如下五种冲突形式：

（1）罢工。罢工是雇员为了提高劳动报酬、改善工作条件而集体拒绝工作。它是冲突最为激烈的冲突形式。根据罢工的规模、特点和发生的原因主要有以下 10 种形式：① 同情罢工，即为了对某个工会举行罢工的声援和同情所采取的罢工。② 就地罢工，指工人并不离开工作地点，而是就地停止工作。③ “野猫罢工”，指未经过工会同意、由工人自发组织的罢工。④ 突发性罢工，指突然停止工作，然后才宣布罢工，最后说明罢工的理由。⑤ 象征性罢工，指为了迫使雇主做出让步而进行的一种持续时间较短的罢工。⑥ 集体辞职，指全体或几乎全体雇员在某一天同时辞职，在工人不能忍受雇主的态度和行为，以及非常不满雇主提供的工作条件时，集体辞职成为报复雇主恢复自尊的最终行为。⑦ 和平罢工，指工人一面进行罢工，一面进行工作，这种罢工既不损害生产，也不损害企业财产。⑧ 轮流罢工，指在罢工形势不佳的情况下，使一个企业少数劳动者继续罢工外，其他劳动者都复工，罢工者复工后，又有一些原先复工的劳动开始罢工。⑨ 间断罢工，指劳动者事先不向企业管理方或雇主通告而突然离去，一段时间后又回来复工，但不久又突然离开，直到自己的要求得满足时才停止这种罢工。⑩ 总罢工，指同一个城市、地区甚至全国的工会会员同时停止工作。劳动关系一般认为，罢工是表示集体不满的唯一有意义的形式。罢工虽然是冲突最为明显的形式，但它并不总是可行的方法。罢工行为受阻的主要原因是罢工行为要符合各项法律规定。

（2）怠工。怠工（工人懈怠工作）是指工人并不离开工作岗位也不进行罢工，只是降低工作效率或破坏性地工作（浪费原材料、制造残次产品等）对雇主进行对抗的一种方式。

（3）联合抵制，是指阻止雇主出售最终产品。可以分为：① 初级联合抵制，指工会通过劝阻消费者购买雇主的产品，限制雇主市场来直接对雇主施加压力，迫使其接受工人条件的运动。② 次级联合抵制，是指工会开展运动，使消费者不购买雇主的产品，向没有直接卷入劳资争议的雇主施加压力，使当事雇主面临不利地位而展开的有组织运动。两者的区别是：初级联合抵制直接针对雇主施加压力，而次级联合抵制是针对其他雇主施加压力，迫使当事雇主接受条件。

（4）纠察。纠察是指罢工工人对靠近企业入口处或有关区域设立警戒，阻止雇主利用罢工替代人员。

（5）“恶名单”、“好名单”。“恶名单”是指工会将那些与工会作对的雇主或企业列入一个名单，并将其名单在工会会员中传播，以促使广大会员不再维护这些企业利益。由于许多国家将“恶名单”视为非法，于是工会转向“好名单”，即在这种名单上列入工会认为对工会公正的雇主，工会会员会对公正的雇主企业持维护态度，而对那些榜上无名的企业持怀疑或不信任态度。

2. 雇主采用的冲突形式

雇主采用的冲突形式主要有以下六种：

（1）关闭企业。这是雇主习惯采用的方式，雇主通常把关闭企业安排在工会准备罢工时，其主要目的是以少量的损失避免产生罢工的重大损失，同时通过解雇或停职来断绝劳动者的收入来源，迫使劳动者服从于雇主的管理。

（2）雇用罢工的替代者。在罢工期间，雇主通过雇用其他工人代替罢工工人进行生产活动，以抵制或破坏罢工运动。雇用罢工替代者有两个目的：一是使罢工失去效力；二是削弱工会力量并阻止其抵抗运动。

（3）雇主充当罢工的破坏者。这是指在罢工期间，雇主借助其他雇主的帮助完成生产任务。这实际上是借助其他企业的生产能力，代替罢工替代者角色。这种行为通常由雇主协会组织完成，当协会中某个雇主受到工会的打击时，其他雇主组织成员可以帮助完成生产任务，以弥补罢工受到的损失。

（4）复工运动。这是指雇主派人到罢工工人家中说服罢工者或者家属，使他们复工，同时雇主还会在媒介上发出复工运动的通告。

（5）黑名单。这是指雇主通过秘密调查，将一些不安分或有可能在劳资冲突中起领导或带头人作用的劳动者，秘密登记在一个表上，并暗中通知本行业其他雇主不要雇用他们，致使被列在表上的劳动者丧失被再雇用的机会。

（6）排工。这是指雇主在雇用劳动者时，对某些劳动者采取排斥态度。通常雇主专门排斥那些加入工会组织的劳动者。为防止劳动者利用工会与企业讨价还价，雇主一方面在雇用劳动者时，以不加入工会为雇用条件；另一方面，倘若劳动者加入工会，就立即给予解雇。

三、劳动关系的类型

劳动关系类型的划分有许多标准，按劳动关系各方力量对比可划分为均衡型、倾斜型、政府主导型三种类型；按劳动关系中的冲突与合作可分为对抗型、休战型、和睦相处型、劳资合作型；按劳动关系各方的利益关系及处理原则可分为利益冲突型、利益共同型、利益一体化型、利益协调型四种类型。

（一）按劳动关系各方力量对比划分的类型

1. 均衡型

所谓均衡型劳动关系，是指劳动关系双方的力量相差不大，能够相互制衡。该类型的劳动关系主要表现为：在相关法律和政策的保障下，劳动者和工会的代表有权了解就业组织的内部信息，就业组织的基本生产经营决策由雇主和工会双方参与协商制定。形成均衡型劳动关系的原因主要是：

（1）一些国家制定了许多法律和政策，在一定程度上限制了雇主对劳动者的控制，扩大了劳动者的就业自主权、知情权、管理参与权力，减少了双方的不平等地位。

（2）通过产业民主的途径，劳动者或其代表了解就业组织的信息，减少了双方信息分布的不对称。

（3）工会以及其他工人团体的出现、工作保障制度的发展等，改善了劳动者因市场供求不平衡带来的不利处境。

2. 倾斜型

这是一种劳资双方的力量相差悬殊，一方在组织运行中起主要作用并支配另一方的行为的劳动关系。在完全市场作用下，雇主往往具有相对较大的力量和权力，资本支配劳动，雇主处于优势地位，而雇员处于不利地位。

（1）雇主通过安排劳动者工作，具有控制劳动者在劳动时间内行为的权力，劳动者处于被支配的地位。

（2）雇主作为生产经营的主体，拥有更多的生产经营信息，而劳动者可能只对自己所从事的工作信息有所了解，这样就产生了双方信息分布上的不对称。

(3) 在过去相当长的时期内，劳动力供给大于需求，与劳动需求方相比，劳动力供给方面临着更多的威胁。在少数情况下，也有劳动者居劳动关系的主要地位，并支配雇主方的情况。

3. 政府主导型

所谓政府主导型劳动关系，是指政府是控制劳动关系的主要力量，并且决定劳动关系的具体事务，就业组织和劳动者个人处于被支配地位的一种劳动关系。一些社会主义国家在计划经济体制下和现在中国国有企业中的企业和雇员的关系，就属于这一种类型。

(二) 按劳动关系中的冲突与合作划分的类型

美国学者弗雷德里克·哈比森（Frederick Harbison）与约翰·科尔曼（John Coleman），将劳动关系划分为四种连续的类型：

1. 对抗型

这种劳动关系存在于资本主义早期，劳资矛盾尖锐，冲突不断发生。马克思在《资本论》中对这种关系做了详尽的分析。

2. 休战型

在休战型劳动关系中，雇主把工会看作工业社会的毒瘤，工会的目标是挑战与抗议雇主行为，因而双方在集体谈判中经常发生冲突。虽然休战型劳动关系没有激烈的劳资冲突运动，但劳动关系仍然靠在集体谈判中的工会与雇主的力量对比来维系。

3. 和睦相处型

在此劳动关系中，雇主不把工会视为企业负担，而是认为它也是一种资产，因而善意地与工会进行谈判。工会也逐渐意识到自身的发展在很大程度上取决于企业的经营业绩。双方找到共同的利益，于是相互做出让步，但是，由于生产经营权仍然由雇主控制，工会只能在事后监督雇主的行为，而不能事先干预雇主的决策，因此也存在着一定的矛盾。

4. 劳资合作型

劳资合作的基础是工会与雇主之间建立相互信任、彼此尊重对方。雇主相信工会愿意与雇主合作，降低生产成本；雇主也愿意让工会代表参与经营管理活动。工会则鼓励雇员提高劳动生产率，争取更多的福利。总之，双方共同解决企业发展中出现的问题，不断地提高企业的经营效率。

(三) 按劳动关系各方的利益关系及处理原则划分的类型

1. 利益冲突型

这是一种传统的劳动关系，劳动关系双方存在着根本的利益冲突。一方是资本所有者，依靠对雇佣劳动者的剥削来获取利润；另一方是劳动者仅有劳动力而不具有实现劳动的物质条件，不得不出卖劳动力以获得生存。由于两者在经济权益上的差异，导致了双方存在着利益上的矛盾和冲突，阶级斗争是指导劳动者斗争的理论。为了争夺利益雇员们组织起来形成了工会，资本家们也组织起来形成了雇主协会。

2. 利益共同型

其理论基础是生产资料公有制下的劳动关系双方的利益一体论。由于公有制的建立，劳动者的个人利益、企业利益包含在国家利益之中，劳动者的利益是由国家来代表。从某种意义上说，这种劳动关系是劳动者与国家之间的劳动行政管理关系，是全体劳动者受雇于国家。劳动者和用人单位的使命在于完成国家计划，从而实现全体劳动者的利益。在这种劳动关系中，同样存在着工会组织，由于体制设计与运行中劳动关系双方不存在独立的物质利益，因此工会也就不是劳动者群体利益的代表，工会是企业和政府管理的助手，是为完成国家计划的一种群众组织。劳动关系的调整和处理是国家各项劳动行政管理制度的实施来保障。利益共同型劳动关系是在计划经济体制下和我国现有国有单位存在劳动关系的主要类型。

3. 利益一体化型

利益一体化型的基础是生产要素的合作理论。劳动关系存在于企业组织内部，企业虽然是由不同的人组成，存在雇主与雇员之分，但他们都是生产要素的供给者，企业是一个整体。提供资本、从事管理的人与提供劳动的人之间没有利益冲突，他们有着共同的价值观、共同的利益和共同的目标，因此企业是属于企业内部所有人的。利益一体化的劳动关系实际上体现了两个含义：

（1）对企业内部矛盾的态度。企业内部的矛盾是一种摩擦，而不是实质性的利益冲突。摩擦的原因在于组织成员的个性差异、管理者的计划和决策信息传递不畅通所造成的信息偏误，以及决策方式的家长式风格。摩擦的解决、利益关系的调整完全可以通过各种人力资源管理方式的变革加以解决，如通过改善决策机制、完善信息沟通渠道、建立各种职业生涯计划、提高雇员对组织的忠诚度，以及广泛的雇员参与计划等方式。

（2）对工会组织的态度。生产要素组合论者认为，工会是来自企业外部的社会势力，是一种历史的产物。在利益一体化的劳动关系中，不存在通过工会保护雇员利益的必要，因为在管理和经营决策、人力资源管理制度中，已将雇员的利益与其他因素一并考虑了。尽管雇主可以接受工会在劳动力存在的事实，但在企业内部管理经营决策时，则是排斥工会的影响，利益一体化的劳动关系主要存在于亚洲一些国家，如日本、韩国等。

4. 利益协调型

利益协调型的劳动关系强调劳动关系双方在利益差别基础上的合作，主张通过规范双方的权利义务和双方的平等协商谈判机制来保障各自的合法权益并实现共同利益。利益协调型劳动关系是基于多元化观点对劳动关系运行和利益调整的理论概括。利益多元化的观点主要有：① 企业由不同利益的群体组成，因而企业组织并不是单一利益结构而是多元结构。② 雇主与雇员的利益上矛盾是企业的主要矛盾。③ 雇主与雇员之间的矛盾根源于双方在企业组织中的不同目标追求。雇主追求的目标是利润、效率、企业与外部环境的关系；雇员追求的目标则是高报酬、短工时、劳动条件好以及职业的稳定性。④ 雇主与雇员的矛盾是可以协调的，协调的途径是集体协商，从而达成双方共同遵守的规则。

西方一些发达国家劳动关系具有利益协调关系特征：雇主协会和工会均能独立而健康地存在并发挥作用，通过集体谈判和集体合同来协调劳动关系双方的利益；在实施中充分贯彻“三方（工会、雇主协会、政府）协商原则”，实行有国家制度保证的产业民主制度、雇员参与制度等，从而使劳动关系相对和谐稳定，社会经济也能稳定发展。

四、国外的劳动关系模式[1]

（一）劳动协议自治式（以德国为代表）

劳资协议自治的中心内容是劳资双方在国家有关立法和社会政策影响下，通过集体谈判自行决定雇员的劳动报酬和工作条件。在德国，社会公认的准则是，劳资双方的实力必须保持均衡，任何一方过于强大，都不利于社会的稳定和经济的发展。本着这一原则，德国的劳动关系实行政府宏观调控、劳资双方自治的格局。

（二）家族式的劳资关系模式（以日本为代表）

日本劳动关系有三大支柱：终身雇用制、年功序列报酬制和企业工会。其中前两项实际上是与日本家族式的企业经营方式密切联系在一起的。所谓终身雇用制，是指雇员一旦被企业正式雇用，无特殊情况下不得解雇，一直工作到退休。年功序列工资则是按雇员的年龄、工龄和学历以及对企业的贡献，持续提升劳动报酬的一种制度。这两项制度对日本雇员的就业保障和逐级晋升提供了保证，同时，培养了雇员对企业的归属感和效忠度，形成了一种主仆式的劳动关系。工会企业化是日本工会运动的一大特色。在日本，工会都是以企业为单位组成的企业工会。雇员的报酬、工时等劳动条件一般是由企业工会和企业资方通过集体谈判方式来决定。日本的家族式劳动关系模式有人形容为：企业是个大家庭，雇主是父亲、工会是母亲，雇员则是孩子。

（三）自由多元化的劳动关系（以美国等国为代表）

以自由主义为特征的美国的市场经济在劳动关系领域也有体现。美国工会呈多元化格局，企业工会、行业工会、产业工会并存，全国性的工会与地方工会分别按产业和行业组成，结构分散。美国的劳资谈判不像德国、北欧那样集中，而是分散到基层单位，如企业、区域、行业等。美国政府对劳动关系的干预比较有限，对于集体谈判，它只是对程序、原则和谈判主体加以确定，以便进行宏观调控；同时制定基本劳动法律，确定最低劳动报酬标准，其他事务则由劳资双方自由解决。劳资合作是美国劳动关系的主要原则，官方竭力宣传劳资合作，工会也身体力行。总之，美国劳动关系模式最重要的特征体现在浓厚的自由化、分散化色彩上。

第二节　劳动关系的学派与比较[2]

西方学者从不同立场出发对劳动关系进行了研究，得出了互不相同的结论，形成了具有代表性的五个学派：① 新保守派；② 管理主义学派；③ 正统多元论学派；④ 自由改革主义学派；⑤ 激进学派。这些学派观点的相似之处在于，都承认雇员和雇主之间存在目标和利益的差别。

按照国际上较为流行的学派分类方法，研究劳动关系的好处在于：① 它有助于建立劳动关系体系讨论的基本框架，直接得到需要研究的相关问题，获得各派观点之间的逻辑联系。② 由于每个学派的观点都从不同的角度来考虑劳动关系的不同方面，因此有助于我们全面理解劳动关系理论的内容。

一、研究劳动关系各学派的理论观点

（一）新保守学派

新保守学派也称新自由学派，基本上由保守主义经济学家组成。该学派认为，市场机制是解决效率与公平两大问题的最佳途径，在理想的市场化经济中，一方面市场的各主体将效用最大化作为最终目标，通过市场机制这只“看不见的手”，将资源配置到最有效率的地方，另一方面，该学派认为，所谓公平和公正是指，劳动生产率高的雇员将获得相应的、较高的报酬，而市场竞争正是能够保障雇员获得“公平和公正”报酬的最佳机制。

新保守学派认为，具有经济理性的雇员与雇主有着不同的利益和目标，但同时他们又能够互相调节这些目标。因为：① 两个主体之间的关系是完全自由和公平的交换关系，若雇员不满意雇主或工作，他可以自由地辞职并寻找新工作；若雇主不满意，也可以自由地替换工人。② 从长期来看，供求双方是趋于均衡的，供给和需求的力量保证了任何一方都不会相对处于劣势。③“效率报酬”理论的解释。该理论认为，在某些就业组织中，有些雇员会得到超出其他雇主所提供的报酬，因为较高的报酬促使雇员更加努力工作，提高效率，因此这部分超出其他雇主的工资被称作“效率报酬”。除此之外雇主还采用其他方法来提高效率，如一些激励性质的奖金等。因此，假若市场运行和雇主的策略不受任何其他因素的干扰，那么劳动关系的双方都会履行自己的权利和义务，从而实现工作效率的最大化。雇主获得高利润，雇员获得高报酬等，双方都得到福利上的净收益，从而形成“双赢”的格局。

由于劳动力市场机制可以保证雇员和雇主利益的实现，所以双方的冲突就显得微不足道；研究主体双方的力量对比，也就没有什么意义。同时新保守学派认为，工会的作用是负面的，因为工会形成的垄断不仅阻碍了雇主对雇员个人的处置权，工会也破坏了本来可以自由流动的劳动力市场关系，使劳动力市场力量失衡，雇主处于劣势。工会人为地抬高了劳动报酬，进而抬高了产品价格，干涉了雇主的权力，最终伤害了雇主在产品市场上的竞争地位，也削弱了雇主对雇员提供经济保障的能力。

（二）管理主义学派

管理主义学派多由组织行为学者和人力资源管理专家组成。该学派从分析组织中雇员的动机出发，研究不同的管理策略和管理手段对雇员的影响。进而指出，建立雇员对组织高度认同、雇主和雇员之间相互信任的管理模式，是实现效率和公平的最佳方法。

该学派认为，雇员的利益同雇主的利益是基本一致的，冲突的原因在于雇员认识到自身始终处于管理权力的从属地位，服从与被服从的关系是雇员不满的根源。如果雇主能够采用高绩效模式或使雇员具有高认同感的管理策略，冲突就可以避免，并且会使双方保持和谐的关系。这种高绩效的管理模式的内容包括：高薪酬和高福利、保证雇员得到公平和公正待遇、各种岗位轮换制度和工作设计等。若这些管理政策内容得到切实的实施，那么劳动生产率就会提高，雇员辞职率和缺勤率就会降低，工作中存在的其他问题也会迎刃而解。

该学派对工会的态度是模糊的。由于工会的存在威胁到雇主的权力，并给雇佣关系带来不确定，甚至是破坏性的影响，所以该学派反对建立工会；但另外，该学派也相信，在工会已建立起来的地方，雇主应该将工会的存在当作既定的事实，同工会领导人建立合作关系。并且还不断强调，传统的、起破坏作用的工会主义已经过时，只有那些愿意与雇主合作的工会才有可能在未来生存。

（三）正统多元论学派

正统多元论学派由传统上采用制度主义方法的经济学家和劳动关系学家组成，该学派的观点是第二次世界大战以来各发达市场经济国家一直奉行的传统理念的延续。该学派认为，对雇员公平和公正待遇的关心，同雇主对生产效率和组织效率的关心是互相矛盾的。政府和社会应该实现经济体系中对效率的追求与雇佣关系中对公平、公正的追求两个目标之间的均衡，而劳动制度、工会制度、集体谈判等制度是实现这一均衡的最有效的手段。因此该学派的思想成为发达国家劳动法律体系存在的理论基础，它也成为劳动关系领域的主流学派。

虽然该学派承认在就业组织中双方的共同利益是主要方面，冲突是次要的问题，但他们又认为，冲突产生的主要根源并不在于雇员处于从属地位，而在于组织中“效率”和“公平”目标之间存在着矛盾。这些由相互冲突的利益所引起的问题，可以依据双方主要的共同利益来成功地解决。解决的方法是将冲突通过各种渠道转化为可以控制的双方共同遵守的规则。

该学派认为，因为雇员往往要面对劳动力市场上的机会稀缺——能够供他们选择的工作种类很少，如果辞职很难再有选择机会，所以他们大都处于相对不利的地位。工会和集体谈判制度有助于弥补这种失衡，使雇员能够平等地面对雇主，并形成“产业民主”的氛围。这不仅可以维护雇员的利益，确保更广泛的公平，而且对鼓舞雇员士气、降低其流动率和提高生产效率都具有重要意义。这些制度产生的经济效益，足以抵销高劳动报酬给雇主带来的高成本，所以工会和集体谈判是有积极作用的。

（四）自由改革主义学派

自由改革主义学派更具有批判精神，积极主张变革。该学派认为对经济效率的追求，只是人们追求更好生活的手段，不应该将其作为一种终极的价值判断标准，因而它十分关注雇员受到的不平等和不公正待遇。该学派的观点在五种学派中内容最松散，它包括了对歧视、不公平、大量裁员与关闭工厂、拖欠工资和福利、危险工作环境以及劳动法和集体谈判体系中的缺陷等问题的分析；认为这些问题是重要的，也是具有普遍意义的。有效解决这些问题的途径是政府要在工会和法律制度之外，更多地干预劳动力市场。

该学派认为，在就业组织中雇主凭借其特殊权力处于主导地位，现存的劳动法和就业促进法不能为工人提供足够的权利保护，因为公平、平等地对待工人，往往不符合雇主的利益，也不是雇主凭借自身能力所能实现的，因此，从双方地位差异这个角度看，该学派的分析与正统多元学派、管理主义学派并没有很大的分歧。

自由改革主义学派的最大特点是提出了“结构不公平”理论。该理论将经济部门划分成“核心”和“周边”两个部门。核心部门是指规模较大、资本密集且在产品市场上居于主导地位的厂商；而周边部门则是规模较小、劳动密集且处于竞争性市场上的厂商。他们认为，核心部门由于经济实力强，更能消化和转移附加成本，并且在核心部门工作的雇员具有更多的关系力量，所以，与周边部门相比，核心部门能够为雇员提供更优厚的报酬和良好的劳动条件，采用更先进的管理方式。而周边部门雇员的关系力量则相对较少，甚至没有，而且周边部门的工作岗位相对不稳定，甚至是临时性的、非全日制的，很容易受到裁员政策的影响。

因此，工会的存在和集体谈判的开展是非常必要的。在结构不公平的体系下，那些在周边部门工作的雇员，是最需要工会帮助的，但恰恰在周边部门，工会的作用却又是最无效的。因为周边部门的工人，其罢工力很小，雇主也不可能做出实质性让步。这样在工会和雇主之间的尖锐对立，使周边部门的工会无法为其成员争取更多的利益。即使规模较大、在产品市场上颇有影响力的企业，工会作用的发挥也是有限的。工会难以战胜拥有强大权力的资方，就无法为其会员提供切实有效的保护，甚至在工会受到严重影响时，也无法有效地保全自身。

在经济全球化趋势影响下，发达国家雇主在对劳动报酬的支出以及绩效水平提高不满时，相继采取了关闭工厂的手段，或者纷纷向海外人工成本较低的地区迁移，从而严重损害了发达国家雇员的利益，并削弱了工会的集体谈判力量，这一问题也引起了该学派的特别关注。

（五）激进学派

激进学派主要由西方马克思主义者组成。激进学派所关注的问题同自由改革主义学派有许多是相同的，但它更关注劳动关系中双方的冲突以及对冲突过程的控制。该学派认为自由改革主义学派所指出的问题，是资本主义体系本身所固有的问题，因而其提出的政策主张的作用十分有限。

激进学派认为，在经济中代表工人劳动利益与代表企业所有者和管理者的资本利益是完全对立的。工作岗位是工人受剥削的场所，在这里资本家希望通过尽可能少的资本获得尽可能多的利润，而工人由于机会有限而处于劣势地位，由此，这种剥削关系在劳动关系中比其他关系都表现得更明显、更突出。冲突不仅表现为双方在工资收入、工作保障等问题上的分歧，而且还扩展到劳动和资本之间在宏观经济中的冲突。

激进学派认为，其他学派提出的“和谐的劳动关系”只是一种假象。这是因为：① 雇主总是想方设法降低劳动成本、增加利润，这种雇主对雇员剥削下的劳资关系不可能和谐。② 只要雇主对雇员存在监督和强迫行为，所谓的进步政策和管理方法，只是一种与传统的权威相比，更圆滑的策略而已。这些策略对于不可调和的冲突来说，从来也没有完全发挥过作用。③ 管理学派的策略和方法实际是为雇主服务的，但媒体和教育体系却把它宣传为一种“双赢”的策略，而将冲突仅仅描述为就业组织内部的矛盾。通过舆论导向使工人相信既定的制度安排是合理的，以此制造资本主义劳动关系“和谐”的假象，防范那些威胁到现有体制的事情的恶化和传播。

激进学派认为，只要资本主义经济体系不发生变化，工会的作用就非常有限。尽管工会可能使工人的待遇得到某些改善，但这些改善是微不足道的。对于那些中小型企业，工会所争取到的让步会受到更多的竞争的约束的限制。虽然大企业受到的约束限制少，但大企业对工会要求失控时，通常会采用关闭工厂和重新设计组织的应对措施。在技术变革和国际竞争不断加剧的情况下，工会显得越来越力不从心。因为国际竞争总是更多地依赖人均劳动成本的优势，而非人均劳动生产率的优势。所以要使工会真正发挥作用，必须提高工人对自身劳动权和报酬索取权的认识，了解劳动关系对立的本质，并进而开展广泛的与资本斗争的运动，向资本的主导权挑战，有学者将此思想命名为“运动的工会主义”。

二、各学派劳动关系理论的比较

根据各学派的主要观点不同，我们从六个方面比较、归纳了各学派的观点和看法，如表 12－1 所示：

表 12－1　各学派对劳动关系的不同看法

学派特征	新保守学派	管理主义学派	正统多元论学派	自由改革主义学派	激进学派
主要关注	效用最大化	雇员忠诚度的最大化	均衡效用和公平	减少不公平和不公正	减少体系内的力量不均衡
主要研究	劳动力市场	管理政策和实践	工会、劳动法和集体谈判	雇员的社会问题	冲突和控制
双方力量差异的重要性	不重要：由市场力量补救	若雇主接受进步的管理方法，就不很重要	一般性重要	相当重要；是不公平的主要来源	非常重要；体系内“劳动”和“资本”之间力量很不均衡
内在冲突的程度	根本没有：由市场力量弥补	若雇主接受进步的管理实践，很少	一般；受到公众利益为中心的局限	依情况而定：在“核心”部门低；在“周边”部门高	尽管是依雇员力量而变化的，却是基础性的
对集体谈判中的工会的评估	对经济和社会产生负面影响	矛盾心理：取决于合作双方愿望	正向的“社会”效应，中性甚或正向的经济效应	在“周边”无效；在“核心”有有限效用	在资本主义社会，其效率具有内在局限性
解决的办法	减少工会和政府对市场的干扰	推进进步管理实践并增强劳动者和雇主的合作	保护工人集体谈判的权利；最低劳动标准立法	增加政府干预和加强劳动法改革	激进的制度变化；雇员所有制和雇员自治

资料来源：程延园．劳动关系．北京：中国人民大学出版社，2002：29.

通过表 12－1 对各学派的比较，我们看到不同学派对劳动关系有着不同的看法，依据他们主要关注的问题、对力量重要性的看法、对就业组织内部冲突程度的认识、对集体谈判中工会作用的评判、政策建议等方面的差异，形成了各具特色的不同学派：① 新保守学派信奉市场效率；② 管理主义学派强调劳动关系和谐与雇员的忠诚度；③ 正统多元论学派追求以市场代表的效率和以工会、劳动立法等制度代表的公平之间均衡；④ 自由改革主义学派强调产业民主和政府干预；⑤ 激进学派强调以雇员所有制和工人自治。

各学派之间的争论涉及许多重要问题，包括市场机制的效率、雇员和雇主关系的本质属性、雇主法的作用和有效性、工会的愿望和影响、对制度改革的看法等。由于这些问题反映了不同群体、个人的根深蒂固的价值观和理念，所以，这些学派之间也不可能互相说服，达成共识。但即使存在这样那样的分歧，我们仍能从各学派争论中，从不同的角度来理解和认识劳动关系。新保守学派主要集中研究市场力量；管理主义学派研究雇主法和管理实践；正统多元论学派研究劳动法、工会、集体谈判制度；自由改革主义学派研究企业内部和企业之间的力量不平等；激进学派研究冲突所反映的深层内容的重要性。所有这些都是劳动关系的重要内容。

第三节 劳动关系的调整

一、法律调整

（一）劳动立法

劳动法是指调整特定劳动关系及其与劳动关系密切联系的社会关系法律规范的总称。现代劳动关系立法起源于1802年英国议会通过的一项以限制工作时间为主要内容的法律——《学徒与道德法》。它是经过工人阶级的长期斗争、国家干预的结果。第二次世界大战以后，劳动立法的范围进一步扩大，内容更趋全面，形成了一个完整的体系。各国劳动立法普遍采用了劳动保护、三方（劳动者或工会、雇主或雇主组织、政府）协调、国际劳动标准三项原则。

与劳动关系有关的法律体系的主要内容有：① 宪法。1919年德国的《魏玛宪法》率先规定了结社自由、就业保障、社会保险、劳动保护及照顾女工、童工等劳动关系的内容，使之成为20世纪许多国家宪法共同采取的原则，现在世界许多国家在宪法中几乎都规定了劳动关系的内容。② 法律。1824年，英国议会通过法律，承认工人有组织工会的权力，1883年德国颁布《工人赔偿法》，1918年又颁布《工作时间法》确定了产业工人实行8小时工作制。我国也于1992年颁布《工会法》，1994年颁布《劳动法》，2007年颁布《劳动合同法》等。③ 劳动行政法规。④ 地方法规。⑤ 国际劳工公约和建议书。

日本学者山川一隆教授把日本劳动立法分为三类：① 个别劳动关系法，它主要是最低劳动标准方面的立法，如劳动基准法、劳动安全卫生法、最低工资法、涝灾保险法、育儿休业法等。② 集体劳动关系法，是关于劳资双方团体之间的法律，如工会法、劳动关系法等。③ 劳动市场法，是劳动者就业之前对政府、雇员、雇主及社会中介机构一些行为的立法，如对劳动力的开发培训、职业介绍等法律。

从劳动立法的主要内容看，世界各国的劳动法包括了劳动关系的一切内容：① 就业安全法。这是一种保障劳动者就业权力的立法，包括就业促进法、职业培训法、义务教育法等。② 劳动标准法。对劳动条件最低标准给予法律规定，直接保护雇员的利益。它包括未成年工、女工、学徒、工时、雇员退休、安全卫生、灾害赔偿、劳动检查等立法。上述劳动标准随着社会生产力的提高和社会进步而不断调整，总的趋势是向着有利于劳动者的方面调整。③ 劳动关系法。直接规范、调整劳动关系的立法，包括工会法、团体协会法、劳动合同法、雇员参与管理法、劳动争议法等。这些法规不仅明确规范了劳动关系的建立、维持和终止，而且规定了保护劳动者权益的必要手段和措施。对集体劳动争议和罢工、关闭工厂等劳动关系中的特殊行为，也做出了规定。劳动关系立法的发展趋势是，雇员权力在逐步扩大并受到国家立法的保护。④ 劳动福利法。包括最低工资法、劳工福利法、劳工教育培训法、劳动保险法等。

（二）劳动报酬的法律保障[3]

1. 劳动报酬支付的法律原则

（1）协商同意原则，即工资或薪资的给付标准和数额，应由雇员与雇主依据劳动力市场状况平等协商决定。

（2）平等付酬原则，即在给付工资或薪资时力戒歧视，实行同工同酬。

（3）紧急支付原则，当劳动者遇到生育、疾病、灾难等非常情况急用钱时，雇主应当提前支付劳动者应得到的工资或薪资。

（4）依法支付原则，这是指按照法律规定或合同约定的标准、时间、地点形式和方式发放工资。它包括以下规定：① 工资或薪资当以法定货币支付，不得在雇员不同意时以实物及有价证券替代货币支付；② 工资或薪资应当按时足额支付；③ 工资或薪资需直接支付给劳动者本人。

2. 工资或薪资的法律保证

（1）工资或薪资处理不受干涉。只有雇员才有处理工资或薪资的自由，任何组织或个人不得限制、干涉雇员处理工资或薪资的权力和自由。

（2）禁止克扣和无故拖欠劳动者的工资或薪资。任何组织或个人不得直接或间接用武力、恐吓、威胁、开除等办法克扣或拖欠雇员的工资或薪资。用人单位只能依法代扣雇员的部分工资或薪资，如个人所得税、社会保险费、法院判决的抚养费、国家法律规定的扣除的其他费用。

（3）特殊情况下必须支付工资或薪资。① 履行国家和社会义务期间的工资或薪资；② 各种假期的工资或薪资（年休假、探亲假、婚假、生育假、丧假等）；③ 延长工作时间的高定工资或薪金水平（原工资或薪资的 150% ~300%）；④ 停产期间的工资或薪资。

（4）企业破产时劳动者享有优先清偿工资或薪资权力，运用用人单位支付经济补偿金，保护劳动者工资或薪资讼诉。

3. 最低工资法

最低工资指劳动者在法定工作时间内提供了正常劳动的前提下，其所在单位应支付的最低劳动报酬。法定工作时间是指国家规定的工作时间；正常劳动指劳动者按照劳动合同的有关规定，在法定工作时间内从事的劳动。在已实行最低工资制度的国家中，确定最低工资标准有不同的方式，概括起来主要有以下五种类型：

（1）制定统一数额的最低工资标准，在全国范围所有行业的雇员中推行，如加拿大、日本、西班牙、荷兰、葡萄牙等国。

（2）在不同行业中规定不同的最低工资标准，如法国、比利时等。

（3）只在某些部门中实行最低工资限额，而且不同产业的最低工资标准不同，如英国、爱尔兰等。

（4）不实行最低工资制度，或者仅仅对极少数工人实行最低工资保护，如奥地利、挪威等国。

（5）按地区规定不同的最低工资标准，如我国等。最低工资法的目的在于保证工资劳动者的最低收入，使其得以维持生活、改善劳动条件，有利于安定工人生活，提高劳动力素质，确保企业公平竞争，同时有助于社会经济发展。最低工资法本身具有救济、援助最低工资收入者的重要作用，同时对确保社会公正也十分必要。

（三）工作时间与休息休假法规[4]

1. 工作时间法规

工作时间是法律规定的，劳动者在工作场所为完成劳动任务而消耗的时间，即劳动者每天工作的时间或每周工作的天数。工作时间既包括劳动者实际完成工作的时间，也包括劳动者从事工作所必需的准备和结束的时间、从事连续性有害健康的间歇时间、工艺中断时间、女雇员哺乳时间以及因公外出等法律规定限度内消耗的其他时间。

（1）标准工作时间。1919 年国际劳工组织大会通过了第 1 号国际劳工公约《工业工作时间每日限为八小时及每周为四十八小时的公约》，1921 年通过了第 14 号国际劳工公约《工业企业中实行每周休息公约》，1935 年又通过了第 47 号《每周工作时间减至四十小时公约》。我国《劳动法》及有关法规也规定，劳动者每日工作 8 小时，每周工作 40 小时，实行了国际统一标准工作时间。

（2）缩短工作时间。它是指法律规定的少于标准工作时间，即每天工作小于 8 小时或者每周工作少于 40 小时。我国实行缩短标准工作时间的情况主要有：① 从事矿山井下、高山、有毒有害、特别繁重体力劳动的劳动者；② 夜班工作；③ 哺乳期工作的女工。

（3）不定时工作日。这是指没有固定时间限制的工作日，主要适用于因工作的性质和工作职责限制，不能实行标准工作日的劳动者。主要包括：① 企业高级管理人员、外勤人员、推销人员、部分值班人员和其他工作无法按标准工作时间衡量的雇员；② 企业中长途运输人员、出租车司机和铁路、港口、仓库的部分装卸人员以及因工作性质特殊，需机动作业的雇员；③ 其他因生产特点、工作特殊需要或职责范围关系，适合实行不定时工作制的雇员。实行不定时工作日，必须履行审批手续。

（4）综合计算工作时间。这是指用人单位根据工作特点，分别采取以周、月、季、年等为周期综合计算劳动者工作时间的一种工时形式。一般适用于从事受自然条件或技术条件限制的劳动，主要包括：① 交通、铁路、邮电、水运、航空、渔业等行业中因工作性质特殊，需连续作业的职业；② 地质及资源勘探、建筑、制盐、制糖、旅游等受季节和自然条件限制的行业的部分雇员；③ 其他适合实行综合计算工时工作制的雇员。实行综合计算工作时间制，需经劳动行政部门批准。

（5）弹性工作时间。这是指在标准工作时间的基础上，每周的总工作时间不变，每天的工作时间在保证核心时间的前提下可以调整。它是 20 世纪 60 年代末从德国率先实行，目前在发达国家已普遍推广，我国个别地区和行业也开始实行。

（6）计件工作时间。这是指以劳动者完成一定劳动定额为标准的劳动时间。实行计件工作时间的用人单位应当根据标准工时制度合理地确定其劳动定额和计件报酬标准。

2. 加班加点法规

加班是指劳动者在法定节日或公休假日从事工作；加点是指劳动者在标准工作日以外继续从事工作。我国《劳动法》严格限制加班加点，规定了企业在生产需要的情况下，实施加班加点的条件、时间限度和补偿办法。

（1）一般条件下的加班加点。我国《劳动法》第 41 条规定："用人单位由于生产经营需要，经与工会和劳动者协商后可以延长工作时间，一般情况不得超过一小时；因特殊原因需要延长工作时间的，在保障劳动者身体健康的条件下延长工作时间每日不得超过 3 小时，但是每月不得超过 36 小时。"

（2）特殊条件下的加班加点。当出现如下情况用人单位不受《劳动法》第 41 条限制：① 发生自然灾害、事故或者其他原因，威胁劳动者生命和财产安全，需要紧急处理的；② 生产设备、交通运输线路、公共设施发生故障，影响生产和公众利益，必须及时抢修的；③ 法律、行政法规规定的其他形式（在法定节日或公休假日内工作不能间断，必须连续生产运输或营业的；必须利用法定节日或公休假日的停产期间进行设备检修、保养的；为完成国防紧急任务的；为完成国家下达的其他紧急任务的）。

（3）加班加点的工资支付。无论哪种情况延长劳动者工作时间，用人单位都应当支付高于劳动者正常工作时间的工资报酬。根据我国《劳动法》规定，用人企业支付劳动者加班加点工资有三种形式：① 平时加班，用人单位应支付不低于工资的 150% 的工资报酬；② 休息日加班，用人单位支付不低于工资的 200% 的工资报酬；③ 法定假日加班，用人单位应支付不低于工资的 300% 的工资报酬。

3. 休息休假法规

休息休假是指劳动者在国家规定的法定工作时间以外自行支配的时间。世界各国普遍在宪法或劳动法中明文规定了休息权和休息时间。劳动者的休息时间主要有：① 工作日内的间歇时间，即一个工作日内给予劳动者休息和用膳的时间；② 两个工作日之间的休息时间，即一个工作日结束后至下一个工作日开始前的休息时间；③ 公休假日，工作满一个工作周以后的休息时间（双休日）；④ 法定休假日，即国家法律统一规定的用于庆祝、纪念等活动的休息时间；⑤ 年休假，即法律规定的劳动者工作满一定年限后每年享有的保留工作带薪连续休假；⑥ 探亲假，即劳动者享有的探望与自己分居两地的配偶和父母的休息时间。

（四）工作场所规则[5]

1. 劳动就业标准

（1）禁止歧视。在国际劳工公约的相关文献中，提出了促进就业和职业方面的机会与待遇平等的目标，要求消除在就业和职业上的种族、肤色、性别、政治见解、社会出身等方面的歧视。

（2）禁止强迫劳动。在国际劳工组织的《禁止强迫劳动公约》（第29号，1930）中提出，不得以政治见解、发展经济、劳动纪律、惩罚罢工、种族、民族、宗教歧视等原因使用强迫劳动（因兵役、公益事业、自然灾害、法院判决等除外）。

2. 女工保护

（1）就业权力的保护。我国劳动法律规定：① 凡适合妇女从事劳动的工作，不得以性别为理由拒绝录用妇女或提高其录用标准；② 不得以结婚、怀孕、产假、哺乳为由辞退女雇员或单方面解除劳动合同；③ 男女同工同酬，不得因怀孕、产假、哺乳而降低其基本工资或薪水。

（2）女雇员禁忌从事的劳动。以下五种情况不得使用女工劳动：① 矿山井下作业；② 伐木及流放作业；③《体力劳动强度分级》标准中第四级体力劳动强度的作业；④ 建筑业脚手架的组装和拆除作业，以及电力、电信行业的高处架线作业；⑤ 连续负重每次超过20千克，间断负重每次超过25千克的作业。

（3）针对女雇员的生理特点，劳动法律、法规对女雇员经期、孕期、产期和哺乳期所从事工作的劳动强度、劳动时间、假期等都规定了特殊的保护。

（4）对女雇员的保护设施（女浴室、哺乳室等）和保健措施（经期卫生保健、孕期保健、产后保健、哺孕保健等）也做了规定。

3. 未成年工人保护

未成年工人是指年满16周岁未满18周岁的劳动者。① 禁止使用童工。绝大多数国家都规定了最低的就业年龄，我国《劳动法》规定的最低就业年龄为16周岁。② 禁止未成年工人从事矿山井下、有毒有害、超强体力劳动的工作。③ 用人单位应定期对未成年工人进行健康体检。④ 用人单位招收未成年工人须向所在地县以上劳动行政部门办理登记手续。

4. 劳动安全与卫生

（1）劳动安全。根据我国劳动有关法律、法规，用人单位必须有安全生产经营的制度：① 企业管理者、职能部门、技术人员和雇员的安全生产责任制；② 安全技术（机器设备、电器设备、动力锅炉、厂房、矿山、道路建筑等的安全技术措施）和组织措施（设立安全管理机构、进行安全人员配备与训练等）；③ 用人单位必须对劳动者进行安全教育，从事特种作业的劳动者必须经过专业培训并取得特种作业资格；④ 安全生产检查制度；⑤ 伤亡事故报告和处理制度。

（2）劳动卫生规程。它是防止危害（高温、噪声等）和防止职业病（粉尘、不正常气压等）发生所采取的各种防护的规章制度，包括各种行业生产卫生、医疗预防、健康检查、卫生督察等技术和组织管理的规定。

二、三方协商制度

协调劳动关系的三方协商制度是在18世纪末资本主义发展的高潮时期提出来的，在国际性文件中，有的叫三方性、有的叫三方原则、三方协调。

（一）三方协商概述

1. 三方协商的含义

三方协商（tripartite coordination）是政府与雇主组织和劳工组织（工会）三方就劳资关系领域中的相关政策和问题进行协商，以消除误解、弱化争议、达成共识的一种对话机制。它包含四层含义：① 协商的主体是政府、雇主组织和劳工组织；② 协商的内容是劳资关系领域中的政策和相关问题；③ 协商的目标是消除误解、弱化争议、达成共识；④ 它是一种对话协商机制。

2. 三方协商的目标

国际劳工组织是三方协商原则的大力倡导者，它认为三方协商的总目标是促进政府与雇主组织、雇员组织之间的相互了解，并发展他们之间良好的合作关系，以发展国家经济、改善劳动条件、提高其生活水平。[6]而具体的目标是消除误解、弱化争议、形成共识。

3. 三方协商的内容

一般来说，三方协商的主要内容包括以下几个方面：① 劳动立法与相关政策制定协商。② 劳动报酬。由三方协商确定雇员工资增长的幅度、工资指导线、劳动力市场工资指导价位、最低工资标准、加班工资标准、工资支付规定等。③ 劳动安全卫生。协商研究劳动安全卫生的目标、措施、制度，确保广大雇员的生命安全和身体健康。④ 工作时间和休息休假。⑤ 社会保险。包括雇员享受社会保险的种类、待遇、条件以及保险费的缴纳等。⑥ 职业培训。研究确定培训的鼓励性政策、培训的资金投入、培训的保证措施等。⑦ 集体合同和劳动合同问题。协商研究签订集体合同和劳动合同的原则、内容、程序，采取推动集体合同和劳动合同实施的措施。⑧ 雇员民主管理。按照多种所有制并存的格局，研究各种所有制企业实行民主管理的形式、内容、要求。⑨ 劳动争议处理。通过三方协商的方式处理争议，有助于矛盾及时化解并得到公开、公平、公正的解决。

4. 三方协商的要求

（1）主体独立。主体独立是指参与协商的三方代表在地位是独立的，他们是代表各自不同的利益主体，各方都有独立的发言权和表决权，不受其他方的制约。只有协商的主体具有独立性才能为三方充分行使各自权利奠定协商的基础。

（2）权利平等。权利平等是三方平等协商的基础和条件，在涉及劳动关系重大问题的协商过程中，由于各方代表的利益主体不同，各方的要求和目的会有很大的差距。缩短这种差距，达到各方都能接受的方案，必须充分行使各方的权利，而且这种权利必须是平等的，任何一方都不能凌驾于他方之上，单方无权对他方发号施令。这种特征能在协商中充分保护弱者的地位。

（3）民主协商。民主协商是三方协商机制产生的根源，也是三方机制的重要特征。只有在协商过程中充分发扬民主，充分听取各方、甚至每位代表的意见，才能达成比较科学和可行的行动方案。

（4）充分合作。三方机制的目的就是在民主协商的基础上达成共识，因此，在协商过程中三方要充分合作，即达到在协商基础上的合作，并且通过友好协商，互解互谅，达成共识，取得各方都能接受的方案。

（5）定期协商。三方协商需要协商的事务都是涉及劳动关系中的重大问题，而且三方协商大多是一种议事制度，因此，一般都采取定期协商的方式，如每季度召开一次协商会议，或每半年召开一次协商会议等。

（二）三方协商的重要性、必要性与类型

1. 三方协商的重要性

在三方中，每一方都是很重要的。① 政府在社会经济发展和社会稳定中担负着重要的责任；② 企业是社会物质和精神产品和服务的提供者，社会经济发展与兴旺昌盛离不开企业的发展；③ 劳动者是财富的直接创造者。由此可见，政府、企业与劳动者在社会经济发展中发挥着支柱作用，任何两方存在矛盾都影响着社会经济的发展与稳定。所以通过三方协商制度可以化解矛盾、弱化分歧有利于社会和谐发展。

2. 三方协商的必要性

三方协商的必要性在于三者追求目标的差异性和劳动者权益需要保护：

（1）三方追求目标存在着差异性：① 雇主经营企业的目标是尽量降低成本、增强竞争力以获取最大利润；② 劳动者或工会关心的则是劳动者的权益得到保障，使雇员能更多地分享经济增长带来的成果；③ 政府关心的经济增长、社会安定、选民支持。因此有关劳资关系的许多重大问题，就不能由任何一方单独做出决定，需要共同协商，共同决策。

（2）三方协商的必要性还在于劳动权益需要得到保护。虽然劳动者是财富的直接创造者，但是相对雇主而言，雇员处在弱者地位，是弱势的群体。而处于弱势地位的劳动者的权益容易受到侵害，三方协商制度给予劳动者合法地位与政府和雇主进行协商，能够保护处于弱势地位的劳动者，以维护他们的切身权益。

3. 三方协商的类型

（1）从协商问题的内容来看可分为两类：① 普通的社会经济问题协商，如重要的劳动立法和社会经济政策等。② 特殊劳动关系问题协商，如雇员安全与卫生、雇员培

训等。

(2) 从协商的作用看也可以分为两类：① 可行性制度协商，政府在制定劳动法规和政策时，与雇主组织和工人组织共同协商，征求他们的意见，可以提高制度的可行性；② 执行力性协商，政府适时听取雇主组织和工人组织对一些法规和政策的意见，加以修改完善，得到雇主组织和工人组织的支持，能够提高制度的执行力。

(3) 从协商范围看，包括两类：① 企业内部的协商，即当事人双方之间协商，也就是企业内部的雇员代表工会和企业的领导者或者雇主代表进行协商，共同协商企业发展的大事。协商的内容主要包括：建立平等协商和集体合同制度；深化民主管理、民主参与的制度；建立和完善劳动争议调解的机制。就本质来讲这种协商是雇主方和雇员方进行协商。② 政府、工会、雇主协会三方的协商。这类协商较为宏观，包括搞好劳动立法、建制立制和相关政策的制定工作以及有关协商的认定工作；做好劳动争议的仲裁工作；做好劳动法的执行和监督工作等。

（三）三方协商的职能和原则

1. 三方协商的主要职能

三方协商的主要职能概括起来就是：磋商咨询、谈判和协调仲裁。

(1) 进行磋商和咨询。三方要坐在一起就政治生活、经济生活和劳动关系中的大事进行磋商和咨询，雇主组织和工人组织要了解和掌握国家的方针、政策。

(2) 谈判。三方平等地在一起协商谈判。谈判过程中各方要有所让步，形成协议，从而达到三方同心协力建设国家的目的。

(3) 调解和仲裁。对客观存在着的劳动关系矛盾进行协调，对劳动争议进行仲裁。

2. 三方协商的原则

(1) 合法原则。即三方协商的内容、程序和达成的协议不得违反国家法律规定。

(2) 三方参与的原则。三方都要自愿参与，都要成为各自独立的主体参加进来。

(3) 平等协商的原则。三方是平等的主体，不得有任何歧视和将自己的意见强加于另一方或另外两方的行为。

(4) 合作的原则。通过协商，使三方在社会经济和劳动政策上达成共识和一致立场，实现共赢。

(5) 三方利益兼顾原则。在三方协商过程中，要兼顾国家、企业和劳动者利益，正确处理劳动者眼前利益和长远利益的关系。

(6) 维护稳定的原则。在协商过程中，任何一方都不得采取过激行为。

（四）三方协商机构和运作条件

1. 三方协商机构

国外许多国家设有三方协商机构，例如，法国设立了有三方代表参加的经济和社会理事会、计划委员会；印度有政府定期召开的三方协商劳动大会；菲律宾有三方代表人数相等的国家劳资生产委员会；新加坡有三方组成的国家工资委员会，等等。西方国家的三方协商机构有以下三种类型：

(1) 常设机构。如法国的经济和社会理事会、荷兰的社会和经济理事会、挪威的协调委员会等。

(2) 临时机构。有些西方国家没有设立永久性的三方协商机构，但通过举行三方会议来实现三方的协商。例如在对某一项立法或政策进行修改时或制定一项新的立法与政策时，或对某一具体的谈判问题需要三方的共同的意见时，就会组成诸如生产委员会、工资委员会等三方机构召开定期会议，使劳资各方充分发表意见，并形成一致的意见，向集体谈判的劳资双方提供参考。

(3) 专门机构。如调解委员会、劳工法院或劳动关系委员会等。

2. 三方协商机制的运作条件

三方协商机制的运作除了建立机构外还需要有以下的条件：

(1) 雇主组织和雇员组织有较强的相互合作的意愿。

(2) 雇主组织和雇员组织有代表各自团体自由发表各自意见的权力。

(3) 政府有与其他两方分享决策权的意愿。

(4) 各方对于三方的原则能准确理解并达成共识。

三、劳资争议处理制度

(一) 劳资争议的概念、内容与类型

1. 劳资争议的概念

劳资争议 (labor dispute、labor unrest)，是指雇工与雇主因劳动报酬、工作时间、劳动条件、解雇等原因所产生的矛盾或分歧。但是不同的国家对此却有不同的理解：

(1) 美国的《国家劳工关系法》认为，劳资争议包括任何关于就业关系的使用和条件，或者关于人们的社团或代表在谈判、确定、保持、改变或寻找就业关系和条件安排中发生的纠纷。

(2) 日本的有关法律规定，劳资纠纷关系指劳动关系当事人之间由于对劳动关系的主张不一致而发生的对抗行为或可能发生的对抗行为。

(3) 新西兰的《劳资关系法》对劳动争议解释为：一个或一个以上的雇主或雇主组织、雇主联合会与一个或一个以上的工会或工会联合会之间的任何争端。

(4) 韩国《劳动争议调整法》规定，劳动争议是指劳动关系当事人在劳动报酬、工作时间、解雇及其他待遇和其他雇用条件方面不同意见而发生的纠纷。[7]

2. 劳资争议的内容

劳资争议的内容主要包括以下十个方面：

(1) 涉及劳动报酬等问题而发生的争议。

（2）涉及劳动集体合同的执行、撤销和重新谈判等问题而发生的争议。

（3）涉及劳动合同的执行、解除、变更和终止等问题而发生的争议。

（4）涉及工人录用、辞退、辞职和工作变动等问题而发生的争议。

（5）有关工会的成立、运作、管理和代表权等问题所发生的争议。

（6）有关工作安全和劳动卫生等问题而发生的争议。

（7）有关工作时间和休息、休假等问题而发生的争议。

（8）有关就业培训和职业训练等方面而发生的争议。

（9）有关劳动保障、劳动福利及女雇员、未成年劳工特殊保护等方面而发生的争议。

（10）有关社会宏观因素和企业外部环境等问题（如通货膨胀、失业、社会保障、政治因素和税率等）而发生的争议。[8]

3. 劳资争议的类型

在许多国家，对于劳资争议采用了如下两种方法加以区分：

（1）根据雇员参与争议的人数多少，分为个别争议和集体争议。个别争议指雇员方个人或一定限额以下（如 10 人以下）发生的对雇主方不同的意见的争议；集体争议则是在雇员方的人数超过了一定的限额（如 10 人以上）发生的对雇主方不同的意见的争议。

（2）根据争议事项的性质分为权力争议和利益争议。权力争议或称法律争议，是指对现有法律、集体协议、劳动合同所规定的某项权力，在实施或解释时所发生的争议。利益争议，又称事实争议，是指在集体谈判时双方为续订或修改协议提出新的权力要求而引起的争议，也就是对既存权力的修改或提出新的权力要求而发生的争议。英国《劳资关系法实施规则》所下的定义为：权力争议，它涉及对已有的集体协议或雇用合同的适用和解释的问题；利益争议，是涉及雇员的要求或行政管理方关于雇用条款和雇用条件的争议。

（二）劳资争议的调解制度

1. 调解的概念及特点

调解（mediate）是在劳资争议发生后，由劳资争议处理机构选派调解员出面，通过说服和劝导，促使争议双方在互相误解的基础上，达成一致协议来解决争议的一种制度。调解分为自愿调解与强制调解。二者并不是指调解的结果，而是在发生争议时，争议双方是否被迫在采取别的行动（如罢工或闭厂，或提交仲裁机构或法院）之前，诉诸调解。在有些国家，如比利时、法国、英国、美国等国家，规定调解服务是自愿的。在发生争议时双方有权力要求调解机构帮助，但没有必须这样做的义务（如果一方要求调解，另一方也可以不接受）。而在另一些国家，如澳大利亚、加拿大、挪威、瑞典等国家，调解程序是强制的。进行强制调解是为了避免罢工或关闭工厂的破坏性。法律规定，一些争议案件必须先通过调解，如果不通过调解程序就直接罢工或关闭工厂是不合法的。

调解是世界各国和平处理劳资冲突运用最为普遍的一种方法，究其原因主要有以下三点：① 它体现以和为贵，大家都不失面子，皆大欢喜。② 在于它的自愿性和简易性。调解过程贯穿着双方自愿原则，争议双方不是被别人强加决定，而是自愿达成和解协议，同时，调解形式自然简便。③ 适用范围广。它可以处理任何性质的劳动争议，包括个人权力争议、集体争议和集体利益争议。

2. 调解机构的设置

主要有三种形式的调解机构设置：

(1) 政府的劳动部门设立的调解机构。多数国家在政府的主管部门设有专门的调解服务机构，一般是法律授权政府主管部门负责调解劳资争议，主管部门据此设置调解机构并配备专职人员。例如加拿大、以色列、新加坡、阿根廷等国。

(2) 政府直接设立调解机构。在一些国家，在政府系统中设置了独立的调解机构，不属于劳动部门主管。例如美国 1947 年的《劳工管理关系法》，在撤销原劳动部下的调解处后，规定建立了独立联邦调停调解处；英国也于 1974 年成立了专门的咨询、调解和仲裁处。

(3) 在政府系统之外设立私人调解服务机构。如瑞典、瑞士等国成立了由工会和雇主协会等代表组成的调解委员会。

3. 调解形式

(1) 个人调解员。在大多数国家里，调解主要依靠个人调解员。他们通常是专职调解员或专门的产业关系官员。一些国家除有专职调解员外，还在社会上聘任一批大学教授、律师等作为特聘调解员，以适应处理某些特殊案件的需要。

(2) 调解委员会。调解委员会有常设的，如巴西、法国等国；也有是临时设立的机构，如加拿大、日本、印度、新西兰等国。有的国家规定了按行政区域设立调解委员会，有的则按司法管理区来设立调解委员会，有的还按不同的部门设立调解委员会。

4. 调解的程序

(1) 调解程序的开始。首先要明确两个问题：一是一起争议从什么时间起发生了；二是以什么方式启动调解程序。就个别争议来说，当一个工人认为被侵权并向雇主提出申诉而遇到拒绝时，即可认为争议已经发生。有的国家规定，工人必须首先通过企业内部的申诉程序，然后再向公共当局提出申诉，在工人把申诉提交调解机构或法院并得到受理时，调解程序便开始了。另一些国家规定，工人无须经过企业内部的申诉程序，当工人直接向企业外的机构提出申诉而争议又成立时，这一提出争议的行为也就是使调解程序得以开始的行为。在集体争议中，工人代表首先要和雇主或雇主组织进行谈判，当谈判不成或谈判中出现了冲突时，集体争议就出现了。

(2) 调解准备工作。一旦开始调解程序，调解员或调解组织需先做好一切准备工作。这些工作主要包括调查了解争议双方各自的有关情况以及发生争议的主要原因及基本过程等。

（3）运用个别交谈和会议进行调解。① 对个别争议采取个别交谈调解。调解员在听取工人陈述后，可以通过电话与雇主对话，探讨解决争议的途径，促使双方达成协议。② 对于集体争议采取会议调解。调解员一般可以先和冲突双方接触，然后召开非正式的会议，通过会议，调解员全面了解争议的情况。然后再召开由调解员任主席的调解会议进行调解。

（4）调解终结。通过调解，当双方有达成解决争议的意愿时，调解员可以根据双方的要求或以他本人的建议，提出解决争议的方案，调解可以是以双方达成协议而告终，也可能出现调解失败，但是无论调解成功与否，调解员都要对调解过程写出书面报告并存档。这一记录对以后的仲裁程序或对今后处理类似的争议案件，都是极为重要的。

（三）劳动争议的仲裁制度

1. 仲裁的概念

仲裁（arbitration）也称公断。其基本含义是由一个公正的第三者对当事人之间的争议做出评断。劳动仲裁是指劳动争议仲裁组织对雇主或雇主组织与雇员或工会的劳动争议做出的裁决活动。

2. 仲裁组织结构

国外劳资仲裁机构按其组成分为三类：

（1）三方仲裁委员会。它是由政府、工会、雇主协会三方成员组成的仲裁委员会。这种仲裁机构有很多优点：① 成员来自三方代表，可以有利于寻找到解决争议的途径；② 三方性仲裁机构的仲裁易被各方接受的程度高。因此三方委员会在许多国家得以广泛采用。

（2）中立机构。即由民间组织或政府独立成立的，完全中立人士（没有一成员同争议双方有关系）组成的仲裁委员会。这些机构既有常设的，也有临时的。中立机构的裁判员一般都是由具有较高专业知识和经验的人员组成，熟悉产业部门的条件、争议双方的环境及相互关系的历史，有利于做出合理的仲裁决定。

（3）由专家和代表组成的机构。通常由律师、经济学家、工程师，加上工会和雇主双方的代表组成。

3. 仲裁的程序

（1）立案。争议当事人要向仲裁者申请仲裁，并提交申诉书。仲裁员要细阅申诉书、研究证据材料、听取双方的陈述、进行调查询问给予立案。

（2）审理。召开仲裁会议（有些国家规定了案件后一定期限内 10 至 15 天要及时举行仲裁会议）审理争议案件。多数国家的仲裁审理没有固定程序的约束，仲裁者可以采取自认为合适的方式进行审理。

（3）裁决。许多国家的法律规定，仲裁的依据是现行的法律、集体协议、行业惯例，若仍找不到依据，可以按照公平原则处理。

（4）裁决的效力。多数国家认为，裁决具有法律的约束力；也有少数国家认为，裁决的效力取决于双方当事人的意愿。

（四）劳动争议的司法审判制度

当劳资争议的当事人不服劳资争议的裁决，可以提出争议诉讼，要求司法判决。

1. 劳资争议的司法机构

劳资争议的司法机构有两种类型：① 普通法庭，即国家设立的统一的司法审判机构，其职责之一是审理劳资争议案件。② 专门设立的劳动法院或劳动法庭，其组成多数实行三方原则，并制定专门的劳动纠纷诉讼程序，专门负责审理劳动争议案件。

2. 案件的受理和审判程序

受理哪些争议案件，许多国家规定的原则是法院只能管辖权力争议案件，不能插手于任何利益争议案件。在设有劳动法院的国家，普通法院不管辖劳动争议案件。在一部分设置劳动法院的国家，一般审判之前要先进行调解。法院对劳动争议案件一般做出如下的判决：要求雇主将欠付的劳动报酬或工伤赔偿费支付给雇员，并按规定增付一定数额的滞纳补偿费；对于非法解雇的案件，可判决雇主重新接受雇员并补发解雇期的劳动报酬；判决当事人按集体协议或劳动合同的规定履行义务；或者宣布合同中某些条款无效；对贪污应受到刑事处罚的，可以同时做出刑事判决。

四、集体谈判

（一）集体谈判的含义、特征及功能

1. 集体谈判的含义

集体谈判是指雇主方和雇员代表借助谈判，旨在达成覆盖某一雇员群体的协议，以决定就业条件与待遇，协调劳动关系的一种方法。这一定义包含以下几层意思：① 谈判的主体是劳资双方，一般是以组织起来的工人即工会为一方，以联合起来的雇主（这里的雇主包括私营公司雇主，也包括国有公司和公共部门的雇主——政府）为一方，所以，集体谈判的主体有三方：雇员及其组织（工会）、雇主及其组织（雇主协会）、政府。各谈判主体可以委托各自的代表来进行谈判与协商，但所代表的利益是他们的委托人的利益。② 谈判的内容是围绕劳动报酬、就业保障、工作条件（如工作日长度、劳动强度、工作环境、安全保障）等问题。③ 集体谈判过程是工会、雇主和雇主协会、政府三方协调协商、相互妥协的过程。④ 达成双方都能接受并且愿意遵守的集体协议，是集体谈判的最终目的。⑤ 集体谈判的范围及级别有四种：企业级集体谈判、产业级集体谈判、地区级集体谈判和国家级集体谈判。

2. 集体谈判的特征

集体谈判有以下四个特征：

（1）集体谈判是一个有弹性的决策机制。一方面它比立法、司法和行政制度都要具

有灵活性。另一方面，集体谈判结果（集体协议）的方式也是各种各样的，从十分简单的口头协议到十分复杂的总协议，还允许有附加条款，在内容上可以双方任意协定。

（2）集体谈判具有公平性，它作为一种方法，将平等和社会公正引入工业社会和劳动力市场。

（3）集体谈判体现了工业民主的观念，它从一开始就成为工人参与工业社会决策过程的一条主要渠道。

（4）集体谈判还具有有效性和稳定性的特点。集体谈判的结果是双方在平等公正的基础上签订集体协议，可以解决各自的问题，满足各自的需求，这就保证劳资双方都乐意认真完全履行，最能体现出有效性。既然是双方满意，那就保证了稳定，稳定性在劳资关系中是十分重要的。

3. 集体谈判的功能

（1）经济政策功能。集体谈判可以决定在何种具体待遇与条件之下，现有的雇员将继续向一家企业、工厂供给劳动力，而新的工人也将按照这种条件与待遇向这家企业提供他们的劳动力。集体谈判的中心内容与其说是与程序问题和权力的分配问题有关，倒不如说是与实体问题和资金的分配问题有关。

（2）管理功能。集体谈判可以被看成是谈判双方的相互依赖以及对对方行为的否决权的一种政治过程。以政治眼光看来，可以把集体谈判机制看成是一种延续的“政治制度”，集体协议则是由劳资谈判双方作为立法者所制定出来的一部实体法律，该法律的执行权属于依据宪法必须执行该法的资方。

（3）决策功能。集体谈判体现出了公平与民主，在这一机制中，工人阶级可以通过他们的工会代表，参与到指导和规范他们工作生活的政策的制定过程中。集体协议是一套已经达成的正式决定的备忘录，限制了资方单独行动的自由。同时，集体谈判还暗示权利的行使需要得到对方的同意，另外又明确了哪些领域的问题应当由劳资双方共同决定。

集体谈判的上述三大功能并不是相互排斥的，它们统一在集体谈判以及集体协议之中。[9]

（二）集体谈判的程序

所谓集体谈判的程序，一般是指集体谈判所要经过的过程和步骤，实际上是谈判双方当事人在各个阶段包括从准备阶段到正面交锋直到集体合同签订阶段所进行的各项工作和努力的总称。

1. 谈判前的准备阶段

谈判准备是指谈判当事人为举行集体谈判各自进行的各项具体准备工作。一般来说，包括以下几个方面：

（1）拟订谈判方案。就是要根据近期的经济形势和企业经营状况，双方当事人各自拟订包括谈判的基本原则、最低目标和主要谈判策略等在内的谈判方案，以便自己一方在谈判中做到有的放矢。这里需要说明的是企业管理者还有义务向工会方面提供企业准确的有关信息和数据，以作为双方谈判方案和进行具体谈判的客观依据和共同基础。

（2）组建谈判组织。即在没有谈判常设机构的情况下，双方当事人都要临时成立自己的谈判机构，具体确定自己一方的谈判人员及其首席代表。

（3）约定谈判日期和地点。这是由双方当事人协商而定的。

（4）上报政府有关部门或主管机构。即要将预定的谈判主体、谈判日期和谈判地点以及谈判的双方当事人代表等上报政府或劳动部门。

2. 谈判过程阶段

谈判过程就是指具体的谈判实施和进展。一般来说，在谈判过程中会出现下面几种情形：

（1）谈判双方相互谅解和妥协，谈判很快达成协议。

（2）有关问题互不相让，谈判陷入僵局，但经调解后可以达成协议。

（3）谈判陷入僵局后，经调解无效，导致谈判破裂甚至引起工人罢工或雇主关闭工厂事件，这时就需要通过仲裁或法律诉讼的办法加以解决，或由政府出面促成谈判继续举行，直到最终达成协议。

3. 签订集体协议阶段

劳资双方经过谈判之后，会达成集体协议，进入签订集体协议阶段。在签订协议阶段，劳资双方的工作分为两步进行：

（1）谈判的协议在各自的组织内批准。① 雇主方对协议的批准有两种类型：一是由企业雇主代表或雇主本人订立的企业一级的集体协议，通常需要得到企业雇主或企业最高领导人的批准。二是雇主组织出面订立的产业或行业一级的集体协议，往往需要得到雇主成员组织代表会议的批准或具有最后决定权的机构的批准。② 工会内对协议的批准大致有三种类型：a. 在实行集中的工会体制国家，如瑞典、比利时、奥地利等只需由全国性工会联合会或产业与行业性联合会批准协议，协议很少由工会会员表决投票批准。b. 在实行分散工会体制的国家，如加拿大、日本和美国，集体协议大多要经过会员投票表决批准。c. 处于上述两种情况之间的国家，如英国、法国、德国和意大利，同时使用两种不同的方法，有些协议交由全体会员投票表决批准，有些协议不必经过全体会员投票表决批准。

（2）当协议得到批准后，双方代表在集体协议上签字后，集体协议便正式生效。

（三）政府在谈判中的作用[10]

1. 制定劳动法律和政策，以规范和影响集体谈判

政府通过制定法律和一些基本国策，以规范和影响集体谈判。政府这样做的目的是保持社会稳定，为工会行使集体谈判提供法律保护，为集体协议的实施提供法律依据。从总体上看，西方各国均有相关集体谈判和集体协议的劳动立法及相关的政策，使集体谈判乃至整个劳动关系均在政府的监控之下，不至于使劳资双方的行为做得过于离谱。

在集体谈判做得比较成功的国家，政府有关集体谈判的立法和政策的制定就少一些，或只做一些原则性的规定，例如瑞典就是这样的；而在企业谈判为主的国家，如美国、加拿大和日本，政府对集体谈判的立法和政策就规定得具体一些。

2. 对集体谈判内容的干预

政府对集体谈判内容的干预分为间接干预和直接干预。间接干预是指政府对某些劳动问题做出规定，劳资双方在谈判中不得对此进行修改。例如法国的工作时间、休假、雇用、解雇、职业分类、社会福利、最低工资等均由政府以政策或法律形式做出规定。直接干预的典型是美国，政府在指导和规范集体谈判方面发挥着重要作用。美国劳工关系局和法院将谈判的内容分为三类：一是强制性的内容；二是非强制性的内容；三是不合法的内容。

3. 对集体协议实施的干预

政府在集体协议的实施中也起着重要的保障作用。政府在这方面的干预主要体现在劳资双方对协议的履行或解释中出现分歧时，政府会采取如下的措施：

（1）向劳资双方提供一个中立的调解方案。

（2）通过劳动争议机构或国家法院加以解决，但一般来讲，法院不得对集体协议中的具体条款的争议做出裁决，其解释权仍在劳资双方，政府鼓励他们坐下来对某个有争议条款的解释重新谈判。

4. 对集体谈判进行指导

西方国家的集体谈判与本国经济发展有着必然联系。当经济形势好转时，工会提高劳动报酬的要求多会得到满足，但不断地提高劳动报酬可能会导致通货膨胀，因而有些国家就对某个时期的工资指数加以限制，或制定工资增长指导线来影响工资谈判。虽然政府对劳资双方并不强求执行它制定的工资增长指导线，但对劳资双方在进行集体谈判时多会加以考虑。此外，政府还会在经济发展不稳定的形势下，采取冻结工资或限制福利津贴的政策来约束集体谈判。

5. 建立三方性协商机构

建立三方性协商机构，协调劳资双方在集体谈判中所出现的问题，如前所述。

五、员工参与管理

（一）员工参与管理基本情况

依据国际劳工组织对员工参与管理的解释，员工参与管理（employees participate in the management）制度是一种增进劳动者参与企业管理决策的各项政策或措施的总称，员工参与管理旨在除去由雇主或管理人员专断的旧式雇佣制，而代之以让劳动者有机会发表意见或申诉，使劳动者的权益获得雇主或管理人员的尊重。它实际上就是企业所有者与员工分享管理权。

员工参与管理最早是由美国加利福尼亚大学教授本杰明·沃特（Benjamin walter）提出来的，1951年德国以法律形式确立了员工参与的共同决定制度。美国在20世纪20年代起就有斯坎隆（Scanlon）计划以实现工业民主，在钢铁企业中成立了“联合劳工经理委员会”。日本第二次世界大战后在企业中也广泛开展“自主管理”，以实现工业民主。在英国，工人代表原本在董事会中无法定地位，但是1984年建立“联合代表委员会”后，工人在董事会中就有了代表权。欧洲一些国家实行员工参与管理的情况列表12－2如下：

表12－2 欧洲一些国家员工参与管理的情况

国家名称	企业委员会的法律职责	董事会中工人代表的参加情况
奥地利	监督法律与集体谈判决议的执行，把争议交付仲裁	1/3的代表由企业委员会选举产生
比利时	有权过问企业情况，就许多问题进行磋商，对诸如工时、工作评价等问题进行共同决策	无
丹麦	就日常劳资关系问题进行协商，对一些问题与资方进行共同决策	两名董事由工人选举产生，一般一名为管理人员，一名为生产工人
联邦德国	对集体协议和立法进行监督，处理申诉问题，把争议交付仲裁，受理公司财政状况表、经营报告书	董事会中工人代表占50%，但在出现僵局时，资方有决定权
意大利	正式企业委员会已投票赞成成立工人委员会	无
瑞典	仅有协商的权利，无权处理一般集体谈判，对合同的解释发生不同意见时，工会的观点有效	6～8人的董事会中，有2名工人代表
法国	可以过问公司的财政状况，可以对职业卫生、安全、福利问题与资方进行共同决策	1978年曾提议让工人代表参加董事会，但最后没有通过
荷兰	有权过问公司情况，可以与资方就工时、职业卫生、安全问题进行共同决策	对现任董事会成员选举出的董事会成员可以否决
挪威	对公司的一般性问题可以进行咨询和协商	1/3的董事会成员由工人选举产生

资料来源：郭卜乐．参与管理．今日心理网站，2003－11－05.

注：企业委员会也称为工厂委员会，工厂委员会1919年在意大利的都灵市成立，其前身是第一次世界大战期间由工会会员选举出来的，用以代表和捍卫工人阶级实际利益的内部委员会。现在它与工会类似，是一种主要由企业内部员工代表组成的组织。

（二）员工参与管理的理论依据

1. 企业社会责任理论

企业社会责任（corporate social responsibility，CSR）这一概念最早由美国学者谢尔顿（Sheldon）于1924年提出，企业社会责任理论研究始于20世纪30年代美国著名的“贝利-多德（Berle-Dodd）论战”（这场论战的本质在于企业是否应该承担社会责任，这场论战最终以多德获胜的企业负有社会责任而告一段落），到20世纪90年代，众多学者和企业对CSR趋于认同和支持，20世纪90年代末期，CSR逐步走上制度化的发展轨道。[11]

企业社会责任论者认为，企业的社会责任包括慈善责任、伦理责任、法律责任和经济责任，其主要观点有以下几个方面：

（1）企业要尊重和关注员工的权益。企业社会责任论者认为，企业把单纯追求利润作为唯一目标是一把双刃剑：一方面为社会经济增长做出了贡献，而另一方面却造成了对社会公共利益的损害（员工受剥削、贫富分化、环境污染、垄断、侵害消费者）。因此，企业应当在追求利润的同时必须对员工权益、消费者利益、社会公众的利益予以尊重和关注。

（2）员工参与管理可以消除企业“雇主至上”对社会公共利益造成的不良影响。雇主对企业拥有的所有权不是绝对的，企业活动应受到社会公共利益的限制。在企业内部赋予员工参与管理权才能够修正“雇主至上”对员工利益造成的不良影响。[12]

2. 利益相关者理论

1963年，斯坦福研究所（Stanford Research Institute）提出了利益相关者理论。其核心内容是：企业并非单一的实物资产的集合，而是各种要素投入的组合，股东仅仅是物质资本的提供者，除此之外员工、债权人等其他利益相关者也对企业的运营投入了资产，而且这些资产的价值依赖其他相关者资产，任何一方任意退出或机会主义行为都可能使他方利益蒙受损失。就企业员工而言，企业事业的稳定发展离不开员工的积极性和创造性的发挥，员工是企业最主要的利益相关者之一，因此，应当有制度安排员工参与管理企业。[13]

3. 人力资本理论

员工参与管理与人力资本理论相关，主要观点有以下几个方面：

（1）人力资本是企业价值增值不可或缺的要素。人力资本同物质资本一样也是企业价值增值不可或缺的要素，而且它逐渐发挥越来越大的作用，其重要性已超过物质资本。而要体现拥有人力资本所有权员工的贡献，必须赋予员工参与管理的权力。

（2）人力资本的价值与企业命运休戚相关。员工的人力资本与股东的物质资本在承担企业风险上是相同的，如果一旦企业经营失败，员工拥有的人力资本就可能贬值或完全丧失。因此员工可以参与企业管理。

（3）员工劳动的专用性和风险的专有性决定了员工必须参与企业管理。现代资本市场发达，使得股东不仅可以自由地“用脚投票”，而且可以通过相关投资组合来分散风险；而员工基于劳动的专用性，不能通过同时为多家企业工作而分散风险。因此，人力资本所有者的权益应得到保护，需要给予职工参与管理权。

4. 经济民主理论

第二次世界大战以后，民主社会主义思潮勃兴，经济民主论者认为，民主不仅是政治民主，而且应在社会一切领域实行民主。民主不只是国家政治生活的一种生态，而且应该成为经济生活的组织形式，民主的首要意义在于拥有参与管理权。在股东本位企业制里，企业民主是一种“资本民主”，只有投入物质资本的股东才有权力管理企业，而同样作为企业利润创造的员工却被排除在企业民主与法人治理之外，这与民主理念格格不入，因此，应当让员工参与企业治理，赋予劳动者管理企业的权力。[14]

（三）员工参与管理的必要性[15]

1. 实行员工参与管理是企业实施科学决策的需要

现代社会进入了知识和信息时代，企业面对的市场瞬息万变，要求企业必须有驾驭现代信息、现代科学技术和现代市场的能力，同时随着企业规模的扩大和发展，企业生产经营不再是单一产品，而是多品种甚至是多技术领域和跨行业的生产经营。在这样的生产经营形势下，只靠业主和少数经营者是难以驾驭的，因为他们所掌握的信息和科学技术是有限的，他们必须依靠广大员工的智慧和信息反馈，才能做出符合市场和社会需求的科学正确决策，才能在激烈的市场竞争中立于不败之地。正是基于这样一种需要，西方国家的企业才出现了种种员工参与管理的制度，并纳入了国家的法律。不少的企业主视员工参与管理的意见和合理化建议为财富。

2. 实行员工参与管理是建立稳定和谐劳动关系的需要

现代社会条件下的企业，应具有理智的、自觉的劳动关系协调机制。企业的技术设备都是由工人直接操作的。企业的技术设备越是先进，工人的作用越显得重要。具有先进文化技术水平的工人不再是愚昧的工人。工人在付出有效劳动的前提下争取权力得到公平、公正的实现。在一定意义上讲，现代企业的命运是掌握在广大工人的手中。先行的工业化国家的企业主正是认识到这一点，所以第二次世界大战以后，企业主与企业工人的关系逐步由“对抗”为主转为“对话”为主。他们通过集体协商谈判、工人参与企业管理的各种形式，把劳动关系的诸多矛盾消除在事前和企业管理的过程之中，使劳资之间达到“双赢”。统计表明：第二次世界大战以后由于企业劳资关系协调机制的形成，这些国家的劳资冲突事件大大少于战前。员工参与管理，企业中的劳资双方能够理智地处理相互之间的矛盾，企业劳动关系稳定，反映了社会的文明进步，代表着企业的文化。特别在当前也确实成为衡量一个企业文明程度的重要条件，成为一个企业吸纳人才和增强凝聚力和竞争力的不可忽视的重要内容。

3. 实行员工参与管理是现代企业重构企业产权关系的需要

当今企业与传统企业的区别是资本投资多元化和产权多元化：

(1) 企业资本投资多元化。传统企业的资本投资仅限于物质资本和货币资本投资，随着知识经济的发展，当今企业的资本投资除了物质资本、货币资本之外，还包括人力资本、知识资本和社会资本投资。而且传统的物质资本、货币资本在企业发展中的作用越来越小，人力资本、知识资本和社会资本的作用越来越大。

(2) 企业产权多元化。在工业化早期和中期，雇主拥有企业的绝对优势的产权，员工的权力仅限于生存权、就业权、劳动报酬权等。随着知识经济的发展，当今企业的产权有以下特点：① 产权内容多样化。企业除了所有权外还有经营权、占有权、使用权、支配权、处置权、受益权和不受损权。② 权力要素发生了变化。在所有权和经营权统一于雇主时，所有权最重要，当两权分离时，有时所有权并不重要。经理革命说明了经营权的重要性，根据美国一些经济学家的研究，在公司内权力的核心是企业家，其次是技术专家，再次是普通管理者和技术人员，再再次是普通员工，最后是资本所有者——股东。③ 企业产权多元化，除了物质资本、货币资本拥有产权之外，还有人力资本、知识资本和社会资本的产权。

(3) 当今企业的员工是拥有企业产权的投资者。当今的劳动者也不是过去出卖劳动力从事简单劳动的受雇者，而是拥有全部人力资本和部分知识资本和社会资本的投资者。

(4) 企业产权的重组，要求劳动者权力的扩大。由于企业的员工是拥有企业产权的投资者，相应他们权力也应该扩大。所以员工参与管理企业不是雇主的恩赐，而是劳动者产权的一种体现。

4. 实行员工参与管理有利于企业发展

据 1995—1999 年的一项统计资料表明，德国实行职工参与管理的企业，每个工人的产值每年提高了 8%，美国企业的每个职工每年的产值增长了 3.5%。

(四) 员工参与管理类型

1. 按员工参与程度的不同划分

(1) 控制型参与管理。控制型参与管理是指在企业管理方的控制下让员工对企业管理提出意见或建议。它的特点是：① 它是从传统管理向现代管理的一种过渡的管理方式，适合于企业刚开始导入参与管理时使用；② 控制型参与管理强调管理方的控制，在传统的自上而下式管理类型之下，引入自下而上的管理反馈机制，让员工的建议和意见有一个正式的反馈渠道；③ 员工参与管理程度较低，比较适合一些蓝领工人占比较大的企业；④ 控制型参与管理是员工参与管理的低级类型。

(2) 授权型参与管理。授权型参与管理是指企业赋予员工处理本职工作以内的少量的事务决策权的一种管理方式。它的特点是：① 企业赋予员工处理本职工作的一些权力，适合于知识型员工开始管理阶段；② 员工的管理需要管理人员进行监督和指导；③ 要允许员工在决策时犯错误，但不能连续犯同类的错误；④ 它的作用在于让员工养成了自主决策并对决策负责的工作习惯，提高其工作的积极性、主动性和创造性；⑤ 授权型参与管理比控制型参与管理的参与程度提高了一个层次。

(3) 自主型参与管理。自主型参与管理是对于经验丰富、能力较强的知识型员工，让其在工作中自主决策、自主管理的一种参与管理方式。它的特点是：① 企业对员工实行目标管理，员工在工作中可以自主决策和自我管理；② 员工之间的沟通交流是避免员工自主决策失误的重要途径；③ 企业管理者的工作职能由领导、控制、监督逐渐转化为指导、协调、沟通、服务；④ 自主型参与管理是员工参与管理的中级类型。

(4) 团队型参与管理。团队型参与管理是参与管理的高级形式。它已打破了传统的行政组织结构体系，根据企业发展需要临时组建或撤销职能团队。每个职能团队有明确的工作目标。团队中的成员可以自由组合，也可以由公司决策层指定。由于部门的撤销，大量的管理人员将加入团队，他们已经失去了原有管理工作的职能。在团队中，由团队成员自主选择团队协调人。团队协调人不是团队的领导，他没有给其他成员安排工作的权力，他只在团队内部或与外界沟通发生冲突时起到调解人的作用。团队协调人没有公司的正式任命，只是一个民间职务，他可以根据团队的需要随时选举和撤销。团队协调人也有自己的岗位工作，与团队其他人员同等待遇。由公司指定团队工作目标，由团队成员讨论达成工作目标的方式，然后各自分工，相互协作，共同完成工作。

2. 按不同国家员工参与管理的情况划分

按不同国家员工参与管理的情况划分的类型有德国劳资共决型和美国集体谈判与产权决定型：

(1) 德国劳资共决型。① 德国劳资共决型有三种参与方式：a. 监事会内的员工代表制。监事会有劳资双方共同派代表组成，负责监督企业的政治和经济权力的行使，控制企业的预算，负责任免企业董事会的人选。b. 企业委员会。企业委员会是企业中除工会外的另一群众组织，企业委员会在有关员工的劳动纪律、录用与解雇、工时、休假、住房分配等问题上与资方享有共同决定权，在其他一些生产管理等问题上享有咨询权和建议权。企业委员会每季度召开一次大会，由资方向大会报告企业经济、人事和福利情况。c. 员工拥有一定的个人参与权。例如员工有咨询与讨论权，有了解个人档案的权力，认为受到不公正对待时有申诉权，以及可以用便宜的价格购买公司股票等。② 德国劳资共决制有以下特点：a. 员工参与程度较高，参与内容广泛。德国员工参与决策的范围包括社会、人事和经济事务，其中经济和人事事务以参与讨论为主，而社会事务多由员工参与共同决定。b. 员工参与在德国主要落实在企业内。员工代表会是德国企业内员工的代表机构，员工各种参与权大都通过员工代表会行使；同时规模较大的企业中，员工选举代表进入监事会，这些员工监事便代表员工行使共同决定权，实行民主管理。德国《职工参与管理法》明确规定，大型企业要按对等原则由劳资双方共同组成监事会，然后再挑选一位中立人士担任主席。《企业法》规定，凡职工在 5 人以上的企业，都要成立员工委员会，由全企业员工选举产生，每 3 年改选一次，职工委员会人数的多少由企业人数多少决定。资方在涉及员工前述利益等重大问题做出决定前，必须征得员工委员会同意。

(2) 美国集体谈判与产权决定型。这种类型具有以下几个特点：① 在法律框架的约束下，由工会代表员工以集体谈判的形式实现。美国协调劳资关系的法律依据主要是1935年、1947年、1967年通过的《美国劳工法》、《劳管关系法》、《民权法》(1972年对此法又加以改动，现在称为《公平就业法》)。《劳工法》主要是约束雇主，使企业成立工会组织及通过工会维护自己正当权益合法化；《劳管关系法》既进一步限定了雇主们非公平用工的行为，也对工会在劳资谈判过程中的不轨举措加以限制。劳资集体谈判的内容也仅局限于社会事务，因为法律仅把劳动报酬、工时等劳动条件（社会事务）列为强制协商的内容，至于人事及经济事务则由劳资双方自由交涉。② 从产权上解决工人参与权力问题。他们认识到员工参与管理必须具有产权基础，员工持股计划（员工持股计划虽然在许多国家实行，但以美国最为典型）的推广普及就是例证。由于员工持股计划让员工获得了企业分配的股票，员工可以凭所持股票享有企业经营的投票权。③ 员工董事的设立。最早设立员工董事的是克莱斯勒公司董事会，20世纪80年代以来在一些大型公司得以普遍发展。④ 企业内部信息披露制度。如一些大型公司企业账目向工会公开，允许工会知悉生产成本、长期投资计划等信息。

(五) 员工参与管理的内容、层次与形式

1. 员工参与管理的内容

员工参与管理的内容大致包括三方面：① 社会事务，即企业内有关员工福利及劳动条件等问题，如工作时间安排、在职培训、休假规定、工资拟订等；② 人事事务，即企业内人事问题之决定，如员工雇佣、调遣及解雇等；③ 经济事务，即有关企业生产、财务及销售等问题，如生产计划、企业财务状况、生产与销售情况等讨论和分析。

2. 员工民主参与管理的层次[16]

根据员工就上述事务的参与程度不同，员工参与管理可分为三个层次：

(1) 仅听取报告的参与。这是一种低层次的参与，员工只是在企业的社会事务方面，有一定的参与权；但在人事和经济事务方面，雇主对于员工仅有报告企业营运情况的义务，员工也只有听取报告的权利。

(2) 参与讨论的部分参与。相对于前一种参与层次，这种参与程度要高。员工除了社会事务方面有较高参与外，对于企业人事和经济事务有参与讨论、交换意见及提出建议的权利。但员工在这些事务方面的参与，只限于影响决策，无法参与决策制定，最后的决定权仍在雇主及管理者的手里。

(3) 共同决定的完全参与。这是最高层次的员工参与，雇主在社会、人事、经济事务方面的决策，应得到员工或工会组织同意，才能通过。

3. 员工参与管理的形式

(1) 按员工参与管理的形式，可分为间接参与管理形式和直接参与管理形式。间接参与形式有企业工人委员会、员工代表大会等；直接参与形式有劳资恳谈会、员工持股制度等。

(2) 按员工参与管理的职能，可以分为经营参与形式、监督参与形式和员工持股参与。① 经营参与形式是指由员工代表直接进入董事会，参与经营决策。这一制度在20世纪70年代以来在欧洲得到了广泛的推行。法国、德国、丹麦、瑞典等国家都在立法中规定了员工进入企业董事会制度。② 监督参与形式指员工通过其代表参加企业监事会行使其经济参与决策权。德国、法国、美国（美国实行的是外部董事制度，企业员工可以作为股东以外的成员被选为外部董事行使监督参与权）等国家都制定了相关法律，规定了员工进入企业监事会制度。③ 员工持股参与。如前所述。

(3) 参与管理在欧美的主要形式有几种：① 员工自我管理，多指运用员工持股制度确立其企业主人地位。② 共同决策，指在董事会中管理人员和员工各占一半，增加员工参加公司全面管理决策的权力。③ 弹性工作制、建立学习组织扩大员工在工作中的自主权和积极性。④ 少数员工代表参与权，指在董事会里有少数的员工代表。⑤ 工作审议会，是指由员工代表或由员工和管理者共同组成的团体，通过这个团体将企业内的劳资关系制度化。⑥ 工作丰富化，是指通过自主工作岗位设计、职业生涯设计、弹性工作时间、以团体装配取代装配线、工作轮换、质量圈（质量圈又称质量研讨小组、解决质量问题组，它是日本质量管理专家石川馨于20世纪50年代末期提出来的。其目标都是在自愿的基础上解决与质量有关的问题，员工共同努力提高产品质量）给员工以更大的自主权和责任感。

关键概念

劳动关系　合作与冲突　劳动关系理论　劳动关系调整　三方协调　集体谈判制度　员工参与管理

即测即评

扫描右侧的二维码图标，内含若干判断题、单选题和多选题，您可在线自测并查看答案。

复习思考题

1. 如何理解劳动关系？有哪些类型？
2. 劳动关系的合作与冲突有哪些表现形式？
3. 简述一些主要学派的劳动关系理论观点。
4. 比较一些主要学派的劳动关系理论观点。
5. 简述劳动关系的法律调整制度。
6. 如何理解三方协调制度及运行机制？
7. 简述劳资争议处理制度。
8. 如何理解集体谈判制度？
9. 简述工人参与管理。

注释

[1][6][7][10] 杨体仁,祁光华. 劳动与人力资源管理总览. 北京:中国人民大学出版社,1999:823－824,827,844,864－865.

[2][3][4][5] 程延园. 劳动关系. 北京:中国人民大学出版社,2002:24－30,176－190.

[8] 郭庆松. 企业劳动关系. 北京:经济管理出版社,1999:168.

[9] 黎金柱,郑图康. 西方集体谈判制度的剖析及启示. 新浪网,2009－10－03.

[11] 张群祥. 西方企业社会责任研究对我国的启示. 233网校论文中心,2008－08－06.

[12] 卢代富. 企业社会责任的经济学与法学分析. 北京:法律出版社,2002:45－59.

[13] 金海平. 股东利益至上传统的颠覆——国外企业利益相关者理论评价. 南京社会科学,2007(3):25－30.

[14] 李昌庚. 企业:经济民主与民主政治的互动. 理论与现代化,2008(3):11－18.

[15] 傅贵忠. 雇员民主管理是现代企业发展的内在要求. 新浪网,2010－11－08.

[16] 祁华清. 国外工业民主模式与我国雇员参与制度选择. 中州学刊,2002(3):18.

第十三章 社会保障

社会保障是现代国家和文明社会的标志，建立健全社会保障制度对于修补市场机制的缺陷、调节收入分配、维护社会公平和社会稳定、促进社会经济发展都有重要意义。研究社会保障是劳动经济学必不可少的组成部分。

第一节 社会保障概述

一、社会保障的概念

（一）社会保障释义

社会保障（soicial securify）一词最早出自美国1935年颁布的《社会保障法》中，英文原意是“社会安全”，但广大译者普遍把它翻译为社会保障。对于什么是社会保障，一些国家根据自己的国情和需要做出了不同的解释。

1. 国外对社会保障的解释

（1）英国（遵循特殊普遍性原则，保障的对象是全体国民）把社会保障解释为一种公共福利计划，认为它遵循普遍性原则，是对全体国民实施“从摇篮到坟墓”全面的安全保障。《大英百科全书》（1981）指出，社会保障是“一种公共计划，其设置是为了保护个人及家庭不因失业、年老、疾病或死亡以致收入受到损失，并通过公共服务以及为家庭生活提供经济补助来增进其福利”[1]。《韦氏新大学辞典》（1973）也把社会保障解释为：“社会保障是社会或国家为个人及其家庭保证经济安全和提供社会福利的公共计划的原则和实践。”[2]

（2）德国（遵循特殊性原则，保障的对象是以薪资为生的劳动者）把“社会保障”理解为社会安全，认为社会保障是为在竞争中失败或失去竞争能力的劳动者提供基本生活保障的安全制度。

（3）美国（介于英国和德国之间）把“社会保障”解释为根据社会保障法制定的社会保险计划。其目的，一是为因年老、残废、死亡或失业而失去收入者提供保障；二是为人们老年和残废期间的医疗费用提供保障。

2. 我国对社会保障的认识

我国理论界对社会保障尚无统一说法，归纳起来主要有四种观点：① 认为社会保障是一种经济分配形式，是一种对国民收入的分配和再分配的形式；② 认为社会保障是一项社会福利制度；③ 认为社会保障是国家履行管理义务的一种社会责任；④ 认为社会保障是国家通过立法或行政制定的经济法规和政策，它是社会保险、社会福利、社会救助、社会优抚等事业的总称。

3. 本书对社会保障的认识

根据世界各国对社会保障制度的理解中所包含的主要共同点，我们可以给社会保障制度下这样一个定义：社会保障是指国家或政府为了维护社会安全和增进社会福利，在公民遭遇各种风险（人身风险、收入风险、灾害风险、社会风险等）和应享受福利时，由国家或政府依法向全体公民提供的经济援助、专业服务、精神宽慰的制度总称。

从上述社会保障的定义可以看出，社会保障是用经济手段解决社会问题达成政治目标的一种制度。社会保障概念有以下几层含义：① 保障的责任主体是国家或政府；② 社会保障对象是全体社会成员或劳动者；③ 社会保障是一种制度，要按照一定的法律和政策制定并实施；④ 社会保障范围包括经济援助、专业服务、精神宽慰等；⑤ 社会保障水平是保障人们的基本生活，但其保障水平不能超过工作所得；⑥ 保障的目的是预防风险、减少贫困，以维护社会安全和增进公众福利。

（二）社会保障与社会福利的区别

社会保障与社会福利是一对既相互包容又相互区别的概念。它们的共同点在于：同是社会系统中的稳定机制；同是促进人类幸福的制度措施；目的都是调整社会关系中的各种矛盾，促进社会的良性运行和协调发展。但是它们也有着很大的差异，其区别如下所述。

1. 内涵不同

从词源和语意学角度看，保障的词根是 secure，意思是稳固牢靠、免受侵害和处于无忧无虑的状态，保障的目的是使人从恐惧、焦虑、危险、疑虑的困境中摆脱出来，所以社会保障的字面意思就是为了实现社会安全与稳定，由国家所制定实施的一种规避经济风险、保护国民基本生活的制度。welfare（福利），是由 well（好）和 fare（处境）合成的，两者综合起来就是幸福美好的生活或幸福的处境，英国牛津大词典也将福利等同于好运、幸福、福祉。社会福利的字面意思就是为了实现社会和谐和人民幸福，国家所制定实施的增加国民政治、经济、文化等方面利益的制度。

2. 外延不同

关于社会保障的外延，国际劳工组织认为，社会保障主要承担九个方面的风险，即疾病、生育、老年、残疾、死亡、失业、工伤、职业病和家庭风险。而社会福利有狭义与广义之分，狭义的社会福利是社会保障的一项内容（如我国的社会保障主要包括社会保险、社会救助、社会福利、社会优抚四项内容），社会福利小于社会保障。而广义的社会福利的外延大于社会保障，它不仅包括经济上人民生活水平的提升，也包括政治上的自由、平等和政治民主参与，还包括文化方面的公共免费教育、免费公共文化设施等内容。

3. 享受的水平不同

（1）广义的社会福利在人们享受的水平上高于社会保障。社会保障是保障参保人的基本物质生活，而社会福利则是提高人民生活水平（或改善人民的生活）。

（2）社会保障具有特殊性、差异性，不同人之间在享受社会保障的待遇水平因投保费用、职位、职业等不同其差异性很大；而社会福利则具有普惠性、平等性、免费性等特点，人们享受社会福利水平是均等的。

二、社会保障的作用与原则

（一）社会保障的作用

1. “安全网”的作用

社会保障制度的安全网作用表现在三个方面。① 经济安全。完善的社会保障制度扩大了需求，能够化解经济危机，使经济可持续增长。② 社会安全。完善的社会保障制度能为劳动者或全体社会成员建立预防各种风险的安全网，可以化解社会矛盾和社会危机，从而维护社会的安全与稳定。③ 政治安全。完善的社会保障制度可以通过改善民生，从而扩大政府执政之基，它是确保政府执政合法性和行使强制管理职能的必要条件。

2. “平衡器”的作用

社会保障是实现公平正义社会的一条主要途径，其平衡器的作用有三点。① 起点公平。社会保障平衡了社会成员参与的机会公平，在社会发展上做到“起点公平”。例如，不论社会成员的地位高低、职业差异、贫富差距，社会保障体系都将其公平地强制纳入保障的范围。② 过程公平。社会保障的活动可以维护社会成员发展中的过程公平。例如，对意外遭受风险而陷入困境的社会成员实施保障，能够使其重新参与社会公平竞争。③ 结果公平。社会保障能够利用收入再分配过程缩小贫富差距，从而实现社会成员在发展过程中的结果公平。

3. “助推器”的作用

完善的社会保障制度可以促进社会经济的快速发展，它的“助推器”作用表现在以下几个方面：① 完善的社会保障制度使社会安定和谐，为经济发展创造良好社会环境；② 社会保障既有利于提高全体国民的素质，又能扩大需求、引导消费结构升级，带动经济向更高更好的方向发展；③ 社会保障能免除社会成员后顾之忧，调动其劳动积极性，从而提升工作效率。

4. “稳定器”的作用

完善的社会保障制度除了可以在政治上维护社会稳定，巩固执政者的合法地位外，在经济上能够起到“削峰填谷”、调节社会总需求和总供给的平衡，推动经济可持续稳定发展的积极作用。① 当经济过热时，总供给小于总需求，社会保障通过减少支出，抑制社会需求膨胀。② 当经济过冷时，总供给大于总需求，社会保障通过增加支出，提高有效需求，实现经济稳定增长。

（二）社会保障的原则

1. 与经济发展水平相适应原则

一国经济发展的状况决定着社会保障的水平，因此，社会保障的水平主要取决于两个方面：一是经济总量及其增长率；二是能用于社会保障资金的多少。总的来说，社会保障的提高程度要低于经济增长的速度，经济总量增加、速度提高，社会保障的水平也相应提高。

2. 权利与义务对应原则

（1）社会保障是人人平等享有的权利。1948 年 12 月 10 日联合国大会通过的《世界人权宣言》第 22 条规定：“人既为社会之一员，自有权利享受社会保障，并有权享有个人尊严及人格自由发展所必需之经济、社会及文化各种权利之实现。”[3]

（2）社会成员作为义务主体，应当承担为社会做贡献的义务，才能取得权利主体的资格。社会成员的义务包括两个层次：第一，通过劳动为社会做贡献的义务；第二，富有的社会成员有为社会捐献或多缴费的义务。

3. 兼顾效率与公平的原则

公平与效率存在着某种交替关系，因此，社会保障所实现的公平要以不牺牲效率为条件。但是，公平与效率并非总是对立的：① 效率提高会产生某些不公平，但不能说非效率必然能实现公平。② 效率提高会产生某些不公平，不能反过来说不公平就必然有效率。③ 从长远来看，公平有利于效率提高，高效率也能促进公平。正因为如此，社会保障必须同时兼顾公平与效率。

4. 普遍性原则

社会保障的普遍性原则意味着一种全民的保障，是社会保障发育成熟阶段的表现。最初的社会保障往往是为有工作的人们举办的，为有工作者提供某些保险或福利，对无能力工作者不给予保障。以后越来越多的人认为社会保障应扩展到任何无力自助的人（孤儿、孤寡老人、贫困人员等），政府应提供最低限度的生活保障金。第二次世界大战以后，西方福利国家使社会保障的对象扩大到全体国民，保障的项目不断增多，保障的水平大大提高，许多发达国家大都采取了普遍原则，由此，普遍性成为社会保障的一项原则。

第二节 社会保障制度

人类生存的保障在历史上共出现了五种保障方式：① 人群互助保障。它产生于原始社会，由于社会生产力水平非常低下，人们以群居的方式生存，人们需要采取分工合作、互助互济、扶老携幼、照顾病残老弱等方式才能维持生存，由此产生了人群互助保障。② 家庭保障。它是农业社会的主要保障方式，在农业社会里，家庭功能齐全，家庭基本保障了人类的生存。③ 社会互助保障。社会互助保障出现的一个重要标志是慈善组织的形成和慈善事业的开展。社会互助组织在英国历史上出现过“友谊社”、“共济会”、“合作社”等群众互助组织，现在它发展成了志愿者组织或慈善团体，开展对困难或弱势群体的救助。④ 市场风险保障。由于市场经济是竞争经济、风险经济，人们经常会面临失业、贫困、疾病等风险，这就需要参加如人寿保险、意外伤害保险、健康保险等商业保险来化解劳动者或社会成员各种社会风险。⑤ 社会保障（政府保障）。工业社会需要社会保障，因为工业化大大缩减了家庭功能使家庭保障方式弱化，同时工业化形成的失业、贫困、疾病、伤残、年老等社会问题并不完全是个人的原因，需要政府承担起社会保障的责任。

一、社会保障制度的形成与发展

社会保障制度的形成与发展大体经历了孕育阶段→形成阶段→发展阶段的历程。

（一）社会保障制度的孕育阶段

从社会保障制度产生和发展的历史进程来看，社会保障的简单思想早在几千年前就已孕育。具体表现在以下几个方面。

1. 产生了社会保障的初步思想

在中国，古代大思想家孔子就有天下“大同”思想，主张天下人人平等；孟子的“仁政”也认为统治者要“爱民如子”，并主张采取爱民、护民、安民、养民、惠民、恤民政策。荀子的“富民”思想，主张只有人民过着幸福安乐的日子，国家才能富强起来；墨子的“兼爱”思想，提出人与人之间、统治者与人民之间，要互相爱护，社会才能向前发展。在周代，曾提出过保息六政的治国安民方针（一曰慈幼，二曰养老，三曰振穷，四曰恤贫，五曰宽疾，六曰安富）；汉代又提出过“社仓”之举。这些安民、养民、护民的理论和举措，无论在奴隶社会还是封建社会，一方面体现了人民群众追求人间平等、共同生存下去的呼声；另一方面，也说明具有了初步的社会保障思想。

2. 出现了人际互济行为

对贫困者给予救济，最早可以追溯到人类原始社会产生的社会成员之间的互助行为。当有人受到饥寒或疾病的威胁时，其他人会给予衣食等方面的帮助。这种互助互济行为，是人类社会得以繁衍和生存的条件之一。

3. 慈善事业的出现

人的互济行为社会用成文或不成文的规范，将其固定下来，便有了世俗的慈善事业。宗教问世以后，这类社会规范被纳入宗教教义中，作为宗教实行精神统治的物质基础之一，于是，就有了宗教的慈善事业。

4. 官办救助慈善事业

统治者利用人类社会中自发的互助互济行为和慈善事业，逐渐成为统治阶级用以安抚饥贫者、巩固阶级统治的一种手段。例如，中国古代的仓储后备和以工代赈；古罗马以国家的名义购买谷物，无偿分发给丧失劳动能力和阵亡将士的遗孀等。

（二）社会保障制度的形成阶段

社会保障制度的形成阶段在时间上是从 1601 年到 1935 年，具体经过了济贫法、社会保险制度、现代社会保障制度三个形成过程。

1. 济贫法的出现

(1) 旧《济贫法》。社会保障的萌芽以英国的济贫法为代表。1601 年英国女王伊丽莎白一世颁布了《济贫法》（又称旧《济贫法》）。旧《济贫法》形成的背景主要是：①“圈地运动”瓦解了自然经济，形成了无产阶级，也出现了大批需要救助的城市贫民；② 新兴工业迅速发展，形成新兴资产阶级，它能为实现救助提供财力支持。

旧《济贫法》的主要内容有：① 建立地方行政和征税机构，向居民和房地产所有者征收济贫税；② 为有劳动能力的人提供劳动场所；③ 组织穷人和儿童学艺；④ 资助老人、盲人等丧失了劳动能力的人，为他们建立收容场所；⑤ 提倡父母和子女的社会责任；⑥ 从比较富裕的地区征税补贴贫困地区。

旧《济贫法》的特点是：① 社会救助对象是一些有劳动能力无工作和无劳动能力的贫民和孤儿；② 济贫与惩戒结合，甚至惩戒重于济贫；③ 资金由教会和地方财政共同负责。

对旧《济贫法》的评价：① 积极意义是英国统治者认识到了失业和贫困的危险，政府必须采取措施缓和由此产生的社会矛盾；② 缺陷是认为济贫是恩赐，不承认救济事业是社会责任及公民应该具有的基本权利。

(2) 新《济贫法》。英国政府又于 1834 年颁布了新的《济贫法》。其主要原则是：政府承担保障公民生存的义务，认为救济不是消极的行动，而是一项积极的福利举措，由经过专门训练的社会工作人员从事这类工作。

新《济贫法》的背景是救济费用逐年升高，财政不堪重负。救济费用提高原因有三：① 经济风险加大，政府财力难以化解；② 救济范围有所扩大，工人运动蓬勃兴起导致的救济从院内转移到院外；③ 社会主义和共产主义思想的传播，人们对经济成果再分配要求更加强烈。所有这些使救济支出必然增加。

新《济贫法》对旧《济贫法》改进的内容表现为：① 在管理上，明确提出要受助者必须进济贫院，由济贫院统一严格管理和控制；② 在救济对象资格上，规定救济对象必须在进院之前通过财产审查和资料证明是否确实是真正的贫困者；③ 领取救济的条件是受助者无政治自由与个人自由甚至丧失个人尊严。

对新《济贫法》的评价：① 承认社会救助是社会责任和公民基本权利，安定了社会秩序；要专门训练的社会工作人员从事此事业，提高了从事救助者的素质；标志社会救助制度在政府积极干预下，开始迈入法制化、专业化的新时期。② 局限是以受助者不平等和受歧视为前提，不能预防贫困，存在对受助者侮辱限制性的条件。

英国的《济贫法》为欧洲其他工业化国家建立社会保障制度提供了制度借鉴。其他欧洲国家在土地革命以后，也都实行了与英国类似的贫民救济计划，如瑞士在 1847 年和 1871 年制定了《济贫法》，法国也发布了一些济贫法令。欧洲的济贫法采取了由政府出面强迫贫民劳动与救济相结合的原则，使社会团体实施的慈善救济转化为国家为责任主体的政府救助，其实质是慈善救济的发展，是宗教团体慈善救济的扩大化，是国家对全国范围内的普遍慈善济贫。

2. 社会保险制度的产生

社会保险制度的产生以德国的疾病、工伤、老年和残障保险制度为代表。在 1883 年德国俾斯麦政府颁布的《疾病社会保险法》中，规定由雇主负担 1/3，雇员负担 2/3 的费用，用以支付雇员在生病期间的各种医疗费用。1884 年，颁布《工伤事故保险法》，规定雇员因工受伤，由雇主负担其全部医疗费和生活费。1889 年，颁布《老年和残障社会保险法》，规定雇员因年老不能劳动者，其老年的生活费用，由雇主和雇员平均负担。这三项法令的颁布，标志着世界上第一个较为完整的社会保险体系的建立，社会保险制度从此产生了。德国则因此成为世界上第一个实行社会保险制度的国家。

德国实行社会保险制度的意义在于：① 无产者受益人数增加，因而普遍受到当时工人的好评，缓和了阶级矛盾；② 政府构建的社会保险体系，激发了人们的工作积极性，极大地提高了工作效率，促进了德国社会经济的发展；③ 它为后来的社会保险制度完善提供了基本原则（待遇、筹资负担方式等），也为其他国家创建社会保险制度提供了示范。

继德国之后，欧洲的主要国家先后实施了一项或多项社会保险制度。比如奥地利的工伤保险（1887）和疾病保险（1888），匈牙利的疾病保险（1891），波兰的工伤保险（1884），丹麦的老年保险（1891）、疾病保险（1892）和工伤保险（1898），英国的《退休金》（1908）和《国民保险法》（1911，英国第一部社会保险立法）。这样，在 19 世纪末 20 世纪初，德国以及欧洲其他国家普遍实行了社会保险制度，表明社会保险制度在欧洲大陆已经确立起来。

3. 现代社会保障制度的建立

现代社会保障制度建立的标志是美国罗斯福新政时期（1935—1945）社会保障法案的建立。1935 年，在经济危机后，为寻求刺激经济增长与创建保险体系之间的均衡，美国通过了历史上第一部《社会保障法》。《社会保障法》的主要内容及特征有：① 社会保障是工业化的需要，是取代“家庭保障”的社会政策；② 以“普遍福利”为核心，消除人们的后顾之忧；③ 项目包括失业、老年、生育补贴和公共卫生服务；④ 实行“以工代赈”的现代社会救助和以地方管理为主的失业保险；⑤ 实行强制性的多层次的老年社会保险；⑥ 保险资金取之于民，用之于民（缴费型 + 非缴费型）；⑦ 社会保障项目逐步展开。

美国现代社会保障制度建立的意义是：① 它标志着现代社会保障制度的真正建立；② 以政府永久的资助制度取代慈善临时的援助，标志着私人慈善主导资助时代终结；③ 结束了济贫法的历史和地方政府的职责，使联邦（中央）政府承担了社会保障责任；④ 为其他国家建立社会保障制度提供了经验和示范，随后许多国家相继建立了现代社会保障制度。

（三）社会保障制度的发展阶段

1935 年至今是社会保障的发展阶段，现代社会保障制度的发展主要体现在以下三个方面。

1. 众多学派涉入了社会保障制度的研究

除了福利经济学派和经济发展学派外，还有很多的学派涉入了社会保障的研究。

（1）凯恩斯主义者的社会保障理论。为解决“有效需求”不足形成的失业问题，凯恩斯在他的名著《就业、利息和货币通论》（1936）中，除了提出宏观经济政策主张外，还提出了兴办公共工程、实行社会保障、消除贫民窟、累进税制、最低工资法、限制工时立法等主张。

新剑桥学派的观点主要有：① 把凯恩斯关于经济收入分配失调作为考察的重点，把收入分配理论作为经济学的研究任务。② 把经济增长同收入分配结合起来进行分析，一方面阐述了如何通过收入分配的改变来实现经济的稳定增长，另一方面说明在经济增长过程中收入分配的变动趋势。③ 资本主义的有效需求不足在于收入分配的不平等。④ 经济政策的根本出发点在于解决收入分配中的不平等。主张实现收入分配的均等化：a. 采取合理的税收政策改变收入不均状况。建议通过累进所得税、高额财产税、没收性的遗产税等，消灭私有财产的过度集中，抑制食利者收入的过速增长。b. 对低收入者政府要加大补助和救济，以缓解收入差距拉大问题。c. 用财政预算的盈余去从事盈利经济活动，以增加政府财力。同时发展民用部门和服务部门为民众谋求更多的福利。d. 加强政府对经济活动的干预：及时调整经济结构和方向；实行进口管制鼓励出口商品的生产，为劳动者提供更多的就业机会；加强对失业者的文化教育和技术培训，为失业者就业和增加收入提供支持。

（2）货币主义的社会保障经济理论。货币主义的代表人物弗里德曼认为，高效率来自市场竞争，如果对低收入者给予最低生活水平的保障制度，会挫伤人们的劳动积极性，最终有损于自由竞争和效率，因此弗里德曼反对凯恩斯主义对低收入者发放差额补助的社会保障制度。但是完全取消又会遭到社会公众的反对。为了既救济贫困，又不损于竞争和效率，弗里德曼主张采用负所得税。通过负所得税，既帮助低收入者维持最低生活水平，又不挫伤人们的工作积极性。

（3）供给学派的社会保障经济理论。供给学派从其自由主义原则出发，指责社会保险削减了个人储蓄，抑制了人们的工作积极性。失业保险鼓励人们失业，使政府财政连年出现赤字，有加剧通货膨胀的危险。他们主张大幅度削减政府开支，对社会保障计划进行改革，采取紧急援助、严格的福利和对儿童补贴相结合的社会保障制度，从而鼓励就业，提高生产率，减少政府开支。同时主张通过人寿保险来弥补社会保险的不足。

2. 福利国家促进了各国建立了社会保障制度

在威廉·亨利·贝弗里奇（William Henry Beveridge）社会保障计划的基础上，英国通过了一系列的社会保障法案，这些立法加上其他一些措施，构成了战后英国的福利国家的初步体系。贝弗里奇的报告在英国被称为“贝弗里奇革命”，他本人也被尊称为“福利国家之父”，贝弗里奇报告的革命性主要表现是：把社会福利作为一项国家责任确定下来；把救济贫困的概念由原来的救济贫民变为保障国民的最低生活标准。1948 年，英国首相艾特礼（Attlee）公开宣称，英国已建成了“福利国家”。贝弗里奇计划在英国的成功，鼓舞了其他各主要西方国家效仿，他们纷纷效法，纷纷重建社会保障制度，现在世界上绝大多数国家都建立了社会保障制度。

3. 社会保障制度项目不断地扩展

第二次世界大战后一些发达国家在建设福利国家过程中，社会保障制度的内容不断地扩展，当前许多国家把社会保障的项目扩大到社会福利，如表 13－1 所示：

表 13－1 一些国家扩大的社会保障项目

国家类别	国家	扩大的社会保障项目
发达国家	瑞典	父母生育假期及政府补贴、少年儿童补贴（18 岁前的所有少年儿童国家每月发放补贴）、基本和补充养老金、住房补贴等
	法国	农民补贴、贫困家庭最低生活保障金、婴儿补贴、少年儿童补贴、（从小学到大学）免费教育、残疾人补贴、免费公交服务（如城市免费自行车等）
	英国	全民免费医疗、免费教育（大学阶段以前）、廉价住房及住房补贴等
	美国	（1）转移补偿项目：① 税收转移支付补偿（社区发展与住房、健康与福利、教育与人力、州与地方援助等）；② 公共援助（老年援助、永久性残疾人援助、家庭援助、一般援助等）；③ 住房转移补偿（公共住房、房租补贴、住房贷款、农村住房补助等）；④ 食品转移补偿（商品分配项目、食品券计划、儿童哺乳计划等） （2）社会服务项目（儿童福利、邻里服务中心、职业补习、社会卫生服务、雇员服务、邻里青年俱乐部，人力发展和训练、工作俱乐部） （3）特殊群体保障（贫困线救助、农业价格支持、信贷与保险支持、印第安人的教育和就业及健康保障）

续表

国家类别	国家	扩大的社会保障项目
发展中国家	南非	所有公立医院无偿为穷人、老人、孤儿、残弱人员提供免费医疗
	埃塞俄比亚	从小学到大学免费教育，对穷人实行免费医疗
	肯尼亚	所有中小学生免费提供营养午餐、免费住宿
	印度	全民享受免费医疗
	俄罗斯	全民实行公费医疗和免费教育，政府住房补贴
	中国	农村居民保障（免除农业税、种粮补贴、农民养老补助、家电下乡补贴、贫困地区学生营养午餐、灾后重建补助等）；城市居民保障（最低生活保障、经济适用房、廉租房等）

二、社会保障制度的分类

（一）以社会保障的给付标准划分

以社会保障的给付标准划分，社会保障制度分为受益基准制与缴款基准制两种类型。

1. 受益基准制

受益基准制，又称规定受益制、确定给付制。它是指社会保障组织先规定对受益人的给付水平，再依照精算原理确定缴费水平的社会保障模式。

2. 缴款基准制

缴款基准制，又称规定缴费制、确定缴费制。它是指预先确定缴费水平，再根据基金积累额及其投资收益给付投保人的社会保障模式。

（二）以社会保障的对象划分

依据社会保障的对象划分，社会保障制度分为就业（收入）关联制度、普遍保障制度、贫困救助制度三种类型。

1. 就业（收入）关联制度

以领取薪资的劳动者为主要保障对象，社会保障的给付与是否就业（或收入状况）有关。

2. 普遍保障制度

以全体公民为保障对象，不论其收入多少、工作与否、有无财产，均按统一的标准对有需要的人提供社会保障。

3. 贫困救助制度

它是以贫困者或低收入者为主要保障对象，先由政府依据当时的社会需求水平制定一个贫困线（最低生活保障线），然后调查个人或家庭的财源，以判断是否符合享受社会保障待遇的条件。以社会保障的对象划分的社会保障制度如表 13－2 所示：

表 13－2　以社会保障的对象划分的社会保障制度

	就业（收入）关联保障制度	普遍保障制度	贫困救助制度
对象	以工资或薪资为生的劳动者	所有人	初涉对象（人人）→最终对象（贫困或低收入者）
原则	特殊主义	普遍主义	规定的救助条件（普遍主义）→最终考察后获得救助者（特殊主义）
实施国家	德国的社会保险制度	英国	英国的新《济贫法》

（三）以社会保障资金来源划分

按照社会保障资金来源划分，社会保障制度分为社会保险型制度、国家保障型制度、福利国家型制度和强制储蓄型制度四种类型。

1. 社会保险型制度

也称俾斯麦型社会保障模式，是最早出现的德国社会保障模式。其主要特点是：① 实行特殊主义原则，保障对象主要是资薪劳动者；② 社会保障费用由国家、雇主、雇员三方承担，不同的险种分担比例不同；③ 享受待遇与缴费和参保年限相关。

2. 国家保障型制度

其主要特点是：社会保障资金来源于政府和用人单位，受保人不缴纳任何费用。实施这一制度的国家是苏联及变革前的社会主义国家。

3. 福利国家型制度

也称贝弗里奇型社会保障。其主要特点是：① 强调公平，在二者不能兼顾时以牺牲效率来维护社会公平；② 以高税收支撑高福利，造成财政负担沉重；③ 按需保障原则，即公民生活中一切必须方面的需要不受时间地点和其他限制，都给予救助或补助。社会保障资金由国家统筹，实行统一规划并组织实施。实行这一社会保障模式的国家，除了英国，还有澳大利亚、瑞典和其他北欧国家。

4. 强制储蓄型制度

又称公积金模式、东南亚模式。强制储蓄型制度起源于新加坡，其目标是以自助型为主，促进经济全面发展。其主要特点是：国家立法、强制实行，由雇主、雇员双方按规定比例缴纳保险费，政府贴息资助；基金存入雇员账户。随着社会经济的发展，这一制度由单一的养老保险扩充到养老、住房、医疗等方面。雇员除在退休后领取养老金之外，在退休前，还可在许可范围内购买住房、支付医疗、教育费用等。这种制度的优点是把个人享受的待遇与存款多少联系起来，具有很强的激励作用。同时国家财政负担减轻，避免了人口老龄化的困扰。

（四）以社会保障的财务机制划分

依照社会保障的财务机制划分，社会保障制度分为现收现支制、基金制、部分基金制三种类型。

1. 现收现支制

现收现支制是将一定时期（如1年内）所需支付的费用，分配于各参加保险的被保险人，它预先不留出储备金，完全靠当年的收入满足当前的需要。

2. 基金制

基金制也称预先积累制，它是用预先积累的社会保障基金给付保险金的。其需积累的基金根据未来支出的需要而确定。

3. 部分基金制

部分基金制也称混合制，是部分基金积累与部分现收现付的结合。

（五）以社会保障的层次划分

以社会保障的层次划分，社会保障分为单层次的保障模式、多层次的保障模式两种类型。

1. 单层次的保障模式

社会保障的责任主体是国家和企业（或雇主），资金来源主要是企业缴费、财政补贴，社会保障管理部门通过统一调剂资金，为社会成员提供较平等的社会保障。

2. 多层次的保障模式

多层次保障模式是既有国家强制实施、社会成员普遍受益的基本社会保险计划，又有由商业性保险机构承保或由企业提供的补充社会保险。

第三节 社会保障理论

一、福利主义者的社会保障理论

（一）庇古的福利经济思想

英国经济学家庇古（1877—1959）因1920年出版《福利经济学》而被称为“福利经济学之父”。在这本书中，他有关社会保障的福利经济理论可概括以下几点：

1. 福利的概念

庇古指出，福利是一个人获得的效用或感受到的满足。他把福利分为两类：一是一般福利，即社会福利，包括经济福利和非经济福利（不能用货币来衡量的福利，如自由、正义、友谊等）；二是经济福利，它是可以用货币来衡量的福利，如国民收入等。由于非经济福利难以计量和研究，加上经济福利对社会福利具有决定作用，所以，他主要研究经济福利。

2. 经济福利与国民收入

庇古把经济福利等同于国民收入。他指出："正是由于经济福利是可以直接或间接地与货币量相联系的那部分总福利，国民收入是可以用货币衡量的那部分客观收入……所以这两个概念，经济福利和国民收入是对等的，对其中之一的内容任何表述，就意味着对另一种内容的相应表述。"[4]这样就可以把对经济福利的研究变为对国民收入的研究了。

3. 检测经济福利的标准

庇古提出了检测经济福利的两个标准：① 国民收入总量及其增长。在人们嗜好和购买力及分配不变的情况下，经济福利与国民收入总量及其增长呈同方向变化，国民收入总量越大，经济福利越多；国民收入增长率高，经济福利增长率也高，反之则低。② 国民收入分配。他认为，一国的经济福利是国民收入中每个人的经济福利的总和，根据边际效用递减规律，货币对不同收入的人有不同的效用，同量货币，穷人所获得的效用比富人大。这样，如果富人的一部分收入转移给穷人，将会增加一国的经济福利。为此他认为，收入分配愈平均，其福利就愈大；反之，就愈小。关于增加经济福利的途径，他写道："以下情况中的任何一种情况，即或者使国民收入增加，而不减少穷人在其中占有的绝对份额，或者使穷人占有绝对份额增加，而不减少国民收入，都一定会增加经济福利。"[5]

4. 增进经济福利的措施

（1）他主张要合理配置社会资源，以使国民收入值最大。他把边际私人纯产值与边际社会纯产值相等作为社会资源最优配置的实现条件。

（2）政府采取必要干预（如由政府提供费用或使工人终身受雇等）解决劳动者失业问题（由于信息不畅、劳动流动成本、传统和习惯对劳动流动的限制等形成的失业问题）。

（3）增加必要的货币补贴，改善劳动者的劳动条件，使劳动者的患病、残疾、失业和养老能得到适当的物质帮助和社会服务。

（4）实行公平工资。公平工资就是在所有地区与职业中支付给工人的工资都等于劳动的边际净产值。不公平工资有两类，一是虽然工资不公平，但在工人所从事工作的地区与职业中等于劳动的边际净产值；另一种是存在着剥削，工资低于劳动的边际净产值。前一种不公平要通过促进劳动在地区与职业间的流动来解决，后一种不公平要由政府进行干预来解决。此外，即使工资是公平的，但如果低于最低生活工资，也应制定工资法来提高工资水平。

（5）庇古主张实行收入均等化，提出了相应收入转移措施。他认为要实现收入均等化，必须实行收入的转移分配。实现收入转移可以有自愿转移与强制转移两种方式。自愿转移就是富人自动出钱兴办教育、保健、娱乐、文化科学等事业。但他感到仅靠自愿转移是不够的，还需要国家实行强制转移。强制转移就是征收累进的所得税与遗产税等，并把这种收入向穷人转移。转移的方法分为直接转移与间接转移。直接转移就是举办社会保险与社会服务。间接转移就是对穷人最需要的产品的生产进行补助，如对农业、交通、住房建筑等进行补助，以便这些产业以低价卖给穷人，使其间接受益。

（6）实行普遍养老金制度，或按最低收入，进行普遍补贴的制度，通过有效的收入转移支付实现社会公平。

（二）其他学者的福利标准理论

由于经济福利涉及国民收入和分配状况，因而检验标准势必包括资源配置效率和收入分配的公平标准。庇古是把这两个标准结合起来分析福利理论的，而帕累托则侧重于效率标准，其他的经济学家也提出了“补偿原理”、“双重标准”等理论。

1. 帕累托最优状态

意大利经济学家帕累托在1906年出版的《政治经济学教程》一书中，提出了资源配置最优理论，故称“帕累托最优状态”。他认为资源配置最优状态是指，任何形式的资源重新配置，都不能使至少一个人受益而其他任何人受到损害的状态。换言之，当任何变革都不可能使任何人的福利有所增进，也不能使他人的福利有所减少时，社会就实现了资源的最优配置。西方经济学界把它作为衡量社会福利改善与否的一项标准。实现帕累托最优有三个条件：交换和消费的最优条件是任何两种商品的边际替代率对所有消费者都相等；生产的最优条件是任何两种生产要素之间的边技术替代率对所有生产者都相等；生产和消费的最优条件要求任何两种产品的边际转换率等于消费的边际替代率。

2. 补偿原理

“帕累托最优”给出了一个评价和改进社会福利的标准，这一标准很难与现实接近，因为现实任何社会经济的变动都会使一些人受益，而使另一些人受损。因此，美国经济学家霍特林在1938年发表论文最早提出了补偿原则论。后来卡尔多、希克斯、西托夫斯基和李特尔等对这一理论进行了研究，先后提出了一些补偿检验的福利标准。其中最有影响的是卡尔多－希克斯补偿原理和西托夫斯基检验福利的“双重标准”理论。

卡尔多在《经济学的福利命题与个人间的效用比较》（1939）中认为市场上的价格变化或任何政策所引起的价格变化，都会使一些人受益，另一些人受损，因此，必须采取补偿原则。这里所说的补偿可以是直接补偿，也可以是潜在（虚拟）补偿（如通过提高社会效率使受损者受益等）。希克斯也提出了类似的解释，所以称为卡尔多－希克斯补偿原理。简单地说卡尔多－希克斯的福利标准就是：如果在补偿受损者之后，受益者的情况仍比过去好，那么对社会来说，就是福利的增进。卡尔多－希克斯补偿原理实质上提出了这样一种检验社会经济福利的标准，即在社会经济变动后，只要受益者所得大于受损者所失就是增加了社会福利。

美国经济学家西托夫斯基在卡尔多－希克斯补偿原理的基础上，提出了检验福利的双重标准。他认为单用卡尔多－希克斯福利标准，有可能出现自相矛盾，即，一方面可以认为从状态 A 到状态 B 的改变增进了社会福利，而另一方面，如果考察相反方向的变化，又会发现从状态 B 到状态 A 也能够增加福利。为此，他提出增加福利的社会状态改变需要同时满足两个条件：第一，通过改变，得者可以补偿失者的损失而有余；第二，不出现这种情况，即失者可以补偿得者而其不做改变，并且在做出这种补偿后失者不觉得比改变后更坏。

3. 福利相对标准论

这一理论以个人的主观体验为依据，以社会环境为参照提出了衡量福利相对标准，认为一国国民中每个人对福利的估价是不同的，所以不能用国民收入的大小表明该国国民的福利大小。人的满足程度不仅仅依赖所占有的商品的效用，也依赖着这些商品的相对价值，一个人对自己的收入和福利的评价不仅仅取决于收入的绝对水平，而且也取决于与别人的收入相比较的水平。

4. 社会制度制定与实施论

美国著名哲学家罗尔斯将社会福利的水平根据某一价值判断标准对社会成员的福利予以加权，认为当事人或利益集团表达其价值判断时，可能就所得分配、消费品变化、教育价值、医疗服务及其他经济与非经济因素给予主观的价值认定。因此，公正的宪法和经济、社会制度是程序公平的保证，而程序公平是公平分配的条件。罗尔斯的福利标准是：最优的社会状况应是各种社会状况下个别福利最小者的福利最大化的那种社会状况。社会福利的配置必须视个人福利的恶化状况，或个人效用最小化而定，即应该根据处境恶劣的个人的福利去判断社会福利状况，在次一级恶劣处境相同的场合，考察第三级恶劣处境的人们的效用状况。

（三）福利国家理论

福利国家这个术语于 1941 年由阿奇比肖普·坦普尔（Archbishop Temple）提出，1942 年被应用到贝弗里奇报告中。[6] 第二次世界大战后在一些西方国家得到广泛流传。按照福利国家论的观点，福利国家论的特征和实质是：对国民收入做有利于劳动者的再分配，通过税收把富人的部分收入转交给穷人，因而实现各阶层居民收入分配均等化；消灭经济和社会上的不平等，消灭物质方面无保障、贫穷等现象；实现充分就业等。在西方世界，“福利国家”代表以政府力量大力推进国民社会福利为契机而带来的政治制度、生产方式、社会组织方式的一系列深刻变化。在政治领域，国家为公民提供了自由、民主、法治的国家政治制度；在经济领域，由于政府干预的加强产生了“混合经济”的生产方式；在福利领域，政府对传统的慈善组织、社会互助组织，社区、邻里、家庭发生了较大程度的替代。

1. 新国家理论

旧的国家理论有两种观点：一是“国家掠夺论或国家暴力论”，即国家是统治阶级在政治上统治和压迫被统治阶级、经济上剥削或掠夺被统治阶级的工具；二是把国家等同政府论，由此形成了政府就是国家的人治社会。这种国家理论适于剥削阶级的专制统治社会，不适合当代民主、法治、共享的福利国家。

新国家理论主要有四种观点。① 契约国家论。早在18世纪法国著名哲学家卢梭（J. Jrousseau，1712—1778）就提出了社会契约的思想，它有两层基本含义：所有个人都将他的个别权利与权益交给了社会和国家；在全社会范围内，必须主权归民，即人民有权对任何事务做出民主决定，付诸实施，并受社会契约的制约，以维护社会的共同利益。在此基础上发展成为国家契约论，即国家是为使社会福利最大化，由公民所达成的契约，它要为公民服务。② 利益共享国家论。国家的主要职责是为国民提供公共利益，国民享有社会经济发展的各种利益成果权力。③ 国家制度论。诺斯认为，国家是制度而不是组织，政府是一种组织而不是制度，国家与政府是委托人与代理人关系，政府必须在法律的监督下行使管理权力。④ 国家正义论。它的核心是涉及公民权利的自由，以及社会经济利益分配的公正。美国哲学家约翰·罗尔斯（John Rawles）在《正义论》（1971）中，分析了政治正义（涉及公民权利和义务的政治制度）和经济正义（收入分配上的公平），提出了他的两项正义原则：第一，每个人都应平等地拥有最广泛的基本自由权利；第二，社会分配在个人之间的差异以不损害社会中境况最差的人的利益为原则，而且地位和职务应向所有人开放。

2. 混合经济理论

美国经济学家汉森认为，混合经济是一种依靠企业（和市场）来解决经济增长问题，依靠政府提供社会服务和设施的福利国家。萨缪尔森则把混合经济等同于福利国家。萨缪尔森认为，混合经济制度被称为“福利国家，即由市场调节日常经济生活中的具体活动，而政府管理社会秩序，提供退休金、医疗保健以及编制社会安全网等”[7]。萨缪尔森指出：“在福利国家中，政府调节市场力量以保护个人能应付某些偶然事件，并保证人民有最起码的生活水准。”[8]他认为在福利国家中政府职能主要是：“① 政府通过促进竞争、控制诸如污染这类外部性问题以及提供公共品等来提高效率。② 政府通过税收和支出项目等手段，向某些团体进行有倾斜的收入再分配，从而增进平等。③ 政府通过财政政策和货币政策保证宏观经济的稳定和增长——在鼓励经济增长的同时减少失业，降低通货膨胀。”[9]

3. 福利国家的目标

福利国家的目标主要有：① 保障充分就业。充分就业是社会保障的前提，因为只有实现充分就业，才能使劳动者有经常的收入来源，稳定和提高其生活水平，是重要的社会保障。② 社会福利全民化。社会福利包括社会保险、失业救济、卫生保健、家庭补助、养老金，以及住房、教育、文化活动等社会服务和设施。有人甚至宣称福利国家事实上已经成为了“私人拥有物质资料而政府越来越多地提高服务”的国家。③ 通过社会正义和人道主义，实行公平分配。主要是通过累进所得税和举办社会福利设施等，将富人的一部分财产向穷人转移，使富人不那么富，穷人不那么穷，以促进人与人之间的平等关系建立。

4. 现代福利国家主要的类型

（1）以美国为代表的效率型福利国家。其特点是：政府对经济生活干预，保证企业效率和发展，以较高的经济水平带动较高的消费水平。也建立与经济条件相适应的社会保障制度（如养老金、失业救济、疾病补助、最低生活保障等）。

（2）以英国为代表的社会保障国家。这一类型的国家，力求实现较高的收入水平；与此同时也提供超过一般第一种类型的社会保障。如国家对失业、养老、疾病、丧失工作能力以及多子女家庭提供经济保障，并对社会成员的文化教育和职业培训承担一定的责任和费用等。

（3）以北欧一些国家（瑞典、挪威、丹麦）为代表的全面社会福利国家，这是福利国家的高级形态，它不仅具有第二类型国家的特点（提供较高水平的社会保障），而且以高度的收入水平和财富均等为己任（对儿童的培养、医疗保健、教育、职业培训等提供免费服务）。在西方福利国家建设中，工会与政府起到了至关重要的作用。在微观上提升企业员工的福利，工会起着重要作用；在宏观上社会福利总是政府优先考虑的问题，至于企业效率则是第二位的。

5. 福利国家的特征

（1）由国家主办全民社会保障制度，建立社会安全网。在福利国家中，虽然存在着大量的私人福利机构，提供了大量的福利保障，但它仍属于小恩小惠，不被视为正规的社会保障的范围。

（2）福利国家的社会保障覆盖面一般达到人口的95%以上，基本上实现了全民保障目标。

（3）社会保障开支数在国民经济中占有重要的地位，一般占国民生产总值的15%～40%，以至于不少国家在一定时期内社会保障的增长速度超过经济增长的速度。如一些福利国家为社会提供着大量的社会保障和社会福利，其占GNP的比重，1980年时瑞典为32%，比利时、丹麦、法国、荷兰为25%～30%，奥地利、西德、爱尔兰、卢森堡、挪威为20%～25%，英国为18%，加拿大为15%。2010年社会福利占GDP的比重分别为瑞典38.2%、丹麦37.9%、法国34%、挪威33.2%、英国25.9%、德国27.6%、加拿大23.1%、澳大利亚22.5%、美国21%、日本18.6%。

（4）提供较为全面的社会保障项目，有些国家甚至提供了从"摇篮到坟墓"的各种福利保障。

（5）通过政府的再分配政策以实现公平分配的目标。

虽然福利国家政策的实施，满足了国民的基本生活需要、促进了社会经济的发展，但是也不断地加大了政府的财政开支，某种程度地影响了效率的提高。所以20世纪80年代后，一些福利国家采取了调整社会保障的措施。

二、民主社会主义的社会保障理论

民主社会主义作为一种系统的社会制度，它在政治制度和经济制度方面有四个最主要的组成部分：① 自由、平等和民主的政治制度；② 自由竞争的市场经济的经济制度；③ 国家对经济进行必要的干预制度；④ 公民的普遍福利制度。

民主社会主义是第二次世界大战结束后在西欧和北欧广泛发展的一种社会主义思潮。从 1951 年成立“社会党国际”发展到现在，包括了欧洲 80 多个工党、社会党和社会民主党。西欧各国社会民主党的纲领将社会福利置于重要地位，其社会保障理论观点主要体现在各政党的纲领中。① 社会党国际在《法兰克福》的经济纲领中，提出“社会主义政策的当前目标是充分就业，增加生产，提高生活水平，实行社会保障和推行收入和财产的合理分配”；“社会主义的指导原则是满足人的需要”；社会主义人民的经济和社会权利包括工作权利、享受医疗保险和产期津贴的权利、休息权利、因年老丧失工作能力或失业的公民享有经济保障的权利、儿童享有福利和照顾的权利、青年有接受教育的权利、得到足够住房的权利。[10] ② 英国工党制定的民主社会主义的五项原则是“政治自由、混合经济、福利国家、凯恩斯主义、和平信念”。③ 瑞典社会民主党在政策主张混合经济，不赞成生产资料国有化，认为在生产资料私有化社会中也可以达到“经济与社会平等”的目的，通过高额累进税制和工人参加企业管理的劳资合作，不用实行公有制，也能实现社会主义。[11] ④ 德国社会民主党是德国在政治上具有举足轻重的大党，其在《哥德斯堡纲领》中强调，“每个公民在年老、丧失就业能力或自力谋生能力或在家庭供养人死亡时，都有权从国家得到一笔最低限度的养老金”，“必须通过个别照顾和社会救助措施来充实普遍的社会福利事业”，全部的劳动立法和社会立法都必须统一地和总括地分别编成劳动法典和社会法典。社会民主党从 1969 年执政后，在国内政策上一贯强调增加社会福利“改革税制”和工人“参与企业管理”，使社会保障事业得到了空前的发展。[12]

概括起来，民主社会主义的社会保障理论观点主要是：

（1）社会保障和社会福利不应该单纯看作是统治者的“恩惠”，而是公民应当享有的“权利”。只有当社会保障和社会福利成为了公民应当享有的“权利”时，社会保障和社会福利才不仅仅是社会保障和社会福利，而是福利国家制度。

（2）社会中的贫困阶层的贫困现象并不完全是个人主观原因造成的，有许多是社会因素造成的，因此，社会对贫困现象和贫困人群，负有不可推卸的责任。社会完全推卸自己的责任，不仅违背仁爱的道德精神，还会对社会发展的稳定性与持续性产生大的负面影响。

（3）福利国家制度不是平均主义的分配制度，而是以机会均等为原则的平等分配制度，其目的之一是让社会中所有的人都能在社会竞争中，不至于因生、老、病、死等基本生活保障和文化教养的水平有太大的悬殊，而影响个人能力的发挥。这样，一方面民主社会主义主张在法律制度上给予社会弱势群体可以与其他阶层平等的参与分配决策的权利，制定最低收入和劳动福利标准，另一方面由政府利用税收等手段对企业及高收入阶层课以累进税，再将税收以再分配的形式变为社会保障和社会福利，让每一个社会成员共享。

(4) 平等的分配制度在很大程度上弥补了社会自由竞争的缺陷，使得社会既保持自由竞争带来的活力，又不失仁爱公正的精神。

(5) 福利国家的福利制度是一种适当的福利制度。第一，它的福利制度必须考虑福利程度不可以损害社会的竞争精神和劳动主动性，要防止社会滋生出依赖福利为生的“懒惰阶层”。所以民主社会主义国家一般会制定相应的社会福利享受限制，以鞭策有劳动能力却不愿劳动者。第二，过高的社会保障、社会福利及高税收会增加生产成本，从而不利于本国企业与国际同行的竞争。所以，福利程度必须既能在一定水平上维护社会福利，又必须考虑不影响本国企业在国际上的竞争力。

三、发展经济学中的社会保障理论

(一) 国际惯例的社会稳定预警线

根据国际惯例，社会稳定的预警线有五条，如表 13－3 所示：

表 13－3 国际惯例的社会稳定预警线

安全程度	安全	基本安全	有风险	有重大风险	危机
失业率（%）	3	4～5	6	7	10 及以上
基尼系数	0.2	0.2～0.3	0.4	0.5	0.6 及以上
人均 800 至 1 000 美元时城市居民收入为农村居民收入的倍数	1.7	2	2. 5	3	3.5 及以上
社会成员社会保障率（%）	90 以上	70～90	50～70	20～50	20 以下
中产阶级占人口比重（%）	50～90	45～50	35～30	30～25	25 以下

(二) 收入革命与共享经济理论

社会经济的发展必然带来收入分配上的革命（劳动报酬占国民收入的比重大大超过了利润的比重）和经济发展成果的共享。收入革命和分享经济理论对此进行了说明。

1. 收入革命

收入革命是指随着经济发展，社会收入分配倾向于均等化，劳动收入所占的份额相对增加，而资本收入所占的份额相对减少。早在 19 世纪中叶，法国经济学家巴斯夏（1801—1850）和美国经济学家凯里（1793—1879）就提出了收入均等化和收入革命的思想，1952 年《纽约时报》编辑鲍特尔发表文章，第一次提出了收入革命这一概念。自从 20 世纪 50 年代以来，一些国家正在进行一场收入革命（收入均等化）。如美国，在国民收入分配中，劳动收入所占的比重（与资本收入相对而言），1929 年占 59.4%，1999 年占 64.1%；英国 1975—1979 年占 68.8%。[13] 美国经济学家库兹涅茨在 20 世纪 50 年代就提出，美国收入最高的 5% 的人口在全部可支配的个人收入中所占的比例，1929 年为 34%，1946 年降为 17.9%。17 年间几乎降一半。[14] 荷兰经济学家丁伯根也提了西方国家出现趋向收入分配平等的事实，其基本观点是：第一，最近几十年，低收入阶层所占的比重有提高的趋势，而高收入阶层的比重则趋于下降；第二，如果收入不平等每年降低的百分比继续下去，只要 50 ~ 85 年，现有不平等就会降低一半。[15] 加尔布雷斯在《丰裕社会》（1958）一书中也认为，美国已进入丰裕社会，甚至已经富裕到了“死于食物太多的人比饿死的人多”，富裕到一些人“故意把衣着穿得破一些”，“大多数的极端贫困已经转向少数人极端贫困”。苦力的劳动者人数减少，空闲时间增多，劳动者成为工作无痛苦、劳动悠闲和愉快的新阶级。[16] 他们认为收入革命的原因主要是政府的福利和社会保障政策的实施。

2. 分享经济理论

继 1984 年美国经济学家魏茨曼提出分享经济理论以来，国内外的学者对此进行了丰富和发展。其主要理论观点是：① 人类经济活动的出发点和归宿是满足人的需要。人的需要的满足依赖于人的创造力。经济发展是人们分享经济增长成果的过程。② 财富是生产要素创造的，它的分配应在各要素之间分享。③ 参与经济活动的各要素所有者是平等的交换关系，企业取得的净收入不再是只归资本家所有，而是在劳动者、投资者、企业家之间分享。④ 要素所有者可以转化，生产要素在家庭是融合的。一方面，存在着劳动者、企业家转为资本所有者的转换机制，另一方面，居民不再只有一种生产要素而是具有多种要素（股民是资本所有者，劳动力是人力资本所有者等）。⑤ 它既能保证经济的高效率，也能实现社会的公平。⑥ 完善收入分配结构，缩小收入分配差距。从长远来看，分享经济能够形成一个高收入人群和低收入人群占少数、中等收入人群占大多数的分配结构（两头小、中间大的橄榄形结构）。这对扩大需求，实现经济增长和维护社会稳定具有重要的意义。

分享经济有四种形式：① 利润分享；② 产权分享；③ 市场价值分享；④ 管理权分享（详见第七章第四节企业分享制）。

（三）收入阶层结构完善理论

完善收入阶层结构的一条重要途径是搞好社会保障和扩大国民福利。

1. 收入阶层结构的类型

(1)“哑铃形”结构。收入分配严重不平等，出现了暴富与贫困并存、中产阶级较少、严重的两极分化现象。这种收入分配结构往往会产生严重的社会经济危机。

(2)“金字塔形”结构，即高收入阶层占比重最小，中等收入阶层次之，低收入和贫困阶层占比重最大，这是许多落后的发展中国家较为普遍的一种收入分配结构。

(3)“倒立金字塔形”结构，即高收入阶层占比重最大，中等收入阶层次之，低收入阶层占比重最小。这种收入分配结构存在于少数发达国家，发展中国家难以完成这种收入分配结构的调整。

(4)“橄榄球形”结构，即中等收入阶层成为收入分配结构中的主体，高收入阶层与低收入阶层所占比重都较小。

2. 发展中国家调整收入分配阶层结构的政策

橄榄球形的收入阶层结构是最有利于社会经济良性发展的，为了完善收入阶层结构，许多发展中国家调整收入分配阶层结构的政策是：

(1)“降高”，即降低高收入阶层的比重，调整高收入阶层的收入，以减少财富过多过快地向少数人集中。

(2)“扩中”，就是要扩大中等收入阶层的比重，增加中等收入阶层的收入。

(3)“减低”，减少低收入或贫困的人口的比重，保障贫困群体和最低收入群体的基本生活来源。

另外，还有公平与效率理论、人本发展理论等，在有关章节已有阐述，限于篇幅这里不再赘述。

第四节 社会保障的内容与形式

社会保障的内容与形式可以分为基本形式与补充形式。

一、社会保障的基本形式

(一) 社会保险

1. 社会保险的概念

社会保险（social insurance）是以国家（政府）为主体，通过立法对社会成员（或劳动者）在遭受年老、疾病、伤残或生育、失业、死亡等风险时，由国家给予一定的物质帮助的一种社会保障制度。对于社会保险的范围不同有两种理解：一是保险的对象是全体社会成员，即上述的社会保险；二是保险的对象是资薪劳动者，这时的社会保险等同于劳动保险。

社会保险包括以下几层含义：① 社会保险针对的风险是社会成员（或劳动者）的收入损失或缺乏；② 保险的程度是社会成员（或劳动者）失去收入来源时的基本生活水平，而不是对收入的全部补偿；③ 实施的主体是国家（政府），政府代表国家制定、组织、实施和监督社会保险制度的实施；④ 社会保险的依据是国家相关法律和政策。

2. 社会保险与商业人身保险的关系

商业人身保险是由当事人自愿缔结的商业合同关系，投保人根据合同约定，向保险公司支付保险费，保险公司以盈利为目的，根据合同约定当被保险人死亡、伤残、疾病或达到约定的年龄、期限时承担给付保险金的一种保险形式。

(1) 社会保险与商业人身保险的共同点。① 两者都是对特定风险损失分担的社会化机制。商业人身保险和社会保险都利用了风险的集中和分散原则，将风险有效地分担到被保险人身上。② 两者都进行了风险转移。二者都部分或完全将风险转嫁到保险人（商业人身保险）和保险机关（社会保险）上。③ 两者都给予被保险者损失补偿。商业人身保险通过保险合同，根据实际损失给予保险金给付，社会保险通过现金给付和提供多种服务来提供保险。④ 充足的基金均是两种保险制度健康运行的物质基础。⑤ 两者都具有为偶然性的风险损失（不可预知的、可能发生也可能不发生的损失）提供保险的特征。

(2) 社会保险与商业人身保险的主要区别，如表 13－4 所示：

表 13－4 社会保险与商业人身保险的区别

区别点 比较项	含义不同	目的不同	管理主体不同	实施原则不同	权利与义务的对等关系不同	保险水平不同
社会保险	国家法定的强制性保险	追求社会效益	国家设立的政府机构	强制性	不一定是等价关系	保证基本生活水平
商业人身保险	当事人双方自愿协商的保险	追求经济效益	保险股份公司或互助合作社	自由平等	等价交换关系	取决于投保多少

3. 社会保险的分类

(1) 社会保险按照风险项目，可以分为医疗保险、生育保险、失业保险、工伤保险、养老保险、死亡（遗属）保险等。

(2) 按照社会保险基金的积累方式，可以分为现收现付社会保险、完全积累制社会保险、部分积累制社会保险。

(3) 按照社会保险缴费责任，分为社会保险的资金由政府单独出资，政府、雇主和雇员三方共同出资或其中的两方出资的社会保险。

(4) 按照社会保险补贴形式，分为现金补贴保险、实物补贴保险和服务补贴保险。

(5) 按照领取的时间将社会保险分为短期补助保险和长期补助保险。

4. 社会保险的主要项目

(1) 养老社会保险。世界一些国家的养老社会保险由三个部分组成：① 基本养老保险（也称退休金），它是按国家统一的法规政策强制建立和实施的社会保险制度；② 企业补充养老保险（也称企业年金），它是由企业根据自身经济实力，依照国家的法律和政策由企业出资为本企业职工所建立的一种辅助性的养老保险；③ 个人储蓄性养老保险，它是由职工自愿参加、自愿选择经办机构（社会保险机构在有关银行）的一种补充保险形式。

（2）失业社会保险。各国失业保险制度可概括为以下四种类型。① 国家强制性保险。由政府规定实施范围，范围之内所有人员都必须参加失业保险。② 非强制性失业保险。分为两类，一类是由工会等团体自愿建立，团员参加，政府提供大量资助，如瑞典，只要参加工会，就自动参加了失业保险。另一类是参加商业性的失业保险金。③ 失业补助制度。适用于经济状况经调查达到规定标准的失业者以及无资格享受正常失业保险金的失业者。如澳大利亚、新西兰、阿根廷就实行单一的失业补助制度。④ 强制性或非强制的失业保险与失业补助相结合的制度。即在规定期限内失业者领取稍高的失业保险金，规定期限结束后仍未就业，则领取较低的失业补助金，或在强制范围内的失业者享受失业保险金，在范围之外的其他失业者领取失业救助金。

失业社会保险的覆盖范围，国际劳工大会第 75 届年会（1988）通过的《促进就业和失业保护公约》约定，受失业保险保护的人数不少于全体雇员（包括公务人员和学徒工）的 85%。[17] 享受失业社会保险的条件是：失业者必须处于法定劳动年龄之内；失业者必须是非自愿失业；已做出了寻找工作的努力；已完成取得资格的时期（规定的就业期限或投保期限）。保险资金的筹集方式可有：国家、用人单位与个人三方共同负担；国家财政全部支付；雇主与雇员共同负担；国家和雇主分担；全部由雇主负担；全部由雇员负担。失业保险的待遇包括失业津贴（由失业者在失业期限内的基本生活水平决定）、失业救助金（对象是失业津贴给付期满后仍未就业者，没有就业经历和投保记录的失业者）、补充失业津贴（用人单位为提高其单位失业者生活水平而提供的津贴，由企业经济效益而定）。失业保险金给付期包括等待期（自失业登记到津贴领到手的时间，国际劳工组织建议为 3 到 7 天）和支付期（各国规定不一，国际劳工组强第 44 号公约约定，给付期每年至少 156 个工作日）。

（3）医疗社会保险。医疗保险是社会对因疾病、负伤等丧失劳动能力的劳动者提供的医疗服务和经济援助。医疗社会保险按风险选择的主体不同，可分为个人医疗保险（在国外占比例不大）、团体医疗保险和国家医疗保险；按承保风险的性质分为疾病保险、伤害保险、分娩保险等；按损失的性质分为死亡与残废保险、收入损失保险、医疗费用保险。医疗保险覆盖范围各国规定不同，原则上包括所有的在职劳动者；医疗保险的待遇包括疾病津贴（保持患者最基本生活的费用）、医疗服务（体检、门诊、住院、医疗用药等费用由医疗保险机构支付）、被抚养者补助（劳动者病残对其配偶和子女的经济补助）、病假（规定一年内可带薪休病假的天数，美国大多数企业规定为全薪病假为每年 12 天）；医疗保险的享受条件是按投保时间和具备一定的就业期限决定。

（4）工伤社会保险。工伤社会保险是指对因公受伤（包括职业病的伤害）而暂时或永久失去劳动能力的劳动者给予经济补助和帮助的一种社会保险制度。世界各国实行的工伤保险大致有三种类型：① 国家统一实行强制性的工伤保险。雇主按照国家统一规定必须定期向工伤保险机构缴费，由工伤保险机构支付医疗费用及残障赔偿金等费用。这是最普遍的类型。② 国家强制雇主向商业保险公司投保雇主责任险，为其雇员遭受工伤事故时提供基本保障。③ 国家规定雇主必须为其工伤的雇员赔偿经济损失。雇主可通过向保险公司投雇主责任保险或参加雇主团体的互助保险，以及从自有资金中为受伤员工提供经济赔偿。

工伤保险制度的实施原则是：① 无责任补偿原则。它是指工伤事故发生后，无论责任在谁，都应及时对受伤者进行经济补偿。无责任补偿仅对受伤者的生活而言，并不意味着不查清和追究事故责任。② 工伤与非工伤区别原则。工伤者是为他人或社会做出了贡献时遇到的伤害；非工伤者有时可能是为自己而造成的伤害，因此，工伤者的医疗服务范围和津贴水平要明显高于非工伤者。③ 直接经济损失与间接经济损失区别原则。受伤者的经济损失有两种，一种是直接经济损失，即工伤者在本单位劳动报酬的损失；另一种是间接损失，即工伤者的兼职收入、股票和利息的损失等。工伤保险只对其直接经济损失进行补偿，间接损失不在保险范围之内。

工伤保险的基本内容包括：① 覆盖对象，工伤保险一般覆盖资薪劳动者；② 享受条件，它只对保险对象工伤时给予收入补偿的物质帮助；③ 保险待遇包括医疗服务、短期负伤津贴（其标准高于一般疾病津贴）；④ 残障恤金（本人残障恤金、家属补贴、护理津贴等）；⑤ 丧葬费与遗属恤金，这是被保险人因公伤或职业病死亡，所给予的经济补偿。

除上述这四种社会保险项目外，还有生育保险、死亡和遗嘱保险、企业破产员工保险等项目。

（二）社会福利

1．社会福利概念

（1）社会福利的含义。人们对社会福利概念外延的认识有宽派、中派、窄派三种观点。

宽派认为，社会福利是个人政治、经济、文化等领域享受福利的加总。宽派的社会福利理论具有以下几个特点：① 社会福利，除了经济福利之外，还包括政治福利和文化福利等内容。② 社会福利不仅仅是一个经济学的概念，而且也是一个政治学、社会学的概念。③ 社会福利理论虽然也重视个人的福利问题，但更为重视社会的福利，认为个人福利的好坏是以社会福利的好坏为前提的。④ 社会福利理论不仅仅以经济学为理论基础，而且还要以政治学、社会学等其他社会科学为其理论基础，是运用各门社会科学综合研究社会福利问题的结果。

中派认为，社会福利仅是经济福利，它又分为选择型（又称补缺型、剩余型）社会福利与普遍型（也称制度型）社会福利[18]。选择型社会福利是指为国家向特殊群体（弱势群体）提供的暂时性和补偿性的社会救助；普遍型社会福利是指政府为所有公民所提供的普遍性、常态性的社会福利。选择型福利与普遍型社会福利的区别如表 13－5

所示：

表 13-5 选择型社会福利与普遍型社会福利的区别

区别点 / 类别	提供者（主管部门）	服务对象	福利项目	外延
选择型社会福利	单一化政府（如我国的民政部门）	特殊社会群体（贫困群体或弱势群体）	碎片化（主要是物质生活方照顾与服务）	等于或略大于社会救助
普遍型社会福利	多元化（政府各部门、社会组织、慈善组织）	全体社会成员	整体化（除生活援助外还有教育、就业、健康、娱乐、养老、住房等福利）	等于或大于社会保障和社会服务

窄派认为，社会福利是由国家为国民提供的大于社会保障额外的经济利益及服务。仅经济福利方面，它就有三种形式的社会福利：① 社会分红，分享发展成果，如韩国、新加坡一些国家与我国香港和澳门地区实行的社会分红（从每年国有经济或国民经济增长中拿出一定的数额为全民分红）；② 公共物品的延伸，如很多国家实行了全部免费的医疗和教育福利，有的国家实行国民部分生活必需品的免费提供（如有的国家民用自来水、热水、供暖等实行免费）；③ 特殊照顾，如有些国家实行了父母生育福利（父母生育孩子不但有假期，还有经济补贴）、少年儿童福利（德国、法国、瑞典等国 18 岁前的所有少年儿童每月都可得到国家一定数额的补助）、住宅福利（政府视居民收入与抚养孩子的多少提供不同的住房补贴，对老年人住房进行补贴等）、农民福利（法国农民种田、养殖均有补贴）等。

限于本书的知识我们主要分析的是中派的经济福利。

（2）社会福利与其相关概念的区别。在经济学家的著作中，收入、财富、个人福利、社会福利等构成了经济学的一些概念，但是福利与收入、财富既有联系又有区别。收入是指个人在特定的时期所挣得的货币数量，财富则比收入概念的外延要宽，泛指个人在特定时期所获得的全部收入和物质。收入和财富这两个概念所反映的内容是客观的，无论是货币还是有形的物质和无形的劳务，都是客观地存在着的，并且是可以计算的，可以转让给他人的。福利则不同，它是一个主观的概念。福利是指收入、财富给人们带来的效用，或者说是指人们的需要得到满足的程度。[19]

社会福利与社会保险存在着如下区别：尽管有的学者认为社会福利包括社会保险，但是我们认为二者在具体实施过程中还存在如下几点差别：① 目标不同。社会保险的目标在于保障劳动者的基本生活，而社会福利的目标在于提高人们的生活水平。② 作用性质不同。社会保险一般由国家立法，强制实施，而社会福利则没有强制特性，它由国家或单位根据自己情况，自主建立和实施。③ 覆盖范围不同。社会保险覆盖的主要对象是资薪的劳动者，而社会福利覆盖的范围是全体居民。④ 享受条件不同。社会保险以权利义务对等为原则，要享受保险待遇，必须具备基本条件（如工作期限、投保期限等）；而社会福利是个人的额外收入，不需要享受者为之付出代价。

（3）社会福利与工资或薪水的差别。尽管有人把社会福利称为"社会工资"或"附加工资"，其实福利与工资或薪水存在着如下区别：① 分配原则不同。工资或薪水是按贡献分配，不同劳动者工资或薪水收入差异很大，而福利是按需要分配，劳动者之间福利差别较小。② 变化不同。工资或薪水具有下降刚性，员工薪水下浮较为鲜见；而福利由经济状况决定，有较强弹性，即可升也可降。③ 支付方式不同。现代的工资或薪水主要表现为货币形式，而福利则有实物、货币、服务等多种形式。

2. 社会福利类型

（1）按福利的提供者划分，可分为：① 国家或政府提供的福利；② 社区或社会群体提供的福利；③ 企业或事业单位提供的福利；④ 民间个人或私人组织提供的福利等。

（2）根据人们享受的福利范围，可分为全民福利（全体社会成员都有的福利）和职工福利（仅指就业者所享有的福利）。

（3）根据福利存在的形式，可分为货币形式的福利（如带薪休假等）、实物形式的福利（免费工作餐、工作服等）、服务形式的福利（免费交通、免费的体育设施、公共文化设施或旅游设施等）。

（4）根据福利内容，可分为公共福利（免费教育、免费医疗、免费体育娱乐设施等）、专门福利（疗养院、幼儿园、养老院等）、选择性或局部性生活福利（出差生活补贴等）。

（5）根据举办者的地位和层次划分，有国家福利、地方福利、单位福利。

（6）按福利计划的稳定性和可靠性，可分为正规福利和边缘福利。正规福利是指社会多方承担风险的社会福利，而边缘福利一般是由企业单方面建立和提供的小额优惠。

（7）按经济制度的性质，可分为市场导向福利和非市场导向福利。以市场为导向的福利是与雇佣关系相关的减少各种社会风险的福利；非市场导向的福利是与雇佣关系无关的，所提供的保护、援助或帮助的福利。

3. 员工福利

员工福利（staff welfare）是各个单位通过建立集体生活和服务设施及补贴制度等方法提高其员工物质文化生活水平的一种公益性事业。其内容可以与国家福利、地方福利相交叉并多与员工生活有关，因此又称为员工生活福利。员工福利具有提高员工生活水平和劳动生产率，增强单位凝聚力和减少员工流动率的重要作用，所以很多单位都很重视提高员工的福利水平。员工福利的基本内容包括：

（1）带薪节假日（期）。雇员在节假日期间享受正常薪资是各国立法规定的劳动者权力。而对雇主来说，向雇员支付非工作报酬是一项员工福利。这种福利包括带薪假日（包括星期六、日）、年休假（除节日外的劳动者休息时间，各国时间规定不一）、带薪事假（因私事请假不超过一定期限）、带薪探亲假、带薪产假等。

（2）与工作有关补贴，包括交通补贴、工作餐补助（现金补贴、免费或低价供应工作餐、兴办员工食堂等)、教育培训补贴，岗位补贴等。

(3) 与员工生活有关的补贴主要有家庭补贴（结婚补贴、安家补贴、育儿补贴、赡老补贴、子女教育补贴、生活费补贴等)、住房补贴（提供购房补贴或内部优惠贷款，建立住房公积金计划等)。

(4) 各种优惠服务。对个人服务的内容主要有企业股份、股票或期权优先权，免费咨询服务（理财咨询、就业咨询、家庭问题咨询、退休生活咨询等)，援助服务（帮助员工处理难以自理的事务等)；集体服务的内容有资助共济会（困难分担、利益共享)、建立员工住宿设施（家庭住宅、集体宿舍、倒班宿舍等)、兴办育儿养老设施（幼儿园、养老院等)、提供娱乐、组织集体旅游或提供疗养机会等。

(三) 社会救助

1. 社会救助的概念界定

(1) 社会救助的内涵。社会救助（social assistance）是以政府为责任主体，以困难群体为对象，由政府无偿向贫困者或弱势者提供经济援助，以增强其适应社会的生存能力的一种制度。社会救助包括最低生活救助、贫困救助、灾害救助、住房救助、法律救助等。社会救助作为社会保障的一个组成部分，主要有两个特点：① 资金全部由社会筹集，受救助者无须交纳任何费用；② 受救助人享受救助待遇需要接受一定形式的经济状况调查，社会向符合救助条件的个人或家庭提供资助。

(2) 社会救助与社会救济（social relief）的区别。社会救助与社会救济的共同点是两者都具有扶贫济困和稳定社会的功能；两者都是对弱者的接济和帮助。但是二者也存在着如下五点区别。① 从社会保障体系的角度来看，社会救助是现代社会保障制度体系中重要的有机组成部分；社会救济不属于现代社会保障制度体系的范畴，但又是社会保障的有益补充。② 从主体上看，社会救助者是政府，具有单一性；社会救济者有政府、社会、宗教慈善组织（为主)、第三部门等，具有多元性。③ 从客体上看，社会救助的对象是全体公民中的贫困和弱势群体，具有普遍性；社会救济的对象是一些特殊群体和绝对贫困者中的部分人，具有选择性。④ 从形式上看，社会救助具有制度化、规范化的特征；社会救济具有多样化、灵活化的特征。⑤ 从目的上看，社会救助是一种重新分配国民收入的手段，以帮助受助者渡过生活上的难关；社会救济是一种临时性的、补救性的济贫，不是国民收入的再分配，是国民收入的第三次分配。

(3) 社会救助与职工互助（the worker of mutual）的区别（见表 13 -6)：

表 13 -6 社会救助与职工互助的区别

区别点	承办主体不同	指导法规不同	金融运作不同	作用不同
社会救助	政府行政机构	政策和法律	不以营利为目的，而是为了保值	“雪中送炭”
职工互助	社团法人	参保会员的公约	筹资渠道主要来源于参保者，主办者是非获利的志愿行为	“拾遗补缺”

(4) 社会救助与社会保险、社会福利的区别（见表 13－7）：

表 13－7　社会救助与社会保险、社会福利的区别

区别点 比较项	对象不同	权利与义务关系不同	保障水平不同	管理与实施方式不同	保障的目标不同
社会保险	劳动者	义务与权利相辅相成	保障水平最高	政府来管理和实施	保障基本生活
社会福利	全体社会成员	短期不对应，长期相辅相成	保障水平居中	政府与民间共同来管理与实施	提高生活水平和质量
社会救助	困难或弱势群体	受益者只享受权利，不履行交费义务	保障水平最低	政府与民间共同来管理与实施	保障最低生活

2. 社会救助的分类

社会救助主要可以进行以下的分类：① 根据社会救助业务的性质不同，可以分为贫困救助、自然灾害救助、特殊救助、扶贫救助等；② 根据社会救助的不同区域或范围不同，可以划分为城市社会救助和农村社会救助；③ 根据社会救助方式不同，可以分为紧急救助、临时救助和定期定量救助；④ 根据社会救助的支付手段不同，可以分为房屋救助、衣被救助、现金救助、以工代赈救助及其他实物救助。

3. 社会救助制度的措施

(1) 灾害救助。灾害救助制度是国家和社会对突发紧急或重大灾难的人口和家庭提供资金和其他形式的资助，帮助受灾人口摆脱困境、渡过难关的一种临时性措施。它包括自然灾害救助、社会灾害救助（因社会和个人原因引起的，如交通事故、化学物品爆炸、火灾、毒气泄漏等）、重大灾难救助（非自然因素和疾病造成的，如 SARS）。

(2) 扶贫救助。扶贫救助指国家有计划地通过资金、技术、人才输入等方式，帮助贫困个人或贫困地区人口发展生产、脱离贫困的一项新兴社会救助活动。扶贫救助可以有多种分类：① 按功能分为救济式扶贫、开发式扶贫。救济式扶贫是从生活上为贫困地区的贫困人口提供钱物，以帮助其维持基本生活；开发式扶贫是帮助贫困地区开发当地经济，发展文化教育，使贫困人口从根本上脱贫。② 按扶贫客体分为资金扶贫、物资扶贫、科技扶贫。③ 按扶贫领域分为经济扶贫、医疗扶贫、文化扶贫等。

(3) 最低生活保障制度（minimum living security system，我国简称低保）。最低生活保障制度具有以下三个方面的特点：① 获取最低生活保障或社会救助是公民的一项基本权利；② 最低生活保障制度的目标是克服现实的贫困；③ 最低生活保障制度提供的是满足最低生活需求的资金或实物。

最低生活保障制度的原则主要有：① 保障最低生活需求。一方面要对陷入贫困的那部分成员实行保障，以满足其生活最基本的需求；另一方面，救助标准不宜过高，以防止其对救助的依赖。② 普遍性原则。在最低生活保障制度下，全体公民一律平等，一视同仁。③ 法制化原则。最低生活保障制度必须通过法律形式将各项规则加以确定并依法管理。④ 与物价水平挂钩原则。按照物价上涨的幅度，要主动地及时地调整最低生活标准。⑤ 维护受救助人格尊严的原则。

最低生活标准的确定方法。① 生活需求法。也称“市场菜篮法”、市场价格测算法：根据当地的市场价格，计算维持最低生活所需的物品和服务的金额总量，作为确定低保线的方法。② 生活形态法。从家庭的“生活形态”角度出发，整合大多数人的观点来确定属于贫困的生活形态所具备的特征（如家里没有汽车、空调、住房陈旧狭小、拾荒度日等），并将调查符合这些特征的个人和家庭的收入界限作为低保线（贫困线）的方法。③ 恩格尔系数法（食费对比法）。食品消费的支出占家庭或个人消费总支出的比重称为恩格尔系数，在恩格尔系数基础上（恩格尔系数大于60%为贫穷；50%～60%为温饱；40%～50%为小康；30%～40%属于相对富裕；20%～30%为富足；20%以下为富裕），用每月人均最低食品消费支出除以恩格尔系数的值作为低保线的测算值。④ 国际贫困标准法：以一个国家或地区社会收入的中位收入或平均收入的50%～60%作为该国或地区的低保线。

（4）住房救助。住房救助是政府利用国家和社会的力量解决中、低收入家庭的住房问题的一项保障制度。现代住房救助制度的主要形式如表13－8所示：

表13－8　现代住房社会救助制度的主要形式

住房保障的形式	特点	代表国家
以商业化为主的住房保障	住宅商品化程度高、私人拥有住宅比例较大	美国
商品化兼福利政策的住房保障	既发展商品化又实行政府住房福利政策	英国、德国、新加坡
福利政策兼商品化的住房保障	国家统一分配的低租金福利房，后商品化	苏联、东欧及一些社会主义国家
以福利为主的住房保险形式	把解决住房问题作为福利的政府政策	东德、朝鲜

（四）社会优抚

社会优抚（social special care）是国家以法定形式，通过政府行为，对社会有特殊贡献者（军烈属、科学家、见义勇为者、运动员等）及其家属实行的一种带有褒扬、优待和抚恤性质的特殊社会保障制度。现代社会优抚制度的形式主要有以下三种：

1. 社会保险式的优抚保障

这种优抚是以社会保险方式实施社会优抚制度，将社会优抚纳入社会保险系列。例如美国政府在制定军人特殊退休制度的同时，从 1957 年开始，对所有军事人员实行“老残遗属及健康保险”的投保制度。

2. 社会救助式的优抚保障

这种方式是由政府对军队退役人员或对现役军人的家属提供救济和帮助。如日本的退役军人在患病就医时，可给予生活津贴。我国对部分退休军事人员和复员军人，给予定期定量的生活补助及医疗照顾。

3. 社会福利褒扬性的优抚保障

如我国的《军人抚恤优待条例》规定，对现役的义务兵家属和抚恤对象发给优待金，以及医疗、交通、住房、就业等方面提供优待；还建立荣复军人光荣院、疗养院等；对伤残军人实行福利收养，等等。依照法律对那些保卫国家或维护社会秩序做出贡献或牺牲的人员及其家属在物质上给予优待和抚恤。它面向的是备受尊敬和爱戴的特殊群体，如军人、军烈军属、见义勇为者等。

社会优抚项目包括：军地两用人才培训费、复转军人就业安置费、伤残军人抚恤金、军属优待费、烈军属抚恤金、见义勇为伤残抚恤金等。社会优抚工作的范围包括：① 制定优抚法规和政策；② 开展拥军优属和褒扬烈士和见义勇为者的活动；③ 实施审批烈士和见义勇为者评定伤残等级行政管理；④ 管理抚恤、补助及优待金的发放事宜；⑤ 开展国防教育和褒扬见义勇为行为的活动；⑥ 扶持优抚对象发展经济，解决困难等。

二、社会保障的补充形式

（一）第三部门

1. 第三部门概念

1973 年美国学者列维特（Levitt）首先提出了“第三部门”概念，他将介于政府组织和企业组织之间的一类社会中介组织统称为第三部门（the third sector）。在这里他把政府组织（公共部门）称为第一部门，把企业（私人部门）称为第二部门。第三部门又称为志愿部门，它是各类以服务公众为宗旨，不以营利为目的，介于政府组织和市场组织以外的带有志愿性的社会公益组织总称，如俱乐部、慈善组织、科研机构、工会、环境保护组织、消费者保护组织、行业协会、青少年发展基金会等。

2. 第三部门参与社会保障理论的理论依据

（1）福利多元化。该理论认为，公众对福利的需求是多元化的，政府不可能提供满足公众需求的完全多样性福利，第三部门在社会保障中的参与，能使社会福利走向多元化，满足公众对福利多样化的需要，同时第三部门提供福利比政府提供的社会福利更有效率。

（2）政府失灵。该理论认为，政府具有官僚主义、信息不对称、利用权力寻租、政府权力滥用等问题，会形成政府失灵，造成社会福利有效性下降，甚至失误增加，这些也是第三部门发展的必要条件。

3. 社会保障中第三部门的作用

(1) 满足多元化的保障服务需求。① 政府提供福利的普遍性、局限性难以满足人们多元化、差异性的需求，其弱点恰好是第三部门的优势。② 第三部门主要通过两种方式满足人们多元化的需求：一是以中介组织的方式介入，二是直接提供各种服务。

(2) 提高社会保障服务的效率与质量。第三部门具有非营利性、民间性、公益性的特点，具有较强的使命感，是灵活、平等、多样式的自治性组织，因而比政府具有更低的服务成本、更高的效率和质量。

(3) 第三部门根植于社会，且具有非营利性，能够充分为弱势群体开展社会救济、福利服务，低廉的价格也容易为弱势群体接受。

(二) 慈善事业

1. 慈善事业的含义

(1) 慈善的含义。根据彭小兵先生在教材《公益慈善事业管理》(2012) 中的解释，慈善 (charity) 是指在慈悲心理驱动下的善举，它有两层含义：一是心理上的慈悲，二是行为上的善举。慈善字义就是“怀有仁慈之心，广行济贫之举”。美国经济学加里·贝克尔 (Gary Becker) 认为，如果将时间与产品转移给没有利益关系的人或组织，那么，这种行为就被称为“慈善”或“博爱”。慈善根据受助对象的不同有广义和狭义两种理解：① 狭义的慈善内涵与英语 charity 相对应，通常指的是给穷人或其他困难对象提供的帮助、救济和施舍，这也是传统意义上的慈善概念。② 广义的慈善概念与英语 philanthropy 相对应，它不仅包括狭义的慈善，而且也包括对教育事业、科学研究、文化体育发展、环境保护等的支持和捐助。本书所研究的是狭义的慈善。

(2) 事业 (cause) 的概念。对此有两种解释：① 指人们所从事的具有一定目标、规模和系统的对社会发展有影响的活动；② 指不以盈利为目的的单位或个人，由国家或私人团体开支其经费所进行的公益性社会工作。

(3) 慈善事业的概念。我们认为，慈善事业 (act of charity) 是指慈善组织或个人在民间捐献的基础上，为处在困境的个人或群体提供不求回报的救济和帮助的公益性社会活动。

2. 慈善事业的基础

(1) 善爱之心是慈善事业的道德基础。慈善属于道德范畴，慈善事业的非强制性和慈善行为的自愿性，决定了社会成员的善爱之心对慈善事业发展起着道德支配作用。

(2) 贫富差别是慈善事业的社会基础。在共同贫穷 (都需要援助) 和共同富裕 (都不需要援助) 的社会都不可能有慈善事业。只有存在贫富差别的情况下 (一方面有具有足够能力援助他人的人和合适的援助途径，一方面有需要他人援助的人) 慈善事业才成为富人和穷人的共同需要。

(3) 社会捐献是慈善事业的经济基础。慈善事业除了政府财政资助外，还需要社会捐献（没有社会捐献就无法产生社会化的慈善事业），它们共同形成慈善事业的经济基础。

（4）慈善者团体和志愿者组织是慈善事业的组织基础。慈善事业的开展需要有组织机构实施，而正是慈善者团体和志愿者组织承担着慈善事业具体的实施工作。

（5）捐献者的意愿是慈善事业的实施基础。慈善事业的经济基础是社会捐献，这种特殊的经济基础决定了慈善组织需要坚持以捐献者的意愿为实施基础。

（6）社会成员的普遍参与是慈善事业的发展基础。只有所有社会成员普遍参与才能形成慈善事业应有的社会氛围，才能有利、自觉地促进慈善行为集约成慈善事业，形成更广泛、更厚实的经济基础。

3. 慈善事业是社会保障的重要补充

（1）慈善事业是公平分配的重要组成部分。按照经济学的解说，社会分配有四个层次：第一层次是以竞争为动力，以效率为原则的分配，即根据能力大小决定收入多寡；第二层次是以公平为原则的分配，即通过社会保障、社会福利进行再分配；第三层次是以道德为动力的分配，即有钱人自愿把钱捐献给穷人，也就是慈善事业[20]；第四层次是以权势为动力的分配，包括寻租、贪腐、化公为私形成的灰色收入。第一层次的分配形成合理的收入差别，第四层次形成社会的极不公平分配，而第二与第三层次的分配是实现公平分配的重要途径。

（2）慈善事业扶困助弱的功能客观上成为社会救助的补充，减轻了政府财政的压力。

（3）现代慈善事业的逐步发展，其活动涉及的方面除了传统的救灾济贫外，还扩展到文化教育、保健、环保等许多公益领域和社会保障体系中的社会福利领域。

（4）发展慈善公益事业能在一定程度上弥补政府社会角色（弱势群体的权利保障）的不足或缺位，促进“小政府、大社会”格局的形成。

（三）企业年金

1. 企业年金的概念

（1）企业年金的内涵。企业年金是指在政府强制实施的国家养老金之外，由企业在国家政策的指导下，根据自身经济实力和经济状况建立的，为本企业职工提供一定程度的补充性养老金制度。企业年金包含以下几点含义：它是一种分配制度，职工领取薪资后可以再获得一部分收入，供退休后使用；企业为职工建立个人账户，在职工薪酬管理和福利管理中设置不同员工的缴费比例；职工在退休前不能领取，是对法定基本养老保险的补充。

（2）企业年金与企业职工福利的区别：① 消费时期不同，福利是当期消费，企业年金是未来消费，企业年金的消费权利发生在退休之后；② 给付原则不同，福利体现公平，企业年金体现效率，企业经济效益好坏、个人贡献大小等，都可以导致企业年金水平不同；③ 分配的层次不同，企业年金属于初次分配范畴，而企业福利属于再分配范畴。

2. 企业年金的类型

（1）根据创立主体，分为独立企业年金和行业联合年金。

（2）根据资金来源，分为个人缴费年金和个人不缴费年金。

（3）根据是否立法，分为强制性（如新加坡）、自愿性和集体谈判决定（半强制性）。

（4）根据筹资方式，分为完全积累和现收现付模式（如法国）。

（5）根据缴费和受益关系，分为给付确定和缴费确定两种模式。一般公务员及事业单位为现收现付与给付确定模式，私营企业为完全积累与缴费确定模式，也可以组合使用。

3. 企业年金运作模式

（1）缴费确定型企业年金。它是通过建立个人账户的方式，由企业和职工定期按一定比例缴纳保险费（其中职工个人少缴或不缴费），职工退休时的企业年金水平取决于资金积累规模及其投资收益。其基本特征是：① 简便易行，透明度较高；② 缴费水平可以根据企业经济状况做适当调整；③ 企业与职工缴纳的保险费免予征税，其投资收入予以减免税优惠；④ 职工个人承担有关投资风险，企业原则上不负担超过定期缴费以外的保险金给付义务。

（2）待遇确定型企业年金。也称养老金确定计划，指缴费并不确定，无论缴费多少，雇员退休时的待遇是确定的。雇员退休时，按照在该企业工作年限的长短，从经办机构领取相当于其在业期间劳动收入一定比例的养老金。参加确定型计划的雇员退休时，领取的养老金待遇与雇员的劳动收入高低和雇员工作年限有关。具体计算公式是：雇员养老金 = 若干年的平均工资或薪资 × 系数 × 工作年限。（若干年的平均工资或薪资是计发养老金的基数，可以是退休前 1 年的工资或薪资，也可以是 2 ~ 5 的平均工资或薪资；系数是根据工作年限的长短来确定的。）

（四）社区服务

1. 社区服务的定义

社区（community）是一定区域内有特定生活、并且具有成员归属感的人群所组成的相对独立的社会共同体。社区服务（community services）就是一个社区为满足其成员物质生活与精神生活需要而进行的社会性福利服务活动。

2. 社区服务的内容

（1）社区服务的三个层次：一是面向困难老年人、残疾人、优抚对象提供的社会福利服务（社区服务中最基本的内容）；二是面向全体社区居民提供的便民利民服务；三是面向社区企事业单位和机关团体开展的双向服务（社区内的单位 居民）。

（2）社区服务的两种服务：一是社区福利服务，包括第一层和第二层中满足居民基本生活需要的部分，具有福利性。二是社区社会化服务，包括第二层中满足居民较高层次服务和第三层，具有经营性。

3. 社区服务与社会保障

（1）社区服务将承接、弥补、替代政府、第三部门等行使部分社会保障的职能。它与各种慈善组织、基金会等社会团体一样，是社会保障的运行主体之一。

（2）随着社区服务的发展，其福利性、互助性特征将使社区服务进入社会福利领域，成为整个社会保障体系的一部分。

（3）社区服务在社会保障的具体事务运作方面起较大的作用，做了大量的基层工作。

（4）特别的，在农村保障体系中，社区保障将作为集体保障的新形势获得重生，将可能成为农村社会保障体系的主体（其他两种为家庭保障、土地保障）。

（五）商业人身保险

前面我们已说明了社会保险与商业人身保险的关系，在这里不再详说，只是说明一下二者的互补关系。

（1）在服务对象上的互补性。社会保险（一般只覆盖劳动者）覆盖不到的非劳动者可通过自愿参加商业保险（自愿参保的国民）来获得保障。

（2）在保险项目上的互补性。商业保险的项目的多样性（项目不受限制，灵活多样，物、事、人皆可保，险种、程度均可协商）补充了社会保险（险种、程度固定，范围有限）的不足。

（3）在满足社会成员需求上的互补性。社会保险和商业保险的合作可以最大限度地满足人们不同层次的需求。（社会保险满足基本需求，商业保险满足更高层次的需求。）

（4）在发挥作用上的互补性。社会保险利用收入再分配，是调节收入差别、安定劳动者生活、直接促进社会稳定和经济发展的重要机制；商业保险则利用金融活动，主要是一种商业合同机制，间接促进社会稳定和经济发展。

关键概念

社会保障　福利国家　社会保险　社会福利　社会救济　社会优抚　第三部门　企业年金

即测即评

扫描右侧的二维码图标，内含若干判断题、单选题和多选题，您可在线自测并查看答案。

复习思考题

1. 社会保障与社会福利有什么区别?
2. 社会保障有哪些类型?

3. 简述社会保障的作用及原则。
4. 人类生存的保障在历史上出现了哪些保障方式?
5. 如何认识福利国家理论及政策?
6. 社会保障的基本形式有哪些?
7. 试述社会保险与商业人身保险的关系。
8. 社会保障的补充形式有哪些?
9. 简述企业年金的类型与运作模式。

注释

[1]《大英百科全书》9 卷,美国,1981 年。

[2]《WEBSTERIS New collegiate Dictionary》,美国,1973 年,第 1102 - 1103 页。

[3] 冯兰瑞,等. 中国社会保障制度重构. 北京:经济科学出版社,1997:248.

[4][5] 庇古. 福利经济学. 英国:麦克米伦公司,1986:13,645.

[6] 新帕尔格雷夫经济学大辞典. 第 4 卷. 北京:经济科学出版社,1996:968.

[7][8][9] 萨缪尔森,诺德豪斯. 经济学. 16 版. 北京:华夏出版社,1999:20,27 - 28,285.

[10] 徐崇温. 民主社会主义评析. 重庆:重庆出版社,1995:207.

[11] 陈冬红,王敏. 社会保障学. 成都:西南财经大学出版社,1996:53.

[12] A. 米勒·阿尔马克. 社会市场经济. //转引自:李琮. 西方社会保障制度. 211 - 212.

[13] 王振中. 劳动和资本孰大. 改革内参,2003(14):23.

[14] 库兹涅茨. 高收入阶层在收入和储蓄中占有的份额. 1953:28.

[15] 丁伯根. 收入分配. 1975:23 - 29.

[16] 加尔布雷斯. 丰裕社会. 上海:上海人民出版社,1965:72.

[17] 杨体仁,祁光华. 劳动与人力资源管理总览. 北京:中国人民大学出版社,1999:1120.

[18] 20 世纪 60 年代,美国的社会学家威林斯基(Wilensky)和莱博克斯(Lebeaux)在研究工业化对美国社会福利制度的影响时,根据国家在社会福利供给中承担的职能,区别了两种主要的社会福利概念。第一种为"补缺型"社会福利(国内一般翻译为剩余型社会福利或残余型社会福利);第二种为"制度型"的福利。第一种社会福利主张对弱势群体提供有限的、基于家计调查的社会救助及服务,第二种社会福利则针对全部国民提供制度化的福利及服务。英国著名的社会政策研究专家蒂特穆斯(Titmuss)在 1974 年《社会政策导论》中则使用了普遍性福利和选择性福利的理论框架。

[19] 胡象明. 广义的社会福利理论及其对公共政策的意义. 武汉大学学报:社会科学版,2002(4).

[20] 厉以宁,出自《国际先驱导报》,见 2004 年 3 月 30 日。

参考文献

[1] 伊兰伯格,史密斯．现代劳动经济学．6 版．北京:中国人民大学出版社,1999.

[2] 坎贝尔·R. 麦克南,斯坦利·L. 布鲁,大卫·A. 麦克菲逊．当代劳动经济学．7 版．北京:人民邮电出版社,2006.

[3] 胡学勤．失业论——中外失业问题研究．北京:人民出版社,2002.

[4] 曾湘泉．劳动经济学．上海:复旦大学出版社,2006.

[5] 胡学勤．全面小康与江苏促进就业制度创新．北京:社会科学文献出版社,2005.

[6] 巫继学．自主劳动论要．上海:上海人民出版社,1987.

[7] 伊万诺夫,麦奇科夫斯基．劳动经济学．上海:上海三联书店,1981.

[8] 萨尔·D. 霍夫曼．劳动经济学．上海:上海三联书店,1984.

[9] 理查德·B. 弗理曼．劳动经济学．北京:商务印书馆,1987.

[10] 周守正,许兴亚．资本论教学与研究纲要．北京:中国经济出版社,1999.

[11] 袁伦渠．劳动经济学．大连:东北财经大学出版社,2002.

[12] 杨河清．劳动经济学．北京:中国人民大学出版社,2002.

[13] 马培生．劳动经济学．北京:中国劳动社会保障出版社,2002.

[14] 赵履宽,等．劳动经济学．北京:中国劳动出版社,1998.

[15] 何承金．劳动经济学．大连:东北财经大学出版社,2002.

[16] 厉以宁．西方就业理论的演变．北京:华夏出版社,1988.

[17] C. A. 摩尔根．劳动经济学．北京:工人出版社,1984.

[18] 唐·白劳德,马克·杰克逊．劳动经济学．北京:科学普及出版社,1989.

[19] 谢晋宇．员工流动管理．天津:南开大学出版社,2001.

[20] 郭庆松．企业劳动关系．北京:经济管理出版社,1999.

[21] 葛寿昌．劳动经济学．上海:上海社会科学院出版社,1998.

[22] 张德远．西方劳动经济学．上海:上海财经大学出版社,1999.

[23] 陆铭．劳动经济学．上海:复旦大学出版社,2002.

[24] 大渊宽,森冈仁．经济人口学．北京:北京经济学院出版社,1989.

[25] 凯恩斯．就业、利息和货币通论．北京:商务印书馆,1983.

[26] 新帕尔格雷夫经济学大辞典．1 - 4 卷．北京:经济科学出版社,1996.

[27] 萨缪尔森,诺德豪斯．经济学．16 版．北京:华夏出版社,1999.

[28] 卢昌崇,高良谋．当代西方劳动经济学．大连:东北财经大学出版社,1997.

[29] 杨体仁,等．劳动与人力资源管理总览．北京:中国人民大学出版社,1999.

[30] 大卫·桑普斯福特,等．劳动经济学前沿问题．中译本．北京:中国税务出版社,2000.

[31] 刘雄,赵延．现代工资管理学．北京:北京经济学院出版社,1997.

[32] 舒尔茨．论人力资本投资．北京:北京经济学院出版社,1990.

[33] 斯蒂芬·P. 罗宾斯．组织行为学．北京:中国人民大学出版社,1998.

[34] 贝克尔．人力资本．北京:北京大学出版社,1987.

[35] 胡代光,等．西方经济学名著精粹．1－4卷．北京:经济管理出版社,1997.

[36] 梁小民,姚开建．西方经济学必读手册．北京:中国物资出版社,1999.

[37] 莫里斯·博恩斯坦．比较经济体制．北京:中国财政经济出版社,1989.

[38] 程延园．劳动关系．北京:中国人民大学出版社,2002.

[39] 李新建．企业雇员薪酬福利．北京:经济管理出版社,1999.

[40] 谢晋宇．企业人力资源的形成．北京:经济管理出版社,1999.

[41] 李忠民．人力资本．北京:经济科学出版社,1999.

[42] 魏新武．社会保障世纪回眸．北京:中国社会科学出版社,2003.

[43] 袁志刚．失业经济学．上海:上海人民出版社,1997.

[44] 周天勇．劳动与经济增长．上海:上海人民出版社,1994.

[45] 张文贤,晏姚．人力资源开发与管理．上海:上海人民出版社,1996.

[46] 彭松建．西方人口经济学概论．北京:北京大学出版社,1987.

[47] 杨中新．西方人口思想史．广州:暨南大学出版社,1996.

[48] 王健．新凯恩斯主义经济学．北京:经济科学出版社,1997.

[49] 杨宜勇,等．失业冲击波——中国就业发展报告．北京:今日中国出版社,1997.

[50] R. 麦克纳勃,等．劳动力市场分割理论．北京:中国税务出版社,2000.

[51] 谭崇台．发展经济学的新发展．武汉:武汉大学出版社,1999.

[52] 李景森,王昌硕．劳动法学．北京:中国人民大学出版社,1996.

[53] 胡代光,高鸿业．现代西方经济学辞典．2卷．北京:经济科学出版社,1996.

[54] 卢福财．人力资源经济学．北京:经济管理出版社,1997.

[55] 刘昕．薪酬管理．北京:中国人民大学出版社,2002.

[56] 唐·埃思里奇．应用经济学研究方法论．北京:经济科学出版社,1998.

[57] 郭熙保．发展经济学经典论著选．北京:中国经济出版社,1998.

[58] 冯兰瑞,等．中国社会保障制度重构．北京:经济科学出版社,1997.

[59] 陈冬红,王敏．社会保障学．成都:西南财经大学出版社,1997.

[60] 龚莉．就业和社会保障．北京:人民出版社,1996.

[61] 赵履宽,等．劳动就业与劳动力市场建设．南京:江苏人民出版社,1998.

[62] 熊彼特．经济分析史．2卷．北京:商务印书馆,1992.

［63］柯斯津．苏联劳动力资源．北京:劳动人事出版社,1984.
［64］阿瑟·庇古．社会主义和资本主义的比较．北京:商务印书馆,1963.
［65］斯蒂格利茨．经济学．北京:中国人民大学出版社,1997.
［66］米歇尔·博德．资本主义史:1500—1980. 北京:东方出版社,1986.
［67］刘涤源,谭崇台．当代西方经济学说．武汉:武汉大学出版社,1994.
［68］王宏昌．诺贝尔经济学奖金获得者讲演集 1969/1977. 北京:中国社会科学出版社,1997.
［69］胡代光,厉以宁．当代资产阶级经济学流派．北京:商务印书馆,1982.
［70］加尔布雷斯．经济学和公共目标．北京:商务印书馆,1980.
［71］杨小苏．中国农业劳动力转移战略研究．南昌:江西人民出版社,1993.
［72］希克斯．凯恩斯经济学的危机．北京:商务印书馆,1979.
［73］辜胜阻．非农化及城镇化理论与实践．武汉:武汉大学出版社,1993.
［74］钟水映．人口流动与社会经济发展．武汉:武汉大学出版社,2000.
［75］现代外国经济学论文选．1－4 辑．北京:商务印书馆,1979.
［76］尼古拉·阿克塞拉．经济政策原理:价值与技术．北京:中国人民大学出版社,2001.
［77］郭熙保．经济发展:理论与政策．北京:中国社会科学出版社,2000.
［78］谷书堂,高明华．劳动力经济研究．北京:经济科学出版社,1998.
［79］袁志刚,方颖．中国就业制度的变迁．太原:山西经济出版社,1998.
［80］袁志刚,陆铭．隐性失业论．上海:立信会计出版社,1998.
［81］熊彼特．经济发展理论．北京:商务印书馆,1990.
［82］上野明,等．企业活力与企业家精神．上海:上海翻译出版公司,1993.
［83］陈郁．所有权、控制权与激励——代理经济学文选．上海:上海三联书店,1998.
［84］威廉·刘易斯．二元经济论．施炜,等,译．北京:北京经济学院出版社,1989.
［85］迈克尔·P. 托达罗．经济发展与第三世界．北京:中国经济出版社,1992.
［86］劳动部劳动科学研究所．中国劳动科学报告集．北京:中国劳动出版社,1998.
［87］莫里斯·博恩斯坦．比较经济体制．北京:中国财政经济出版社,1989.

教学支持说明

建设立体化精品教材，向高校师生提供整体教学解决方案和教学资源，是高等教育出版社“服务教育”的重要方式。为支持相应课程教学，我们专门为本书研发了配套教学课件及相关教学资源，并向采用本书作为教材的教师免费提供。

为保证该课件及相关教学资源仅为教师获得，烦请授课教师清晰填写如下开课证明并拍照后，发送至邮箱：jingguan@ pub. hep. cn 或 xiwei@ hep. com. cn，也可通过 QQ：525472494 或 QQ 群：234904166，进行索取。

咨询电话：010－58581020，编辑电话：010－58581862。

证　　明

兹证明________________大学____________学院/系第____________学年开设的__________________________课程，采用高等教育出版社出版的《________________》（________主编）作为本课程教材，授课教师为________，学生______个班，共______人。授课教师需要与本书配套的课件及相关资源用于教学使用。

授课教师联系电话：____________ E－mail：____________

学院/系主任：________（签字）

（学院/系办公室盖章）

20____年____月____日

郑重声明

高等教育出版社依法对本书享有专有出版权。任何未经许可的复制、销售行为均违反《中华人民共和国著作权法》，其行为人将承担相应的民事责任和行政责任；构成犯罪的，将被依法追究刑事责任。为了维护市场秩序，保护读者的合法权益，避免读者误用盗版书造成不良后果，我社将配合行政执法部门和司法机关对违法犯罪的单位和个人进行严厉打击。社会各界人士如发现上述侵权行为，希望及时举报，我社将奖励举报有功人员。

反盗版举报电话　(010) 58581999　58582371

反盗版举报邮箱　dd@hep.com.cn

通信地址　北京市西城区德外大街4号

　　　　　高等教育出版社法律事务部

邮政编码　100120